Languedoc – Roussillon

interconnections

Languedoc – Roussillon

interconnections

Georg Beckmann

Impressum

interconnections reiseführer, Band 25

Languedoc-Roussillon – Von den Pyrenäen bis zur Rhone

Philippe Gloaguen, Le Guide du Routard
copyright Hachette, Paris
Umschlaggestaltung: Anja Semling
Herausgeber: Georg Beckmann
interconnections, Freiburg i.Br. 1995, 1996
Schillerstr. 44, 79102 Freiburg, T. 0761-700.650, Fax 700.688
ISBN 3-86040-055-x

INHALT

REISEVORBEREITUNG 13
Nützliche Adressen zu Hause 13
Nützliche Adressen in Frankreich 16
Einreiseformalitäten 18

ANREISE 18
Anreise per Bahn 18
Anreise per Bus 20
Anreise mit dem Auto 20
Anreise auf dem Luftweg 22
Mit dem Rad unterwegs 23
Mitfahrzentralen 23

PRAKTISCHE VORBEMERKUNGEN 24
Apotheken, Eß- und Lebensgewohnheiten, Feiertage, Im Krankheitsfall 24
Kulinarisches, Landkarten 25
Öffnungszeiten, Reisezeit, Sprache 30
Telefonieren, Zeitungen 31

HINTERGRUND 31
Auch ein Nord-Süd-Konflikt 31
Berühmtheiten im Languedoc-Roussillon 32
Gallia Narbonensis: die schöne Römerin 34
Das Goldene Zeitalter, 1907: ein blutiger Jahrgang, Okzitanische Identität .. 35
Katalanische Identität 36
Romanik pur, Zeittafel 38

ÖSTLICHE PYRENÄEN UND ROUSSILLON

PERPIGNAN 41
Blick in die Geschichte 41
Nützliche Adressen 44
Unterkünfte, Einkehren 46
Auf ein Glas Wein, Sehenswertes 50
Veranstaltungen, Die Umgebung 53
  ▶ *PORT-BARCARES* ▶ *FESTUNG VON SALSES* ▶ *ELNE* 55
  ▶ *BAGES* ▶ *TAUTAVEL* 58

COTE VERMEILLE

COLLIOURE 59
Wie hingelangen? Nützliche Adressen 59
Nächtigen 60
Einkehren, Sehenswertes 62
Aus dem Veranstaltungskalender 63
Was tun? 64
PORT-VENDRES 64
BANYULS-SUR-MER 65
  ● *Von Banyuls an der Felsküste nach Cerbère* 67

VALLESPIR

CERET	68
AMÉLIE-LES-BAINS – PALALDA	72
ARLES-SUR-TECH	73
PRATS-DE-MOLLO-LA-PRESTE	79

LES ASPRES

THUIR, CASTELNOU	80
• *Von Castelnou über die Bergsträßchen nach Serrabone*	83
PRIEURÉ DE SERRABONE	83
ILLE-SUR-TET	84

CONFLENT-TAL

EUS	85
PRADES	86
KLOSTER SAINT-MICHEL-DE-CUXA	88
CANIGOU-MASSIV	89
KLOSTER SAINT-MARTIN-DU-CANIGOU	91
VILLEFRANCHE-DE-CONFLENT	94
• *Von Villefranche nach Mont-Louis*	96

DIE CERDAGNE

MONT-LOUIS	98
PLANES, EYNE	100
LLO, LLIVIA	101
DORRES	102
TARGASSONNE, FONT-ROMEU	103
▶ *ODEILLO*	105
▶ *LA COLLINE DE L'ERMITAGE, CAPCIR*	106
FORMIGUERES	106
LES ANGLES, STAUSEE LAC DES BOUILLOUSES	108

L'AUDE

Nützliche Adressen	109

NARBONNAIS UND KÜSTE

NARBONNE	109
NARBONNE-PLAGE, GRUISSAN	113
KLOSTER FONTFROIDE	114
ILE SAINTE-LUCIE	115
BAGES	116
• *Von Bages über die Strandseen zur »Reserve Africaine«*	116
RÉSERVE AFRICAINE DE SIGEAN	116
SIGEAN, LEUCATE	117
FITOU	119

CORBIEREN UND PAYS CATHARE

LAGRASSE 120
VILLEROUGE-TERMENES 122
CUCUGNAN 123
CHATEAU DE PEYREPERTUSE 124
  ▶ *DUILHAC UND UMGEBUNG* 125
GORGES DE GALAMUS, CHATEAU DE PUYLAURENS 126
AUDE-SCHLUCHTEN 127

CARCASSES UND LAURAGAIS

CARCASSONNE 128
LIMOUX 137
FANJEAUX 140
CASTELNAUDARY 141

HÉRAULT

Im Hérault: Unterkunft einmal anders, Volkstümliche Überlieferungen 144
Römisches Erbe 145

MINERVOIS UND MONTAGNE NOIRE

MINERVE 146
CANAL DU MIDI 148
  ▶ *TREBES* 151
  ▶ *MARSEILLETTE* ▶ *HOMPS* ▶ *LE SOMAIL* ▶ *POILHES* 152

BÉZIERS UND UMGEBUNG

BÉZIERS 156
  ▶ *VALRAS* ▶ *VENDRES* ▶ *NISSAN-LES-ENSÉRUNE* 166
  ▶ *MARAUSSAN* 167
PÉZENAS 167
AGDE 170

ÉTANG DE THAU

MARSEILLAN 174
MEZE 175
BOUZIGUES 176
SETE 177
FRONTIGNAN 184

MONTPELLIER UND UMGEBUNG

MONTPELLIER 186
Fortbewegung, Kurzer Blick in die Vergangenheit 186
Nützliche Adressen 187
Verkehrsmittel in Montpellier, Übernachtungsfragen 190
Speis & Trank 192
Sehenswertes 195
Ein Gläschen am Nachmittag, Wohin am Abend? 201
Musik und Tanz, Festivals u.ä., Weiterreise, In der Umgebung 203

- *LATTES* 204
- *PALAVAS-LES-FLOTS* ▸ *MAGUELONE* 205
- *CARNON-PLAGE* ▸ *LA GRANDE MOTTE* 206
- *PEROLS* ▸ *MAUGUIO* ▸ *FLAUGERGUES,*
- *DOMAINE DE GRAMMONT* 207
- *MOGERE* ▸ *CASTRIES* ▸ *ASSAS* ▸ *ARGELLIERS* 209
- *MURVIEL-LES-MONTPELLIER* ▸ *COURNONTERRAL*
- *CHATEAU DE LA MOSSON* 210

VON DER GARRIGUE ZU DEN CEVENNEN

LES MATELLES 210
CAMBOUS, SAINT-MATHIEU-DE-TRÉVIERS 211
SAINT-MARTIN-DE-LONDRES 212
SAINT-BAUZILLE-DE-PUTOIS 213
GANGES 214
SAINT-GUILHEM-LE-DESERT 215
ANIANE 216
AUF DEM JAKOBSWEG ZU DEN HÉRAULT-BERGEN, LODEVE 217
LUNAS 218
LE BOUSQUET-D'ORB, SAINT-GERVAIS-SUR-MARE 219

REGIONALPARK HAUT-LANGUEDOC

MURAT-SUR-VEBRE, LA SALVETAT-SUR-AGOUT 220
LE SOULIÉ 221
COL DU CABARETOU, SAINT-PONS-DE-THOMIERES 222
OLARGUES 223
LAMALOU-LES-BAINS 225
BÉDARIEUX 226
CLERMONT-L'HÉRAULT 228
SAINT-GUIRAUD 230

GARD

NIMES 232
Blick ins Geschichtsbuch 234
Nützliche Adressen, Übernachtung 236
Gastronomie 240
Auf einen Schluck 242
Abends ausgehen, Kultur 243
In der Umgebung 249
SOMMIERES 249

KLEINE CAMARGUE

SAINT-GILLES 256
BEAUCAIRE 261
LE GRAU-DU-ROI – PORT-CAMARGUE 263
AIGUES-MORTES 267
LUNEL 272

NORDÖSTLICH VON NIMES

PONT DU GARD	275
IM LAND DES COTES DU RHONE	279
▶ *TAVEL*	279
▶ *LIRAC* ▶ *SAINT-LAURENT-DES-ARBRES*	
▶ *SAINT-VICTOR-LA-COSTE*	280
VILLENEUVE-LES-AVIGNON	281
UZES	287

ZWISCHEN GARD UND ARDECHE

BARJAC	297

ARDECHESCHLUCHT

VALLON-PONT-D'ARC	299
ARDECHE-SCHLUCHTENSTRASSE	303

AM FUSSE DER CEVENNEN

ALES	304
ANDUZE	309
SAINT-HIPPOLYTE-DU-FORT	312
▶ *MONOBLET* ▶ *SAUVE*	313
LE VIGAN UND DAS PAYS VIGANAIS	314

DIE CEVENNEN

CEVENNEN-NATIONALPARK	322
SAINT-JEAN-DU-GARD UND TAL DER KAMISARDEN	323
▶ *MUSEE DU DESERT*	325
▶ *HÖHLE VON TRABUC*	326
LASALLE, BORGNE-TAL	327
▶ *SAINT-ANDRE-DE-VALBORGNE*	328
VALLÉE FRANÇAISE	328
▶ *LE MARTINET* ▶ *SAINT-ETIENNE* ▶ *NOTRE DAME-DE-VALFRANCESQUE*	
▶ *STE-CROIX-VALLEE-FRANÇAISE* ▶ *PONT-RAVAGERS* ▶ *LE MAZEL*	329
SAINT-GERMAIN-DE-CALBERTE	330
CEVENNEN-HOCHSTRASSE	331
MONT AIGOUAL	333
▶ *L'ESPEROU* ▶ *VALLERAUGUE*	334
▶ *CAMPRIEU*	335
▶ *ABIME DE BRAMABIAU*	336

LOZERE

Nützliche Adressen	337
MEYRUEIS	338
ZWISCHEN CAUSSE UND CEVENNEN	341
▶ *LANUÉJOLS* ▶ *TREVES* ▶ *TRÉVÉZEL-SCHLUCHT* ▶ *DOURBIES*	341
JONTE-SCHLUCHT	342
▶ *LES DOUZES* ▶ *LE TRUEL*	342
▶ *BELVEDERE DES TERRASSES* ▶ *LE ROZIER*	343
CAUSSE MÉJEAN	343

FLORAC 345

MONT-LOZERE

WANDERUNG UM DEN MONT LOZERE 350
PONT-DE-MONTVERT 351
IM WEITEREN UMKREIS DES MONT LOZERE 353

TARN-SCHLUCHT 355

ISPAGNAC 357
▸ *MONTBRUN* 358
SAINTE-ÉNIMIE, SAINT-CHÉLY-DU-TARN 359
LA MALENE 361
LES VIGNES, LE ROZIER 362

CAUSSE DE SAUVETERRE

LA CANOURGUE 364
▸ *SAUVETERRE* ▸ *CHAMPERBOUX* 365
MENDE 365
MARVEJOLS 369
▸ *WOLFSPARK* 372

AUBRAC

AUBRAC-RUNDWANDERWEG 375
NASBINALS 376
HISTORISCHE DÖRFER IM AUBRAC 377
▸ *MARCHASTEL* 377
▸ *PRINSUÉJOLS* ▸ *FAU-DE-PEYRE*
▸ *LA FAGE-MONTIVERNOUX* ▸ *LES SALCES* 378
▸ *LES HERMAUX* 379
SAINT-URCIZE, AUBRAC 379
● *Zwischen Aubrac und Margeride* 380
▸ *AUMONT-AUBRAC* ▸ *SAINT-CHÉLY-D'APCHER*

MARGERIDE

SAINT-ALBAN-SUR-LIMAGNOLE 381
● *Von Saint-Alban-sur-Limagnole nach Gandrieu* 382
LE MALZIEU, SAINT-DENIS-EN-MARGERIDE 383
CHATEAUNEUF-DE-RANDON 384

REGORDANE-ROUTE

LANGOGNE 386
LA GARDE-GUÉRIN, VILLEFORT 387
CONCOULES 388
GÉNOLHAC, CHATEAU DE PORTES 389

Languedoc-Roussillon von A – Z 391
Personenverzeichnis 396
Index 399

LANGUEDOC-ROUSSILLON

Mit dem *Midi* – so nennen die Franzosen den mediterranen Süden ihres Landes – brachte man das Languedoc-Roussillon früher kaum in Verbindung. Bevor Gruissan, La Grande-Motte, Port-Leucate und Port-Barcarès seinem Küstenabschnitt das Siegel eines französischen Florida aufdrückten, begnügte sich das Languedoc-Roussillon mit einer Nebenrolle: der des schnellsten Wegs zur spanischen Sonne. Oft vereitelten – oder ersetzten gar – die Staus von Béziers und die Einbahnstraßen von Montpellier den Besuch des Amphitheaters von Nîmes und der Befestigungsanlagen von Carcassonne. Hinter den Leitplanken der Autobahn erstreckte sich ein von der Sonne ausgedörrter Süden, bevölkert von Gauklern und Rugbyspielern.
Mit den Winzerunruhen zu Beginn unseres Jahrhunderts bekamen die hier reifenden Trauben einen Beigeschmack von Zorn. Den Bergen dagegen haftet bereits seit der Katharer-Inquisition im Mittelalter leichter Brandgeruch an. Kein ruhiges Land also ... Das Languedoc ist mit einem Bergpfad, einer verwinkelten Gasse vergleichbar: begehbar zwar, aber stets mit einem Rest von geheimnisvoller Ungewißheit. Zugleich steht es als schwarzes Schaf in einer Ecke Frankreichs: abseits der wohlhabenderen Regionen des Landes kehrt es sein wahres Gesicht trotzig den Pyrenäen zu. Es hält sich bedeckt: obwohl ursprünglich weltoffen, zog es sich nach wenig glücklichem Schicksal in sein Schneckenhaus zurück. Bedeutungsvoll spiegelt die Gestalt des Languedoc-Roussillon auf der Landkarte der Anmut seiner Architektur wider: mit dem orientalischen Schwung des romanischen Rundbogens greift das »Hexagon« – so nennen die Franzosen ihr annähernd sechseckiges Vaterland – in den Mittelmeerraum aus. Eine Portion Küstenland, die sich gegen zwei natürliche Hindernisse, die Rhone im Osten und die Pyrenäen im Westen, zu stemmen scheint. Zusammen mit den umliegenden Gebirgszügen umschließt es ein ganzes Netz kleiner Täler, um endlich eine Art Amphitheater zu bilden, dessen Stufen sich weit zum Mittelmeer hin öffnen.
Natürlich sind Languedoc und Roussillon nicht dasselbe, und die beiden Anhöhen vulkanischen Ursprungs im Vivarais, im Osten des Zentralmassivs, haben wirklich nichts mit den kahlen Bergrücken der Cerdagne im Osten der Pyrenäen gemein. Es kostet nicht viel Fantasie, sich auszumalen, das Languedoc-Roussillon besitze ein Herz: den Höhenzug der Corbières; und einen Kopf: die Stadt Montpellier; eine fleißig zupackende Hand: Sète; und eine für die Kunst: das Roussillon. Die Seele schließlich irrt irgendwo zwischen den Cevennen und der Montagne Noire umher. Das Languedoc-Roussillon ist keine Festung wie die Auvergne oder die Bretagne, sondern eine Hängematte zwischen der Lozère und dem Canigou, zwei Gebirgszügen mit stark ausgeprägtem Eigenleben.
Auf eine knappe Formel gebracht: bewegte Geschichte in bunt zusammengewürfelter Natur. Verwandte Volksstämme haben sich hier vermischt. Toulouse hat auf Carcassonne abgefärbt, Katalonien kampiert auf einem Sims der Pyrenäen, die Luft von Nîmes riecht provenzalisch. So erklärt sich auch das ungewohnte Gemisch aus Boulespielern und Cassoulet, maurischen Klöstern und spanischer Corrida, belebt von zwei verschwisterten Sprachen, dem Katalanischen und dem Okzitanischen. Vom narbonensischen Hafen bis zum Markt von Beaucaire war das Languedoc-Roussillon dafür bekannt, mit aller Herren Länder Handel zu treiben – und nicht zuletzt auch dafür, mit allen Wassern gewaschen zu sein ... Es glänzte auf dem europäischen Schachbrett, bis Frankreich es sich einverleibte. Dieser Landstrich war ein zweites Rom, ein Brückenkopf jüdisch-arabischer Gelehrsamkeit außerhalb Spaniens und einer der Schöpfer der Romanik. Jeder Stein hat da etwas zu erzählen.

12 / LANGUEDOC-ROUSSILLON

Sehenswertes in den Départements Aude und Pyrénées-Orientales

Nîmes, Carcassonne, Collioure und die Katharerburgen sind längst keine weißen Flecken mehr auf der touristischen Landkarte. Doch ebenso reiche Eindrücke erwarten uns in Perpignan, Pézenas und Uzès, in den Adlerhorsten des Minervois, auf den hochgelegenen Weiden der Cerdagne oder im Röhricht der Camargue; denn in all dem wirkt ein selbstbewußter und stolzer Charme. Ein Quelltopf, den Platanen überschatten, ein Geisterdorf unterhalb von karstigen Cevennengraten, der freundliche Akzent einer Studentin aus Montpellier, das verwirrend Rauhe der Corbières, schließlich ein Altaraufsatz, der in einer kleinen Kirche, umweht vom Duft der hartblättrigen Garriguelandschaft, seinen Dornröschenschlaf hält. Hier vergoldet die Sonne alles, und ihre Strahlen besitzen die Schärfe eines Skalpells. Mit Schatten und unbestechlichem, alles bloßlegendem Blick gibt sie den Ton an: den eines Landes, an dem man hängt, weil es mit Schönheit gesegnet ist.

LANGUEDOC-ROUSSILLON / 13

Sehenswertes in den Départements Gard, Hérault und Lozère

REISEVORBEREITUNG

Nützliche Adressen in Deutschland, Österreich und der Schweiz

- *Französische Fremdenverkehrsbüros* (Syndicat d'Initiative)

– **Maison de France:** Westendstr. 47, D-60325 Frankfurt/M.; oder Pf. 10 01 28, D-60001 Frankfurt/M.; T. 069/75 60 83-0, Fax: 75 21 87. Entweder vorbeischauen, telefonieren oder eine Postkarte schreiben: Fr. Armelle Guérinet und ihre Mitarbeiter beraten ausführlich alle Frankreichurlauber und versenden gezielt auf Reisegebiet und Art des Aufenthalts abgestimmte Broschüren.
– **Büro Berlin:** Keithstr. 2-4, D-10787 Berlin, T. 030/218 20 64, Fax: 214 12 38.

14 / REISEVORBEREITUNG

- **Auskunftsbüro Österreich:** Landstrasser Hauptstr. 2, Hilton Center, Pf. 11, A-1033 Wien, T. 01/715 70 61-62, Fax: 71 57 06 110
- **Auskunftsbüro Schweiz:** Löwenstr. 59, 1. Stock, Pf. 7226, CH-8023 Zürich, T. 01/221 30 85-86 (Auskünfte), 221 35 61 (Geschäftsleitung); Fax: 212 16 44.
- 2, rue Thalberg, CH-1201 Genf, T. 022/732 86 10 oder 731 58 73.

• *Französische Kulturinstitute*

Auch die französischen Kulturinstitute *(Instituts Français, Centres culturels* bzw. das *Institut Culturel franco-allemand)* sind bei der Reisevorbereitung hilfreich, denn sie verfügen über Bibliotheken und bieten kulturelle Veranstaltungen als Einstimmung.

- 52062 **Aachen**, Theaterstr. 67, T. 02 41/332 74, Fax: 40 31 45
- 10719 **Berlin**, Kurfürstendamm 211, T. 030/885 90 20, Fax: 882 12 87
- 10117 **Berlin**, Unter den Linden 40, T. 030/229 10 10, Fax: 229 30 06
- 53113 **Bonn**, Adenauerallee 35, T. 02 28/73 76 09, Fax: 21 94 58
- 28203 **Bremen**, Contrescarpe 19, T. 04 21/32 67 22, Fax: 32 69 67
- 01067 **Dresden**, Kreuzstr. 4, T. 03 51/495 14 78, F. 495 41 08
- 40213 **Düsseldorf**,
Bilker Str. 7-9, Palais Wittgenstein, T. 02 11/32 06 54, Fax: 13 25 64
- 91054 **Erlangen**, Marktplatz 1, T. 0 91 31/240 48, Fax: 287 10
- 45130 **Essen**, Brittastr. 34, T. 02 01/77 63 89, 77 35 88
- 60486 **Frankfurt/M.**, Jordanstr. 7, T. 069/77 80 01-02, Fax: 77 90 74
- 79098 **Freiburg i.Br.**, Werderring 11, T. 07 61/399 37, Fax: 393 51
- 20148 **Hamburg**, Heimhuderstr. 55, T. 040/45 56 60, Fax: 410 18 32
- 30159 **Hannover**, Theaterstr. 14, T. 05 11/32 23 33, Fax: 368 11 06
- 69117 **Heidelberg**, Seminarstr. 3, T. 0 62 21/252 88, Fax: 255 29
- 76133 **Karlsruhe**, Karl-Friedrich-Str. 24, T. 07 21/206 58, Fax: 206 13
- 24105 **Kiel**, Hardenbergstr. 9-11, T. 04 31/80 49 65, Fax: 80 49 25
- 50677 **Köln**, Sachsenring 77, T. 02 21/32 70 45, Fax: 32 69 67
- 04155 **Leipzig**, Lumumbastr. 11-13, T. 03 41/564 22 39, Fax: 564 22 56
- 55116 **Mainz**, Schillerstr. 11, T. 0 61 31/23 17 26, F. 23 51 94
- 80539 **München**, Kaulbachstr. 13, T. 089/28 66 28-0, 28 66 28-66
- 18055 **Rostock**, Stephanstr. 7, T. 03 81/45 52 91, Fax: 45 50 08
- 66123 **Saarbrücken**,
Universität des Saarlandes, T. 06 81/ 362 65, Fax: 390 47 58
- 70184 **Stuttgart**, Diemershaldenstr. 11, T. 07 11/24 59 81, Fax: 236 41 55
- 72074 **Tübingen**, Doblerstr. 25, T. 0 70 71/232 93, Fax: 233 85

- A-1090 **Wien**, Palais Clam Gallas, Währingerstr. 32, T. 02 22/ 31 96 776
- A-6020 **Innsbruck**, Rennweg 13, T. 05 12/58 13 92
- A-5020 **Salzburg**, Georg-Trakl-Haus, Waagplatz 1a, T. 06 62/84 53 70
- A-8010 **Graz**,
Gemaltes Haus/Herzoghof, Herrengasse 3/II, T. 03 16/82 93 96

In der Schweiz obliegt die Kulturarbeit der Botschaft in Bern. Weitere Institute:

- **Les Amis de la Culture Française:**
Tannenrauchstr. 98, CH-8036 Zürich, T. 01/482 59 56
- **Alliance Française:** Toblerstr. 37, CH-8044 Zürich, T. 01/252 21 29

• *Vermischtes*

- **Deutsch-Französisches Jugendwerk:** Rhöndorfer Str. 23, D-53604 Bad Honnef, T. 0 22 24/18 08-0; alles über Begegnungen, Sprache, Schule, Studium, Arbeit, Ausbildung, Reise und Kultur für französische und deutsche Jugendliche.
- **Médiathèque Française:** Adenauerallee 35, D-53113 Bonn, T. 02 28/21 45 42; Verleih von Filmen über Frankreich und von französischen Spielfilmen.

NÜTZLICHE ADRESSEN ZU HAUSE / 15

● *Unterkunft*

FERIENWOHNUNGEN UND -HÄUSER

- **Lagrange:** Gablenberger Hauptstr. 16a, D-70186 Stuttgart, T. 07 11/48 40 71, Fax: 48 00 507.
- **Jean Jacq GmbH:**
Pf. 1607, D-77676 Kehl am Rhein, T. 0 78 51/730 01, Fax: 40 60.
- **Wolters Reisen:** Pf. 1151, D-28801 Stuhr/Bremen; T. 04 21/89 99 290, Fax: 80 14 47. Ferienhäuser, Appartements und Ferienwohnungen im Languedoc-Roussillon.
- **Frantour FTS:** Rüsterstr. 11, D-60325 Frankfurt/M.; T. 069/72 81 43-45, Fax 01 30-82 45 14 (zum Nulltarif); Hotels, Ferienwohnungen, Privatschlösser usw.
- **Interchalet:** Pf. 5420, D-79021 Freiburg, T. 07 61/21 00-0, -77, Fax: -154; vermittelt Ferienhäuser und -wohnungen auch in der Region Languedoc-Roussillon.
- **Cherdo Armoric:** Oststr. 22, D-40211 Düsseldorf; T. 02 11/164 90 51, Fax 164 96 92; Ferienhausvermittlung. .

JUGENDHERBERGEN

Das französische Jugendherbergsnetz ist nicht so dicht geknüpft, wie man es von zu Hause her gewohnt ist. Dennoch stellt die *Auberge de jeunesse* eine preiswerte Alternative zu Ferienwohnung und Hotel dar, auch für »Senioren« und Familien. In den Gästehäusern in Nîmes, Montpellier, Sète, Béziers, Carcassonne, Rodome, Axat, Le Bousquet, Bugarach und Perpignan findet man obendrein leicht Kontakt und erhält Tips zu Besichtigungen oder Freizeitgestaltung.

- **Deutscher Jugendherbergsverband** (DJH): Bismarckstr. 8, D-32756 Detmold, T. 0 52 31/74 01-0 (Zentrale), 74 01-22/24/70 (Mitgliederdienst)
- **Österreichischer Jugendherbergsverband:**
Schottenring 28, A-1010 Wien, T. 01/533 53 53 oder
- **Österreichisches Jugendherbergswerk:**
Helferstorferstr. 4, A-1010 Wien, T. 01/533 18 33.
- **Schweizer Bund für Jugendherbergen:** Mitgliederverwaltung Zürich, Mutschällenstr. 116, Pf. 80 38, CH-8000 Zürich, T. 01/482 45 61, Fax 482 45 78

WOHNUNGSTAUSCH

Zunehmender Beliebtheit erfreut sich der über Kleinanzeigen, Mitwohnzentralen oder gewerbliche Vermittler abgewickelte Wohnungstausch. Hier nur zwei Anbieter:

- **Intervac:**
Verdiweg 2, D-70771 Musberg, T. 07 11/754 60 69, Fax: 754 28 31.
- **Holiday Service:**
Seehofstr. 50, D-96117 Memmelsdorf, T. 09 51/430 55, Fax: 43 057.

CHAMBRES & TABLES D'HOTES

Gut aufgehoben ist man bei den »Chambres & Tables d'Hôtes«. Zu diesen Adressen existiert sogar ein französischer Führer; dieser deckt allerdings ganz Frankreich ab und führt ausschließlich die bei *Gîtes de France* zusammengeschlossenen Angebote auf. Der *Guide* enthält ein Bewertungssystem für die Zimmer und macht verbindliche Preisangaben. Erhältlich im gut sortierten französischen Buchhandel – umgerechnet rund 30 DM, die sich bei einem längeren Aufenthalt sicher lohnen. Hier die Kontaktadresse in Deutschland:

- **Gîtes de France:** Sachsenhäuser Landwehrweg 108, D-60598 Frankfurt/M., T. 069-68 35 99, Fax 68 62 36; »Chambres et Tables d'Hôtes« sowie »Camping à la ferme« in Südfrankreich.

Nützliche Adressen in Frankreich

● *Botschaften und Konsulate*

- **Deutsche Botschaft Paris:** 13-15 Ave. Franklin D. Roosevelt, F-75008 Paris, T. 1/42 99 78 00. Zuständig für Auskünfte zu Rechtsfragen, Visa- und Aufenthaltsrecht, Arbeitsvermittlung u.a. ist die *Rechts- und Konsularabteilung:* 34, Av. d'Iéna, F-75116 Paris, T. 1/42 99 78 00
- **Generalkonsulat Marseille:** 338, av. du Prado, F-13295 Marseille; T. 91 77 60 90, 91 77 08 98 oder 91 77 31 41, Fax: 91 77 34 24; u.a. zuständig für die Départements Aude, Gard, Hérault, Lozère und Pyrénées-Orientales. Honorarkonsulate in Montpellier, Perpignan und Toulouse (s. dort).

- **Österreichische Botschaft Paris:** 6, rue Fabert, F-75007 Paris, T. 1/95 55 95 66, Fax: 45 55 63 65; *Konsulat:* 12, rue Edmont Valentin, F-75007 Paris, T. 1-47 05 27 17, 47 05 93 40, Fax: 45 55 91 50.
- **Konsulat Toulouse:**
22, bd de la Gare, F-31500 Toulouse; T. 61 54 50 04, Fax: 61 54 13 09.
- **Konsulat Marseille:** 27, cours Pierre Puget, F-13006 Marseille; T. 91 53 02 08 oder 91 37 74 30, Fax: 91 53 71 51.

- **Botschaft der Schweiz:**
142, rue de Grenelle, F-75007 Paris, T. 1/49 55 67 00, Fax: 45 51 01 49.
- **Generalkonsulat Marseille:** 7, rue d'Arcole, F-13291 Marseille Cedex 6, T. 91 53 36 65, Fax: 91 57 01 03; u.a. zuständig für die Départements Aude, Hérault, Lozère und Pyrénées-Orientales.

● *Regionale Verkehrsämter*

- **CRT Languedoc-Roussillon:** 20, rue de la République, F-34000 Montpellier; T. 00 33/67 22 81 00, Fax: 67 58 06 10; das *Comité Régional du Tourisme* versendet als übergeordnete Stelle ergänzend zu den französischen Verkehrsämtern im Ausland Informationsmaterial zum gesamten Reisegebiet.

- **Comité Départemental du Tourisme de l'Aude:** 57, rue d'Alsace, B.P. 862, F-11004 Carcassonne; T. 00 33/68 11 42 00, Fax: 68 11 42 09
- **Comité Départemental du Tourisme du Gard:** 3, place des Arènes, B.P. 122, F-30011 Nîmes Cédex; T. 00 33/66 21 02 51, Fax: 66 36 13 14
- **Comité Départemental du Tourisme de l'Hérault:** Av. des Moulins, B.P. 3067, F-34034 Montpellier; T. 00 33/67 84 71 71, Fax: 67 48 71 77
- **Comité Départemental du Tourisme de Lozère:** 14, bd Henri Bourillon, B.P. 4, F-48000 Mende; T. 00 33/66 65 60 00, Fax: 66 49 27 96
- **Comité Départemental du Tourisme des Pyrénées Roussillon:** Quai de Lattre de Tassigny, B.P. 540, F-66005 Perpignan Cédex; T. 00 33/68 34 29 94, Fax: 68 34 71 01

● *Vermischtes*

- **Centre d'Information Jeunesse Languedoc-Roussillon** (CIJ): 190, av. Pére Soulas, F-34090 Montpellier, T. 67 61 12 00; bietet u.a. Auskünfte zu Freizeitmöglichkeiten, Sport, Reisen und preisgünstige Unterkünfte für junge Leute.

Für Hinweise, die wir in späteren Auflagen verwerten, bedanken wir uns mit einem Buch aus unserem Programm

NÜTZLICHE ADRESSEN IN FRANKREICH / 17

● *Unterkunft*

GITES D'ETAPES

Ideal für alle, die häufiger unterwegs sind; dort findet man in der Regel einen Schlafsaal, eine Kochecke und einen Kamin zum Aufwärmen am Abend. Diese Unterkünfte säumen die größeren Wanderwege – wie den GR 10 (Mittelmeer – Pyrenäen – Atlantik), den GR 7 (Cerdagne – Haut-Languedoc – Cevennen) oder den GR 36 (Roussillon – Pyrenäen – Corbières – Minervois) – finden sich aber auch in den Bergen oder an der Küste. Sich eine Liste aller *Gîtes* im Verkehrsamt besorgen.

JUGENDHERBERGEN

Die französischen Jugendherbergen sind normalerweise von 7-10h und von 17-22h geöffnet, im Sommer länger. Die Übernachtungspreise liegen je nach Ort zwischen 30 und 70 F zuzüglich der Mietgebühr für Bettwäsche und ggf. einer »Wohnsteuer«. Einrichtungen für Selbstversorger sind in den meisten Häusern vorhanden.

– **Fédération Unie des Auberges de Jeunesse** (FUAJ): 27, rue Pajol, F-75018 Paris, T. 00 33/1/46 07 00 01, Fax: 46 07 93 10. Auskünfte über die landesweit ca. 220 Jugendherbergen, für die ein Internationaler Jugendherbergsausweis erforderlich ist.
– **Ligue Française pour les Auberges de Jeunesse:** 38, bd Raspail, F-75007 Paris, T. 00 33/1/45 48 69 84, Fax: 45 44 57 47.

ZELTPLÄTZE

– **Fédération Française de Camping et Caravaning:** 78, rue de Rivoli, F-75004 Paris, T. 00 33/1/42 72 84 08, Fax: 42 72 70 21; erteilt alle gewünschten Auskünfte über Zeltplätze im Reisegebiet. Alle Zelt- und Caravanplätze sind einer der drei Kategorien zugeordnet:

– *PRL* (Parc Résidentiel de Loisirs)
– *Camp de Loisirs* (Komfort- bis Luxusklasse)
– *Camp de Tourisme* (Kategorien * bis ****)

Hilfreich bei der Auswahl des geeigneten Campingplatzes ist der jährlich überarbeitete ADAC-Campingführer bzw. der in Frankreich im Supermarkt oder am Kiosk erhältliche »Guide du camping« von *Michelin.* Auf jene Plätze, die *uns* am ehesten zugesagt haben, weisen wir selbstverständlich nach wie vor in der Rubrik »Übernachten« hin.

HOTELS

Ein regionaler *Hotelzimmernachweis* ist bei den französischen Fremdenverkehrsämtern erhältlich. Zu unterscheiden sind folgende **Kategorien:**

- ****L: Luxushotel, Palace-Hotel ersten Ranges
- ****: Luxushotel
- ***: Hotel des gehobenen Komforts
- **: Hotel mit gutem Komfort
- *: gutbürgerliches Hotel
- ohne Stern: kleines, gutbürgerliches Hotel

LOGIS DE FRANCE

Unter dem Dach von *Logis de France* haben sich familiäre Unterkünfte mit regionaler Küche außerhalb der städtischen Zentren zusammengeschlossen. Zu erkennen sind sie an einem, zwei oder drei kleinen Kaminen, die Aufschluß über die Kategorie der Unterkunft geben. Der Hotelführer »Logis de France«

mit ausführlichem Kartenteil wird bei Bezug über die Fremdenverkehrsämter in Frankfurt, Zürich und Wien kostenlos zugesandt (in Frankreich ca. 70 F!). Auskunft notfalls auch über die Zentrale in Paris oder deren Regionalbüros.
- **Logis de France** *(Fédération Nationale):*
83, av. d'Italie, F-75013 Paris, T. 00 33/1/45 84 70 00, Fax 45 83 59 66.

ANREISE

Einreiseformalitäten

Für die Einreise ins Nachbarland Frankreich sind auch nach Schengen ggf. folgende Dokumente vorzulegen – noch sind stichprobenhafte Grenzkontrollen ja nicht völlig abgeschafft:

- ein gültiger *Personalausweis* oder *Reisepaß*
- *Führerschein*, *Kraftfahrzeugpapiere* und *grüne Versicherungskarte*
- bei der Mitnahme von Haustieren: ein *Internationaler Impfpaß* mit Nachweis einer Tollwutschutzimpfung.
- **Zoll-** und **Devisenbestimmungen** sind seit Einführung des europäischen Binnenmarktes weggefallen. Dies gilt allerdings nur für vom gewerblichen Verkehr zu unterscheidende Waren des persönlichen Bedarfs. Mit den Höchstmengen wird aber so schnell niemand in Konflikt kommen: was soll man unterwegs schon mit 90 l Rheinwein und 800 Zigaretten anfangen?

Als nützlich – im Sinne von budgetschonend – erweisen sich auch *Studentenausweis* und ...

● *Deutsch-französischer Sozialausweis*

Deutsche Studenten können während ihres Frankreichaufenthalts von vergünstigten Tarifen in – von den CROUS unterhaltenen – Mensen und Studentenwohnheimen profitieren, sofern sie im Besitz eines »Deutsch-Französischen Sozialausweises der Studentenwerke« sind. Den ein Kalenderjahr gültigen Sozialausweis (1. Januar bis 31. Dezember) erhält man gegen eine geringe Gebühr bei den örtlichen Studentenwerken zu Hause, nicht jedoch in Frankreich.

- Näheres beim örtlichen Studentenwerk oder beim **Deutschen Studentenwerk** (DSW): Weberstr. 55, D-53113 Bonn, T. 02 28/26 90 60

Anreise per Bahn

Bahnfahrer bewahren nicht nur ihre Mitmenschen vor Lärm und Abgasen, sie können auch ihrer Reisekasse einiges ersparen. Abgesehen von den bekannten Angeboten der Deutschen Bahn AG, der SBB und der Österreichischen Bundesbahn – BIGE, Interrail, Eurodomino usw.; Auskünfte bei Wasteels, am Bahnschalter und bei jedem autorisierten DER-Reisebüro – hält die französische SNCF gerade für junge Reisende verlockende Sondertarife bereit.

● *Ermäßigungen*

Je nach Alter, Reisezeit und Reisedauer lassen sich bei der SNCF deutliche Nachlässe erzielen (z.B. *Billet de Séjour,* Familienreisen in Frankreich für Inhaber der BahnCardF, *Carte Kiwi* usw.). Da wir niemanden mit trockenen Tarifsystemen langweilen möchten, hier Anschrift und Telefonnummer der französischen Eisenbahnvertretungen, wo die aktuellsten Tarifübersichten angefordert werden können:

- **SNCF-Französische Eisenbahnen:** Kommerzielle Vertretung Personenverkehr, Westendstr. 24, D-60325 Frankfurt/M., T. 069/72 84 45-46, Fax 72 74 68; in der Schweiz: Hbf, CH-4002 Basel, T. 061/271 50 32, Fax 271 42 73.

Im folgenden werden die SNCF-Bahnhöfe stets einfach als Bahnhof bezeichnet, ein Busbahnhof als *Gare Routière*.

● *Anreise*

VIA PARIS

Nordlichter und Reisende aus dem ostdeutschen Bundesländern werden den zumeist schnelleren Weg über die französische Hauptstadt nehmen (über Köln und Brüssel). Ankunft am Pariser *Gare du Nord*, Metrotransfer, Weiterfahrt vom *Gare de Lyon*. Fahrplanauskünfte am Bahnschalter, im autorisierten DER-Reisebüro zu Hause oder unmittelbar bei der *SNCF* in Paris, T. 45 82 50 50. Beim französischen Hochgeschwindigkeitszug *TGV* besonderen Fahrpreis und Reservierungspflicht – bis eine Stunde vor Abfahrt – beachten!

– **Nach Nîmes:** mindestens vierzehn Züge täglich, sechs davon mit Umsteigen. Im TGV vier Stunden, zwanzig Minuten.
– **Nach Montpellier:** mindestens dreizehn Züge täglich, sieben durchgehende. Vier Stunden, fünfzig Minuten mit dem TGV.
– **Nach Béziers:** in der Saison elf Züge am Tag, acht davon mit Umsteigen. Fünf Stunden, dreißig Minuten im TGV.
– **Nach Narbonne:** in der Urlaubszeit mindestens sechzehn Züge täglich, dreizehn davon mit Umsteigen. Sechs Stunden im TGV.
– **Nach Perpignan:** gewöhnlich dreizehn Züge täglich, darunter allerdings nur drei durchgehende; macht sieben Stunden im TGV.
– **Nach Carcassonne:** sieben Züge am Tag, fünf mit Umsteigen. Achtung, kein TGV! Mit durchgehendem Zug acht Stunden veranschlagen. Alternative: am Bahnhof Paris-Montparnasse in den TGV »Atlantique« nach Toulouse, dort umsteigen; Reisedauer fünf Stunden, dann noch einmal fünfzig Minuten.

ÜBER LYON UND AVIGNON

Für alle Süddeutschen, Österreicher und natürlich Schweizer günstiger, die über Basel bzw. Zürich Kurs auf Südfrankreich nehmen. In Avignon die Nord-Süd-Rennstrecke verlassen und über Nîmes, Montpellier, Sète und Béziers nach Narbonne. Dort gabelt sich die Strecke: nach Westen geht's weiter über Carcassonne nach Castelnaudary (Richtung Toulouse), nach Süden zu erreichen wir Perpignan, die Hauptstadt des Roussillon und zugleich östlichster Punkt der Pyrenäenbahn.
Hier als grober Anhaltspunkt die ungefähre Reisedauer (in Stunden): Basel-Genf: 2,5 / Zürich-Genf: 3; Genf-Lyon: 2; Lyon-Avignon: 2-2,5; Avignon-Narbonne: ca. zwei Stunden.

● *Autoreisezüge* (Urlaubsexpreß)

Mal eine andere Lösung als die nervenaufreibende Anfahrt mit dem Wagen. Autoreisezügen werden teilweise von Deutschland und der Schweiz (Lausanne, Zürich) aus eingesetzt. Derzeit verkehren welche ab Düsseldorf Hbf., Hamburg-Altona, Hannover Hbf., Köln-Deutz, München-Ost und Neu-Isenburg bei Frankfurt, und zwar in der Urlaubszeit von April bis Oktober, nach Avignon und Narbonne. Näheres am Bahnschalter (Broschüre »Autoreisezug«) oder unmittelbar bei den Verladestationen.

● *Auskunft*

– **Wasteels:** Buchungszentrale Köln, Bahnhofsvorplatz 7, T. 02 21/12 10 33-36; Preisvergünstigungen im europäischen Schienenverkehr *(BIGE)*. Buchungen sind nicht nur über die Hauptagenturen möglich, sondern auch über zahlreiche Reisebüros und Mitfahrzentralen. *Büro Wien:* Wiedner Hauptstr. 5/10, T. 02 22/50 50 808; *Büro Zürich:* Militärstr. 85, T. 01/242 16 15
– **Touristik Union International** (TUI): D-30620 Hannover, Pf. 61 02 80; T. 05 11/567-0, Fax: -13 01 *(Eurotrain twen tickets* für junge Leute unter 26 Jahren).

- **SSR-Studenten- und Schülerreisen:** Rothenbaumchaussee 61, D-20148 Hamburg, T. 040/410 20 81, Fax 410 73 88.
- **Club 7-Deutschland:** Luxemburger Str. 124, D-50939 Köln, T. 02 21/42 14 46, Fax: 42 19 48.

Anreise per Bus

Europabus (Deutsche Touring) und *Eurolines-Continentbus* bedienen mit ihren Linienbussen nur Paris bzw. Paris, Toulon und die Atlantikinsel Ile d'Oléron. Bleibt der ...

● *Euro-Fahrradbus*

Frankreichs gut ausgebautes Netz an teils nur schwach ausgelasteten Nationalstraßen bietet nämlich ideale Voraussetzungen für die Erkundung reizvoller Landstriche per Pedale. Was bisher mit einigen Umständen verbunden war – die An- und Abreise mit dem Drahtesel im Urlaubsgepäck nämlich – ist mit einer Idee des *ADFC* gut gelöst worden: dem Euro-Fahrradbus, der von zahlreichen deutschen Großstädten u.a. nach Nîmes und Perpignan verkehrt. Näheres dazu und zum Radurlaub in Frankreich allgemein bei:

- **ADFC-Velomobil:** Pf. 10 77 47, D-28077 Bremen

● *Sonstige Anbieter im Linienverkehr*

- **Prima Klima Reisen:** Hauptstr. 5, D-10827 Berlin, T. 030/78 79 270, Fax 78 79 27 20. Fahrten über Lyon, Orange, Montpellier nach Perpignan und Barcelona zur Urlaubszeit.
- **Interline Touristic Service:** Südstern 2, D-10961 Berlin; T. 030/693 70 68, Fax: 694 23 50; führt zu den Ferienterminen (etwa Ende Juni bis Mitte Oktober; Ostern auf Anfrage) günstige Busfahrten ab Berlin via Braunschweig, Kassel, Frankfurt/M., Heidelberg und Freiburg nach Südfrankreich (z.B. Montpellier oder Perpignan) durch. Fahrradmitnahme ist in jedem Fall gewährleistet. Buchungen telefonisch oder per Fax; Gruppenermäßigung ab zehn Personen.

Anreise mit dem Auto

Für Fahrten durch Frankreich gilt nach wie vor: wenn irgendwie machbar, dann sollte man das erste Juli- und das erste Augustwochenende für die Anreise meiden, denn zu diesem Zeitpunkt ist jeweils halb Frankreich auf Achse. Allgemein gilt auch, daß man zwischen 12 und 15h mit wesentlich weniger Straßenverkehr rechnen kann, da in dieser Zeit ein Großteil der Franzosen am Mittagstisch Platz genommen hat. Das ist eben *Savoir vivre ...*

● *Routenvorschläge*

NÖRDLICHE ROUTE ÜBER PARIS

- **Autobahn A6:** gemeint ist die berühmt-berüchtigte »Autobahn des Südens« *(Autoroute du Sud).* Paris durch die *Porte d'Orléans* verlassen. Auf der Höhe von Orange verzweigt sich die Asphaltpiste. Der A9 über Nîmes (710 km von Paris), Montpellier (760 km), Béziers (822 km), Narbonne (847 km) bis Perpignan (909 km) folgen. Bei Perpignan Abzweigung A61 nach Westen Richtung Carcassonne und Toulouse.

- **Über Nationalstraßen:** die N6 oder die N7 bis Lyon, dann die N7 ins Rhonetal runter bis Avignon. Über die N86 schließlich bis Nîmes. Für weniger Eilige die N7 bis Moulins und dann die N9 über Clermont-Ferrand, Narbonne und Perpignan.

MIT DEM AUTO / 21

SÜDLICHE ROUTE:
FREIBURG – MÜLHAUSEN – BESANÇON – LYON (A 36)

Bei der Anreise aus dem Süden und der Mitte Deutschlands zu empfehlen. In Lyon nimmt die zur Hauptreisezeit staugefährdete »Autoroute du Soleil« (A 7) ihren Anfang, die uns das Rhonetal bis Orange hinunterführt. Dort weiter über die »Languedocienne« (A 9) bis Narbonne.

SÜDLICHE ROUTE ÜBER GENF

Alle »echten« Süddeutschen, Österreicher und Schweizer benutzen die A 40 über Genf nach Lyon. Weiter wie oben beschrieben.

- *Allgemeine Hinweise für Frankreichfahrten*

– Die **Benzinpreise** liegen mittlerweile kaum über den deutschen. Diesel *(Gazole)* ist allerdings um einiges billiger. Bleifrei tanken *(sans plomp)* ist auch in entlegenen Landstrichen kein Problem. Allerdings gilt nach wie vor: wer nachts durchfahren will (um nur ja nichts von den Kilometern dazwischen mitzubekommen), sollte am späten Abend den Tank auffüllen, denn selbst an den großen Nationalstraßen machen zahlreiche Tankstellen nachts dicht.

– Zu den beliebten Nachfahrten bleibt noch anzumerken, daß die Fälle von **Straßenräuberei** in den letzten Jahren rapide zugenommen haben. Waren es früher noch überwiegend Touristen in Wagen der Mittel- bzw. oberen Preisklasse, die angehalten wurden, so haben sich die »Banditen« mittlerweile auch der Touristen in Kleinwagen angenommen. Aus diesem Grund sollte man auch abgelegene Plätze für nächtliche Pausen meiden. Aus Sicherheitsgründen niemals im Auto übernachten: von lautem Klopfen am Seitenfenster jäh aus seinen süßen Urlaubsträumen aufgeschreckt und von einer Taschenlampe geblendet, hat sich schon manch einer wie eine Gans ausnehmen lassen. Vereinzelt wurden Wagen auch auf den Randstreifen oder in den Graben abgedrängt bzw. es wurden Auffahrunfälle verursacht, um die so Geschädigten dann auszunehmen.

– **Autobahngebühren:** die Benutzung der französischen Autobahnen ist mit Ausnahme weniger Teilstücke um die Städte herum gebührenpflichtig *(Péage)*. Deshalb weichen viele Franzosen auf die gut ausgebauten Nationalstraßen aus, deren Verkehrsbelastung außerhalb der Ballungsräume dennoch nicht mit deutschen Verhältnissen zu vergleichen ist.

– In ganz Frankreich gelten folgende **Geschwindigkeitsbeschränkungen:** innerorts – 50 km/h; Landstraße – 90 km/h (bie Regen 80 km/h); Autobahn – 130 km/h (bei Regen 110 km/h). Es herrscht Gurtanlegepflicht, und die Promillegrenze von 0,8 sollte man auch im Land des »bon petit rouge« gar nicht erst erproben. Aufgepaßt: für alles Mögliche ungewöhnlich hohe Geldstrafen!

– Beim beliebten **Kreisverkehr** ist in Frankreich zu beachten, daß der im Kreis befindliche Verkehrsteilnehmer Vorfahrt genießt. Ansonsten gilt, solange durch Beschilderung keine andere Regelung getroffen ist, rechts vor links.

- *Hinweis für Fahrten durch die Schweiz*

Autobahnen in der Schweiz darf man nur mit der an der Grenze zu lösenden *Autobahnvignette* (ein Jahr gültig) befahren. Diese ist auch bei den Automobilclubs erhältlich.

- *Verkehrs- und Automobilclubs, Notrufnummern*

Alle Fragen bezüglich Pannenhilfe *(Dépannage)*, Staustrecken, Benzinkosten, Notruftelefone usw. beantworten die Verkehrs- und Automobilclubs:

– **VCD:** Eifelstr. 2, D-53119 Bonn, T. 02 28/9 85 85-0; VCD-Mitglieder wenden sich in Assistance- und Schutzbriefangelegenheiten an die rund um die Uhr besetzte *Notrufzentrale* in München, T. 1949/89/55 98 71 73

- **ADAC-Euronotruf:** von Frankreich aus T. 19 49/89/22 22 22. Der Autofahrerclub unterhält eine zusätzliche Auslands-Notrufstation in Lyon (T. 72 17 12 22). Diese steht *allen* Hilfesuchenden werktags von 9-17h und sonn- und feiertags von 9-13h mit Rat zur Seite.
- **ACE:** Notruf in Stuttgart: T. 19 49/711/530 31 11, -19 216,
Zentrale 19 49/711/530 30

- **Verkehrsclub Österreich** (VCÖ): Dingelstedtgasse 15, A-1150 Wien, Notruf über München: T. 1949/89/50 10 55, Zentrale 1943/1/89 32 69 70
- **Verkehrsclub Schweiz** (VCS): Lagerstr. 18, CH-3360 Herzogenbuchsee, T. 063/61 51 51; Fax: 61 60 17, Mitglieder mit Schutzbrief wählen die Notrufnummer der europäischen Reiseversicherung 1941/1/833 15 55
- **Touringclub der Schweiz** (TCS):
9, rue Pierre-Fatio, CH-1211 Genf, T. 022/737 12 12; Fax: 786 09 99.
- **Automobilclub der Schweiz** (ACS): Wasserwerkgasse 39, 3000 Bern 13, T. 031-311 77 22, in Not geratene Schutzbriefinhaber wenden sich an 052-213 21 22

Schweizer schlagen die Notrufnummer in ihren Schutzbriefen nach oder wenden sich an die Zentrale des französischen Automobilclubs:

- **Automobile Club National** (ACN):
5, rue Auber, F-75009 Paris, T. 00 33/1/44 51 53 99, Fax: 49 24 93 99.

Anreise auf dem Luftweg

Wer's eilig hat und auf die Veränderung der Landschaft dazwischen pfeift: der *internationale Flughafen* in Toulouse-Blagnac, östlich unseres Reisegebietes, wird von Deutschland und der Schweiz teilweise direkt angeflogen (z.B. ab München mit der *Lufthansa* oder ab Genf mit der *Swissair*). Ansonsten bieten sich die zahlreichen Flugverbindungen über Paris-Orly, Marseille oder Barcelona an (auch mit der spanischen *Iberia*). Letztere vor allem dann, wenn man sich hauptsächlich im Roussillon umschauen möchte: bis Perpignan benötigt der Zug ab Barcelona-Sants nurmehr gut drei Stunden.

● *Mit Air France*

Die französische Fluggesellschaft nimmt regelmäßig von Berlin, Dresden, Düsseldorf, Frankfurt, Genf, Hamburg, Hannover, Köln-Bonn, Leipzig, München, Nürnberg und Stuttgart aus Kurs auf Toulouse und Marseille (via Paris, Frankfurt oder Lyon). Über die jährlich wechselnden Sondertarife unterrichtet jedes IATA-Reisebüro. Notfalls wende man sich unmittelbar an die Stadt- und Reservierungsbüros der *Air France* in:

- **Berlin:** »Europa Center«, Breitscheidplatz 1, T. 030/26 10 51; auch zuständig für Dresden und Leipzig.
- **Düsseldorf:**
Graf-Adolf-Str. 59, T. 02 11/387 94 11; auch zuständig für Münster-Osnabrück.
- **Frankfurt:** Friedensstr. 11, T. 069/256 61 00
- **Hamburg:** Jungfernstieg 1, T. 040/33 92 22
- **Hannover:** Reservierung entweder über Hamburg oder T. 05 11/977 29 15.
- **Köln:** Flughafen Köln-Bonn, T. 0 22 03/47 81 00
- **München:** Theatinerstr. 23, T. 089/210 67
- **Nürnberg:** Hallplatz 23, T. 09 11/20 37 92
- **Stuttgart:**
Rotebühlplatz 20d, T. 07 11/209 11 00; auch zuständig für das Büro Freiburg.

- **Buchungen an Ort und Stelle:** *Toulouse,* 2, bd de Strasbourg, T. 61 10 01 01; *Marseille,* 14, La Canebière, T. 91 54 92 92.

Fotos gesucht! Für Fotos (S/W, Farbe, Dias), die wir in späteren Auflagen verwenden, bedanken wir uns mit einem Buch aus unserem Programm.

AUF DEM LUFTWEG / 23

● *Mit Air Inter*

Als Direktflug auf der Route Strasbourg-Perpignan oder Abflug von den Pariser Flughäfen Orly-West bzw. Charles de Gaulle. Die Tochtergesellschaft der *Air France* bedient aber auch die Flughäfen Hamburg, Berlin, Hannover, Düsseldorf, Köln, Leipzig, Dresden, Frankfurt/M., Saarbrücken, Stuttgart, München, Basel, Bern, Zürich, Salzburg, Linz und Wien. Neben Perpignan kommen als nationale Zielflughäfen außerdem Béziers, Narbonne, Nîmes, Montpellier und Toulouse in Frage.

- Unter bestimmten Bedingungen bietet *Air Inter* günstige **Sondertarife**, z.B. den *Tarif »Super Loisirs«* (nur Hin- und Rückflug bei fester Buchung), die *Carte »Évasion«* (erhebliche Ermäßigungen bei *vols bleus* täglich bzw. *vols blancs* übers Wochenende) oder die »*Super Tarifs Jeunes*« für alle unter fünfundzwanzig Jahren (Studenten: 26 Jahre).
- **Buchungen an Ort und Stelle:** in Perpignan T. 68 61 22 24, in Nîmes T. 66 70 08 59 und in Montpellier bzw. Béziers T. 67 22 66 67.

● *Mit EAS-Europe Airline*

Im Sommer drei Linienflüge wöchentlich ab Prais (Aéroport Orly-West) nach Perpignan; im Winterhalbjahr, von Oktober bis Mai, nur zwei. Die günstigen Wochenendtarife in der »Eco«-Klasse ausnutzen, die für jedermann gedacht sind, oder sich nach dem Tarif für junge Leute unter fünfundzwanzig Jahren erkundigen.

Mit dem Rad unterwegs

Frankreich verfügt über ein ausgedehntes Netz kleiner und kleinster Nebenstraßen, so daß entspanntes, erholsames Radfahren abseits der Magistralen möglich ist und jeder Punkt des Landes erreichen läßt: langsam genug, um die Landschaft bewußt zu erleben, und schnell genug, um den Wechsel wahrzunehmen. Ein Radwanderführer (z.B. »Süd-Frankreich per Rad« aus der Reihe Cyklos-Fahrradreiseführer im Verlag Wolfgang Kettler) leistet gute Dienste für die etappenweise Erkundung des Languedoc-Roussillon. Aber auch mit einer möglichst kleinmaßstäblichen Straßenkarte (möglichst 1 : 25.000) oder den Radwanderkarten des *ADFC*, des *Bicyclub* oder des *Institut Géographique National* wird man sicher ans Ziel kommen.

- **ADFC** *(Allgemeiner Deutscher Fahrradclub):* Pf. 10 77 47, D-28077 Bremen, T. 04 21/346 29 02, Fax: 346 29 50. Hier erfährt man auch alles über Mitnahmemöglichkeiten von Fahrrädern in französischen Zügen.
- **Fédération Française de Cyclotourisme:** 8, rue Jean-Marie Jégo, F-75013 Paris, T. 00 33/1/45 80 30 21, Fax: 45 88 02 41.
- **Bicyclub:** 8, place de la Porte-Champerret, F-75017 Paris, T. 00 33/1/47 66 55 92; Fax: 43 80 35 68.
- **IGN** *(Institut Géographique National):* s. Kapitel »Landkarten«.

Mitfahrzentralen

Gegen Fahrtkostenbeteiligung kann man sich an Autofahrer mit gleichem Reiseziel vermitteln lassen, was sicherlich die preisgünstigste Lösung darstellt. Das MFZ-Netz – ein Großteil der Zentralen nennt sich *Allostop* – ist in Frankreich allerdings merklich weitmaschiger als bei uns. Bei *interconnections* ist dazu die Broschüre »Mitfahrzentralen in Europa« erschienen: mit einem Verzeichnis aller Zentralen, Angabe von Vermittlungsbedingungen, Fragen zur Versicherung, zu Gebühren usw. (im Buchhandel oder beim Verlag gegen DM 9,80 erhältlich).

PRAKTISCHE VORBEMERKUNGEN (A-Z)

Allgemeine Auskünfte zum Reiseland Frankreich (Zollbestimmungen, Öffnungszeiten, Stromspannung, Mehrwertsteuer, Geldwechsel, Währung usf.) versenden die französischen Verkehrsämter auf Anfrage, weshalb wir uns diesbezüglich kurz fassen möchten.

Apotheken *(Pharmacies)*

Sind in Frankreich an einem (blinkenden) grünen Kreuz zu erkennen. Nacht- und Notdienste sind wie zu Hause üblich am Eingang der entsprechenden Apotheke vermerkt oder der örtlichen Presse zu entnehmen.

Eß- und Lebensgewohnheiten

Die Hauptmahlzeiten in Frankreich heißen *Petit déjeuner* (Frühstück), *Déjeuner* (Mittagessen) und *Dîner* (Abendessen); *Souper* bezeichnet dagegen einen Imbiß zu vorgerückter Stunde. Hauptunterschied zu deutschen Ernährungsgewohnheiten: es werden täglich zwei warme Mahlzeiten gereicht (mittags und abends), bestehend aus mehreren Gängen, wenn zeitlich machbar; und das Frühstück setzt sich zumeist nur aus einem Croissant und/oder etwas Weißbrot, Butter, Marmelade und einem warmen Getränk *(Café au lait, Café crème,* Milch etc.) zusammen. Gefrühstückt wird übrigens häufiger als bei uns im Hotelzimmer, doch meist gibt's auch einen Frühstücksraum. Restaurants bieten Mittagessen normalerweise in der Zeit von 12.30 und 14.30h an, das Abendessen zwischen 19.30 und 21.30h. Zu den Hauptmahlzeiten trinken Franzosen verbreitet Wein. Gleichwohl scheint der Bier bei den jungen Leuten auf dem Vormarsch.

Feiertage

1. Januar – Neujahr; *März/April* – Ostern (Ostermontag ist offizieller Feiertag); *1. Mai* – Tag der Arbeit; *8. Mai* – Armistice 1945 (Jahrestag der deutschen Kapitulation 1945 in Reims); *Mai* – Christi Himmelfahrt *(Ascension); Mai* – Pfingsten (Pfingstmontag ist in ganz Frankreich offizieller Feiertag); *14. Juli* – Nationalfeiertag (Erstürmung der Bastille 1789); *15. August* – Mariä Himmelfahrt; *1. November* – Allerheiligen; *11. November* – Fête de la Victoire (Waffenstillstand 1918); *25. Dezember* – wissen wir nicht mehr.
Karfreitag ist in Frankreich – von regionalen Ausnahmen abgesehen – übrigens *kein* arbeitsfreier Tag.

Im Krankheitsfall

Nicht vergessen, sich vor Reiseantritt von der Krankenkasse einen Auslandskrankenschein (Anspruchsbescheinigung E 111) ausstellen zu lassen. Dessen Vorlage ändert allerdings nichts daran, daß man in Frankreich für jeden Arztbesuch sofort zur Kasse gebeten wird, was auch für Medikamente gilt.

N o t r u f in ganz Frankreich
Feuerwehr: 18
Polizei: 17

Für Hinweise, die wir in späteren Auflagen verwerten,
bedanken wir uns mit einem Buch aus unserem Programm

Kulinarisches (A-Z)

Falls es noch nicht alle wissen: das vielgesichtige Languedoc-Roussillon ist ein Schlemmerparadies. Jede Provinz hat ihre kulinarischen Besonderheiten zu bieten: im Vivarais ist es das Lamm, in den Cévennen Wurstwaren und Käse. Während das *Cassoulet* das Hinterland fest im Griff hat, verwöhnt uns die Küste mit Großem Bärenkrebs *(Cigales de mer)* und Austern *(Huîtres)* aus dem Thau, mit Anchovis aus Collioure und allen erdenklichen Fischarten. Im Languedoc duften die Gerichte nach *Garrigue*, einer Art Macchia, und werden mit rotem Gemüse gereicht; die Nachspeisen schmecken federleicht. Dagegen rührt Spanien kräftig in den Kochtöpfen des Roussillon: die resultierenden Gerichte sind zwar ein bißchen schwer, aber edel und eine echte Gaumenfreude. Die weltschönsten Obst- und Gemüsegärten haben da ihre Zutaten zum Süß-Salzigen – Kennzeichen der katalanischen Küche – geliefert, z.B. zur Ente mit Pfirsich *(Canard aux pêches)*. Und zu jeder Gelegenheit fließen die belebenden Südweine, allen voran der Banyuls. Guten Appetit!

– **Aïoli:** im Roussillon begleitet dieses Gemisch aus Olivenöl, Eigelb, Zitronensaft und viel, viel Knoblauch Suppen und gegrillte Schnecken.

– **Anchovis** *(Anchois):* bei *Collioure* ist das Meer ebenso gestirnt wie der Himmel. Das rührt von den *Lamparos* her, den Lichtern der bunten Kähne, die jede Nacht ausziehen, um die (unglücklichen) Sardellen zuerst zu blenden und dann abzufischen. Nach dreimonatigem Schlummer in Salzlake dienen sie dazu, Oliven zu füllen oder werden als Konserven vertrieben. Obwohl die Konservenfabriken von Collioure bessere Zeiten gesehen haben – noch gibt es fünf – nimmt doch kein Katalane seine Mahlzeit in Angriff, ohne nicht diese zarte und gehaltvolle Köstlichkeit mit einem Tröpfchen Olivenöl befeuchtet zu genießen. Auch das Languedoc hält auf seine Anchovis. Mit Knoblauch, Zwiebel, Basilikum und Öl im Mörser zerstoßen, ergeben sie die *Anchoyade*, eine sehr würzige Streichpaste, die man zum Aperitif reicht.

– **Banyuls:** dunkel, dicht, kernig; der »französische Port« ist ein echter Katalane. Man trinkt ihn zu jeder Gelegenheit – mit Schinken aus den Cévennen, zur Siesta, vor der *Sardane* – denn es ist der beste französische Wein dieser Art. Nicht weitersagen: die alten Jahrgänge sind Gold wert! Wie auch immer: der an kargen Steilhängen kultivierte Banyuls ist ein wahrer Göttertrank. Aus seiner Traube wird ein schwerer Wein gewonnen, dessen Gärung durch Zugabe von Alkohol unterbunden wird, bevor noch sein gesamter Zuckergehalt umgewandelt ist. Im Faß verweilt er für eine Dauer von zweieinhalb Jahren bis hin zu ... mehreren Jahrhunderten *(Solera)*. Unterdessen entwickelt er ein Inkarnat, das bei tiefem Kirschrot (mit fruchtig rotem Bukett) beginnt und durch Oxidation langsam in Richtung Ziegelrot tendiert. Dabei läßt er das Aroma von Pflaume, Kaffee, Banane oder Kakao anklingen, geht schließlich zum Goldton des Topas über und bekommt eine würzige Note. Eine echte Entdeckung: als Begleiter von Blauschimmelkäse, feinen Scheiben Gänseleberpastete, würzig zubereiteter Taube, selbst zur Schokoladentorte etc.

– **Bleu des Causses:** ein Edelpilzkäse, der trockener und schärfer mundet als sein Verwandter *Bleu de Bresse*.

– **Blanc-manger:** »weißes Essen«, eine Geleespeise mit Hühnerbrust und Mandelmilch und einem Hauch von Gewürz. Meisterköche haben diese Delikatesse wieder in Mode gebracht. Früher sagte man ihr sogar nach, sie könne Entzündungen heilen!

– **Blanquette de Limoux:** dieser Urahn aller Schaumweine – und zwar auch des Champagners – hat einen Qualitätssprung erlebt, der selbst Gastronomen verblüfft. Nur ein paar Schritte von Carcassonne entfernt wird er nach überlieferter Methode ausgebaut. Als Rebsorten dienen dazu eine weiße Gaillac-Traube (Mauzac) und die Traube des Champagners (Chardonnay), zudem ein bißchen Chenin.

26 / PRAKTISCHE VORBEMERKUNGEN

Austernbänke

KULINARISCHES / 27

– **Boles de Picolat:** Fleischklößchen in einer duftenden, sämigen Soße. Katalanische Spielart des germanischen Knödels – allerdings eine Spur leichter.

– **Bouillabaisse:** der klassische Fischeintopf des Südwestens. Die Bouillabaisse aus dem Languedoc reichert die traditionelle Grundlage in Form von Felsenfisch und einem sämigen Püree aus Kleinfischen mit rohem Schinken, Schmalz und Lauch an.

– **Bouillinade:** auch eine Spielart der Bouillabaisse, aber nicht gebunden und ohne Aïoli. Wird mit Kartoffeln gereicht.

– **Bourboulhade:** von dieser Suppe aus Stockfisch ernährten sich einst die Fischer. Die Brühe wird gestippt, bis der Stockfisch schließlich selbst das Brot garnieren darf.

– **Bourride:** gereicht der Hafenstadt Sète zur Ehre. Seeteufel oder Tintenfisch sind ihr Hauptbestandteil. Der Fisch wird zehn Minuten in Salzwasser gekocht, dann mit Aïoli gebunden.

– **Brandade:** ein Stockfischpüree, dem Öl beigerührt wird. Am besten mit Knoblauch. Eine Spezialität aus Nîmes.

– **Brochettes:** Muscheln oder kleine Tintenfische vom Grill. Bei den Einwohnern von Sète beliebter Happen, die ihre *Brochettes* fünfstückweise in einem Stück Baguette erstehen.

– **Byrrh:** Aperitiv aus Thuir (Roussillon), den man durch verschiedenerlei Auszüge (Chinarinde, Orangenschale etc.) in Süßwein gewinnt. Der Byrrh kommt wieder ganz schön in Mode: da geht es den herkömmlichen, alten Tropfen nicht anders als manchen Schauspielern und Schlagersängern. Obwohl ein paar darunter sind, die man vergessen hat, totzuschlagen ...

– **Cabassols:** für Liebhaber des Lammkopfs, hier mit Schmalz im Ofen gebräunt. Was in Frankreich nicht so alles im Kochtopf landet!

– **Cabrières:** guter, feinnerviger Rosé aus dem Hérault.

– **Cassoulet:** echtes Cassoulet kommt nur aus Toulouse – na ja, oder aus Castelnaudary, Narbonne etc. Die Grundlage bleibt sich stets gleich und besteht aus dem »Gold« des Départements Ariège: weißen Bohnen *(Lingots)*. Aber jede Stadt hält auf ihre eigenen Zutaten: Schweinefleisch, Knoblauch, Eingelegtes, Hartwurst und manchmal, so in Carcassonne, sogar Schaf und Perlhuhn. Vier bis sechs Stunden muß das ganze, aufgeschichtet in einer Form oder einem Topf aus Ton, vor sich hin köcheln. Genauso lang braucht man dann, um es zu verdauen, aber wenn der Dämon des Cassoulet erst Besitz von unseren Geschmacksknospen ergriffen hat ... Man kann sagen, was man will, aber ein echtes, duftendes Cassoulet, das auf der Zunge zergeht, ist genauso schön wie ein Mozart.

– **Clairette du Languedoc:** »ruhiger« Wein des Languedoc aus der Clairette-Traube.

– **La Clape:** Lage in den Corbières; dank ihrer würzigen, ebenso gehaltvollen wie feinen Rotweine sehr zu empfehlen.

– **Collioure:** ein Wein, von der Sonne verwöhnt, der hauptsächlich aus der blauen Grenache-Traube gekeltert wird. Sie wächst in der Gegend des Banyuls, dessen Nachbarschaft sich die besten Collioure-Weine durchaus als würdig erweisen.

– **Corbières:** seit der Carignan dem Mourvèdre und der Syrah weicht, ist das Preis-Leistungsverhältnis bei den Corbières-Weinen noch gestiegen. Im Massiv der Corbieren, wo in der hochsommerlichen Trockenheit fast nur die Garrigue überlebt, sind die Reben zwar allgegenwärtig, aber sie geben wenig her. Sie liefern jene sonnendurchglühten Weine, die ihrer Struktur nach dem Bordeaux ähneln, im Geschmack an den Côtes du Rhône erinnern – aber schließlich und endlich ganz unverwechselbar als Gewächs der Corbières zu erkennen sind. Dieses viertgrößte Anbaugebiet Frankreichs für AOC-Weine ist eine Welt für sich. Die Hautes Corbières geben den kernigsten Wein, der oft in Eichenfässern gelagert wird. Im bergigen Alaric wächst ein leichterer, der zugleich trocken und duftiger ist. Jener Landstrich der Corbières, der dem Meer am nächsten liegt, bringt samtige, dem Primeur ähnliche Weine hervor. Im Herzen der Corbières schließlich vereinigen sich alle diese Eigenschaften. Ein heißer Tip: an Ort und Stelle die Weinkeller besuchen! Selbst die bescheideneren Fläschchen machen sich nach einem Tropfen vom ganz alten gar nicht übel.

– **Costières-du-Gard:** ein Wein der Gegend um Nîmes, der den Côtes du Rhône vom rechten Ufer (Lirac und Saint Gervais) nicht unähnlich, dafür aber wesentlich erschwinglicher ist. Ausgewogenes Gleichgewicht von fruchtigem Bukett und strengem Ausbau, leicht genug fürs tägliche Viertele.

– **Coteaux-du-Languedoc:** Sammelbezeichnung eines wahren Puzzles von Anbaugebieten, wo jeder Winzer ein Fall für sich ist.

– **Côtes-du-Roussillon:** mindestens sechs Rebsorten und eine unglaubliche Vielfalt an Weingärten und -gärtchen mit überwiegend gutem Gewächs. Dessen Qualität – und dabei sollte man sich nicht auf die Bezeichnung »villages« verlassen – gründet auf seinem gehaltvollen Aroma: bei manchen, die nahe an den Portwein herankommen, mit einer Ahnung von Süßholz oder Gegrilltem. Alle bewahren deutlich die Erinnerung an den Geschmack der Traube. Außerdem gute Macabeo-Weißweine, die hervorragend zu den katalanischen Wurstwaren passen.

– **Côtes-du-Rhône:** das Languedoc-Ufer der Rhone bringt leichtere, fruchtige und anregende Rotweine hervor als das jenseitige. Zwei Lagen, Tavel und Lirac, außerdem drei »villages«: Laudun, Chusclan und Saint-Gervais.

– **Crème Catalane:** unter der Karamelkruste lockt ein Schmelz von Anis und Zimt. Ein Gedicht (oder wie unser französischer Bekannte es ausdrückte: *un aller simple pour le paradis ...*)

– **Schnecken** *(Escargots):* als Frikassee, mit Knoblauch, als Suppe und sogar in der Bouillabaisse – Schnecken sind im Languedoc-Roussillon allgegenwärtig. In Sommières köcheln sie zwischen Spinat, Mangold und rohem Schinken. In Nîmes duften sie nach Sardellen. In Pieusse verbündet sich ihr Aroma mit dem von Schweineleberchen und Kräutern der Garrigue. Und wer zufällig zur Zeit der Weinlese im Roussillon vorbeikommt, sollte sich nicht die *Cargolade,* eine regelrechte Zeremonie des Schneckengrillens, entgehen lassen: während die geplagten Tierchen über der Glut von Rebwellen mit Speck geradezu flambiert werden, versprühen sie ganze Funkenregen.

– **Faugères:** Carignan-Wein, auf Schiefer gereift; zu einem wahren großen Wein fehlt nur ganz wenig. Etwas Tanin, elegant-fruchtiges Aroma. Die anderen Faugères sind nicht minder gut und meist günstig. Nicht zögern: entkorken!

– **Fitou:** dieser saftig-runde Schiefer-Carignan (s. Faugères) stammt aus dem Herzen der Corbières. Kräftig, robust, aber dennoch fein: es steckt alles drin. Altert bei seriöser Herkunft gut, verzeichnet allerdings steigende Preise ...

– **Fuet:** feine katalanische Hartwurst, die man gerade so wegputzen kann.

– **Gambas de la Planxa:** gegrillte Tiefseegarnelen, auf einem Holzbrett gereicht.

– **Lirac:** diese alte Côtes-du-Rhônes-Lage bringt ihre gediegenen und durchaus klassischen Weine günstig auf den Markt und wahrt dabei hohe Qualität.

– **Maury:** ernsthafter Konkurrent des Banyuls aus der Randzone der Corbières. Mit den Jahren nähert sich sein Kirscharoma dem von Pflaumen *(Vintages),* dann edlen Gewürzen, um endlich eine ganz leichte herb-ledrige Nuance zu bekommen, wofern er in Fässern lagert. Ideales Preis-/Leistungsverhältnis.

Millas: Kuchen aus Maismehl und Schmalz, der als Nachtisch verzehrt wird.

KULINARISCHES / 29

– **Minervois:** 18.000 ha Rebland! Je schöner das Land, desto besser der Wein. Deshalb finden sich in der Montagne Noire, vor allem in der Gegend um Minerve, hervorragende Rotweine, duftig, aber solid und weniger »vereinnahmend« als ihre Vettern aus den Corbières.

– **Mourtayrol:** Hühnereintopf mit Safran.

– **Muscats:** Süßwein: gibt's aus Frontignan, Mireval, Saint-Jean-de-Minervois, obwohl die besten Muscats nach wie vor aus Rivesaltes im Roussillon stammen. Wird jung getrunken, um das Aroma von Honig, Rosenblüten und Zitrone auszukosten. Einige Winzer stellen einen regelrechten Nektar her.

Pelardons: zartes Cévennenzicklein. Arme Kreatur!

– **Petits Pâtés de Pézénas:** Hammelbraten mit Rohzucker und Schmalzkruste. Ein exzellentes, wenn auch ausgefallenes Rezept, dessen Ursprung in Indien anzusiedeln ist.

– **Picpoul:** geschmeidiger, trockener Weißwein aus der Gemeinde Pinet im Hérault.

– **Quatourze:** Wein aus Narbonne. Läuft rein, aber es fehlt ihm an Charakter.

– **Roussillonnade:** mit Wurst auf einem Pinienzapfenfeuer gegrillt Pilze.

– **Rouzole:** Crêpe mit Schinken und Speck, gebunden mit Ei und Semmelbröseln.

– **Saupiquet:** Sauce mit Leber; paßt zu Geflügelgerichten.

– **Saint-Chinian:** zwei Weine, die nordöstlich von Béziers zu Hause sind; und zwar Schiefer-Carignan (s. »Faugères«) und herbe, gehaltvolle Rote, die lagern müssen. Der gängigste Saint-Chinian ist ein Gemisch aus beiden.

– **Saint-Saturnin:** angenehmer, ausgewogener und charaktervoller Roter aus den Cévennen.

– **Seiches farcies** (gefüllter Tintenfisch): ein gehaltvoller Sétoiser Leckerbissen, bei der Wurstmasse und die hachierten Tintenfischarme in den Körper gefüllt werden.

– **Tavel:** der einzig wirklich »rassereine« Rosé der Welt mit feinem Aroma von Granatäpfeln, eleganter Säure und blumigem Bukett. Nur leider haben sich inzwischen zu viele Winzer seiner angenommen ...

– **Touron:** zunächst Sammelbezeichnung für alle möglichen Süßigkeiten mit Mandeln; dann, genauer, eine Art weicher türkischer Honig aus Mandeln, mit Pinienkernen gespickt und zwischen zwei Oblatenstreifen gefüllt. Unbedingt den aus Perpignan probieren.

Landkarten

Als besonders zuverlässige und detaillierte Straßenkarten erweisen sich die in Reiseabteilungen der Buchhandlungen erhältlichen neusten Michelin-Regionalausgaben (z.B. die *Carte Michelin* Nr. 240 bzw. 235). Wer einen Wander- oder Fahrradurlaub plant, dürfte mit Karten des Nationalen Geographischen Instituts *(IGN)* gut bedient sein (»Série bleue« oder Série Verte« und »Top 25«).

– **ign-France** (Hauptbüro in Paris): 107 rue de la Boetie, F-75008 Paris; T. 00 33/1/42 56 06 68, Fax: 43 88 85 05; Metrostation »Franklin-Roosevelt«, hinter Prisunic-Champs-Elysées.

– **Éditions Chiron:** 40, rue de Seine, F-75006 Paris, T. 00 33/1/43 26 47 56

– Alle nur lieferbaren Karten führt auch das **Internationale Landkartenhaus**, Stuttgart (s. Anzeige).

Öffnungszeiten

- **Banken:** Schalter normalerweise ab 9.30h geöffnet, Mittagspause von 12-14h. Französische Banken schließen spätestens um 16 bzw. 16.30h und nehmen nur dann ausländische Währungen und Schecks entgegen, wenn dies an der Tür oder im Fenster vermerkt ist. Abweichende Geschäftszeiten gelten in abgelegenen Regionen und in Großstädten: Wechselstuben an großen Bahnhöfen und Flughäfen – in Paris z.B. am *Gare de Lyon* – bleiben teilweise bis 23h geöffnet. Daneben gibt es vor allem in Paris (66, Champs-Elysées), Montpellier, Nîmes usw. Wechselautomaten, die Tag und Nacht Bares ausspucken.

- **Läden:** die Geschäftszeiten (werktags meist 9.00 bzw. 9.30-12h und 14.30-18.30h bzw. 19h) werden in Frankreich flexibler gehandhabt als man es von zu Hause gewöhnt ist. Ein Ladenschlußgesetz gibt es ja nicht. Manche Geschäfte scheinen nicht einmal nachts zu schließen; und bei anderen dauert's unglaublich lange, bis sie endlich öffnen. Mittagspause in Einzelhandelsläden meist zwischen 12 und 15h.
Fest geregelt sind die Ladenöffnungszeiten *(Heures d'ouverture)* von **Bäckereien,** die sonntags geöffnet, dafür aber montags zumeist geschlossen sind. Sie beginnen den Verkauf morgens schon früher, pausieren dafür aber nachmittags ziemlich lange (teilweise von 12-16h). Auch die meisten Lebensmitteleinzelhändler stehen sonntagsvormittags im Laden. Der Samstag gilt ohnehin als normaler Werktag.

- **Postämter** (PTT): werktags von 8-18.30h, samstags vormittags bis 12h. Eine Ausnahme machen kleine Landpostämter (9-12h und 15-18h) und das Hauptpostamt in Paris, 52, rue du Louvre, 1. Arr. (Metrostation »Louvre« oder »Sentier«): die Schalter in letzerem bleiben an 365 Tagen im Jahr rund um die Uhr geöffnet.
Wichtiger Hinweis für alle, die ihr **Postsparbuch** als Reisekasse verwenden: nur dort, wo auch das Postbanklogo prangt, kommt man an Bargeld in der Landeswährung. Wer z.B. im ländlichen Raum kein Risiko eingehen möchte, besorgt sich am Schalter zu Hause die Broschüre mit allen französischen Postämtern, wo man mit dem Postbank-Sparbuch Geld abheben kann. Auszahlungen sind erst ab DM 200 möglich; Höchstbetrag innerhalb von dreißig Tagen: Francs im Gegenwert von DM 2000. Also: *Je désire retirer de l'argent de mon compte* (»Ich möchte Geld abheben«).

Reisezeit

Wer die Haupturlaubsmonate Juli/August nur irgend meiden kann, wird dies nicht bereuen – es sei denn, man fühlt sich im Gedränge auf der Strandpromenade oder im Museum erst so richtig wohl. Als Hauptsaison gilt an der französischen Mittelmeerküste bereits die Zeit ab Ostern bis weit in den Oktober. Auch klimatische Gründe sprechen gegen das Languedoc-Roussillon im Hochsommer: dann lähmt nämlich nicht nur schwülheiße Luft die Unternehmungsfreude – die häufigen Gewitter vermögen kaum für Abkühlung zu sorgen – es steigt auch die Waldbrandgefahr. Halten wir uns also lieber an das Frühjahr und den Spätherbst, auch wenn uns dann zeitweise noch oder wieder kalte Winde aus Norden frösteln lassen: der tocken-kalte, stürmische *Tramontane* aus dem Zentralmassiv etwa oder, im Bas-Languedoc, der *Cers* aus West bis Südwest. Der Herbst hat an der Küste bis in den Dezember hinein zwar noch milde, sonnige Abschnitte zu bieten, ist für Naturfreunde wegen der sonnenverbrannten Pflanzenwelt aber weniger attraktiv.

Sprache

Französisch, ist doch sonnenklar! Oder vielleicht doch nicht so ganz? Zu den Themen, über die man im offiziellen Frankreich lange Jahre nur ungern sprach, gehören die Regionalsprachen in Gebieten, die im Laufe der Jahrhunderte zwar politisch an Frankreich angegliedert wurden, sich sprachlich und kulturell aber bis heute nicht ganz haben integrieren (oder assimilieren) lassen. In unserem Reisegebiet sind dies das Okzitanische bzw. Katalanische. Näheres dazu in den Kapiteln »Okzitanische Identität« bzw. »Katalanische Identität«.

Telefonieren

Telefonzellen findet man auch in Frankreich überall, nur sind die meisten inzwischen nur noch mit der *Télécard* – zu vierzig oder hundertzwanzig Einheiten; erhältlich bei der Post, im *Tabac* um die Ecke und bei manchen Banken – und nicht mehr mit Münzgeld zu benutzen, insofern nicht tragisch, als die meisten Münzfernsprecher ohnehin ständig defekt waren. Öffentliche Apparate in Postämtern oder Bistros funktionieren allerdings noch mit Münzen oder *Jetons*.

– **Gespräche nach Frankreich:** Länderkennzahl 00 33 + Teilnehmer-Rufnummer; eine Vorwahl (»1«) existiert nur für Paris samt Vororten
– **... von Frankreich nach Deutschland:** Auslandsvorwahl 19 (Wählton abwarten) + Ländernetzkennzahl 49 + Ortsnetzkennzahl ohne die erste Null (z.B. »761« für Freiburg) + Teilnehmer-Rufnummer
– **... von Frankreich nach Österreich:** Auslandsvorwahl 19 (Wählton abwarten) + Ländernetzkennzahl 43 + Ortsnetzkennzahl ohne die erste Null (z.B. »512« für Innsbruck) + Teilnehmer-Rufnummer
– **... und von Frankreich in die Schweiz:** Auslandsvorwahl 19 (Wählton abwarten) + Ländernetzkennzahl 41 + Ortsnetzkennzahl ohne die erste Null (z.B. »61« für Basel) + Teilnehmerrufnummer.

Abends und nachts (21.30-8h) gilt werktags der günstigere **Nachtarif**, der auch bei Gesprächen am Wochenende – samstags allerdings erst ab 14h! – berechnet wird.

Zeitungen

Wer auf heimische Nachrichten während des Urlaubs nicht verzichten möchte, wird an Flughäfen, Bahnhofskiosken in größeren Städten und internationalen Großhotels fündig. Es lohnt sich aber, sein Schulfranzösisch zusammenzukratzen und einen Blick auf die Veranstaltungsseiten in der regionalen Presse zu werfen.

HINTERGRUND

Auch ein Nord-Süd-Konflikt

»Zwei Kräfte teilen sich das Universum: das Gute und das Böse, Licht und Schatten. Zwischen diesen beiden muß man seine Wahl treffen.« So sprach *Mani*, ein Schüler *Zarathustras* im Persien des 3. Jhs (lesenswert dazu, in Romanform: Amin Maalouf, »Ein Mann aus Mesopotamien«, Nymphenburger Verlag). Seine Lehre wurde prompt befolgt und angewandt: der Perserkönig ließ ihn bei lebendigem Leibe häuten. Was schlecht anfing, kann kaum besser enden. Tausend Jahre später und sechstausend Kilometer entfernt hatten sich seine Anhänger, die Manichäer, immer noch halten können. Eigens für sie entfacht man Inquisition und Scheiterhaufen.

In der Zwischenzeit haben unsere Manichäer aber den Namen Paulizianer angenommen, um sich nunmehr in Anatolien niederzulassen. Die byzantinischen Kaiser verfolgen sie und vertreiben sie schließlich auf den Balkan. Da geht dann alles sehr schnell. In Bosnien wird ihre Sekte – die damals den Namen Bogomilen trägt – quasi zur Staatsreligion mit eigenem Gegenpapst, der seine Botschafter bis nach Toulouse aussendet. Man verliert den Überblick: Bogomilen, Katharer (vom Namen dieser Sekte leitet sich übrigens das deutsche Wort »Ketzer« her), Albigenser, Waldenser ... Von Deutschland bis Italien, Flandern bis zum Languedoc kürt die Häresie ihre Heiligen (die Vollkommenen), ihr eigenes Jenseits (die Wiedergeburt), ihr Sakrament (das den Sterbenden gewährte *Consolamentum*) und eigene Gebote der Gleichheit, Keuschheit und vollkommenen Reinheit durch pflanzliche Ernährung. Die zeitgenössische Gesellschaft war natürlich keineswegs geneigt, diesen Idealen nachzueifern. Folgerichtig bemühen sich allerorten die weltlichen wie die Kirchenfürsten, die neue Religion zurückzudrängen. Ob da bereits ein »Sektenbeauftragter« der Amtskirche die Finger im Spiel hatte, wissen wir nicht.

Überall also Unterdrückung der »Ketzer«, außer im Languedoc: dort unten nämlich haben sich viele der neu-alten Lehre angeschlossen. Die Katharer verfügen über Burgen und bewaffnete Krieger, und ihre Bischöfe halten internationale Konzilien ab. Die Gesandten des Papstes beißen auf Granit, sobald sie an die Katharerführer geraten. 1202 wird der päpstliche Legat ermordet. In Rom zittert man. Wenn die Häresie die Zentren der Macht erreicht, dann ist alles zu spät. Papst *Innozenz III.* zögert nicht lange, mal wieder zum Kreuzzug aufzurufen. Die Herren Häretiker werden geächtet, ihre Güter zur »Beute« erklärt. Jeder durfte sich bedienen – vorausgesetzt man eroberte sie.

In Nordfrankreich findet die kriegerische Botschaft sofort Gehör. Die braven Seelen rechten, nämlich christlichen, Glaubens wappnen sich. Im Jahre 1209 machen sie die erste »Beute«: *Béziers*. Jetzt sind neue Parolen gefragt. Weigern sich die Einwohner etwa, dem Irrglauben abzuschwören? »Bringt sie alle um!« rät liebenswürdig der päpstliche Legat: »Der Herr wird die Seinen schon erkennen«.

Carcassonne, vom Massaker in Angst und Schrecken versetzt, fällt seinerseits. Als neuen Stadtherrn wählen die Kreuzfahrer aus ihren Reihen einen Ritter ohne Furcht und Tadel, einen gewissen *Simon de Montfort*. Das ganze Unternehmen dauert fünfzig Jahre. Es ist ein zähes Ringen, in dem alle Schattierungen mittelalterlicher Grausamkeit, entfesselt von religiösem Fanatismus, zum Vorschein kommen: Verstümmelungen, Scheiterhaufen und das ganze Repertoire der verbrecherischen Inquisition. Um Carcassonne herum fällt eine Häretikerburg nach der anderen. Da versuchen die weltlichen Herren der Gegend den Leuten aus dem Norden Einhalt zu gebieten: was gehen sie die Katharer an, und schließlich sind die kein Grund, herzukommen, um anderer Leute Lehnsleute zu belästigen! Der Einwand war keine gute Idee: ehe sie sich's versehen, werden der Graf von Toulouse und der König von Aragon von den Kreuzfahrern geviertelt. 1213 wird das Languedoc von der christlichen Orthodoxie zurückerobert. Und doch nicht unterworfen, denn alle Nase lang brechen neue Unruhen aus. Der König von Frankreich muß sich schließlich höchstpersönlich herbeibemühen, um den ganzen *Midi* gründlich auszumisten und bei der Gelegenheit auch gleich zu konfiszieren.

Und wie steht's um die Katharer? Wer nicht auf dem Scheiterhaufen gelandet ist, macht sich ins Corbières davon. Da oben, in kleinen unbesiegbaren Dörfern, tragen dann die Anführer weiterhin ihre Guerillakämpfe aus. Die Kreuzfahrer werden Schritt für Schritt deren Adlerhorste ausräuchern müssen: *Puylaurens*, *Peyrepertuse* und vor allem *Montségur*, »die Synagoge des Satans«, wo die Katharer ihre Konzilien abhielten. Dessen Fall (1244) feiern die Sieger mit einem gewaltigen Scheiterhaufen: Edelleute, Bürger und versprengte Krieger, 315 Katharer insgesamt, stürzen sich lieber hinein, als ihrem Glauben abzuschwören. Elf Jahre später fällt *Quéribus*. Alles ist in Butter und der Papst zufrieden. Irrtum, Euer Heiligkeit: noch siebenhundert Jahre danach spricht man davon ...

Berühmtheiten im Languedoc-Roussillon

– **Hl. Benedikt**: mit bürgerlichem Namen Wittiza, Sohn des Aigolf. Unter Karl dem Großen metzelte der tapfere Westgote zunächst die Lombarden nieder. Nach seiner Rückkehr gründete er, geläutert von soviel Grausamkeit – auf seinen Ländereien in Aniane (Hérault) ein Kloster; hier nahm der Benediktinerorden seinen Ausgang. Vor einer solchen *Vita* sind wir immer wieder baff: fehlt

HINTERGRUND – BERÜHMTHEITEN / 33

nur noch, daß sich der Iraker Saddam Hussein mit Norman Schwarzkopf zusammentut, um Yogakurse an der Volkshochschule zu erteilen ...

– **Ayméry de Narbonne:** muß Karl der Große beim Abgang aus Spanien mit leeren Händen zurückkehren? Nein, denn zu seinem Glück stieß er auf eine schöne sarazenische Stadt: *Narbonne*. Doch leider sind nach der berühmten Rolandsschlacht von Roncevaux die übriggebliebenen Helden erschöpft. Wirklich alle? Nein: bis auf einen unbeugsamen, einen gewissen Aymèry: »Zwanzig Jahre bin ich alt, zwei *Liards* – was eine alte französische Kupfermünze ist – sind meine Ländereien wert, aber mein Herz könnte der ganze blaue Himmel nicht ausfüllen.« Tags drauf, so fährt *Victor Hugos* »Weltlegende« fort, »nahm Aymèry die Stadt ein«. Hugo hat sich dabei von einer bekannten *Chanson de Geste* (so nannten sich die altfranzösischen Heldenlieder) mit dem Titel »Aymèry de Narbonne« beflügeln lassen. Doch die Geschichtswissenschaftler schmunzeln sich eins: damals war Narbonne schon längst fränkisch.

– Die **Trencavel:** Rivalen der Grafen von Toulouse und als Dynastie Inbegriff des Languedoc während dessen Goldenen Zeitalters. Die Herren von Trencavel besaßen Nîmes, Albi, Agde, Béziers, Razès und vor allem Carcassonne, wo sie glanzvoll Hof hielten. Nach den *Troubadouren*, den altfranzösischen Vorläufern des Minnesänger, protegierten sie die Katharer. Der letzte Trencavel wurde ins Gefängnis geworfen und dann von Simon de Montfort enteignet.

– **Le Zohar:** gemeint ist das Buch Sohar, »Buch des Glanzes«, das wichtigste mystische Werk aus der mittelalterlich-jüdischen Kabbala, das sich aus verschiedenen Abhandlungen zusammensetzt. Es wurde von Moses de Leon verfaßt, und zwar auf aramäisch. Dabei handelt sich um eine Auslegung des alttestamentarischen Pentateuch. Von ihr leitet sich eine Geheimlehre her, die sich, ausgehend von den Gegebenheiten des Endlichen, um die Erkenntnis des Unendlichen bemüht. Fortsetzung folgt.

– **Hl. Dominikus:** der gute Dominik unternahm einen reichlich *soften* Kreuzzug (mal sehen, ob unser Verleger, dergleich Anglizismen fürchtend wie der Teufel das Weihwasser, diese Formulierung durchgehen läßt). Er predigte den Katharern, »zu Fuß, ohne Gold und Silber« auszuziehen. Es gab lange Diskussionen und ein paar Wunder. Die Bekehrten ließen sich in Fanjeaux bei Limoux nieder und bildeten den harten Kern der ersten Dominikaner.

– **Urban V.:** alias Wilhelm Grimoard (1362-70); der bisher einzige Papst aus dem Languedoc war ein Edler von Gévaudan. Wir verdanken ihm die außergewöhnliche Kathedrale von Mende.

– **Molière:** (alias *Jean Baptiste Poquelin,* 1622-1673); Klassiker der französischen Komödie und Zugpferd des Fremdenverkehrs in Pézenas, wo er lange Zeit sein Hauptquartier aufgeschlagen hatte. Molière fand dort ein fabelhaftes Publikum vor (die Honoratioren und Generalstände des Languedoc) und darüberhinaus die Protektion eines reichen Nachbarn, des Prinzen von Conti.

– **Hyacinthe Rigaud** (1659-1743): Katalane wie Picasso; ihm sind Porträts des vierzehnten und fünfzehnten Ludwigs zu verdanken, außerdem von Vauban, vom Fabeldichter La Fontaine etc. Rigaud wurde in Perpignan geboren, wo ein entsprechendes Museum nicht fehlen darf. Übers Jahr malte er gut und gerne fünfzig Porträts.

– **Jean-Antoine Chaptal** (1756-1832): gebürtig aus Mende, später Innenminister Frankreichs; indem er ein Verfahren zur Verbesserung des Traubenmosts durch Aufzuckerung (nach ihm *Chaptalisation* benannt) erfand, verursachte er den Niedergang seiner Landsleute, der Weinbauern (s. »1907: ein blutiger Jahrgang«). Ganz nebenbei war dieser Panscher einer der großen Chemiker des 18. Jhs.

– **Maillol:** der Bildhauer und Maler Aristide Maillol (1861-1944) liebte dicke Frauen. Solche, die eine gewisse Erdigkeit mit dem Mutterelement des Meeres verbinden. Fast alle Dörfer im Roussillon stattete er mit ihnen aus, zuallererst sein eigenes: Banyuls. Als die Toulousaner ihren Toten der Luftfahrt ein Denkmal setzen wollten, flehten sie: »Bitte, Monsieur Maillol, keine nackten Frauen diesmal ...« Er beruhigte sie. Und sie bekamen ihre nackte Frau.

- **Paul Valéry:** der *Cimetière Marin*, »dies stille Dach, auf dem die Tauben wandeln«, ist der Friedhof seiner Mutterstadt Sète, wo er nunmehr seit 1945 – mit Seeblick – ruht; der Schauspieler und Theaterregisseur Jean Vilar ist ihm dorthin nachgefolgt. Valéry hat Meer und Stadt in seiner – allerdings ziemlich schwer zu durchschauenden – Dichtung gern und oft besungen.

- **Jean Jaurès:** Historiker, Philosoph und Politiker (1859-1914); der Name steht für Beredsamkeit und sozialistischen Radikalismus. Der unbezwingliche Jaurès, gebürtig aus Castres, war ein waschechter Sohn des Languedoc, aber großen Stils. 1914 wurde er von dem Nationalisten R. Villain ermordet.

- **Marschall Joffre** (1852-1931): dessen Ruhmesblatt eines Siegers an der Marne ist zweifelhafter als sein Schnurrbart, den die Franzosen für den berühmtesten des Ersten Weltkriegs halten. Wenn das unser Kaiser Wilhelm auf dem Deutschen Eck wüßte ... Der Küferssohn aus Rivesaltes befehligte die Nord- bzw. Nordosttruppen in der Schlacht an der Somme und wurde schließlich zum Marschall befördert.

- **Joë Bousquet:** Schriftsteller (1897-1950); der Erste Weltkrieg machte einen Krüppel aus ihm, Carcassonne hielt ihn lebenslänglich gefangen: in einem Zimmer mit verschlossenen Fensterläden. Was ihn nicht hinderte, Brieffreundschaften (mit Eluard, Max Ernst und Valéry) zu pflegen und ein Werk zu hinterlassen, das sich zugleich durch fast tropische Üppigkeit wie eine gewisse Verdrießlichkeit auszeichnet.

- **Georges Brassens:** Zimmermannssohn aus Sète; eine Straße führt seinen Namen, und am Grab des unkonformistischen Troubadouren werden dessen Chansons über Freundschaft (z.B. »Chanson pour l'Auvergnant«), Liebe (»La Première Fille«) und Tod (»Je suis un voyou«) geträllert.

- **Claude Simon:** Guru des »Nouveau Roman«. Der Nobelpreisträger von 1985 ist waschechter Katalane und lebt seit Jahren im Schatten des großen Schlosses von Salses.

- **Und viele andere mehr:** Fabre d'Eglantine, André de Chénier, Armand Barbès, Charles Cros, Alphonse Daudet, Jean Moulin, André Chamson, Rivarol, Joseph Delteil, André Gide, Arthur Conte, Jean-Pierre Chabrol, Jean Carrière, Jacques Séguéla ...

Gallia Narbonensis: die schöne Römerin

Wäre Frankreich römisch geblieben, dann hätte man wohl nicht das 19. Jahrhundert abgewartet, um den Eiffelturm zu bauen. Das Amphitheater, der große Aquädukt des *Pont du Gard* und die *Maison Carrée* von Nîmes beweisen, daß man auch vor zweitausend Jahren nicht lebte wie ein Hund. Und dabei war Nîmes noch eine Stadt zweiten Ranges in der *Gallia Narbonensis,* jener ausgedehnten Provinz, die von Toulouse bis Chambéry reichte.
Deren Hauptstadt Narbonne war die Nummer eins in Gallien, Markt und Hafen dort führend. Auf seinen Kanälen schipperten der Käse aus dem Lozère, die Austern von der Küste und der Wein aus Béziers, mit dem sich die römischen Legionen im kühlen Germanien warmhielten. Damals lag Afrika vier Tagereisen mit dem Schiff entfernt, und bis zum Nil brauchte man einen Monat. Den Markt beherrschte die Sprache der Karthager, später Griechisch und das Levantinische. Und wie stand es mit den andern Städten der Region? Die waren fast alle schon präsent: Perpignan, Béziers, Carcassonne, Lodève ... »Narbonne«, so sagte Plinius, »ist keine Provinz, sondern ein Stück Italien«.

Das Goldene Zeitalter

Das 18. Jahrhundert, in dem Frankreich seinen kulturellen Zenit erreicht, bringt auch dem Südwesten seine Blütezeit. Der *Canal du Midi* verbindet Sète, das Tor zur Levante und in Richtung Nordeuropa zugleich, mit dem Heimathafen der französischen Kolonien, Bordeaux, das seinerseits gerade in seinem Goldenen Zeitalter schwelgt. Beaucaire wiederum ist nach wie vor Frankreichs wichtigster Handelsplatz.

Das ganze Languedoc erblüht: die Cévennen züchten, spinnen und weben 15 % der französischen Seide, die Hochöfen dagegen verschlingen ganze Kohleminen aus dem Becken von Alès. Montpellier, nicht faul, verarbeitet Baumwolle und Chaptal hebt dort die chemische Industrie aus der Taufe. Der Weinanbau breitete sich damals noch mehr aus. Es bedarf keiner gehobenen Bildung, um den damaligen Wohlstand zu erkennen: die schönsten Viertel von Uzès und Pézénas, von Montpellier und Sète tragen die Spuren des 17. und 18. Jahrhunderts.

1907: ein blutiger Jahrgang

»Die politischen Vertreter des Nordens, würdige Abkommen Simons de Montfort, haben soeben die wirtschaftliche Vernichtung des Südens beschlossen.« Dieser Aufruf in der *Depêche de Toulouse*, hier zitiert mit Gérard de Sède (»700 Jahre okzitanische Revolte«), gibt den Startschuß zu jenen Unruhen von 1907, die in eine gesellschaftliche Krise größeren Ausmaßes mündeten: den Aufstand der Winzer. Hier unten wuchs die Rebe schon vor den Römern. Aber das letzte Jahrhundert hat sie zur Monokultur der armen Gegenden herangezogen. Man kennt dort noch das Sprichwort: »Wenn einer Pech (»einen Traubenkern«) hat, dann zahlt die ganze Provinz drauf«. Und das trifft zu: Frankreich war, weil die Reblaus ihm zeitweilig den Weins abgezapft hatte, zu massiven Importen und zur Chaptalisierung (so die vornehme Umschreibung für Aufzuckerung) übergegangen. Dabei blieb es auch, als der Weinbau sich erholt hatte. Logischerweise stürzten die Weinpreise in den Keller und die Winzer in die soziale Misere. Im Corbières, Aspres oder Minervois kostete der Anbau mehr als der Wein schließlich eintrug: gerade noch gut, um das Ofenfeuer damit zu löschen.

Die Winzer hatten die Nase voll und schrieben an die Regierung. »Das macht gerade so viel Eindruck, als wenn sie ihre Farandole tanzten«, war die Antwort. Der Tanz beginnt am 5. Mai in Narbonne: 100.000 Demonstranten. Einen Monat später in Montpellier sind es 800.000. Der ganze Midi erhebt sich. Die Teilnehmer an den Kundgebungen singen: »Steht auf, Verdammte dieser Erde«, sie schwingen Transparente auf Okzitanisch, sprechen von Separatismus und Steuerstreik. Aus Solidarität treten ihre Abgeordneten zurück. Auch der populäre okzitanische Dichter *Frédéric Mistral* solidarisiert sich öffentlich. Dann reagiert die Regierung Clemenceau: der Tiger zeigt seine Krallen. Über 180.000 Soldaten nehmen die aufständische Region in den Zangengriff. Angesichts des Aufruhrs laden sie durch, wie im elsässischen Reichshofen 1870. In Narbonne – sechs Tote – wie in Montpellier – fünfzig Verwundete – kehrt wieder Ruhe ein. Clemenceau kann den gedemütigten Winzern jetzt endlich eine Entschädigung anbieten: ein Gesetz gegen die *Chapatalisation* wird verabschiedet. Sechzig Jahre später bringen sich Bereitschaftspolizei (CRS) und Winzer in Montredon gegenseitig um. Dieser »Kater«, könnte man meinen, wirkt im Weinland Midi bis auf den heutigen Tag nach ...

Okzitanische Identität

»Occitania!« Während der Winzerproteste von Larzac zu Beginn des 20. Jahrhunderts ging das Gerücht, ein Volk von Unterdrückten habe sich gegen den jakobinischen Zentralismus erhoben. Da forschten die Zentralisten auf den Landkarten nach, ob sie nicht irgendeine halbfremde Provinz im äußersten Winkel des Hexagons – wie das Baskenland, das Elsaß, Korsika oder die Bretagne – zu annektieren vergessen hätten. Und als sie entdeckten, daß es sich um dreizehn Départements handelte – dreiundzwanzig mit der Provence – da sah es schlecht aus für diesen Landstrich: sollte Paris etwa auf die Luftfahrtindustrie in Toulouse, La Grande-Motte mit seinen beiden Gesichtern oder auf die Webereien in den Cévennen verzichten? Auf Brassens und Jaurès, Maillol und Gide? Leugnen konnten die Zentralisten freilich nicht, daß es dieses suspekte Okzitanien gab; ebensowenig war abzustreiten, daß seine Vielfalt in jeder Hinsicht genauso groß war wie die des gesamten Hexagons.

Dabei fehlte es Okzitanien in der Vergangenheit lediglich an einem Bismarck, um seine staatliche Existenz behaupten zu können. Die Schwesterregion Kataloniens hat sich mit Frankreich nur gezwungenermaßen verbunden. Als Bindeglied zwischen Spanien und Frankreich beherbergt sie eins jener alten Völker voller Poesie, die zwar im Schatten stehen, aber aus der Sonne hervorgegangen sind. Obst baut man da an und schwere Weine, man züchtet Stiere, läßt Platanen und Maler gleichermaßen emporkommen. Die Sprache dieses Landes ist ein wahrer Schatz: 160.000 Lexeme gegenüber 30.000 im klassischen Französischen! Meisterwerke der Troubadoure brachten das Okzitanische zur Geltung, so daß es schließlich über die gebildeten Höfe Europas herrschte. Noch heute verstehen fast zehn Millionen Okzitanier diese Sprache, angesichts des nicht zuletzt auch sprachlichen Zentralismusses in Frankreich keine Selbstverständlichkeit. Literatur, urbane Solidarität und Toleranz: das Okzitanien des 11. Jahrhunderts war seiner Zeit weit voraus. Vielleicht zu weit, denn seine Aufgeschlossenheit gegenüber den Katharern – einer Glaubensrichtung manichäischen Ursprungs, die sich im 10. Jh. von Bulgarien her über Europa ausbreitete und dem noch vergleichsweise jungen Christentum Konkurrenz zu machen versuchte – besiegelte seinen Untergang.

Nachdem Okzitanien gewaltsam an Frankreich angeschlossen worden war, entwickelte sich die liberal gesinnte Region zu einem Hort des Aufruhrs. Religionskriege, die Aufstände der kalvinistischen Kamisarden zu Beginn des 18. Jahrhunderts, dann die Ausläufer der Französischen Revolution, Kriege und Erhebungen 1848, 1870 und 1907: jede Gelegenheit war diesem Zipfel Frankreichs willkommen, um sich gegen die Verachtung derer aus dem Norden aufzulehnen, die, wie der Dichter *Céline*, von »degenerierten mittelmeerischen Bastarden« sprachen und von »verwöhnten Dichterlingen, arabischen Parasiten, die über Bord zu werfen Frankreichs vordringlichstes Interesse sein sollte«. Trotz jüngerer Dezentralisierungmaßnahmen seitens der Pariser Regierung ist längst noch nicht alles geregelt, sind die wesentlichen Ressourcen Okzitaniens – früher die Kohlenzechen, heute die Luftfahrt mit dem Katastrophen-Airbus, das Immobiliengeschäft der Touristikbranche und der Weinanbau – nach wie vor fest in der Hand der »Kolonisatoren«.

Katalanische Identität

Kurz vor Argelès streift die Autobahn eine Art Maharadschapalast, der im Ruf der Unzerstörbarkeit steht: die Burg von *Salses*, ein Märchenschloß aus ockerfarbenem Gestein, das soeben aus der Lagune emporgestiegen zu sein scheint. Hier verlief einst die Grenze zu Katalonien. Vor drei Jahrhunderten ist diese Linie allerdings zurückgewichen, Katalonien dagegen ist geblieben. Die Fremdartigkeit sticht ins Auge: wie etwa im Elsaß betritt man plötzlich ein anderes Land. Das rote Gestein von Perpignan und Collioure schmiegt sich in runde, aber dennoch strenge architektonische Formen, mit geschmiedeten Eisen gespickt. Alte Männer mit kohlschwarzen Brauen schlürfen auf den Terrassen der Straßencafés ihren dunklen, muskatigen Wein, den *Banyuls*, während die jungen mit Einbruch der kühleren Abenddämmerung ihre *Passejada* in den Einkaufsstraßen aufnehmen.

Das größte Ereignis stellt in Perpignan die *Sanch* dar, eine Karfreitagsprozession der Mönche von der gleichnamigen Bruderschaft. An Sommerabenden dagegen spielt die Kappelle zu provenzalischen Tänzen, den *Sardanes*, auf. Restaurants heißen hier *Cases*, und man serviert dort Gegrilltes ... das man als

HINTERGRUND – KATALANISCHE IDENTITÄT / 37

Ludwig XIV

Gericht *a la planxa* bestellt. Selbst das Licht ist anders: wilder und freier, eben die Sonne des Roussillon. Willkommen in Katalonien!

Aus dem Land zwischen den Küstenebenen des Roussillon, den Hängen von Aspres und Confluent, den Hochtälern von Vallespir, Capcir und der Cerdagne ist die eigentliche dynamische Kraft der Iberischen Halbinsel hervorgegangen. Jene kleinen Pyrenäenkönigreiche, in denen man ein mit dem Baskischen untermischtes Romanisch – das Katalanische eben – sprach, rangen den Sarazenen zuerst Barcelona und danach das Königreich von Valencia und Aragon ab. Ihr Einfluß reichte bis hinauf nach Toulouse und Nîmes, und wären nicht die Albigenserkriege gewesen, könnte das Languedoc-Roussillon noch heute spanisch sein. Doch die Katalanen waren zuallererst Seefahrer. Sie machten sogar Venedig Konkurrenz, indem sie die Balearen und ganz Süditalien eroberten. Perpignan lebte bis zu dem Tag im Schatten der Grafschaft Barcelona, da der König von Aragón es zur Hauptstadt eines kleinen, maßgeschneiderten Reiches von Mallorca erhob, das er einem seiner Söhne zudachte. Aber knapp zwanzig Jahre später verleibte der Nachfolger des Königs von Aragón es sich wieder ein. Übrig blieb ein stattlicher Palast, außerdem Relikte vergangenen Reichtums, dem Perpignan noch heute nachtrauert. Und dann setzte 1659 der sogenannte Pyrenäenvertrag, der den Feindseligkeiten zwischen Frankreich und Spanien ein Ende bereitete und außerdem die Hochzeit *Ludwigs XIV.* mit der Habsburgerin *Maria Theresia* in die Wege leitete, das Roussillon zum unbedeutenden Anhängsel Frankreichs herab. Doch auch drei Jahrhunderte erzwungener Angleichung an Frankreich haben es nicht vermocht, die katalanische Nabelschnur wirklich zu durchtrennen.

Berühmte Namen wie Gaudí, Miró und Tapiès stehen im 20. Jh. für eine Renaissance katalanischer Kunst, die keine Grenzen kennt. Dalí und Picasso eigneten sich das Roussillon an, und als Pau Casals wie unzählige seiner Landsleute vor dem Franco-Regime nach Prades floh, fand er dort eine zweite Heimat. Kaum einer Erwähnung bedarf es, daß jenes katalanischsprachige Drittel der Bevölkerung im Roussillon nicht um folkloristische Effekte bemüht sein muß. Der Wohlstand, den Barcelona wiedererlangt hat, läßt auch aus seiner Sprache ein Markenzeichen werden.

Romanik pur

Genervt vom Kirchen-Marathon? Keine Müdigkeit vorschützen! Das Languedoc-Roussillon war einer der Ausgangspunkte und Schmelztiegel der Romanik. Gewaltige Wehrkirchen wie die Kathedralen von *Béziers* und *Perpignan* umschließen trotz ihrer Massivität eine Welt erlesener Schätze. Abteien mit dem Siegel romanischer Architektur, wie St. Gilles im Gard, sind zugleich mit einem Triumphbogen und Friesen nach Art antiker Amphitheater bestückt.

Im *Roussillon* schwirrt uns dann endgültig der Kopf. Diese kleine Provinz allein beherbergt zweihundertzwanzig romanische Bauwerke, siebenhundertfünfzig barocke Retabeln und eine sattes Hundert romanischer Madonnen. Eine andere Welt. Ehrwürdige Kirchenbauten recken da behäbige viereckige Glockentürme mit stumpfem Dach gen Himmel. Im sanften, weihrauchgeschwängerten Dämmerlicht der Kirchenschiffe erleiden ebenso bleiche wie rosigwangige Heilige ihre Martyrien. Der *Canigou*, »heiliger Berg« der Gegend, wirft seinen Schatten nicht allein über die sagenhafte Abtei Saint-Martin, sondern auch über weitere sehenswerte Klöster: Säulen mit Spiraldekor, Kapitelle, an denen furchterregende Fabelwesen lauern und seltsame Pflanzen ihre Blüten aufsperren (Elne, Saint-Michel-de-Cuxa, Serrabone).

Für Hinweise, die wir in späteren Auflagen verwerten,
bedanken wir uns mit einem Buch aus unserem Programm

Zeittafel

- **450.000:** in Tautavel (Roussillon) jagte ein Mensch Rentier und Rhinozeros mit primitiven Waffen aus Stein. Mächtige Brauen, fliehende Stirn, tiefliegende Augen: eine echte Verbrechervisage trug der älteste bekannte Europäer zur Schau!
- **2000:** Hirtendörfchen in den Cévennen. Menschen und Viecher drängen sich in überdimensionalen Hütten.
- **um 600:** die Griechen gründen von Marseille aus die Stadt Agde *(Agathe* heißt soviel wie: »die Schöne«). Gutes Verhältnis zu den Eingeborenen, ohne daß sie genau gewußt hätten, ob die nun Ligurer, also italo-provenzalischer Herkunft, oder Iberer und damit Spanier waren. Bis heute ist es dem Languedoc nicht gelungen, seine genaue Position zwischen den beiden Halbinseln zu bestimmen!
- **zwischen 700 und 300:** die Gallier lassen sich im Languedoc-Roussillon nieder.
- **um 120 v.Chr.:** zu Hilfe gerufen von Marseille, annektieren die Römer die Provence und deren Verbündeten: das Languedoc. Gründung von Lugdunum (Saint-Bertrand-de-Commignes), Béziers und vor allem von Narbo Martius (Narbonne), das über die älteste und größte Provinz Galliens, die *Gallia Narbonensis* – mit einer Ausdehnung von Toulouse bis nach Grenoble – herrschte.
- **413 n.Chr.:** Vandalen und Alemannen waren bloß durchgerauscht. Die Westgoten dagegen, schon besser erzogen, lassen sich in Narbonne häuslich nieder. Die Ära ihres Königreichs, das ganz Spanien und Südfrankreich umfaßt, wird gute Erinnerungen hinterlassen. Es sind schließlich auch die Westgoten, die den Hunnen *Attila* aufhalten; verdenken kann man's ihnen nicht.
- **720:** der *Emir Al Samh*, Eroberer Spaniens, bemächtigt sich Narbonne. Die Westgoten dürfen das Land dennoch weiterhin verwalten.
- **760:** als nächste nehmen die Franken Narbonne ein.
- **778:** Schlacht von Roncevaux/Roncesvalles: Elitetruppen *Karls des Großen*, angeführt vom Helden Roland, hatten angeblich eine Übermacht von Sarazenen, in Wirklichkeit wohl aber bloß eine Horde Basken, welche die Franken aus einem Hinterhalt in den Pyrenäen überfiel, verlustreich besiegt. Die meisten Franken gingen allerdings dabei drauf; das ganze ist eine ziemlich blutige Geschichte und nachzulesen im »Rolandslied« (ca. 1100). Die Karolinger errichten mit Katalonien (Gothalunia) einen antimuselmanischen Vorposten: die spanischen Marken. Ein gewaltiger Flüchtlingsstrom von Christen ergießt sich ins Languedoc.
- **1002:** erstes schriftliches Zeugnis in der Sprache des Languedoc. Die hispano-islamische Kultur bereichert die Provinz, die im übrigen bei der *Reconquista* und den Kreuzzügen mitmischt.
- **11. und 12. Jh.:** das Languedoc wird durch die ihr in Sprache und Kultur verwandte Grafschaft Barcelona politisch an den Rand gedrängt.
- **1209-1255:** Kreuzzug gegen die »ketzerische« Sekte der Katharer. Das Languedoc entgeht der katalanischen Vorherrschaft, aber nur, um dem königlich-französischen Machtbereich anheimzufallen.
- **1276-1344:** Entstehung und fast ebenso rascher Niedergang des Königreichs Mallorca.
- **14. Jh.:** das Languedoc trotzt den arabischen Korsaren und überantwortet seine Mittelmeerhäfen dem französischen König. Die Angliederung der Stadt Marseille an Frankreich 1481 versetzt dem Wohlstand des Languedoc den Todesstoß.
- **1464:** der Markt von Beaucaire wird eingerichtet.
- **16. Jh.:** das östliche Languedoc tritt zum Kalvinismus über. Eine Entscheidung, die in den Religionskriegen schwerwiegende Folgen zeitigen wird.

- **1566:** Gründung des Hafens von Sète.
- **1659:** der Pyrenäenvertrag zwischen Frankreich und Spanien schlägt Frankreich das Roussillon zu und beendet die Vormachtstellung Spaniens in Europa.
- **1685:** der Widerruf des Toleranzedikts von Nantes verbietet es den kalvinistischen Protestanten, ihre Gottesdienste zu feiern. Als sie verfolgt und zur Zwangsarbeit verurteilt werden, vertrauen die Prediger aus den Cévennen ihre Mission neuen »Propheten« an. Der Kamisardenaufstand, so benannt nach den »Hemdchen« der Kalvinisten, wird die Elitetruppen des Königs zwei Jahre lang in Schach halten.
- **1790:** die kalvinistischen Protestanten schließen sich der Revolution an, die Katholiken dagegen bleiben königstreu. Die Spaltung in »links« und »rechts« gilt in ungefähr dieser Konstellation noch heute.
- **1851:** Aufstand gegen den Staatsstreich *Napoleons III*.
- **1907:** Winzeraufstand gegen die Regierung Clemenceau.
- **1971-1981:** Demonstrationen gegen die Erweiterung des 3000 ha großen Truppenübungsplatzes von Larzac. Eine symbolträchtige Angelegenheit, bei der sich in buntem Gemisch Larzac-Bauern, Umweltschützer, z.B. der naturbewegte Schriftsteller *Lanza Del Vasto*, Regionalisten, Präsident *François Mitterrand* und General de Bollardière über den Weg liefen. Larzac und seine Protestbewegung *Larzac Libre* wurden denn auch zum Symbol des gewaltlosen Widerstands gegen die Pariser Militär- und Umweltpolitik.
- So, seitdem herrscht erstmal Ruhe ...

Anmerkung: bei den eingeklammerten Ziffern hinter Orts- und Städtenamen in den folgenden Kapiteln handelt es sich um die französischen Postleitzahlen, auf deren Angabe wir bei Adressen verzichtet haben.

Ur-Ente, aus wirtschaftl. Gründen nur ein Scheinwerfer

ÖSTLICHE PYRENÄEN UND ROUSSILLON

Nicht wenige Künstler erblickten hier das Licht der Welt, andere haben sich die Gegend zur zweiten Heimat erwählt. In diesem ehemals katalanischen Königreich wirkt alles klarer konturiert, intensiver als irgendwo sonst. Und vieles erscheint gedoppelt wie auf einem zwiefarbenen Harlekinsmantel. Selbst die Küste ist zweigeteilt. Nach den Badestränden von Argelès und Canet reißt die Uferlinie plötzlich zu kleinen Felsbuchten auf: hier nisten im schroffen und zugleich rosigen Gestein kleine Häfen, Orte wie aus dem Märchenland – *Collioure* zum Beispiel.

Dahinter folgt eine Ebene, die mit Aprikosenhainen bestickt ist. Dann engmaschiges Gewebe der Weinstöcke, das sich die sonnenverbrannten Bergflanken – Aspres und Fenouillède – hochrankt. Oben verlieren die Reben ihren Kampf gegen die undurchdringliche Widnis der *Garrigue*. Zu beiden Seiten des Canigou öffnen sich zwei weite Pyrenäentäler: Confluent und Vallespir. In der Ferne schließlich das Hochland von Capcir und die Cerdagne, Überbleibsel jener Kleinstkönigreich aus längst vergangenen Zeiten, die von der Grenze zweigeteilt wurden. Mitten auf französischem Boden führt unversehens eine gottverlassene Straße zur spanischen Enklave Llívia.

PERPIGNAN (66000, katal. Perpinya)_____

Als Hauptstadt Nordkatoloniens, des Roussillon, und größter Ort im Département *Pyrenées-Orientales* (im Folgenden: P.O.) ist Perpignan eher katalanisch als französisch geprägt. Die Palmsäume seiner öffentlichen Plätze und der Akzent seiner Einwohner gemahnen immer wieder daran. Gute 30 km fährt man bis zur Grenze, und damit bildet Perpignan ein Tor nach Spanien, aber ein Tor ohne Schloß und Riegel. Bei seinem Feldzug in Richtung Europa – man beachte die überraschende geographische Perspektive! – setzt Perpignan, die wirtschaftliche und kulturelle Rivalin Montpelliers, denn auch auf seine engen Beziehungen zu Barcelona. Dabei kann es sich getrost auf den Fremdenverkehr verlassen, zumal sich diese Stadt zwischen Meer und Gebirg, voller Licht und kultureller Reichtümer, stets als vollendete Gastgeberin erweist. Insgesamt also eine empfehlenswerte Etappe für alle, die sich die Zeit nehmen möchten, eines der schönsten Départements im Languedoc-Roussillon zu erkunden. Kleine, aber nicht unwesentliche Bemerkung zum Schluß: Perpignan verzeichnet 2567 Sonnenstunden im Jahr (zum Vergleich: Freiburg 1760, Essen 1494, Berlin 1672, München 1771)!

Blick in die Geschichte

Die Vergangenheit Perpignans steht in unmittelbarem Zusammenhang mit der katalanischen Kultur. Zunächst war es römische *Villa* (Perpinianum), danach, im 10. Jh., Residenz der Grafen von Roussillon. Im 12. Jh. wurde Perpenyà dem Grafen von Barcelona und König von Aragon, *Alphonse*, zum Lehen gegeben. Dem folgt wirtschaftlicher Aufschwung, zumal die Stadt nunmehr als Umschlagplatz zwischen dem französischenn *Midi* und Nordafrika diente. Als dem Sohn *Jakobs des Eroberers* (Jacques le Conquérant) dort ein Schloß errichtet wird, fällt Perpignan der Status der Hauptstadt des Reiches von Mallorca zu. Der Palast der Könige von Mallorca erinnert noch heute an diese Epoche des Wohlstands; ebenso die gleichzeitig erbauten Kirchen, die den immer zahlreicher werdenden Gläubigen geistliche Heimstatt gewähren sollten. Perpignan geht dann in die Gewalt *Pedros IV.*, des Königs von Aragon, über, der dort im 14. Jh. eine Universität gründet. Die nächsten Jahrhunderte beuteln die Stadt: sie wird zum Spielball zweier Mächte, der französischen und der katalanischen. Verträge und kriegerische Wirren bestimmen daher die Folgezeit.

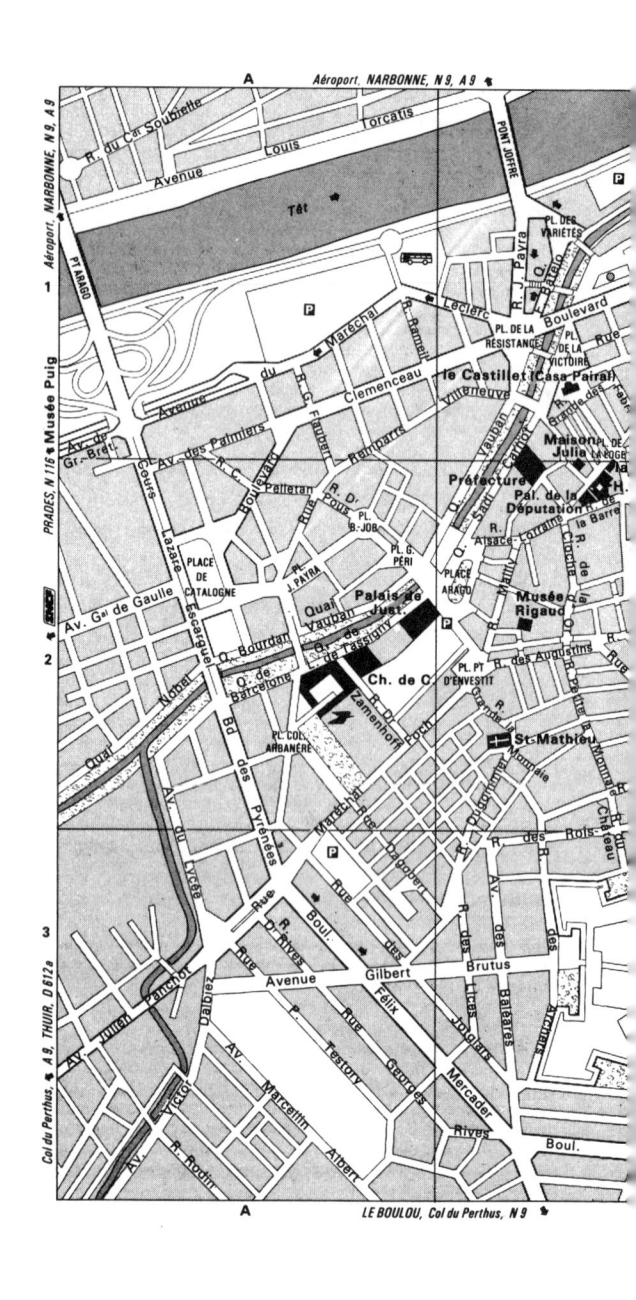

42 / ÖSTLICHE PYRENÄEN UND ROUSSILLON

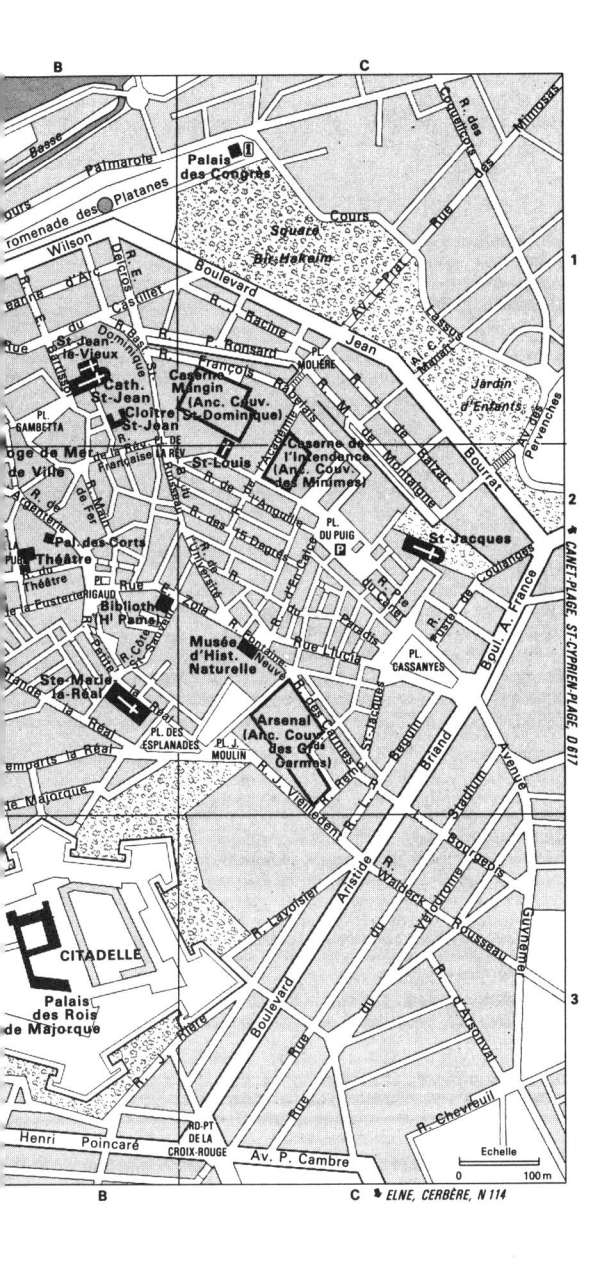

Perpignan

44 / ÖSTLICHE PYRENÄEN UND ROUSSILLON

● *Die Rattenfresser*

Als *Johann II. von Aragon* auf die erzdummen Gedanken verfiel, vom französischen Kollegen *Ludwig XI.* militärischen Beistand bei der Niederschlagung einer Erhebung in Spanien zu erbitten, sah er sich und sein Reich hastdusnichtgesehen um die Grafschaften Cerdagne und Roussillon erleichtert. Aufgebracht setzen sich die Bewohner Perpignans daraufhin ein Jahr lang gegen die französischen Truppen zur Wehr. Johann II. forderte sie persönlich auf, sich zu ergeben, indem er der Stadt gnädigerweise den Titel »fidelissime« verlieh. Unbeugsam trotz aufkommender Hungersnot waren die Bürger schließlich sogar dazu übergegangen, Ratten zu verspeisen! Aber die Misere Perpignans war damit noch längst nicht zu Ende: als die Stadt im späten 15. Jh. *Ferdinand dem Katholischen* zufiel, wurde sie von den Truppen des französischen *Franz I.* belagert.

Ein Jahrhundert später erheben sich die Katalanen in Barcelona gegen den Absolutismus am Madrider Hof. Der französische Kardinal und Minister *Richelieu* weiß die Gunst der Stunde zu nutzen, indem er mit ihnen ein Bündnis schließt, kraft dessen sie *Ludwig XIII.* als Grafen von Barcelona anerkennen. Da Perpignan nun aber von seinen gewohnten Bündnispartnern isoliert ist, wird es einmal wieder in die Zange genommen, nun von Ludwig XIII. höchstpersönlich. Und als das Roussillon als Folge des Pyrenäenvertrags 1659 von Frankreich annektiert wird, ist Perpignan endgültig französisch. Naturgemäß wird es zur Hauptstadt dieser neuen Provinz, die ihrerseits 1790 die Umwandlung zum Département Östliche Pyrenäen erfährt. Daher rührt der verständliche Groll der Katalanen auf französischer Seite, die man durch eine schließlich unverrückbare Grenze von ihren Brüdern auf der Iberischen Halbinsel getrennt hat.

Nützliche Adressen

AUSKÜNFTE

– **Office Municipal du Tourisme** (Städtisches Fremdenverkehrsbüro): place Armand-Lanoux. T. 68 66 30 30. Im Kongreßpalast. Öffnungszeiten: im Sommer von 9-20h, im Winter von 8.30-12h und von 14-18.30h; sonntags nicht besetzt. Mageres Informationsmaterial und wenig sachkundiges Personal. Büro auch am Flughafen.
– **Comité Départemental du Tourisme/CDT** (Fremdenverkehrsamt des Départements): quai de-Lattre-de-Tassigny, B.P. 540, F-66005 Perpignan Cedex. T. 68 34 29 94. Sehr hilfreich. Auf kurze Anfrage liefert das CDT die gewünschten Informationen über freie Campingplätze und Hotelbetten, Fremdenzimmer (überprüfte Auswahl), außerdem Broschüren, Wanderkarten etc. Auskünfte über *Minitel:* 36-15, code CAPSUD 66.

AUTO- UND FAHRRADVERMIETUNG

– **Europcar:** avenue du Général-de-Gaulle 28. T. 68 34 65 03.
– **Citer:** avenue du Maréchal-Juin 44. T. 68 67 31 05.
– **Avis:** bd. du Conflent 13. T. 68 34 26 71.
– **Fahrradvermietung:** *Cycles Mercier,*
rue du Président-Doumer 1 (beim Lycée Arago). T. 68 85 02 71.

FORTBEWEGUNG

– **Busbahnhof:**
avenue du Général-Leclerc. Auskünfte: *Car Inter 66,* T. 68 35 29 02.
– **Flughafen Perpignan-Rivesaltes:** 6 km nördlich der Stadt. T. 68 61 28 98. Vor Ort auch Fremdenverkehrsbüro und Autovermietung.
– **Air Inter:** Büro am Flughafen. T. 68 61 22 24.

Kardinal Richelieu (1585-1642)

Bahnhof: T. 68 51 10 44. Dort erhältlich der für Benutzer öffentlicher Verkehrsmittel nützliche »Guide Régional des Transports«, der Regionalfahrplan.
– **Wanderungen:** *Cimes Pyrénées*, ein dynamischer Verein, antwortet auf alle Anfragen bzgl. Wanderungen, Ausritte, Fahrradtouren, Skiausflüge oder Kanu- und Kajak-Touren. T. 61 66 40 10. *Cimes* gibt einen praktischen und nett aufgemachten Führer heraus: Karte, Wanderwege, Tips, Adressen von Wandererheimen etc. Beachte: die Vereinigung unterhält zwar kein Büro im Département Pyrénées Orientales, aber man erhält den Wanderführer im CDT-Verkehrsbüro von Perpignan. Für ca. 25 F kann man Mitglied eines zweiten Vereins werden, außerdem für ca. 45 F eine Bergsteigerversicherung abschließen. Vor dem Abrutschen schnell noch mal die Police studieren! Anschrift: *Randonnées Pyrénéennes*, 29, rue Marcel-Lemarque, F-65000 Tarbes.

46 / ÖSTLICHE PYRENAEN UND ROUSSILLON

Unterkünfte

Trotz seines gehoben-gutbürgerlichen Anscheins wartet Perpignan mit einigen erstaunlich preisgünstigen Unterkünften auf. Obendrein findet man Hotels mit viel Atmosphäre zu gemäßigten Preisen. Im Sommer ist es freilich ratsam, rechtzeitig zu buchen ...

● *Preisgünstig*

- **Jugendherberge** *(Auberge de Jeunesse):* allée Marc-Pierre, parc de la Pépinière. T. 68 34 63 32. Geschlossen vom 20. Dezember bis 20. Januar. Auf halbem Wege zwischen Bahnhof und Busbahnhof, hinter dem Polizeirevier. Jugendherbergsausweis obligatorisch, kann aber dort erstanden werden. Übernachtung mit − für französische Verhältnisse reichhaltigem, da nach Belieben auszudehnendem! − Frühstück ca. 75 F. Rezeption zwischen 10 und 18h geschlossen (Gepäck kann aber aufbewahrt werden). Bettwäsche erhältlich (etwa 20 F). Die JH ist ganz nett, aber ein bißchen laut. Freundliche Herbergsmutter und schöne Terrasse, wo man seine Mahlzeiten einnehmen kann. Im Sommer unbedingt vorbestellen.
- **Hôtel Métropole:** rue des Cardeurs 3, in der Altstadt, dicht bei der Place de la Loge. T. 68 34 43 34. Freundliche, größtenteils aufgemöbelte Unterkunft; früher mal eine zweifelhafte Absteige mit einem Hauch von Dekadenz. Einzel- oder Doppelzimmer nur ca. 110 F, mit Dusche oder Bad 150 F. Am besten gleich mehrere Zimmer anschauen, denn manche, unrenovierte, bieten einen traurigen Anblick. Interessant vornehmlich der Lage wegen.
- **Hôtel-Restaurant des Expéditeurs:** av. du Général-Leclerc 19. T. 68 35 15 80. Samstagabends, sonntags und feiertags geschlossen, ebenso während der beiden Wochen vor und nach dem 15. August. Kleines Viertelslokal mit ein paar Zimmern zwischen ca. 75 und 110 F. Etagendusche, bequeme Betten, saubere Leintücher und nüchterne Ausstattung. Stark frequentiert von Globetrotterkollegen.
- **Hôtel Le Berry:** av. de la Gare 6. T. 68 34 59 02. Altes Bahnhofshotel, ein Stern; sprichwörtlich trist, aber korrekt und sauber. Nichts Besonderes, aber das beste Preis-/Leistungsverhältnis am Ort. 110 F fürs Zimmer mit WC und Bidet (aber ohne Fenster), ungefähr 125 F mit Dusche, 155 F für zwei oder drei Personen. Der Wirt ist okay.

● *Mittlere Preisklasse*

- **Le Maillol:** impasse des Cardeurs 14. T. 68 51 10 20. Zwischen zwei Fußgängerzonen, der Place de la République und der Rue de la Cloche-d'Or. Günstige Lage also im Herzen der Altstadt. Unterbringung in einem schönen alten Patrizierpalast aus dem 17. Jh., der zum Zwei-Sterne-Hotel umgewandelt wurde. Freundliche Inhaberin und ordentliche Zimmer. Kostenpunkt: rund 245-265 F.
- **Hôtel de la Poste et de la Perdrix:** rue Fabriques-Nabot 6. T. 68 34 42 53, Fax: 68 34 58 20. Zwischen der Place du Castillet und dem Quai Sadi-Carnot. Geschlossen vom 20. Januar bis 20. Februar. Zwei-Sterne-Hotel der *Logis de France*-Kette mit Charakter, 1832 gegründet. Schon das Gasthausschild mit seiner Patina entzückt, als nächstes die marmorne Eingangshalle und die spiegelblanke alte Treppe. Gepflegte, aber eher altmodische Zimmer zu vernünftigen Preisen: ab 280 F mit Dusche, etwa 300 F mit Bad. Weiterer Vorteil: es existiert ein Aufzug! Restaurant im Hause.

● *Unterkunft mit Klasse*

- **Park Hôtel:** bd. Jean-Bourrat 18. T. 68 35 14 14, Fax: 68 35 48 18. Am Square Bir-Hakeim, Altstadtring. Ganzjährig geöffnet. Hinter einer hübsch-häßlichen modernen Hotelfassade verbirgt sich Drei-Sterne-Luxus zu annehmbaren Preisen. Stilvolle Zimmer (mit Tendenz zum Fürstlichen), klimatisiert, schallgedämmt, mit Überausstattung. 310 F das Doppel mit Dusche und ca. 350-500 F mit Badezimmer. Die Inhaber sind sich ein bißchen zu gut für junge

Leute mit Rucksack, aber wir wollen gnädig sein: sie führen gleichzeitig auch eins der besten Speiselokale Perpignans, das *Chapon Fin* (zu teuer für unsereinen).

- *Zeltplätze*
  - **La Garrigole:** rue de M.-Lévy 2. T. 68 54 66 10. Am westlichen Stadtrand. Ab dem Bahnhof auf der Avenue de Prades am Fluß entlang und dann noch vor der Autobahn in die Rue de Jean-Gallia einbiegen. Im Dezember Ruhepause. Abendliche Schließzeit 22.00h. Überschaubares, schattiges Gelände neben einem Wassersportclub und einem Schwimmbad. Elektroanschlüsse und Duschen vorhanden. Stellplatz ca. 13 F und dann noch mal pro Person 14,50 F.
  - **Le Catalan:** Autobahnanschlußstelle Nord, Richtung Bompas, nördlich von Perpignan. T. 68 63 16 92. Ganzjährige auf. Besser ausgestattet als *La Garrigole*, aber verdammt weit der Stadtmitte. Restaurant, Waschmaschine, Wäschetrockner, Snack-Bar, Schwimmbecken, Spielgeräte etc. Rund 50 F pro Person alles inbegriffen. Demnächst auch Vermietung von Ferienhäusern.

Einkehren in Perpignan

Gegessen wird in Perpignan erstaunlich gut, und das zu verdaulichen Preisen. Wenn man dann noch die Freundlichkeit der Katalanen in Rechnung stellt, wird begreiflich, was uns jedesmal mehrere Tage lang in ihrer Stadt hält.

- *Günstige Lokale*
  - ♦ **Saint-Jean:** place Gambetta. T. 68 51 22 25. Bei der Saint-Jean-Kathedrale. Leckere regionale Küche und offene Weine, das Ganze zu wirklich vernünftigen Preisen: *Boles de picolat* z.B. zu ca. 60 F, das Glas Pouilly etwa 13 F. Aufgetischt wird in einem Innenhof, quasi unter den Bogengängen der Kathedrale. Ein heißer Tip!
  - ♦ **Restaurant des Expéditeurs:** av. du Général-Leclerc 19 (zwischen Stadttor Le Castillet und Busbahnhof). T. 68 35 15 80. Samstags abends, sonntags und feiertags keine Bewirtung. Das Café-Restaurant schlechthin am Platze (man kann dort auch übernachten: s. »Unterkünfte«), Zufluchtsstätte für Alterchen und der Abgebrannte. Netter Wirt, der mittags wie abends sein unvergleichliches Menü zu ca. 75 F anbietet, Viertele inbegriffen. Empfehlung: *»le canon du Maréchal«*. Für ein Essen à la carte rund 95-140 F veranschlagen. Besonderheiten: Kalbskopf und katalanische Kutteln *(Tripes catalanes)* zu rund 55 F; freitags Bouillabaisse, etwa 115 F; *Fisch-Parillade* (gemischte Grillfischplatte) um 110 F. Und mittwochs nicht die Paella verpassen (knapp 70 F).
  - ♦ **Quick:** place de la Loge, im Altstadtkern. T. 68 34 27 95. Kein Ruhetag. Wie bitte, ein Fast food-Lokal in unserem anspruchsvollen Reiseführer? Na ja, wir haben eine Entschuldigung parat: es handelt sich um das allerschönste seiner Art. Als es vor einigen Jahren in einem der nobelsten Stadthäuser aus dem 14. Jh. eröffnet wurde, provozierte das fast ein Skandalgeschrei. Dazu muß man wissen, daß Essen in Frankreich als Bestandteil einer höheren Kultur betrachtet wird, die man häufig für sich gepachtet zu haben glaubt. Um so mehr fuchst es unsere westlichen Nachbarn, wo die Boulettenschmieden à la MacDonalds gerade in ihren Städten fröhliche Urständ feiern. Schließlich würden die Filialen ja nicht eröffnet, wenn niemand hinginge ... Wie dem auch sei: die Stadt gab schließlich grünes Licht unter der Bedingung, daß die Fassade nicht verändert würde. Deshalb ist auch das berüchtigte Markenzeichen der Kette nirgends zu sehen.

- *Mittleres Preisniveau*
  - ♦ **Casa Sansa:** Fabriques-Wadal 2 ter (das ist eine Gasse zur Place de Verdun und dem Stadttor Le Castillet). T. 68 34 21 84. Sonntags sowie Montag mittags und den ganzen Oktober über geschlossen. In Perpignan eine echte Institution: Studenten, Intellektuelle, Insider aller Couleur und immer auch ein paar Leute aus Barcelona drängen sich in diesem eigentlich geräumigen, originellen

48 / ÖSTLICHE PYRENÄEN UND ROUSSILLON

Lokal, das vollgestopft ist mit allem möglichen Plunder, farbigen Bildern und vergilbten Stierkampfplakaten. Ein sympathischer Wirt und die typisch katalanische Küche lassen keinen Zweifel aufkommen: man ist nicht mehr in Frankreich, sondern im lebenslustigen Spanien, das uns mit offenen Armen empfängt. Bestimmt wird jeder irgendwann in die *Casa Sansa* zurückkehren, um die leckeren Happen noch einmal zu probieren: *Escalivade* (im Backofen zubereitetes Gemüse), katalanischer Stockfisch nach Art des Hauses, Meeresfrüchtepfanne, Entenleberpastete und das besonders feine *Pollastre amb gambas* (Huhn mit Crevetten und einer Rivesaltes-Sauce)! 60 und 110 F pro Gericht muß man schon lockermachen; dabei nicht die guten Côtes du Roussillon vergessen (man kann sich auf den Wirt verlassen). An manchen Abenden Musikgruppen und Fiesta-Atmosphäre – da fühlen sich die Yuppies wohl! Fast hätten wir's vergessen: ein Weinkeller aus dem 14. Jh. lädt zur Weinprobe ein.

♦ **Opéra Bouffe:** impasse de la Division (zwischen Place Arago und Place de la Loge), in der Altstadt. T. 68 34 83 83. Warme Küche bis 22.30h. Sonntags den ganzen Tag über sowie montagmittags geschlossen. Restaurant mit orientalischen Anklängen, was vor allem am blauweiß gekachelten Deckengewölbe liegt (seit wann liegt denn Bayern im Orient?). Man wird von einem Chef des Hauses in Empfang genommen, der einen fehlenden Haupthaar mit einem fotogenen Schnurrbart wettmacht. Und ein weiterer Pluspunkt: auf dem Speisezettel stehen Toasts à *la tapemare* und *Chorizo*, eine würzige Hartwurst. Mittagsmenü zu rund 85 F. Die Speisekarte läßt uns immer wieder das Wasser im Munde zusammenlaufen: große Salatteller, katalanische Gerichte, gegrillte *Gambas* mit Pfifferlingen (ca. 70 F), T-Bone-Steak (um die 95 F) und die obligatorische *Parillade*, eine gemischte Grillfischplatte. Solide heimische Weine, beispielsweise der weiche, samtige Cabernet Laporte zu ca. 65 F. Zum Nachtisch nicht den *Mel i Mato* auslassen: feinwürzigen Schafsfrischkäse, der mit Honig beträufelt wird. Schmatz! Macht mit Getränk stattliche 170 F pro Person. Wirklich gute Adresse, tadellose Bedienung und Opernmusik. Im Sommer verlagert sich das Geschehen teilweise auf die schattige Terrasse.

♦ **Les Casseroles en Folie:** av. Torcatis 71 (zwischen der Arago- und Joffre-Brücke). T. 68 52 48 03. Sonntagsabends und montags geschlossen. Wenn die Aufmachung auch nicht von sicherem Geschmack zeugt – im Eingangsbereich geht man über eine Art Aquarium! – so bietet das Lokal im Gegenzug eine solide und reichhaltige Küche zu vernünftigen Preisen. Höfliche und kompetente Bedienung. Katalanisches Menü zu ca. 95 F: mit *Mouclaïade* (Muscheln an *Aïoli*) und Wildschweinschinken, außerdem gefüllte Kalmar nach Art von Banyuls und Weinbergschnecken. Zum Dessert die berühmte *Crème catalane*. Sodann Meeresfrüchteteller (zu rund 80 F) oder das Tellergericht zum Sattwerden à 115 F. Von Vorteil für alle Autofahrer: der kostenlose Parkplatz gleich gegenüber.

♦ **Le Vauban:** quai Vauban 29, in Altstadtnähe. T. 68 51 05 10. Sonntag Ruhetag. Schöne Jugendstil-Brasserie in Pariser Manier. Oft proppenvoll. Leckere Gerichte zu rund 85-100 F, dazu einige Spezialitäten von der Wochenkarte. Menü zu 150 F. Hervorragende Fleischgerichte und versierte Bedienung. Bietet allerdings nichts ganz Ausgefallenes oder Typisches.

● *Was Besseres*

♦ **La Passerelle:** cours Palmarole 1, zwischen Quai und Promenade des Platanes. T. 68 51 30 65. Von Sonntag bis montagsmittags geschlossen. Ein Chef des Hauses, wie man ihn sich wünscht: jovial kommt er an den Tisch, empfiehlt seine Fischgerichte und nimmt die Bestellungen entgegen. Man fühlt sich sofort wohl, besonders, wenn erst einmal der Lachs- oder Seezungenstrudel (ca. 110 F) oder der Meeresfrüchteteller (155 F) anrückt, alles garantiert fangfrisch. Jedem Fischgericht ist Sorgfalt und Hingabe anzumerken. Eine Küche, die hohen Ansprüchen genügt, einer treuen Kundschaft in unprätentiösen Räumlichkeiten serviert. Gerade deshalb zur Sicherheit vorbestellen.

Perpignan

50 / ÖSTLICHE PYRENÄEN UND ROUSSILLON

● *Im Umland*

♦ **Ferme-Auberge Le Casot:** bei Gilbert Soucas, Impasse Marabeille, Le Soler. T. 68 92 68 28. Nur auf Vorbestellung. 8 km westlich von Perpignan, über die N 116 zu erreichen. Sonntagabends und montags geschlossen, desgleichen vom 24. Dezember bis 2. Januar. Eher moderner Hof denn alte *Ferme*, aber man wird in einem rustikalen Speisesaal mit Kamin, Bruchsteinwänden und massigen Holztischen freundlich empfangen. Im Sommer Terrasse im Grünen. Das Gericht seiner Wahl bestelle man vor: z.b. *Paella* vom Holzfeuer, Wildschweinragout, Grillgerichte, Taube usw. Ganz Hungrige profitieren vom 150-Franc-Menü (Zirkapreis): Aperitiv, Aufschnitt nach Wahl, ein warmes Gericht plus Salat, Ziegenkäse, *Flan* nach Art des Hauses und Kaffee ... Das ganze mit Landwein bis zum Abwinken begossen. Ideal für feierfreudige Gruppen. Zum Wohl!

Auf ein Glas Wein

♦ **Républic'Café:** place de la République 2. T. 68 51 11 64. In der Altstadt, gegenüber vom Parkplatz auf der Place de la République. Bewirtung zwischen 15 und 2h. Sonntag ist Ruhetag. Es erwarten uns in Billardraum und zwei Bars: die eine im Designer-Stil, die andere eher mit gemütlicher Atmosphäre. Das Ganze *relaxed* und jung; vor allem gute Rockmusik, besonders *New Wave* (auch wir hören nicht bloß Beatles!). In punkto Getränken hat sich das »Rép« auf Tequilas verlegt (ab 30 F). Liegt weit unter dem astronomischen Preisniveau von Paris.

♦ **Tapas-Bar La Bodega:** rue Fabrique-Couverte 13, in der Altstadt, unweit vom Stadttor Le Castillet. T. 68 34 88 98. Sonntags und montagmittags geschlossen. Eine Bar wie man sie in Barcelona zuhauf findet, in einem stimmungsvollen äußeren Rahmen. Treffpunkt der Stadtjugend.

Sehenswertes

Um Enttäuschungen vorzubeugen, eine Vorwarnung: Perpignan weist kaum klassische Sehenswürdigkeiten im Baedekerschen Sinne auf, ermöglicht dafür aber schöne Rundgänge in der Altstadt, deren Achteck von acht Boulevards gesäumt wird ...

▶ **Stadttor »Le Castillet«** und **Casa Pairal:** eignet sich als Ausgangspunkt für eine Altstadtbesichtigung, da der Torturm *Le Castillet* gewissermaßen deren Zufahrt darstellt. Darin das *Musée Catalan des Arts et Traditions Populaires* (Museum für katalanische Volkskunst und Folklore). Im Sommer täglich von 9.30-12h und von 14.30-18h geöffnet, den Rest des Jahres täglich außer Dienstag von 9-12h und von 14-18h. Eintritt frei.

Le Castillet, ein ansehnliches Festungsbauwerk aus Ziegeln (14. Jh.), diente dank seiner beiden hohen Türme der Stadtverteidigung, danach unter Ludwig XIV. als Gefängnis. Häftlingen bot sich kaum Aussicht auf Flucht, angesichts der dicken Mauern und massiv vergitterten Zellenfenster ...

Innen die *Casa Pairal* (auf katalanisch: »Haus der Vorfahren«): beeindruckend mit ihren mächtigen Balken, den schweren Holztüren mit groben Schlüssellöchern ... Das Museum über mehrere Stockwerke birgt ländliche Gebrauchsgegenstände, nachempfundene Szenen katalanischen Brauchtums, schönes altes Mobiliar und sogar ein paar Ausstellungsstücke von Seltenheitswert: ein Webstuhl, ein Salzfäßchen, aus einem Horn geschnitzt, ein Bärenfell, das zu Maskenumzügen diente, eine witzige Sammlung von allem Möglichen usw. Im Saal für religiöse Kunst steht ein bemerkenswertes Kruzifix (oder »Schmähkreuz«), das den in dieser Gegend üblichen Prozessionen vorangetragen wurde: geschmückt mit einem Hammer, einer Kneifzange, einer Geißel, Messern usw. Ganz schön sado-maso das Ganze. Die oberste Etage nicht vergessen: wegen des Balkons mit Aussicht über die Dächer der Stadt.

PERPIGNAN / 51

▶ **Place de la Loge:** markiert den Altstadtkern Perpignans. Trotz seiner Enge im Sommer stets belebt. An manchen Abenden wird hier in farbenfroher Tracht die katalanisch-provenzalische *Sardana* getanzt. Am einen Ende des Platzes die *Loge de la Mer*, ein schmuckes gotisches Bauwerk vom Ende des 14. Jhs – inzwischen ein Fast food-Lokal (s. »Essen gehen in Perpignan«)! Früher hatte hier die Seehandelsbörse ihren Sitz (daher der Name). Bemerkenswert das kleine schmiedeeiserne Schiff aus dem 16. Jh., das als eine Art Wetterfahne in einem der oberen Winkel des Hauses angebracht ist. Unmittelbar neben der *Loge de la Mer* steht das Rathaus *(Hôtel de Ville)*, dessen Fundamente auf das frühe 14. Jh. zurückgehen. Ruhig den Innenhof betreten, um die fantastischen Trägerkonstruktionen in Augenschein zu nehmen. Die schmiedeeisernen Gitter stammen wahrscheinlich aus dem 15. Jh. (der Rost hat sie gut konserviert). Auffällig auch die merkwürdigen Bronzearme, die aus der Fassade herausgreifen, als hätte man da Statuen eingemauert ... Sie stellen die drei Kategorien wahlberechtigter Bürger dar. Inmitten des Patio eine Bronzestatue des Bildhauers Maillol, »La Méditerranée«, die als eines seiner Meisterwerke gilt.
Neben dem Rathaus das *Palais de la Députation* aus dem 15. Jh., unter den Königen von Aragon Sitz des katalanischen Gerichtshofs. Katalanische Bauweise und ein bemerkenswertes Portal.

▶ **Rue des Fabriques Nabot:** vis-à-vis vom Rathaus; eine der typischen Gassen in Perpignan erinnert an das längst aufgelassene Viertel der Stoffschlichter *(Paraires)*, die den Wohlstand der Stadt im Mittelalter begründeten. Auf Haus Nummer 2 (am Ende rechts), die *Maison Julia*, achten, ein vornehmes, gut erhaltenes Patrizierhaus aus dem 15. Jh.

▶ **Kathedrale Saint-Jean:** place Gambetta, unweit der Place de la Loge. In mehreren Anläufen zwischen dem 14. und dem 17. Jh. erbaut und typisch für die Gotik der Mittelmeergegenden. Besitzt ein einziges Schiff von 48 m Länge. Außer dem Renaissance-Retabel aus Marmor am Hauptaltar sind Altaraufsätze in den zahlreichen Kapellen zu bewundern, die zwischen dem 15. und dem 18. Jh. entstanden sind. In einer der Nischen steht auch ein wunderschönes Taufbecken aus einem Marmorblock, das über siebenhundert Jahre auf dem Buckel hat. Es trägt eine lateinische Inschrift: »Die Flut der geheiligten Quelle erstickt das Zischen der sündigen Schlange.« Eines der schönsten Retabeln ist ein holzgeschnitztes, bemaltes aus dem 18. Jh.; er hängt in der vierten Seitenkapelle und zeigt die unbefleckte Empfängnis. Unter den religiösen Schätzen ist noch das Orgelgehäuse (Ende des 15. Jhs) zu nennen: der herrenlos gewordene Kopf eines Maurenkönigs muß ihm zur Zierde gereichen. Der arme Mann kriegt den Mund gar nicht mehr zu! Rechts im Schiff führt eine lederverkleidete Tür auf ein Gäßchen, hinüber zur *Chapelle du Dévot-Christ*, die ein Meisterwerk der Schnitzkunst birgt: ein Kruzifix aus dem 14. Jh. mit schmerzverrenkten Gliedmaßen, einem Jesus mit eingefallenem Gesicht, den Hals im Leiden geneigt, blutüberströmt die Seite. Einer Legende zufolge sinkt ihm im Verlauf vieler Jahre der Kopf unaufhaltsam immer mehr auf die Brust. Sobald er aufruht, wird die Welt untergehen! Wir werden davon berichten.

▶ **Campo Santo:** place Gambetta, bei der Saint-Jean-Kathedrale. Von 8-12 und von 14.30-17h zugänglich. Wochenends geschlossen. Eintritt ca. 6 F.
Der einzige Kreuzgangfriedhof in Frankreich (einen weiteren gibt's in Pisa). Seit seiner Restaurierung eine friedliche Insel der Harmonie inmitten der Stadt. Großer Rasenplatz, den gotische Säulengänge umgeben; die reichen Bürgerfamilien der Stadt besaßen im Mittelalter hier ihre Gruft.

▶ **Saint-Jacques-Viertel:** man durchquert es von der Kathedrale aus, um zur Kirche gleichen Namens zu gelangen. Hier hausen Zigeunersippen und Nordafrikaner auf einem Fleck. Ein buntes Bild: Wäsche an den Fenstern, mißtrauisch dreinblickende Matronen, von Küchendüften umweht, heruntergekommene Behausungen, spielende Kinder ... Schreiten wir über die große *Place du Puig*, das Herzstück des Viertels, an die links eine von Vauban erbaute

Kaserne grenzt, im 19. Jh. zu Sozialwohnungen umgewidmet (Bravo!). Am Ende des Platzes kann man den *Puig des Lépreux* (»Hügel der Leprakranken«) erkennen, vor dem die Saint-Jacques-Kirche aufragt. Wer jetzt bis zur Place Cassanyes weitergeht und die rue Llucia wieder hinuntersteigt, gelangt in das eigentlich maghrebinische Viertel, früher eine eigene Stadt in der Stadt. Garantiert exotisch! Im unverkennbar nordafrikanischen Restaurant *Agadir* oder im *Tanger* einen originalen Pfefferminztee ordern. Außerdem finden sich ein paar pittoreske Läden, in denen sich die Waren Nordafrikas türmen: bestickte Kleider, die auf der Haut kitzeln, Kassetten mit Raï-Musik, Gewürze usw.

▶ **Église Saint-Jacques:** original katalanisch, beginnendes 13. Jh., im 14. Jh. rekonstruiert. Rechter Hand des Eingangs ein riesiges Kruzifix, genannt *Croix des Outrages* (»Kreuz der Schmähungen Christi«), das wieder mit Säbel, Trompete, Nägeln, Geißel, Kneifzange, Schwamm, einem Hahn etc. garniert ist. Ferner zahlreiche bemalte und vergoldete Retabeln, die meisten von monumentaler Größe. Hinten rechts eine Kapelle, die der *Sanch*-Brüderschaft geweiht ist; diese wurde im 15. Jh. hier gegründet. Ihre Hauptaktivität besteht noch heute in der Durchführung der traditionsreichen Karfreitagsprozession (s. »Veranstaltungen«). Das Kreuz mit den Marterwerkzeugen wird alljährlich dem Zug vorangetragen.

▶ **Jardin de la Miranda:** hinter der Saint-Jacques-Kirche. Bis 17.30h geöffnet (im Sommer bis 19h), über Mittag geschlossen.
Der Park thront auf der teils aus Ziegeln, teils aus Marmor erbauten Bastion, welche die ehemaligen Stadtmauern überragt. Von hier aus läßt sich ein Großteil Perpignans überblicken. Seine Lage zwischen Brüstungen, Mäuerchen und kleinen roten Ziegelbögen ist außergewöhnlich. Hier oben wachsen tropische und mediterrane Gewächse, die den Duft der *Garrigue* verströmen: Oliven- und Granatapfelbäume beispielsweise.

▶ **Palast der Könige von Mallorca:** am Eingang der Rue des Archers. Einlaß von 10-18h im Winter, im Sommer von 9-17h. Dienstags geschlossen. Eintrittsgeld bereithalten.
Die beeindruckende und hervorragend erhaltene Zitadelle ist zum touristischen Hauptziel Perpignans geworden. Dennoch finden wir die Inaugenscheinnahme des königlichen Palasts enttäuschend: weitläufige, leere Säle mit einem Hauch von Überheblichkeit, verloren und lächerlich wirkende zwei oder drei Möbelstücke, elektrische Leitungen wo man hinschaut, lärmende Besuchergruppen ... Die gepflegten Gärten lohnen den Besuch schon eher. Man darf sie ruhig durchqueren, um die mächtigen von Pinien gesäumten Festungsmauern zu erreichen.
Der im 13. und 14. Jh. erbaute Palast gilt als älteste königliche Residenz in Frankreich. Er wurde errichtet, nachdem Jacques le Conquérant vulgo *Jakob der Eroberer* beschlossen hatte, Perpignan zur Hauptstadt des Königreichs Mallorca zu küren (das die Balearen, das Lehnsgebiet Montpellier und die alten Grafschaften Roussillon und Cerdagne vereinte). Er verlieh das Reich seinem Sohn Jakob II., den die katalanischen Geschichtswissenschaftler, um die Geschichte noch etwas zu verkomplizieren, Jakob I. von Mallorca nennen ... Der ältere Sohn, Peter III., erbte das größere Königreich Aragon, das Valencia und Katalonien umfaßte. Ganz augenscheinlich waren die Eifersüchteleien zwischen den Brüdern, und daran anschließend auch diejenigen ihrer Nachfolger, dem kleinen Königreich nicht gerade zuträglich, denn 1349 war es schon wieder zu Ende mit ihm.
Der sehenswerteste Teil des Palasts ist sicher die *Cour d'Honneur*, zu der man über die Barbakane und den Schloßgraben gelangt (in dem, ganz nebenbei, die Löwen ihr Dasein fristeten). Der prächtige Hof zeugt vom Reichtum des untergegangenen Königreichs: monumentale Freitreppen, Arkadengänge, Rundbögen aus blauem Marmor. Der Ostflügel mit seinen übereinandergebauten Kapellen und dem Turm ist der bei weitem schönste. An der obersten Kapelle ein wohlerhaltenes Portal aus dem Mittelalter. Um zu ihr zu gelangen, muß der Besucher zuerst die Stufen der *Tour de l'Hommage* erklimmen (Aus-

sicht über die Stadt!) und die königlichen Gemächer des ersten Geschosses durchqueren, desgleichen die weitläufige *Salle de Mallorque,* wo der Königsthron stand und die großen Banketts stattfanden. Doch leider sind der Thron, die Fresken und die byzantinischen Seidenarbeiten verschwunden. Bleibt noch der breite Kamin mit drei Feuerstellen und eine imposante Decke aus Spitzbögen.

▶ **Musée Hyacinthe-Rigaud:** rue de l'Ange 16 (Zutritt über die Place d'Arago). T. 68 35 43 40. Im Sommer von 9.30-12h und 14.30-19h; öffnet im Winter eine halbe Stunde früher und schließt eine Stunde früher. Dienstags geschlossen. Eintritt frei.

Das Museum in einem schönen Stadtpalais aus dem 17. Jh. verdankt seinen Namen dem großen Porträtmaler des beginnenden 18. Jahrhunderts, der hier geboren, später jedoch an den Hof von Versailles verpflichtet wurde. Hier hängt eines seiner Meisterwerke, das »Porträt des Kardinals von Bouillon«, von dem Voltaire meinte, es sei »den besten Gemälden eines Rubens ebenbürtig«. Als wichtigstes Exponat gilt aber sicher das gemalte Retabel »Die Dreifaltigkeit« *(La Trinité)* von 1489, das früher die *Loge de la Mer* zierte; die Loge selbst ist übrigens im unteren Teil des typisch katalanischen Gemäldes abgebildet.

Darüberhinaus preist das Museum sich glücklich, neun Ölgemälde und gut zwanzig Zeichnungen von *Raoul Dufy* zu besitzen. Der Maler hatte nämlich in den vierziger Jahren in der Rue de l'Ange, Ecke Place d'Arago, gewohnt. Folkloristischer Tanz, das Rebland und die Musiker aus der Gegend beeinflußten seine Kunst (er schloß damals Freundschaft mit dem Cellisten Pau Casals). Auch *Picasso* ließ sich in derselben Straße nieder: auf Einladung der Familie Lazerne, die dort Häuser besaß. Er malte dort Porträts seiner Gastgeberin, Mme. Lazerne, die nunmehr in dem zum Museum umgewandelten Wohnhaus ausgestellt sind. Wie man sieht, kann es von Nutzen sein, einen Maler zum Freund zu haben ...

Unter den Künstlern, die im Musée Hyacinthe-Rigaud vertreten sind, wären noch Ingres, Brueghel, Bram van Velde, Calder, Maillol, Appel, der Katalane Tapiès und Marie Laurencin zu nennen. Näheres erfährt man in den hier verkauften kleinen Informationsschriften, verfaßt vom Museumskonservator Marie-Claude Valaison.

▶ **Bahnhof Perpignan:** unserer Meinung nach nichtssagend. *Salvador Dalí* zufolge soll er jedoch der Mittelpunkt des Universums gewesen sein: »Auf dem Bahnhof von Perpignan kommen mir stets die verrücktesten Einfälle meines Lebens ... Die Ankunft am Bahnhof von Perpignan wird zum Anlaß wahrer geistiger Ergüsse, die sich zu Höhenflügen der Spekulation aufschwingen (...) Also, an diesem 19. September habe ich am Bahnhof von Perpignan eine Art kosmogonischer Ekstase empfunden, die weit stärker war als die vorhergehenden: die exakte Zusammensetzung des Weltalls (...), das seinerseits von der Struktur her dem Bahnof von Perpignan ähnelte, mit dem kleinen Unterschied, daß sich in der Ecke um den Fahrkartenschalter das Universum jener geheimnisvollen Skulptur auftat, die mich in Gestalt einer in Kupfer gestochenen Reproduktion schon seit einigen Tagen verfolgte.« (aus: »Tagebuch eines Genies«). Der »Nabel der Welt« (nämlich Dalí) verewigte diesen Ort und den Viehwaggon, in welchem er sich »auf Pilgerschaft« dorthin begab, in einem seiner berühmtesten Gemälde ...

Veranstaltungen

– **Sardanas** (katalanische Volkstänze): von Juni bis September, dienstags und donnerstags abends auf der Place de la Loge.

54 / ÖSTLICHE PYRENÄEN UND ROUSSILLON

Sardana

– **Fête de l'Escargot** (Schneckenfest): am letzten Sonntag im Juli in Bompas, 5 km nordöstlich von Perpignan. Karnevaleskes Treiben mit riesigen Schneckenungetümen. Ehrensache, daß hier gegrillte Weinbergschnecken probiert werden dürfen.

– **Festival der »Côtes du Roussillon«**: steigt im Juli/August, und zwar im Palast der Könige von Mallorca.

– **Fête du Vin Primeur** (Primeur-Fest): Mitte Oktober. *Primeur* heißt der junge, kurz nach schneller Gärung abgefüllte Rotwein, der bis in den Januar hinein bei 10-12°C zu trinken ist, und nicht etwa *Vin nouveau* (»Neuer Wein«), wie er außerhalb Frankreichs von Laien gerne genannt wird. Letzterer ist aber auch nie älter als ein Jahr, weil er jeweils vor der nächsten Lese herauskommt. Preisfrage: wie heißt denn nun *unser* »Neuer Wein« bzw. »Federweißer« in der Sprache Molières?

– **Procession de la Sanch**: Karfreitagsprozession der La Sanch-Brüderschaft von 15-17h *(sanch* bedeutet auf Katalanisch übrigens »Blut«). Auf keinen Fall verpassen! Gewandet in Tuniken und spitze Kapuzen, *caperutxa* genannt, die dem Ku KLux Klan alle Ehre machen würden, aber rot oder schwarz gefärbt sind, ziehen die Büßer barfuß von der *Église Saint-Jaques* zur Kathedrale. Dabei tragen sie das berühmte »Schmähkreuz« – ausgestattet mit den Marterwerkzeugen des Heilands, als da wären Schwamm, Nägel, Geißel, Leiter usw. – oder die *mistéris* (Bildnisse Christi) und singen Kirchenlieder. Am selben Tag finden weitere (nächtliche) Prozessionen in *Collioure* und in Arles-sur-Tech statt.

Die Umgebung

▶ *PORT-BARCARES*

Moderner, aus dem Boden gestampfter und mithin reizloser Badeort. Mitten auf dem 8 km langen Strand eine einzige, allerdings gewaltige Sehenswürdigkeit: ein halb von Sand bedeckter Ozeandampfer! Die »Lydia«, ein ehemals griechisches Schiff von stattlichen 90 m Länge, wurde durch eine eigens hierfür gegrabene Fahrrinne bis zu ihrem jetzigen Standort geschleppt. Der Sand wurde beiseite geschoben und rund um den Schiffsrumpf eine mächtige Betonplatte gegossen, um den Dampfer zu stabilisieren. Als erstes »Gebäude« des neuen Badeortes sollte die »Lydia« dessen Dynamik und Originalität versinnbildlichen (Zwischenfrage: seit deutet Schiffbruch zu erleiden auf wirtschaftlichen Erfolg?). Im Innern des Dampfers: eine Diskothek, ein Kasino, eine Bar und ein libanesisches Restaurant. Die Schiffsbrücke und ein kleines Meeresmuseum – Korallen, Muscheln, die Geschichte der Lydia, usw. – dürfen ebenfalls besichtigt werden.

– **Fête du Miel** (Honigfest): am letzten Sonntag im Juli.

▶ **FESTUNG VON SALSES**

16 km nördlich von Perpignan, über die N 9 (Richtung Narbonne) zu erreichen. Besichtigung täglich, vormittags und nachmittags. Geschlossen am 1. und 11. November, am 25. Dezember, 1. Januar und 1. Mai. T. 68 38 60 13. Eintritt: 25 F; Ermäßigung: für Achtzehn- bis Vierundzwanzigjährige (14 F). Einstündige Führungen von 9.30-12h und von 14-17h.

Die Festung von Salses, ein Meisterwerk der Militärarchitektur, ist derzeit das meistbesuchte historische Bauwerk im Bereich der östlichen Pyrenäen. Salses ist das erste Beispiel einer »flachen« Befestigungsanlage, von der man weit sieht, ohne selbst von weit her gesehen zu werden (eine wichtige Nuance!). Sie wurde zu Beginn des 15. Jhs im Auftrag des Königreiches Spanien unter der Leitung *Ferdinands von Aragon* erbaut. Man weiß heute, daß ein genialer Architekt, der damalige spanische Kriegsminister *Francisco Ramirez*, verantwortlich zeichnete. Er zögerte nicht, angesichts der Bedrohung durch eine neue Art von Kanonenkugeln, Mauerungetüme mit einem Durchmesser von 15 m an ihrer Grundlinie zu errichten! Die als uneinnehmbar, zumindest aber als unzerstörbar geltende Festung von Salses überlebte den Hundertjährigen und den Dreißigjährigen Krieg, danach die Unterzeichnung des Pyrenäenfriedens. Ihre Belagerung zwischen 1639 und 1642 durch die Truppen *Ludwigs XIII.* forderte 35.000 Menschenleben! Nachdem sie den Franzosen überlassen worden war, nahm der Festungsarchitekt *Vauban* Quartier darin. Blickte Vauban voll Neid auf dieses perfekte Bauwerk? So genau wissen wir das heute nicht; jedenfalls bat der Architekt (sowie *Richelieu*, der dort viele Männer verloren hatte) *Ludwig XIV.* um die Erlaubnis, die Festung schleifen zu dürfen. Die Unmöglichkeit dieses Ansinnens bewog den König, darauf zu verzichten ...

Vor allem zusammen mit M. Faustier, dem jungen Leiter der Anlage, sehr beschlagen und voller Begeisterung für die Örtlichkeiten, verspricht die **Besichtigung** lehrreich zu werden: Kapelle, Pferdeställe, das Badezimmer des Gouverneurs – einfallsreich: mit Sauna und Warmwasser! – eine Bäckerei mitsamt Backofen, die Molkerei und zugehörige Stallungen – die Festung setzte auf Selbstversorgung und vermochte mehrere Jahre einer Belagerung standzuhalten, vergessen wir das nicht! – eine Art Vorläufer unseres heutigen Kühlschranks (Kamin, nach Art eines Kühlsystems konstruiert), sechzig Toiletten, ein Kornspeicher, ein Speisesaal – mit eingebauten Fingerschälchen, bitte schön! – und das Gefängnis, wo die Verantwortlichen für die berüchtigte Giftaffäre, die den Hof Ludwigs XIV. zu entvölkern drohte, lebendig eingemauert wurden.

56 / ÖSTLICHE PYRENÄEN UND ROUSSILLON

Noch ein paar Bemerkungen zum **militärischen Aspekt:** Schießscharten in jedem Raum (die ebensogut die Knie anvisierten!), Lüftungskanäle für die Artillerie und ein machiavellistisches System für den Schutz im Festungsinnern. Als krönender Schluß der Besichtigung erwartet uns vom Festungsturm eine Panoramasicht auf den Canigou, die Strandseen und die Küste ...

– Nur der Vollständigkeit halber auch das kleine **stadtgeschichtliche Museum** *(Musée de l'Histoire de Salses)*, 14, av. du Général de Gaulle, 150 m von der Festung (Richtung Perpignan) besuchen. Einlaß das ganze Jahr über.

► *ELNE*

Die frühere Hauptstadt des Roussillon liegt 13 km südlich von Perpignan (Richtung Spanien-Argelès). Von der Grenznähe zeugen schöne Behausungen und eine katalanische Atmosphäre in der Altstadt. Schon im 6. Jh. erlangte Elne Bedeutung dank seines Bischofssitzes; seither ist die befestigte Kleinstadt (6000 Einwohner) bekannt für ihre Kathedrale und ihr Kloster.

– **Verkehrsamt:** im Rathaus, T. 68 22 05 07.

► **Cathédrale Sainte-Eulalie:** von Juni bis September täglich von 10-11.45h und von 14-18.45h; von April bis Mai ab 17.45h, von Oktober bis März sonntags schon ab 16.45h geschlossen. Eintritt!
Bemerkenswert an der im 11. Jh. geweihten Sainte-Eulalie-Kathedrale: der quadratische Turm, ihr Marmorportal und ihre bedeutenden Kunstschätze. Darunter sehenswert: ein prächtiger Altaraufsatz aus bemaltem Holz (14. Jh.), eine Pietà aus Alabaster (15. Jh.), ein romanischer Tischaltar (1069), ein Weihwasserbecken aus römischer Zeit usw. Gegenüber vom Seiteneingang auf das »Schmähkreuz« achten: an diesem Missionskreuz sind die den Leidensweg Christi begleitenden Folterwerkzeuge angebracht. Diese seltenen Kreuze gibt's übrigens nur im Roussillon.

► **Kreuzgang:** Öffnungszeiten wie die Kathedrale. Sicherlich einer der schönsten im Roussillon, zusammen mit jenen von Arles-sur-Tech, Serrabonne und Saint-Michel de Cuxa. Der zwischen dem 12. und dem 15. Jh. erbaute *Cloître* beeindruckt durch seine dem blau gemaserten Marmor geschuldetet Einheitlichkeit, vor allem aber dank der Skulpturen an Säulen und Kapitellen. Unter den dargestellten Figuren wirken die menschlichen Köpfe, Ungeheuer und stilisierten Pflanzen – man könnte meinen, Symbole aus der untergegangenen Welt der Hippies! – irgendwie mystisch. Tatsächlich sollen sie das das Verhaftetsein des Menschen in der Sünde versinnbildlichen. Daß uns diese Christen aber auch alles miesmachen müssen ... Und was ist mit den Löwen, Greifvögeln und Sirenen in der südlichen Galerie? Die sollen uns sündigen Häuptern wohl einen gehörigen Schrecken einjagen. Aber lassen wir das ... Hobbyfotografen werden am Schimmer des blaugeäderten Marmors Gefallen finden ...

► Schließlich stellt ein kleines **Museum** die Ausgrabungsfunde der Stadt zur Schau. Von der Terrasse aus hübsche Sicht über den Krezgang.

► Nach dieser gehörigen Portion Kultur: ein **Bummel** durch das von alten Stadtmauern gesäumte Elne.

– **Veranstaltungen:** im Sommer mittwochs *Sardanas;* Weinfest und *Fête des fruits* (Obstfest) im Juli. Montags-, mittwochs- und freitagvormittags: *Markt* auf der Place de la République. Während der ersten Septemberwoche: *Musikfestival (Festival de Musique en Catalogne Romane)*. Auskünfte: T. 68-22-05-58 oder 68-22-05-07 (Rathaus bzw. Fremdenverkehrsamt).

Für Hinweise, die wir in späteren Auflagen verwerten, bedanken wir uns mit einem Buch aus unserem Programm

Elne

ÖSTLICHE PYRENÄEN UND ROUSSILLON

▶ BAGES

Rund 13 km südwestlich von Perpignan. Der N 9 in Richtung Spanien folgen, dann die D 612 nach links.

▶ **Palais des Naïfs:** 9, av. de la Méditerranée. T. 68 21 71 33. Im Sommer von 10-22h geöffnet, im Winter von 10-12h und von 14-20h; dienstags geschlossen. Verspricht einen ungewöhnlichen und exotischen Gang durch die naive Kunst aller Länder und Epochen. Zudem gibt es einen Museumsladen, wo wir so manchen Franc gelassen haben. Der Umweg lohnt sich also.

▶ TAUTAVEL

25 km nordwestlich von Perpignan. Über die D 117 in Richtung Carcassonne, dann die D 59 nach rechts.
In Tautavel kommen vor allem Puzzlefreunde mit Geschichtssinn auf ihre Kosten: hier ein Oberkiefer, dort ein Schädelfragment, dazwischen noch ein Hüftknochen ... Ergebnis: sich zehn Jahre lang den Kopf zermarternde Archäologen – die Rede ist nämlich von den ältesten, in Europa jemals gefundenen Skelettresten des folgerichtig so genannten Tautavel-Menschen. Sein Alter wird auf stattliche 450.000 Jahre geschätzt (nein, wir haben nicht irrtümlich ein paar Nullen hinzugefügt!). Womöglich ist er aber auch älter, aber auf fünftausend Jährchen mehr oder weniger kommt's ja wohl nicht an. Obwohl alte Leute diesbezüglich überaus eitel sein können ... Hier noch eine kurze Personenbeschreibung: gewölbte Gesichtspartie, platte Nase, fliehende Stirn, geringes Schädelvolumen, ca. zwanzig Jahre alt, männlichen Geschlechts und 1,65 m groß. So wie man sich den Ururgroßvater unseres Neanderthalers – den *Homo erectus* – eben vorzustellen hat! Daß man ihm jetzt auch die Sprache Goethes beigebracht hat – dank eines »individuellen Übertragungssystems« – können wir nur begrüßen. Die Kommunikation funktioniert aber nur als Einbahnstraße.

– **Verkehrsamt:** im Rathaus *(Mairie)*, T. 68 29 12 08 oder 44 29.

Sehenswertes

▶ **Caune de l'Arago:** Höhle nördlich von Tautavel (Richtung Vingrau); von Juni bis Ende August. Hier haben wir es mit einer der weltweit ergiebigsten Ausgrabungsstätten zu tun: Knochen, bearbeitete Steine, Spuren häuslichen Wirkens zuhauf. Was Wunder, daß just an dieser Stelle auch Ururgroßvater (s.o.) ans Tageslicht befördert wurde.

▶ **Urgeschichtliches Museum** (Musée de Tautavel/Centre Européen de Préhistoire): Route Vingrau; T. 68 20 07 76, Fax: 68 29 40 09; täglich von 10-12h und von 14-18h, im Juli/August sogar bis 22h.
Das Dörfchen Tautavel ließ sich in Anbetracht der kostenlosen Fremdenverkehrswerbung nicht lumpen und hat dem berühmtesten seiner Bewohner einen großen Ausstellungssaal mit archäologischen Fundstücken und einem Abguß des Tautavel-Mannes, ein Auditorium und ein wissenschaftliches Labor gewidmet. Wie's damals im täglichen Leben so zuging, davon berichten lebensnah gestaltete Dioramen.

▶ Auf dem Hügel die Überreste einer **Burg** aus dem 13. Jh.

▶ **Torre del Far:** Signalturm aus dem 10. Jh., auf einem Felsvorsprung.

▶ **Caveau des Maîtres Vignerons** (Weinkellerei): T. 68 29 12 03; hier darf man seine Geschmacksknospen täglich an köstlichen Tropfen schulen, die schon manch einen Preis davongetragen haben.

COTE VERMEILLE

Dieser Küstenabschnitt, ein der Côte d'Azur kaum nachstehendes Naturjuwel, verdankt seinen Namen den sonnenversengten, leuchtendroten Felsen. Die Künstler in Collioure lobten die felsige Küste Roussillons, die sich von Argelès bis Cap Cerbère an der spanischen Grenze zieht, in den höchsten Tönen. Heute sind es die Weinfreunde, die eher das Landesinnere und Banyuls für seine edlen Tropfen preisen.

Wenig Strände, dafür aber um so mehr alte Fischerhäfen, die uns malerischer erschienen, würde man sie nicht den Immobilienhaien zum Fraß vorwerfen. Die locken mit ihren Appartementburgen aus Beton jene Massen an, die sich von der südlichen Sonne blenden lassen und gar nicht merken, wie man ihnen für viel Geld architektonische Scheußlichkeiten serviert. Die »Rote Küste« ist aber Gott sei Dank (noch) nicht so verunstaltet wie der Abschnitt weiter nördlich von Port Barcarès über Canet-en-Roussillon nach Argelès-sur-Mer. Nein, hier im Süden kommt der besondere Reiz des Mittelmeers noch zu seinem Recht. Trotz ganzer Horden von Sommerfrischlern in Collioure schaukeln die Kähne weiter in ihren kleinen Buchten, dösen die Rentner immer noch im Schatten der Platanen, und die Anchovis ließen sich auch nicht vertreiben. Ganz zu schweigen von Küstenpanoramen, die sich von Wanderpfaden im Hinterland ergeben.

Selbst die *SNCF* wollte diese paradiesische Gegend den Autolosen nicht vorenthalten. Deshalb sind Collioure, Port-Vendres, Banyuls und Cerbère mehrmals täglich auf den Schienen der Strecke Narbonne – Port-Bou via Perpignan erreichbar. Wer sich gemächlicher an die Küste herantasten will, benutze Bus 44 vom Busbahnhof in Perpignan.

COLLIOURE (66190)

Schönheit und Berühmtheit kürten das Städtchen zum »Edelstein der *Côte Vermeille*«. Schon Matisse und Picasso ließen sich vom Anblick des rosafarbenen Domes mit seinem eigenwilligen Turm, den die Altstadt säumenden Stränden, dem königlichen Schloß und natürlich dem bunten Auf und Ab der vertäuten Boote im alten Hafen verführen. Heute schlägt Collioure mit seinen spanischen Anklängen die Touristen in seinen Bann. Um selbst in den Genuß seiner Ausstrahlung zu kommen, empfiehlt sich der Besuch in der Vor-, Nach- oder Nebensaison, wenn die Massen wieder abgereist oder noch gar nicht da sind.

Wie hingelangen?

– **Per Bahn:** ein gutes Dutzend Verbindungen täglich auf der Strecke Narbonne – Port-Bou; ab Perpignan sind's nur gut zwanzig Minuten.
– **Mit dem Bus:** in vierzig Minuten ab Perpignan; täglich zwischen 7 und 18.20h (sonntags 8.30-17.30h) sechs Verbindungen, sonntags und an Feiertagen weniger. Nähere Auskünfte: T. 68 35 29 02.
– **Mit dem Auto:** in Perpignan die N 114 in Richtung Argelès und Spanien einschlagen und nach gut 20 km in Collioure aussteigen. Parkmöglichkeiten zur Genüge am alten Hafen.

Nützliche Adressen

– **Verkehrsamt:** place du 18-Juin, in der Altstadt. T. 68 82 15 47, F. 68 82 46 29. Kompetente Beratung; in der Hauptsaison wochentags von 9.30-12h und von 15.30-19h, im Juli und August bis 20h, sonn- und feiertags nur von 10-12h. In der Nebensaison täglich außer mittwochs, sonntags, an Feiertagen und im Januar von 9-12 und 14-17h besetzt.
– **Bahnhof:** ungefähr 1 km außerhalb der Altstadt. T. 68 82 05 89.

- **Sport Location:** 13, rue de la Tour. T. 68 82 06 34. Mountainbikes (frz.: *VTT*) für 110 F pro Tag, komplette Taucherausrüstung für 280 F, Surfzubehör usw. Auch organisierte Bootsfahrten bis zur Grenze und zurück für 50 F. Alles nur im Sommer möglich.
- **Notruf** *(Poste de Secours):* am Strand Boramar. T. 68 82 17 69.
- **Gendarmerie:** T. 68 82 00 60, im Juli/August zusätzlich T. 68 82 06 04.

Nächtigen

Das romantische Collioure hat auch ein paar günstig gelegene Unterkünfte zu bieten, die uns finanziell nicht in Bedrängnis bringen. Die Stadt der Maler beschert uns sogar traumhafte Zimmer einem regelrechten Museum!

● *Mittelklasse*

▪ **Hôtel Boramar:** rue Jean-Bart, am Strand Faubourg, an der Hauptstraße. T. 68 82 07 06. Von November bis März geschlossen. Wegen der Aussicht auf Altstadt und Hafen unbedingt nachfragen, ob noch ein Zimmer mit Balkon frei ist. Doppelzimmer mit Dusche zum Preis von 220 F, zusätzlich mit WC 300 F.

▪ **Hôtel Triton:** 1, rue Jean-Bart, kurz vor dem *Boramar*. T. 68 82 06 52. Das ähnlich gelegene, unübersehbare rosafarbene Haus hält seine Pforten das ganze Jahr über geöffnet. Manche der Zimmer, von 180 bis 220 F, verfügen über eine Terrasse, die sich hervorragend für das 30-Franc-Frühstück eignet. Die Zimmer zum Meer sind natürlich der Renner, die zur anderen Seite hin dunkel und laut.

● *Vornehmer*

▪ **Hostellerie des Templiers:** av. Camille-Pelletan, gegenüber vom Schloß. T. 68 98 31 10, F. 68 98 01 24. Im Januar geschlossen. Kenner der Szene wissen Bescheid: wer nach Collioure reist, steigt bei Père Pous ab. René und Pauline Pous empfingen bereits namhafte Maler und Bildhauer wie Matisse, Maillol, Dalí, Picasso und Dufy. Als Gegenleistung für Kost und Logis erhielten sie deren Kunstwerke. So übermannt den Gast eher das Gefühl, er besichtige ein Museum, als daß er in einem Hotel wohne: über zweitausend Gemälde und Zeichnungen sind auf Decken, Wände, Treppenabsätze, in der schiffsförmigen Bar und natürlich auf die Zimmer verteilt. Vor ein paar Jahren meinten leider ein paar unliebsame Zeitgenossen, die wertvollsten Schätze, unter anderem Werke von Picasso, mitgehen lassen zu müssen. Infolgedessen hängte Pous die dicksten Fische wieder ab. Dennoch empfiehlt sich dieses Museum der anderen Art auch weiterhin als angenehmes Gästehaus ohne luxuriöse Sperenzchen, das Ganze zu vernünftigen Preisen: 300 bis 320 F fürs Zimmer mit Dusche und WC; bei 350 bis 380 F steht sogar ein eigenes Bad zur Verfügung. Jedes beweist Zimmer dabei seinen ganz eigenen Stil. Die meisten sind ansprechend eingerichtet mit bunten Holzbetten, rustikalen Stühlen und im gleichen Farbton wie die Wände gehaltenen Tischen. Doch wie so oft: nichts ist vollkommen.

Fotos gesucht! Für Fotos (S/W, Farbe, Dias), die wir in späteren Auflagen verwenden, bedanken wir uns mit einem Buch aus unserem Programm.

CÔTE VERMEILLE – COLLIOURE / 61

Collioure

Besonders viel Ruhe bekommt man hier nicht ab. Wer in Erwägung zieht, bei Père Pous zu übernachten, bestellt besser weit im voraus. Pech gebabt? Dann wenigstens zum Essen vorbeischauen: Menüs ab 110 F.
- **Hôtel Méditerrannée:** av. A.-Mayolle. T. 68 82 08 60. Von November bis Mitte März dicht. Für das Backsteinhaus sprechen Strandlage und Ruhe. Behagliche Zimmer, für die jeder gerne 320 F auf den Tresen legt. Die Parkgelegenheiten sind den Hausgästen vorbehalten.

● *Verdammt edel*

- **Hôtel Casa Païral:** Impasse des Palmiers, Place du 8-Mai-1945. T. 68 82 05 81, F. 68 82 05 81. Von November bis März zu. Gut 150 m vom Strand liegt dieser Palast inmitten einer traumhaften Oase. Der Springbrunnen im Innenhof, beinahe im Grün hoher Pflanzen versunken, dazu das beheizte Schwimmbad, die völlige Ruhe und die gemütlichen, mit jeder Menge Schnickschnack ausgestatteten Zimmer haben natürlich auch ihren – gepfefferten – Preis: 350 F für ein Doppelzimmer in der Nebensaison, im Sommer locker 400 F.

● *Zeltplatz*

- **La Girelle:** Plage de l'Ouille. T. 68 81 25 56. Der an einer kuscheligen Bucht gelegene Campingplatz füllt sich von April bis September mit Leben. Fünfzehn Minuten zu Fuß am Strand entlang, und schon ist man in Collioure. Was die Ausstattung angeht, so gehört er zur Klasse 1a: Waschmaschinen, ein Laden, wo auch Produkte aus der Umgebung angeboten werden, eine Bar, Ponies und ein Restaurant mit Menüs ab 70 F. Von Perpignan aus kommend an der großen Kreuzung links abbiegen und der Beschilderung den Schotterstraßen über den Hügel hinunter folgen.

Einkehren

♦ **La Frégate:** 24, bd Camille Palletan. T. 68 82 06 05, F. 68 82 55 00. Täglich von 12-14 und 19-22h. Ist nicht besonders aufregend, aber wegen der regionalen Gerichte allseits beliebt. Menüs zu 100, 130 und 210 F, das billigste beispielsweise mit Fischsuppe, Fischparillade und Pudding auf katalanische Art. Für Kinder sogar ein 70-Franc-Menü. Doppelzimmer ab 380 F.
♦ **La Nouvelle Vague:** 7, rue Voltaire. T. 68 82 23 88. Keine Bewirtung sonntagabends, montags während der Nebensaison und im Februar überhaupt. Von einem Anchovis-*Saleur* aufgemachtes Restaurant (angeblich einer der letzten Selbständigen seiner Art), der so seine alte Wirkungsstätte einer neuen Bestimmung zugeführt hat. Jedenfalls wurden in diesen Räumlichkeiten früher Sardellen mit Salz haltbar gemacht *(Anchois salés)*. Dieses Gewerbe hat in Collioure Tradition! Gepflegter äußerer Rahmen, mitunter etwas steril wirkend, was uns aber nicht abschrecken sollte. Die Küche verdient es auf jeden Fall, einen Abend lang dem Hafen vorgezogen zu werden. »Fischermenü« zu 100 F mit Anchovissalat, Fischmitonnade und katalanischem Pudding. Auch Mittagstisch mit einem Teller Tapas und dem Tagesgericht zu fairen 60 F.

Sehenswertes

▶ **Alter Hafen:** kiesiger Strand, bunt angemalte Boote, belebte Straßencafés, mit Schieferplatten befestigte Promenade, Schloß rechts und Kirche links. Verdammt romantisch, wenn bloß nicht so viele Urlauber da wären – und natürlich auch Pseudo-Künstler und Verkäufer in Hülle und Fülle!
▶ **Église Notre-Dame-des-Anges** *(St. Vincent):* Einlaß nur von 8-12 und 14-17.30h. Kunstgeschichtliches Vorzeigebauwerk Collioures aufgrund seines vom Leucht- zum Glockenturm mutierten Turmes unmittelbar am Wasser. Der im 17. Jh. erbaute Innenraum gleicht der Höhle Ali Babas: im Halbdunkel sind Altarblätter ohnegleichen verborgen, wie etwa das vergoldete Holztriptychon des Hauptaltars, das von seinem katalanischen Künstler im reinsten Barockstil angefertigt wurde. In der Sakristei der *Kirchenschatz (Trésor):* liturgische Ge-

fäße, Prozessionskreuze aus dem 16. Jh., Gemälde aus dem 15. Jh., Kleiderablage aus dem 13. Jh., Reliquien und eine Muttergottes aus dem 17. Jh.

▶ **Winzlingsstrände Saint-Vincent und Nord:** gleich hinter der Kirche, Rücken an Rücken, lediglich durch einen Damm voneinander getrennt, der zur Kapelle auf dem felsigen Inselchen Saint-Vincent führt. Entlang der wellengepeitschten Felsküste führt eine lange Promenade zum Racou-Strand.

▶ **Château Royal des Templiers:** im Sommer Einlaß zwischen 10.30 und 19.30h, in der Nebensaison lediglich nachmittags.
Im Laufe seiner siebenhundertjährigen Geschichte wurde die Festung mehrmals belagert und später dann erweitert. Zunächst im Besitz des Templerordens, stieg sie im 14. Jh. zur Absteige der Könige von Mallorca und Aragon auf, wurde drei Jahrhunderte später zur Zitadelle umfunktioniert und beherbergt heute Wechselausstellungen. Andere den Besuchern zugängliche Räume wie die Gemächer der Königin und ein Teil des Templerklosters öffnen ihre Pforten nur nachmittags während der Hauptsaison.

▶ **Mouré-Viertel:** der obere Teil der Altstadt zwischen Schloß und Kirche, eingerahmt vom Sentier de la Moulade (hangwärts) und dem Quai de l'Amirauté, wirkt mit seinen schroffen Schieferpflastergäßchen und den blumenübersäten Balkonen an weiß-beigen Häusern überaus spanisch. Geht man die einladende Rue Miradou hinauf, so stößt man auf die gleichnamige Feste aus dem 17. Jh., die noch heute vom Militär genutzt wird. Besichtigung im Sommer möglich.

▶ **Musée des Amis de Collioure:** im Hause und Park des ehemaligen Senators Pams, Route de Port-Vendres. Dienstags geschlossen, ansonsten Zutritt von 14-18h.
Ausschließlich Modernes von Künstlern aus der Umgebung. Eigentlich eher etwas für Leute, die viel Zeit mitgebracht haben. Allen anderen raten wir lieber zum »lebenden« und wirklich außergewöhnlichen Museum in der *Hostellerie des Templiers* (s. Kapitel »Nächtigen«).

▶ **Dominikanerkloster:** aus dem 14. Jh.; grenzt ans Museum und wird heute als Winzerkeller *(Cave Coopérative)* genutzt.

Aus dem Veranstaltungskalender

– **Procession de la Sanch:** alljährlich am Karfreitag. Insgesamt finden im Département Pyrénées-Orientales drei dieser Prozessionen statt, doch nur in Collioure wird für ihren Beginn das Hereinbrechen der Nacht abgewartet, was die gespenstische Wirkung der Fackeln erhöht. Wer sich in dieser Jahreszeit in der Nähe aufhält, sollte das Schauspiel nicht versäumen: mit religiöser Inbrunst vorgetragene Kirchgesänge, die kreuztragend ihr Gesicht hinter schwarzen Kutten verstecken, allen voran ein *Regidor* (Anführer) im überkommenen roten Rock, mit spitzer Kapuze und der Glocke für die zum Tode Verurteilten ... da könnte selbst Ungläubigen wie uns bange werden.
– **Festa Major de Collioure** (Stadtfest und Corrida): am 16. August steigt ein sich im Hafen widerspiegelndes Feuerwerk in den Himmel, das sowohl Boote als auch das Schloß in aufregendes Licht taucht. Zuvor findet spätnachmittags (17.30h) der Stierkampf, die traditionelle *Novillada*, in den dreitausendzweihundert Zuschauer fassenden *Arènes de Collioure* statt. Telefonische Kartenvorbestellung beim Verkehrsamt auf jeden Fall erforderlich. Wer ausgerechnet an diesem Tag mit dem Zug zu reisen beabsichtigt, sollte ebenfalls an eine Platzreservierung denken.
– **Sardanas:** von Mai bis September geben Einheimische mehrmals pro Woche eine Kostprobe ihres tänzerischen Könnens. In den üblichen Farben Rot, Weiß und Schwarz bewegen sie sich zum Rhythmus der *Cobles* im Kreis.

Was tun?

▶ **Strände:** na klar! Die Mehrzahl ist zwar verhältnismäßig klein, doch da es so viele davon gibt, kann sich jeder eines Plätzchens an der Sonne sicher sein: Plage Saint-Vincent und Plage Nord nahe der Kirche, Plage Boramar zwischen Kirche und Schloß, Plage Port-d'Avall und Plage Boutigué (Richtung Faubourg), die Ouille-Bucht in Richtung Argelès und schließlich noch die Plage Balette gen Südosten bzw. Port-Vendres.

▶ **Wasserski, Tauchen, Surfen usw.:** nähere Auskünfte zu sportlichen Aktivitäten im *Verkehrsamt* oder im *Club Nautique de Collioure*, bei M. Duhamel, 49, rue du Pla-de-las-Fourques, T. 68 82 07 04; aber auch bei *CIP*, rue du Puits-Saint-Dominique, T. 68 88 07 16.

▶ **Wanderungen:** die Möglichkeiten, sich auf die Wandersocken zu machen, sind ungezählt, vom dreiviertelstündigen Spaziergang bis zur mehrstündigen Tour durchs Hinterland. Der schmale Weg zu *Ermitage Notre-Dame-de-Consolation* ist ganz bestimmt ein besonderes Ziel: *Garrigue*, himmlische Ruhe, eine drollige Kapelle (mit Weihgaben der Seefahrer), schattenspendende Platanen und freundliche Aussichtspunkte warten als Belohnung. Ein Stück weiter südlich der Madeloc-Turm *(Tour Madeloc*, 652 m), von dem aus die ganze »Rote Küste« und die Albères einzusehen sind. Dasselbe gilt für den *Tour de la Massane* westlich von Collioure, der sich in drei Fußstunden erreichen läßt. Ganz Mutige haben Gelegenheit zu einer Gratwanderung über die *Route des Crêtes* nach Port-Vendres oder Banyuls. Und wer immer noch nicht genug bekommen konnte, schließt sich im Juli/August den Horden von Wandersleuten auf dem rot-weiß ausgeschilderten Fernwanderweg GR 10 an, der Banyuls via Mont Canigou quer durch die französischen Pyrenäen mit dem baskischen Hendaye am Golf von Biskaya verbindet.

▶ **Anchovis:** wer in Collioure keine ißt, verpaßt ein Stück *Savoir vivre* á la Côte Vermeille. Seit Menschengedenken machen aus den Lebensunterhalt der Fischer mit ihren lampionbestückten Booten aus *(Lamparos* genannt). Vor ihrem Verkauf in Gläsern durchlaufen die *Anchois* zwei Stationen: sofortiges Einsalzen nach ihrem ersten Luftzug und mehrmonatiges Ausharren in Salzlaugenfässern. Seit kurzem werden in der Stadt weitere Anchovisprodukte geboten, wie Paste und gefüllte Oliven. *Desclaux* am Carrefour du Christ und die *Société Roque* in der Rue de la Démocratie sind die beiden führenden Häuser für Probehäppchen und Verkauf. Eine weitere fischige Gaumenfreude ist die *Sardinade*: morgens frisch gefangene, entschuppte und mit Öl eingeriebene Sardinen, die nach dem Grillen über Rebstockfeuer von Hand verspeist werden. Ein Gläschen vom hiesigen Weißwein dazu ist nicht die dümmste Idee!

PORT-VENDRES (66660)

Durchsetzt mit modernen Gebäuden, bietet Port-Vendres lange nicht so viel wie sein drei Kilometer entferntes Nachbarstädtchen. Auch der von Hügeln beschützte alte Fischerhafen mit seinen Jachten (viele) und Fischerbooten (vereinzelte) hat kaum Aussicht, sich zum ernsthaften Konkurrenten aufzuschwingen. Vom *Port de Vénus* (Venushafen), den der dem alte Vauban eigenhändig im 17. Jh. entwarf, ist nur die rosige, spanisch anmutende Kirche in vorwitziger Lage am Hafen stehen geblieben. Und die Ludwig dem XVI. gewidmete *Place de l'Obélisque* nebenan, von Kasernenbauten bedrängt, dominiert ein rosafarbener, dreißig Meter hoher Marmorobelisk. An die Gefallenen des Ersten Weltkriegs gemahnt dort auch seit 1924 ein Kriegerdenkmal aus der bewährten Werkstatt Maillols: gefällt uns zwar besser als die sonst in Frankreich üblichen martialischen Ruhm-und-Ehre-Denkmäler, ob's in den Köpfen der Veteranen die gewünschte Nachdenklichkeit hervorruft, bleibt jedoch dahingestellt ...

COTE VERMEILLE – BANYULS-SUR-MER / 65

BANYULS-SUR-MER (66650)

Daß der kleinstädtische Badeort inmitten eines hervorragenden Weingebietes liegt, erkennt jeder sofort an den Probierständen unter den palmen- und platanengesäumten Alleen. In der Bucht lungert ein nicht für kommerzielle Zwecke genutzter Jachthafen. Banyuls ist übrigens der Heimatort des Bildhauers *Aristide Maillol*.

Nützliche Adressen

- **Verkehrsamt:** an der am Hafen entlangführenden Hauptstraße, gegenüber vom Rathaus. T. 68 88 31 58. Öffnungszeiten: in der Nebensaison außer sonntags und montags von 14-18h, samstags bis 17.30h. Im April, Mai, Juni und September dienstags bis einschließlich Samstag 9-12.30 und 14.30-19h, im Juli-August täglich.
- **Verkauf regionaler Erzeugnisse:** 58-60, av. Puig-del-Mas; das ist die breite Straße, die in der Stadtmitte auf die Hauptstraße mündet. Neben Honig, frischem Käse, Milch und Muskatwein wird im Hof um Trödelwaren gefeilscht.

Übernachten

- **Städtischer Zeltplatz** *(Camping Municipal):* Route du Mas Reig – einfach den Wegweisern zur *Visite Cellier des Templiers* folgen. T. 68 88 32 13. Von Anfang April bis Mitte Oktober. Reizvolles Gelände im Schatten vieler Bäume, dazu abseits etwas außerhalb. Zwei Sterne, daher 20 F pro Zelt, 15 F pro Person.
- **Hôtel La Rose des Vents:** 4, Place Paul-Reig. T. 68 88 02 81. Die renovierte »Windrose« des liebenswürdigen portugiesischen Ehepaares zählt zu den ältesten Hotels am Ort. Doppelzimmer mit Blick auf Meer oder Berge und Dusche ab 160 F; Halbpension 110 F.
- **Hôtel-Restaurant La Pergola:** av. Fontaulé; an der Hauptstraße, in Hafennähe. T. 68 88 02 10. Im Dezember und Januar geschlossen. Ein gestandenes, rosafarbenes Haus mit blauen Fensterläden und ordentlichen, sauberen Zimmern, von denen einige zur Meerseite hin blicken. Doppelgemach mit Dusche 200 F, im August nur Halbpension zum Preis von 210 bis 270 F möglich. Im Restaurant kommt die Auswahl nach Karte teuer; passables kleines Menü für 80 F.

Und wenn der Magen knurrt?

♦ **Restaurant Chez Rosa** (sprich »Rocha«): 19, rue Jean-Bart oder 22, rue Saint-Pierre; in einer parallel zum Hafen verlaufenden Fußgängerzone. T. 68 88 31 89. Das Lieblingsrestaurant der Einheimischen hat nur in der Weihnachts- und Neujahrszeit zwei Wochen lang geschlossen. Ansonsten werden von 12-13.30h deliziöse Menüs zu 80 F gereicht, mit Fischsuppe, Kukus (vor allem donnerstags), zum Abschluß Käse oder Dessert. Möglichst einen Tisch vorbestellen.

● *Gediegener*

♦ **Le Sardinal:** 4a, Place Paul-Reig, am Strand. T. 68 88 30 07. Sonntagabends immer, montags nur während der Nebensaison, sowie Mitte November bis Mitte Dezember geschlossen. Die Ausstattung scheint zugeschnitten auf französische Otto-Normal-Verbraucher im Urlaub, doch im Sommer, auf der Terrasse, beim Genießen der renommierten Sardinengerichte, fällt dies nicht weiter auf. Der Chef gilt zu Recht als Fisch- und Meeresfrüchtefachmann. Menüs zwischen 100 und 120 F mit Austern, gegrilltem Fisch, Käse und Nachtisch. Für die übrigen Menüs gilt es, tiefer in die Tasche zu greifen: 160 bis 270 F. Touristischer Beliebtheit erfreuen sich besonders die *Bouillinade de lotte* und die Fischparillade.

Sehenswertes

▶ **Oberstadt:** vom Boulevard de la République führen mehrere Wege in das alte Viertel, in dem das Umherstrolchen zwischen farbenfroh gestrichenen Häusern und verwinkelten Treppen viel Vergnügen bereitet.

▶ **Aquarium des »Observatoire Océanographique«:** an der Plage du Fontaulé. T. 68 88 73 73. Täglich 9-12 und 14-18.30h, im Sommer bis 22h. Erwachsene berappen 20 F Eintritt.

Vor über einem Jahrhundert gegründet, avancierte das *Observatoire Océanographique* von Banyuls zu einer der wichtigsten französischen Forschungsstellen für Meeresbiologie. Sechsunddreißig Becken sind erfüllt von Meeresfauna, die normalerweise unter den rudernden Armen und Beinen badender Touristen angesiedelt ist. Hier erwarten den Besucher Kraken, Schildkröten, Riesenhummer, Muränen und andere possierliche Tierchen. Auch die weniger mobile Bewohnerschaft des Meeresbodens sandte ein paar Vertreter, u.a. rote Korallen und Anemonen.

▶ Zu einem von der Brandung zerklüfteten **Felsvorsprung** führt der Pier am Ausgang des Aquariums. An der Spitze trotzt eine Bronzeskulptur Maillols dem Wind, genießt den sagenhaften Ausblick und lauscht dem Tosen der Wellen.

▶ **Mas Maillol:** im Vallée de la Roume, etwa 4 km südwestlich von Banyuls. Zunächst Richtung Arena, dann hinter Puig-del-Mas links in die Route de Col de Banyuls abbiegen und dieser bis zum Hause Maillols folgen. Hier also ward er geboren, hier starb er, einer der großartigsten Bildhauer der Jahrhundertwende. 1861 erblickte *Aristide Maillol* das Licht Banyuls und begann schon zwanzig Jahre später – allerdings in Paris – zu malen. Bevor er sich der Bildhauerei widmete, galt sein Interesse der Teppichknüpferei und der Keramik. Solide Sockel und dralle Statuen, die dennoch dank des perfekten Ausgleichs zwischen feinen Zügen und üppigen Formen anmutig wirken, bestimmen Maillols Stil (dem die Nazis übrigens auch etwas abzugewinnen wußten, was Maillol peinlich berührt haben dürfte). Seiner Heimat sehr verbunden, meißelte er auch verschiedene Kriegerdenkmäler für Nachbardörfer. Somit können sich nicht nur die Tuilerien in Paris mit seinen Kunstwerken rühmen. Die Nacktstudien, für die ihm knackige Mädels aus Banyuls Modell saßen, fertigte er oftmals im Keller seines Hauses an. Nach seinem tödlichen Autounfall 1944 beerdigte man Maillol im Garten unter einer bronzernen Nachbildung, die als Original vor dem Rathaus in Perpignan zu sehen ist. Seine Wohn- und Arbeitsstätte wird wahrscheinlich demnächst als Museum eröffnet.

Kellereien (Caves, Besichtigung und Weinprobe)

Entgegen der allgemein verbreiteten Annahme, Banyuls-Wein sei nach Art des Portweins als frisch gekelterter, unfermentierter Traubenmost eingekocht und mit Weinbrand verschnitten, sorgt der während der Gärung zugesetzte Branntwein für die natürliche Süße. Lediglich die vier Gemeinden Collioure, Port-Vendres, Cerbère und natürlich Banyuls-sur-Mer genießen das Privileg, *Banyuls AOC* auf ihre Flaschen etikettieren zu dürfen, womit sie zu den kleinsten Weinbaugebieten Frankreichs zählen. Der Banyuls gilt als exzellenter Begleiter für Roquefort-Käse und ... Schokoladenkuchen. Seine Besonderheit und auch sein Erfolg gehen auf die alten Ausbaumethoden der Templer zurück. Das fruchtige Aroma wird erst durch drei- bis fünfzehnjährige Lagerung in Bottichen erzielt. Damit wäre auch schon das Geheimnis dieses leckeren Tröpfchens preisgegeben, das sich sowohl als Wein, als auch als verdauungsanregender Digestif einordnen läßt.

– **Cellier des Templiers:** an der Straße nach Mas-Reig. Von Anfang Juni bis Ende September täglich von 9-19h, im Mai wochentags von 9-12 und 14-18h geöffnet; während der übrigen Monate geschlossen.

Mit einer Beteiligung von nahezu achtzig Prozent aller Winzer stellt der »Templerkeller« die größte Genossenschaft im Anbaugebiet *Banyuls AOC* dar. Abgesehen vom Keller in Port-Vendres (Rue Jules Ferry, Öffnungszeiten wie oben), wo der Wein einige Jahre lang gelagert wird, sind die beiden anderen Genußtempel in Banyuls selbst zu besichtigen: zum einen die *Grande Cave* an der D 86, die nach Mas Reig führt – 2 km außerhalb des Ortskerns auf der Avenue de Général Charles de Gaulle – zum anderen die alten unterirdischen Keller im Hause Reig, an derselben Straße ein Stückchen weiter rauf. Am erstgenannten Ort gibt's riesengroße Fässer und einen zwanzigminütigen Film zur Geschichte des Banyuls-Weines zu begutachten, bevor zum ersehnten Probetrinken gebeten wird. Wer sich eingehender unterrichten möchte, kann sich auch einer fast einstündigen kostenlosen Führung anschließen. Der zweitgenannte Keller beeindruckt mit seinem Gewölbe aus dem 18. Jh., und auch hier wird uns für Führung und Kostproben kein Centime abgeknöpft.

- **Domaine de la Rectoire:** 60, av. du Puig-del-Mas. Freier Einlaß von 10-12 und 17-19h. T. 68 88 07 78.

Zu sehen gibt's auf dem rektorlichen Gut zwar nichts, dafür aber edle Tröpfchen zu verkosten. Und Überzeugungstätern steht danach der günstige Flaschenkauf frei. Zur Geschmacksabrundung werden für die Region typische Häppchen gereicht.

- **Coopérative de l'Étoile:** av. du Puig-del-Mas. T. 68 88 00 10. Publikumsverkehr täglich (abgesehen von Sonntagen im Sommer und Wochenenden im Winter) von 8-12 und 14-17.45h.

Freundliche Führer, Winzer mit Leib und Seele, führen uns in einer Viertelstunde durch das alte Lagerhaus mit seinen Traubenkeltern, den betagten Fässern und einer Reihe von Korbflaschen, die dem Wein gelegentlich Bekanntschaften mit dem Tageslicht verschaffen. Anschließend folgt die Einladung zur Weinprobe. Dazu ein Tip unter vier Augen: die alten, würzigen Hausmarken schmecken wahrhaft göttlich!

● *VON BANYULS AN DER FELSKÜSTE NACH CERBERE*

Bezaubernd, wie sich die Nationalstraße N 114 am Meer entlangschlängelt. Kurz hinter Banyuls, am Aussichtspunkt Cap Rederis, unbedingt ein Klick-Klick-Päuschen einlegen, um das Panorama zu würdigen, in dem Himmel und Wasser miteinander verschmelzen zum »Grande Bleu«. Eine Orientierungstafel weist auf das Roussillon und die Cevennen im Norden, die spanische Costa Brava im Süden hin. Unterhalb des Ausblicks dösen mittelmeerumspülte, vom Wasser ausgewaschene Buchten. Die Abfahrt quetscht sich zwischen Schluchten und Strände, Weinreben und Schieferfelsen.

VALLESPIR

Das Vallespir-Tal macht bekannt mit ganz unterschiedlichen Landschaftsformen: hier noch Ebenen unwesentlich über Meeresniveau, dann ausgedehnte Wälder mit dichtem Buchen-, Eichen- und Kastanienbestand, je nachdem, wie weit man sich der Quelle des Tech auf 2500 m Höhe nähert, und natürlich das weite, malerische Tal, durch das sich eben dieser Tech auf seiner Reise von den Pyrenäengipfeln bis zur Mündung östlich von Elne bzw. Argeles durchbeißt.

Aber nicht nur die Natur, auch die Menschen drücken diesem südlichsten Landstrich Frankreichs ihren Stempel auf. Heißblütige Katalanen lassen ihr uraltes Stammeserbe in alten Tänzen wie der *Sardana* oder beim Bärenfest, auf schattigen Plätzen im provenzalischen Céret oder im strenggläubigen Arles-sur-Tech, wieder aufleben.

CERET (66400)

Keine 20 km vom Grenzort le Perthus entfernt, döst das katalanische Städtchen mit seinen knapp siebentausend Seelen als Hauptort der früheren Grafschaft Vallespir vor sich hin. Mit einer Reihe von Schlüsselreizen lockte es zu Beginn dieses Jahrhunderts die Künstler gleich scharenweise an: mit dem ständig belebten Boulevard unter Platanen, der Teufelsbrücke, um die sich mehr als eine Sage rankt, mit seiner herzlich-ländlichen Atmosphäre, den Tänzen und Stierkämpfen, mit über dreihundert Sonnentagen pro Jahr und zuckersüßen Kirschen. Allen voran verstand es Picasso prächtig, auch seine Kollegen für diesen Charme zu begeistern. Und so kamen Braque, Max Jacob, Juan Gris, Matisse, Cocteau, Soutine, Chagall, Masson, Tzara, Dufy und all die anderen, die Céret seinen Kritikerruhm als Mekka oder »Barbizon der Kubisten« verschafften.

Vor dem Besuch des Museums für moderne Kunst, seinerseits eine erregende Huldigung an die katalanische Schönheit, lassen sich die freundlichen Seiten dieses Städtchens bequem zu Fuß erwandern.

Wie kommt man nach Céret?

– **Jedenfalls nicht per Zug.** Der Personenverkehr auf der Bahnstrecke entlang des Tech bis nach Elne wurde leider eingestellt.

– **Per Bus von Perpignan aus:** die *Agence Georges Marteill Rey*, T. 68 34 62 44, 68 87 10 70 oder 68 87 02 38 (nachts), sorgt täglich zwischen 7 und 18h für vier Verbindungen; letzte Rückfahrt um 17h. Die Fahrt nimmt gut fünfzig Minuten in Anspruch. Überdies steuern die Rey-Busse auch Barcelona und Andorra an.

– Das **Réseau Départemental Carinter 66** erreicht Vallespir mit der Linie 35, und zwar ungefähr fünfzehnmal täglich vom Bus- oder dem SNCF-Bahnhof in Perpignan aus. Näheres unter T. 68 35 29 02. Übrigens empfiehlt es sich, in Céret-Ville auszusteigen, denn Céret-Pont liegt ziemlich ab vom Schuß.

– **Mit der eigenen Blechkiste:** in Perpignan bieten sich Richtung Céret mehrere Möglichkeiten. Auf der Autobahn A 9/E 15 oder auf der N 9 in Richtung Barcelona bis Boulou (Autobahnkilometer 21), dort dann auf die D 115 abbiegen und dieser 7 km in Richtung Amélie folgen. Oder gleich in Perpignan die D 23 einschlagen, die sich durch eine karge Hügellandschaft und schließlich über den malerischen *Col de Llauro*, mit tollem Roussillon-Panorama von der *Ermitage St-Férréol* aus, auf kürzestem Wege gen Céret windet.

Auskünfte

– **Verkehrsamt:** an der Avenue Clemenceau, im Ortskern. T. 68 87 00 53. Ganzjährig geöffnet, mit Mittagspause zwischen 12-15h.

Wo schlafen?

• **Städtischer Zeltplatz »Bosquet de Nagarède«:** av. d'Espagne, am Ortsausgang. Einfach den Wegweisern zu den »Campings« folgen. T. 68 87 26 72. Von November bis Ende März geschlossen. Wer ohne Strom auskommt, berappt pro Nacht und Nase 30 F. Handwaschbecken, Duschen, Toiletten und Grillgelegenheiten stehen uns auf dem von einem Bächlein durchplätscherten Platz zur Verfügung. Der Schein der Idylle trügt jedoch: weil der Campingplatz an der Durchgangsstraße liegt, befinden sich die vorteilhaftesten Stellplätze ganz hinten.

• **Zelten auf dem Bauernhof:** im 3 km entfernten Nachbardorf St-Jean-Pla-de-Corts, an der D 115, 3 km vor der Abzweigung nach Céret aus Richtung Perpignan. T. 68 83 46 01. Hier wird sowohl in Zelten als auch in Wohnwagen unter Kirschbäumen übernachtet. Ein kleines Schwimmbecken sorgt für Abkühlung. Gemeinschaftsduschen und Zimmer zu 160 F ohne Frühstück.

VALLESPIR – CERET / 69

Teufelsbrücke über den Tech

ÖSTLICHE PYRENÄEN UND ROUSSILLON

● *Mittlere Preisklasse*

▪ **Hôtel Vidal:** 4, Place du 4-Septembre, im Herzen Cérets, zwischen Rathaus und Place Picasso. T. 68 87 00 85. Außerhalb der Saison und von Mitte Oktober bis Mitte November samstags geschlossen. Der ehemalige Bischofssitz mit der aufwendig gemeißelten Fassade ist als denkmalgeschütztes Bauwerk eingestuft. Vor einigen Jahren renoviert, blinkt inzwischen ein Stern auf dem Namensschild. Die nette Chefin verlangt ausgesprochen christliche Preise, sowohl fürs Doppelzimmer (mit Dusche und Toilette) als auch fürs Einzelzimmer mit Bad 190 F – wobei eh nur bei frühzeitiger Anmeldung Erfolgsaussichten bestehen. Im Restaurant Menüs zu 70, 85 und 125 F. Bei dieser kleinen, feinen Adresse, wie man sie sich gerne gefallen läßt, beläuft sich die Halbpension auf 160 bis 270 F.

● *Schon eine Spur edler*

▪ **Le Mas Trille:** in Le Pont-de-Reynes, von Céret aus auf der D 115 gut 2 km in Richtung Amélie-les-Bains. T. 68 87 38 37, F. 68 87 42 62. Das große *Mas*, vom Ehepaar Bukk mit geschmackvoll hergerichtet, bewacht den Ortsausgang von Le Pont-de-Reynes (auf die Wegweiser achten!). Zwölf ganz unterschiedliche Zimmer, die angesichts ihres Preises als luxuriös gelten dürfen, blicken auf den Park mit Bach und Schwimmbecken. Monsieur Bukk zog sich hierher zurück, um dieses kleine Juwel zu hegen und zu pflegen. Geräumige Doppelzimmer ab 360 F aufwärts, verschärfte Versionen im Stile einer Prominentensuite 400 bis 800 F.

Wo tafeln?

♦ **Markt:** Samstag morgens stürzen sich abgebrannte Urlauber und Zeltfreaks mit Vorliebe auf die frischen Leckereien aus Bäckers, Käsers und Metzgers Stuben (s. »Feste usw.«).

♦ **Le Pied dans la Plat:** am Place des Neuf-Jets. T. 68 87 17 65. Außerhalb der Urlaubszeit sonntags geschlossen. Dieses Zwischending von Restaurant und Crêperie wurde ist als Ortsjugend zur Stammkneipe erkoren. Hähnchen mit Pommes zu 35 F, *confit* zu 80 F, Tagesessen 50 F, Menü 70 F, Waffeln und ähnliches. Vor allem den *Boles de Picolat* galt unsere Aufmerksamkeit – gewürzte Fleischküchlein, die wie *Cassoulet* (Bohnen mit Speck) serviert werden.

♦ **Les Feuillants:** 1, bd La Fayette. T. 68 87 37 88, F. 68 87 44 68. Sonntagabends und montags geschlossen, außer im Juli/August. Der Speisesaal dieses massigen ockerroten Hauses wirkt mit seinen hohen Wänden, Fenstersimsen und altem Parkett gewaltig vornehm. Dementsprechend tief fällt nach deliziösem Mahl auch der Griff in die Tasche aus: Menüs zwischen 130 und 230 F, je nach Angebot des Tages. Wir sagen dem Küchenchef eine große Zukunft voraus und fragen uns, wieso unsere schreibenden Kollegen von der kulinarischen Zunft noch nicht auf das Lokal aufmerksam geworden sind.

Was anschauen?

▶ **Städtisches Museum für Moderne Kunst:** 8, bd du Maréchal-Joffre. T. 68 87 27 76. Im Juli/August täglich von 10-19h, von September bis Juni 10-18h; im März geschlossen.
Eine veritable Überraschung, auf solch ein Museum in einem doch recht unbedeutenden Städtchen zu stoßen. Doch in Anbetracht so vieler prominenter Namen, die sich in Céret niederließen, war hier eine Ausstellung ihrer Werke geradezu ein Muß. Diese Aufgabe beflügelte *Pierre Brune*, seines Zeichens ebenfalls Maler, der hier von 1916 bis zu seinem Tod lebte. Als Freund und Verehrer von Picasso und Matisse veranlaßte er 1948 den Umbau eines verlassenen Klosters zum Museum. Wegen dessen Ausstattung mußte er sich wenig Kopfzerbrechen bereiten: ein paar nette Worte an die Freunde lösten eine wahre Geschenkeflut aus: von Cocteau, Dalí, Miró, Chagall, Marquet, Juan Gris und Desnoyer, sowie natürlich den katalanischen Bildhauern Maillol und Manolo.

Doch die schönste Gabe kam 1953 von Picasso: einunddreißig Ölgemälde, Zeichnungen, Lithographien, dazu achtundzwanzig Stierkampfszenen in gebranntem Ton, die er in nur fünf Tagen anfertigte. Sie gelten als größter Schatz des Museums und sind dafür wie geschaffen für dessen Zwecke: Landschaft und Menschen wirken wie frisch aus dem Leben auf die Tontafeln geb(r)annt. Doch auch die anderen Meister stehen nicht zurück, ob Juan Gris, Miró, Tàpies oder der sagenhafte »Blick auf Gaudí« von Dalí. Na klar, die Katalanen bleiben unter sich.

▶ Der »**Boulevard**«: die Hauptverkehrsader der Stadt trägt gleich mehrere Namen: Joffre, Jean-Jaurès, La Fayette und Place Picasso. Hier also trafen sich die Künstler zum Malen unter den Platanen und zum Plauschen in den Cafés. Die ursprünglichen Stadtmauern Cérets sind am Verlauf dieser Boulevards abzulesen; mit dem französischen und dem spanischen Tor aus dem 14. Jh. ist sogar ein Teil der Stadtbefestigung erhalten geblieben.

▶ **Rue Manolo**: am Place Picasso ihren Anfang nehmend, geleitet sie uns in die Altstadt mit ihren kühlen Gäßchen.

▶ **Place des Neuf-Jets**: es ist weniger der gut fünfhundert Jahre alte Brunnen inmitten dieses Platzes, der unsere Aufmerksamkeit erregt, sondern vielmehr das, was sich drumherum abspielt: drei Banken, drei hundertjährige Platanen, mehrere Tante-Emma-Läden, alles fest im Blick der schlichten Balkone.

▶ **Église Saint-Pierre**: unweit der Place des Neuf-Jets erhebt sich dieses putzige Gotteshaus mit gotischem Portal, viereckigem Glockenturm aus dem 17. Jh. und bemalter Kuppel. Der 7 m breite Uhrenmechanismus funktioniert leider nicht mehr an seinem angestammten Platz; er hat in einem Schaukasten im Rathaus eine neue Bleibe gefunden. Nebendran irritiert eine grelle zeitgenössische Skulptur, die so gar nicht zu der antiken Apparatur passen will.

▶ **Pont du Diable** (Teufelsbrücke): der ganze Stolz Cérets, am östlichen Ortseingang Richtung Perpignan. Ein wilder Mythos rankt sich um diese Brückenkonstruktion aus dem 14. Jh., lange Zeit einziger Zugang zur Stadt. Der 45 m überspannende Bogen gibt heute noch vielen Architekten Rätsel auf. Und genau an diesem Punkt setzt die Legende ein: der Teufel persönlich soll ihn nämlich errichtet haben. Alle Brücken, die davor errichtet worden waren, hielten nicht lange bis zu ihrem Einsturz. Als der nächste, mit einem erneuten Brückenversuch beauftragte Baumeister auch schon ratlos aus der Wäsche schaute, bot der Leibhaftige seine Dienste an – im Austausch für die erste Seele, die nach ihrer Fertigstellung über die Brücke schreiten würde. Der Meister nahm dankend an, heckte aber insgeheim eine List aus, wie der Teufel zu übertölpeln und die Opferung eines Menschenlebens zu umgehen sei: als erstes schickte er eine schwarze Katze hinüber. Vor lauter Verblüffung und Ärger vergaß der Teufel daraufhin prompt, den letzten Stein einzusetzen. Der fehlt heute noch – und konnte (oder sollte) nie durch einen anderen ersetzt werden. Als Rache drohte der fuchsteufelswilde Unterweltfürst damit, sein Bauwerk wieder zum Einsturz zu bringen. Darum beschlossen die Bewohner Cérets, zwei weitere Brücken daneben zu errichten, als Präventivmaßnahme gegen teuflische Absichten gewissermaßen. Besser hätten sie allerdings daran getan, auf die beiden modernen Brücken zu verzichten, welche die Landschaft nicht wenig verschandeln. Abends, wenn der Abgrund noch finsterer hinaufgähnt, wirkt die Teufelsbrücke im geschickt montierten Scheinwerferlicht am unheimlichsten.

Feste und andere Veranstaltungen

– **Markt**: der Samstag erlebt bis in seine Mittagsstunden hinein einen besuchenswerten Markt, auf dem es so ziemlich alles an regionalen Gaumenfreuden zu erstehen gibt: Anchovis, Austern, süße Backwaren, Schinken, Bauernhonig, auch *Paella* oder Hähnchen zum Mitnehmen, dazu Handwerkserzeugnisse und dergleichen.

72 / ÖSTLICHE PYRENÄEN UND ROUSSILLON

– **Aplec:** sonderbarer Namen für die Ostermontagsfeierlichkeiten nach Art der Großväter, mit *Sardana* und Weißwein. Just in der Osterzeit beginnt die früheste Kirschenernte in ganz Frankreich. Deshalb reihen sich die Teilnehmer mit von den Ohren herabbaumelnden Exemplaren dieser roten Früchtchen in die Osterprozession zur Feier der Auferstehung Christi ein.
– **Kirschenmarkt** *(Marché aux cerises):* in den Monaten April und Mai versinkt das Gewerbegebiet der Kirschenmetropole Céret in tiefstem Rot. 4000 t Kirschen wandern dann innerhalb kurzer Zeit über die Ladentische.
– **Feux de la Saint-Jean** (24. Juni): einen Tag lang herrscht allenthalben buntes Treiben, mit brennendem »Scheiterhaufen« Tanz und Sangria.
– **Stierkämpfe** (im Juli/August): wer wie ehedem Picasso dem qualvollen Tod der Stiere in der Arena beiwohnen möchte, der erhält in den heißen Sommermonaten ausreichend Gelegenheit dazu. An den drei Festtagen des »Toro del Fuego« dürfen dann aber auch diejenigen nicht fehlen, die beim Umtrieb der »gehörnten Bestien« durch die Gassen Kopf und Kragen riskieren. Zum Nervenkitzel wird aus riesigen Pfannen *Paella* gereicht. *Sardana*-Tänze in den Straßen, Tanzbälle in den verschiedenen Stadtvierteln und andere Lustbarkeiten finden den ganzen Sommer über statt.
– **Festival International de Sardanes:** am vorletzten Sonntag im August; beim Fest rund um den katalanischen Nationaltanz in Céret wird nicht gekleckert, sondern geklotzt. Zur Feier des Tages bilden Hunderte von Tänzern in der Arena rote und weiße Kreise.
– **Ronde Cérétane:** Mitte September in Saint-Ferréol (20 km weiter).

In der Umgebung

▶ **Ermitage Saint-Ferréol:** 4 km nördlich von Céret; die Einsiedelei versteckt ihr spanisches Antlitz auf einem bewaldeten Hügel etwas abseits der D 615. Teilt mit Besuchern gerne den Panoramablick auf die Ebene.

▶ **Pic de Fontfrède:** stramme 12 km südlich von Céret. Schon Picasso erwanderte die kurvenreiche Straße, die sich auf über tausend Höhenmeter schraubt, um sein benachbartes Heimatland durch den Feldstecher zu betrachten. Zu seiner Linken ließ er meist unbeachtet ein unbeschreibliches Panorama über das Roussillon samt Mittelmeer im Hintergrund.

AMÉLIE-LES-BAINS – PALALDA (66110)

Einmal abgesehen von der landschaftlich reizvollen Umgebung, könnte uns dieser Flecken zwischen Céret und Arles eigentlich gestohlen bleiben. Asthmatiker und Rheumaleidende dagegen rühmen den Ort: wegen seiner Tradition als ältestes Thermalbad Frankreichs, der würzig-reinen Luft und der Mittelmeerfauna. Zu erwähnen wären noch die Überreste des überwölbten Thermalbades aus römischer Zeit im heutigen modernen Bad, das allerdings völlig unspektakulär wirkt. Was schon die Neandertaler entdeckt hatten, entging natürlich auch den Römern nicht. Und die Franzosen nutzten das schwefelhaltige, 40 bis 60°C warme Wasser ebenfalls. Wer weder mit Luftnot noch mit schmerzenden Gelenken geplagt ist, wird die Gelegenheit zu einem zünftigen Abstecher in die Umgebung ergreifen.

Kost & Logis

• **Camping Hollywood:** bei Forge de Reynes, zehn Fußminuten in Richtung Céret. T. 68 39 08 61. Angenehmes Plätzchen; Bar, Dusche, Küche, Waschmaschinen. Tarif für zwei Personen, ein Zelt und ebensoviele Autos: 65 F.

● *Mit etwas mehr Schick*

• **Castel-Émeraude:** an der Route de la Corniche, 1 km außerhalb im Viertel Petite-Provence; hinter der Brücke den Wegweisern zum »Centre Sportif« fol-

VALLESPIR – AMÉLIE-LES-BAINS PALALDA / 73

gen. T. 68 39 02 83, F. 68 39 03 09. Von Ende November bis Anfang Februar geschlossen. Neu, schick, geräumig, flußnah, türmchenbewehrt, schloßmäßig, weiß, ruhig ... zu ruhig. Doppelzimmer im Grünen, mit zwei Sternen dekoriert, zum Preis von 230 bis 350 F, mit Halbpension 270 bis 300 F. Das Restaurant mit seinen Wochentagsmenüs zu 90 und 120 F bietet wenig Originelles, schlägt aber trotzdem am Wochenende noch mal was drauf: 140 und 180 F.

● *... und in der Umgebung*

▪ **Auberge de Saint-Marsal:** im gleichnamigen Weiler an der D 618, auf halber Strecke zwischen den jeweils gut 20 km entfernten Ille-sur-Têt bzw. Vinça und Amélie-les-Bains. T. 68 39 42 68. Außerhalb der Hauptreisezeit montags und dienstags geschlossen. In der gemütlichen, liebevoll eingerichteten Herberge erwartet uns eine gepflegte Küche mit fairen Preisen. Die Menüs zu 85, 150 und 180 F bescheren uns beispielsweise Olivenhähnchen oder Fisch nach Florentiner Art. Für die Handvoll Zimmer ab 135 F ist Reservierung ratsam.

Sehenswertes

▶ **Palada:** alte Ortschaft auf einer Anhöhe, mit hübschen Gäßchen, geschichtsträchtigen Steintürmen und den Ruinen einer mittelalterlichen Burg. Palada gehört seit einiger Zeit zur Gemeinde Amélie. Neben dem früheren Rathaus zeigt die Pfarrkirche aus dem 10. Jh. (nachmittags geöffnet) ungebeten ihre Schätze: die Schlösser und Riegel am Portal etwa. Wenige Schritte davon entfernt widmet sich ein winziges Museum dem Thema »Postwesen im Roussillon«. Den Abstecher nach Palada sollte man mit dem Abstieg entlang der rebenbewachsenen Häuser und dem hübschen Ausblick von der Rue Carrer-del-Bac ausklingen lassen.

▶ **Schluchten und Tal von Mondony:** bei den Thermen führt eine Treppe hinauf zum ausgeschilderten Weg in Richtung »Gorges et vallée de Mondony«. Bis zur Eingangspforte der Schlucht sind's nur wenige Minuten zu Fuß. Immer weiter über die an die Felswand geklebte Fußgängerbrücke marschieren. Im Vergleich zu den *Gorges de la Fou,* wenige Kilometer hinter Arles-sur-Tech, finden wir diese Schlucht nicht besonders aufregend, aber der Spaziergang lohnt sich dennoch, denn nach einer guten Viertelstunde erschließt er ein enges, blumenübersätes Tal. Dorthin gelangen Fußlahme auch per fahrbarem Untersatz: über die mit Überraschungen gespickte, gewundene D 53^B in Richtung Mas Pagris. Zu Fuß läßt sich das Fleckchen Erde natürlich intensiver erkunden als aus der Windschutzscheibenperspektive. In Höhe des Ortsteils *Montalba d'Amélie* treffen wir auf den legendären Fernwanderweg *GR 10* (Mittelmeer – frz. Pyrenäen – Atlantik), der seinerseits mehrere Möglichkeiten zu Exkursionen bietet. Weitere Auskünfte hält das Fremdenverkehrsbüro in Amélie bereit; T. 68 39 01 98.

ARLES-SUR-TECH (66150)

Ähnlich wie Céret wurzelt auch Arles tief im katalanischen Brauchtum. Doch spielt die Religion hier eine wesentlich bedeutendere Rolle. Als wollte sie diese Worte eindrucksvoll unterstreichen, ragt die im Mittelalter weit über die Pyrenäen hinaus strahlende Abtei von Arles mit ihrem bezaubernden Kreuzgang in den Himmel. Auch an Mysteriösem darf's nicht fehlen: niemand weiß genau zu sagen, was es mit dem wassergefüllten Sarkophag auf sich hat ...
Daß Arles neben der mystischen auch eine höchst profane Seite besitzt, kann bestätigen, wer einmal dem alljährlichen Bärenfest *(Fête de l'Ours)* beigewohnt hat: immer wieder gibt es Anlaß zu heidnischen Orgien. Auch ohne eine Kostprobe vom göttlichen (!), hier erfundenen *Rosquilla*-Kuchen sollte man niemand von Arles verabschieden. Zu guter Letzt noch etwas für die Wanderfreunde: einen ganzen Zwölfstundentag nimmt die Besteigung des *Pic du Canigou* (2784 m) in Anspruch.

Nützliche Adressen

- **Verkehrsamt:** rue Barjau. T. 68 39 11 99. Auskünfte täglich außer sonntags von 10-12 und 14-17h, von Juni bis September sogar bis 18.30h. Kompetentes Personal, hervorragend ausgestattet.
- **Boulangerie Jean Touron:** am Placette d'Availl in der Ortsmitte, neben dem *Tabac*. T. 68 39 10 47. Ausgehend von dieser Bäckerei trat der *Rosquilla,* jene kleinen runden, mit Zuckerguß überzogenen Zitronentörtchen, ihren kulinarischen Siegeszug an. Verkauf nach Gewicht, bei ca. 80 F pro Kilo.

Unterschlupf und Gastronomie

Im Sommer herrscht in Sachen Übernachtung in Arles ein gewisser Engpaß, weil die Bettenzahl dem neuerdings anschwellenden Besucherstrom bei weitem nicht gerecht wird. In Arles selbst bleibt zudem die Qual der Hotelwahl erspart: es gibt nur eines! Andererseits weicht mancher gerne dem Gewühle in Collioure und Céret aus. Abhilfe schafft eine ausgezeichnete Idee des *Office du Tourisme:* auf Listen sind möblierte Zimmer, Wohnungen und Gästezimmer ab 170 F (inklusive Frühstück) zusammengestellt. In einigen Fällen haben wir sogar Gelegenheit, Mahlzeiten zusammen mit Gastfamilien einzunehmen, was dem Kennenlernen von Land und Leuten förderlich ist.

● *Hotels mit Restaurants*

▪ **Auberge du Vallespir:** 4 km außerhalb von Arles, an der D 115 in Richtung Prats. T. 68 39 12 73, F. 68 39 34 49. Sonntagabends und in der zweiten Novemberhälfte zu. Ländliche Herberge mitten im Wald, von der ein jeder einfach begeistert sein *muß!* Zimmer zu 160 und 230 F (leider nicht mehr ganz taufrisch, aber Farbeimer und Pinsel stehen schon bereit), Menüs zwischen 90 und 250 F. Freunde eines edlen Tropfens werden sich in der *Auberge du Vallespir* wie in Bacchus' Weinkeller fühlen: ellenlange Weinkarte! Der *Patron* hilft Unentschlossenen gerne persönlich auf die Sprünge. Sein Kommen dienstags, mittwochs und donnerstagsabends ankündigen.

▪ **Les Glycines:** rue du Jeu-de-Paume, in Arles. T. 68 39 10 09. Mitte Dezember bis Ende Januar geschlossen. Hier also das bereits angekündigte einzige Hotel am Ort. Die Zimmer des Gründerzeitbaus wirken picobello, zum Teil sogar elegant. Fürs Doppel läßt man 185 bis 260 F da, zuzüglich 35 F für Mitschlemmer am Frühstücksbuffet. Halbpension 300 bis 400 F. Trotz seines guten Rufes geht es im Restaurant nicht besonders lustig zu. Menüs ab 90 F, dazu erneut ein ansehnliches Büfett (außer sonntags). Ein Thermalmediziner steht auf Abruf bereit.

● *Zeltplätze*

▪ **Camping du Riuferrer:** am westlichen Ortsausgang (Richtung Prats-de-Mollo), also immerhin 600 m außerhalb von Arles. T. 68 39 11 06. Unter den Bäumen und auf den Wiesen schläft man ausgesprochen ruhig. M. Larreur, der nette Betreiber, hält seine schützende Hand über seine Schäfchen. Waschgelegenheit, im Sommer auch Getränkeverkauf. Gut 20 F pro Person, 24 F pro Stellplatz, und heiß geduscht wird ohne Aufpreis. In der Nebensaison steigen die Gebühren ein wenig, weil Riuferrer dann der einzige offene Campingplatz weit und breit ist! Ankunft möglichst auf die Zeit zwischen 8-12 und 14.30-18.30h legen.

▪ **Ferme de la Pomarède:** in Galdares, 12 km hinter Arles in Richtung Prats. An der D 115 zunächst nach links gen Serralongue abbiegen und bald darauf nochmals links auf einen schmalen Weg. T. 68 39 60 24. Besser könnten es Ruhebedürftige und Naturliebhaber gar nicht treffen: 3 km begehbares Flußufer mit möglicher Forellenausbeute, zahlreiche Spazierpfade durch die grüne Umgebung, Einkauf auf dem Bauernhof und ähnliche Freuden. Das Zeltgelände selbst liegt etwas abseits des Bauernhofs, bietet jedoch Getränkeverkauf und heiße Duschen. Gebühr für zwei Personen: 55 F mit allem Drum und Dran.

VALLESPIR – ARLES-SUR-TECH / 75

Zum Hof gehören ferner die beiden *Gîtes ruraux* mit jeweils zwei Zimmern, Terrasse, Bad und Küche, zu gestaffelten Preisen von 360 F für ein Wochenende bis zu 1400 F für eine Woche im Juli/August (870 F während des übrigen Jahres).

Sehenswertes

▶ **Altstadt:** eingezwängt zwischen der D 115 mitten durch Arles und dem neuzeitlichen Gewerbegebiet. Vom typisch südfranzösisch-katalanischen Stil mit krummen, düsteren Gassen heben sich einige Gebäude durch gotische Fenster, steinerne Türgewölbe oder schmiedeeiserne Balkone ab.

▶ **Kreuzgang der Abtei:** außerordentlich gut erhaltenes Bauwerk aus dem 13. Jh.; gilt als erster im gotischen Stil erbauter Kreuzgang im Roussillon. Von kulturgeschichtlichem Wert nicht nur dank seiner architektonischen Finesse; namentlich die weißen Marmorbögen der Wandelgänge sind wahre Meisterwerke. Die Mitte des Innengärtchens markiert ein schmiedeeisernes, ungewöhnliches Kreuz, in dessen senkrechten Balken eine Kugel eingearbeitet wurde, die von zusammengeschweißten Ketten umfangen wird und sich drehen läßt.

▶ **Église Abbatiale Sainte Marie** (Abteikirche): Zutritt über den Kreuzgang. Beide Gebäude sind die letzten Überbleibsel der von Karl dem Großen im 8. Jh. gegründeten Benediktinerabtei, um die sich nach und nach das Dorf entwickelt hat. Übrigens: so ungewöhnlich ist die westliche Ausrichtung der Apsis auch wieder nicht, da es sich um ein altes Gotteshaus handelt. Erst die Kirchen im Hochmittelalter zeigten normalerweise nach Osten: wegen der Lichtmetaphysik des Dionysius Areopagita. Aber dies nur am Rande.
Das massiv-steinerne Kircheninnere hält etliche Überraschungen bereit: Bögen aus dem 12. Jh., Fresken aus derselben Zeit im Hauptschiff, eine bemerkenswerte Orgel aus dem 18. Jh., dazu weitere Zeugnisse christlicher Kunst in den Kapellen. In der ersten Kapelle rechts ein barockes Altarbild und silberne Reliquien, die während der Revolutionswirren von einem frommen Bauern versteckt wurden; in der zweiten die berühmten *Misteris,* Darstellungen Christi, die während der *Procession de la Sanch* von den schwarzen Büßern getragen wurden.

▶ **La Sainte Tombe:** den rätselhaften Sarkophag am Eingang der Kirche (bzw. am Ausgang, vom Kreuzgang her gesehen) schützt ein Gitter vor allzu neugierigen Zeitgenossen. Seit über sechshundert Jahren füllt sich der weiße Marmorsarg auf geheimnisvolle Weise alljährlich mit 500-600 l kristallklarem, unverderblichem Wasser. Da es so scheint, als könne dieses Wässerchen durch nichts getrübt werden, sagt man ihm schon seit langem verschiedene Heilkräfte nach. Selbst Nachforschungen von Wissenschaftlern unterschiedlichster Disziplinen und aus aller Herren Länder führten zu keinem befriedigendem Ergebnis. Die Frage, wie sich ein höhergelegter »Trog« ohne Wandkontakt mit Wasser füllen kann, nachdem er entleert wurde, bleibt offen. Im Rahmen von »Jugend forscht« unterstützen wir gerne jene Personen, die uns der Lösung näherbringen, mit dem aktuellen *Interconnections*-Gesamtprogramm ...
Oberhalb des Sarkophags lauert gleich das nächste Rätsel: wo zum Teufel steckt die Nase ein in Gestalt einer kreuzförmigen *Grabplatte* in die Mauer eingelassenen Ritters Guillaume Gaucelme aus dem 13. Jh.?

▶ **Église Saint-Sauveur** (Erlöserkirche): eckiger Glockenturm aus dem 11. Jahrhundert in der Grand'Rue; im Inneren vergoldete Altarblätter und Weihwasserbecken aus weißem Marmor, auf dem gemeißelte Fische und Schildkröten herumtollen.

▶ **El Palau Santa Maria:** in der Nähe des Kreuzgangs. Das ehemalige Palais des Mönchsklosters Sainte-Marie ist das einzige übriggebliebene romanische Wohngebäude weit und breit. 1987 ließen es die Eigentümer, eine katalanische Familie, wieder herrichten. Das wundervolle Gebäude mit seinen zackigen

Türmchen und Arkadenfenstern gewährt zwischen Ostern und Ende Oktober Einlaß (täglich 10-12 und 15-18h).

▶ **Les Tissages Catalans:** in der Rue des Usines. Wer sich über das Weben und alles was so dazugehört (z.b. Webstühle oder Kleidung) weiterbilden oder gar diverse Endprodukte käuflich erwerben möchte, ist hier genau richtig. Publikumsverkehr täglich außer sonntags von 9.30-12h und von 13.30-17.30h.

▶ **Musée du Fer:** wenn dieser Reiseführer in Druck gegangen ist, dürfte nach langem Vorlauf das »Eisenmuseum« von Arles endlich eröffnet worden sein. Näheres im Vekehrsamt.

Veranstaltungen und Unternehmungen

- **Städtischer Markt:** findet wöchentlich statt, und zwar am Mittwoch.
- **Fête de l'Ours:** der Ursprung des »Bärenfestes«, eine Art Frühjahrsritus Ende Februar, reicht bis in die Urgeschichte zurück, als es bekanntlich hie und da in Europa noch diese possierlichen Sohlengänger gegeben haben soll. Diese verließen damals zum ersten Mondwechsel im Februar ihr Winterquartier und versetzten die Dorfbewohner regelmäßig in Angst und Schrecken. Mithilfe einer Treibjagd und eines hübschen jungen Mädchens als Lockvogel gelang es dann einmal, einen Bären dingfest zu machen. Unter allgemeinem Jubel und Gejauchze wurde dem bedauernswerten, gefesselten Meister Petz damals das Fell über die Ohren gezogen bzw. abrasiert. Seit jenem blutrünstigen Tag währt dieser karnevaleske Brauch fort. Da heutzutage aber leider in und um Arles keine Bären mehr umherstreifen - warum wohl? - verkleidet sich ein Jüngling als solcher, der dann vor der Einwohnermeute durch tanzende Gruppen hindurch zu entkommen versucht. Natürlich gelingt ihm das nie, und zu guter Letzt wirbeln die abrasierten braunen (Viskose-)Haarbällchen durch die Luft. Beim anschließenden Riesen-Gaumenschmaus dürfen sich auch alle Besucher Arles willkommen fühlen.
- **Procession de la Sanch:** Karfreitagsprozession der Büßerbruderschaft, genau wie in Collioure abends im Schein der Fackeln. Prädikat unbedingt sehenswert!
- **Ziegen- und Käsemarkt:** im Frühling, untermalt von Folkloregruppen.
- **Fête de la Saint-Éloi:** an jenem Sonntag, der dem Johannistag Ende Juni vorangeht, kann das Huldigungsfest an die braven Maultiere mitgefeiert werden, die vor Erfindung des Verbrennungsmotors die treibende Kraft der Bergbauern im Vallespir waren. Exemplarisch wird einem mit Troddeln geschmückten *Mulet* ein Weidenkorb voller Brotlaibe aufgesetzt, die nach ihrer Segnung zum Verkauf gelangen sollen. Seine Segnung empfängt das Tier natürlich aus priesterlichen Händen, wobei auch der Maultiertreiber nicht leer ausgeht. Daß Esel gesegnet werden, ist in der katholischen Kirche so ungewöhnlich nicht bzw. findet in der (gar nicht so aufgeklärten) Moderne seine logische Fortsetzung im alljährlichen Segnen PS-strotzender Kraftfahrzeuge auf manch einem (süddeutschen) Marktplatz. Wir fänden es nur konsequent, wenn sich die betreffenden Kirchengemeinden endlich dazu durchringen könnten, wenigstens ab und auch mal eine Messe für die segensreichen Autos zu lesen (selbstredend nur solche mit geregeltem Katalysator!), verkneifen es uns aber, derlei ketzerische Gedanken an dieser Stelle fortzuspinnen.
- **Festa Major:** dreitägiges Stadtfest um den 30. Juli herum, bei dem das Wunderwasser aus dem heiligen Sarkophag (s. oben) verteilt, unschuldige Heiligenstatuen durch die Straßen geschleppt und die seit fünfhundert Jahren ununterbrochene *Offrande de la Rodella*, eine Art Opferritus, durchgeführt werden.

Karfreitagsprozession

78 / ÖSTLICHE PYRENÄEN UND ROUSSILLON

In der Umgebung

▶ **Gorges de la Fou:** die Schlucht nimmt 2 km außerhalb von Arles ihren Anfang. T. 68 39 16 21. Einlaß täglich von 10-18h in der Hauptreisezeit und von 10-17h in der Nebensaison. Eintritt für Erwachsene: 28 F. Zunächst der D 115 Richtung Prats folgen, dann aber die ausgeschilderte Abzweigung nach rechts nicht verpassen.
Zur Freude jedes Geologen erheben sich auf beiden Seiten der Klamm bis zu 150 m hohe Felswände, die an manchen Stellen noch nicht einmal einen Meter Sicherheitsabstand voneinander einhalten. Damit stellen sie sogar den Weltrekord im Eng-beieinander-Stehen auf. Nicht-Hundebesitzer dürfen die »Schlucht-Schlucht« *(Fou* bedeutet auf katalanisch nämlich *Schlucht)* auf gar keinen Fall auslassen; Hundebesitzer dagegen sollten sich vorher überlegen, ob sie ihren Liebling im Auto oder in einem der drei kostenlos bereitstehenden Zwinger zurücklassen. Denn auf dem 1,2 km langen Laufsteg, der auch zun den Wasserfällen führt, haben Vierbeiner nichts zu suchen. Für diesen Ausflug sind gut und gerne zwei Stunden einzuplanen. Bei Regen und an Wintertagen kann es vorkommen, daß wegen Rutschgefahr auf besagtem Steg der Einlaß verwehrt wird.

▶ **Corsavy:** gute 7 km über die schnucklige D 43 bergan gen Westen, und schon erblickt man die Ruinen der romanischen Kirche des Dörfchens. Trotz opulenter Quadersteinmauern stürzten die Gewölbebögen zusammen – woraufhin die praktisch veranlagten Dorfbewohner die heilige Stätte kurzerhand in ein Wasserspeicher verwandelten. Gelegentlich erweisen sich also auch Kirchen noch als im Sinne des technischen Fortschritts nützlich!
Die engen Gäßchen und malerischen Behausungen im Ort sind allemal einen Spaziergang wert. Am Ortsausgang schämt sich ein betagter Wachtturm, der sich bei der Explosion seiner Pulverreste selbst schachmatt setzte. Wer nun der D 43 weiter folgt, erreicht bei der Batère-Eisenmine auf fast 1400 m eine Almhütte mit bezauberndem Aussichtspunkt sowie den *GR 10* hinauf zum Pic du Canigou (2785 m) über den Col de la Descargue.

▶ **Montferrer:** hinter Corsavy setzt die D 44 nach links zu einem wahren Panorama-Höhenflug an. Im Nest selbst lungern eine hübsche romanische Kirche und Überreste einer dereinst stolzen Festung, die im 17. Jh. von Dynamit hinweggefegt wurde. Der letzte Reichtum des anmutigen Dörfchens heißt Trüffel – Montferrer gilt als diesbezügliche Hauptstadt der Region.

▶ **Serralongue:** drolliges Dorf mit bunten Behausungen, zu dem man auf halbem Wege zwischen Arles und Prats-de-Mollo, also etwa nach 10 km nach links, abbiegt. Zur romanischen Kirche aus dem 11. Jh., an deren Portal schmiedeeisernen Arbeiten sowie enorme Drachenkopfriegel hervorstehen, führt ein Pfad hinunter. Die Treppenstufen dahinter verbinden dieses Gotteshaus gleich mit einem weiteren: der kleinen *Conjurador-Kapelle* auf dem Hügel. Sie diente den Priestern als Stätte der Götterbeschwörung. Wie so häufig im Vallespir (und in ganz Katalonien), ähnelt das viereckige Gebilde ohne Außenwände eher einem Unterstand. Jedenfalls fesselt uns eher die Aussicht auf die umliegenden Berge. Wer gerne meditiert, wird wahrscheinlich keine bessere Gelegenheit dazu finden.

▶ **Coustouges:** das Grenzdörfchen (keine Straßenverbindung nach Spanien!) ist über Arles-sur-Tech (D 3) oder über Serralongue (D 64 bis zur Forge-del-Mitg, dann D 3) zu erreichen; in beiden Fällen führt der Weg durch Saint-Laurent-de-Cerdans (im *Musée de l'Espadrille* vorbeischauen!). Gerühmt wird Coustouges von seinen Nachbarn für seine sehenswerte Wehrkirche aus dem 12. Jh. mit bemerkenswerten Portalen, Glockenturm und blauem Schieferdach. Vor allem das zweite innere Portal zieht die Blicke der Besucher auf sich: ein skulpturenüberwuchertes Tympanon stellt Früchte und seltsames Getier vor. Im Kircheninneren umschließt ein Meisterwerk der Schmiedekunst den Chor.

PRATS-DE-MOLLO-LA-PRESTE (66230)

Der Gegensatz zwischen dem ausgedehnten modernen Ortsteil und dem von Vauban befestigten Herzen der Stadt versetzt Besucher häufig in Erstaunen. Die Nadelwälder im oberen Vallespir sind die Ruhe selbst, die gelegentlich nur vom viereckigen Glockenturm der mächtigen Kirche unterbrochen wird.
- **Verkehrsamt:** place Foirail. T. 68 39 70 83.

Wo absteigen?

In Prats reißt uns keine Unterkunft wirklich vom Hocker.
- **Hôtel Les Touristes:** massiger Bruchsteinklotz am Ortseingang mit originellem Namen – damit die Zielgruppe sich auch ganz bestimmt sofort angesprochen fühlt. Darf sie ruhig, ist nicht allzu teuer: Doppelzimmer mit Dusche z.B. ab 240 F. Im Winter leider dicht. T. 68 39 72 12.
- In der Altstadt drei weitere Ein-Stern-Hotels. Das billigste darunter, **L'Ausseil,** hält nur im Januar Winterschlaf; T. 68 39 70 36.

♦ Kein einziges, erwähnenswertes Restaurant.

Erkundungsgang durch die befestigte Altstadt

▶ Als die Pratser von *Ludwig XIV.* wie so viele ihrer Zeitgenossen wider Willens zu Neu-Franzosen umgebürgert wurden, schleiften sie aus Protest jenen Schutzwall, den ihre Vorfahren im 14. Jh. errichtet hatten. Ende des 17. Jhs kam dann das Kommando zurück: die **Stadtmauer** wurde vom Festungsbaumeister Ludwigs, Vauban, wieder aufgebaut.

▶ Zu den hübschen Gassen mit ihren urigen Läden gelangt man durch das Französische Tor, die *Porte de France*. Falls jemand zu einem kulinarischen Höhenflug ansetzen möchte: in Nummer 11 der Rue de la Porte d'Espagne gibt's eine uralte *Charcuterie*. Bei der erhöht gelegenen Pfarrkirche **Sainte-Juste-et-Sainte-Ruffine,** vollendet 1681, zu der breite Pflastertreppen emporführen, weist lediglich der Glockenturm mit Zinnenkranz auf den Vorgängerbau aus dem 13. Jh. hin; der Rest wurde erst im 17. Jh. ergänzt. Beim Umrunden der Chorhaube, hinauf zur *Lagarde-Festung,* gibt sich das ursprüngliche Aussehen des Daches in Sternform zu erkennen. Wer sich in den Gassen und Passagen im Umkreis der Kirche umsieht und zwischen umherstreunenden Katzen eine Türe im Wall erspäht, kann sich auch durch einen unterirdischen, gewölbten Geheimgang an die Festung heranpirschen.
Doch zurück zur Kirche: rechts vom Portal ist ein seltsames *Exvoto*, und zwar ein zwei Meter langer, in die Wand eingemauerter Walknochen. Der Innenraum birgt überdies einen 10 m hohen, mit vergoldeten Blättchen überzogenen Barockaltar.

▶ **Candia de l'Os:** beim Stadtfest Ende Februar geht's hoch her.

LES ASPRES

Da die Franzosen gerne jedem noch so kleinen Landstrich einen eigenen Namen verleihen, müssen auch die wenigen menschlichen Ansiedlungen westlich von Perpignan ihre eigene Landschaftsbezeichnung erhalten. Wohlan, hier ist sie: *Les Aspres*. Ebenso sicher ist, daß diese Dörfer am Fuß des Canigou nicht weniger anziehend sind als die der Nachbarregionen Vallespir und Conflent. Dafür sorgen schon die allerorten präsente Romanik, ein wunderschöner Blick über die Ebene des Roussillon bis zum Mittelmeer sowie zwei Kulinaria: Pilze aller Sorten und Schnecken auf katalanische Art. Das ist aber noch nicht alles, was die hiesigen *Fermes-Auberges* an Gaumenfreuden zu bieten haben.

80 / ÖSTLICHE PYRENÄEN UND ROUSSILLON

THUIR (66300)

Selbstverständlich kann eine Region, die etwas auf sich hält, nicht ohne Hauptstadt sein. Der aufmerksame Leser kombiniert jetzt sofort, daß Thuir, gerade mal 15 km südwestlich von Perpignan, diese Ehre zuteil wurde. Vom Blickwinkel eines Reisenden aus, bleibt aber außer dem weitbekannten Aperitiv namens *Byrrh* nichts Nennenswertes übrig.

- **Verkehrsamt:** T. 68 53 45 86.

Schlafen und Speisen

- **Hôtel-Restaurant Cortie:** rue Jean-Jacques Rousseau. T. 68 53 40 30. Samstag Ruhetag. Vom Place de la République in die gleichnamige Rue, dort die erste rechts, dann wieder die erste rechts – voilá. Erfreulich unhektische Sommerlaube. Die katalanische Küche gibt's in Gestalt von Menüs zu 60 F (ein Viertel Wein inbegriffen), 85, 90 und 100 F. Zimmerpreise: 120 und 150 F.

Sehenswert

▶ **Les Caves Byrrh** (Großkellerei): 6, bd Violet. T. 68 53 05 42. Kostenlose Führungen im Dreiviertelstundentakt. Jetzt bitte kurz festhalten, die Öffnungszeiten werden bekanntgegeben: im April, Mai, Juni und September täglich außer sonntags von 9-11.45 und 14.30-17.45h; im Juli/August täglich von 10-11.45 und 14-18.45h; gleiche Zeiten im Oktober, aber samstags geschlossen; von November bis März nach Vereinbarung.
Alles klar? Auf geht's. Die Rezeptur des bittersüßen Aperitivs auf Rotweingrundlage mit Chinarindenauszügen wurde erst im letzten Jahrhundert erfunden und vor zwanzig Jahren vom französischen Aperitiv-Multi *Pernod-Ricard* aufgekauft. Deshalb lagern hier auch Cinzano, Dubonnet, Ambassadeur usw. Während des Rundgangs werden über achthundert Bottiche und Fässer, darunter das angeblich größte Eichenfaß der Welt (Fassungsvermögen immerhin eine Million Liter!) sowie ein Videofilm gezeigt. Am Schluß kommt natürlich das Wichtigste, weshalb man ja eigentlich die lehrsame Dreiviertelstunde über sich ergehen ließ: das kostenlose Probieren bzw. probeweise Verkosten nach Herzenslust ...

▶ Der **mittelalterliche Ortsteil:** Überreste alter Befestigungsanlagen, Türme, stolze Bürgerhäuser in Ziegelrot und dergleichen.

▶ **Église Notre-Dame:** eigentlich ein romanisches Gotteshaus; wurde zu Beginn des 19. Jhs aber gründlich umgebaut. Im Inneren eine Muttergottes aus dem 12. Jh., die mit Edelsteinen bedeckt ist – eine Rarität!

CASTELNOU (66300)

6 km westlich von Thuir. In Castelnou wird mittelalterliche Stadtplanung am Objekt demonstriert. Güldenen Glanz verbreitende ockerfarbene Fassaden beherrschen das Bild des hervorragend erhaltenen Ortes. Die tausendjährige Burg, von einem Brand Anno 1981 in Mitleidenschaft gezogen, ist inzwischen wieder zugänglich. Und im alten Ortskern laden empfehlenswerte Restaurants zur Einkehr, womit wir schon wieder bei unserem Lieblingsthema wären ...

Also: Butter bei die Fische!

♦ **L'Hostal:** 13, carrer de na Patora. T. 68 53 45 42. Montags und mittwochs abends sowie im Januar und Februar geschlossen. Kaum zu verfehlen, da es das gesamte Tal zu beherrschen scheint. Die beste Adresse weit und breit mit freundlichem Empfang serviert zu 75 F als eine der letzten Gaststätten noch die *Cargolade:* saftige, auf Rebenfeuer gegrillte Schnecken nach katalanischer Art,

jedoch nur auf Vorbestellung. Ansonsten bietet die Karte für Gäste, die weniger auf ermordete, weil zu lahm davonkriechende Weichtiere geben, ausreichend Alternativen in Gestalt von Menüs zwischen 130 und 240 F (Wein inklusive).
♦ **Crêperie:** als Kunstgalerie getarntes Pfannkuchenstudio, das zwar etwas preiswerter ist als das *Hostal*, die Chefin gibt sich aber hochnäsig und mißtrauisch.

Und wie schaut's in der Umgebung aus?

▪ **Mas Cammas:** *Ferme-Auberge* und Gästezimmer in Caixas, gut 12 km südlich von Castelnou; über die D 48 und D 2, hinter Veïnat-d'en Llense der nächste Ort. T. 68 38 82 27. Der Restaurantbetrieb in ländlicher Idylle wird nur auf Voranmeldung angekurbelt. Im Sommer täglich, im Winter donnerstags bis sonntags, jedoch nicht in den Monaten November, Januar, Februar und März, denn dann legt das aus Belgien stammende junge Wirtsehepaar eine Winterpause ein. Zwei Fässer mimen den Eingang zu diesem provenzalischen Ferientraum mit Schwimmbecken, Sonnenterrasse und was noch so alles zum lebensnotwendigen Luxus gehört. Das flämische Paar ergänzt sich prächtig: sie dekoriert mit eigenen Gemälden die Gasträume, er sorgt dafür, daß ordentlich was auf den Teller kommt. Geflügel, Hase, Früchtecrêpe und hausgemachte süße Teilchen gibt's als Menü für 130 bis 160 F. Mmmmmh ... Kaltes Büffet ab 50 F.
Die kürzlich neu hergerichteten, behaglichen Zimmer mit separater Dusche werden nur an Gäste vermietet, die drei Tage oder länger zu nächtigen beabsichtigen. Der Preis für ein Doppelzimmer schwankt zwischen 270 und 380 F. Wer Halbpension bucht, greift beinahe bis zu den Knien in die Tasche: 620 F für zwei. Wir wollten am liebsten gar nicht wieder weg ...

Was Castelnou so zu bieten hat

▶ **Befestigter Ortskern:** daß dieser der Höhepunkt ist, versteht sich von selbst, zumal die mittelalterlichen Mauern bei der Anfahrt von Thuir über die D 48 jeden Besucher überwältigt, der um die letzte Kurve vor Castelnou biegt. Der Ort besitzt eine besondere Ausstrahlung, wenn er vor der Kulisse des verschneiten Canigou, von den Sonnenstrahlen ins Goldtöpfchen getaucht, vor uns liegt. Die malerisch ineinander verschlungenen Gassen und Treppenaufgänge, die uns mit ihrer Helligkeit und Wärme regelmäßig den Kopf verdrehen, sind durch das zwischen zwei Wehrtürmen eingezwängte Stadttor nur zu Fuß zu erreichen. Wie im Mittelalter sind die Handwerkerstuben, die sich heute Souvenirläden nennen, zum Bersten mit Getöpfertem, Geschmiedetem und dergleichen angefüllt. Im Gegensatz zu anderen mittelalterlichen Siedlungen wohnten die Menschen hier im ersten Stock, kämpfte sich das Tageslicht nur durch außerordentlich enge Fenster und Türen, und manche Fassaden zeigten eine röhrenförmige Geschwulst, die sich im Dienste des Backofens an der Außenseite hochwand. Überall nur Schiefer- und abgewetzte Pflastersteine in diesem mit dem Fels verwachsenen Dörfchen, wo bisher kein Neubau Grundstein fassen konnte. Auch nicht außerhalb der alten Stadtmauern!

▶ **Burg:** überragt das Dorf, von dem sie sich durch einen Park abgrenzt. Stolze 30 F Eintritt, von Mitte Juni bis Anfang November, im Sommer von 10-20h, im Herbst von 10-19h. Dienstag in der Nebensaison Ruhetag. Der Ortsname »Castel Nou« bedeutet auf katalanisch »neue Burg«. Wovon man heute getrost wieder sprechen kann, denn erst kürzlich machte ein Dachstuhlbrand umfangreiche Restaurierungen erforderlich, die erst 1994 abgeschlossen wurden. Im 10. Jh. erbaut, war die Burg der einflußreichen Grafen von Cerdagne und Besalú eine der ersten Festungen im Roussillon. In den leeren Innenräumen indes werden nur Kenner militärischer Baukunst auf ihre Kosten kommen; die restlichen 99,9 % reißen ihren Mund höchstens zu löwenartigem Gähnen auf.

Augustinerabtei Serrabone

LES ASPRES – CASTELNOU / 83

● *VON CASTELNOU ÜBER DIE BERGSTRÄSSCHEN NACH SERRABONE*

Sobald man wieder die D 48 unter den Rädern spürt, hat man den vollen Überblick. Auf dem kahlen Hügel zur Rechten thront in 522 m Höhe die Kirche **Saint-Martin-de-Camélas**, deren Abgeschiedenheit unweigerlich zum Meditieren einlädt. Bescheiden im Hintergrund halten sich die schneeweißen Gipfel des Canigou, der sich immerhin auf fast 2800 m emporschraubt. Je höher die Straße führt, desto umfassender wird die Sicht, bis schließlich bei **Fontcouverte** – einer Einsiedelei mit romanischer Kapelle – Mittelmeer und Himmel miteinander verschmelzen. An dieser Stelle hält man sich links in Richtung Caixas; in der anderen Richtung würde man auf der D 2 nach 12 km Ille-sur-Têt erreichen. Nach Caixas lockt uns lediglich die weiter oben beschriebene Landherberge. Ansonsten lassen wir das Kaff links liegen und fahren weiter Richtung *Col Fourtou*.

Zunächst geht's wirklich eng und wild zu, so daß an manchen Stellen die Fahrbahn schon überwuchert ist. Hinter dem Kirchlein von Prunet zeigt sich dann bald die D 618, die sich von links aus Amélie-les-Bains heraufgekämpft hat und jetzt nach rechts locker auf Serrabonne Kurs hält. Das Sträßlein mit Namen D 13 übrigens, daß sich an dieser Kreuzung nach links unten verabschiedet, verbindet verschiedene Aussichtspunkte und macht Rast in Oms, bei der im Folgenden erwähnten Landgaststätte. Wer genügend Zeit mitbringt und Lust auf Bewegung hat, überquert diese Kreuzung und spaziert zur **Chapelle de la Trinité** (Dreifaltigkeitskapelle) aus dem 11. Jh., die uns auch die Ruinen einer Burg und einen Rundblick über die ganze Region beschert. Wer jetzt die Weiterfahrt in Richtung Bouleternère (und Serrabone) antritt, darf schon kurz darauf wieder aussteigen: bei dem niedlichen Kapellchen in **Boule-d'Amont** nämlich, dem Heiligen Saturnin geweiht (wofür der zuständig ist, wissen wir auch nicht). Schiefergedecktes Dach und im Inneren Altarblätter sowie ein in Gold gehaltenes Abbild des Heiligen.

Einkehren in der Umgebung

▪ **Ferme Auberge »Mas Cantuern«:** an der D 13 kurz vor dem Dörfchen Oms. T. 68 39 41 90. Bewirtung täglich außer mittwochs, sonn- und feiertags auf Vorbestellung. Die Wildschweinzüchter Dolores und François Vargas servieren ihre Lieblinge in Bratenform als Menü zu 170 F – mit Salat, Wurstplatte, Gemüse, Käse, Nachtisch und soviel Wein, bis man unter den Tisch fällt. Wem die Schweine zu wild sind, der bekommt Geflügel oder Hase zu 140 F – mit denselben Zutaten, einschließlich Aperitiv. Alternativangebot für Vegetarier: die einfache, gesunde Küche mit Honig und Heilkräutern.

PRIEURÉ DE SERRABONE

Das einsame Priorat aus dem 12. Jh., an den kargen Hängen der Aspres, wo nur *Garrigue*, Heidekraut und Ginster ein Auskommen finden, ist über den 4 km langen Zickzack-Abstecher von der D 618 zu erreichen. Besichtigung täglich außer dienstags von 9.30-12 und 14-18h.

Fast zweihundert Jahre lang beherbergte Serrabone die Bruderschaft des Heiligen Augustin. Auch wenn sie ansonsten wenig zu lachen hatten, durften die Mönche doch wegen des Über-Blicks auf die Heide(n) und wegen des Überhangs am Abgrund beneidet werden. Die Höhenzüge ringsum geben sich dagegen eher wie die Fassade der Kirche: nüchtern und schmucklos, da von der Sonne verbrannt (wie inzwischen wohl auch mancher ihrer Besucher).

▶ Die erste Überraschung birgt der Balkon der **Südgalerie** am Eingang: sechs Säulenarkaden mit Kapitellen voller Monster und Blumen, unmittelbar über der Schlucht und daher mit Bilderbuchblick. Im Inneren des Kirchenschiffs, licht und düster zugleich, fällt die meisterhafte **Tribüne** auf. Nur die besten Bildhauer des Roussillon durften an diese Tafeln, Säulen und rosafarbenen Mar-

morkapitellen Hand anlegen, und sie ließen viereckige Blumen, wahnwitzige Fratzen und menschenartige Ungeheuer aus dem Stein wachsen.
▶ Wo wir schon einmal hier sind, wollen wir auch dem **botanischen Garten** ein paar Minuten widmen: Weinreben, verschiedene Feigenbaumarten und haufenweise endemische Mittelmeergewächse.

– Wer sich jetzt kaum von der Aussicht trennen mag, darf beruhigt die D 618 nach Ille-sur-Têt einschlagen, denn es warten noch etliche Aussichtspunkte, vor allem in der Nähe der Boulès-Schlucht. Nach diesem wilden Engpaß landet man im malerischen **Bouleternère**, das seiner mittelalterliche Stadtmauer ein besonderes Gepräge verdankt. Das Dörflein dominiert ein stolzer Burgturm, der heute für die Kirchenglocken herhalten muß.

ILLE-SUR-TET (66130)

Wie der Name besagt, liegt Ille gut 25 km westlich von Perpignan am Fluß *Têt*, der die Grenze der Region Aspres markiert (Zug- und Busverbindung mit Prades und Perpignan). Zuerst fällt der eckige Glockenturm der mächtigen Saint-Etienne-Kirche auf, um die herum sich ein entzückendes Städtchen im Stile Cérets entwickelt hat, mit netten Plätzchen, Platanen, schnuckligen Gassen usw. Zwar liegt ein Zeltplatz etwas abseits an der Straße nach Prades, und eine Handvoll Privatzimmer gibt es auch; wirklich einladend ist aber keine der Übernachtungsgelegenheiten in Ille. Dennoch sind die Ausstellung sakraler Kunst, mit häufig verkannten Kirchschätzen, und vor allem das geologische Naturwunder der *Orgues* einen Aufenthalt wert.

– **Verkehrsamt:** *Jardin de la Poste*, im Farran-Gebäude. T. 68 84 02 62.

Was lohnt einen Besuch?

▶ **Orgues du Têt:** am nördlichen Ortsrand; Ille-sur-Têt auf der D 21 hinter sich lassen und den Fluß überqueren. Bei den *Orgues* handelt es sich um eine einzigartige Felsformation im Pyrenäenvorland. Sedimentgestein mit sieben Millionen Jahren auf dem grauen Buckel bildet hier vor dem Hintergrund des Canigou-Massivs in Reih und Glied aufgestellte »Orgelpfeifen«.

▶ **Centre d'Art Sacré:** im alten Hospiz von Saint-Jacques. Täglich außer dienstags von 10-12 und 16-19h, von Oktober bis Ende April von 15-18h.
In einem Gemäuer aus dem 16. und 18. Jh. präsentiert dieses Museum sehenswerte Wechselausstellungen, etwa zur Barockkunst oder den Kleinodien des Roussillon. Zu bewundern gibt's dann beispielsweise angestaubte Gemälde, seltene Möbelstücke, Goldschmiedearbeiten und Statuen, feinziselierte Silberkruzifixe und Reliquiare. Die Ausstellungen sind derart reich bestückt, daß sie spielend den Verlust wettmachen können, der vielleicht durch das Außerachtlassen des einen oder anderen Kirchleins entstanden sein könnte.

▶ **Église Saint-Étienne-del-Pradaguet:** kurz vor der Jahrtausendwende entstanden und sieben Jahrhunderte später wieder aufgebaut. Mit ansehnlichem Glockenturm aus dem 14. und weißem Marmorportal aus dem 18. Jh., dazu einer alten Orgel.

▶ Die **Altstadtgassen** vermitteln ein rundum mittelalterliches Lebensgefühl. Auf einem Spaziergang stolpert man unweigerlich über Marmorskulpturen, erfrischende Brunnen, stolze Fassaden und hübsche *Patios*. In der *Enamourats*, der »Gasse der Liebenden«, erzählen die behauenen Steine dem Sehenden davon, daß hier im 16. Jh. ... ein Freudenhaus betrieben wurde!

▶ **Städtischer Markt:** findet täglich statt und rangiert in Sachen Obst und Gemüse unter den Roussillon-Märkten hinter Perpignan an zweiter Stelle.

CONFLENT-TAL (Le Conflent)

Das Conflenttal, sein Name leitet sich ab von *confluent* (zu deutsch: »Zusammenfluß«, ähnl. übrigens »Koblenz«), ist das größte Tal in den Ostpyrenäen. Die Bergregion am Fuß des *Canigou* birgt zahlreiche Kunstschätze und Baudenkmäler aus romanischer Zeit. Die auffallendsten unter ihnen sind sicherlich die Klöster *Saint-Michel-de-Cuxa* und *Saint-Martin-de-Canigou*. Aber auch in jedem Dorf des Tals finden sich alte, bezaubernde Kirchen, die für manch eine Überraschung gut sind – gerade da, wo man es am wenigsten erwartet!

Anfahrtswege

– **Mit dem Auto:** Prades, die Hauptstadt des Conflent, ist nur 45 km von Perpignan entfernt. N 116 in Richtung Font-Romeu.
– **Mit der Bahn:** von Perpignan zum Bahnhof von Prades-Moligt-les-Bains. Im Sommer vormittage vier, nachmittags drei Züge (der letzte gegen 20h). Ab Oktober nur noch fünf Verbindungen. Dieselbe Bahnlinie berührt auch den Bahnhof von Villefranche-Vernettes-les-Bains, wo man nach *La Tour de Carol* umsteigen kann. Diese Nebenstrecke wird meist durch den *Petit train jaune* befahren, der auch weiter in die Cerdagne vorstößt.

EUS (66500)

5 km vor Prades, von Ille-sur-Têt kommend. In Höhe von Marquixanes der D 35 nach rechts folgen.
Das adlerhorstartige, befestigte Dorf, gänzlich unter Denkmalschutz stehend, gilt manchen als schönster und sonnigster Ort Frankreichs. Trotz seiner malerischen Stadtmauern und alten Behausungen, scheint uns erstere Behauptung leicht übertrieben ... Wir haben dort vor allem viele Stromleitungen und Touristen gesehen!

– **Fremdenverkehrsbüro:** im Rathaus. T. 68 96 06 27. Nur nachmittags besetzt; mittwochs und am Wochenende geschlossen.

Sehenswürdigkeiten

▶ **Stiftung Boris Vian** (Fondation Boris Vian): Casa Pascuala. T. 68 96 39 67. Im Sommer von 10-13h und von 15-20h geöffnet. Montags geschlossen. Publikumsverkehr in der Nebensaison: nach Vereinbarung.
Zweigstelle der eigentlichen Stiftung in der *Cité Véron* zu Paris. Hier gibt's nicht viel zu sehen. Im Sommer Ausstellungen junger Künstler sowie musikalische (und andere) Darbietungen. Übrigens: der Schriftsteller Boris Vian, 1920 in Ville d'Avray geboren, starb 1959 in Paris und entpuppte sich während seiner kurzen Erdenexistenz als wahres Multitalent: seine Interessen reichten vom Jazz über die Science-fiction-Literatur bis hin zum Automobilbau. Zwischendurch betätigte er sich als Nachtclubbesitzer, Dirigent, Chronist, Schallplattensammler, Verse- und Liederschreiber, Drehbuchautor, ja inszenierte sogar Ballett- und Theateraufführungen.

▶ **Oberkirche** *(L'Eglise Haute):* jüngste Kirche in Eus (18. Jh.); die älteste befindet sich im unteren Teil des Dorfes. Sie wurde auf den Grundmauern einer Burg aus dem 13. Jh. errichtet. Im Innern einige schöne Altaraufsätze und bunte Statuen.

▶ **Unterkirche** *(L'Eglise Basse):* aus dem 10.-13. Jh. Außen ein Marmorportal, im Innern Granitsäulen.

▶ Vom oberen Teil des Dorfes hübsche **Aussicht** aufs Umland.

86 / ÖSTLICHE PYRENÄEN UND ROUSSILLON

PRADES (66500)

Unternehmungslustige schätzen das kleine Städtchen Prades (7000 Einwohner) vor allem als Ausgangspunkt für Ausflüge und Wanderungen ins *Canigou-Massiv*. Prades selbst ist jedoch auch ein netter Flecken – dank seiner mit rosafarbenem Marmor gepflasterten Gassen, einer stattlichen Kirche und den viele Obstgärten – mit einem vielfältigen kulturellen Angebot im Sommer. Musikliebhaber wird aufmerken lassen, daß der große spanische Cellist *Pau (Pablo) Casals* sich hier niederließ, nachdem er Spanien wegen des Franco-Regimes verlassen hatte. Jahrelang gab er in Prades Konzerte für republikanische Flüchtlinge und rief ein Festival ins Leben – das heute seinen Namen trägt – für das er die berühmtesten Musiker seiner Zeit gewinnen konnte (Yehudi Menuhin, Isaac Stern, usw.).

Nützliche Adressen

– **Fremdenverkehrsamt:** château Pams. T. 68 96 27 58. Im Sommer von 9-12.30h und von 14.30-19h geöffnet; sonntags von 9-12h. Im Winter Auskünfte von 9-12h und von 14-18h; am Wochenende geschlossen. Nach Christine Hicks fragen: bei ihren Erklärungen bekommt man sofort Lust loszustiefeln.
– **Büro des »Festival Pau Casals«:**
rue Victor Hugo. T. 68 96 33 07, F. 68 96 50 95.
– **Fahradvermietung:** *Francis Llech,* 114, av. Général de Gaule. T. 68 96 54 51. Auch Verkauf und Reparatur. *Michel Flament,* 8, rue Arago. T. 68 96 07 62. Peugeothändler und Vermietung von Mountainbikes.
– **Conflent Spéléo Club** (Club für Höhlenforschung): M. Perez. T. 68 96 51 58. Veranstaltet auch Wildwasserfahrten.

Kost & Logis in Prades und Umgebung

▪ In Prades selbst nur zwei **Hotels,** neben der *Route nationale ...* Daher versuchen, in den kleinen, schöner gelegenen Zwei-Sterne-Hotels von Moligt-les-Bains und Vernet-les-Bains unterzukommen.
▪ **Ferienwohnungen** *(Gîtes)* **und** Privatzimmer *(Chambres d'Hôte)* in den Dörfern der Umgebung: Zusammenstellung im Fremdenverkehrsamt Prades erhältlich.

♦ **Restaurant El Patio:** 19, place de la République (vis-à-vis der Kirche von Prades). T. 68 96 02 84. Während der Nebensaison montags geschlossen. Schöner Speisesaal, mit Natursteinen und riesigen Balken versehen, und Innenhof. Menü zu 95 F. Andalusisches wie *Gaspacho, Salmonejo,* in Kräutern marinierte Fleischspieße, *Gambas,* usw. *Paella* und *Zarzuelas* auf Bestellung. Junge Kundschaft. Eine gute Adresse.
♦ **Restaurant L'Hostal de Nogarols:** route de Saint-Michel-de-Cuxa, am Ortsausgang von Prades. T. 68 96 24 57. Täglich über Mittag geöffnet, außer montags. Betriebsruhe: eine Woche Anfang September und zwei Wochen Anfang Januar. Bruchsteingebäude neueren Datums. Typisch katalanische Gerichte werden in einem eleganten Speisesaal mit Gewölbe gereicht. Fleischgerichte zu 60 bis 180 F. Vorspeisen: Bergschinken *(Jambon de montagne)* für 45 F, *Anchoïade de Collioure, Magret bagnuls.* Für den schmalen Geldbeutel: Pizzen und Salate. An schönen Tagen darf man im schattigen Garten unter Kirschbäumen speisen.

● *Etwas schicker*

♦ **Auberge des Deux Abbayes:** 2, place l'Oratori, Taurinya. T. 68 96 49 53. 6 km südlich von Prades, über die D 27. Dienstag abends sowie mittwochs geschlossen. In diesem zu einem Restaurant umgebauten Bürgerhaus gibt's appetitliche und reichhaltige Menüs von 95 bis 195 F. Das erste setzt sich aus Leckerbissen der Region zusammen, mit köstlichen Soßen. Wer da nicht satt wird ... Im Sommer Bewirtung auf der Terrasse.

● **Zeltplatz**

• **Camping Al Pouncy:** in Fillols, 11 km von Prades über die D 27 in Richtung Taurinya, nach Abzweigung der Straße zum *Chalet des Cortalets,* kurz vor Fillols. T. 68 05 59 10. Einfach (ein Stern), aber billig und schön gelegen mit Sicht auf die Berge. 12 F Gebühr pro Person und 12 F für den Stellplatz. Warme Duschen frei.

Sehenswürdigkeiten

▶ **Église Saint-Pierre de Prades:** im Kern des Städtchens; kaum zu verfehlen, so sehr zieht ihr pyramidenförmiger Turm die Blicke an. Der quadratisch angelegte Turm, im 12. Jh. aus Marmor und Granit erbaut, ist einer der letzten Überreste des ursprünglich romanischen Gotteshauses. Der Rest wurde im 17. Jh. erstellt, die Pyramide der Turmspitze ist neueren Datums. In der aufwendig ausgestatteten Kirche ein geschnitzter Holzaltar aus dem 17. Jh. Der beeindruckende Barockretabel des katalanischen Künstlers *Joseph Sunyer* ist mit einem Opernhaus *en miniature* verglichen worden, derart wimmelt es von Figuren: Engel, Menschen, Tiere, die Muttergottes und Heiligengestalten, geschnitzt und bemalt. Die automatische Beleuchtung (Einwurf 1 F) bringt dies Kunstwerk noch besser zur Geltung. Ein Blick auch auf die zahlreichen mit Altaraufsätzen und Skulpturen bestückten Kapellen aus den letzten vier Jahrhunderten werfen. Gleich links neben dem Eingang eine rührende, mit schwarzer Spitze bekleidete *Pietà:* irgendwie erinnern uns die Gesichtszüge der Muttergottes an Édith Piaf ...

▶ **Rue du Palais-de-Justice:** nimmt an der Place de l'Église ihren Anfang. Gehwege und Abflußrinne in der Straßenmitte bestehen aus rosafarbenem Marmor! Wenn das der Rechnungshof erfährt ...

▶ **Stadtmuseum** (Musée municipal): 4, rue Victor Hugo, im selben Gebäude wie das Fremdenverkehrsamt. T. 68 96 27 58. Während der Urlaubszeit außer sonntags täglich von 9-12h und von 14-18h geöffnet; ansonsten Mittwoch vormittags und nach Vereinbarung.
Das Museum widmet den folgenden Themen und Personen je einen Saal: der Archäologie, der Eisenverarbeitung und dem katalanischen Brauchtum, dem Philosophen *Charles Renouvier,* den Werken des aus dem Roussillon stammenden Malers *Martin Vives* sowie ...
... *Pablo Casals:* nachdem der geniale Cellist 1939 emigriert war, verbrachte er etliche Jahre in Prades, wo er Konzerte zugunsten spanischer Bürgerkriegsflüchtlinge gab. Lange lehnte er es ab, im Ausland aufzutreten. Er wollte damit seinem Widerstand gegen das klerikalfaschistische Franco-Regime Ausdruck verleihen und die Staatengemeinschaft aufrütteln, damit sie Spanien hülfe, seine Freiheit wiederzuerlangen. 1950 organisierte er in der Saint-Pierre-Kirche ein bedeutendes Klassikfestival anläßlich des zweihundertsten Todestags Johann Sebastian Bachs. Das Bach-Festival avancierte zu einem der weltweit berühmtesten Festspiele seiner Art und wurde später nach seinem Begründer *Festival Pau Casals* genannt. Der glänzende Musiker und leidenschaftliche Friedensbote starb 1973 in San Juan auf Puerto Rico. Das ihm gewidmete Museum zeigt interessante Erinnerungsstücke: Casals Cello z.B., sein Klavier, Fotos, Briefe und anderes mehr.

Veranstaltungen

− **Festival Pau Casals:** alljährlich von Ende Juli bis Mitte August. Auf dem international beachteten Festival treten die bekanntesten Ensembles der klassischen Musikszene auf. Es findet in den Räumlichkeiten des Klosters *Saint-Michel-de-Cuxa* statt. Wegen genauer Daten und Vorbestellungen beim Festivalbüro nachfragen (s. »nützliche Adressen«).

88 / ÖSTLICHE PYRENÄEN UND ROUSSILLON

- **Rencontres Cinématographiques de Prades** (Filmfestival): alljährlich, in der zweiten Julihälfte. Eigentlich sind die 1954 ins Leben gerufenen *Rencontres cinématographiques* (»Kino-Begegnungen«) richtige Festspiele: vierzig Filme treten zum Wettbewerb an; ferner Studium eines filmischen Werkes in Anwesenheit des Regisseurs (berühmte Namen wie Kurozawa, Polanski und Bertolucci kamen schon), Lehrgänge etc. Auskünfte: BP 41 (Postf.), F-66500 Prades.
- **Journées Romanes** (Romanische Tage): in der ersten Julihälfte. Vorträge und Führungen. T. 68 96 02 40 (im Kloster Saint-Michel-de-Cuxa).
- **Université Catalane d'Eté** (Katalanische Sommeruniversität): in der zweiten Augusthälfte. Ein ungewöhnliches Unterfangen: Vorlesungen (Geschichte, Geologie usw.) werden in katalanischer Sprache gehalten. Eines der wenigen Beispiele für die Würdigung sprachlicher Minderheiten in Frankreich. Erstaunlich, wenn man bedenkt, daß an zweiundzwanzig amerikanischen Universitäten Katalanisch unterrichtet wird! Auskünfte bei M. Gual, F-66500 Codalet.

KLOSTER SAINT-MICHEL-DE-CUXA

3 km südlich von Prades; Anfahrt über die D 27. Besichtigung täglich, außer sonntags, von 9.30-11.50h und von 14-17h (18h im Sommer). Eintrittspflichtig!

Das über tausend Jahre alte Kloster gilt zurecht als Kleinod romanischer Baukunst. Erstaunlich auch seine Baugeschichte: im 9. Jh. ereilen schwere Überschwemmungen das Kloster St. André in Eixelada. Die fünfunddreißig Überlebenden finden in der kleinen Kirche von Cuxa Unterschlupf und können hier ihre Ordensgemeinschaft unter dem Schutz der Grafen von Cerdagne wieder aufbauen. Dank guter Beziehungen zu den Päpsten und Adligen ihrer Zeit unternehmen die Äbte von Cuxa zahlreiche Erweiterungen ihrer Kirche. Nachdem das Kloster während der Revolution säkularisiert worden war, wurden die meisten seiner Kunstwerke von Plünderern in alle vier Himmelsrichtungen zerstreut. Verfall machte sich breit: der nördliche Glockenturm z.B. stürzte ganz ein. Erst einem amerikanischen Bildhauer glückte es zu Anfang unseres Jahrhunderts, die Hälfte der Kapitelle der berühmten Abtei aufzukaufen und im *Metropolitan Museum* zu New York wieder zusammenzufügen. Diese Schmach konnte die alte Kulturnation Frankreich natürlich nicht auf sich sitzen lassen, und so bequemte man sich endlich zur Rettung von Saint-Michel-de-Cuxa!

▶ Beginnen wir unsere Besichtigung mit der im 11. Jh. erbauten **Krypta** *(Crypte de la Crèche)*. In diesem ringförmigen Steinlabyrinth herrscht eine mystische Stimmung, die durch unerwarteten Lichteinfall noch gesteigert wird. In der Mitte der dunklen, nackten Durchgänge eine kreisförmige Kapelle, deren Gewölbe von einem mächtigen Mittelpfeiler gestützt wird.

▶ Der restaurierte **Kreuzgang** *(Cloître)* aus dem 12. Jh. wurde aus dem rosafarbenen Marmor der Umgegend errichtet. Die eindrucksvollen Kapitelle kontrastieren mit dem gelblichen Stein der Klosterkirche. Übrigens: die dargestellten Motive zeugen pikanterweise nicht von christlich-religiöser Inspiration, sondern scheinen eher orientalisch-asiatischen Vorbildern entlehnt zu sein! Leider fehlt jener beträchtliche Teil der Galerien, der während der Französischen Revolution geplündert und abgerissen wurde.

▶ **Klosterkirche:** Zutritt über den Kreuzgang. Sie ist zum größten Teil präromanisch, wirkt streng und nüchtern ob ihrer Schmucklosigkeit. In den Seitenkapellen einige ausdrucksstarke Statuen, darunter eine Muttergottes aus dem 13. Jh.

CONFLENTTAL – CANIGOU-MASSIV / 89

CANIGOU-MASSIV (Le Canigou)

Seit jeher verehren die Katalanen dies- und jenseits der französisch-spanischen Grenze diesen Gebirgsstock (dessen Namen an eine französische Hundefuttermarke erinnert). Noch heute treffen sie sich auf seinem Gipfel, dem 2784 m hohen *Pic du Canigou*, um die ersten Johannisfeuer zu entzünden. Das Feuer wird anschließend zu Tal in die Dörfer gebracht, um diese um Punkt 22h zu erleuchten.

Lange Zeit war der von Legenden und Heldentaten umwobene, schneebedeckte Pyrenäenberg ein Mythos, ein religiöses und gesellschaftliches Symbol für die Einheit Kataloniens. Es heißt, König *Peter III. von Aragon* habe ihn 1285 als erster bestiegen. Andere folgten ihm: mit dem Fahrrad, zu Pferd (ohne abzusteigen!), mit Skiern oder mit dem Auto ...

Die mittelalterlichen Geographen hatten sich übrigens bei seiner Höhenberechnung geirrt, und so galt der Canigou jahrhundertelang als höchste Erhebung der Ostpyrenäen. Man weiß inzwischen, daß dem nicht so ist. Seine bescheidenen 2784 m werden auf französischer Seite von den *Pics de la Vache* (2826 m), dem *Géant* (2882 m) und vor allem vom *Puigmal* (2910 m) und vom *Vignemale* (3298 m) bei weitem übertroffen. Der eigentliche Spitzenreiter ist jedoch der *Pic d'Aneto* (3404 m) in den spanischen Pyrenäen.

Wiederholte Flugzeugabstürze an den Hängen des Canigou nährten das Gerücht, der Berg verschlinge Flugzeuge ... Das Geheimnis dieses pyrenäischen Bermudadreiecks läßt sich jedoch leicht erklären: die großen Eisen- und Manganvorkommen im Inneren des Berges bewirken eine magnetische Ablenkung. Pech gehabt, Herr Däniken! Auch die Existenz eines angeblich im Nebel umherirrenden Nackten männlichen Geschlechts können wir nicht bestätigen: laut *Patrick Süskinds* Bestsellerroman »Das Parfüm« stürmte im gewisser *Marquis de la Taillade-Espinasse* im 18. Jh. unbekleidet den Gipfel des Canigou, um dort oben wieder zum Jüngling zu werden. Er verschwand im Schneesturm und ward nie wieder gesehen ...

Vergessen wir ob dieser Histörchen nicht das Wesentliche: Spaziergänger erwartet am Canigou eine naturbelassene Bilderbuchlandschaft mit einer artenreichen, glücklicherweise unter Schutz gestellten Tier- und Pflanzenwelt. Überdies bietet das Massiv den Wanderern atemberaubende Aussichten, spektakuläre Bergstraßen, Schluchten, Wildbäche, gut zu bewältigende Wanderwege, Schutzhütten, Fichtenwälder ...

Annäherung an den Canigou

● *Zu Fuß*

– Die ganz Mutigen und/oder Mittellosen können den ganzen Weg ab *Prades* (am Kanal entlang, nahe dem Stadion) zu Fuß zurücklegen. Über den *Col de Millières* (zweite Route) ungefähr achtstündiger Fußmarsch. Unterbrechungen in Saint-Michel-de-Cuxa und in Taurynia einplanen: um auch der Kultur ihren Tribut zu zollen. Unterwegs zwei Schutzhütten: in *Balatg* und *Jasse-les-Cortalets*.

– Echte Bergwanderer haben mehrere Möglichkeiten, gleich zum Gipfel vorzustoßen: den *GR 10* von Vernets-les-Bains oder Arles-sur-Tech, den Pyrenäenwanderweg von Font Romeu oder Banyuls, den GR 36 von Albi, usw.

– **Auskünfte:** *Cimes Pyrénées*, BP 88, F-09200 Saint-Girons. T. 61 66 40 10. Die Verkehrsämter von Prades, Arles-sur-Tech und Vernet-les-Bains werden ebenfalls bereitwillig Auskunft geben, sowie auch das CDT in Perpignan.

– **Kartenmaterial:** IGN 2450-Ouest, 2349-Est (Maßstab 1 : 25 000) oder »Randonnée Pyrénéenne« Nr. 10 (Canigou, Vallespir, Fenouillèdes), im Maßstab 1: 50 000.

90 / ÖSTLICHE PYRENÄEN UND ROUSSILLON

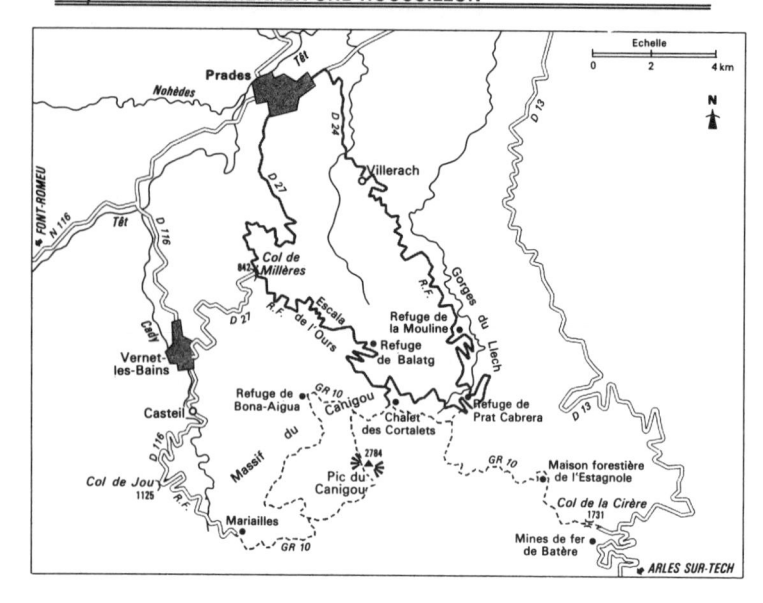

Le Canigou

● **Mit dem fahrbaren Untersatz**

Nur zwei Straßen führen an den Fuß des Berges, wo am *Chalet des Cortalets* der anderthalbstündige Fußpfad zum Gipfel beginnt.

– Die weniger anspruchsvolle **erste Route** führt uns über die *Gorges de Llech* (Llech-Schluchten). Von Prades aus die N 116 in Richtung Perpignan, dann nach rechts abbiegen in Richtung Los Masos. Nach Villerach ist die D 24 nur noch ein Forstweg, lediglich im Sommer bei trockenem Wetter befahrbar. Die Straße schlängelt sich durch eine Waldlandschaft mit wundervollen Ausblicken in die 300 m tiefergelegenen Schluchten. An der Schutzhütte von *Mouline* und später am *Ras del Prat Cabrera* (zweite Schutzhütte, schöne Fernsicht) haben wir Gelegenheit, uns von den erlittenen Strapazen zu erholen. Danach geht's wieder bergauf bis zum *Chalet des Cortalets*. Eine Stunde Fahrtzeit einplanen.

– Die **zweite Route** (16 km) ist am Ende nur mit Allradantrieb zu bewältigen. Natürlich kann man es versuchen, aber 21 % Steigung und der schlechte Fahrbahnzustand machen die Fahrt nicht sehr angenehm! Von Prades aus die D 27 in Richtung Vernet-les-Bains einschlagen. Am *Col de Millières* in die Forststraße nach links abbiegen. Steiler Anstieg durch eine felsige, mit Kiefern durchsetzte Landschaft mit Sicht auf Prades und Saint-Michel-de-Cuxa. Auf die Gefahr hin, daß man uns für Masochisten halten könnte: diese Straße finden wir noch aufregender als die erste. Daher unser Rat, auf Hin- und Rückweg beide Straßen auszuprobieren. Nach der *Escala de L'Ours* wird's endgültig abenteuerlich: in den Fels gesprengte Straßenabschnitte, Blick auf die *Gorges de Taurynia* (Taurynia-Schluchten), danach Aussicht vom *Col des Voltes* und dem *Ras dels Cortalets*. Nach rechts abbiegen, um endlich, erschöpft aber glücklich, das *Chalet des Cortalets* zu erreichen.

Nützliche Adressen

- **Association Culturelle de Villefranche-de-Conflent:** 38, rue Saint-Jean, Villefranche. T. 68 96 25 64. Publikumsverkehr täglich von 8-19h. Nach Lydie oder Rose-Marie fragen. Sie führen Rundfahrten durch und kümmern sich um alle möglichen Arten von Wanderungen.
- **Association Passejada:** in Ria. T. 68 96 46 41. Antoine Glory bietet geführte Bergtouren an. Preis Verhandlungssache!
- **Fahrradvermietung:** siehe »Nützliche Adressen« im Kapitel »Prades«.
- **Exkursionen im Geländewagen:** *Sports Shop*, T. 68 05 26 47. *M. Le Bohec*, T. 68 05 20 48. In Fillols: *Taurigna*, T. 68 05 63 66. In Marquixanes: *M. Meneux*, T. 68 05 21 28. Die Preise bleiben sich in etwa gleich: rund 150 F pro Nase und Tag. Da lacht das Herz eines jeden Umweltschützers!
- Falls Schwierigkeiten auftreten: **Conflent Assistance,** in Prades. T. 68 05 30 30. Private Krankenwagen! Oder: **Clinique Saint-Michel.** T. 68 96 03 16. Ständiger Bereitschaftsdienst.

Kost & Logis

• **Chalet-Hôtel des Cortalets:** am Ende der beiden Straßen hinauf zum *Pic du Canigou* (s. oben). T. 68 96 36 19. Von Ende Juni bis Ende September. Auf 2.150 m Höhe, daher der ideale Ausgangspunkt für die Gipfelbesteigung. Die vom französischen Alpinclub gegründete Unterkunft ist das Lieblingsquartier von Wanderern, Skiläufern, Alpinisten und Urlaubern auf der Durchreise. Die achtzig Schlafplätze in den Gemeischaftsräumen und die Zimmer sind denn auch meistens belegt. Vorher anrufen! Ein Dutzend Doppelbettzimmer. Auch für Mahlzeiten ist gesorgt.
• **Refuge de Coderch** (Schutzhütte): in der Nähe des *Chalets*. T. 68 96 36 19. Con Ende Juni bis Ende September. Bietet ungefähr zwanzig Plätze.

Gipfelsturm

Besondere Bergsteigerausrüstung ist nicht vonnöten: feste Wanderschuhe, eine Windjacke, eine Wasserflasche und ein paar Süßigkeiten, gegen eventuelle Erschöpfungszustände, genügen. Hin- und Rückweg nehmen etwa drei bis vier Stunden in Anspruch. Bei schlechtem Wetter nicht zu empfehlen, daher vor dem Abmarsch die Wetteraussichten erfragen.
Ein Pfad (weiß-rote Markierung) beginnt an der Westseite des *Chalet des Cortalets*, führt an einem See entlang und dann längs des *Pic Joffre* aufwärts. Ungefähr eine halbe Stunde später biegt der GR 10 nach rechts ab in Richtung Vernet-les-Bains. Wir marschieren links weiter bergauf. Es folgen einige kompliziertere Abschnitte, aber der Aufstieg ist nicht wirklich schwierig.
Ein Gipfelkreuz erwartet uns bei der Ankunft. Daneben Mauerreste einer Hütte, die von Wissenschaftlern im 18. Jh. errichtet wurde. Die **Aussicht** – der eigentliche Grund für unser Hiersein – ist überwältigend: sie umschließt die Roussillon-Ebene bis zm Mittelmeer im Osten, einen Teil der Costa Brava im Südosten, die Corbières im Norden und verschiedene Pyrenäengipfel im Westen ...

KLOSTER SAINT-MARTIN-DU-CANIGOU

Das im 15. Jh. durch ein Erdbeben zerstörte und nach der Französischen Revolution aufgegebene Kloster hatte vor über tausend Jahren als Einsiedelei begonnen und wurde im 20. Jh. sorgfältig restauriert. Die weißen Marmorkapitelle des Kreuzgangs und die nüchterne doppelgeschossige Klosterkirche können also wieder bewundert werden. Übrigens handelt es sich um das erste Beispiel romanischer Baukunst in der Region, die sich von hier ausgehend über die Pyrenäen verbreitete.

Kloster St. Martin du Canigou

CONFLENTTAL – SAINT-MARTIN-DU-CANIGOU / 93

Bis auf den heutigen Tag wird dieses, sich an den Rand eines Abgrunds in wilder Berglandschaft klammernde Adlerhorst von einer Gemeinschaft bewohnt, die hier die Einsamkeit sucht. Das hektische Leben der Außenwelt scheint noch keinen Zugang gefunden zu haben, ausgenommen ein Telefon und der den Besuchern dargebotene Viedeofilm ... Keine Zufahrtsstraße (gelobt sei Gott!) und andächtiges (verordnetes!) Schweigen während der Besichtigung.

Anreise

Nach dem Thermalbad Vernet-les-Bains, wo uns nichts hält, der D 116 bis zur Ortschaft Casteil folgen. Ein Fußgängern vorbehaltener Weg führt in einer halben Stunde hinauf zum Kloster.

Besichtigungszeiten

Im Sommer um 10, 11.45, 14, 15, 16 und 17h; vom 15. September bis 14. Juni: 10, 11.45, 14.30, 15.30 und 16.30h. In der Zeit vom 15. Oktober bis Ostern dienstags geschlossen. Eintritt 18 F. T. 68 05 50 03.

Sehenswertes

Das romanische Kloster auf 1100 m Höhe liegt harmonisch eingebettet in eine zur Meditation geradezu einladenden Natur. Richard Wagner soll hier denn auch zu seinem »Parsifal« angeregt worden sein. Ein besonders schöner Blick Richtung Canigou ergibt sich von der kleinen Galerie zwischen Kreuzgang und Wirtschaftsgebäuden.

▶ Innerhalb des Klosterbezirks, nahe dem freistehenden, quadratischen **Glockenturm**, die unter dem Grafen und Klostergründer *Guifred de Cerdagne* vor fast tausend Jahren in den Fels eingelassenen **Gräber**. Das größte soll er eigenhändig für sich selbst ausgehoben haben: hier gedachte er nach seinem dreißig Jahre währenden Titanenwerk neben seiner Frau die letzte Ruhe zu finden ...

▶ **Klosterkirche**: die dreischiffige Unterkirche trägt den passenden Namen *Notre-Dame sous Terre* und erinnert wirklich eher an eine Höhle oder Krypta. Auch die dem Hl. Martin geweihte Oberkirche weist ein Tonnengewölbe auf. Auf die Tier- und Pflanzenmotive an den Säulenkapitellen achten!

▶ **Kreuzgang**: kein Ruhmesblatt für die Restaurateure. Die marmornen romanischen und gotischen Kapitelle wirken jedenfalls recht bunt zusammengewürfelt. Erstere erkennt man an den Tier- und Fratzenmotiven, letztere an Bibelszenen und Legendendarstellungen.

▶ Nach der Besichtigung zwischen Bäumen hindurch den das Kloster überragenden **Felsen** erklettern (Treppe nach rechts bei Verlassen des Klosters). Vor dem malerischen Bergpanorama kommt die stille Schönheit des Ortes noch mehr zum Tragen.

Klosteraufenthalt

Wer dem Klosterleben etwas abgewinnen kann, mag vielleicht im Sommer an den »Retraites liturgiques« teilnehmen – um sich in Weltabgeschiedenheit und im Gebet zu üben – oder einen »Séjour de réflexion personelle« zwecks innerer Einkehr im Kloster verbringen. Lehrreiche Erfahrung, bei der man das ruhige Leben der Klosterbewohner teilt und bei der Haus- bzw. Gartenarbeit mit Hand anlegt. Auskunft bei: Saint-Martin-du-Canigou, F-66820 Casteil. T. 66 05 50 03.

Für Hinweise, die wir in späteren Auflagen verwerten,
bedanken wir uns mit einem Buch aus unserem Programm

VILLEFRANCHE-DE-CONFLENT (66500)

In dem mittelalterlichen Städtchen, das sich zwischen mächtige Stadtmauern duckt, regt sich dank einer tatkräftigen Mannschaft junger Leute neues Leben. Die zweihundertfünfzig Einwohner bemühen sich um einen verträglichen Fremdenverkehr, meilenweit vom üblichen Andenkenrummel entfernt, der andernorts alles Authentische zu zerstören droht. Die Fortführung katalanischer Bräuche sowie Denkmalschutz und Naturschutz werden gleichermaßen beachtet. Man darf sich wohlfühlen in Villefranche, und auch das abwechslungsreiche Freizeitangebot lädt zum Verweilen ein.

Nützliche Adressen

- **Fremdenverkehrsamt:** place de l'Église (im Sommer). T. 68 96 22 96. Auskünfte täglich von Juni bis September und während der (französischen) Schulferien. Außerhalb der Saison: am Einlaß für die Stadtmauerbesichtigung und im Rathaus. T. 68 96 10 78.
- **Association Culturelle de Villefrache:** 38, rue Saint-Jean. T. 68 96 25 64. Täglich von 8-12h und von 13.30-18h geöffneter Kulturverein. Die begeisterte, junge, ehrenamtliche Mannschaft regt zu Ausflügen, Wanderungen, aber auch zu Einführungen in die Kulturschätze der Gegend und in Umweltfragen an. Ausführliches Prospektmaterial zu allen hier möglichen Aktivitäten.
- **Spéléo-Club:**
18, rue Saint-Jaques. T. 68 96 40 35. Für unsere Höhlenforscher.
- **Bahnhof:** vor den Toren der Stadt. T. 68 96 09 18. Hier fährt der *Petit train jaune* ab, mit dem man mindestens einmal im Leben gefahren sein muß!

Unterkunft & Verpflegung

• Zwei **Gîtes Communaux** innerhalb der Stadtmauern. Auskunft und Buchung im Rathaus; T. 68 96 10 78. Für Paare und Gruppen bis zu sechs Personen, mit Bad und Küche, zwischen 950 und 2000 F pro Woche.
• Für Wanderer: **Schutzhütte** am *GR 36*, anderthalb Stunden nördlich von Villefranche.
• Im Ort selbst existiert kein Zeltplatz mehr. Nächste Zeltgelegenheit in **Mas de Lastourg**, an der N 116, 1,5 km von Villefranche. T. 68 96 46 86, F. 68 05 25 28. Mit allem Notwendigen ausgerüstet: Schwimmbad, Labensmittelladen, Kneipe, Waschmaschinen, usw.

♦ **Restaurant Le Relais:** 39, rue Saint-Jean. T. 68 96 31 63, F. 68 96 45 94. Von 10h bis Mitternacht geöffnet. Betriebsruhe vom 15. November bis zum 15. Dezember sowie im Januar. Gemütlicher, großer Speisesaal und (im Sommer) Terrasse mit Blick auf die Berge und die *Libéria*-Festung. Sympathisches Personal. Auf dem Speisezettel prangen Meeresfrüchte, Wild, Crêpes usw. Akzeptables Menü zu 78 F oder, für Anspruchsvollere, zu 90, 130 und 170 F.

Veranstaltungen

- **Foire des Fleurs et des Douceurs** (Blumen- und Süßigkeitenmarkt): zu Ostern; die Gelegenheit nutzen, um den *Pignon* zu probieren: französischer Nougat mit Haselnüssen und Pinienkernen ähnlich wie das türkische Halva.
- **Foire d'Automne** (Herbstmesse): in Olette, 10 km von Villefranche. Tiermarkt und Markt für einheimische Erzeugnisse.
- Im Okober: **Fêtes des Pommes** (Apfelfeste) in Fuilla und Sahone, im *Vallée de la Rotja*. **Foire du Patrimoine Architectural** in Villefranche: Vorstellung von für die Gegend typischen Baumaterialien und -techniken.

CONFLENTTAL – VILLEFRANCHE-DE-CONFLENT / 95

Sehenswürdigkeiten

▶ **Altstadtgassen:** man betritt das Städtchen durch die *Porte de France* (am Bahnhof) oder die *Porte d'Espagne* (am Parkplatz). Die parallel verlaufenden Straßen *Saint-Jean* bzw. *Saint-Jaques* durchqueren die gesamte Stadt, die, im 11. Jh. gegründet, lange Zeit die wirtschaftliche Hochburg des Conflent gewesen war. Bezaubernde Häuser mit mittelalterlichen Fassaden sind erhalten geblieben. Die alten schmiedeeisernen Ladenschilder beachten! Frühmorgens sind die Gassen in ein zartes Licht getaucht, das die rötliche Farbe mancher Häuser betont – Villefranche wurde aus dem rosafarbenen Marmor des Conflent erbaut. Die großen Disteln über den alten Holztüren dienen als Wetterfrosch: sie schließen sich bei herannahender Unbill!

▶ **Remparts** (Stadtmauern): der noch gut erhaltene Mauerring aus dem 11. Jh. wurde im 13. Jh. durch Türme und im 17. Jh. durch sechs Bollwerke verstärkt. Letztere stammen vom Militärbaumeister *Vauban*, einem Hansdampf in tausend Gassen (auch unserem Heimatstädtchen Freiburg bescherte er einen vierspurigen Ring um die Altstadt). Am lehrreichsten sicherlich der Gewölbegang im Innern der Stadtmauer. Einlaß gegen Eintritt von 9-12h und von 14-19h.

▶ **Église Saint-Jaques:** der *Tour de Diable* (Teufelsturm) steht unmittelbar daneben! Mächtige Marmorfassade und mit Figuren versehenes Portal aus dem 12. Jh. Mit Marmor gekleckst und nicht gekleckert wurde auch im Innern der Kirche: ein Weihwasserbecken und Statuen aus dem 17. Jh., ein Altar aus dem 13. Jh. usw. Auf den Grabsteinen Totenköpfe, die zu lächeln scheinen. Alles halb so schlimm?

▶ **Château Fort Libéria:** Festung oberhalb der Stadt auf dem Belloch-Hügel. T. 68 96 34 01. Ganzjährig geöffnet. Besichtigung von 9-18h; montags geschlossen.
Ein Kleinbus verkehrt ab Villefranche. Aufregender finden wir jedoch die zu Zeiten Napoleons III. erbaute unterirdische Treppe (tausend Stufen!). Ihr Eingang befindet sich auf der anderen Seite der Bahngleise. Etwa eine Stunde für den Aufstieg einplanen! Zu sehen gibt's in der im 17. Jh. von *Vauban* errichteten Festung: Gefängniszellen, Verteidigungs- und Wehrgänge, ein Rundblick über die Umgegend ...

▶ **Grottes:** die kleinste Höhle ist die *Cova Bastera*. Eingang vis-à-vis der Stadtmauer, neben dem Parkplatz. Sie wurde von Vauban zu einem Kanonenbunker ausgebaut. Etwas weiter an der D 116 die Höhle *Les Petites et les Grandes Canalettes*. Zwischen Ostern und Allerheiligen von 10-12h und von 14-18.30h, im Juli-August ganztägig. Ansonsten sonntags von 14-17h. Kostet Eintritt! Auskünfte zu allen drei Höhlen: 2, rue Saint-Jaques, Villefranche. T. 68 96 23 11.
Wenigstens die herrlichen, dreißig bis vierzig Millionen Jahre alten Säle der Höhle *Les Grandes Canalettes* sollte man gesehen haben. Schon allein wegen der außergewöhnlichen Tropfsteinformationen: Säulen, Kristallisationen aller Art, Aragoniten, ein Tropfsteinwasserfall und ... bodenlose Abgründe. Fotografieren nur vormittags gestattet (warum?). Einen Pullover mit in die Unterwelt nehmen, sonst gibt's eine Gänsehaut!

Unternehmungen

– **Bahnfahrt im »Petit train jaune«:** von Villefranche nach *Latour de Carol*, über Mont-Louis, Font-Romeu, Bourg-Madame usw. Fahrplanauskünfte am *Bahnhof*. Man täusche sich nicht: dieser weiße »kleine gelbe Zug« ist keine Bimmelbahn für Kinder, sondern ein um die Jahrhundertwende geschaffenes leistungsfähiges Verkehrsmittel, das die *Cerdagne* erschließt und das Eisenerz aus dem *Conflent* befördert. Ihren Beinamen verdankt die Pyrenäenbahn der kanariengelben Farbe ihrer niedlichen Wagons. Im Sommer werden auch einige Wagen ohne Dach eingesetzt, was uns die Berglandschaft noch unmittelbarer erleben läßt.

Die 63 km lange Reise auf der einspurigen Strecke führt durch eine herbe Landschaft an kleinen Weilern und verfallenen Schlössern, Bergbächen und Felsgalerien vorbei, durch Täler und Tunnels, über Aquädukte und sogar Hängebrücken ... Unterwegs lassen sich bequem die Dörfer der Cerdagne besuchen (dem Schaffner seine Absicht, die Fahrt zu unterbrechen, kundtun!), und zur spanischen Grenze gelangt man auch. Kostenpunkt für die Hin- und Rückfahrt: rund 170 F. Sich vor Fahrtantritt schlau machen, da die SNCF dummerweise begonnen hat, manche Züge durch unbequeme und langweiligere Linienbusse zu ersetzen. Sakrileg!

– **Wanderungen:** etliche Möglichkeiten in der Umgebung, z.B. in den Naturschutzgebieten von *Py et Mantet* oder von *Conat Betllans* (hinter der Festung). Näheres zu Wanderwegen bei der *Association Culturelle de Villefranche.*

– **Workcamps** *(Chantiers d'Eté):* im Juli/August führt die *Association Rempart* Workcamps in der Region durch. Es handelt sich um Restaurations- bzw. Instandsetzungsarbeiten an Kirchen, Burgen, Schutzhütten usf. Anreise und Übernachtung sind selbst zu bezahlen! Aber man hat wenigstens das Gefühl, sich nützlich zu machen. Außerdem eignen sich internationale Workcamps besonders gut zum Bekanntschaftenschließen. Auskünfte beim Pariser Büro des Vereins: 1, rue de Guillemites, F-75004 Paris (T. 42 71 96 55) oder bei der *Association Culturelle de Villefranche.* Im übrigen verweisen wir auf unsere Reihe »Ferienjobs und Praktika« ...

In der Umgebumg

▶ **Corneilla-de-Conflent:** 6 km südlich von Villefranche, Richtung Vernet-les-Bains. Ein zu Unrecht wenig beachtetes Dorf, das Kunstliebhaber, ob sie gläubig sind oder nicht, ruhig aufsuchen sollten. Immerhin erwartet sie hier eine der schönsten und prächtigsten *romanischen Kirchen* im Conflent. Besichtigung von 10-12h und von 14-18h.
Nach dem Schlüssel bei M. Perez fragen. Der Katalane, eifriger Wächter über die Schätze dieses ehemaligen Benediktinerpriorats, wird uns bereitwillig alle hier aufbewahrten Kunstschätze zeigen: märchenhafte Statuetten aus bemaltem Holz (15. Jh.), ein Marmoraltar aus dem 14. Jh., ein vergoldetes Holzretabel und eine anrührende, vielfarbige, in schwarze Spitze gekleidete Madonnenstatue *(Notre-Dame des Sept Douleurs,* »Unsere Liebe Frau von den Sieben Schmerzen«). Ihre Gesichtszüge strahlen soviel Unschuld aus (wir träumen noch davon ...). Ferner eine Reihe rosafarbener Marmoraltäre aus dem 12. Jh., romanische Statuen, von denen eine als Vorbild für alle Mariendarstellungen in der Region diente, und dergleichen mehr. In der sorgsam verschlossenen Sakristei ein weiterer Schatz: ein Schrank aus massivem Nußbaum, von der Zeit gebleicht (ist ja auch über siebenhundert Jahre alt!), im maurischen Stil, mit auffällig fein gearbeiteten Beschlägen. Zu guter Letzt noch beim Hinausgehen die in einen Balken geschnitzten Gesichter beachten.

• *VON VILLEFRANCHE NACH MONT-LOUIS*

Auf der Traumstraße (der N 116) – wir wählen unsere Worte mit Bedacht! – passiert man eine malerische Ortschaft nach der anderen: zuerst das Bergdorf **Sedinyia** mit seiner schmucken Kirche, danach **Joncet** mit zwei alten, originell geformten Türmen. Im Herbst herrliches Farbenspiel des Bergwaldes.
In Olette nach rechts in Richtung Evol abbiegen und der abwechslungsreichen Straße folgen, gesäumt von schönen, allerdings meist verlassenen Gehöften (wäre glatt 'was für unseren Verleger ...). Wenn die Zeit reicht, noch einen Abstecher in Richtung Oreilla-Sansa wagen. Auf der Höhe von Tourol bietet sich schließlich eine postkartenverdächtige Sicht auf die Cerdagne.

CONFLENTTAL – VILLEFRANCHE-DE-CONFLENT / 97

▶ **Evol:** unverdorbenes Bergdorf mit einer Burgruine, Steinhäusern und der schönen *Église Saint-André*. Deren Inneres birgt eine Muttergottes aus bemaltem Holz (13. Jh.) und einen Altaraufsatz (15. Jh.). Eine Forststraße mit 16 % Steigung führt hinauf zum *Col de Portus*, Ausgangspunkt mehrerer Wanderrouten zu den Naturschutzgebieten von *Nohèdes, Jujols, Conat*, etc. Ein Pfad führt auch auf den *Pic de Madrès*: großartiges Panorama auf 2469 m Meereshöhe; unterwegs eine Schutzhütte.
Das Städtchen Olette bildet zugleich die Etappe zu einem weiteren verkannten Dorf. Am Ortsausgang der schmalen Straße nach links unten folgen.

▶ **Nyer:** altes Dorf, versteckt zwischen den Bergen. Am Ortseingang ein kleiner Zeltplatz. Oben an der Hauptstraße ein zum Restaurant umgebautes *Schlößchen* (s. »Unterkunft und Verpflegung«), in dessen Hof uralte Palmen, Platanen und Tannen wachsen. Von der Terrasse aus Blick übers Dorf. An der Fassade ein eleganter Marmorbalkon.
Nyer bietet aber noch eine weitere Überraschung: die *Chapelle de la Roca* (Roca-Kapelle), 3 km talaufwärts. Zwei Wege führen dorthin: der eine am Schlößchen vorbei, der andere beginnt am Dorfeingang (nach links, 2 km). In wildromantischer Umgebung taucht ein quadratischer Turm aus geblich verwittertem Stein auf. Daneben die alleinstehende Kapelle auf einem Bergvorsprung – im Mittelalter hatte hier eine Burg gestanden – der eine Hunderte von Metern tief eingeschnittene Schlucht überragt. An deren Grund ein Flüßchen.

– **Weiterfahrt:** hinter Olette geht es stetig bergauf, bis die Straße bei *Fontpédrouse* eine Höhe von 1000 m erreicht. Immer mehr Berggipfel, und auch die Panoramen häufen sich. In *Thuès-entre-Valls* (einige Kilometer vor Fontpédrouse) anhalten, um die eindrucksvollen *Gorges de la Carança* (Carança-Schluchten) zu würdigen. Gelegenheit zu einer Wanderung (s. »Mont-Louis«, nächstes Kapitel).

Nächtigen & Einkehren

♦ **Auberge** und **Gîte d'Etape de Jujols:** 66360 Olette. T. 68 97 02 40. Einfach zu finden: 1 km vor Olette die D 57 in Richtung Jujols einschlagen. Die Straße schlängelt sich um das kleine Dorf herum; das Gasthaus selbst liegt in der Ortsmitte. Keine Adresse wie tausend andere: hier legt man noch Wert auf Originalität! Das fängt schon bei den fantasievollen Vorspeisen an, mit Salaten, Gemüsen und Früchten (pfiffige süß-saure Mischungen), und geht beim *Boeuf en daube* (Rinderschmorbraten) oder *Coq au vin* (Hahn, in Wein gekocht) gleich so weiter. Zum Nachtisch *Tarte aux pommes à la confiture de sureau* (Apfelkuchen mit Holundermarmelade). Rund 100 F für eine volle Mahlzeit mit Aperitiv und Kaffee einplanen. Gilles und Marie wollen ihren gestreßten Zeitgenossen Erholung und Entspannung bieten. Das gelingt ihnen ausgezeichnet! Wir jedenfalls haben dieses Restaurant ins Herz geschlossen. Sich vorsichtshalber telefonisch einen Tisch sichern!

♦ **Casa Vostra:** route Wallonale, Olette. Zufahrt über die N 116. T. 68 97 02 67. Nettes Familienrestaurant, geführt von Yvonne und ihrem Sohn. Menüs ab 75 F. Das Menü zu 110 F ist preislich angemessen: Wurstplatte, Forelle (die Spezialität des Hauses) oder sonst ein Tagesgericht und Nachtisch. Hier sind auch einfache Zimmer zu mieten: das Doppel mit Waschgelegenheit beläuft sich auf 120 F. Baden kostet eine Kleinigkeit.

▪ **La Fontaine:** 5, rue de la Gendarmerie. Zehn Minuten von der *Casa Vostra*, an einem kleinen Platz neben der Straße. T. 68 97 03 67. Außerhalb der (französischen) Schulferien dienstagabends und mittwochs sowie zusätzlich den ganzen Januar über geschlossen. Gemütliche, saubere Zimmer (100 F für zwei Personen). Als vorteilhaft erweist sich die Halbpension: ca. 270 F für ein Zimmer mit Waschbecken, 370 F mit Bad (jeweils für zwei Personen). Im Restaurant gibt die katalanische Küche mit einheimischen Erzeugnissen den Ton an.

♦ **Château de Nyer:** in *Nyer* (s. oben). T. 68 97 08 73. Netter äußerer Rahmen aus Schlößchen, Innenhof und Terrasse. Ein derart originelles Anwesen überrascht in solch einem gottverlassenen Dorf. Menü zu 120 F mit Bergschinken, Forelle, Käse oder Nachtisch. Wurstplatte vom Wildschwein und Wild als Menü zu 140 F. Sehr geräumige Zimmer zu 350 F. Während der Saison unternimmt der *Patron* Jagdausflüge (und beschafft sich so das Wildbret für seine Gäste).

DIE CERDAGNE

Die Cerdagne, eine auf ca. 1.200 m gelegene, von hohen Bergen gesäumte Hochebene, verzeichnet auch für südfranzösische Verhältnisse überdurchschnittlich viele Sonnenstunden. Das Licht besitzt eine besondere Qualität, und so kommt es nicht von ungefähr, daß gerade hier die ersten »Sonnenöfen« *(Fours solaires)* Frankreichs aufgestellt wurden (das seine Stromüberkapazitäten im übrigen aus mehr oder minder rissigen Atommeilern bezieht). Schneebedeckte Gipfel, großartige Panoramen, ausgedehnte Wälder und die Bergfauna (Füchse, Schneehühner, Auerhähne usw.) prädestinieren die Cerdagne geradezu zum Wandern.
Obendrein finden sich hier noch typische Bergdörfer, und nach Spanien oder Andorra ist's nur ein Katzensprung. Auch wer sich dem Wintersport verschrieben hat, kommt in der Cerdagne auf seine Kosten (wenngleich Sommerurlaubern die öden Pisten nicht gefallen dürften). Wie heißt es so treffend bei den französischen Katalanen: *Quand vous venez chez nous, vous avez à la fois la mer et la montagne!* (»Wer zu uns kommt, hat sowohl die Berge, als auch das Meer!«).

MONT-LOUIS (66210)

Ludwig XIV. beauftragte seinen Baumeister *Vauban* (wie sollte es anders sein) mit der Planung einer befestigten Stadt, die mit 1.600 m die höchstgelegene in ganz Frankreich ist. Die kleine Garnisonsstadt hat durchaus etwas zu bieten, weshalb wir von einer Übernachtung nicht abraten möchten. Oder aber ganz in der Nähe in Font-Romeu absteigen, wo eines der gastlichsten Hotels im Département Unterkunft gewährt.

Anreise

– Mit dem »**Petit train jaune**« oder **Bussen der SNCF** von Villefranche. Sich diese eindrucksvolle Fahrt nicht entgehen lassen (s. Kapitel »Villefranche-Unternehmungen«). Züge verkehren alle zwei Stunden im Sommer, im Winter nur vier Züge täglich. Von Perpignan aus in Villefranche umsteigen (zehn Minuten Aufenthalt).
– Umsteigefreie Busverbindung ab Perpignan mit den **Courriers Catalans**. Anderthalb Stunden Fahrzeit; dieselben Preise wie für den Zug.
– **Mit dem Auto:** von Perpignan 80 km über die N 116.

Nützliche Adressen

– **Fremdenverkehrsamt:** T. 68 04 21 97. Auskünfte vom 15. Juni bis zum 15. September von 10-12h und von 14-18h. Sich in der restlichen Zeit des Jahres ans Rathaus wenden. T. 68 04 21 18.
– **Bahnhof:** 1 km vor Mont-Luis. T. 68 04 23 27.
– **Arzt:** Dr. Sévène. T. 68 04 22 61.
– **Bergführerbüro** *(Bureau des Guides):* in Matemale. T. 68 04 30 56.

CERDAGNE – MONT-LOUIS / 99

Unterkunft und Verpflegung

- **Lou Roubalou:** rue des Écoles Laïques, innerhalb der Stadtmauern, gegenüber der Schule. T. 68 04 23 26. Außerhalb der Urlaubszeit geschlossen. Eine Familienpension mit persönlicher Note: bäuerlich einfach, aber komfortabel und billig, geführt von der freundlichen Familie Duval. Christiane, mütterlich gegenüber jedermann, spricht ihre Gäste gerne mit *mes petits* (»meine Kleinen«) an – mit ihrem drolligen Akzent gibt sie sich als katalanische *Mamma* zu erkennen. Sobald Christiane über die Natur der Pyrenäen erzählt, gerät sie ins Schwärmen. Man fühlt sich bald wie zu Hause: sei es im Daunenbett der koketten Zimmer zu 240 F mit Bad (200 F mit Dusche) oder im hübsch dekorierten Speisesaal. Die Kochkünste Pierre Duvals – auch er vernarrt in die Pyrenäen – gelten als mit die besten weit und breit. Menüs von 110-230 F. Besondere Leckerbissen: *Crépinettes* vom Seewolf oder Lachs, Kalbsrippe mit Steinpilzen *(Côte de veau aux cèpes)*, Poularde mit Morcheln *(Poularde aux morilles)*, Roquefort im Blätterteig *(Feuilleté au roquefort)*, Auflauf mit Spargel oder Steinpilzen *(Flan aux asperges ou cèpes)* ... stets in Begleitung leckerer Pilze.

● *Zeltplätze*

- **Terrain Municipal Pla-de-Barrès:** route des Bouillouses, 3 km außerhalb. T. 68 04 26 04. Von Mitte Juni bis Ende September. Keine Reservierungsmöglichkeit, aber immer etwas frei. Sehr einfach (Dusche, WC, Waschgelegenheit). Erfreulich niedrige Gebühren, aber viele Mücken.
- **Caravaneige:** innerhalb der Stadtmauern. Sich ans Rathaus wenden: T. 68 04 21 18. Von November bis Mai, wie es der Name schon sagt *(neige =* Schnee). Stellplatz für Wohnwagen und Wohnmobile für nur 60 F pro Tag.

Sehenswürdigkeiten

▶ **Stadtmauern:** nachdem im Pyrenäenvertrag die Grenzen zu Spanien neu festgelegt waren, wurden die Befestigungen im Jahr 1679 errichtet. Ihr Zweck bestand zum einen darin, diesen strategisch wichtigen Platz zu verteidigen; zum anderen ging's den neuen Landesherren aber auch darum, die aufmüpfigen Katalanen in Schach zu halten. Erstes trat nie ein: die Festungsanlagen wurden nie gebraucht. *Ludwig XIV.* hatten ihren Bau befohlen, daher auch der Name der Stadt ... Deren kriegerische Erscheinung steht ganz im Gegensatz zu mittelalterlichen Städtchen wie Villefranche, birgt aber einen eigenen Reiz, den sie vor allem der Bergwelt ringsherum verdankt. Um in die Stadt zu gelangen, überquert man die Stadtmauergräben, in denen sich heute Tennisplätze befinden, und marschiert durch die schmale *Porte de France*.

▶ **Sonnenofen** *(Four Solaire):* bd Vauban. Unter der Woche Besichtigung bis 17.30h. Eintritt 5 F. Sich außerhalb der Saison an das Rathaus wenden. Der erste Versuchsofen, 1953 von dem französischen Professor *Félix Trombe* gebaut. Jetzt bloß nicht glauben, daß man sich in Frankreich damals schon mit ökologischen Gedanken trug (damit stößt man bis heute nur auf ungläubiges Kopfschütteln)! Die hier durchgeführten Experimente wurden von der Armee finanziert.

▶ **Kirche:** von außen betrachtet eher häßlich, das Innere birgt jedoch Sehenswertes: einen Christus aus Bergahorn (15. Jh.), vergoldetete Marienstatuen aus dem 17. Jh. und einige, von Ludwig XV. gestiftete, Bilder desselben Jahrhunderts.

▶ **Zitadelle:** oberhalb des Ortes. Sie wird noch als Kaserne genutzt. Besichtigung lediglich im Juli/August. Sehenswert wegen des *Puits des forçats* (»Sträflingsbrunnen«), der Mont-Luis während einer Belagerung mit Wasser versorgen sollte: mittels eines riesigen Holzrades, das von den Häftlingen gedreht wurde.

▶ **Bastion du Lieutenant Michel Gilles:** unter dem Rathaus führt ein Gang zu einem Schießstand mit herrlicher Aussicht. Der Blick umfaßt die Stadtmauern, das Stadttor, den Sonnenofen, die Hochebene und die verschneiten Berge. Sich am besten abends hinbegeben, wenn die Strahlen der untergehenden Sonne von den unzähligen Spiegeln des Sonnenofens eingefangen werden.

Wanderungen in die Umgebung

Jede Menge Wanderwege unterschiedlicher Art. Genaueres beim Fremdenverkehrsamt erfragen oder bei den weiter oben (Perpignan, Canigou) aufgeführten Adressen. Die beiden folgenden Touren jedoch unbedingt in Angriff nehmen, falls die Zeit reicht:

– **Les Bouillouses et Porteille:** von Mont-Louis die D 60 bis zum *Lac des Bouillouses*. Weiter auf der *GR 10*, der am See links entlangführt. Nach dem See das Flüßchen Grave entlang in Richtung Porteille (zwei Stunden). Man erreicht einen Bergkamm (2.400 m) mit großartiger Sicht auf die *Pics Rouges*, den *Pic de Faury* und eine Reihe von Seen. Im Winter kann man hier das berühmte weiße Schneehuhn – im Sommer grau gefärbt – und weitere Verteter der einheimischen Tierwelt beobachten.

– **La Carança:** die N 116 bis nach *Thuès-entre-Valls*, wo der Weg beginnt, dem Fluß entlang bis zu einer kleinen Brücke, die man rechts liegen läßt. Der Weg windet sich in Serpentinen aufwärts. Dabei Sicht in großartige Schluchten und auf Felswände *(Gneiss oeillés*, teilweise hundert Meter hoch), durch die sogar ein Pfad führt. Nach dreieinhalb Stunden erreicht rnan eine Schutzhütte (im Sommer bewirtschaftet). Bis zu den Gipfeln auf der spanischen Seite der Pyrenäen weitere vier Stunden einplanen. Unterwegs lassen sich mit ein wenig Glück einige Tierarten beobachten (Feldstecher mitnehmen!): Eidechsen, Sperlinge, Blindschleichen, Nattern (ganz harmlose), Dachse, Füchse, vor allem aber Gemsen und auch Auerhähne. Man findet sogar wilden Spinat ... und der Bach wimmelt von Forellen.

Das Zelt nicht vergessen, um sich ein wenig aufhalten zu können, denn im Sommer ist dies ein paradiesischer Flecken. Sich mit festem Schuhwerk und der IGN-Karte »Olette 2349-Ouest« (»Série bleue«, Maßstab 1 : 25.000) bewaffnen. Ganz wichtig: bei drohenden Gewittern auf die Wanderung verzichten, da der eisenhaltige Boden Blitze anzieht!

PLANES (66210)

Etwa 5 km südöstlich Mont-Louis, über die D 32 in Richtung *la Cabanasse*. Das größtenteils verlassene Dorf ist bekannt wegen seiner ungewöhnlichen, im 11. Jh. erbauten, kleeblattförmigen Kirche. Ihr kurioser Grundriß gab Anlaß zu der Legende, sie sei von den Arabern errichtet worden! Fest steht, daß sie sich am Ende des Dorfes auf einer kleinen Anhöhe befindet und sommers Einlaß gewährt: in einen winzigen, fast leeren Innenraum. Außerhalb der Ferienzeit ist der Schlüssel bei der älteren Frau erhältlich, die das Haus mit den blauen Läden gleich links am Anfang des Dorfs bewohnt.

– **GR 10:** am Eingang des Dorfes. Der mit Pfeilen gekennzeichnete Fernwanderweg eignet sich für Mountainbikes.

EYNE (66800)

Zwischen *Saint-Pierre-les-Forçats* und *Saillagouse*. Hübsche Straße, die in Planes ihren Anfang nimmt. Das malerische Dorf sucht sein Heil im Wintersport; zum Glück, ohne der in Frankreich üblichen Gigantomanie zu verfallen. Im alten Ortskern zwei Kirchen nebeneinander. In der rechten – der schöneren – zwei barocke Altaraufsätze.

CERDAGNE – EYNE / 101

Die Umgebung von Eyne ist berühmt für ihre Heilpflanzen. Eine lohnende Tageswanderung (genannt *Cambre d'Aze*) beginnt im Dorf. Der Weg kann zu Fuß, zu Pferd oder mit dem Mountainbike zurückgelegt werden.

Kost & Logis

- **Gästezimmer** in einem renovierten Steinhaus. Zudem Bar und **Restaurant**. Wir haben beides nicht ausprobiert. T. 68 84 81 64 oder 68 04 00 60.

Unternehmungen

– **Ausritte:** *Le Licol Vert.* T. 68 04 76 02. 65 F pro Stunde. Bei halbtägiger bzw. ganztägiger Pferdemiete wird's billiger. Zusammenarbeit mit der *Association de Sauvegarde du Patrimoine d'Eyne* (dieselbe Telefonnummer), bei deren archäologischen Führungen man etwas lernen kann: Besichtigungen von Dolmen, einer antiken Straße, steinzeitlichen Siedlungen, mittelalterlichen Brücken usf. Veranstaltet auch Ausflüge mit Erkundung der Bergfauna. 80 F pro Tag.

LLO (66800)

Südlich von Eyne; Anfahrt über das Sträßchen in Richtung Saillagouse. Gilt uns als eines der malerischsten Dörfer in der Gegend. Im Oberdorf, von einer Felskuppe mit großartiger Rundumsicht, die Mauerreste eines Wachtturms. Neben einer verfallenen Kapelle graben Archäologen nach Fundstücken aus der gallischen Epoche, die allerdings nur für Forscher von Belang sind.

▶ **Kirche:** unterhalb des Dorfes, mit verzierten Glocken im Turm und schönen Skulpturen am romanischen Portal (Kohlköpfe, Spiralen usw.). Der Friedhof mit seinen bunten, originell geschmückten Gräbern ist einer der fröhlichsten, den wir kennen. *Die Gelegenheit für ein Foto mit den Bergen im Hintergrund ...*

Unterkunft und Verpflegung

- **Wild zelten:** an der Straße von Eyne, am Bachufer. Im Rathaus von Llo vorher um Erlaubnis bitten.
– Leider weder Herberge noch Gästezimmer. Aussteiger aufgepaßt: die Bewohner wissen, wo es ganze Häuser zu kaufen gibt.

● *Gediegen*

- **Auberge Atalaya:** in Llo-haut. T. 68 04 70 04. F. 68 04 01 29. Betriebsruhe im November und Dezember. Das Restaurant schließt außerhalb der Saison montags sowie Dienstag mittags. Weinbewachsenes Steinhaus, das den Ort überragt, mit kleinem Innenhof. Die Zimmer (480 bis 580 F) übertreuert, auch wenn's eine herrlich ruhige Bleibe ist. Die regionale Küche mit katalanischem Einschlag hingegen verdient ein dickes Lob. Leckeres Menü zu 185 F mit *Amuse-gueule*, Melonenschnitzen *(Copeaux de melon)* sowie Gambas mit Anis und Pfefferminze *(à l'anis menthe)*, Kabelfilet mit Orange *(Suprême du cabillau à l'orange)*, Honigquark *(Fromage blanc au miel)* oder Käse aus den Pyrenäen mit Nußsalat und gratinierte Früchte mit Muscat-Weinschaum *(Gratin de fruits frais au sabayon de muscat)*. Ein günstigeres Menü zum immer noch stolzen Preis von 145 F.

LLIVIA (spanische Enklave)

Die ehemalige Cerdagne-Hauptstadt 5 km westlich von Saillagouse liegt heute auf spanischem Territorium, umgeben von französischen Gebieten, und mißt gerade mal zwölf Kilometer im Quadrat. Eine erstaunliche Lage – andere nen-

nen sie privilegiert – wie sie nur selten auf der Welt vorkommt. Die bekanntesten Beispiele sind: Gibraltar und das ehemalige West-Berlin.
Es lohnt sich, die Geschichte dieser Enklave zurückzuverfolgen: lange Zeit führten Spanier und Franzosen Krieg um die Cerdagne, die Wiege Kataloniens. Nach dem Pyrenäenvertrag (1659) war die Grenzziehung noch sehr ungenau, da schwierig in bergigem Gebiet. Ein weiterer, in Llívia unterzeichneter Vertrag überließ schließlich Spanien den größten Teil der Cerdagne. Frankreich behielt das *Vallée de Carol* (Carol-Tal) sowie einen Zugangskorridor, der laut Vertragstext »dreiunddreißig Dörfer« umfaßte. Llívia besaß aber die Stadtrechte und entging so – aufgrund einer Ungenauigkeit in der Formulierung – der französischen Annexion.

Nützliche Adresse

- **Fremdenverkehrsamt:** tour Bernard de So, gegenüber der Kirche. T. 89 60 11. (Vorwahl: 972 von Spanien, 19 34 72 von Frankreich aus). Von 10-13h und von 16-19h besetzt. Sonntags geschlossen.

Sehenswürdigkeiten

Llívia, dessen Behausungen sich nicht so recht zwischen kleinen *Chalets* und Mehrfamilienhäusern entscheiden können, verteilt sich auf eine ausgedehnte Gemarkung. Nur die Altstadt mit ihren alten Steinhäusern und einer mächtigen Kirche lohnt sich. Die Burg von Llívia wurde von den Franzosen unter *Ludwig XI.* zerstört.

▶ **Wehrkirche:** stammt aus dem 15. bis 17. Jh. Schönes Portal mit schmiedeeisernen Motiven. Im Innern ein erhabener geschnitzter Christus in verblichenen Farben. Er stammt aus dem 13. Jh. und gilt als eines der besten Beispiele für die Übergangsepoche von der Romanik zur Gotik.

▶ **Städtisches Museum** (Musée municipal): gegenüber der Kirche. Im Sommer täglich von 10-13h und von 15-19h geöffnet; winters nur bis 18h und montags ganztägig geschlossen.
Birgt die sicherlich älteste Apotheke Europas (15. oder 16. Jh.) mit einer Sammlung von bemalten Schachteln, Arzneimittelgefäßen, Instrumenten aller Art und einer alten Bibliothek.

DORRES (66800)

Westlich von Angoustrine, über ein von der D 618 abzweigendes Sträßchen zu erreichen. Typisches Bergdorf mit urtümlicher Atmosphäre: steile Gassen, die Fenster- und Türstürze aus gemeißeltem Granit, halb verfallene Häuser ...

▶ Ungewöhnlich auch die **Kirche:** deren Fassade und Turm, mit drei Bronzeglocken, sind aus einem Guß. Im Innern eine der seltenen Schwarzen Madonnen aus romanischer Epoche. Den Schlüssel im Pfarrhaus gegenüber abholen.

▶ Weiter unten im Dorf – Weg nach links am Dorfeingang – eine **Schwefelquelle** (41°C!), in der die Dorfbewohner bei schönem Wetter baden.

• **Gîtes Communaux:** Unterkünfte im Pfarrhaus, hinter dem Lebensmittelladen. Auskunft im Rathaus: T. 86 04 60 69. Montags und dienstags sowie donnerstags und freitagmorgens geöffnet.

Fotos gesucht! Für Fotos (S/W, Farbe, Dias), die wir in späteren Auflagen verwenden, bedanken wir uns mit einem Buch aus unserem Programm.

TARGASSONNE (66120)

Drei Kilomter westlich Font-Romeus. Rühmt sich einer großen Ansammmlung von Granitfindligen zu beiden Seiten der Straße. Diese weisen teilweise seltsam anmutende, bedrohliche Formen auf und wurden vermutlich von den Gletschern der Quartäreiszeit hier zurückgelassen.

Kost & Logis

• **Hôtel-Restaurant La Tourane:** auf der linken Seite, kurz vor Font-Romeu, nachdem man das »Steinchaos« von Targassonne *(Chaos de Targassonne),* eine unter Gletschereinwirkung entstandene, eigentümliche Granitlandschaft, passiert hat. T. 68 30 15 03. Vom 1. November bis zum 20. Dezember und an Wochenenden in der Nebensaison Betriebsruhe. Einige Zimmer mit schöner Bergsicht; klein, aber ordentlich. Mit Balkon und Bad rund 230 F für zwei Personen. Im Haus auch ein Restaurant, in dem Preis und Leistung noch in einem ausgewogenen Verhältnis stehen. Für 80 F gibt's einen Vorspeisenteller, Schinkenomelett, *Boeuf bourguignon* mit Kartoffelklößchen *(Pommes dauphines)*, Nachtisch und ein Viertel Wein! Weitere Menüs zu 100 F, 120 F und 175 F.

FONT-ROMEU (66120)

Bekannter Luftkurort und Wintersportplatz; 1968 sogar Trainingslager der französischen Olympiamannschaft und in den siebziger Jahren Trainigscamp der französischen Fußballnationalmannschaft vor allen wichtigen Spielen. Ansonsten tummeln sich hier reiche Urlauber und Snobs. Unsereins wird's also nicht lange hier halten, zumal die Umgebung mehr zu bieten hat ...

Nützliche Adressen

– **Fremdenverkehrsamt:** 38, av. Emmanuel-Brousse. T. 68 30 02 74. In der Nebensaison von 9-12h und von 14-18h besetzt, sonst von 8.30-19.30h. Ausführliches Prospektmaterial zur Region.
– **Centre Equestre** (Reitclub): av. Pierre-de-Coubertin. T. 68 30 34 43. Das ganze Jahr über geöffnet. Um Anmeldung wird gebeten.
– **Klettern:** sich an das Bergführerbüro in der Av. Emmanuel-Brousse wenden, T. 68 30 23 08. Saftige Gebühren; dafür wird aber auch das Material gestellt. Weitere möglichen Aktivitäten sind Wandern und Höhlen erkunden, während der Sommermonate auch Floßfahrten (Rafting).
– **Ski- und Fahrradvermietung:** in den Sportgeschäften am Ort.
– **Gleitschirmfliegen:** in Espousouille. Sich an Maline Villana wenden, T. 68 04 44 93. Kostenpunkt: etwa 400 F pro Tag ohne Versicherung, die natürlich obligatorisch ist.
– **Eislaufhalle:** bd. Pierre-de-Coubertin. T. 68 30 11 51. Während der (französischen) Schulferien von 16-19h und von 21-23.30h geöffnet. Ansonsten mittwochs, samstags und sonntags von 16-19h und samstags zusätzlich von 21-23.30h. Eintritt und Leihgebür ca. 35 F.
– **Medizinische Versorgung** (bei so viel Sport könnte ja mal was passieren!): av. Emmanuel-Brousse (T. 68 30 02 15) oder av. du Maréchal-Joffre (T. 68 30 01 12).

Ein Strohsack ...

• **Camping Le Menhir:** rue du Menhir. Die Avenue Emmanuel-Brousse bis zur Route de L'Ermitage, dann nach rechts. T. 68 30 09 32. Von Juni bis September. Weitläufiger, gut ausgestatteter Zwei-Sterne-Zeltplatz mit Baumbestand, in der Nähe der Sportanlagen.

104 / ÖSTLICHE PYRENÄEN UND ROUSSILLON

Sonnenkraftwerk

CERDAGNE – FONT-ROMEU / 105

- **Hôtel Y Sem Bé:** rue des Écureuils, neben dem Golfplatz, westlich der Stadt. T. 68 30 00 54, F. 68 30 25 42. Im Mai, Oktober und November geschlossen. Auf 1850 m Höhe gelegenes *Chalet* mit Blick über die Cerdagne. Komfortable Doppelgemächer mit Bad, Balkon und TV zu 350 F (280 F mit Dusche und WC). An der Halbpension zu 138 F führt in der Saison kein Weg vorbei. Außerhalb der Urlaubszeit etwas billiger. Dann winken jenen Zeitgenossen zehn Prozent Ermäßigung, die sich als *interconnections*-Leser zu erkennen geben (Rucksackmann auf der Titelseite!). Vermittelt auch Wander- und Mountainbiketouren.
- **Le Logis Catalan:** av. Joffre. T. 68 30 01 04. Freundlicher Empfang durch Jean-Luc und Jocelyne. Kleine Familienpension mit erschwinglichen Preisen: Halbpension 180 F (Zimmer mit separatem Bad).

Trockene Kehle?

♦ **Pub Saint-Paul:** villa Saint-Paul, rechter Hand, wenn man vom Fremdenverkehrsamt zum Zeltplatz läuft. T. 68 30 20 23. Richtiger Pub, täglich bis 3h geöffnet, im Keller einer ehemaligen Kapelle. Stilvolles Ambiente: Holzbalken, ein schöner Kamin, Sitzecken mit mandelgrünem Samt ausgeschlagen, antike Kasse an der Theke ... als Dreingabe an manchen Abenden Rock- und Countrykonzerte. Das macht munter!

In der Umgebung

▶ ***ODEILLO*** (3 km südlich)

▶ **Sonnenofen** (Four solaire): Publikumsverkehr von 10-12.30h und von 13.30-17.30h (20.30h vom 15. Juni bis zum 15. September). Von Mitte November bis Mitte Dezember geschlossen. Eintritt!
Der eigentliche Sonnenofen kann nicht besichtigt werden, und das Beeindruckendste, die unzähligen Parabolspiegel, sind von der Straße aus besser zu sehen. Dafür im Juli oder August (hängt wohl vom Mond und vom Alter des Busfahrers ab!) Tage der offenen Tür, bei denen man auch das Laboratorium und den Sonnenofen zu Gesicht bekommt. Dann wird abends ein – auch aus der Umgebung sichtbares – gespenstisches Laserspektakel veranstaltet (wäre ja auch die erste französische Sehenswürdigkeit ohne *son et lumière!*). An allen anderen Tagen erwartet uns ein Lehrfilm, eine bescheidenere Ton- und Lichtschau sowie eine Ausstellung über alternative Energiequellen. Die Anlage gehört dem staatlichen Forschungsinstitut CNRS und wurde 1969 auf der Grundlage jener Forschungsergebnisse errichtet, zu denen der bereits erwähnte Professor *Félix Trombe* in Mont-Louis gelangt war. Temperaturen bis zu 3500°C erlauben es, die Hitzebeständigkeit von Materialen, u.a. für die Raumfahrt, zu erproben. Deren segensreiche Funktion brauchen wir seit Entdeckung der Teflon-Pfanne ja niemandem mehr auseinanderzulegen. Besuchern, die sich vom Wissenschaftsfieber anstecken lassen, händigt man am Empfang eine Broschüre über Sonnenenergie aus. Das ist in einem Land, das den Großteil seines Strombedarfs aus Atomkraftwerken bezieht, schon etwas Besonderes.

▶ **Église Saint-Martin-d'Odeillo:** niedliche romanische Kirche mit Portal aus dem 13. Jh. Am Eingang ein an Viehsperren in den österreichischen Alpen erinnerndes Gitter über einem Graben, das einst dazu diente, (fromme oder hungrige?) Wölfe fernzuhalten. So jedenfalls ein frommes Mütterchen, das wir befragt haben. Eine junge Frau fügte hinzu: »... und heute bleiben unsere Stöckelabsätze im Gitter stecken!«. Also doch eine Finte des örtlichen Schusters!
Im Innern der Kirche ein vergoldeter hölzerner Altaraufsatz – er zeigt eine Muttergottes mit Jesuskind (s. weiter unten) – und ein leidender Christus mit hervorquellenden Eingeweiden (kam hier der Wolf vorbei?).

106 / ÖSTLICHE PYRENÄEN UND ROUSSILLON

▶ *LA COLLINE DE L'ERMITAGE* (Hügel der Einsiedelei)

Nunmehr eine der berühmtesten Pilgerstätten in den Pyrenäen zur Läuterung unserer Lästerzungen: von Font-Romeu in Richtung Saint-Louis.

▶ **Ermitage Notre-Dame-de-Font-Romeu:** kleine Häusergruppe mit roten Läden, an der großen Kurve gelegen, die hinauf zum Kalvarienberg führt. Wichtig für uns: die Kapelle am Ende des Hofes, deren Portal während der Saison bis 19.30h geöffnet bleibt. Falls nicht, den Pfarrer am Empfang nach dem Schlüssel fragen. Falls auch der nicht da ist, es bei der Kirche von Odeillo oder im Ferienzentrum probieren.

Die Einsiedelei ist bis auf den heutigen Tag ein gern besuchter Wallfahrtsort. Am Anfang dieses religiösen Eifers steht, wir ahnen es, eine hübsche Legende: eine unter einem Brunnen versteckte Marienstatue witternd, soll hier ein Stier wie wild den Boden aufgescharrt haben. Diese Stelle markiert seitdem eine Kapelle mit eben jener romanischen Madonnenstatue aus dem 12. Jh. Diese wandert alljährlich am 8. September im Gefolge einer feierlichen Prozession, Höhepunkt des religiösen Lebens in der Region, zur Kirche von Odeillo, wo sie den Winter verbringt ... Einzelheiten entnehme man einem vergoldeten Barockretabel im Inneren der Kapelle, von Josef Sunyer errichtet (1707). Rechts vom Hauptaltar führt eine Treppe in ein wunderschönes Barockzimmer, genannt *Camaril:* dort soll sich die Muttergottes in ihrer Freizeit aufhalten.

▶ **Kalvarienberg** (1859 m): 300 m von der *Ermitage.* Ein kappellengesäumter Kreuzweg windet sich um den Hügel herum. Oben erwartet uns eine Aussichtsterrasse mit eisernem Christus. Der weite Blick über die Berge der Cerdagne lohnt sich indessen mehr. Endlich wieder Luft zum Atmen!

– **Wanderungen:** geeignete Wege beim Fremdenverkehrsamt erfragen.

DAS CAPCIR

Hochplateau im Norden der Cerdagne, das seiner einsamen Täler und schönen Wälder, seiner Seen und wilden Berglandschaften zum Trotz, nicht zu den gängigen Touristenzielen zählt. Dabei eignet sich das Capcir mit seinen knapp 20 km von Nord nach Süd für die schönsten Wanderungen im Sommer und Skilanglauf im Winter. Wir jedenfalls lassen uns immer wieder von den friedlichen Reizen des Capcir gefangennehmen, dessen Bewohner sich einen unverdorbenen Charakter bewahrt haben.

FORMIGUERES (66210)

Das ursprünglich wirkende Dorf, wo die Könige von Mallorca im 12. Jh. ihr Asthma kurierten, zählt heute kaum noch 360 ständige Bewohner. Denn die Skianlagen, von denen das Überleben Formiguères abhängt, liegen 4 km entfernt. Die geschäftstüchtigen, ihrer Tradition gleichwohl verhafteten Einheimischen waren klug genug, ihr Dorf mit seinen alten Schieferdächern nicht zu verschandeln. Formiguères ist denn auch das Gegenstück zu den von Anbeginn an seelenlosen Betonbauten von Font-Romeu. Die Miniaturhauptstadt des Capcir hat sich ihre Eigenart bewahrt und bietet gesundheitsbewußten Naturliebhabern ein reichhaltiges Freizeitangebot.

Nützliche Adressen

– **Fremdenverkehrsamt:** place de l'Église. T. 68 04 47 35. Auskünfte von 9-12.30h und von 14-18.20h (in der Saison 19h). Den Laden schmeißt Valérie Kerivel, die ihr Dorf offensichtlich ins Herz geschlossen hat. Sie nach der Aufstellung aller Wanderwege fragen. Minitel 36-15 CAPSUD 66.

- **Montagne Loisirs:** gegenüber vom Fremdenverkehrsamt in Formiguères. T. 68 04 48 44. Jean-Louis Petitqueux veranstaltet Skiwanderungen, Mountainbiketouren und Schneeschuhwanderungen, vor allem aber Kurse für Überlebenstraining in den Bergen *(Survie en montagne)*. Schwierigkeitsgrade: »sanftes« Überlebenstraining *(survie douce;* ein Tag) und der Ernstfall *(survie totale;* drei bis zehn Tage). Dahinter steht immer die Frage: wie lerne ich, in freier Natur zu überleben (Beerensammeln, Fallenstellen, Biwakieren usw.). Petitqueux ist Fachmann auf seinem Gebiet: bekannt wurde er, als er vor elf Jahren die Pyrenäenkette von Ost nach West durchquerte, im Gepäck lediglich ein Messer und eine Büchse Sardinen! Letztere jedoch nur, um sie bei seiner Ankunft vorzuzeigen: er hatte sie nicht angebrochen ...
- **Vagabond'Ane:** in Rieutort, 6 km nördlich von Formiguères. T. 68 04 41 22. Bruno und Catherine vermieten Esel und veranstalten Bergtouren (auf dem Rücken eines Grautiers, versteht sich!).

Kost & Logis

- **Hôtel-Restaurant Picheyre:** 2, place de l'Église, hinter der Kirche. T. 68 04 40 07. Im Mai Betriebsruhe. Unterbringung in einfachen, aber sauberen Doppelzimmern zu 170 F mit Dusche bzw. 190 F mit Bad. Aufgetragen werden schmackhafte, großzügig bemessene Menüs zu 75 F oder 90 F, das erstere mit Suppe, Hauptgericht (einheimische Leckerbissen), Salat und Dessert. Ein weiteres Menü zum Preis von 60 F. Während der (französischen) Schulferien nur Halbpension möglich: etwa 190 F pro Nase.

Kost & Logis in der Umgebung

- **Gîte d'Etape:** bei Daniel Pesqué, in Espousouille (2 km nördlich). T. 68 04 45 37. Gut in Schuß. Mit Dusche und voll eingerichteter Küche. Ungefähr 60 F pro Nacht. Möglichkeit, bei rechtzeitiger Reservierung ein Abendessen an der *Table d'Hôte* einzunehmen (75 F).
- **Refuge des Camporeils:** hoch oben in den Bergen, inmitten von Wäldern und Seen. Anreise: von Formiguères aus mit dem Auto, dann dreiviertelstündiger Fußmarsch. Natur- und Ruheliebenden, die auf Annehmlichkeiten verzichten können, wird's gefallen ... Immerhin gibt's einen Holzofen und einen großen Tisch für die Mahlzeiten. Sich hier oben ruhig ein paar Tage aufhalten, und sei es nur um der Tierwelt in dieser großartigen, urwüchsigen Gebirgsgegend wegen: man begegbet Rotwild, Murmeltieren, Gemsen und, mit ein wenig Glück, sogar dem seltenen Auerhahn. Auskünfte bei der *Maison de Capcir,* T. 68 04 49 86.
- ♦ **Le Cortal:** in Rieutort. T. 68 04 45 00. Während der Wintersportsaison täglich geöffnet, sonst nur am Wochenende. Typisches *Resto montagnard* im überdachten Teil des Schulhofs einer ehemaligen Schule: Schinken baumelt von der Decke, Werkzeuge an den Wänden usw. Der *Patron* entnimmt Forellen und Flußkrebse gleich dem hauseigenen Fischteich. Zwar nicht geschenkt, aber üppige Portionen. Ein Menü zu 160 F: Salat, Fleisch- und Fischgericht, gefolgt von Käse und Nachtisch.

Sehenswürdigkeiten

- ▶ Das **Dorf** mit seinen malerischen, schiefergedeckten Holzhäusern.
- ▶ **Église Sainte-Marie:** ungewöhnliche romanische Fassade, die mit dem Turm einen einzigen Block zu formen scheint (12. bis 17. Jh.). Im Innern ein sehenswerter Christus aus dem 12. Jh.

Im Umkreis

- ▶ **Grotte de Fontrabiouse:** Höhle, 5 km nördlich von Formiguères. T. 68 04 45 72. Einlaß vom 15. Juni bis 15. September von 10-12h und von 14-19h;

außerhalb der Saison nur für Gruppen nach Voranmeldung. Einstündige Führung (35 F für Erwachsene). Besonders schöne, professionell ins rechte Licht gesetzte Tropfsteinformationen: Säulen, Aragoniten, Tropfsteinwasserfälle und natürlich Stalaktiten (hängend) und Stalagmiten (stehend). Die von einem unterirdischen Bachlauf in den Kalk gegrabenen Gänge sind über 350 m lang. Sehenswert auch der Onyx-Steinbruch: hierher stammen die Säulen des *Palais de Chaillot* in Paris.

Freizeit

– **Abfahrtsski:** das Skigebiet von Formiguères erstreckt sich über rund 100 ha. Achtzehn Pisten, fünf Schlepplifte, zwei Sessellifte. Gut zu wissen: das Dorf bietet in der Nebensaison (Januar bis Mitte Februar und Mitte März bis Ende April) eine Wochenpauschale für nur 280 F an. Leihgebühr für die Skiausrüstung (Ski, Stöcke und Schuhe): 180 F pro Woche in der Nebensaison. Näheres beim Fremdenverkehrsamt.
– **Langlaufski:** 80 km gespurte Pisten.
– **Wanderungen:** sich beim Fremdenverkehrsamt erkundigen, das ein Dutzend verschiedener Wanderwege mit allen möglichen Nebenwegen ausgewählt hat. Den großen Klassiker, die »Randonnée des Comporeils«, auf keinen Fall auslassen: sie führt in drei bis vier Stunden durch eine wunderschöne Landschaft mit Flüssen, Wasserfällen und Seen zuhauf.
– **Mountainbike:** acht Pisten von 4 bis 19 km Länge. Einen Plan erhält man beim Fremdenverkehrsamt. Fahrradvermietung bei *J.-P. Petitqueux* (s. »Nützliche Adressen«) oder bei *Fugues VTT* in Matemale.
– Formiguères richtet jedes Jahr im Januar die **französischen Meisterschaften im Behindertensport** aus. Die *handicapés* messen sich hier in den Skisportarten. Ein lobenswertes Unterfangen.
– **Modellflugzeugtreffen:** am ersten Sonntag im August. 1990 kamen viertausend Zuschauer. Formiguères soll einen der schönsten Modellflugplätze Frankreichs haben.

LES ANGLES (66210)

Nach Font-Romeu sicherlich der bekannteste Wintersportort in den Pyrenäen. Rund dreißig Pisten mit einer Gesamtlänge von 40 km auf durchschnittlich 2.000 m Meereshöhe. Aufgrund der sicheren Schneeverhältnisse herrscht großer Andrang, aber das kleine Dorf hat seine Seele nicht an den Skizirkus verkauft – das bedeutet gerade in Frankreich maßlose Appartementsilos, hemmungsloser Ausverkauf der Natur und Orgien in Beton. Statt dessen ein mittelalterliches Tor, eine Burgruine, alte Behausungen ...

– **Fremdenverkehrsamt:** T. 68 04 42 04 oder 32 76.
– **Bureau de Montagne:** T. 68 04 34 30. Vielseitiges, von Bergführern geleitetes, Sportzentrum: Kletterkurse, Wildwasserfahrten (850 F, bei zehn Teilnehmern), Wanderungen, Reitsport (220 F pro Tag), Mountainbike usf.

STAUSEE LAC DES BOUILLOUSES

Einer der schönsten Seen weit und breit; daher auch am Wochenende bevorzugter Ausflugsort der Einheimischen. Um dorthin zu gelangen, nach Mont-Louis zurückfahren und der D 60 folgen (14 km). Die mächtige Staumauer wurde zu Beginn des Jahrhunderts errichtet. Der Stausee – er enthält ungefähr fünfzehn Millionen Kubikmeter Wasser! – wird von den Wildbächen der umgebenden Berge gespeist. Ein Pfad führt durch eine Mondlandschaft, vorbei an unzähligen kleinen Seen, hinauf zum *Pic Carlit* (2.921 m). Es geht, wohlverstanden, auf Schusters Rappen in luftige Höhen ...

L'AUDE

Weder das reichste noch das belebteste Département im Languedoc-Roussillon; um so bemühter ist man, den natürlichen Reichtum seiner Landschaft, die vom Minervois bis zum Narbonnais und von den Corbières bis zu den *Montagne Noire* (»Schwarzen Bergen«) reicht, ins rechte Licht zu rücken.

Das Aude blickt aber auch auf eine reiche Vergangenheit zurück, denn das liebliche Tal hat glanzvolle Zeiten gesehen. Römern, frommen Christen und Katharern gefiel der Landstrich, und so bauten sie Städte, Kirchen und Burgen ... die wir uns im Folgenden, hie und da unterbrochen von einer willkommenen Weinprobe, zu Gemüte führen werden.

Nützliche Adressen

– **Comité Départemental de Tourisme** (CDT-Fremdenverkehrsamt): 39, bd. Barbès, F-11000 Carcassonne. T. 68 71 44 55. Gästebetreuung, Reservierungen etc. Kompetent und gut informiert, vor allem, was Ausflüge und Wanderungen angeht. ERgänzend die Broschüre »Itinéraires en pays d'Aude« zur Hand nehmen.

– **Comité Départemental de Randonnées**: 13, rue de la République, BP 143, F-11000 Carcassonne. T. 68 72 60 61. Hier erfährt man alles zu Wanderwegen, Unterkünften usw.

– **Comité Départemental du Patrimoine Culturel Audois:** 13, rue de la République, BP 106, F-11003 Carcassonne Cedex. T. 68 71 32 08. Hier kümmert man sich um das »kulturelle Erbe« des Départements, das man Fremden gerne zugänglich machen möchte.

– **Les Sentiers du Sud:** 7, rue Pasteur, F-11260 Esperaza. T. 68 74 07 29, F. 68 74 09 76. Veranstaltet komplette Ausflüge und Rundreisen, darunter im Sommer den berühmten »Sentier cathare«.

– Zahlreiche **Vereine** bieten Aufenthalte und Rundreisen (organisiert oder auch nicht) zu günstigen Preisen an. Genau das Richtige für Langläufer und Radler, Reitfreunde, Gleitschirmflieger, Schlauchbootfahrer, Motorrollerfahrer, Klettermaxe, Petrijünger, Musikliebhaber, Kajakfahrer usw. Die Broschüre »Aude Activités« beim *Comité Départemental de Tourisme* verlangen.

NARBONNAIS UND KÜSTE

Von Narbonne bis zur Grenze der Départements Aude und Pyrénées-Orientales wartet ganz überraschend ein weitgehend intakter Küstenabschnitt. Weitläufige Strände trennen das offene Meer von zahlreichen Strandseen, *Étang* genannt, mit rosa Flamingos und betagten Fischerdörfern. Schauen wir uns schnell noch einmal hier um, bevor die Betonmischer anrücken!

NARBONNE (11100)

Die größte Stadt im Département Aude war unter den Römern die bedeutendste Stadt in Gallien. Heutzutage ist Narbonne nurmehr eine französische Provinzstadt unter anderen ... Sie scheint sich auf ihren (längst vertrockneten) Lorbeeren auszuruhen und auf jene bürgerliche Atmosphäre anderer Städte, wo sich der Einfluß einer ehrenwerten Bourgeoisie noch bemerkbar macht, zu pfeifen. Kultur und Unterhaltung kommen zwar zu kurz, aber der Durchreisende wird Gefallen daran finden, durch die volkstümlichen Viertel Narbonnes und am romantischen *Canal de la Robine* (Robine-Kanal) zu schlendern.

Nützliche Adressen

- **Fremdenverkehrsamt:** place Salengro, gegenüber dem *Maison Vigneronne*. T. 68 65 15 60. Hier ist nur wenig Hilfe zu erwarten: das Personal, obwohl sehr zahlreich, erweist sich als hoffnungslos überfordert!
- **Bahnhof:** av. Carnot, nordöstlich der Innenstadt. T. 67 62 50 50.

Unterkunft

- Zahlreiche **Zeltplätze** an der Küste (s. weiter unten).
- **Centre International de Séjour:** MJC, place Salengro, Ecke rue Deymes. T. 68 32 01 00, F. 68 65 80 20. Postanschrift: BP 403, F-11104 Narbonne Cedex. Modernes, gut geführtes Jugendzentrum mit zweiundachtzig Betten. Schriftliche Buchung erbeten, aber Durchreisende werden aufgenommen, falls noch Plätze vorhanden sind (im Sommer selten, besser also vorher telefonieren). Ausgestattet mit Fernsehraum, Automaten und einem Mehrzweckraum. Mit 75 F pro Nacht in einem Schlafsaal mit vier bis fünf Betten und Dusche rechnen. Günstig für Paare: die Zimmer im zweiten Stock, da sie nur zwei bis drei Betten aufweisen, mit WC und Dusche. Preis: rund 90 F. Frühstück jeweils inbegriffen. Der Leiter (Jean Fauré) hat nichts gegen mittellose Rucksackler, im Gegenteil.

● *Mittlere Preisklasse*

- **Hôtel du Lion d'Or:** 39, av. Pierre-Sémard. T. 68 32 06 92, F. 68 65 51 13. Gleich neben dem Bahnhof. Von Okober bis Ende Februar geschlossen. Kleines, modernes Zwei-Sterne-Hotel mit Flair und voller Anekdoten, seit 1936 unter der Leitung von ein und derselben Familie. Die Wirtin, sie wird in der Gegend »Mamie Alambic« *(alambic* = Destillationsapparat, aber auch Schnaps) genannt, ist Vorsitzende zahlreicher Wein-Jurys. Ihre Zimmer mit Bad und WC belaufen sich durch die Bank auf 250-270 F. Günstiges Restaurant (s. »Verpflegung«).

● *Etwas schicker*

- **La Dorade:** 44, rue Jean-Jaurès. T. 68 32 65 95, F. 68 65 81 62. Das rosafarbene, in der Altstadt am Kanal gelegene Haus wurde 1648 gegründet – als erstes Hotel am Ort – und hat schon *Louis Bonaparte* (den Bruder des berühmten Korsen), die Königinnen von Spanien und den Niederlanden sowie manch einen Prinzen beherbergen dürfen. Das renovierte Hotel bietet aber auch nichtadligen Zeitgenossen Unterschlupf: in weiß Gott geräumigen, mit TV, Telefon, Bad und großen, bequemen Betten ausgestatteten Zimmern. Die Preise finden wir angemessen für ein Hotel dieser Klasse: Doppelzimmer zu 210 bis 300 F! Das Restaurant, auch nicht übel, serviert im schmucken Speisesaal Leckerbissen aus der Region. Anständige Menüs zu fairen Preisen: das erste zu 80 F.

Verpflegung

♦ **Le Lion d'Or** (s. auch »Unterkunft«): altmodische Einrichtung, aber ein netter Wirt, der selber in der Küche werkelt und sich auf die Zubereitung solider, bezahlbarer Familiengerichte versteht. Seine Frau führt in die einheimischen, aber auch auswärtigen, Weine ein, zu gemäßigten Preisen. Man bekommt das Glas auch einzeln serviert (unbedingt eine Unterhaltung über einheimische Weine beginnen!). Hier als Appetitanreger das Menü zu 90 F: Gemüseterrine mit Tartar *(Terrine de légumes au fouetté de tartare),* ein Gericht mit zwei Fleischsorten, danach Käseplatte und Gebäck *(Pâtisserie).* Man hat das Gefühl, in einem Landgasthof gestrandet zu sein. Auch das Menü zu 110 F ist nicht schlecht: *Parcellaux aux cinq légumes* (verschiedene Gemüse), Schweinerollbraten *(Enchaud farci),* Käse und Gebäck. Kurz: *La Dorade* ist für uns eines der besten Restaurants im Département.

NARBONNAIS & KÜSTE – NARBONNE / 111

● *Schon gediegener*

♦ **Le Petit Comptoir:** 4, bd. du Maréchal-Joffre. T. 68 42 30 35. Warme Küche bis 22h. Außerhalb der Saison montags und sonntags geschlossen. Sich vorsichtshalber anmelden, denn das Bistro-Restaurant ist dank seiner gemütlichen Atmosphäre, seines spaßigen Patrons und seiner schmackhaften Fleischgerichte (etwas teuer: 90 bis 130 F) in Mode gekommen. Leckeres Menü zu 110 F; u.a. stehen zur Auswahl: Salat mit Gambas und Thymian *(Salade tiède de gambas au thym)*, Seezungenfilet, in Olivenbutter gebraten *(Filet de sole au beurre d'olives noires)*, ein Filetstück vom Charolais-Rind in altem Minervois (Rotwein der Region), Nachtisch oder Käse. Das Menü fällt jede Woche anders aus, je nachdem, was der Markt gerade bietet und wie es um die Laune des Küchenchefs bestellt ist (er nennt das »cuisine spontanée«). Gesamturteil: gute Küche, angenehme, kürzlich erweiterte Räumlichkeiten und ein Wirt, dem ein neu eintretender Gast nicht gleich die Dollarnoten vor den Augen tanzen läßt. Da läßt sich's auch mit schmaler Brieftasche leben.

Musikleben

– **Black Bull Café:** 44, rue Jean-Jaurès, im Keller des Hotels *La Daurade* (s. oben). T. 68 32 65 95. Von 21-2h geöffnet. Jeden Mittwoch und Donerstag Rockkonzerte ab 22h, bisweilen englische New-Wave-Gruppen. An manchen Abenden steigt José, der Hotelchef, mit seiner eigenen Gruppe auf die Bühne. José ist kein Feierabendmusikus: er hat lange Zeit seinen Freund Higelin auf Konzerten begleitet. Wer dessen Musik nicht kennt, darf sich bei unserem Verleger die neuste CD ausleihen ... Das Bier ab 12 F.

Sehenswertes

Auf einem Kanalufer des *Canal de la Bobine* zeichnet sich ein monumentales Gebäudeensemble ab. Fast alle Sehenswürdigkeiten Narbonnes sind hier, zwischen Bahngleisen, Kanal und Avenue Maréchal Foch, zu finden: die Kathedrale Saint-Just mit Kreuzgang und Gärten, der Erzbischofspalast, das Rathaus, die Museen und Festungstürme.

▶ **Kathedrale Saint-Just:** der im 13. Jh. begonnene Bau wurde – mit Ausnahme des Chors – niemals vollendet, was allerdings nur Kenner sofort bemerken. Die Konsuln der Stadt untersagten im 14. Jh. den Weiterbau, um den Abriß einer römischen Festungsmauer zu verhindern. Die Geschichte sollte ihnen gewissermaßen recht geben: die Mauer schützte Narbonne später vor den Engländern ... Dennoch ist die fast schon spätgotische Basilika ein gelungener Bau mit einer der höchsten Gewölbedecken Frankreichs (nach Amiens, Beauvais und Metz). Im Chor eine mächtige, mit musizierenden Engeln verzierte Orgel, der von *Mansard* geschaffene Hauptalter und schönes Chorgestühl ...

In den *Seitenkapellen* Glasfenster aus dem 14. Jh. und edles Gestühl. Die *Sacré-Coeur-Kapelle* gefällt uns besonders gut: wegen der weißen Marmorstatue aus dem 15. Jh. mit anmutigen Gesichtszügen, stimmungsvoll vom Kerzenlicht erleuchtet. Vis-à-vis das Grab eines Kardinals mit einem reich verzierten und bemalten Steinbaldachin aus dem 14. Jh. Auf derselben Seite führt ein Gang zum *Kirchenschatz*, täglich außer sonntags von 14.30-16.45h zu begutachten. Ihrem Backsteingewölbe verdankt die Schatzkammer eine ausgefallene Akustik. Sie enthält einen seidenen, mit Gold durchwirkten Wandteppich (ausgehendes 15. Jh.), eine elfenbeinerne Tafel aus dem 9. Jh., Goldschmiedearbeiten, Bücher mit Miniaturmalereien, ein Kristallkästchen, usw.

▶ **Kreuzgang:** Ende des 14. Jhs auf romanischen Fundamenten erbaut. Ziemlich schlecht erhalten, außer den Wasserspeiern. Auf der einen Seite die Gärten, auf der anderen Seite sucht sich das malerische Flüßchen Ancre seinen Weg zwischen dem Alten und dem Neuen Palast.

► **Erzbischofspalast** *(Palais des Archevêques):* zwei Bauabschnitte, der eine aus dem 12. Jh., der andere aus dem 14. Jh. In letzterem befinden sich das *Archäologische Museum* und das *Museum für Kunst und Geschichte*. Beide von 9.30-12.30h und von 15-19h geöffnet. Im Winter montags geschlossen. Eintritt!
In der archäologischen Abteilung Vorgeschichtliches, vor allem aber in Narbonne entdeckte Fundstücke aus gallo-romanischer Zeit. Das Kunstmuseum residiert in den früheren Gemächern der Erzbischöfe, die sich ganz offensichtlich nicht an das christliche Armutsideal gehalten hat. Während der Belagerung von Perpignan benutzte *Ludwig XIII.* die Räumlichkeiten, nach ihm *Ludwig XIV.* In ihrem Gemach eine wundervolle Kassettendecke, am Boden ein dekoratives römisches Mosaik und an den Wänden typische Geälde des 17. Jhs. Ansonsten Bilder italienischer und flämischer Meister sowie eine Sammlung von Apothekertöpfen aus Montpellier. Nichts Außergewöhnliches also. Im Schlafzimmer hübsches Mobiliar im Louis-XV.-Stil, im Arbeitszimmer ein riesiger *Tintoretto*. Zu nennen wären noch weitere Säle, aber die wichtigsten Bilder hängen im großen Saal: Veronese, Rigaud, Boucher, Oudry etc.

► **Donjon Gilles-Aycelin:** im Ehrenhof des Neuen Palastes, gegenüber vom Eingang zum Archäologischen Museum. Schöner Wohn- und Wehrturm aus dem 12. Jh., der von einem, auf die Demonstration seiner Macht bedachten, Bischof errichtet wurde ... Von der Plattform aus schöne Aussicht über die Ziegeldächer der Stadt, die Kathedrale und die Umgebung.

► **Place de l'Hôtel-de-Ville** (Rathausplatz): das Rathaus ist in einem Teil des Alten Palastes untergebracht. Die Fassade wurde jedoch im 19. Jh. von *Viollet-le-Duc* umgestaltet – er hatte nicht der allerbesten Geschmack. Resultat ist jedenfalls ein kunterbuntes Stilgemisch. Auf beiden Seiten erheben sich je drei mittelalterliche Wehrtürme.

► Vom Rathausplatz über die belebte **Rue Droite** in Richtung Altstadt schlendern.

► **Horreum:** rue Rouget-de-Lisle. Besichtigung der Galerien von 10-11.50h und von 14-17.15h (im Sommer bis 18h). Von Anfang Mai bis Mitte Oktober montags geschlossen.
Diese Lagerkeller sind das einzige, was von der Römerstadt übriggeblieben ist. Eine Schande, wenn man die herausragende Rolle des antiken Narbonne bedenkt. Erst zu Beginn des Jahrhunderts wurden die lange Zeit verschütteten Gänge des *Horreums* (Speicher auf Lateinisch) erforscht. Bis heute sind die Ausgrabungen in diesem riesigen, früher unter einem Markt gelegenen Keller noch nicht abgeschlossen. Obwohl schlecht beleuchtet, lohnt es sich, die Galerien mit ihren winzigen Zellen – sie dienten angeblich der Warenklassifizierung – in Augenschein zu nehmen. Die Büsten, Masken, Friese und Relieftafeln der an die Gänge angrenzenden Kammern lassen eine längst verschollene, antike Welt auferstehen. Es herscht jedenfalls eine merkwürdige Stimmung in diesem steinernen Labyrinth.

Noch mehr Sehenswürdigkeiten ...

► **Maison Vigneronne:** gegenüber dem Fremdenverkehrsamt. Das Weinmuseum ist in einem ehemaligen Pulvermagazin aus dem 17. Jh. untergebracht.

► **Église Saint-Sébastien:** rue Michelet (parallel zur Rue Droite). Die im 15. Jh. errichtete Kirche, mit sehenswerter Fassade und sinnlichen Gemälden im Innenraum, scheint fehl am Platz in diesem heruntergekommen wirkenden Viertel. Es heißt, die dem von Pfeilen gemarterten christlichen Märtyrer geweihte Kirche sei an der Stelle seines Geburtshauses erbaut worden. Beim Grundbuchamt ist dazu allerdings nichts Näheres bekannt.

► **Basilique Saint-Paul-Serge:** auf der anderen Seite des Kanals, im *Quartier de Bourg* (Bourg-Viertel). Ehemalige Stiftskirche, die über einer frühchristlichen Begräbnisstätte – es soll sich um den ersten Bischof von Narbonne gehandelt haben – errichtet wurde. Ein Dichter der Stadt besingt den alten Glockenturm von Saint-Paul als die »Seele Narbonnes«. Der Innenraum und besonders der Chor aus dem 13. Jh. haben verblüffende Ausmaße. Auch bei der Ausstattung wurde nicht gekleckert: Wandteppiche aus Aubusson, Retabel, Reliquien, Gemälde, mächtige Orgeln, Sarkophage usf. Das Weihwasserbecken à la grenouille (»mit dem Frosch«) am Südportal beachten, das im Volk Anlaß zu einer Legende gab: ein Frosch, der mit seinem pietätlosen Gequake die Messe störte, wurde auf der Stelle zu Stein verwandelt. Die Gelehrten halten dagegen, es handele sich um eine Anspielung auf den Lebensweg des *Heiligen Paulus Sergius*, der 251 den Märtyrertod starb und es zuvor zum ersten Bischof von Narbonne gebracht hatte. Wir für unseren Teil halten es mit dem Volk und warten sehnlichst darauf, daß manches Gequake in unserer näheren und fernen Umgebung zu Stein erstarren möge ...

Die *Krypta* aus dem 4. Jh. erreicht man durch das Nordportal der Kirche (sich an den Kirchendiener wenden). Diese frühchristliche Nekropole birgt sehenswerte Sarkophage, von denen einer als der älteste im christlichen Gallien gilt und noch auf die Regierungszeit Kaiser Konstantins zurückdatiert.

▶ **Ehemalige Église Notre-Dame-de-la-Mourgié:** von der Pont de la Liberté (Freiheitsbrücke) den Boulevard du Docteur-Ferroul hinauf und dann nach rechts. Das zweckentfremdete Gotteshaus aus dem 13. Jh. beherbergt heute das Lapidarium *(Musée Lapidaire)* der Stadt. Über tausend steinerne Zeugen der reichen Geschichte Narbonnes sind hier zusammengetragen: Funde aus römischer Zeit, Fragmente mittelalterlicher Statuen, Stelen, Sarkophage, Altäre, Statuen usw.

NARBONNE-PLAGE (11100)

Über die landschaftlich reizvolle D 168 zu erreichen (von Narbonne aus 15 km östlich). Je näher das Meer rückt, um so wilder die aus Geröll und Kiefern bestehende Natur. Doch dann die Enttäuschung: der schnurgerade Sandstrand von einigen Kilometern Länge wird von neueren, gedankenlos hingeklotzten Behausungen gesäumt. Hübsch-häßlich habt ihr's hier, würde Pater Braun dazu sagen ...
Narbonne-Plage ermöglicht die üblichen Strandaktivitäten: Tauchen, Segeln, Fischen, Golf, Erlebnispark und ein *Aquajet* an der Straße nach Gruissan. Nun ja ...

Zeltplätze

- **Terrain Municipal:** abseits des Strandes. T. 68 49 80 77. Vorbildlich ausgestattet – ist schließlich ein Vier-Sterne-Zeltplatz! – aber zuviel Ferienlagerstimmung ...
- **Côtes des Roses:** route de Gruissan. T. 68 49 83 65. Vom 15. Juni bis zum 15. September. Inmitten der Amphibienlandschaft, an einer Lagune und einem Strand gelegen. Riesig, mit über achthundert Stellplätzen. Wirklich nichts für Menschenscheue, zudem ziemlich teuer.

GRUISSAN (11430)

10 km südlich von Narbonne-Plage. Alt-Gruissan, von den romantischen Mauerresten des *Tour Barberousse* überragt (Barbarossa-Turm), ist ein liebenswertes, wenn auch für den Fremdenverkehr erkennbar aufpoliertes, in konzentrischen Kreisen angelegtes Fischerdörfchen. In den Lagunen im Umkreis leben sogar Flamingos! Die erdfarbenen, von der Sonne verbrannten Behausungen machen den Dorfcharakter aus. Ein *Tribunal des Prud'Hommes Pêcheurs* (eine Art Arbeitsgericht für Fischereibelange) und das *Café de la Paix* – Sitz des örtlichen Rugby-Clubs – rund das ungekünstelte Gepräge Gruissans ab ...

Aber die ersten Baulöwen haben schon zugeschlagen: eine moderne Hafenanlage, genannt *Gruissan-Plage*, streckt bereits ihre Tentakel aus und hat sich vorgenommen, den paradiesischen Flecken aus seinen süßen Träumen zu reißen. Unter den ernüchterten Blicken der Flamingos ...

Nützliche Adressen

- **Fremdenverkehrsamt:** 1, bd. du Pech-Meynaud. T. 68 49 03 25.

Verpflegung

♦ **L'Estagnol:** am Eingang zum alten Dorf, am Ufer der Lagune. T. 68 49 01 27, F. 68 49 96 66. Täglich über Mittag geöffnet; samstags auch abends. Außerhalb der Urlaubszeit montags sowie den ganzen Dezember über geschlossen. Hergerichtetes Fischerhaus mit einer hübschen, aber nicht sonderlich originellen Terrasse. Mehrere Menüs zwischen 105 F und 240 F. Ansonsten kommt aus der Küche, was das Meer an Leckerbissen so liefert: u.a. Fischsuppe, Miesmuscheln, *Bouillabaisse*, frische Langusten, Austern aus der Gegend, auf spanische Art gefüllte Tintenfische *(Encornets farcis à l'espagnole)*.

Sich umschauen

▶ **Tour Barberousse** (Barbarossaturm): die letzten Überreste einer mittelalterlichen Festung. Der Aufstieg beginnt im Ortskern und führt über eine in den Fels gehauene Treppe. Herrliche Aussicht über die Strandseen, die *Montagne de la Clape* und die *Corbières*. Die von hier oben gut sichtbare kreisförmige Anlage Gruissans beachten, und auch die erdfarbenen Häuser und ockerfarbenen Dächer. Ein Pfad führt um den mit Pinien und Gestrüpp bewachsenen Burghügel herum.

▶ **Fête des Pêcheurs** (Fischerfest): am 29. Juni. Eine besondere Messe mit anschließender Prozession und Segnung der Netze im Meer.

▶ **Maisons sur Pilotis** (Pfahlhäuser): am Strand, 2 km östlich des Dorfes. Über tausend Holzhäuser auf Pfählen, damit die Urlauber sich bei Überschwemmungen keine nassen Füße holen. Diente als Kulisse für den Film »Betty Blue« von *Jean-Jaques Beinix*. Trotz der Stelzenkonstruktionen ein netter Ort zum Baden mit feinem Sandstrand.

▶ **Cimetière Marin** (Seefahrerfriedhof): 4 km nördlich, in Richtung Notre-Dame-des-Auzils. Am Ende des Friedhofs eine Kapelle. Die Malereien von *G. Deboul* (1972) und *Joseph Charron* sowie den Altarsockel beachten. Schöne Aussicht über Gruissan und die *Montagne de la Clape*. Im Innern amüsante Votivbilder der Seeleute.

KLOSTER FONTFROIDE

Zisterzienserkloster 15 km südwestlich von Narbonne. Die A 9 bis zur Ausfahrt Narbonne-Sud, dann die N 113 in Richtung Carcassonne und schließlich die D 613. T. 68 45 11 08. Von Mitte Juni bis Mitte September täglich Führungen, von 9.30-12h und von 14-17.30h; letzte Führung um 17h von Mitte März bis Mitte Juni und von Mitte September bis Mitte November; im Winterhalbjahr unter der Woche vormittags keine Besichtigung. Eintritt!
Eines der schönsten Klöster im Département Aude: dank einer zauberhaften Abgeschiedenheit und idyllischen Lage in einem felsigen Tal, die zu Gebet und Einkehr einlädt. Ein Papst und mehrere Kardinäle sind aus dem im 11. Jahrhundert gegründeten Zisterzienserkloster hervorgegangen, das im 12. und 13. Jh. seine Blütezeit erlebte und weitere Abteien gründete. Seine Güter wurden nach der Französischen Revolution verkauft, das Kloster selbst befindet sich

seit Beginn des Jahrhunderts in Privatbesitz. Da sich der junge Führer wirklich auskennt, lohnt die Besichtigung der gekonnt restaurierten Abtei unbedingt.

Hort kirchlicher Orthodoxie

Das zunächst als Benediktinerabtei 1093 gegründete Kloster erwies sich im Laufe seiner Geschichte als Bollwerk der »Rechtgläubigkeit« – man könnte auch sagen: Orthodoxie – gegen »Ketzerei« und Andersgläubige. Den Katharern war man hier jedenfalls überhaupt nicht gewogen, und das gefiel Papst Innozenz III.: in Anerkennung der Verdienste des Abtes von Fontfroide, *Pierre de Castelnau*, berief er diesen zum päpstlichen Legaten. Dessen Ermordung 1208 gab (endlich?) das Signal zu einem Kreuzzug gegen den Süden. Im 14. Jh. sorgte *Jacques Fournier*, Abt von Fontfroide, als Inquisitor für Angst und Schrecken. Beste Vorraussetzungen für eine Karriere im Dienst der Kirche: als *Benedikt XII.* anancierte er zum Papst in Avignon. Vom 15. Jahrundert ging's dann bergab mit der Klosterherrlichkeit. Höhepunkt des Niedergangs war die Säkularisation 1791 im Zuge der Französischen Revolution. Die Zisterzienser versuchten im 19. Jahrhundert zwar noch einmal eine Rückkehr, mußten Fontfroide 1901 aber endgültig aufgeben.

Rundgang

▶ **Ehemaliges Pilgerrefektorium** *(Salle des gardes,* 13. Jh.): beeindruckendes gotisches Rippengewölbe. Von Ostern bis Ende Oktober Kammermusikkonzerte.

▶ **Cour Louis-XIV:** aus dem 13. Jh., die Front aus dem 17. Jh.

▶ **Kreuzgang:** erste Hälfte 12. Jh. Gekuppelte, fein gearbeitete Säulen aus Sandstein bzw. Caune-Marmor von seltener Eleganz. Rippengewölbte Galerien aus dem 13. und 14. Jh. Wegen der großen Bogenfelder der Arkaden gelangt viel Licht in die Gänge. Unsere Fotografen werden's zu schätzen wissen ...

▶ **Église Abbatiale** (Klosterkirche): im 12. Jh. errichtet. Ihre anmutigen, vollendeten Proportionen und die warme Farbe des Steins bilden einen starken Gegensatz zur Kargheit der Landschaft ringsum. Das 20 m hohe Tonnengewölbe dürfte eines der höchsten in allen französischen Zisterzienserklöstern sein. Die Kirche wird auch heute noch für Messen und Choräle genutzt.

▶ **Promenoir** (Wandelgang): im ersten Stock. Seine Terrasse überragt den Kreuzgang und dient diesem als Dach. Durch das Gefälle des Wandelgang konnte Regenwasser aufgefangen werden.

▶ **Dortoir des Moines** (Schlafsaal der Mönche): schöne spanische Truhen aus dem 17. Jh. Hier herrschte früher strengste Schweigepflicht. Die Mönche durften sich übrigens nur während einer Viertelstunde pro Tag unterhalten!

▶ **Cellier** (Keller): teilweise in den Fels gebaut. Seine Ausmaße erinnern daran, daß hier dreihundert Mäuler zu stopfen waren ...

▶ **Cour d'Honneur** (Ehrenhof, 17. Jh.): der Prunk wäre einem Schloß eher angemessen ... Man betritt ihn durch ein klassizistisches Eingangsportal.

▶ **Roseraie** (Rosengarten): wurde im Sommer 1990 eingeweiht und hat schon einen Preis gewonnen ... Über zweitausend Rosenstöcke rund um ein Wasserbecken.

ILE SAINTE-LUCIE

Ungefähr 15 km südlich von Narbonne. Über die N 9 bis nach Port-la-Nouvelle, dort über den *Canal de Robine*. An der Schleuse von Mandirac anhalten. Die Insel Saint-Lucie, früher *Cauquène* genannt, war in antiken Zeiten ein wichtiger Tauschhandelsplatz. Heute ist sie nur noch ein isolierter Flecken, umgeben von den Strandseen *(Étangs)* Narbonnes. Besonders üppig die Pflanzenwelt: über dreihundert Pflanzen- und Blumenarten, von denen ein Drittel andernorts nur noch selten anzutreffen sind. Ein halber Tag genügt, um die Insel zu umwandern.

BAGES (11100)

10 km südlich von Narbonne. Auf der N 9 in Richtung Perpignan, dann nach links in die D 105 einbiegen. Die Fahrt geht an Strandseen entlang, bevor die alten Häuser von Bages an einer Kuppe auftauchen. Um sich ein wenig die Beine zu vertreten, entscheide man sich für die Straße mit der Sonnenuhr. Weiter unten gelangt man zum kleinen Fischerhafen. Ein malerischer Ort, an dem der Strandrummel – die *plagification,* wie die Franzosen sagen – wie durch ein Wunder vorübergegangen ist. In Bages an einem sonnigen Vormittag vorbeischauen ...

• *VON BAGES ÜBER DIE STRANDSEEN ZUR »RESERVE AFRICAINE«*

Die D 105 in Richtung Peyrac-de-Mer. Das Sträßchen verläuft auf einem schmalen Landstreifen, rechts von Salzsümpfen und links vom *Étang de Bages et de Sigean* begrenzt. Zauberhaft, vor allem wenn Möwen- und Flamingokolonien zu sehen sind.
In Peyrac weiter auf der N 9 in Richtung Sigean. Die *Réserve Africaine* ist ausgeschildert (riesige Tafeln mit Löwenköpfen!).

RÉSERVE AFRICAINE DE SIGEAN (Wildpark; 11130)

Das ganze Jahr über von 9-19h geöffnet. T. 68 48 20 20. Minitel 36-15, code CITEL. Eintritt 80 F.

Das 200 ha Strauchheide und Strandseen umfassende Gelände ist einer der wenigen »Freiräume« für Tiere in Frankreich. Der Wildpark wurde 1974 auf Anregung von *Paul de La Panouse* und *Daniel de Montfreid* gegründet und beherbergt über 1200 Vogel-, 300 Säugetier- und 150 Reptilienarten, von denen viele vom Aussterben bedroht sind wie der Macao-Ara, der Strauß, der Indische Elefant, der somalische Wildesel, das weiße Nashorn, der tibetanische Bär, die griechische Schildkröte usw. Abgesehen von diesen fast ausgerotteten Tierarten (wir fragen nicht weswegen ...) besticht der Wildpark mit seiner afrikanisch anmutenden Pflanzenwelt. Nicht zu vergessen der Strandsee *(Étang)* mit seinen Flamingos (rote, rosafarbene und weiße), Reihern, Pelikanen, Wildgänsen, Schwänen usw. Sehenswert auch die verschiedenen Parks oberhalb des Strandsees, wo es zur »afrikanischen Ebene« geht: mit Dromedaren, Elefanten, Zebras, Geparden, Giraffen, Impalas, Kängurus und zahlreichen Vogelarten, u.a. Pfauen, in relativer Freiheit. Den exotischen Tieren scheint es hier gut zu gehen. Kein Wunder, leben sie doch das ganze Jahr über da, wo wir nur ein paar Wochen Urlaub machen dürfen ...
Die Parkabschnitte für die Bären, weißen Nashörner und Löwen hingegen erregen unser Mitleid für die Kreatur. Man darf sie nur aus dem geschlossenen Wagen bzw. per kostenlosem Kleinbus für Rundfahrten durch den Wildpark in Augenschein nehmen. Die Sicherheitsvorkehrungen sind leider nicht zu übersehen.

SIGEAN (11130)

Die ehemalige Etappenstadt an der römischen *Via Domitia* – sie verband Nîmes mit den Pyrenäen – ist heute ein verschlafenes, von den Urlaubern links liegengelassenes Nest mit alten, malerischen Gassen ...
- **Fremdenverkehrsamt:** place de la Libération; T. 68 48 14 81. Im kleinen Museum, das bunt zusammengewürfelte Sammlumgen zu Archäologie, Volkskunst usw. aufzuweisen hat. Nur im Sommer besetzt.

Verpflegung

♦ Verkauf und Probieren von Austern und Miesmuscheln im **Café La Rotonde**.

Unternehmungen und Sehenswürdigkeiten

▶ Ein netter **Fußmarsch**, falls man genügend Zeit mitbringt: zum Strandsee und nach *Les Cabanes*. Sich am Ortsausgang in Richtung Port-la-Nouvelle halten. An der Ziegelei den Weg nach links in Richtung *SIVOM* (Gemeinde-Zweckverband) und weiter geradeaus durch die Reben. Der Weiler *Les Cabanes* liegt etwas unterhalb: mitten in den Sümpfen versuchen hier ein paar Nachkommen von Fischern ihren Lebensunterhalt zu fristen. Es herrscht Endzeitstimmumg: aufgeschlitzte Boote, altersschwache Netze, Schrottautos, halb verfallene Behausungen ... Am Rand des *Étang* die Spuren ehemaliger Salinen und in einer Ecke ein ungewöhnliches, bemaltes Schiff, das von einem Kruzifix überragt wird (um auf dem Wasser zu beten?). Die Stille des Strandsees, nur vom Möwengeschrei unterbrochen, fügt der Trostlosigkeit des Ortes etwas Poetisches hinzu. Wir sind hier im letzten Fischerdorf, das diesen Namen wirklich verdient ...

▶ Sich nach den **Schiffsrundfahrten** *(Balades en bateau)* zu den Inseln erkundigen.

▶ **Château de Lastours:** F-11490 Portel-des-Corbières. T. 68 48 29 17. Das Schloß liegt mitten in der *Garrigue*, an der *Via Domitia*. Die Besitzer, zunächst mal Winzer, unterhalten Besucher mit Spritztouren per Allradwagen und ihrer Küche, geeignet, die hiesigen Weine zur Geltung zu bringen. Offroad-Gegnern bieten sich immerhin 800 ha Strauchheide zum Umherwandeln.

LEUCATE (11370)

15 km südwestlich von Sigean. Anfahrt über die N 9, dann die D 27. Die Ortsteile Leucate-Village und Leucate-Plage liegen abseits auf einer Halbinsel zwischen dem Meer und einem der vielen Strandseen, auf denen sich im Sommer die Farbtupfer der Surfer tummeln. Der schier endlose Sandstrand erstreckt sich vom *Cap de Leucate* bis Leucate-Plage. Unserer Meinung nach einladender als der Narbonne-Plage, da man hier auch im Sommer nicht jeden Quadratzentimeter fürs Handtuch verteidigen muß. Außerdem dürfen sich unsere Feinschmecker auf Austern freuen!

Nützliche Adressen

- **Fremdenverkehrsamt:**
beim Einkaufszentrum, 11370 Port-Leucate; T. 68 40 91 31.
- **Fahrradvermietung:** place Nicolas-Martin, in Leucate-Village.

Festung v. Salses

Kost & Logis

- **Camping Municipal:** in Leucate-Plage. T. 68 40 01 37. Zwei-Sterne-Zeltplatz mit zweihundertfünfzig Stellplätzen. Gebühr für zwei Personen, Strom inbegriffen: 80 F. Lebensmittelläden im Dorf.

♦ **Le Clos de Ninon:** 12, av. Francis-Vals, Leucate-Village. T. 68 40 18 16. Montag mittags rührt keiner einen Finger. Großer rustikaler Speisesaal, wo Grillgerichte den Ton angeben. Schon das 85-Franc-Menü lohnt sich: Vorspeisen vom Buffet, Tagesgericht, Käse und Nachtisch. Für 125 F stehen uns zwei Hauptgerichte zu, davon ein Fischgericht. Auch die Speisen à la carte sprengen nicht unseren finanziellen Rahmen: ein Dutzend Leucate-Austern 60 F, Miesmuscheln 55 F, Fleisch ... oder, für ganz Verspielte, *Gambas* in Pastis 90 F. Die Bedienung läßt allerdings zu wünschen übrig. Die Wirtin, Ninon, nicht übereifrig, aber nett, ist ein wenig rundlich ... Sie gibt zu, die von den Gästen nicht bestellten Gerichte selbst zu verzehren.

FITOU (11510)

Altes Weindorf, im provençalischen Stil, dessen Dächer durch Sonne und Flechten eine ockergelbe Färbung angenommen haben ... Aus der Umgebung Fitous stammt der bekannte, rubinrot funkelnde Fitou-Wein, dessen hoher Qualität man die Knochenarbeit der Winzer anmerkt.

Zur Burg hinaufsteigen, die 1990 ihr tausendjähriges Jubiläum feiern durfte: Rundblick über die Dächer Fitous, die Hügel der Umgebung und das Meer. Im mehr schlecht als recht wieder hergerichteten Burggemäuer eine originelle Disco und ein teures und langweiliges, nur am Wochenende geöffnetes Restaurant. T. 68 45 72 72.

Jenseits von Autobahn, Nationalstraße und Bahngleisen liegt **Port-Fitou**, ein ganz auf die Freizeitmöglichkeiten des Strandsees von Leucate ausgerichtetes Feriendorf. Ein wenig weiter, schon zum Département Pyrénées-Orientales gehörig, die sehenswerte *Festung von Salses* (s. »Umgebung von Perpignan«).

CORBIEREN UND PAYS CATHARE

Von Argelès oder von Leucate aus führen achtzig Kilometer abenteuerliche, kurvenreiche Sträßchen über Weinberge, durch enge Schluchten, vorbei an schroffen Felsformationen und Mondlandschaften. Meist erblickt das Auge nur duftende Strauchheide, in der sich Zypressen im Rhythmus des Zikadengesangs wiegen. Wer könnte, außer den Weinreben und vereinzelten Urlaubern, dieser Karstlandschaft etwas abgewinnen? Und doch schlägt das Herz des Département Aude in diesen ausgedehnten, sonnenversengten Bergregion. Die Weltabgeschiedenheit der Corbières - immerhin ein bekanntes Weinbaugebiet - und die Trockenheit seiner Böden haben zu einer massiven Landflucht geführt. Die unberührte Natur, die *Garrigue*, die roterdigen Täler und die kahlen Hügel sind es aber gerade, die für uns den Reiz dieser Landschaft ausmachen. Und natürlich die aus dem Fels wachsenden Burgen.

Die (Irr)lehre der Katharer

Die Glaubensbewegung der *Bogomilen* (nach dem bulgarischen Popen Bogomil) oder *Katharer,* deren Ursprünge vermutlich im Balkan liegen, verbreitete sich ab dem 11. Jh. über weite Teile Europas, um im 14. Jh. wieder (unfreiwillig) zu verschwinden. Die Anhänger dieses »wahrhaftigen Christentums«, Mitglieder der Kirche der »Freunde Gottes«, wurden lediglich von ihren Gegnern als Katharer tituliert. Diese unfreundliche Bezeichnung leitet sich wahrscheinlich vom deutschen »Ketter« (Ketzer) ab oder vom griechischen »katharós« (rein).

Das Katharertum faßte vor allem im Languedoc Fuß – zwischen Albi, Carcassonne und Toulouse. Im Norden dagegen wurde es alsbald unterdrückt.
Die Katharer forderten für die damalige (und teilweise sogar heutige) Zeit revolutionäre Reformen und Werte wie die Abschaffung der Todesstrafe, die Aufhebung der Leibeigenschaft, die Abwendung von der materiellen Welt – denn sie war in ihren Augen des Teufels – Gerechtigkeit, Wahrheit, Mut und sogar eine frühe Form des Feminismus. Derlei war natürlich den etablierten Mächten – allen voran der römisch-katholischen Kirche! – ein Dorn im Auge. Zudem lehnten es diese »Ketzer« ab, den Zehnten an die – wie sie meinten – »Teufelskirche« zu entrichten. Außer sich vor Zorn rief *Papst Innozenz III.* – welch unpassender Name ... – 1209 zu einem Kreuzzug auf, wobei ihm die Adligen des Nordens, denen er die eroberten Ländereien versprochen hatte, dienstbeflissen zu Hilfe eilten. Unter Führung des blutrünstigen *Simon de Montfort* begann im offiziellen Gewand der Heiligen Inquisition eine fürchterliche Hexenjagd. Die letzten Bastionen der Katharer wurden erobert und die *Parfaits* (die »Reinen«), die ihrem Glauben nicht abgeschworen hatten, auf dem Scheiterhaufen verbrannt.
Im Laufe eines zweiten Kreuzzuges kam es zur endgültigen Annektion des Languedoc durch die französische Krone und – während eines ganzen Jahrhunderts – zu einer neuerlichen unbarmherzigen Inquisition, die das endgültige Aus für die Kirche der Katharer bedeutete.

– **Centre National d'Etudes Cathares:** château de Villelgly, F-11600 Conques-sur-Orbiel. T. 68 77 10 21. Das französische »Studienzentrum für das Katharertum« stellt Interessenten Prospektmaterial zur Verfügung und erteilt Auskünfte.

LAGRASSE (11220)

Im Herzen der Corbières, auf halber Höhe zwischen Narbonne und Carcassonne. Von Narbonne über die Autobahn bis zur Ausfahrt Lézignan, dann die D 611 nach links (insgesammt 40 km). Lagrasse, die alte Hauptstadt der Corbières, ist ein mittelalterliches Bilderbuchstädtchen mit alter Brücke, malerischen Gassen, Markthallen ... und einem berühmten Kloster.

– **Fremdenverkehrsamt:** im Rathaus. T. 68 43 10 05.

Nächtigen und Einkehren

• **Camping Boucocers:** route de Lézignan, südlich des Städtchens. T. 68 43 10 05. Von Mitte April bis September. Gut ausgestatteter Drei-Sterne-Zeltplatz mit ca. fünfzig Stellplätzen und schöner Sicht über Lagrasse. Dazu noch günstige Gebühren.
• Ein Nachweis der **Gîtes** ist im Rathaus erhältlich.

● *Etwas schicker*

• **Auberge Saint-Hubert:** 9, av. de la Promenade. T. 68 43 15 22. Vom 1. November bis zum 31. März Betriebsruhe. Können wir nur empfehlen – die Menüs zu 80 F und 100 F sind eine wahre Gaumenfreude! Serviert mit Pfiff zubereitete Gerichte, die Portionen reichlich bemessen: z.B. *Bavarois à la verveine sauce chocolat* (kein Fall von Kannibalisbus an unseren süddeutschen Vettern, sondern eine kalte Cremespeise mit Eisenkraut und Schokoladensoße), *Terrine lapereau et ses condiments* (Kaninchenterrine mit Gewürzen) ... Die Bedienung ein wenig ruppig, aber das günstige Preis-/Leistungsverhältnis läßt das vergessen. Die *Auberge* vermietet auch Zimmer – mit ländlichem Komfort, aber sauber – ab 220 F mit Dusche und WC. Fürwahr ein angenehmes Quartier in einem hübschen Städtchen mit alten Häusern und roten Ziegeldächern.

CORBIEREN & PAYS CATHARE – LAGRASSE / 121

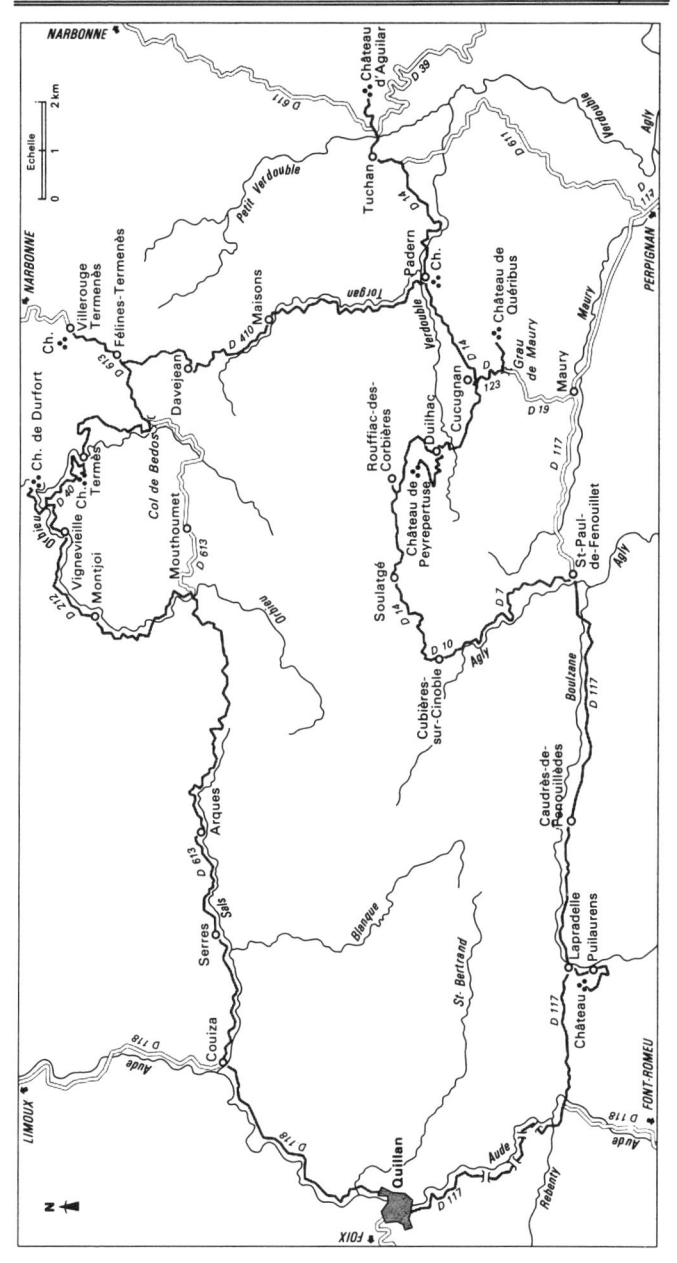

Pays Cathare

Kulturelles

▶ **Abbaye Sainte-Marie** (Benediktinerabtei): Besichtigung von 10-12h und von 14-18h (19h im Sommer), außer sonntagsvormittags. Möglicherweise im Januar, Februar und März unter der Woche geschlossen. T. 68 43 13 97. Eintritt!

Die Abtei Sainte-Marie-d'Orbieu hat über 1200 Jahre auf dem Buckel! Von ihrem reizlosen Äußeren hätte man dies nicht erwartet. Die unter der Schirmherrschaft Karls des Großen gegründete Abtei nahm einen raschen Aufschwung und galt lange Zeit als eine der reichsten in Südfrankreich. Die vierundsechzig Äbte, die das Kloster vom 13. Jh. bis zum 18. Jh. leiteten, nahmen – vornehm ausgedrückt – aktiv am politischen und religiösen Geschehen im Süden teil. Inzwischen steht die Abtei, die wie so viele, ihren Niedergang während der Französischen Revolution (späte Rache der Katharer?) nicht aufhalten konnte, unter Denkmalschutz und ist Privateigentum.

– Zu sehen sind u.a.: der *Abtspalast* (Palais abbatial, 18. Jh.), der *Kreuzgang* (Cloître) aus derselben Epoche aus rosafarbenem Sandstein – stilistisch ein wenig plump – ein vorromanischer *Turm* aus dem 10. Jh., ein großer *Schlafsaal* (Dortoir) mit wohlgeformtem Deckengerippe, das an einen umgedrehten Schiffsrumpf erinnert, eine *Kapelle* mit glasierten Bodenkacheln, die alten *Vorratsräume* (Celliers) und die Klosterkirche (11. bis 15. Jh.). Am Ende des Rundgangs belohnt uns vom 40 m hohen Glocken- und Wehrturm aus die schöne Aussicht über die Stadt.

▶ **Pont Vieux** (Alte Brücke): schöner, leicht gewölbter Bogen aus dem 12. Jh., der Dorf und Abtei miteinander verbindet.

▶ **Im Städtchen:** große *Markthalle* aus dem 14. Jh. mit schönen Balken und mächtigen Pfeilern. Ferner finden sich ein paar verstreute Überreste der ehemaligen Stadtmauer mit Wassertor *(Porte de l'Eau)*, *Tour de Plaisance* usf.

▶ **Coopérative des Producteurs de Vin** (Keller der Winzergenossenschaft): Route de Lézignan, Ecke Avenue de la Promenade (Richtung Campingplatz). Kein Kommentar.

VILLEROUGE-TERMENES (11330)

Einige Kilometer südlich von Lagrasse. Von Narbonne aus der D 613 folgen. Zwischen roterdigen Hügeln, *Garrigue* und Weinbergen duckt sich das malerische, mittelalterliche Dörfchen um eine mächtige Burgruine. Die Burg von Villerouge war jüngster Schauplatz der Katharerverfolgung: der letzte »Parfait«, *Guillaume Bélibaste,* eine schillernde Persönlichkeit, starb hier 1321 auf dem Scheiterhaufen. Des einen Leid, des anderen Freud: heute profitieren Gastronomie und Gewerbe von katharerbegeisterten Touristenscharen. Übrigens scheint Bélibaste zu Lebzeiten den Rummel schon geahnt zu haben: in sieben Jahrhunderten, so prophezeite er, würde der Lorbeer wieder ergrünen. Uns ist der letzte »Parfait« vor allem vermöge seiner liberalen Lebenseinstellung sympathisch, soll er doch mit einem Weibsbild umhergezogen sein, bevor ihn Verräter dem Inquisitoren *Jacques Fournier* in die mordlüsternen Arme trieben. Elende Bande!

Adresse und Veranstaltungen

– Die **Association Amistats** zeichnet für die mittelalterlichen Veranstaltungen verantwortlich, kümmert sich aber auch um die kulturellen Balange im Städtchen und um die Burgbesichtigungen. Zu finden vis-à-vis von der Burg, hinter dem Rathaus. T. 68 70 06 73 (vormittags).

- »*Repas Médiévaux*« im Sommer: mittelalterliches Gelage im Burghof. Ein über dreistündiges Ereignis mit zeitgemäßen Kostümen und Geschirr, Tanz, Musik und Jongleuren ... Happiger Preis – rund 360 F pro Abend! – dafür darf man

sich aber auch über ein richtiges Bankett freuen: mehrere, üppige Menüs stehen zur Auswahl mit Terrinen, Fisch, Salat, Käse, Kuchen, Schleckereien usw. Auskünfte und Buchung bei der *Association Amistats*.
- »*Fête Médiévale*« im August: bei folgenden Veranstaltungen erwacht das Mittelalter zu neuem Leben: beim traditionellen Markt, dem Straßenfest, den Musik- und Theaterdarbietungen, den Inszenierungen geschichtlicher Ereignisse, den Turnieren, Gesprächsrunden, bei der Bauernvesper und einem nächtlichen »Spektakel«. Genaue Datum bei der *Association Amistats*.

Unterkunft und Verpflegung

- **Chambres d'Hôte:** bei Mme Tavard, 24, rue des Fleurs, F-11330 Davejean. T. 68 70 01 85. Davejean liegt 7 km südlich von Villerouge, ein hübsches Dörfchen von typisch provenzalischem Charakter – namentlich, was die Farbe der Dächer betrifft. Einfachheit ist in dem schmucken Häuschen Trumpf. Die Halbpension beläuft sich auf 210 F, eine Mahlzeit auf ca. 75 F.

Zum Anschauen

▶ **Burg:** Besichtigung nur im Sommer, von 10-19h. Sonst nur für Gruppen und nach Vereinbarung. Eintritt!
Das Festungsquadrat flankieren mächtige Rundtürme, von denen zwei in einem erbärmlichen Zustand sind. Zugang über eine Auffahrt. Oben erwarten uns leere Säle mit Überbleibseln aus dem Mittelalter. Nachdem die Katharerburg unter Denkmalschutz gestellt war, konnte die Gemeinde sie erwerben und nahm vor einigen Jahren umfassende Restaurierungsarbeiten in Angriff.

▶ **Église Sainte-Etienne:** Altar mit achtflügeligem, bemaltem Holzretabel.

▶ **Im Ort:** die Alte Brücke *(Pont Vieux)*, Mauerreste der Stadtbefestigung und Häuser aus dem 16. bis 18. Jh.

In der Umgebung

▶ **Château de Termes:** 12 km westlich von Villerouge über die D 613 und, am *Col de Bedos*, die D 40. Die Katharerburg aus dem 13. Jh., ein richtiges Adlernest, ergab sich erst nach viermonatiger Belagerung. Den mutigen Verteidigern war nämlich das lebenswichtige Wasser ausgegangen. Das ganze Jahr über freie Besichtigung. Achtung: das Erklettern der Ruine soll gefährlich sein.

CUCUGNAN (11350)

»Abbé Martin war Pfarrer ... von Cucugnan. Warm und gut wie Brot, echt und treu wie Gold, und er liebte seine Cucugnaner wie ein Vater seine Kinder. Für ihn wäre Cucugnan das Paradies auf Erden gewesen, hätten ihm die Bewohner nur ein wenig mehr Freude bereitet ...« Sie ließen sich nämlich nur widerwillig von ihren sündigen Pfaden abbringen. Als alles Predigen und Insgewissenreden nichts fruchtete, zog Abbé Martin die Notbremse: er schilderte eine angeblich von ihm selbst erlebte Höllenfahrt in derart düsteren Farben, daß sich die einfältigen Schäfchen verschreckt um ihn scharten und fürderhin von aller Tugendlosigkeit abließen. Oder haben's diese Schlitzohren nur heimlich weiter getrieben (wie dies ja auch die Schwarzröcke zu tun pflegen)? Wie auch immer, diese erbauliche Geschichte aus den *Lettres de mon Moulin* (»Briefen aus einer Mühle«) von *Alphonse Daudet* führte dazu, daß das Dorf, welches man der Fantasie des Dichters entsprungen glaubte, in der Literatur verewigt wurde! Zum Dank prangt heute sein Name auf einem schönen Straßenschild aus gelber Keramik.
Cucugnan, anmutig auf einer Anhöhe gelegen und von Weinbergen gesäumt, darf als modellhaft für alle malerischen Dörfer im Midi gelten: altertümliche Gassen, Häuser in warmen Farben, Handwerkerläden, gutmütige Bewohner ...

Verköstigung

♦ **Auberge de Cucugnan:** 2, place de la Fontaine. T. 68 45 40 84. Bekannt für die erdverbundene Küche der Wirtin, Mme Villa. Menüs zum Sattessem, wie das zu 110 F mit Salat *(Crudités)*, *Coq au vin* (Hahn in Wein), Kaninchen oder *Pintadeau* (kleines Perlhuhn), Käseplatte und Nachtisch. Noch besser wirds beim 170-Franc-Menü: Aufschnitteller *(Charcuterie)*, Rohkost, Bergschinken *(Jambon de montagne)*, *Civet de sanglier* (Wildschweinpfeffer), Käse und Nachtisch – Wein inbegriffen! Weitere Menüs zu 190 F und 270 F.

♦ Die **Auberge du Vigneron** ist auch nicht schlecht, die Portionen sind aber nicht so großzügig bemessen. Anschrift und Telefonnummer: 2, rue Achille-Mir. T. 68 45 03 00, F. 68 45 03 08. Außerhalb der Saison sonntagabends und montags sowie den ganzen Januar über geschlossen. Menüs von 100 F bis 180 F. Einzelgerichte: Krebse *(Écrevisses)* zu 95 F, Entenbrust *(Magret de canard)* usw.

Und nun die Kultur

▶ Die **Dorfkirche** ist ihrer schwangeren (!) Muttergottes wegen bekannt. Man überzeuge sich in der Zeit von 9-19h. Warum derart lebensnahe Darstellungen Marias nicht üblich sind, ist uns schleierhaft. Muß aber 'was mit den unbefleckten Empfängnis zu tun haben, die uns auch nicht so ohne weiteres einleuchtet ...

▶ **Château de Quéribus:** 2 km Fahrt über die D 123. Eintritt! Von der 730 m hoch auf einer Felsnadel schwebenden Katharerburg aus ließen sich die Ebenen des Roussillon bequem überblicken. Dem Aude kehrt sie dagegen den Rücken zu (sie liegt an der Départementsgrenze). Die im 11. Jh. errichtete, legendenumrankte Feste von Quéribus gilt als das letzte Widerstandsnest der *Katharer*, die hier 1255/56 endgültig besiegt wurden. Diese Niederlage endete für die Verteidiger ausnahmsweise einmal nicht auf dem Scheiterhaufen: die Katharer hatten sich nämlich rechtzeitig in Richtung Aragon aus dem Staub gemacht.

Im Bergfried *(Donjon)* der im 13. und 14. Jh. zu einer königlich-französischen Grenzfestung umgebauten Burg ist noch ein zweigeschossiger, gotischer Gewölbesaal mit Rundbogenfenstern und einem steinernen Kreuz zu sehen. Aber der beschwerliche Aufstieg – gut zwanzig Minuten, während derer Sonne und Wind an unseren Kräften zehren – wird vor allem mit der Aussicht auf die Corbières und die Pyrenäen belohnt.

CHATEAU DE PEYREPERTUSE

Gewaltigste aller Katharerburgen, die allen Eroberungswilligen bis heute Widerstand entgegensetzt: wen der steile Aufstieg und die unbarmherzige Sonne nicht abzuschrecken vermag, den erwartet oben auf der Festung bröckelndes Mauerwerk ohne Absperrung und Warntafeln – welch ergiebiges Betätigungsfeld gäben doch die siebentausend Quadratmeter für unsere Behörden ab, die jedes mittlere Schlagloch mit rot-weißem Sicherheitsband und Blinkleuchte verschönern! Häufig fegt ein kalter Nordwestwind über die Mauerkronen und läßt auch jene erschauern, denen der Nachhall des dreitägigen Kampfgetümels im Herbst 1240 keine Gänsehaut verursacht. Aber dazu später ...

Die im Laufe der Jahrhunderte von Wind und Wetter gebleichten Mauern scheinen, aus der Ferne betrachtet, mit den Kalkfelsen förmlich zu verschmelzen. Beim Näherkommen, großes Erstaunen: fast 2,5 km Festungsmauern umgeben das, was dereinst fast eine Stadt gewesen war.

CORBIEREN & PAYS CATHARE – PEYREPERTUSE / 125

Anfahrt und praktische Hinweise

– Über die D 14 von Cucugnac nach Duilhac-sous-Peyrepertuse, einem Dörfchen 4 km weiter westlich. Am Dorfrand den Weg zur Linken einschlagen; ein Parkplatz befindet sich am Ende des Sträßchens, von dem aus ein steiniger Pfad in einer Viertelstunde zum Gipfel führt. Keine Stöckelschuhe, wir sind nicht auf dem Kudamm!
– *Besichtigung* gegen ein Eintrittsgeld vom 1. April bis zum 30. September; im Oktober nachmittags am Wochenende und auch während der (französischen) Schulferien. Ansonsten freier Zugang, aber nachts und bei schlechtem Wetter besser nicht alleine hinaufsteigen. Absturzgefahr! Mindestens eine Stunde für die Inaugenscheinnahme dieser unwirklich schönen Ruinen veranschlagen.
– Den *Fotoapparat* nicht vergessen: die Ruinen der größten mittelalterlichen Festung im Languedoc eignen sich für die schönsten Urlaubsbilder und sind von einer großartigen Landschaft umgeben.

Geschichtliches

Die Anfänge der Burg reichen zurück in das 9. Jahrhundert. Nachdem berühmte Zeitgenossen wie der *Graf von Besalù*, die Grafen von Barcelona und der König von Aragon das Hausrecht ausgeübt hatten, nahm zu Beginn des 13. Jahrhunderts der uns bereits bekannte *Simon de Montfort* das Heft in die Hand – oder besser gesagt: er nahm es sich. Nach wiederholten Eigentümerwechseln landete Peyrepertuse 1239 schließlich formell beim König von Frankreich, dem es sich freilich nicht in die Arme warf: drei Tage lang wehrten sich die bisherigen Herren, mußten dann aber vor der Übermacht der französischen Truppen kapitulieren. Später verstärkte *Ludwig der Heilige* die Pyrenäenfestung durch eine zweite Burg, in die man, innerhalb des äußeren Mauerrings, über eine in den Fels gehauene Treppe gelangt. Im 17. Jh. ereilte Peyrepertuse dann das Schicksal (hoffentlich) aller für die Ewigkeit gebauter militärischer Bauwerke: es wurde überflüssig, da sich Frankreich und Spanien im Pyrenäenfrieden (1659) zusammengerauft hatten. Dieser besiegelte zugleich die Vormachtstellung Spaniens in Europa, womit wir elegant den Bogen zu den großen Entwicklungslinien der europäischen Geschichte geschlagen hätten.

▶ *DUILHAC UND UMGEBUNG*

Das Dorf Duilhac plant ein **Musée Cathare**, wo die Fundstücke zehnjähriger Ausgrabungen (katharische Skelette, Schmuck, Waffen, usf.) ausgestellt werden sollen. Fotos davon sind bereits in der *Auberge du Vieux Moulin* zu sehen.

Kost & Logis

• **Chambres et Table d'Hôte »La Giraudasse«**: F-22350 Soulatgé. T. 68 45 00 16. An der D 14, 8 km östlich von Duilhac. Zwei nette *Écolos* – so titulieren die Franzosen ihre umweltbewegten Zeitgenossen – Marie-Anne und Norbert, führen das Haus in diesem alten, friedlichen Weiler. Geschmackvoll eingerichtete, helle und geräumige Zimmer, alte Balken und Bilder an den Wänden ... Der ideale Ort, um die Natur zu genießen und die Gegend zu erkunden. Einige Zimmer sogar mit Aussicht auf die Berge und die Ruinen von Peyrepertuse. Das Zimmer mit Dusche kommt auf ungefähr 200 F, mit WC 30 F Aufschlag. Frühstück selbstverständlich inbegriffen. Die Mahlzeiten (bitte reservieren!) werden aus unverdorbenen landwirtschaftlichen Erzeugnissen – die meisten aus dem eigenen Gemüsegarten mit biologischem Anbau – zubereitet. Menüs zwischen 100 F und 150 F mit Geflügel, Kaninchen, Gemüse usw. Diese Anschrift zum Wohlfühlen sollte man sich rot anstreichen. Sein Kommen aber unbedingt ankündigen!
• **Gîte d'Etape**: rue des Quatre-Vents, F-11350 Duilhac. T. 68 45 01 74. 45 F pro Nacht. Mit Kochgelegenheit. Sich an das Haus neben dem Friseursalon wenden.

- **Auberge du Vieux Moulin:** in Duilhac, unweit der Kirche. T. 68 45 02 17. F. 68 45 02 18. Im Restaurant dekorative Deckenbalken, ein mächtiger Kamin, karierte Tischdecken usw. Günstige Snack-Menüs zwischen 50 F und 65 F mit Salat nach Belieben *(Crudités à volonté),* Hauptgericht und Nachtisch. Üppigere Menüs zum Preis von 100 F bis 155 F. Gute Landprodukte, Wild und dergleichen. Wirklich gemütliche Atmosphäre. Für Doppelzimmer mit Bad oder Dusche und WC werden 220 F verlangt.

GORGES DE GALAMUS (Galamus-Schluchten)

Die Art von Orten, die uns Reisebuchautoren Kopfschmerzen bereiten: die faszinierenden Schluchten erstrecken sich nämlich über zwei Départements, Aude und Pyrénées-Orientales. Da das Département Pyrénées-Orientales bei der Erschaffung der Welt schon genug traumhafte Landstriche abbekommen hat und der größte Teil der Schluchten im kleinen, bedürftigen Département Aude liegt, haben wir sie letzterem ganz zugeschlagen. Das soll niemanden in seiner Routenplanung hindern: die Schluchten sind von beiden Seiten aus zugänglich, über *Saint-Paul-de-Fenouillet* (Pyrénées-Orientales) – nach etwa 5 km unbedingt die kleinen, hier fabrizierten Kuchen probieren! – oder über *Cubières-sur-Cinobles* (nach Peyrepertouse die D 14 weiter in Richtung Couiza). Bei der zuletzt genannten Variante der D 10 nach links folgen, die höllische Straße hinunter ...

▶ Bald sieht man unter sich das grüne Wasser des Agly strömen und erkennt ein natürliches Bassin: die Einheimischen baden hier im Sommer. Schon was anderes als unsere chlorgebleichte Brühe im Strandbad ... Der Abgrund gähnt an manch einer Stelle der Straße wirklich schwindelerregend, und die blendend weißen Felsen stechen unvermittelt ins Auge. In der engen Schlucht läßt sich das Wasser zu faszinierenden Farbspielen hinreißen ... Aber das ist noch lange nicht alles: vor einem Tunnel ein Parkplatz und Wegweiser zu einem *Gîte d'Etape* (Gasthaus), einer Herberge und zu Kunstausstellungen.

▶ Weiter bergab gelangt man nach einem kleinen Tunnel zu einer im 6. Jahrhundert gegründeten Einsiedelei. Halb in den Fels gebaut eine Kapelle ... Wer hätte nicht Lust, hier zwischen Himmel und Abgrund eine Nacht zu verbringen (Buchung unter T. 68 59 20 49). Wer seinen Weg fortsetzt, überblickt die schwindelerregende Lage der **Ermitage de Saint-Antoine-de-Galamus** bald besser. An der Aussichtsplattform über dem Abgrund angekommen, die Felswände genau inspizieren: vis-à-vis, nur aufgrund ihrer goldbraunen Ziegel vom Fels zu unterscheiden, hangelt die Einsiedelei ... Unwillkürlich fragt man sich, wie der Glaube derartiges möglich gemacht hat. Ist es der Mensch, der Berge versetzt? Oder war's genau umgekehrt?

CHATEAU DE PUYLAURENS

Am Ausgang der Galamus-Schluchten weiter nach Saint-Paul-de-Fenouillet, dann die D 117 bis nach Lavagnac. Die Burg thront 3 km vom Dorf entfernt (Richtung Gincla) auf einem 700 m hohen Felsen. Auch hier ist noch ein Stück Weges zu Fuß zurückzulegen (was für die autoverwöhnten Franzosen offensichtlich der Erwähnung wert ist). Der Zugang ist leider nicht mehr kostenlos: Erwachsene berappen 12 F, die lieben Kleinen 5 F.

Fluchtburg über den Wolken

Mehrere Festungstürme und gebleichte, von Zinnen bekrönte Mauern in den Farben der Felsen darunter und gleichsam deren Fortsetzung bildend: das Katharer-Syndrom hat schon wieder zugeschlagen! Nutzen wir die Gelegenheit, um klarzustellen, daß *Katharer* als überzeugte Pazifisten niemals jene

CORBIEREN & PAYS CATHARE - PUYLAURENS / 127

Festungen erbaut haben, die ihnen lediglich sprachliche Nachlässigkeit zuschreibt. Die Burgen gehörten vielmehr okzitanischen Adligen, die den Katharern Schutz boten und dem vom Papst entsandten Kreuzfahrerheer Widerstand leisteten. Die Festungen dienten den Katharern folglich als Fluchtburgen. Monate-, oft auch jahrelange Belagerungen waren der Anfang vom Ende des Katharertums – diese nannten sich selbst übrigens stolz *Croyants* (»Gläubige«) – und zogen die Einverleibung der adligen Ländereien im Midi durch die französische Krone nach sich. Die Burg Puylaurens bildet nur insofern eine Ausnahme, als es *Simon de Montfort*, dem Anführer des Kreuzzugs, nicht gelang, sie einzunehmen. Warum dies so war, versteht man besser bei der Besichtigung dieser perfekten Verteidigungsanlage.

Wo unterkommen, wo einkehren?

- **Wildzelten:** an der Straße zwischen Dorf und Burg, erlaubt und kostenlos.
- **Camping La Crémade:** Zeltplatz kurz vor Axat, westlich von Puylaurens. Abseits der D 117, auf der linken Seite, mitten im Wald gelegen. T. 68 20 50 64. Von Anfang Mai bis Ende September. Schöner, etwas erhöhter Platz mit Blick auf die Berge ringsum. Schattig – nützlich im Sommer – und gepflegt, mit Bar, Ausschank und kleinem Schwimmbad. Reitgelegenheit am Col de Camparié. Von hier aus führt ein Waldweg zur Burg; ein lohnender Abstecher. T. 68 20 26 83.

● *Mittlere Preisklasse*

- **Hostellerie du Grand Duc:** F-11140 Gincla, 5 km von der Burg. T. 68 20 55 02. F. 68 20 61 22. Außerhalb der Hauptreisezeit mittwochmittags sowie von Mitte November bis Anfang April geschlossen. Stattliches Gebäude in einem hübschen Garten mit kleinem Teich. Aufmerksame, dabei aber eher langsame Bedienung. Außer sonntags ein Menü – Wein inbegriffen – zu 100 F. Für den größeren Hunger zwei weitere Menüs zu 145 F und 280 F. Das erste setzt sich, je nach Jahreszeit, zusammen aus: Wachteln in Muscatwein *(Cailles au muscat)*, Lendenstück vom Rind mit Sauerkirschen und fetter Gänseleber *(Fauxfilet aux griottes et foie gras)* oder Seewolffilet in Zitronenbutter *(Filet de loup au beurre de citron)*. Obdach bieten gutbürgerliche Zimmer mit Bad und WC ab 300 F. Ein angenehmes, abgeschiedenes Plätzchen, wie geschaffen für ein Tête-à-tête, bei dem schicksalsschwere Entscheidungen getroffen werden.

GORGES DE L'AUDE (Aude-Schluchten)

Ganz im Südwesten des Départements Aude gelegen, fast an der Grenze zum Département Ariège ... Von Puylaurens nach Axat, dann die D 118, an der Départementsgrenze entlang, in Richtung Mont-Louis (Pyrénées-Orientales). Kurz hinter *Axat* die nicht sehr ausgedehnte, aber von hohen Felswänden eingeschlossene, enge *Saint-Georges-Schlucht*. Etwas weiter erreichen wir das Flüßchen Aude, das sich seinen Weg auf ein paar Kilometern parallel zur Straße durch eine bewaldete Berglandschaft, den *Forêt de Gesse,* bahnt. Dann tauchen erste, rundlich geformte Felsblöcke aus der überreichen Pflanzenwelt auf: die Aude-Schluchten beginnen. Sie sind zwar nicht das, was Franzosen mit *en avoir le souffle coupé* bezeichnen, aber doch recht wild, je enger die Straße wird ...

Sehenswert

▶ **Grottes de l'Aguzou** (Aguzou-Höhle): Eingang auf der linken Straßenseite, in Höhe eines kleinen, wilden Zeltplatzes. T. 68 20 45 38. Besichtigung nur nach Voranmeldung. Die Führung in Kleingruppen, einschließlich einer Mahlzeit in 600 m Tiefe, nimmt einen Tag in Anspruch. Insgesammt erwarten uns also acht Stunden à la Jules Verne. Es geht durch die *Salle des Mille et Une*

128 / L'AUDE

Nuits (»Tausend-und-Eine-Nacht-Saal«), die märchenhafte *Salle de la Reine* (»Königinnen-Saal«), vorbei an den *Cierges bougeoirs*, kerzenleuchterförmige Tropfsteinformationen, usw. Zwischendurch trinkt man Wasser aus unterirdischen Quellen. Welch erhebender Augenblick!

Einkehren in der Nähe

♦ **Auberge El Garric:** in 11140 Gesse, an der Kreuzung von D 118 und D 20. T. 68 20 33 12. Ganztägig geöffnet. Eher eine *Ferme-Auberge*, von einer charmanten Dame geführt, die die althergebrachte Küche in Ehren hält: Suppenhuhn *(Poule au pot)*, Bohneneintopf *(Cassoulet au four)*, Linsen *(Lentilles)*, Gegrilltes *(Grillades)* usw. Im kleinen Speisesaal ein großer Kamin. Was die Preise anbelangt, sich bitte festhalten: Vorspeise, Hauptgericht, Käse, Nachtisch, Kaffee und Wein für 80 F! Wir hoffen, daß der bevorstehende Besitzerwechsel diesem Restaurant nicht zum Nachteil gereicht.

CARCASSES UND LAURAGAIS

CARCASSONNE (11000)

Eine amüsante, die geschichtlichen Fakten mißachtende Anekdote erzählt, wie die Stadt am *Canal du Midi*, zwischen Narbonne und Toulouse, zu ihrem Namen kam: jahrelang hatte *Karl der Große* die von den Heeren der fremdländischen Prinzessin *Dame Carcas*, Gemahlin des Sarazenenkönigs Balaack, beherrschte Festungsstadt schon belagert. Als der hungernden Bevölkerung nur noch ein Schwein und eine Ration Weizen geblieben waren, verfiel die listige Prinzessin auf die zunächst abwegig erscheinende Idee, das Schwein mit dem Korn zu mästen und vor die Stadtmauern zu schicken. Der Kaiser, im Glauben, die Lebensmittelvorräte der Stadt seien noch lange nicht erschöpft, gab entnervt die Belagerung auf. Anläßlich der Unterbreitung des Friedensangebotes ließ Dame Carcas die Glocken der Stadt für den Kaiser läuten (aus frz. *sonner* wurde *Carcas te sonne*, »Carcas läutet für Dich«) ...

Abstecher in die (wahre) Geschichte

Die Chronisten der größten Festungsstadt Europas widersprechen dieser Legende. Aber hübsch der Reihe nach: die an strategisch wichtiger Stelle gelegene gallische Siedlung wurde von den Römern befestigt und – ein Jahrhundert vor Christi Geburt – *Oppidum Carcasso* genannt. Westgoten (5. Jh.) und Sarazenen (8. Jh.) eroberten die Stadt und nannten sie fortan *Karakshuna*. *Pippin der Kurze* verjagte letztere im 8. Jh., woraufhin die Karolinger Carcassonne zur Grafschaft erhoben. Das Adelsgeschlecht der *Trencavel,* das auch über Albi, Béziers und Nîmes herrschte, ließ eine Grafenburg in Carcassonne errichten und trug zum Ansehen der Stadt im 10. bis 12. Jh. bei. Vizegraf *Raymond Roger,* Sprößling aus dem Geschlecht der Trencavel, nahm zu Beginn des 13. Jahrhunderts die Katharer gegen den päpstlichen Legaten, der verlangt hatte, alle Häretiker aus Carcassonne zu verjagen, in Schutz. Diese hochherzige Tat kam ihn teuer zu stehen: vor den Toren der von Flüchtlingen überfüllten Stadt tauchte 1209 ein Kreuzfahrerheer auf und nahm die Belagerung auf. Vor allem Wassermangel bewog die Trancavels zur Aufgabe. Zuvor wurde noch der junge, zu Verhandlungen in Heerlager der Kreuzfahrer entsandte Vizegraf gefangengenommen. Er vegetierte später in einem dunklen Verlies vor sich hin und seine Ländereien wurden von *Simon de Montfort* – dem Anführer des Kreuzfahrerheeres – beschlagnahmt.

CARCASSES & LAURAGAIS – CARCASSONNE / 129

Carcassonne

Dessen Sohn überließ seine Besitztümer im Languedoc *Ludwig VIII.* Die damit nach einigem Hin und Her in französischen Kronbesitz übergegangene Stadt – und mit ihr die Kathedrale – wurden vergrößert. Die Nähe zur katalanisch-aragonesischen Grenze bewog die französischen Könige, die Verteidigungsanlagen mittels eines zweiten Mauerrings zu verstärken, der vom ersten durch einen breiten Streifen *(Lices)* getrennt war. Die als uneinnehmbar geltende *Bastide* Carcassonne büßte nach dem Pyrenäenfrieden dann ihre strategische Schlüsselrolle zwischen den damaligen Großmächten Frankreich und Spanien ein und war zweihundert Jahre lang dem Verfall preisgegeben. Erst in der Mitte des 19. Jahrhunderts rückten die Restaurateure an und legten den Grundstein für das, was uns heute als (allzu) perfekt inszeniertes Mittelalter entgegentritt.

● *Und das einfache Volk?*

Städte mit bewegter Vergangenheit und reicher Geschichte neigen leider zu Gedächtnisschwund ... Allzu bereitwillig übernehmen sie das kulturelle Erbe der Mächtigen von einst. So unterschlägt die Touristenbroschüre über Carcassonne, daß die gesamte Bevölkerung nach dem Sieg des Kreuzfahrerheeres die Stadt verlassen mußte, ohne auch nur das Geringste an Habseligkeiten mitnehmen zu dürfen. Damit den fahrenden christlichen Plünderern auch reiche Beute lockte ...
Die Stadtbewohner wurden bestraft, weil sie den Katharern geholfen hatten, aber auch die Dörfer am Fuß der Stadtmauer entgingen nicht der Zerstörung. Erst Jahre später durfte das Volk zurückkehren: es baute sich auf Geheiß Ludwigs des Heiligen am anderen Ufer der Aude eine neue Stadt, die heutige Unterstadt *(Ville Basse)* von Carcassonne. Textil- und Weinhandel verhalten dieser rasch zu neuem Reichtum, während – ausgleichende Gerechtigkeit – die alte Festungsstadt nach dem Pyrenäenfrieden und der damit verbundenen Grenzverschiebung (das Roussillon gehörte jetzt zu Frankreich) verfiel. Man wollte die nutzlos gewordene Festung sogar schleifen! Zum Nutzen und Frommen des Fremdenverkehrs wurde sie von einem einheimischen Archäologen, unterstützt vom Dichter *Prosper Merimée* – damals als Inspekteur der Pariser Regierung für den Denkmalschutz zuständig – gerettet. 1844 erging an *Viollet-le-Duc* der Auftrag, zunächst nur die Kathedrale zu restaurieren. Ab 1853 war dann ein Drittel der *Cité* an der Reihe: der namhafte Architekt ließ vor allem die Dächer der schönen Festungstürme wiedererrichten.

● *Für wen läutet Carcassonne heute?*

Heute ist Carcassonne Verwaltungssitz des Départements Aude und eine der meistbesuchten (oder -heimgesuchten) mittelalterlichen Städte Frankreichs. Der einträgliche Fremdenverkehr beeinträchtigt die Ausstrahlung der Stadt: Andenkenläden, schlechte Restaurants, teure Hotels und schwachsinniges Spielzeug (man darf zum Vergnügen die Plastikschwerter zählen!) feiern fröhliche Urständ und machen jenen Rest an Ursprünglichkeit zunichte, den übereifrige Restaurateure übriggelassen. Man tröste sich, indem man Carcassonne aus gebührenden Abstand betrachte: mit seinen zusammengeduckten Behausungen innerhalb mächtiger, abends erleuchteter Stadtmauern. Die anscheinend nie aus der Mode kommende Stadt avancierte erst kürzlich wieder durch den Rockstar *Stephan Eicher*, den Schriftsteller *Philippe Djian* und manche Musikerfreunde zum Tagesgespräch. In einem Zimmer des luxuriösen *Hôtel de la Cité* – in dem schon die Literaten *Colette* und *Paul Valéry* abgestiegen waren – nahm der Schweizer Barde hinter verschlossenen Türen ein ganzes Album auf, das natürlich »Carcassonne« heißt.

Nützliche Adressen

– Für das Département zuständige Auskunftsstellen haben wir unter »Aude, Nützliche Adressen« aufgeführt.
– **Fremdenverkehrsamt:** 15, bd Camille-Pelletan, BP 842, F-11012 Carcassonne Cedex. Gegenüber dem Square Gambetta, in der Unterstadt. T. 68 25

07 04, F. 68 47 85 83. Minitel: 36-15, code ITOUR. Im Juli/August täglich von 9-19h geöffnet; sonst außer sonntags und feiertags von 9.30-12.30h und von 14-17h (18.30 im September und von Ostern bis Ende Juni); Auskünfte während der französischen Schulferien zusätzlich sonntags von 10-12h.
- **Bureau d'Info de la Cité:** porte Narbonnaise. T. 68 25 68 81. Von Ostern bis Allerheiligen täglich von 9-12.30h und von 13.30-18h geöffnet; vom 1. Juli bis zum 15. September durchgehend von 9-19h.
- **Bahnhof:** port du Canal-du-Midi, nördlich der Innenstadt. T. 68 47 50 50.
- **Busbahnhof:** bd de Varsovie. T. 68 25 12 74.
- **Städtische Verkehrsbetriebe** *(Transports Urbains):* zentrale Haltestelle auf dem Square Magenta, Nähe Fremdenverkehrsamt. T. 68 47 82 22. Zur *Cité* (Altstadt) die Linie 4 nehmen. Sie verkehrt alle halbe Stunde, außer sonn- und feiertags.
- **Autovermietung:** *Avis* im Bahnhof. T. 68 25 05 84. Sonst: *Europcar* (T. 68 25 05 09), *Hertz* (T. 68 25 43 63), *C.S. Location* (T. 68 25 43 63) oder *E.L.S.* (T. 68 47 62 82).
- **Fahrrad- und Mountainbikevermietung:** *Fun Sports,* 14, rue J.-Monnet (vor den Toren der Stadt, in Richtung Narbonne). T. 68 71 67 06.
- **Midi-Croisières:** vor dem Bahnhof. T. 68 47 57 58. Vermietet Motorroller, Motor- und Segeljachten.
- **Centre d'Aide Médicale Urgente** (Ärztenotdienst): T. 15.

Unterkünfte in der Unterstadt

In der *Ville Basse* gibt es weitaus mehr und vor allem billigere Hotels als in der überlaufenen *Cité* (Altstadt), die uns zudem eher zusagen. Die Mauern der Festung sind von hier aus jedenfalls besser zu sehen. Bus 4 verkehrt zwischen den beiden Stadtteilen Carcassonnes.

● *Preiswert*

▪ **Hôtel Central:** 27, bd Jean-Jaurès. Gegenüber dem *Palais de Justice* (Gericht). T. 68 25 03 84. Sympathischer Inhaber, erstaunlich niedrige Preise: zwischen 140 F und 210 F. Eins der renovierten Zimmer verlangen. Doppelzimmer mit Dusche rund 190 F. Alle Zimmer mit TV und Telefon.

● *Mittlere Preisklasse*

▪ **Royal Hôtel:** 22, bd Jean-Jaurès. Nur einen Steinwurf vom Fremdenverkehrsamt. T. 68 35 19 12, F. 68 47 33 01. Mit Garage und Privatparkplatz. Unlängst aufgemöbeltes kleines Zwei-Sterne-Hotel unter der Fuchtel eines netten Zeitgenossen mit südfranzösischem Akzent. Ganz ruhige Zimmer zur Straße dank Doppelverglasung. Doppelzimmer mit Waschbecken und Dusche 160 F, mit Dusche und TV 185 F, mit Dusche, WC und TV 210 F; solche mit Bad 250 F. Günstiges Preis-/Leistungsverhältnis.
▪ **Le Bristol:** 7, av. du Maréchal-Foch, am Bahnhof. T. 68 25 07 24, F. 68 25 71 89. Im Winter geschlossen. Nicht gerade freundlich, der Empfang, aber das Hotel bietet einen unbestreitbaren Vorzug: einige Zimmer gehen auf den *Canal du Midi* hinaus. Unbedingt eines der renovierten Gemächer verlangen: die sind höchst komfortabel, die alten dagegen hart an der Grenze des Zumutbaren ... Doppelzimmer von 220 F (mit Waschbecken) bis 380 F (mit Bad).

● *Etwas edler*

▪ **Hôtel Terminus:** 2, av. du Maréchal-Joffre, nicht weit vom Bahnhof. T. 68 25 25 00, F. 68 72 53 09. Jugendstilpalast, in dem schon etliche Filme gedreht wurden. Hier abzusteigen lohnt allein schon wegen der Hotelhalle mit Drehtür aus den dreißiger Jahren, den Zierleisten, dem herrschaftlichen Treppenhaus, der alten Kacheln, der glitzenden Bar und der Billardtische. Rund hundert Zimmer zu vergleichsweise günstigen Preisen, wenn man den Luxus in Rechnung stellt. Leider haben manche Zimmer nach zu gut gemeinter Auffrischung ihre persönliche Note eingebüßt. Doppelzimmer mit Dusche, WC und TV ab 300 F,

132 / L'AUDE

mit Bad 360 F bis 460 F. Frischvermählte Paare können blindlings Zimmer Nr. 7, genannt »La Nuptiale« (Hochzeitszimmer), reservieren. Sie erwartet eine Fürstensuite mit stilvoller Einrichtung, allem erdenklichen Komfort und schönen Fenstern ... Im Bad zwei Waschbecken und eine altertümlichen Wanne mit Baldachin-Vorhang. Hach, wie neckisch! Was der Spaß kostet? Lumpige 500 F ...

- *Unterkünfte in der »Cité«*

Kleine Bemerkung am Rande: die Hotels in der *Cité* sind schicker und schöner, also teurer. Irgendwie logisch.

- **Auberge de Jeunesse** (Jugendherberge): rue du Vicomte-Trencavel. Zwischen Schloß und Kathedrale. T. 68 25 23 16, F. 68 71 14 84. Im Dezember und Januar zu. Sich ansonsten zwischen 8h und 10h oder 18h und 24h einfinden. Schöne, ordentlich geführte JH (mit solchen Komplimenten geizen wir!). Hundertzwanzig Schlafplätze in Zwei- bis Sechsbettzimmern. Übernachtung mit Frühstück 70 F, Bettwäsche 18 F. Jugendherbergsausweis wird verlangt. Aufenthaltsräume mit Kamin, Fernseher, Küche und Tischtennis. Garten innerhalb der JH. Im Sommer nur schriftliche Anmeldungen möglich oder per Fax (Book-Fax-System).

- *Mittlere Kategorie*

- **Hôtel l'Octroi:** 106, av. du Général-Leclerc, unterhalb der *Cité*. T. 68 25 29 08, F. 68 25 38 71. Das ganze Jahr über geöffnet. Ruhige Zimmer mit Klimaanlage, sauber und vor allem bezahlbar. Mit Dusche, WC, Fernseher und Telefon ab 240 F.

- *Etwas schicker*

- **Hôtel du Donjon:** 2, rue du Comte-Roger. T. 68 71 08 80, F. 68 25 06 60. Mittelalterliches Gebäude mit modernem Komfort, Parkplatz, Garten, Schallschutz, Klimaanlage, Bar usw. Geschäftsreisende werden armen Schluckern sicherlich vorgezogen. Der Betreiber ist zu Recht stolz auf sein Hotel, vor allem auf den Eingangsbereich aus dem 14. Jh. Die Tarife dementsprechend: Doppelzimmer mit Dusche zu 320-380 F, mit Bad 390-510 F. Frühstücksbuffet etwa 60 F.

Unterkunft in der Umgebung

- **Auberge du Château:** château de Cavanac, F-11570 Cavanac. 4 km südlich von Carcassonne, über die D 114 in Richtung Sainte-Hilaire. T. 68 79 61 04, F. 68 79 79 67. Sonntagabends, montags und im Februar geschlossen. Eher ein Landgut mit hübschem parkähnlichem Garten. Gästezimmer zum Preis von 270-480 F. Pluspunkt: das ländlich-bodenständige Restaurant im ehemaligen Pferdestall, mit original Futterkrippen und Gerätschaften an den Wänden. Eigensinniges, aber delikates Menü zu 200 F (wir zitieren aus der Speisekarte): Kir (Aperitif), halbgegarte fette Gänseleber *(Foie gras mi-cuit)*, Räucherlachs *(Saumon fumé)* oder Hummer *(Hommard)*, dann Schnecken *(Escargots)* à la carcassonnaise oder Meeresfrüchte *(Fruits de mer)*, Entenfilet *(Aiguillettes de canard)* oder gegrilltes Lamm *(Agneau à la braise)*, dann Ziegenkäse in Honig *(Fromage de chèvre au miel)* und süße Häppchen (Ende des Zitats). Inklusive Wein aus eigenem Anbau und Weißbrot, einer Tasse Kaffee und einem Verdauungsschnaps *(Digestif)*. Mal was anderes als Wiener Schnitzel mit Pommes, oder?

Verpflegung

Fast hätten wir's vergessen: Carcassonne ist – im Verein mit Toulouse und Castelnaudary – die Hauptstadt des *Cassoulet*, einem Eintopfgericht aus weißen Bohnen und Fleisch. Allerorten wird es angepriesen, zu höchst unterschiedlichen Preisen. Als Faustregel mag gelten: alles, was 120 F übersteigt ist Halsabschneiderei, und unter 80 F gibt's eine miserable Qualität (wir schematisieren). Ein Kenner der gastronomischen Szene bescheinigte uns jedoch, man müsse schon ein schlechtes Cassoulet machen *wollen*, wenn man aus der Gegend stamme. Egal wie: satt wird man immer davon. Im *Cassoulet à la Carcassonne* ist Hammelfleisch, manchmal auch Rebhuhn zu finden. Die Cassouletversion mit *Confit* (im eigenen Fett gesottenes Fleisch, meist Geflügel) probieren: schmeckt uns jedenfalls am besten ...

● *Für schmale Geldbeutel*

♦ **Restaurant Le Tréseau:** 9, montée Combéléran. Unterhalb der *Cité*, hinter dem *Hôtel l'Octroi*. T. 68 47 66 47. Ruhig gelegenes Häuschen mit rosa Fassade und grünen Läden sowie Innenterrasse im Sommer. Nur fünf Minuten von den Toren der *Cité*. Für knapp 120 F kann man sich hier durchfuttern: einfache, aber mit Liebe zubereitete und reichlich bemessene Portionen. Die größeren und mit einer dickeren Schale versehenen Austern aus der Bretagne werden jenen aus dem Bassin de Thau vorgezogen. Menüs zu 60, 90 und 150 F. Der *Patron*, aus der Gegend um Limoux stammend, hat seinen alten Beruf an den Nagel gehängt und sich hier seinen Traum vom Kochen erfüllt. Warum sich die Bedienung so ruppig gibt, wissen wir allerdings nicht.

● *Mittlere Preisklasse*

♦ **La Divine Comédie:** 29, bd Jean-Jaurès. In der Unterstadt, gegenüber vom *Palais de Justice*. T. 68 72 30 36. Sonntags Ruhetag. Beliebter Treffpunkt in der *Ville Basse*, wo man weiß das Preis-/Leistungsverhältnis zu schätzen weiß. Reichlich bemessene Fleischportionen zu 80-90 F. Einige Gerichte können ihre bodenständige Herkunft nicht verbergen: z.B. der Bohneneintopf mit Ente *(Cassoulet au confit de canard)* zu 95 F, die *Daube à la provençale* (Geschmortes) zu 80 F, der Kabeljau auf okzitanische Art *(Morue à l'occitane)* zu 80 F oder das *Fricassée de Limoux* zu 80 F. Obendrein breite Auswahl an Pizzen. Ein ungekünsteltes Restaurant mit höflicher und flinker Bedienung.
♦ **Le Steak House:** 32, route Minervoise. T. 68 47 85 23. Vom Square Gambetta aus dem Boulevard Jean-Jaurès folgen, dann die eingeschlagene Richtung weiterverfolgen bis zur Route Minervoise. Der Name des Restaurants führt in die Irre. Im reichlich kitschigen Gewölbesaal wird für 70-140 F eine große Auswahl an Fisch serviert: Seeteufel *(Lotte)*, Seewolf *(Loup)*, Knurrhahn *(Grondin)*, Drachenkopf *(Rascasse)*, Seezunge *(Sole)*, Steinbutt *(Turbot)* ... Ein Blick auf das Menü zu 110 F: Meeresfrüchte *(Assiette de fruits de mer)*, Goldbrassenfilet *(Filet de daurade)*, Tintenfischspieße mit Petersilie und Knoblauch *(Brochettes de sépions persillades)*, Schnecken *(Escargots)* à la catalane. Für weitere Menüs langt man tiefer in die Tasche – 140 F und 170 F – darf aber auch mehr erwarten.
♦ **Auberge de Dame Carcas:** 3, place du Château, in der *Cité*. T. 68 71 23 23, F. 68 79 79 67. Außerhalb der Urlaubszeit montags und dienstags geschlossen. Größeres Speiselokal mit Gewölbekeller und Terrasse. Die Küche halbfen zum Gästeraum, eine Glocke bimmelt für's Dankeschön. Menüs und Einzelgerichte sind fast preiswert zu nennen, wenn man die Qualität der Küche berücksichtigt. Regional gefärbtes Menü zu 95 F und Leckeres vom Grill, wie z.B. gegrilltes Milchferkel mit Honig *(Cochon de lait grillé au miel des Corbières)*. Untrügliches Zeichen für gastronomische Kultur: kaum hocken die Köche nach der Arbeit zusammen, da unterhalten sie sich auch schon übers Kochen! Auch das Brot wird hier selbst gebacken. Im Ausschank einheimische Weine zu christlichen Preisen. Kurzum: die *Auberge* ist unsere beste Empfehlung weit und breit. Und das in einer Lage, wo man es nie vermuten würde: zwischen den Touristenfallen der *Cité* ...

Für Hinweise, die wir in späteren Auflagen verwerten, bedanken wir uns mit einem Buch aus unserem Programm

134 / L'AUDE

● *Schon gediegener*

♦ **Château Saint-Martin Trencavel:** hameau de Montredon, 11090 Carcassonne. T. 68 71 09 53. Mittwoch Ruhetag. Vom Square Gambetta aus die Avenue Jean-Jaurès und in die fünfte Straße nach rechts; ab hier ausgeschildert. Wir haben es hier mit einem Restaurant der »Haute Cuisine« zu schaffen, das halbwegs erschwinglich ist. Der Küchenchef Claude Rodriguez zaubert Menüs zu 170, 220 und 290 F, und die Weinkarte entpuppt sich als Gotha der bekannten Kredenzen aus der Gegend, à *des prix démocratiques* (»zu demokratischen Preisen«), wie Freunde uns versicherten: 70-100 F (da haben auch wir erst einmal schlucken müssen!). Aber auch die großen Bordeaux-Weine wie der *Sauternes Yquem* oder *Pomerol Château-La-Truffe* sind vertreten. Preisangaben verkneifen wir uns anstandshalber. Vorbildliche Bedienung mit Schliff. Nur etwas für Krösusse oder besondere Gelegenheiten.

Einkehren in der Umgebung

♦ **Auberge du Moulin d'Alzau:** in 11170 Pezens. T. 68 24 97 38. Sonntag abends und montags keine Bewirtung. Von Pezens die N 113 in Richtung Toulouse einschlagen; nach 3 km in das schattige Sträßchen nach links einbiegen. Lokal in einer alten Wassermühle mit Schaufelrad, abseits des touristischen Trubels. Schade, daß man an diesem lauschigen Fleckchen nicht übernachten kann. Im Innern ein geräumiger, rustikaler Speisesaal. Schmackhafte, reichlich bemessene Menüs zu 100 F, 150 F und 220 F; Aperitif und Wein inbegriffen. Forelle blau *(Truite au bleu)* ist kulinarischer Höhepunkt des Hauses. Geeignet für ein kleines Liebesmahl unweit von Carcassonne. Ohne Tischvorbestellung ist aber fast nichts zu machen (Art *Ferme-Auberge*).

Rundgang durch Carcassonne

DIE CITÉ

Rammböcke, Kanonen, Sturmleitern oder Schleudern sind nicht mehr nötig, um in die einzigartig befestigte Oberstadt von Carcassonne zu gelangen. Betrachtet man die Stadtanlage aus der Ferne oder, besser noch, vom Fuß der Stadtmauern aus, wüßte man auch gar nicht, an welcher Stelle man angreifen sollte. Wo aber anfangen bei einer Besichtigung? In dem kleinen, heute noch bewohnten »Dorf« innerhalb der Mauern oder im »Niemandsland« zwischen den beiden insgesamt drei Kilometer langen Stadtmauern mit ihren über fünfzig Türmen? Verraten wir's gleich vorneweg: um alle Teile der Cité in Augenschein zu nehmen, mindestens einen ganzen Tag veranschlagen und sich – für die Details – mit einem ausführlichen Stadtführer bewaffnen. Ohne negative Begleiterscheinungen wie überhand nehmender Souvenirkitsch, Ansturm der Massen und Pseudoromantik abstreiten zu wollen: die *Cité* von Carcassonne hat schon etwas Beeindruckendes. Sogar *Walt Disney* schaute mehrmals vorbei, um das Schloß für seinen Film »Dornröschen« zu zeichnen. Wenn das keine vielversprechende Vorzeichen sind ...

▶ **Pont Vieux** (Alte Brücke): verbindet, über die Aude hinweg, die Unterstadt *(Ville Basse)* mit der *Cité*. Die 210 m lange Brücke mit ihren zwölf Bögen aus dem 13. Jh. dient noch ihrem Zweck, trotz der benachbarten Pont Neuf. Wirkt besonders bei abendlicher Beleuchtung.

▶ **Porte Narbonnaise:** das Haupttor zur *Cité*, Narbonne zugekehrt – daher der Name. Kehrt seltsamerweise der Unterstadt den Rücken zu. Unsportliche (und die meisten Franzosen) steigen in den Bus, um sich den Fußmarsch um die Stadtmauern zu ersparen – Autofahren in der *Cité* ist im Sommer zum Glück nicht gestattet. Das mächtige Tor flankieren dreißig Meter hohe Zwillingstürmen mit vier Meter dickem Mauerwerk, Graben, Zugbrücke usw.

CARCASSES & LAURAGAIS – CARCASSONNE / 135

▶ **Rue Cros-Mayrevieille:** führt schnurstracks hinauf zum Schloß. Kopfsteinpflaster, alte Bausubstanz, antike Schilder ... Ganz malerisch zwar, für unseren Geschmack aber zuviele Nepp- und Andenkenläden.

▶ **Château Comtal** (Grafenburg): November bis Ende März von 9.30-12.30h und von 14-17h geöffnet, im April und von Mitte September bis Ende Oktober von 9-12.30h und von 14-18.30h, vom Mai bis Ende Juni und vom 1. bis 15. September von 9-18.30h (19.30h im Juli/August). Feiertags geschlossen. Achtung: letzter Einlaß dreißig Minuten vor Toresschluß. Eintritt zuletzt 25 F. Führung wahlweise vierzig Minuten oder anderthalb Stunden.

Die von der Grafensippe der *Trencavel* um 1130 errichtete »Festung in der Festung« diente unterschiedlichsten Zwecken: sie war Augenzeuge des ungeklärten Todes *Raymond-Rogers* – des jungen Gönners der Katharer – im Verließ, diente dem blutrünstigen *Simon de Montfort* nach dem Sieg des Kreuzfahrerheeres als Hauptquartier, gelangte in den Besitz der französischen Könige, mußte als Gefängnis herhalten – aufsässige Kinder wurden hier eingesperrt – diente im 19. Jh. als Kaserne, dann wiederum als Gefängnis für dreihundert deutsche Offiziere im Ersten Weltkrieg (da sind die Jungs gut aufgehoben, finden wir), als Hauptquartier der Naziwehrmacht im Zweiten Weltkrieg und heute endlich als Museum.

– Zugang über eine Steinbrücke (über den Burggraben) und einen halbkreisförmigen Innenhof (Barbakane). Obgleich von ihren wechselnden Besitzern mehrmals umgebaut, stellt die mächtige Grafenburg doch ein bedeutsames Zeugnis mittelalterlicher Militärarchitektur dar. Besichtigung des inneren Mauergürtels, der gallo-römischen Befestigungen, des *Cour d'Honneur* (Ehrenhofs) und des *Cour de Midi*, der beiden Gebäudekomplexe mit teils mittelalterlichen Räumen usw. Die Eintrittskarte berechtigt auch zum Besuch des *Musée du Costume* (Kostümmuseum) und des – aufschlußreicheren – *Lapidariums* (Öffnungszeiten wie die Grafenburg).

– Im *Musée lapidaire* wird uns anhand von Ausgrabungsfunden die Stadtgeschichte Carcassonnes vor Augen geführt. Der Bogen reicht von der Antike (römische Meilensteine aus dem 3. Jh., Sarkophag aus dem 5. Jh.) über das Mittelalter (u.a. Grabsteine, Kapitelle, Stelen, merowingische Sarkophage, romanische Malereien in der *Salle du Donjon,* liegende Grabfigur aus dem 13. Jh.) bis zur Neuzeit (16. und 17. Jh.).

▶ **Basilique Saint-Nazaire** (Saint-Nazaire-Basilika): im Westabschnitt der *Cité.* Von 9-12h und von 14-18.30h. Die ehemals romanische Kathedrale aus dem 11. Jh. wurde bis ins 15. Jh. hinein erweitert. Auf die romanische Epoche verweist nurmehr das harmonisch proportionierte Kirchenschiff. Querschiff und Chor sind gotisch (13. und 14. Jh.). *Viollet-le-Duc* schrieb in einem Bericht, daß ihm die ganze *Cité* wie ein einziges Museum erscheine mit der Kathedrale als Schmuckstück ... Dieses Urteil vermochte ihn jedoch nicht davon abzuhalten, den Kirchturm zum zinnenbewehrten Festungsturm umzubauen – er hatte ihn für einen Teil der alten Befestigungsanlagen gehalten!

Im Innern der Basilika beeindrucken die Kirchenfenster, die zu Recht als die schönsten in ganz Südfrankreich gelten. Die Fensterrosen stammen aus dem 14. Jh., die Fenster in Chor und Querschiff entweder aus dem 13. Jh. (jene mit kräftigen Blautönen) oder aus dem 16. und 17. Jh. (die mit den großen Figuren). Besonders im Morgenlicht scheinen sich die Fenster mit Leben zu füllen. Die Kathedrale birgt aber noch zahlreiche andere Kunstwerke: ein Weihwasserbecken aus dem 12. Jh., eine Orgel aus dem 16. Jh. (ein richtiges Kleinod!), eine Kanzel im Empirestil, ein Alabastergrab mit Figur, eine polychrmome *Pietà* (16. Jh.), eine Dreifaltigkeit aus dem 14. Jh., ein rätselhaftes Flachrelief (»la Pierre du Siège«) aus dem frühen 13. Jh. mit Szenen einer Belagerung – ob von Carcassonne oder Toulouse ist ungeklärt – und dergleichen mehr. Die auf der rechten Chorseite aufgestellte Bronzeglocke wiegt über eine Tonne ...

- **Türme der »Cité«:** innere und äußere Stadtmauer weisen jeweils sechsundzwanzig Türme auf. Es würde den Rahmen unserer kurzen Beschreibung sprengen, wollten wir sie alle aufzählen (das überlassen wir lieber den einschlägigen Kunst- und Kulturführern). Einige Türme können in Augenschein genommen werden. Ausführliche Beschreibung beim Fremdenverkehrsamt. Hier nur die sehenswertesten: *Porte Narbonnaise* (mit römischen Überresten), *Tour du Trésau*, rechts von letzterem (Keller, Gewölberäume, Kamine, Wehrgang), *Tour de Vade* (zweiter Turm links von der Porte Narbonnaise; eine kleine Festung für sich), *Tour de l'Inquisition*, zwischen Schloß und Kirche – in der schaurigen Folterkammer quälte man Katharer und alle der Ketzerei Verdächtigten; Ketten und Wandinschriften bezeugen es! – und schließlich die *Porte d'Aude* rechts vom Grafenschloß (mit schönem Blick auf letzteres).

- **Die »Lices«:** die Rasen- und Sandflächen zwischen den beiden Mauerringen spielten für die Verteidiger eine Schlüsselrolle, bildeten sie für Angreifer nach Überwindung des äußeren Mauerrings doch eine tödliche Falle: ohne Deckung und Rückzugsmöglichkeiten gaben sie für Wurfgeschosse und Reiterei ein leicht zu verwundendes Ziel ab. Wir raten zu einer Besichtigung der *Lices* aus – mindestens – dreierlei Gründen: erstens lassen sich hier erst die wahren Ausmaße der Festung erahnen, zweitens werden die unterschiedlichen Baustile deutlich und dritten darf man nach den engen Gassen in der *Cité* endlich mal aufatmen. Zugang über eine Treppe von der *Tour Sainte-Nazaire* (bei der Kirche) oder der *Porte d'Aude* (beim Schloß). Seinen Rundgang am besten jedoch bei der *Porte Narbonnaise* beginnen. Sich nach der Zugbrücke nach links wenden, um die *Lices Hautes* – weitläufiger und größer – und nach rechts, um die *Lices Basses* zu erkunden. Genau das Richtige für einen Abendspaziergang: keine Menschenseele ist dann unterwegs. Beim Anblick der in ein warmes Licht getauchten Mauern und Türme fühlt man sich wie im Film.

DIE VILLE BASSE (Unterstadt)

Die »Neustadt« Carcassonnes – sie datiert immerhin aus dem 13. Jh.! – wurde von *Ludwig dem Heiligen* nach dem Muster der mittelalterlichen Marktstädte angelegt. Trotz ihrer 42.000 Einwohner erscheint sie uns eher unbeseelt und ohne Leben. Ein Vorteil: die schachbrettartige Straßenanordnung ermöglicht eine schnelle Besichtigung.

- **Place Carnot:** sicherlich der belebteste Platz der Stadt, dank alter Platanen, des Marmorbrunnens und vor allem des Kräutermarkts *(Marché aux herbes* dienstags, donnerstags und samstags von 7-13h). Feilgeboten bei diesem Bauernmarkt werden landwirtschaftliche Erzeugnisse aus dem Umland und viele Blumen. Mit ein wenig Glück begegnet man hier dem bekannten französischen Schauspieler *Philippe Noiret* (u.a. in »Zazie in der Metro«), falls er sich gerade auf seinem benachbarten Anwesen von den Drehstrapazen erholt.

- **Cathédrale Saint-Vincent** (13. Jh.): machte im 19. Jh. der Kirche in der Cité den Rang streitig. Zu sehen gibt's Fenster im Kirchenschiff, eine polychrome Statue aus dem 14. und drei Marmorskulpturen aus dem 17. Jh.

- **Église Saint-Vincent:** leicht zu erkennen am 54 m hohen, quadratischen Glockenturm, der im 18. Jh. zur Messung des Erdumfangs diente. Glockenspiel mit rund fünfzig Glocken. Kirchenschiff im neoromanisch-byzantinischen Stil.

- **Hôtel de Murat:** bd Pelletan, Nähe Fremdenverkehrsamt. Das von einer reichen Familie im 18. Jh. erbaute klassizistische Stadtpalais ist eines der schönsten in Carcassonne. Heute beherbergt es die Handelskammer. Im Innern – ohne Scheu hereinspaziert! – ein schönes Treppenhaus; Möbel und Wandteppiche aus Aubusson im *Grand Salon*.

- Wer's nicht eilig hat: es gibt noch weitere **Hôtels particuliers** *(Bürgerpaläste)* aus dem 16. und 18. Jh. Lageplan beim Fremdenverkehrsamt.

NÄHERE UMGEBUNG

► **Aigles de la Cité** (Vogelpark): colline de Pech Mary, 800 m von der *Cité*; von der Innenstadt in Richtung Narbonne, dann den Schildern nach. T. 68 47 88 99, F. 68 47 87 05. Einlaß um 14.30h. In der Zeit von Ostern bis Allerheiligen Vorstellung um 15h (sonntags um 16h). Entritt: Erwachsene 35 F, Kinder 25 F. Zeigt stattliche Greifvögel in Freiheit (das ist lobenswert). Die Tiere wurden mit althergebrachten Falknerei-Methoden dressiert. Die Darbietungen sind recht eindrucksvoll.

Veranstaltungen

– **Festival de la Cité:** alljährlich im Juli. Tanz, Musik, Theater und Varieté. Einzelheiten zum Programm: T. 68 25 33 13.
– **14. Juli** (franz. Nationalfeiertag): Carcassonne wird zu einem einzigen Feuerwerk, und die in Scheinwerferlicht gehüllte *Cité* quillt über vor Schaulustigen ... Nach allgemeiner Ansicht handelt es sich um das schönste Schauspiel im Département: erst finden sich Mauern, *Donjons* und Grafenschloß – von weither sichtbar – in rötliches Licht getaucht. Dann explodiert ein riesiges Feuerwerk.
– **Les Médievales:** Veranstaltungsreihe in der ersten Augusthälfte, alljährlich unter einem anderen Thema (z.B. Katharer, Graal). Auskünfte beim Fremdenverkehrsamt oder beim *Comité Départemental du Tourisme*.

LIMOUX (11300)

Wer in Frankreich von Limoux spricht, erwähnt im zweiten Atemzug den hier erzeugten *Blanquette*-Schaumwein. Zwei Dinge haben wir beim Besuch dieses netten Städtchens gelernt (auch wir sind nicht allwissend!): erstens, daß der Blanquette kein Abklatsch des Champagners ist – der älteste aller französischen Schaumweine enstand sogar lange vor diesem im 16. Jh. – und zweitens, daß der Blanquette de Limoux keinesfalls schlechter ist als Champagner. Manche Marken dürfen als ebenbürtig gelten, ja munden uns sogar besser ... Erschien uns Limoux deshalb so belebend und seine Bewohner so kontaktfreudig? Ehrenwort: wir haben nur ein Gläschen verkostet ...
Keine Bange: wer bei sommerlich schwülen Temperaturen einen klaren Kopf bewahren möchte, braucht deshalb Limoux nicht links liegenzulassen. Eine romanisch-gotische Kirche und die Arkaden rund um die Place de la République sorgen auch für Urlaubsstimmung.

Nützliche Adressen

– **Fremdenverkehrsamt:** promenade du Tivoli. T. 68 31 11 82. Minitel 36-14, code AUDE. Im Juli/August von 9-19h besetzt, im Juni und September von 10-13h und von 14-19h, von Oktober bis Juni von 9-12h und von 14-18h; samstags allerdings nur von 9-12h und sonntags nur von 14-17h.
– **Fahrradvermietung:** *Dejean*, 25, rue Bayard. T. 68 31 29 84. Nur samstags.

Hotellerie und Gastronomie

● *Mittlere Preisklasse*

• **Grand Hôtel Moderne et Pigeon:** 1, place du Général-Leclerc, BP 10, neben der Post. T. 68 31 00 25, F. 68 31 12 43. Im Dezember Betriebsruhe. Das Gebäude diente vormals als Kloster, dann als Stadtpalast einer Notablenfamilie und später als Bank. Zu Beginn unseres Jahrhunderts wurde es schließlich zum Hotel umgebaut. Den Fresken im Treppenhaus Beachtung schenken. Das *Grand Hotel* ist zwar komfortabel und vorbildlich geführt, aber noch lange nicht teuer und hochtrabend, wie man es erwarten könnte. Doppelzimmer mit

WC, Fernseher und Dusche bzw. Bad zu 270-420 F. Eleganter Speisesaal. Menüs ab 145 F. Das Menü zu 200 F wird auch anspruchsvolle Genießer zufriedenstellen: Galantine aus fetter Entenleber und Taubenbrust *(Ballotine de foie gras de canard et magret de pigeon)*, *Cassoulet* mit *Confit*, Käseteller und Nachtisch. Als kulinarische Besonderheit des Hauses gilt ganz zu Recht *Canard* (Ente) *à la limouxine* mit Safran. Man darf aber auch einfach im Keller, einem Treffpunkt für Billardspieler, sein Glas Blanquette trinken ...
♦ **Maison de la Blanquette:** promenade du Tivoli. T. 68 31 01 63, F. 68 31 62 48. Mittwoch abends sowie während der ersten Oktober- und ersten Januarhälfte geschlossen. Ein etwas anderes Restaurant. Warum? Nun, die Geschicke lenken nicht nur einer, sondern gleich mehrere Chefs: die Weinbauern von Limoux. Und deren Ehefrauen bedienen ... Eine begrüßenswertes Unterfangen, das den hiesigen Weinen neue Liebhaber einbringen soll. Offeriert werden sowohl ein Glas Schaumwein zum Aperitif als auch ganze Flaschen (für zwei) mit *Fécos* oder *Cabernet Sauvignon* (Traubensorten), mit Rosé oder der Sektmarke *Sieur d'Arques*, die gut zum Essen paßt. Mehrere Menüs zwischen 80 F (nicht am Wochenende) und 220 F zur Auswahl. Wir raten wegen der regionalen Leckerbissen zum Menü à 110 F: Geflügelmagensalat *(Salade de gésiers)* oder Lachs in Limoux-Sekt *(Coquille de saumon au crémant de Limoux)*, *Cassoulet* mit hausgemachtem *Confit* oder auf Holzfeuer gegrillter Schinken *(Jambon grillé au feu de bois)* oder Frikassee de Limoux, dann Käse und Nachtisch. Wer das Frikassee probiert, dem erwartet eine Art *Cassoulet* mit Wurst aus Caune, Terrine (saure Gurken, Schinken) und Schweinefleisch, das Ganze natürlich zusammen mit den obligatorischen weißen Bohnen. Ein gemütliches Lokal also, das die guten Geister von Limoux unter einen Hut bringt und keine überhöhten Preise verlangt.

Kost & Logis in der Umgebung

- **Le Fricassou:** 11240 Cailhau. An der D 623, zwischen Limoux und Castelnaudary. T. 68 69 08 78, F. 68 69 07 65. Jeden Tag geöffnet. Von einem Belgier (Doppelgänger des Schauspielers Peter Lorre) geführtes Hotel mit einigen akzeptablen Zimmern zwischen 210 und 230 F. Unser Hauptaugenmerk gilt jedoch dem Restaurant – eines der besten weit und breit – mit seinem Menü zu 85 F (außer am Wochenende), Wein inbegriffen. Leckere, einfallsreiche und leichte Küche, die sich einer feinen Abstimmung der Zutaten und Soßen sowie einer soliden Auswahl an Weinen aus der Region befleißigt. Weitere Menüs zu 140 F bis 280 F. In der Rubrik *Spécialités* finden sich *Cassoulet* und Kaninchenrücken *(Râble de lapereau au malepère)*.

● **Zeltplatz**

- **Camping Municipal du Breil:** av. Corbières. T. 68 31 13 63. Von Juni bis Ende September. Achtzig Stellplätze. Günstig gelegener Zwei-Sterne-Zeltplatz im Süden der Stadt, am Aude-Ufer und in Schwimmbadnähe. Sieben Seiten strenge, pingelige Vorschriften, aber niedrige Gebühren.

Sehenswertes

▶ **Belvédère Montecristo:** Aussichtspunkt östlich der Stadt. Die *Pont Neuf* (Neue Brücke) über die Aude und weiter den Chemin Montecristo (Montecristo-Weg) hinauf. Von hier oben läßt sich die Stadtanlage von Limoux überblicken: breite Avenuen durchziehen, parallel zum Fluß, die Stadt. In einer Flußkehre duckt sich die Altstadt rund um die schmucke Kirche mit ihrem schlanken Glockenturm.

▶ **Pont Neuf** (Neue Brücke): da liegt wohl eine Verwechslung vor: die Pont Neuf ist viel älter als die »Alte Brücke« gleich daneben. Die falsche *Pont Neuf* aus dem 14. Jh. ähnelt mit ihren schönen schnabelbewehrten Bögen – zum Schutz der Fußgänger – der wahren *Pont vieux* zu Carcassonne.

► **Église Saint-Martin:** Einlaß von 9-12h und von 14-17h (18.30h im Sommer). Schmückt sich auch mit dem Titel »Kathedrale«, denn die romanische Vorgängerkirche, von der ein schönes Portal erhalten ist, wurde im 14. Jh. in diesen Rang erhoben. Das gotische Kirchenschiff ist leider nie vollendet worden. Im Innern großes Retabel am Hauptaltar aus dem 17. Jh., Bilder französischer Meister (18. Jh.) und eine mit Vermeil und Silber überzogene Sankt-Martins-Statue (15. Jh.) in der Sakristei.

► **Place de la République:** hier pulsiert das Leben, besonders an Markttagen und zum Karneval. Schöne Arkaden, *Couverts* genannt. Die alten, von Bränden zerstörten Holzgalerien wurden durch Zement ersetzt. Darüber teilweise Fachwerk.

► Ein **Spaziergang** durch die Gassen im Umkreis der Kirche und am Ufer der Aude birgt weitere architektonische Überraschungen: in der *Rue de la Mairie* schöne Bürgerpaläste, in der *Rue de la Blanquerie*, am anderen Flußufer, ein Innenhof aus dem 16. Jh. im *Hôtel de Clercy* (Nr. 59). Weitere sehenswerte Bauten in der Rue Jean-Jaurès, der Rue du Palais ...

► **Musée Petiet:** promenade du Tivoli. Eingang durch das Verkehrsamt (dieselben Öffnungszeiten). Von den Gebrüdern *Petiet* – sie waren selber Maler – gestiftete Sammlung typischer Bilder des 18. Jh. Die »Repasseuses« (Büglerinnen) ihrer Schwester Marie, ihres Zeichens auch Künstlerin, gefallen uns besonders.

Veranstaltungen

– **Markt:** freitags auf der Place de la République und in der Promenade du Tivoli. Die leckeren, spiralförmigen *Beignets* (Krapfen) probieren. Sie werden ganz frisch zubereitet.
– **Carnaval:** Faschingstreiben von Mitte Januar bis Ende März, sonntags und an manchen Samstagen. Drei »Auszüge« täglich, um 11h, 17h und die letzte von 22-24h. Nicht verpassen! Die Gruppen tanzen, nach genauen Regeln, um die Place des Arcades, und die *Fécos* (Pierrots) führen in aufwendigen Verkleidungen den Zug an. Jede *Sortie* dauert länger als die darauf folgende ... die fröhlichen Zecher lassen kein Bistro aus.
– **Foire aux Produits Locaux** (Markt für einheim. Erzeugnisse): Ende Juli.

In der Umgebung

► **Abbaye de Saint-Hilaire:** Kloster 12 km nordöstlich, über die D 104. Sehenswert wegen der Säulengänge des spätgotischen, blühenden Kreuzgangs aus dem 14. Jh.

► **Notre-Dame-de-Marceille:** 2 km nordöstlich, wieder über die D 104. Berühmte Kapelle aus dem 12. Jh., deren »wundertätige« Quelle am 7. September zahlreiche Pilger anzieht. Wie sie machen wir der Schwarzen Madonna unsere Aufwartung (11. Jh.).

► **Musée des Dinosaures** (Dinosaurier-Museum): av. de la Gare, in *Esperaza*;, 15 km südlich von Limoux über die D 118. T. 68 74 02 08. Von 9-12h und von 14-18h geöffnet.
Nachbildungen jener Dinosaurier, deren Vorfahren vor siebzig Millionen Jahren das Aude-Tal bevölkerten, sind hier in ihrer natürlichen Umgebung zu sehen. Skelette in Lebensgröße (manche über 11 m hoch!), Videofilm über die Ausgrabungen und ein Diorama zum Leben dieser furchteinflößenden Monster. Eine Ausstellung für groß und klein.

Fotos gesucht! Für Fotos (S/W, Farbe, Dias), die wir in späteren Auflagen verwenden, bedanken wir uns mit einem Buch aus unserem Programm.

Unternehmungen

– Einige lohnende **Wanderungen** in der Gegend. Zwei ausgeschilderte Wege von 5 km und 10 km Länge beginnen am *Belvédère Montecristo*.

– **Reitsport:** Ferme Equestre de Gautare, 11300 Villarzel-du-Razes. Etwa 12 km nordwestlich von Limoux. T. 68 31 09 43. Führt zünftige Wanderitte von zwei bis zehn Tagen Dauer mit Unterkunft in *Gîtes* durch. Zur Wahl stehen: *Marches Pyrénéennes, Chemins Cathares* ...

▶ **Les Caves** *(Weinkeller):* für die meisten Franzosen einziger Grund, in Limoux vorbeizuschauen ... Weinproben bieten mehrere kleine, unabhängige Winzer in der Umgebung von Limoux zwar auch an, die *Coopérative* (Genossenschaft) aber hat am meisten zu bieten.

- *Coopérative Aimery-Sieur d'Arques:* av. du Mauzac, im Ostteil der Stadt, über die av. Charles-de-Gaules. T. 68 31 01 63. Inspektion der Keller von Juni bis Ende August, normalerweise von 8-18h. Von September bis Mai an Wochenenden geschlossen. Federführend ist die *Société des Vignerons Producteurs de Limoux*. Ein Film, nettes Personal und die kostenlose *Dégustation* (Weinprobe) sorgen dafür, daß die Materie nicht zu trocken wird. Wer noch ein Mitbringsel sucht, dem empfehlen wir den *Blanquette Diaphane* 1988 (40 F): spritzig, mit leichtem Beigeschmack nach grünem Apfel.

- *Chateau de Routier:* 12 km nordwestlich von Limoux; zunächst über die D 623, dann die D 309 in Richtung Alaigne. Der schöne Keller wird von einer jungen Winzerin aus Leib und Seele geführt. Breite Auswahl an Qualitätsweinen (*Côtes de Malepère* und *Vin de pays de l'Aude*). 20-30 F pro Flasche.

- *Domaine de Matibat:* beim Dörfchen *Saint-Martin-de-Villereglan*, 8 km nördlich von Limoux über die D 118, dann die D 19. M. Turetti bringt den besten *Malepère rouge* in der Gegend und einen hervorragenden Weißwein (aus Chardonnay-Trauben) hervor, eine Seltenheit für diese Gegend. Rund 20 F pro Flasche veranschlagen. Zu vermelden ist ferner ein ungewöhnlicher Vierbeiner, der mit den Besuchern Fußball spielt. Fast so talentiert wie Maradonna ...

FANJEAUX (11270)

Rund 30 km westlich Carcassonnes und zwei Dutzend Kilometer nördlich von Limoux. Altes, malerisch auf einem Hügel gelegenes Dorf, von den eilig Durchreisenden unbeachtet, mit ursprünglichen Gassen und Behausungen. Sehenswert u.a. die Markthallen und die gotische Kirche: wegen Chor, Gemälden und Kirchenschatz ... Bekannter ist Fanjeaux jedoch für seinen Rundumblick vom Seignadou aus, einem Aussichtspunkt, von dem der *Heilige Dominik* einst »Feuerkugeln« auf den benachbarten Weiler Prouille herabfallen sah. Um dieses »Wunder« zu würdigen, gründete er hier 1206 seine erste Ordensgemeinschaft (aha, und wir dachten stets, er habe dies erst 1215 in Toulouse getan ...). Daß es mit Dominikus etwas Besonders auf sich haben würde, zeigte sich übrigens schon vor der Geburt des Knäbleins als Sohn einer altkastilischen Familie: seine Mutter sah ein schwarz-weißes Hündlein, das mit einer brennenden Fackel im Maul die ganze Welt erleuchtete. Vorzeichen für die *Domini Canes*, die »Wachhunde des Herrn«? Soviel steht fest: das während der Französischen Revolution zerstörte Kloster ist durch einen häßlichen Bau neueren Datums ersetzt worden.

Nächtigen und Einkehren in der Umgebung

• **Auberge Cathare:** rue du Barry, 11150 Villasavary. Rund 7 km über die D 623 in Richtung Castelnaudary. T. 68 24 78 83. Außerhalb der Hauptreisezeit dienstagsabends und mittwochs geschlossen. Typisches Landgasthaus mit rustikalem Speisesaal, unverputzten Wänden, karierten Tischdecken und einem riesigen Kamin, unter dem man sogar Platz nehmen kann! Gutbürgerliche Küche, Zutaten aus der Gegend und Preise, wie man sie anderswo nicht

CARCASSES & LAURAGAIS – FANJEAUX / 141

mehr findet. Für nur 70 F: Wurstwaren *(Charcuteries)*, Tagesgericht *(Plat du jour)*, Käse, Nachtisch und ein Viertele Wein ... Weitere Menüs in der Preisspanne 85-190 F. Unterbringung in Zimmern zu 100 F (Dusche auf dem Gang) und 130 F (separate Dusche). Tafeln und logieren wie die »Ketzer« im Languedoc ...
- **Camping du Lac:** domaine de Borde Basse, 11420 Cahuzac über Belpech (über die D 102). T. 68 60 51 65. Zwischen Castelnaudary und Mirepoix, westlich von Fanjeaux. Angenehmer Zeltplatz inmitten 3 ha schöner Natur; mit allem drum und dran, freundliche Aufnahme. Nahebei ein See mit Badestrand; Bar-Restaurant. Ideal zum Entspannen. Gebühren: 16 F pro Person und 20 F für den Stellplatz.

CASTELNAUDARY (11400)

Die Zwölftausend-Seelen-Kleinstadt scheint sich mit ihrem Rugby- und Cassoulet-Ruf zufriedenzugeben und verbummelt dabei kulturelles Leben und Fremdenverkehr. Dennoch (oder gerade deswegen) sprachen uns die Altstadt, der schöne *Canal du Midi* und die freundlichen Bewohner an. Dem vom Erobern etlicher Katharerburgen und der Besichtigung Carcassonnes Ermüdeten wird das süße Nichtstun gefallen, das so typisch für den Süden ist. Markttag am Montag.

Nützliche Adressen

- **Fremdenverkehrsamt:** place de la République. T. 68 23 05 73. Auskünfte von 9.30-12.30h und von 14-19h (samstags bis 18h). Im Winter sonntags und sommers an Sonntagnachmittagen geschlossen.
- **Bahnhof:** südlich der Innenstadt. T. 68 23 01 46.
- **Bootsvermietung:** *Crown Blue Line,* am Grand Bassin. T. 68 23 17 51. Nach John Riddel (einem Australier) fragen. Sich eingehend erkundigen, denn manchmal kommt man auf dem, in den letzten Jahren öfters ausgetrockneten, *Canal du Midi* nicht sehr weit. Das ist schade, denn der 240 km lange Kanal zwischen Agde im Osten und der Garonne bei Toulouse bietet allen Freizeitkapitänen ein unverfälschtes Stück Frankreich. Jedenfalls kein Vergleich mit einer Erkundung aus der Windschutzscheibenperspektive. Da dies auch die anderes wissen, tummeln sich zur Hauptreisezeit schon mal so viele *Pénichettes* auf dem Kanal, daß sich vor den (handbetriebenen) Schleusen Staus bilden (s. auch Kapitel »Der Canal du Midi«).

Hauptstadt des Cassoulet

Die Bewohner behaupten sogar: »Welthauptstadt« des Cassoulet. Tatsächlich haben sich die Gastronomen in Anlehnung an die Heilige Dreifaltigkeit darauf geeinigt, daß Castelnaudary der »Vater« des Cassoulet sei – der beliebte Eintopf aus weißen Bohnen wurde hier im 15. Jh. erfunden – während Carcassonne die Rolle des »Sohnes« und Toulouse jene des »Heiligen Geistes« zukomme. In Castelnaudary herrscht darob strenges kulinarisches Brauchtum: die *Cassolo* (eine große Schale, die dem Cassoulet seinen Namen gab) muß aus Ton sein, die Zutaten aus der Gegend stammen (dem Lauragais) und die Bohnen in hiesigem Leitungswasser gekocht werden ... Von wegen nebensächlich!
Also: die Lingot-Bohne, nicht zu weich gekocht, wird bevorzugt. Was die Fleischzusammensetzung anbelangt, so schwankt diese von einer »Hauptstadt« des Cassoulet zur anderen: Gänse-Confit *(Confit d'oie)*, Wurst *(Saucisse du pays)*, Schwarten, Rippen und Haxen vom Schwein, auf keinen Fall jedoch Rauchfleisch!

Puristen behaupten, es gebe kein richtig gutes Restaurant mehr, wo das Cassoulet von Castelnaudary serviert werde. Die Bewohner halten dagegen, dieses sei gut in jedem Restaurant am Ort. Selber ausprobieren, wer recht hat ...
- Cassoulet in Konservenform eignet sich auch als Mitbringsel. Ein netter, kleiner Laden: *Maison Rivière*, 37, place de Verdun und av. Frédéric-Passy, im Industriegebiet d'En Tourbe (an der Straß nach Mirepoix). T. 68 94 01 74. Große Dose für drei Personen ca. 50 F (mit Confit). Auch Verkauf von *Foie Gras*.

Kost & Logis

- **Grand Hôtel Fourcade:** 14, rue des Carmes. In der Innenstadt; mündet in die Rue du 11-Novembre. T. 68 23 02 08. Von Mitte September bis Mitte April sonntagabends und montags geschlossen. Das große, beigefarbene Hotel ist in der ganzen Gegend für sein Cassoulet bekannt. Ein kleines Menü zu 80 F *(Saucisse du pays, Truite* (Forelle) oder Steak, Nachtisch). Wer 135 F anlegen möchte: Wurstwaren *(Charcuterie de la Montagne Noire)* oder Linsensalat mit Geflügelmagen *(Salade de lentilles aux gésiers),* dann das »einzigartige« Cassoulet mit drei *Confits (Cassoulet aux 3 confits),* Käsesalat *(Salade fromagère)* und Nachtisch. Einzelgerichte kommen ziemlich teuer. Unterbringung in etwas spartanischen, aber günstigen Zimmern: ab 130 F (mit Waschraum) und bis 210 F mit Bad und Pantoffelkino.
- ♦ **La Grignote:** rue Soumet, Ecke Rue Dunkerque, im Herzen der Stadt. T. 68 23 31 83. Belebtes Bar-Café, Treffpunkt der jungen Leute. Erfreulich günstige Gerichte. Menüs zu 65 und zu 85 F. Aber eben kein Cassoulet!

- *Etwas feiner*

- **Hôtel Liberté Les Palmes:** 10, rue du Maréchal-Foch. T. 68 23 03 10. F. 68 94 16 22. Kokettes, komfortables Drei-Sterne-Hotel. Die etwas verlebten, aber sauberen Doppelzimmer zum Preis von 270-310 F, durchweg mit Bad, Fernseher und Minibar. Im Restaurant anständiges Menü zu 85 F. Das zu 115 F wird wegen seines Cassoulets von Kennern zur Zeit empfohlen. Können wir nur bestätigen.
- **Hôtel de France:** 2, av. Frédéric-Mistral. T. 68 23 10 18, F. 68 94 04 64. Ein kleines, hübsches und sauberes Zwei-Sterne-Hotel. Doppelzimmer mit Dusche 280 F, mit Bad 310 F. Alle Zimmer sind mit TV (Satellitenempfang) ausgestattet. Die kürzlich vorgenommene Rundumrenovierung sorgt für eine eher sterile Atmosphäre, wie häufig in Häusern von Hotelketten anzutreffen. Wenigstens braucht man sich nicht über mangelnde Sauberkeit zu beklagen! Restaurant im Hause: zu lobende Küche und ein appetitliches *Menu régional* zu 135 F mit *Foie gras* und *Cassoulet.*

Sehenswertes

▶ **Grand Bassin:** nicht zu verfehlen. Schleusen halten hier das Wasser des *Canal du Midi* zurück, der Castelnaudary im Süden durchquert. Betriebsamer Hafen im Sommer und geeigneter Ort für Spaziergänge (schöne Sicht über die Stadt).

▶ **Collégiale Saint-Michel:** Stiftskirche im oberen Teil der Altstadt. 56 m hoher Glockenturm, unter dessen spitz zulaufender Giebelarkade eine Gasse hindurchführt. Um 17h (18h im Sommer) fallen die Portale in das Schloß. Die stattliche, im 13. und 14. Jh. erbaute Kirche wurde nach der großen Feuersbrunst in Castelnaudary wiedererrichtet. Einmaliges, vierzig Meter langes Kirchenschiff, Orgeln aus dem 18. Jh. (Hörprobe sonntags) und ein Schnitzkreuz aus dem 16. Jh. in einer der Kapellen.

▶ **Présidial:** unweit der Kirche. Dieses alte Kastell gab der Stadt ihren Namen. Die von *Richelieu* geschliffene Burg wurde zum Gefängnis umgebaut und später als *Présidial* (Zivil- und Militärgericht) genutzt. Sich für eine Besichtigung des ältesten Gebäudes in Castelnaudary (vor zwei Jahrtausenden errichtet) ans Rathaus wenden.

▶ **Chapelle Notre-Dame-de-la-Pitié:** hinter dem Krankenhaus. Wegen ihrer vergoldeten Wandtäfelung aus dem 18. Jh. sehenswerte Kapelle. Darauf findet sich der Lebensweg Christi nachgebildet. Schöne Steinpietà im Chor.

▶ **Hôpital Saint-Jaques:** rue de l'Hôpital. Treppenhaus aus dem 16. Jh. und dekorative schmiedeeiserne Gitter. Im Innern (Besichtigung nach vorheriger Absprache) eine Art Apotheken-Museum: alte, hölzerne Wandverkleidung und eine Sammlung von annähernd hundert Fayence- und Porzellantöpfen aus dem 18. Jh.

HÉRAULT

Vergleichen läßt sich das Hérault mit einem Amphitheater, das, angelehnt an die Ausläufer des Zentralmassivs, zum Meer hin abfällt.

– Von der Galerie, dem *Col d'Arboras* beispielsweise, bietet sich dem Betrachter eine abwechslungsreiche Szenerie dar: geschichtsträchtige Landstriche, quirlige Hafenstädte, tiefe Schluchten (Gorges d'Héric) und ein weißer Bergstock (la Séranne).

– Der Balkon, um im Bild zu bleiben, gehört der *Garrigue* (Strauchheide): verschlungenen Pfaden folgend entdeckt man hier eine vergessene Komturei, dort eine weltabgeschiedene Kapelle und natürlich die stolze Abtei Saint-Guilhem.

– Im Orchester ertreckt sich die Ebene mit Dörfern und Weinbergen rund um die Regionalhauptstadt Montpellier.

– Auf der Bühne schließlich das Meer. Zum Horizont hin weite Sandflächen, schilfbedeckte Strandseen und Lagunen. Ein Landstrich zwischen fester Erde und Wasser – von Zugvogelscharen bevölkert – der außer Salz nicht viel hergibt. Kein großer Naturhafen – Sète ist das Werk von Menschenhand: die Bewohner des Languedoc orientierten sich an der Erde. Heute verspricht der Fremdenverkehr einigen Wohlstand, wenn auch zu einem nicht geringen Preis: die Küstenlandschaft zwischen La Grande Motte, Sète und dem Cap d'Agde ist zugebaut. Geblieben sind dennoch ein paar ursprüngliche Flecken und überraschende Entdeckungen.

Im Hérault: Unterkunft einmal anders

Es soll hier die löbliche Initiative des *Conseil général de l'Hérault* (Regionalrats) erwähnt werden, der sich eine originelle Art der Unterbringung zu unschlagbaren Preisen hat einfallen lassen: die Hotelkette der **Campotels**. Dabei handelt es sich um achtzehn kleine Feriendörfer, die in oder in unmittelbarer Nähe typischer Ortschaften des Languedoc liegen. So berappen z.B. in Olorgues fünf Personen in einer kleinen Ferienwohnung mit Kochnische nur 180 F außerhalb der Saison und 200 F im Juli/August! Vorsicht ist jedoch geboten: Campotel ist nicht gleich Campotel. Es gibt trostlose darunter, und andere gleichen Ferienclubdörfern à la *Club Méd.* Drum haben wir sie alle abgeklappert und die besten ausgewählt, die wir unseren Leserinnen und Lesern im Folgenden nicht vorenthalten wollen. Gesamtkatalog erhältlich beim *Comité Départemental du Tourisme,* Maison du Tourisme, av. des Moulins, F-34000 Montpellier. T. 67 54 20 66.

Volkstümliche Überlieferungen

Was da so durch Geschichte und volkstümliche Überlieferung des Hérault kreucht und fleucht, ist schon bemerkenswert: Kamele und Schnecken, neben Ochs und Esel.

– **Le Poulain de Pézenas** (Fohlen von Pézenas): als die schöne Stute *Ludwigs VIII.* in Pézenas erkrankte, überließ er sie dem dortigen Gouverneur. Bei seiner Rückkehr empfing ihn die inzwischen wieder muntere Stute mit ihrem Fohlen. Um diesen Augenblick zu verewigen – wie rührend! – befahl der König, ein Fohlen zu bauen und es bei jedem Volksfest vorzuführen. Es ist aus Kastanienholz gefertigt und von einem mit Lilienblüten bestickten Stoff überzogen. Am Faschingsdienstag und im August wird es hervorgeholt, gefolgt von Pfeifen und Tamburinen. Zum Andenken an den *Maréchal de Bassompière,* der eine Frau aus Pézenas hinter sich aufsitzen ließ, um ihr über den Fluß zu helfen, sitzen Estienou und Estieinetto auf seinem Rücken.

– **Le Chameau de Béziers** (Kamel von Béziers): Aphrodise, der erste Bischof in Béziers, besaß ein Kamel. Er war vor den Nachstellungen der Römer in Heliopolis geflohen. Nachdem der Bischof enthauptet war, wurde das Kamel den Armen gegeben, zusammen mit einem Stück Land, um es zu ernähren. Als auch das Kamel das Zeitliche segnete, wurde das Land dem Gemeinwohl überschrieben. Das riesige Kamel – der Kopf aus Holz und der Rumpf mit bunten Vögeln bedeckt – wird im April, am Namenstag des Heiligen Aphrodise, von einem Führer namens Papari.

– **L'Ane de Gignac** (Esel von Gignac): er rettete die Stadt, indem er mitten in der Nacht zu schreien anfing und die Einwohner warnte, die daraufhin den angreifenden Sarazenen wehren konnten. Der Esel Martin tanzt nicht: er vollführt Luftsprünge und versucht, die Menge beiseite zu stoßen.

– **Le Boeuf de Mèze** (Ochse von Mèze): zu Zeiten Neros besaß ein römischer Legionär nur einen starken Ochsen, der die Arbeit von vieren alleine verrichtete. Nach seinem Tod breitete man, um des Tieres zu gedenken, seine Haut über die Zweige einer Pinie. Seit damals wird im August ein Blechtier hervorgeholt, das beim Vorüberziehen brüllt.

– **L'Ane de Bessan** (Esel von Bessan): einst wurde ein Eselmarkt auf dem »Chemin des Anes« abgehalten. Das schönste Grautier, »l'ase désignat«, wurde zu Oboentönen spazierengeführt. Auch hier wieder der Brauch, einen mit Vögeln bedeckten Holzesel jeden 10. August herumzuführen. An diesem Tag werden dem Bürgermeister und dem Pfarrer Blumen überreicht.

– **Schneckenprozession von Saint-Guilhem:** gründonnerstagsnachts bewegt sich im Schein von an den Fassaden befestigten Öllämpchen eine Prozession durch die Straßen.

– **»Pailhasses« von Cournonterral:** wir verlassen das Tierreich. Der Bayle Pailhas verfiel im 14. Jh. auf die Idee, die Bewohner in furchterregende Gewänder zu stecken: den Rumpf in einen Jute-Sack, mit Buchsbaumzweigen und Truthahnfedern versehen, eine Dachshaut über den Kopf gestülpt. Furchterregend genug, um eine Armee in die Flucht zu schlagen, in diesem Fall jene des Nachbardörfchens Aumelas.
Seit diesem denkwürdigen Tag wälzen sich die jugendlichen »Pailhasses« jeden Aschermittwoch in Weinhefe und verfolgen ihre Zeitgenossen, um sie tüchtig zu besudeln.

– **Legende vom Pic Saint-Loup, Pic Saint-Guiral und Pic Saint-Clair:** einst lebten in der friedlichen Ortschaft Saint-Martin-de-Londres die Burschen Loup, Guiral und Clair. Alle drei reich, schön und verliebt in dieselbe Schöne. Sie versprach dem Tapfersten ihre Hand, worauf die drei in Krieg zogen. Ihrer überdrüssig, war die Schöne bei ihrer Rückkehr verschwunden. Um ihren Kummer zu ertränken, flüchtete sich ein jeder auf einen der Berg, die das Dorf umgaben. Sie tragen bis auf den heutigen Tag ihre Namen.

– **Flasche von Frontignan:** zum Andenken an Herkules wird der berühmte Muskatwein in Flaschen mit gedrehten Hälsen gehandelt. Der Halbgott hatte, um auch des allerletzten Tropfens dieses labenden Trankes habhaft zu werden, die Flasche mit seinen sprichwörtlich kräftigen Händen wie einen Putzlappen ausgedreht.

Römisches Erbe

Das Département Hérault durchziehen zwei Römerstraßen, in deren Umkreis sich das Wirtschaftsleben entwickelte: die *Via Domitia*, die, von Nîmes kommend, hier mit der Straße aus Narbonne zusammentraf; und die *Via Tegulae*, von den Töpfern aus Graufesenque bei Millau als Handelsstraße dazu benutzt, um Flach- und Hohlziegel *(tegulae* bzw. *imbrices)* nach Nîmes und ins Römische Imperium zu schaffen.

MINERVOIS UND MONTAGNE NOIRE (Schwarze Berge)

Weißes Sonnenlicht prallt auf kargen, weißen Boden, die violetten Schatten der Sträucher wetteifern mit jenen der Weinreben und die Bäche fließen in ihrem Kreidebett. Auch in diesen Vorbergen der Cevennen – einem Weinbaugebiet – hat der Albigenser-Kreuzzug seine Spuren hinterlassen, man denke nur an die Ruinen von Lastours. Höhepunkt: das geschichtsträchtige Städtchen Minerve.

MINERVE (34210)

Festung in schwindelerregender Lage auf einem Felsvorsprung am Zusammenfluß von Brian und Cesse. *Simon de Montfort,* der berüchtigte Kreuzfahrer und Bezwinger der Katharer, ließ in dieser Märtyrerstadt seine Scheiterhaufen errichten. Keine gewöhnliche Stätte also, doch dämpften Frittengeruch und Urlauberherden unsere Begeisterung. Wieviel Jahre mögen noch vergehen, bis es in Minerve ausschaut wie rund um Notre-Dame zu Paris an einem Sonntagnachmittag im August?

Unterkunft

- *Für schmale Geldbörsen*

  - **René Maynadier:** *Gîte* im Ort. T. 68 91 22 93. Unterkunft in zypressengesäumten Häuschen. Außerhalb der Urlaubszeit 1000 F, im Juli/August 2000 F pro Woche für vier Personen. Doppelgemach mit Dusche und WC zu 220 F, Frühstück inbegriffen.
  - **Ulysse Martin:** 23, Grand'Rue. T. 68 91 22 97. Ferienwohnung in der Dorfmitte, in einem hübschen Haus mit Blumenbalkon. 800 F pro Woche außerhalb der Hauptreisezeit. Nur hundert Meter zum Schwimmbad.

- *Etwas schicker*

  - **Relais Chantovent:** im Dorf. T. 68 91 14 18. Sonntagabends und montags geschlossen (außer im Juli/August), sowie von Januar bis März. Maïté und Loulou Evenou haben ein altes Gebäude mit aufregendem Blick über den Abgrund renoviert. Man glaubt, am Fels zu kleben! Auf den Zimmern mischt sich Altes mit Modernem; das Ergebnis ist hübsch und erschwinglich: 250 F mit Dusche, 300 F mit Bad. Auch mit dem Restaurant sind wir zufrieden (s. unten).

- *Zeltplätze*

  - **Centre Naturiste:** Mas de Lignières, in *Cesseras.* T. 68 91 24 86. In der Strauchheide versteckt, fern aller neugieriger Blicke.
  - **Domaine du Vernis:** 34210 *Azillanet.* T. 68 91 13 22. Auch dieser Platz liegt verloren zwischen Azillanet und Aigne. Etwas für Liebhaber der Einsamkeit, aber man hält sich hier bedeckt. Saubere Anlage, aber nichts Besonderes.

Verpflegung

Zuerst einmal eine Flasche Muskatwein aus Saint-Jean-de-Minervois erstehen, ein köstliches, gut gekühlt zu genießendes Getränk. Eignet sich als Aperitif, zum Roquefort oder zum Nachtisch.

♦ **Chantovent:** im Dorf. T. 68 91 14 18. In einer Traumlage mitten im Ort, am Abgrund hangelnd. Dieses ausdrucksvolle Bild würde die Presse sicher wieder beanstanden, weil sie unsere zarte Poesie mal wieder nicht kapiert ... Besseres Provinzlokal, d.h. großzügige Portionen und Zutaten aus der Region: Berg

MINERVOIS & MONTAGNE NOIRE – MINERVE / 147

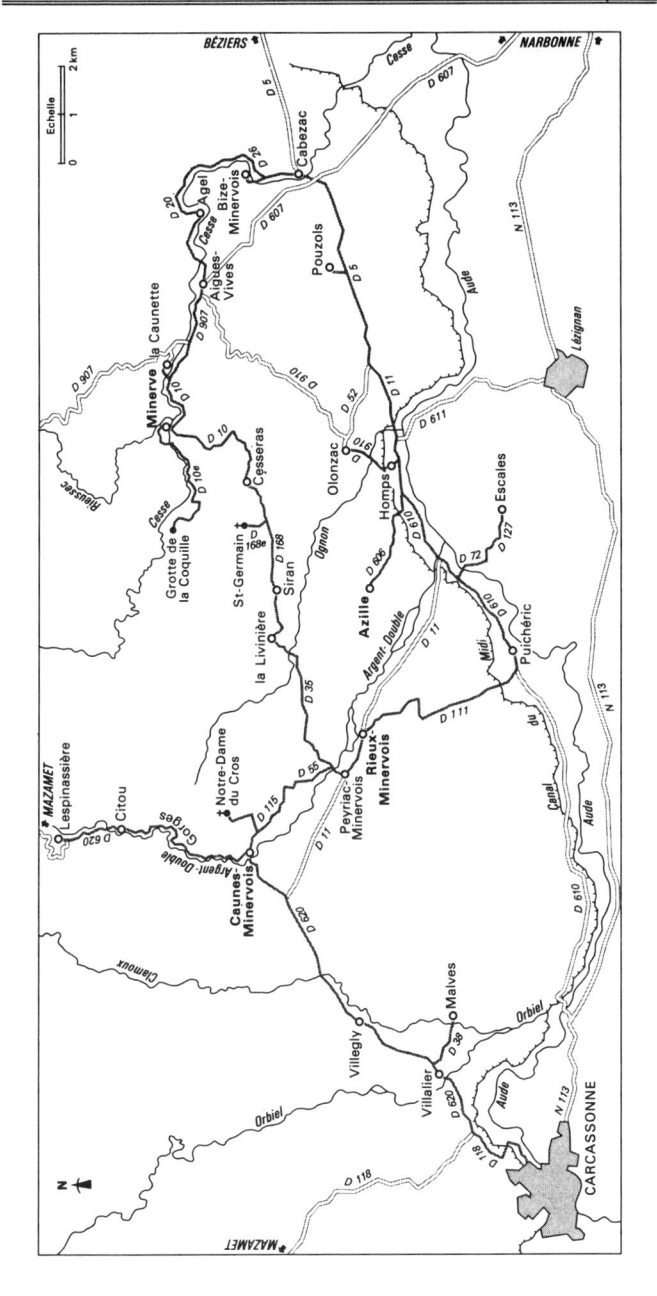

Minervois und Canal du Midi

schinken, *Pélardons rôtis* usw., jeweils mit bestem Minervois begossen. Menüs zu 105, 135 und 235 F.

Kulturelles

▶ **Musée Municipal** (Städtisches Museum): täglich geöffnet. T. 68 91 22 92.

▶ **Musée Hurepel:** T. 68 46 10 28. Figurinen, die die Zeit der Katharer aufleben lassen.

▶ **Tour La Candéla:** turmähnlich in den Himmel ragendes, achteckiges und einziges Überbleibsel der Burg von Minerve. Nach rechts den GR und immer noch nach rechts einen Pfad unterhalb der Stadtmauern entlang, um den Ort herum. Dann das ausgetrocknete Flußbett hinunter und über die natürlichen Brücken.
Daß Simon de Montfort gemeinsam mit den Kreuzfahrern, dem Bischof von Narbonne und einem Zisterzienserabt zu Beginn des 13. Jahrhunderts gen Minerve zogen, um dort die Katharer auszuräuchern, haben wir bereits angedeutet. Wie es dem wilden Haufen gelang, die als uneinnehmbar geltende Festung einzunehmen, sei an dieser Stelle kurz beschrieben. Gewiß geschah es auf göttlichen Ratschluß, daß ein Geschoß der Angreifer ausgerechnet den Brunnen der Festung traf. In Anbetracht der Wasserknappheit und großen Hitze blieb deshalb den Katharern, allen voran Vizegraf *Guillaume de Minerve*, nichts anderes übrig, als die weiße Fahne zu schwenken. Bis auf wenige Frauen weigerten sich aber die *Parfaits* und *Parfaites*, ihrem Glauben abzuschwören und zogen es vor, ihr Leben auf den Scheiterhaufen zu lassen. Diese hatte man in einem ausgetrockneten Flußbett errichtet, auf daß dem göttlichen Willen Genüge getan würde. Warum das ganze? Nicht zuletzt, um sich die unliebsame Konkurrenz der Weine des Minervois vom Hals zu schaffen, die den Narbonnern das Leben schwer machte. Der zerstörte Brunnen ist übrigens noch heute zu besichtigen.

Veranstaltungen

– **Festival du Minervois:** Anfang August. Präsentation und Verkauf gastronomischer und kunsthandwerklicher Erzeugnisse, Marionettentheater, Freilufttheater, Bauernvesper ...

In der Umgebung

▶ **Dolmen:** auf der Causse. Über den Fernwanderweg GR 77 zu erreichen.

▶ **Azillanet:** Kirche aus dem 17. Jh. mit schönen Säulenreihen im Innern.

▶ **La Caunette:** kleines, befestigtes Dorf.

– Man halte sich an die von der *Association Les Capitelles du Minervois* vorgeschlagenen Routen *(Circuits)*. Nach dem Faltplan beim Fremdenverkehrsamt in Minerve fragen.

CANAL DU MIDI

Bemerkung vorweg: die Bewohner des Aude und alle Pedanten mögen uns verzeihen. Wir haben die Etappen des *Canal du Midi* der Übersichtlichkeit halber in einem Kapitel zusammengefaßt. Wir bitten also vielmals um Entschuldigung, daß wir es gewagt haben Trèbes, Marseillette, Argens-en-Minervois, Le Somail usw. ins Département Hérault zu verpflanzen, obwohl wir genau wissen, daß sie ins Aude gehören.

Frage: wo befindet sich das mächtigste Bauwerk des Midi: in Toulouse, Carcassonne, Sète oder Béziers? Antwort: überall gleichzeitig. Von Toulouse bis zum Étang de Thau verläuft eine grüne Wasserstraße, von 64 Schleusen, 55

MINERVOIS & MONTAGNE NOIRE – CANAL DU MIDI / 149

Canal du Midi

Aquädukten und 7 Kanalbrücken unterbrochen und überwölbt von 126 Bogenbrücken. Man stelle sich eine 240 km lange Wasserstraße unter dem schattigen Dach der Platanenkronen vor, die sich gemächlich ihren Weg zwischen Obstgärten und Weinbergen sucht, geschichtsträchtige Städte durchquert, natürliche Flußläufe mittels Aquädukte überwindet und sich mit Hilfe von Schleusen (bis zu acht auf einmal) immer höher emporschraubt ...
Berühmte Zeitgenossen sind auf dem Kanal gereist: *On y voit le pays autant et mieux qu'en diligence ...* (»Man überblickt das Land genauso gut, ja besser als aus der Pferdekutsche ...«) rief der französische Schriftsteller *Stendhal* begeistert in seiner Wasserkutsche, die von drei Pferden gezogen wurde, aus. Ein halbes Jahrhundert zuvor war der englische Agronom *Arthur Young* ganz baff: *C'est là le plus beau spectacle qu'il m'ait été donné de voir en France. Louis XIV, tu es vraiment un grand roi!* (»Das ist der schönste Anblick, der mir in Frankreich vergönnt war. Ludwig XIV., du bist wirklich ein großer König!).

Eine fixe Idee und deren finanzielle Folgen

Bevor Lastkähne zweihundert Jahre lang Getreide, Wolle, Wein und Seide auf dem Kanal befördern konnten und dem Languedoc wirtschaftlich auf die Sprünge halfen, bedurfte es erst einmal eines von der Idee des Kanalbaus besessenen Zeitgenossen, der keine Kosten scheute, um sein Lebenswerk – welches letztlich das Dreifache des zunächst veranschlagten Betrages verschlang – in die Tat umzusetzen: nicht Kaiser August oder Karl der Große wagten sich an das Vorhaben heran, sondern Mitte des 16. Jahrhunderts ein königlich-französischer Inspektor und Eintreiber der Salzsteuer namens *Pierre-Paul Riquet*. Als dieser dem Finanzminister am Hofe Ludwigs XIV., Colbert, seinen Plan eines Kanalbaus von der Garonne bis ins Mittelmeer unterbreitete, hätte ihn der fast als Spinner abgetan. Dem Sonnenkönig hingegen, vor keinem noch so kühnen Monumentalwerk zurückschreckend, gefiel der Gedanke. Bald schufteten zwölftausend Arbeiter unter Leitung Riquets zwölf Jahre lang, bis die rund zweihundert Meter Höhenunterschied am Seuil de Naurouze zwischen Sète und Toulouse überwunden und die nötige Wasserzufuhr – die Bäche der Montagne Noire wurden gefaßt und in das Titanenwerk umgeleitet – gewährleistet war. Die königliche Schatzkammer gab nach Versailles und den vielen Kriegen allerdings bald nichts mehr hin. Riquet griff deshalb in die eigene Schatulle und dann in die seiner Frau. Als er starb, hatte er nicht nur sein eigenes Vermögen aufgezehrt, sondern auch das ihre. Von den vierzig Jahre lang unter einer astronomischen Schuldenlast ächzenden Erben ganz zu schweigen. Dafür konnten Wasserfahrzeuge nun von Bordeaux am Atlantik bis ins Mittelmeer gelangen, ohne die Iberische Halbinsel zeitraubender Weise umfahren zu müssen. Ein Verdienst, dessen belebende Auswirkungen auf die Wirtschaft im Midi jener Ludwig XIV. auf der Habenseite verbuchen konnte, dessen Finanzminister Colbert zum Schluß den Geldhahn fast ganz zugedreht hatte.

Gleich nach Eröffnung des Kanals 1681 begann der Rummel ... Von Toulouse nach Sète reiste man nur noch per Schiff. Gasthäuser, Kapellen und Bordelle säumten alsbald das Ufer. Riquet hatte Weitblick bewiesen.

Vermietung von Hausbooten *(Pénichettes)*

Seit 1988 die Handelsschiffahrt auf dem Kanal ganz zum Erliegen gekommen ist, bieten zahlreiche Unternehmen zwei bis zehntägige Vergnügungsfahrten zwischen Trèbes und Marseillan an. Los geht's in Castelnaudary und Port-Cassafières. Gut zu wissen: die Mietgebühren (in der Regel für zwei bis zehn Personen) liegen in der Nebensaison nur halb so hoch.

– **locaboat plaisance:** Ludwigstr. 1, D-79104 Freiburg i.Br.; T. 07 61/38 10 85, F. 38 11 56; vermittelt komfortable, geräumige und leicht zu bedienende Hausboote, die führerscheinfrei zu chartern sind.

- **Kuhnle-Tours:** Abt. V., Nagelstr. 4, D-70182 Stuttgart; T. 07 11/16 482-0, F. 16 482 60; Telefonieren zum Nulltarif: 0130/85 55 05 (weitere Büros in Berlin, T. 030/814 15 19, Düsseldorf, T. 02 11/13 37 05, und München, T. 089/129 30 16); voll ausgerüstete, führerscheinfreie Boote für zwei bis zwölf Personen.
- **Hausboot Böckl:** A-1180 Wien, Haizingerg. 33, T. 02 22/470 470 8; Dingolfinger Str. 2, D-81673 München, T. 089/40 10 10; Adlerstr. 74, D-40211 Düsseldorf, T. 02 11/36 77 120; Hausbootferien in Südfrankreich.
- **Quiztours:** Bassin de la Villette, 19-21, quai de Loire, F-75019 Paris. T. 00 33-1/42 40 81 60, F. 42 40 77 30. Abenteuerliche Flußreise (6 km/h) an Bord eines komfortablen Schiffs der *Crown Blue Line*. In *Castelnaudary* oder *Port-Cas-safières* beginnt das unstete Wanderleben der Flußschiffer, nur dem Rhythmus der Schleusen gehorchend und unterbrochen von Erkundungsgängen an Land: Carcassonne, Piuchéric und Schloß Saint-Annay, Homps, Argents, Argeliers, Nissan-les-Enserrune. Dann geht's durch den Malpas-Tunnel weiter bis nach Béziers, das man aus der Vogelperspektive, von den beeindruckenden sieben Schleusen von Fontsérannes herab, überblickt. Schließlich Ankunft im Etang de Thau. Und das Schiff beginnt zu schaukeln ...
- **Crown Blue Line:** Port-Cassafières, F-34420 Portiragnes. T. 67 60 91 70. Le Grand Bassin, F-11400 Castelnaudary. T. 68 23 17 51.
- **Bateliers du Midi:**
5, quai Elie-Amouroux, F-34310 Capestang. T. 67 93 38 66.
- **Connoisseurs Cruisers:**
7, quai d'Alsace, F-11100 Narbonne. T. 68 65 14 55.
- **Les Croisières du Soleil:** Le Port, F-11200 Homps. T. 68 91 38 11.

Juni oder September sind die günstigsten Monate. Wenn möglich zu viert reisen: einer wird immer nebenherjoggen (schneller als das Boot!), zwei für die Manöver in den Schleusen und der letzte am Ruder. Die Bootsfahrt ist jedoch auch zu zweit möglich: Schleusenwärter und Nachbarn sind notfalls behilflich. Die Kurbelei an den Schleusen geht übrigens gehörig in die Knochen!
In Anbetracht der einfachen Handhabung der *Pénichettes* (neuerdings auf *Franglais* »house-boats« genannt) ist kein Bootsführerschein erforderlich.

DER CANAL DE MIDI VON TREBES NACH MARSEILLAN

► *TREBES* (11800)

Gegen 16h eintreffen. Ein Techniker führt in alle Geheimnisse des Bootes ein: Wassertank, Motor, Wasserpumpe. Bewachter Parkplatz. Wer in Form ist, kann schon die ersten Schleusen nehmen und in Richtung Marseillette tuckern; ansonsten bekommt man auch hier etwas zu beißen:

♦ **Le Cabriolet:** 1, rue de la Cité-du-Premier-Mai. T. 68 78 82 12. Das Fremdenverkehrsamt ausfindig machen. Von dort die erste Straße nach rechts und noch einmal die erste nach rechts. Schon sind wir da! Von Einheimischen frequentiertes Lokal: ein gutes Omen. Menü zu 60 F mit Käse und Nachtisch. Für den größeren Hunger: *Menu régional* zu 85 F, weitere Menüs zu 100, 130 und 240 F.

♦ **Auberge du Moulin:** bei der Schleuse. T. 68 78 83 00. Ein nettes Fleckchen: altes Schleusenhaus mit Terrasse unmittelbar am Wasser. Solides Menü zu 85 F ... falls das Gasthaus geruht, seine Pforten zu öffnen. Seit kurzem schwanken die Öffnungszeiten wie der Wasserspiegel des Rheins.

Für Hinweise, die wir in späteren Auflagen verwerten,
bedanken wir uns mit einem Buch aus unserem Programm

152 / HERAULT

▶ *MARSEILLETTE* (11800)

Zwischen Brücke und Schleusen anlegen und am Kai Wasser nachfüllen. Von der Kirchenterrasse schöner Blick übers Land. Kurioser Telegraphenturm. Wer seinen Drahtesel vergessen hat, kann notfalls einen Motorroller bei *L'Arlequin* mieten, T. 68 79 16 79. Dann geht's ab in Richtung Peyriac-Minervois und Rieux-Minervois: Stadtmauern, romanische Kirchen und Weinkeller.

♦ **La Terrasse:** ein Hotel-Restaurant, wo's nebenbei auch Zigaretten, Zeitungen und Benzin zu kaufen gibt. Telefonzelle. T. 68 79 05 38. Menüs von 60 F bis 80 F, ein Viertel Liter Wein inbegriffen. Spartanisch, Bedienung im Schneckentempo und fürchterlich laut. An der Schleuse von Marseillette ein kleiner Schmuckladen. Übrigens: auf UKW 101,3 sendet Radio Marseillette ...

– Dienstags und freitagsvormittags hinter der Schleuse von Aiguille festmachen, um vor der Weiterfahrt nach Escales und dem dortigen Turm den Markt in *Puichéric* zu besuchen.

– Für die Nacht in Homps anlegen, dabei das Wassernachfüllen nicht vergessen. Achtung: die Hähne sind nicht ganz dicht. Boote zuhauf, schwirige Manöver, aber eine unvermeidliche Etappe am Fuß des Turms.

▶ *HOMPS* (11200)

Weiteres Dorf, das von der grünen Wasserstraße, genannt *Canal du Midi*, durchquert wird.

Traumferien ...

Verpflegung

♦ **Restaurant Les Tonneliers:** am Hafen. T. 68 91 14 04. Zehn Meter vom Kanal. Gutes Essen, aber keine Sicht auf den Kanal. Was soll's, er ist ja in der Nähe ... Menü zu 80 F mit eingelegtem Hühnerfleisch mit Kirschen *(Confit de cerise de poule*, originell!). Zwei weitere zu 85 und 120 F: getrockneter Bergschinken *(Jambon sec de montagne)*, eingelegter Entenschlegel *(Cuisse de canard confite)* ... Tage mit Hochzeiten und Banketten meiden. Abends kehren viele »Kanalurlauber« hier ein.

♦ Bei den Schleusen von Ognon anlegen und im Restaurant **L'Escale du Canal** einkehren. T. 68 91 24 41. Betriebsruhe von Dezember bis Februar. Einladender Speisesaal mit Kamin; auf dem Speiseplan steht u.a. eingelegtes Huhn *(Poule confite)*. Menüs in der Preisspanne 100-140 F.

♦ An der **Schleuse von Pechlaurier** werden Obst und Gemüse aus eigenem Anbau feilgeboten. Vorzügliche Tomaten!

▶ Zum Übernachten in **Argens** festmachen. Wasser nachfüllen und über den Treidelweg – mit einer Taschenlampe bewaffnet – zurückkehren. Sich in der Ortschaft mit ihrer imposanten Festung umschauen. Ein kleiner Sprung nach **Lésignan-Corbières**, um dort das Weinmuseum *(Musée des Vignes et du Vin)* und die Weinlager *(Chaix des vignerons)* zu besuchen. T. 68 27 00 36. Montags bis donnerstags von 8-12h und von 14-18h geöffnet.

Die nächsten 54 km kommen ohne Schleusen aus. Der Kanal windet sich genüßlich durch die Bilderbuchlandschaft; immer wieder Ausblicke auf Weinberge, Dörfer und die *Garrigue* bescherend. Unterwegs schmale Bogenbrücken: verlangsamen, mittig fahren und schnell drunterdurch.

♦ In **Roubia** kein Wasser, aber eine Metzgerei (Achtung: sie schließt um Schlag zwölf Uhr mittags!). Holztische unter den Bäumen, Grillplatz, Weinreben ... ein bukolisches Plätzchen, das so nicht mehr kommen wird.

▶ Kurzer Halt nach Paraza, um den **Kanalbrücken-Aquädukt** von *Repudre* anzuschauen.

▶ LE SOMAIL

Malerisch gelegener Weiler am *Canal du Midi*. Unser Lieblingsplätzchen zwischen Narbonne und Carcassonne. Boote und Motorschiffe gleiten übers ruhige Wasser herbei und unter dem alten, von einer Kapelle überragten, Brückenbogen hindurch. Dann entfernen sie sich wieder – gleichsam wie große bunte Flöhe – unter dem grünen Blätterdach der Bäume. Im Sommer sehen Manuel Bernabeu und seine Frau (Gästezimmer) täglich ungefähr fünfzig *Pénichettes* vorübertuckern. Denn Le Somail lebt im gemächlichen Rhythmus des Kanals, heute wie vor dreihundert Jahren. Kaum etwas hat sich seither geändert, mit Außnahme des Wasserturms, der seine Umgebung überragt: ein Künstler hat ihn auf seine Weise vollkommen übermalt ...
Kurzum, ein sympathischer Flecken, geeignet, um dort die Nacht zu verbringen. Überfüllte Strände und verstopfte Autobahnen kennt man hier zum Glück nur vom Hörensagen. Kuriosität am Rande: die zweihundert Einwohner Le Somails werden gleich von drei Gemeinden aus verwaltet.

Kost & Logis

• **Chambres d'Hôtes:** Emanuel Bernabeu, Port de Somail, F-11120 Ginestas. T. 68 46 16 02. Das große, mit wildem Wein bewachsene Haus bei der Brücke wurde zur selben Zeit wie der Kanal, im 17. Jh. nämlich, erbaut. Neuankömmlinge werden von einem netten Paar empfangen. Er, ehemals Maurer, trägt stets eine Schiffermütze, wie ein Kapitän im Ruhestand. Madame kümmert sich um die sauberen und geräumigen Zimmer: 160 F pro Nacht mit Frühstück am Familientisch. Auf jeden Fall ein Zimmer zur Kanalseite hin verlangen.

• **Château de Saint-Aunay:** F-11700 Puichéric. 3 km vom *Canal du Midi,* über die D 610. T. 68 43 72 20. Im Winter geschlossen. Fünf Gästezimmer zu 220 F oder 250 F auf einem Weingut. Schmuckes Haus mit bemalten Glasfenstern, Billardzimmer und Schwimmbad. Auch Mahlzeiten, Menüs ab 95 F.

Sehenswertes

▶ Ein **Rundgang durchs Dorf** ist rasch absolviert.

▶ **Chapelle-pont:** über Jahrzehnte verrichteten die Kanalschiffer dort ein Gebet, wenn sie in *Le Somail* anlegten.

▶ **Antiquariat »Le Trouve-Tout du Livre«:** T. 68 46 21 44. Täglich geöffnet. An die 30.000 alte Bücher lagern in einer Halle. Ein Antiquariat auf dem Lande, wie man es selten in Frankreich findet. Die fein säuberlich geordneten Bücher erinnern denn auch eher an die Pariser Nationalbibliothek als an eine Provinzbuchhandlung. Nach einigem Stöbern wird jeder fündig. Angemessene Preise.

▶ **Musée du Chapeau et de la Chapellerie** (Hut- und Hutmachermuseum): T. 68 46 19 26. Hut ab vor dem, der den Einfall hatte, so viele Kopfbedeckumgen zusammenzutragen: 6500 werden ausgestellt, mitten auf dem flachen Land.

— Unternehmungslustige werden bis zum mittelalterlichen Dorf **Mirepeisset** weiterschippern. Nun wahlweise über die **Descente de la Roubine** nach Narbonne oder weiter über den Canal du Midi in Richtung Capestang. Wir schlagen letzteres vor. Die Passage von Pont-Minervois gestaltet sich etwas schwierig: ein toter Kanalarm, Brücken, Strömung, aber auch wunderschöne Pinien. Gleich nach einer Biegung hinter der Pont d'Argeliers beginnt ein kurvenreicher Kanalabschnitt. Anlegen und bei Gillian und André im Restaurant **Au Chat qui Pêche** (mit Gartenlaube) einkehren. T. 68 46 28 74. Kosmopolitische Küche mit *Gaspacho, Tapas* und einer Prise englischem Humor.

— In **Capestang** Wasser nachfüllen. Mittwochs und sonntagsvormittags Markt. In Erinnerung ist uns ein 44 m hoher Glockenturm sowie spitzbogige Fenster an der Fassade des *Château.*

— **Domaine de Guéry:** ganz schön clever, die Betreiber: ein eigener Ankerplatz erleichtert potentiellen Kunden den Zugang zum vierhundert Jahre alten Weingut. Dem Wein nicht allzusehr zusprechen, denn der knifflige Anlegeplatz von Poilhes verlangt einen klaren Kopf. Schwärme von Booten, gefährliche Kurven. Auch hier muß man fürs Wasser zahlen (10 F für 17 Min.). Also, Hahn weit auf und nichts daneben gehen lassen! Die Miniaturstatue von Paul Riquet finden wir schlichtweg lächerlich.

▶ *POILHES* (34310)

▶ Im Dorf verstreut einige **römische Ruinen** und die **Sully-Ulme.** Warum in Poilhes ein Baum nach jenem Herzog und Hugenotten benannt wurde, der sich nach den Religionskriegen um die Neuordnung des Steuerwesens, der Landwirtschaft und der Seidenindustrie verdient gemacht hat, wußte uns niemand so recht zu sagen. Wer löst das Rätsel?

Einkehren

● *Für arme Kirchenmäuse*

◆ **Chez Nany:** rue de la Poste. T. 68 93 32 30. Hier winkt uns für 80 F ein volles Mittagessen zusammen mit dem Besitzern, M. und Mme Borao, umgeben von Stierkampftrophäen und -plakaten. M. Borao, ein *Aficionado,* führt gerne sein Corrida-Stiere vor. Ob die abgeschlachteten *Toros* in seinen Kochtopf wandern, wollte er uns nicht verraten.

MINERVOIS & MONTAGNE NOIRE – CANAL DU MIDI / 155

● *Etwas anspruchsvoller*

♦ **La Romaine:** bd Paul-Riquet. T. 68 93 42 84. Vom 1. April bis zum 1. November geöffnet. Mittwochs Ruhetag. Ort der Bewirtung ist eine umgebaute Scheune. Leider erinnert kaum noch etwas an alte Bauernzeiten. Beim Blick auf den Kanal vergißt man aber die Plastikstühle. Menüs von 80-150 F. Feinschmecker laben sich an Entenbrust *(Magret de canard)* mit hochwertigen Zutaten.

● *Merklich schicker*

♦ **La Tour Sarrasine:** bd du Canal. T. 68 93 41 31. Außerhalb der Saison sonntags und montags geschlossen. Bedauerlich, vor allem, wenn man die Kochkünste von Daumas Gassac kennengelernt hat. Menüs zu 250 und 320 F. Elegantes Ambiente und aufmerksamer Wirt namens M. Remerand.

▶ Frühzeitig aufstehen, damit genug Zeit bleibt, um das **Oppidum d'Ensérune** zu besichtigen. Kurz vor dem Eingang zum *Tunnel de Malpas* anlegen. Über einen Pfad, eine Straße und eine kleine Abkürzung gelangt man dann zu dieser präromanischen Siedlung (s. folgendes Kapitel »Nissan-les-Ensérune«). Weiter unten der ausgetrocknete *Teich von Montady* mit sonderbaren Mustern.

♦ Ein schnelles Mittagessen im **Château de Colombier:** T. 67 37 06 93. Dienstags bleibt die Küche kalt. Über Mittag hier einkehren und gegen 13.30h wieder ablegen, denn man muß die Schleusen von Fonsérannes vor Béziers bis um 15h passiert haben. Der Anblick der Stadt Béziers und ihres Vorgebirges fesselt zu Recht unsere Aufmerksamkeit, aber bei aller Begeisterung die übrigen Boote nicht behindern. Die Kanalbrücke über den Orb und die Schleusen von Béziers folgen dann rasch aufeinander.

– Nach der Schleuse von Béziers (s. weiter unten) anlegen und den Nachmittag in dieser Rugby-Hochburg verbringen.

– Auf der Weiterfahrt eine Pause in **Villeneuve-lès-Béziers** (Markt) einlegen und – 3 km weiter, nach der Pont de Caylus – an der Fischzucht anhalten, um Krebse zu kaufen oder Forellen zu angeln. In einem feuchten Tuch bis zum nächsten Tag aufbewahren oder an Ort und Stelle, im Port-Cassafière, einem Privathafen, verspeisen. Wasser gibt's hier übrigens unbegrenzt und kostenlos. Die Platanen machen sich nun rar, Schilf und Seerosen säumen die Ufer. Wildenten queren den Kanal, ohne nach rechts und links zu schauen. Bald kommt ein eigentümliches, von *Vauban* entworfenes Bauwerk über dem Librou in Sicht: es sollte dessen Wasser zähmen.

♦ Steuern wir unseren Kahn nun durch die kreisförmige Schleuse von Agde und machen ihn unter den Bäumen fest. Achtung: es ist nicht gestattet, den Hérault hinunterzuschippern. Heute Abend steht uns ein Essen im noblen Restaurant **La Tamarissière** bevor: 21, quai Cornu. T. 67 94 20 87. Von Anfang Januar bis Mitte März geschlossen. Das billigste Menü zu 160 F. Speisesaal in zarten Farbtönen. Nicolas Albano pflegt eine fantasievolle, regional gefärbte Küche. Teure Hotelzimmer (ca. 480 F), dafür aber auch Schwimmbad im Hause.

– Eine einzige Schleuse in *Bagnas*. Zuvor, in *Prades*, eine normalerweise offene Sperrschleuse. Falls doch einmal geschlossen, selber Hand anlegen und einfach an der Kurbel drehen. Einen Schleusenwärter gibt es nicht.
Mit einem letzten Höhepunkt zwischen den Strandseen von Thau und Bagnas, in Gesellschaft von Flamingos und Möwen, endet unsere Kanalreise. Auf die glücklicherweise gut gekennzeichneten Austernbänke achten; die Fahrrinne ist nämlich nicht kenntlich gemacht. Bereitet keine größeren Schwierigeiten, aber es bei starkem Wind besser nicht versuchen. Anker werfen wir in Marseillan.

BÉZIERS UND UMGEBUNG

Weinberge und immer wieder Weinberge. Man muß seinen Blick ganz schön schärfen, um, von Narbonne kommend, Béziers zu entdecken. Plötzlich tauchen dann die Kathedrale Saint-Nazaire hoch über dem Orb und die Dächer der Stadt auf.
Von den Außenbezirken aus bietet sich die *Pont-Vieux* (Alte Brücke) am Fuß des Kathedralenhügels als Postkartenmotiv den Blicken dar. Die Weinhauptstadt Béziers wacht auf einem Felssporn über dem Orb eifersüchtig über riesige Weingüter und Schlösser, die zu Beginn unseres Jahrhunderts mit Türmchen und Zinnen versehen wurden: bauliche Zeugnisse aus einer Zeit, da der Wein noch etwas einbrachte ... Auf den ersten Blick wirkt die Landschaft eintönig, doch dieser Eindruck täuscht, wie uns die Fahrt über die Weinstraße *(Route des vins)* bald lehrt. Die versteckten Reize sind halt immer noch die besten.

BÉZIERS (34500)

Die Stadt dehnt sich gemächlich ins Umland aus und verschlingt dabei hier und da einen Weinberg. Gewundene Gassen, Kirchen und Bürgerpaläste machen auch in Béziers den Reiz der Altstadt aus. Den eigentlichen Kern bilden die langen, angenehm schattigen Allées Paul-Riquet. Jenseits erstrecken sich die volkstümlichen Viertel, wo man oft spanisch sprechen hört. Wir ahnen es: Béziers führt ein ruhiges Leben, im gemächlichen Tempo des *Canal du Midi*. Abends geht jedermann früh zu Bett, und außer zwei bis drei Kneipen ist nicht viel Unterhaltung geboten. Dazu muß man wissen, daß in Béziers viele Rentner ihr Domizil aufgeschlagen haben. Vielleicht ist das eine Erklärung.

Kurzer Blick in die Geschichte

In Béziers wird der traditionelle Gegensatz zwischen dem gallischen Norden Frankreichs und dem Languedoc besonders spürbar: hier wurde unter *Ludwig XIV.* das Ende der rechtlichen Sonderstellung des Languedoc besiegelt – Auslöser war ein Aufstand unter *Henri II de Montmorency* – und Béziers war auch Schauplatz des Winzeraufstandes 1907. Aber gehen wir bei unserem Ausflug in die Geschichte hübsch der Reihe nach vor: die Römer nannten das keltische Oppidum »Baeterra« (und erhoben es um 35 v.Chr. zur Kolonie), die Griechen »Akropolis«. Béziers, eine wichtige Etappenstadt an der *Via Domitia*, ist folglich nicht erst gestern und schon gar nicht an einem Tag erbaut worden. Bereits im 1. Jh. wurde hier Wein angebaut und in Richtung Rom verschifft – Plinius hat sich wohlwollend über die hiesigen Kredenzen geäußert. Die völkerwandernden Germanen, später dann die Franken, ließen keinen Stein der antiken Stadt auf dem anderen, was deren Bewohner aber nicht entmutigte. Spätestens im Hochmittelalter erstrahlte Béziers wieder im alten Glanz und rückte sogar zur Stadtrepublik auf. Zu Beginn des 13. Jahrhunderts dann neues Ungemach: 1209 zerstörten Kreuzfahrer plündernd und brandschatzend große Teile der Stadt – das fürchterliche Massaker ging unter der Bezeichnung »Sac de Béziers« in die Geschichte ein – deren stolze Bürger sich geweigert hatten, die in ihren Mauern beherbergten *Katharer* und anderen Häretiker auszuliefern. Daß man sich jede Einmischung in die inneren Angelegenheiten so selbstbewußt verbieten konnte, lag an den starken Stadtmauern, die eigentlich als unüberwindlich und jeder Belagerung gewachsen galten. Außerdem wußten die Bürger ganz genau, daß sich das Kreuzfahrerheer nach spätestens vierzig Tagen in Wohlgefallen aufgelöst hätte. Denn nach Ablauf der sogenannten *Quarantaine* wären den verpflichteten Rittern ihre Sünden auch erlassen worden, ohne daß es zum entscheidenden Kampf gekommen wäre (unter diesen Bedingungen hätten auch wir uns dafür ausgesprochen, immer noch ein wenig zuzuwarten). Hochmut kam aber auch hier vor dem Fall: als die Tore nach einem gewagten Ausfall der Ritter von Béziers nicht wieder schnell genug ver-

BÉZIERS UND UMGEBUNG – BÉZIERS / 157

riegelt werden konnten, drangen die Kreuzfahrer in die Stadt ein. Deren überwiegend katholische (!) Bewohner flüchteten sich in die Kirchen – unter anderem in die *Église de la Madeleine*, die vom ungezügelten Pöbel in Brand gesteckt und so zum Feuergrab wurde. Auch Frauen und Kinder blieben nicht verschont. Verantwortlich für das Massaker war nicht etwa ein mittelalterlicher Norman Schwarzkopf, sondern, man höre und staune, ein Zisterzienserabt namens *Arnaud Amaury*. Als dessen Ritter leise Skrupel anmeldeten, soll Amaury den überlieferten, in seiner Infamität kaum zu übertreffenden Ausspruch getan haben: »Tötet sie alle, Gott wird die Seinen schon erkennen«. Es würde uns nicht wundern, wenn dies der historischen Wahrheit entspräche ...

Dank seines Weinbaus rappelte sich Béziers rasch wieder zu einer wohlhabenden Stadt auf; daran vermochten auch die Wirren der Religionskriege nichts zu ändern. Ende des 19. Jahrhunderts galt es sogar als reichstes Gemeinwesen im Languedoc. Béziers blieb seiner Berufung treu und bildet bis heute den Mittelpunkt eines bedeutenden Weinbaugebietes. Nicht allein Stierkämpfe und die lokale Rugbymannschaft (ASB) haben die Stadt über die Grenzen der Region bekannt gemacht: hier erblickten auch *Paul Riquet*, Erbauer des *Canal du Midi*, und *Jean Moulin*, ein von der Gestapo ermordeter Anführer der *Résistance*, das Licht der Welt.

Nützliche Adressen

● *Auskunft*

– **Fremdenverkehrsamt:** hôtel du Lac, 27, rue du 4-Septembre. T. 67 49 24 19. In der Saison täglich von 9-19h (sonntags bis 12h); Auskünfte außerhalb der Urlaubszeit: Montag bis Freitag von 9-12h und von 14-18.30h (montags nur bis 18h); samstags von 9-12h und von 15-18h; sonntags dicht.
– **Béziers Oenopole:** 3, rue Paul-Riquet. T. 67 28 88 94. Montags bis freitags von 8-12h und von 13.30-17.30h geöffnet. Dynamischer Verband für technische und qualitative Verbesserungen in der Weinherstellung. Das Programm der *Fêtes Bacchiques* verlangen.
– **Association Promotion du Patrimoine Biterrois:** T. 67 36 74 76. Führt von Juli bis August Stadtführungen durch. Treffpunkt um 10 und um 18h am *Hôtel du Lac*, 27, rue du 4-Septembre. Etwas früher dasein. Sonntags nur eine Führung um 10h. Preis: 25 F (Kinderermäßigung). Dauer rund zwei Stunden.

● *Verkehrsmittel*

– **Bahnhof:** T. 67 62 50 50. Züge nach Sète, Montpellier, Narbonne und Perpignan. Auch der Talgo nach Barcelona fährt über Béziers. In Richtung Norden empfiehlt sich der schnellere Abendzug über Lyon.
– **Busbahnhof:** place Jean-Jaurès. Wichtig: Einheimische nennen den Platz »Place de la Citadelle« und verwenden den Namen Jaurès nur für den Parkplatz. Mehrere Busgesellschaften,die sich die Region sektorenweise aufgeteilt haben, unterhalten hier Büros. Es wäre zu kompliziert, an dieser Stelle alle Zeiten haarklein aufzulisten. Einfach die entsprechende Gesellschaft anrufen.

• *Courriers du Midi:* T. 67 28 23 85. Fahrten nach Montpellier und Pézenas.
• *Les cars GRV:* T. 67 28 25 92.
• *Autocars Gil:* T. 67 31 14 40.
• *Les Autocars Fournier:* T. 67 77 47 31.
• *Les Autocars Serres:* T. 67 94 85 39.

– **Flughafen Béziers-Vias:** route d'Agde, 34420 Portiragnes. T. 67 90 99 10. Von montags bis freitags im Schnitt drei Flüge täglich nach Paris. Im Sommer Zusatzflüge.

Béziers

Unterkunft

● *Mittlere Preisklasse*

- **Le Champ de Mars:** 17, rue de Metz (Plan C 1). T. 67 28 35 53. Kleines, auf Vordermann gebrachtes Hotel in einer ruhigen Straße Nähe Place du 14-Juillet. Einwandfreie Zimmer in Rauhputz zum Garten hin. Bestes Preis-Leistungsverhältnis in Béziers: 170-240 F. Frühstück 30 F. Noch einmal: wirklich empfehlenswert!
- **Alma Unic Hôtel:** 41, rue Guilhemont (Plan B 1-2). T. 67 28 44 31. Etwas abseits der Alleen, im »Rotlichtviertel« mit einigen Sex-Shops (aber sicher nicht mit Pigalle in Paris vergleichbar). Angenehme Bleibe mit frisch verputzter Fassade, nur innen etwas altertümlich. Saubere Zimmer. Mit Waschbecken 130 F; mit Dusche und WC 210 F. Mit dem Inhaber läßt sich reden.
- **Hôtel Lux:** 3, rue des Petits-Champs (Plan B1). T. 67 28 48 05. Kleines, ruhig gelegenes, einfaches und sauberes Hotel. Keine Fantasiepreise: Zimmer von 140 F (mit Waschbecken) bis 250 F (mit Bad, Telefon und Fernseher). Frühstück 35 F. Ideal für den schmalen Geldbeutel.

● *Etwas schicker*

- **Hôtel du Théâtre:** 13, rue de la Coquille (Plan B 1). T. 67 49 31 58. In der Altstadt, bei den Allées Paul-Riquet. Weckt schon beim Eintreten einen angenehmen Eindruck, der sich bei Inspektion der einfachen, aber bequemen Zimmern noch verstärkt. Zimmer mit Bad und WC ab 220 F; andere mit Fernseher und Telefon zu 260 F; ferner ein paar Vier-Bett-Zimmer zu 390 F. Gutes Preis-Leistungsverhältnis.
- **Hôtel des Poètes:** 80, allées Paul-Riquet (Plan B 2). T. 67 76 38 66. F. 67 76 25 88. Haben wir wegen der graugrünen Balkons, der Sicht auf den *Jardin des Poètes* und der günstigen Lage (nur ein paar Schritte vom Bahnhof) ausgewählt. Zimmer von 200-300 F. Erstere mit Waschbecken und Bidet, letztere mit Dusche und WC. Telefon und Minibar finden sich dagegen in allen Zimmern.

● *Fast schon luxuriös*

- **Grand Hôtel du Nord:** 15, place Jean-Jaurès (Plan B 2). T. 67 28 34 09. F. 67 49 00 37. Ruhig gelegenes Hotel mit persönlicher Note. Von den Zimmern Panorama über die Ziegeldächer und auf die Saint-Jacques-Kirche. Die teuersten Gemächer bieten auch die beste Sicht: 420-460 F mit Aussicht; die anderen von 300-360 F.

Unterkunft in der Umgebung

- **Château de Cabrerolles:** 34290 Espondeilhan. T. 67 39 21 79, F. 67 39 21 05. Das Parkschlößchen aus dem 19. Jh. erinnert an italienische Villen. Ein ausgefallenes Drei-Sterne-Hotel also im Grünen, mit schönem Schwimmbad. Zimmerpreise von 340-630 F, Frühstück zu 50 F. Vollendeter Komfort.

Gastronomie in Béziers

● *Bei Ebbe in der Reisekasse*

♦ **La Table d'Hôte:** place Pépézuc, Ecke Rue Française (Plan A-B 1-2). T. 67 28 55 87. Täglich über Mittag und abends geöffnet. Zum Glück weisen einige Pfeile Ortsunkundigen den Weg, denn fast hätten wir's nicht gefunden. Ein jovialer, bärtiger Wirt empfängt Neuankömmlinge in seinem ehemaligen Herrschaftshaus mit prächtigen Salons wie Freunde. Ländliche Küche mit guten Zutaten aus der Gegend: z.B. Rinderschmorbraten mit kleinen Zwiebeln *(Daube aux petits oignons).* Menüs zu 78 F, 88 und 115 F. Tagesgericht 50 F (auch abends). Stets auf dem Speisezettel stehen frischer Fisch und Entengerichte in allen Spielarten.

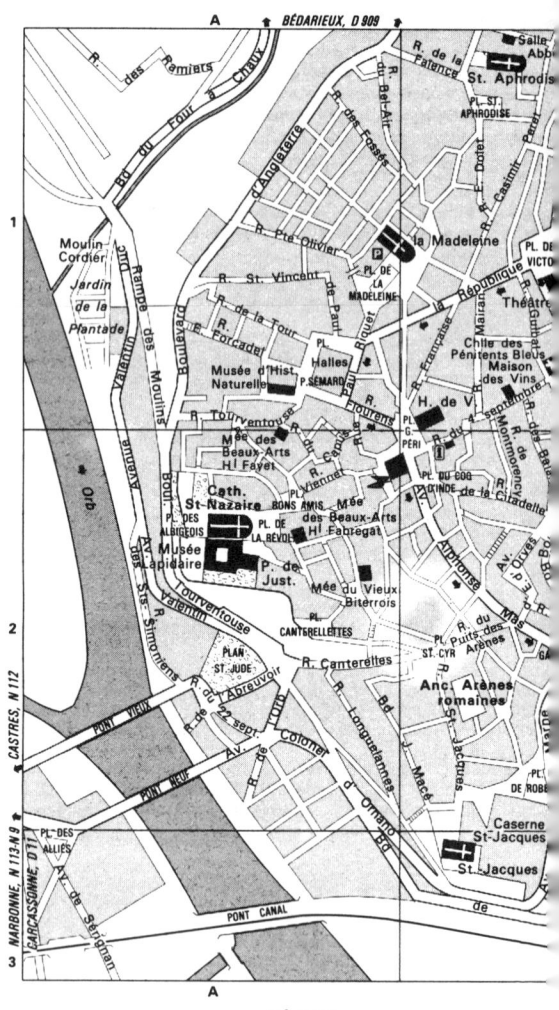

BÉZIERS

♦ **Le Bistrot des Halles:** place de la Madeleine (Plan A 1). T. 67 28 30 46. Sonntagmittags und den ganzen Montag über geschlossen. Im Stil der Pariser Bistros. Menüs von 70-115 F, Salate, Entenbrust und Meeresfrüchte.
♦ **Le Cep d'Or:** 7, rue Viennet (Plan A 2). T. 67 49 28 09. Montagabends und dienstags geschlossen. Nicht besonders großer Speisesaal in klassischem Dekor; kleine Terrasse. Das *Cep d'Or* (»Goldener Rebstock«) setzt seine Gästen kräftige Kost vor, wobei Kenner die Hand des Küchenchefs herausschmecken werden (an dieser Stelle ein kleines Dankeschön!). Der Küchenchef, den Lob nicht aus der Fassung zu bringen vermag, möge so weitermachen. Das Menü zu 80 F, mittags und abends. Kulinarischer Höhepunkt des Hauses ist das »Aïoli-Menü« zu 120 F. Lassen wir uns überraschen ... und vertrauen wir Munoz, dem Küchenchef, dessen Frau sich um die Gäste kümmert.

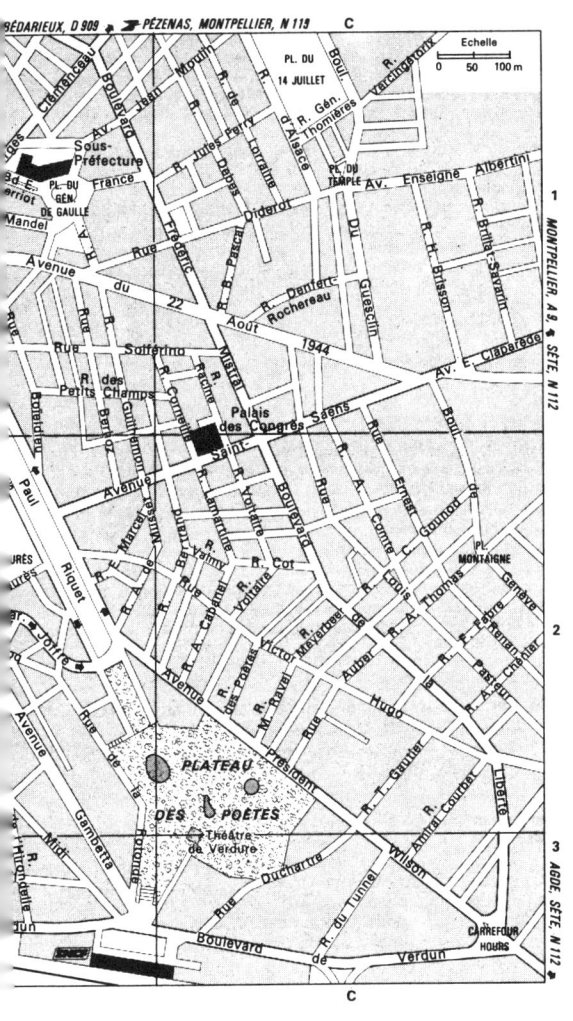

♦ **L'Hazienda**: 14, rue des Balances (Plan A 2). T. 67 49 01 06. Samstags und sonntags über Mittag sowie montags ganztags geschlossen. Spanisch angehauchtes Lokal, Treffpunkt der Rugby-Spieler. Keine erlesene Küche, aber unter der Woche ein Mittagsmenü zu 65 F mit Vorspeisenbuffet, Hauptgericht und Nachtisch. Abends die große Portion Entenbrust oder ein Nudelgericht wählen; dann oft quirlig-jugendliche Stimmung im großen Saal.

♦ **La Terrasse**: 29, place Jean-Jaurès (Plan B 2). T. 67 49 90 04. Mittags und abends geöffnet. Modern, ein wenig kühl, aber lebendig; italienische Einrichtung. Nudelgerichte und ein Menü (mittags und abends) zu 80 F. Tagesgericht einschließlich Kaffee 55 F.

♦ **La Cigale**: 60, allées Paul-Riquet (Plan B 2). T. 67 28 21 56. Montagabends und dienstags zu. Der Empfang eher kühl, die Einrichtung zeit- und stillos, aber gute Küche mit Leckerbissen aus der Region, z.B. Perlhühnchen.

... Wer 100 F anlegt, ist zufrieden, wer 125 F übrig hat, begeistert. Große Auswahl auch an Meeresfrüchten.

Auf ein Glas

Wie gesagt, die Kneipenlandschaft Béziers haut uns nicht vom Hocker. Abends werden die Bürgersteige ganz einfach hochgeklappt.

♦ Mehrere **Straßencafés** auf den Allées Paul-Riquet und rund um die Place Jean-Jaurès. Nicht gerade eine Offenbarung, aber wenigstens braucht man hier auch noch zu später Stunde nicht zu verdursten.
♦ **Brasserie Le Mondial:** 2, rue Solférino. T. 67 28 22 15. Sicherlich der munterste Ort in Béziers, wo man auf jeden Fall vorbeischauen sollte. Mittwochs, donnerstags, freitags und samstags Konzerte (Rock, Blues, Reggae ...) von 22.30-2h. Die Szenekneipe wird sowohl von jugendlichen Rockern als auch von Rugbyspielern frequentiert. Eintritt frei!

Kulturelles

Eine alte sprichwörtliche Redensart behauptet, daß, falls man die Erde in ein Götterparadies verwandelte, die Götter in Béziers Quartier bezögen. Na ja, das ist sicherlich stark übertrieben. Zwar fehlt es nicht an kleinen Museen und einer schön gelegenen Kathedrale; ein Stadtbummel ist jedoch schnell beendet (es sei denn, man ist gerade bei einem Volksfest zugegen) und die Umgebung lockt. Für den Besuch der Museen löst man eine einmalige Eintrittskarte (15 F), die dann für alle Museen gültig ist.

MUSEEN

▶ **Musée Saint-Jacques:** rampe du 96e, caserne Saint-Jacques. T. 67 49 34 00. Öffnungszeiten: Ostern bis Allerheiligen 10-19h; 1. November bis Ostern 9-12h und 14-18h. Das ganze Jahr über montags geschlossen.
Die Räumlichkeiten in der früheren Saint-Jacques-Kaserne (1702 vollendet) sind luftig, weiträumig und hell. Günstige Bedingungen also für das archäologische und ethnologische Museum von Béziers, mit naturwissenschaftlicher Abteilung und Keramiksammlung. Unter den außergewöhnlichen Exponaten eine Darstellung des »Heiligen Aphrodise, seinen Kopf in Händen haltend«, eine thronende katalanische Muttergottes aus dem 11. Jh. und eine große archäologische Sammlung, die die frühe Besiedlung der Gegend um Béziers bezeugt. Unsere Vorfahren bearbeiteten hier lange Zeit vor den Römern den Stein und jagten Wildschweine, vielleicht sogar das Mammut. Die schönen, gut erhaltenen Keramikstücke aus allen Epochen nicht übersehen.

▶ **Musée des Beaux Arts** (Hôtel Fabrégat): place de la Révolution. T. 67 28 38 78. Dienstags bis samstags von 9-12h und von 14-18h geöffnet; sonntags von 14-18h. Montags kein Publikumsverkehr.
Das im Wohnhaus des Bürgermeisters *Auguste Fabrégat* (19. Jh.) untergebrachte Museum geht über drei Stockwerke. Trotz seiner beachtlichen Größe ist es zu eng, um alle Ausstellungsstücke nach zeigen zu können. Darunter schöne Gemälde aus der italienischen und flämischen Schule (14. und 15. Jh.) und eine Muttergottes mit Jesuskind (Shaffner, 15. Jh.). Die französische Malerei des 17. und 18. Jhs ist in Gestalt eines allegorisches Schäfergemäldes Bertins und schöner Pastellmalereien vertreten. Dann das 19. Jahrhundert mit Géricault, Delacroix, die Schule von Barbizon, die »Cléopâtre mourante« (sterbende Kleopatra) von Cabanel. All das rundet den klassischen Wert des Museums ab. Die »Stiftung Jean Moulin« sorgt dagegen für frischen Wind mit Survage, De Chirico, einem gelungenen Oeuvre von Soutine und weiteren Bildern, die der in ganz Frankreich bekannte, in Béziers geborene Widerstandskämpfer einst zusammentrug. Zur Tarnung hatte er sich als Kunsthändler ausgegeben und, seiner Sammlung nach zu schließen, diesen Beruf auch tatsächlich ausgeübt. Zu nennen wären ferner die Werke Utrillos: schon aus der Ferne

erkennbar an den unvermeidlichen weiblichen Hintern, die auf den steilen Treppen des Montmartre auf und ab wandeln. Im Treppenhaus schließlich düstere, symbolbefrachtete Pastellmalereien des weithin unbekannten Malers Féguide (zwanziger Jahre), die an Odilon Redon erinnern. Sie kämen gewiß noch mehr zur Geltung, wenn sie besser plaziert wären.

▶ **Musée Fayet:** 9, rue du Capus. T. 67 49 04 66. Grundsätzlich gelten dieselben Öffnungszeiten wie für das Musée des Beaux Arts, aber nur von dienstags bis freitags.

Den äußeren Rahmen bildet ein, von dem königlichen Architekten Jean Lenoir de Bendit im 17. Jh. erbauter Bürgerpalast, der im 19. Jh. durch den Maler und Mäzen Gustave Fayet erweitert wurde. Bunt zusammengewürfelte Sammlung ohne berühmte Namen, aber dennoch sehenswert. Beispielsweise de Skulpturen des aus Béziers stammenden Künstlers *Injalbert* (1845-1933) und einige seiner Zeichnungen. Er schuf die Karyatiden an der Fassade der Pariser *Manufacture des Gobelins*. Auf den Gemälden »Le vase préféré« (Die Lieblingsvase) und »La Dolente« (Die Wehleidige) können hübsche Frauen bewundert werden. Penot und Eugène Carteron haben diese Schönheiten des vorigen Jahrhunderts verewigt und besaßen ganz offensichtlich sowohl Geschmack, als auch malerisches Geschick. Ein weiteres Gemälde, »Le retour du fils prodigue« (Die Rückkehr des verlorenen Sohnes), in ausgeprägt neoklassizistischer Manier, und ein Porträt König Charles X. von einem gewissen Baron de Gérard. Ferner ein Frauenkopf des Neoimpressionisten Henri Martin. Widmen wir unsere Aufmerksamkeit noch den Räumlichkeiten: die weitläufigen Säle dieses herrschaftlichen Anwesens weisen noch ihre französischen Decken und ihre hohen Kamine auf. Vorbeischauen lohnt also.

▶ **Espace Riquet:** 9, rue Massol. In der ehemaligen Dominikanerkapelle zwischen Kathedrale und Rathaus sind öfters Wechselausstellungen zu sehen. Im Fremdenverkehrsamt nach dem Programm fragen.

KIRCHEN UND BAUDENKMÄLER

▶ **Cathédrale Saint-Nazaire:** place des Albigeois, auf einer Anhöhe über dem Orb-Tal. Von 9-18h. Die wehrhafte gotische Kathedrale wurde an der Stelle einer präromanischen, beim Sturm des Kreuzfahrerheeres 1209 zerstörten Kirche errichtet, diente im Unterschied zu anderen Gotteshäusern aber nicht dem Schutz der Gläubigen vor Übergriffen heidnischer Piraten, sondern muß als Bastion jener katholischen Geistlichkeit angesehen werden, mit deren Segen zuvor hunderte unschuldiger Menschen niedergemetzelt worden waren. Schmucklose Fassade mit zwei mächtigen Seitentürmen, kleinen Fenstern, einer riesigen Fensterrose in der Mitte und gotischem Portal. Was man heute sieht, stammt zumeist aus dem 15. Jh. Im Innern eine Handvoll bemerkenswerter, aber wahllos zusammengestellter Kostbarkeiten: im Chor Überreste aus dem 13. Jh., Fresken aus dem 14. Jh., ein Barockalter aus rotem Marmor mit korinthischen Säulen und Brüstung, eine hübsche Kanzel aus dem 19. Jh. mit geschnitzten Holztafeln (diejenige an der Fassade stellt die Bergpredigt dar). Des weiteren eine aufwendig verzierte Orgel aus dem 17. Jh. und eine, häufig verschlossene, Krypta mit Kapitellen. Also für jeden Geschmack und aus jeder Epoche etwas.

Rechter Hand der Fassade gelangt man durch einen kleinen Portalvorbau in den nüchternen, gotischen **Kreuzgang** (von 9-12h und von 14-18h geöffnet) mit kleinem Lapidarium: Grabsteine, Sarkophage, Kapitellfragmente ... Von hier aus schöne Seitenansicht der Kathedrale, der Türme und des schmiedeeisernen Glockentürmchens. Über eine Treppe Zugang zu den bischöflichen Gärten über den Dächern der Stadt, der alten Brücke und dem Orb.

▶ **Basilique Saint-Aphrodise:** place Saint-Aphrodise. Leider oft geschlossen. Der Eingang erinnert überhaupt nicht an eine Kirche, denn man passiert die Bogenhalle eines weltlichen Gebäudes. Die älteste Kathedrale in Béziers wurde über einem heidnischen Friedhof errichtet, auf dem man angeblich die Gebeine des *Heiligen Aphrodisius* gefunden hatte. Neben der Basilika wurde eine Benediktinerabtei gegründet. Das Kirchenschiff geht teilweise auf das 10. Jh. zurück, während der gotische Chor aus dem 14. Jh. datiert. Um den im 18. Jahrhundert zu einem Taufbecken umgestalteten, mit Darstellungen einer Löwenjagd verzierten **Sarkophag** aus dem 5. Jh. (unter der Orgelempore) rankt sich die Legende Heiligen Aphrodisius, der auf dem Rücken eines Kamels aus Ägypten in die römische Provinz *Gallia Narbonnensis* gereist sein soll ... einige Zeit vor den Charterreisen. Er soll nämlich die Gebeine des Märtyrers und Missionars beherbergt haben. Bis diese allerdings dort ihre Ruhe finden sollten, trugen sich gar wundersame Dinge zu. Aber hübsch der Reihe nach: den Römern war Aphrodisius ein Dorn im Auge, behauptete er doch von sich, der Heiligen Familie auf ihrer Flucht vor den Häschern des Herodes Unterschlupf gewährt zu haben (damals schon ein Verstoß gegen das Asylgesetz). Die Behörden gingen deshalb auf Nummer sicher, ließen ihn enthaupten und seinen Kopf in einer Zisterne verschwinden. Damit sollte der Fall eigentlich erledigt sein, aber weit gefehlt: das Wasser in der Zisterne stieg nach oben, Aphrodisius schnappte sich sein Haupt und marschierte unbeeindruckt von hinnen. Und was taten seine Peiniger, um den dergestalt Wandelnden aufzuhalten? Na klar, sie streuten ihm Schnecken in den Weg, damit er auf ihnen ausglitte (die spinnen, die Römer!). Aphrodisus indes dachte gar nicht daran, auf diesen teuflischen Trick hereinzufallen, trat einfach daneben und bestattete sich selbst just an dem Ort, wo sich heute die Basilika erhebt. Das machte Eindruck, und die Bewohner Béziers bekannten sich denn auch flugs zum Christentum. Sie sorgten auch für das Wohlergehen des Kamels – der Ursprung des Saint-Aphrodise-Festes, bei dem ein großes Kamel herumgeführt und Geld an die Armen verteilt wird.

▶ **Chapelle des Récollets:** in der Rue du 4-Septembre, gegenüber von Nr. 5, Ecke Rue Guibal. Ansehnliche Kapelle mit doppeltem, spätgotischem Portal aus dem 15. Jh., von drei (leeren) Baldachinen flankiert. Mehr ist vom ehemaligen Franziskanerkloster nicht übrig geblieben. Auch die Trompe-d'oeil-Malerei aus dem 19. Jh. achten. Trotz oder gerade wegen ihrer ungewöhnlichen Proportionen hat die Kapelle ihren eigenen Reiz.

▶ **Église de la Madeleine:** eine der schönsten romanischen Kirchen in Béziers, aber wegen Einsturzgefahr und Restaurierungsarbeiten für Besucher derzeit noch geschlossen. Wie schon im Geschichtskapitel erwähnt, flüchtete sich während der Belagerung Béziers durch *Simon de Montfort*, der im Jahre 1209 seinen Vernichtungsfeldzug gegen die *Katharer* begann, ein Großteil der Bitterrois in dieses zum Symbol gewordene, dreischiffige Gotteshaus.

▶ **Église Saint-Jacques:** place Saint-Jacques, hinter der Place des Casernes. Romanische Kirche an der beschaulichen Place Saint-Jacques, wo die Boule-Spieler im Schatten der Platanen ihrer Leidenschaft frönen (ob Gott an ihnen mehr Gefallen hat, als an manch frommem Kirchbesucher, möchten wir gerne glauben ...). Das restaurierte Gotteshaus rettete seine ausgewogenen Proportionen über die veränderungslustige Vergangenheit und wurde schon 987 zum erstenmal erwähnt. Im Innern eine Gottesmutter aus Marmor (18. Jh.) und ein (wie so oft in Kirchen) großes, dunkles, fast schwarzes Bildnis des Scholastikers und Kirchenlehrers *Thomas von Aquin*. Paßt irgendwie, denn der später heiliggesprochene Dominikanermönch stritt für die Unterordnung der Vernunft unter die »übervernünftige, geoffenbarte Wahrheit«. Das ist übrigens bis heute offizielle Doktrin der katholischen Kirche! Zurück zur Kirche: viel gibt diese eigentlich nicht her, es sei den die große Stille, die zu innerer Einkehr einlädt. Vom Platz oder vom Aussichtspunkt hinter der Kirche schöne Sicht über das Orb-Tal.

▶ **Les halles** (Markthallen): ganz hervorragend restauriert. Der Markt von Béziers ist weithin bekannt: es soll hier die besten Erzeugnisse aus der Region geben. Davon überzeugen darf man sich jeden Vormittag, außer montags.

BÉZIERS UND UMGEBUNG – BÉZIERS / 165

Man muß in den *Halles* gewesen sein, um die Wesensart der Einheimischen kennenzulernen.

- **Theater:** am oberen Ende der Allées Paul-Riquet. Richtiges italienisches Theater im Louis-Philippe-Stil, das in den siebziger Jahren restauriert wurde. Lohnt sich wegen seines nostalgischen Ambientes.

- **Allées Paul-Riquet:** mit unübersehbarer Bronzestatue zum Gedenken an den zugleich verrückten und genialen Erbauer des *Canal du Midi*. Alle Welt trifft sich hier: abends zum Flanieren und tagsüber, um frische Luft zu schöpfen. Hat man eine Verabredung, sind die Alleen, vergleichbar mit den *Ramblas* in Barcelona, der Treffpunkt. Freitags Blumenmarkt.

- **Plateau des Poètes:** romantische Parkanlage wenige Schritte vom Bahnhof, mit Spazierwegen, Teichen, Wäldchen und seltenen Pflanzenarten. Im 19. Jh. wurde sie von den Gebrüdern Bülher geschaffen, denen wir auch den *Bois de Boulogne* zu Paris verdanken. Nur treiben sich hier keine Transvestiten herum ... oder wir haben nicht richtig aufgepaßt. Mittendrin Denkmal für den von der Gestapo ermordeten Résistance-Kämpfer *Jean Moulin*. Auch ein Tummelplatz für Vögel. Ein friedlicher Ort zum Entspannen also, mitten in der Stadt.

- **Hôtel de Ville** (Rathaus): schöne Fassade aus dem 18. Jh. von Rollin; in Verlängerung der Renaissance-Hof des *Hôtel Ginestet*.

- **Place Pépézuc:** mit geheimnisvoller Statue, die sich schon 1348 hier befand. Der Name des Platzes leitet sich von einem gewissen Montpézuc ab, der die Stadt gegen die Engländer verteidigt haben soll.

- **Les Arènes:** nicht gerade berauschend. Die am Ende des letzten Jahrhunderts gebaute »Arena« lohnt sich nur bei Veranstaltungen: Stierkämpfe für Anhänger der *Corrida*, Sport- und Musikdarbietungen für alle anderen. Auskünfte unter T. 67 76 13 45.

- **Marché** (Markt): eigentlich müßte man »Märkte« sagen. Freitags verwandelt sich Béziers nämlich in einen riesigen Markt. Kleidung: auf dem weitläufigen *Champs de Mars*; an dessen Rändern: Floh- und Trödelmarkt. Lebensmittel aus der Region gibt's eher auf der Place David-d'Angers, und Blumen kauft man auf den Allées Paul-Riquet.

- **Cimetière Vieux** (Alter Friedhof): nördlich der Innenstadt, fünf Minuten von der Aphrodisius-Basilika, über die Avenue du Cimetière-Vieux. Liebhaber bejahrter Grabsteine und in Stein gemeißelter Antlitze sind hier genau richtig. Dieser Friedhof aus dem 19. Jh. darf sich einer bemerkenswerten Ansammlung von Skulpturen rühmen. Man entdeckt, versteckt hinter den Wegen und von Efeu umrankt, solche von Injalbert, Magrou, Millau ... Wer suchet der findet.

- **Les Neuf Ecluses** (neun Schleusen): im Vorort *Fonsérannes*, rund 3 km westlich der Innenstadt, über die *Pont Neuf*. Um das Wasser in seinem Kanal die Höhendifferenz von 21,5 m überwinden zu lassen, mußte *Paul Riquet* eine Wassertreppe mit neun Schleusen konstruieren, auf der die Schiffe im Rhythmus der sich entleerenden und auffüllenden Schleusenbecken auf- bzw. abstiegen. Beschaulicher Spaziergang und Blick über die Stadt. Neben den Schleusen ein Hydrauliksystem auf Rädern, das die Schleusen ersetzen sollte. Da es nie richtig funktionierte, gab man es auf. Resultat: ein handfester Finanzskandal erschütterte die Stadt!

- **Kloster Fonsérannes:** 100 m von den Schleusen entfernt. T. 67 28 43 55. Täglich von 15-17h geöffnet. Hauptanziehungspunkt ist freilich nicht das Kloster, sondern eine ganz besondere Krippe: alle Figuren werden über an einen Nähmaschinenmotor angeschlosse Räder und Gummiriemen bewegt. Kostenlos. Die Erwachsenen amüsieren sich, die Kleinen sind begeistert.

Veranstaltungen und Feste

- **Fête de Saint-Aphrodise:** Ende April. Das bereits erwähnte Kamel wird hervorgeholt, das jenes Reittier vorstellen soll, mit dem einst der Heilige Aphrodisius nach Béziers gereist. Es ist übrigens das Wahrzeichen der Stadt.

- **Feria:** Mitte August; Dauer: vier Tage. Stierkämpfe, aber auch Wagenumzüge und Feuerwerk. In dieser Zeit steigt auch die *Fête du cheval* (Pferdefest).

- **Rugby:** für Rugby-Fans gibt es ein Stadion mit 20.000 Plätzen; die dritte Halbzeit pflegt feucht-fröhlich gefeiert zu werden.

- **Festival de musique de Béziers** (Musikfestival): zehn Tage im Juli. Hochrangig besetzte Konzerte mit bekannten Dirigenten.

- **Fête du vin nouveau** (Fest des neuen Weins): Ende Oktober. Volkstänze und Probe des neuen Weins.

- **Festival du Jeune Comédien:** viertägiges Nachwuchsfestival für junge Schauspieler Mitte November. Hier stehen die Stars von morgen auf der Bühne.

In der Umgebung

► *VALRAS* (34350)

Küstenort 10 km südlich, an der Orb-Mündung. Anreise per Bus möglich. Wird mehr und mehr zugebaut, bietet aber eine schöne Promenade am Meer. Es lohnt sich aber nicht, bis nach *Grau de Vendres* (weiter östlich) zu fahren. Nichts zu melden, es sei denn eine große Baustelle ... noch eine. In Richtung *Sérignan* wenigstens ein schöner FKK-Sandstrand.

Auskunft

- **Fremdenverkehrsamt:** square René-Canin. T. 67 32 36 04. Im Winter von 9-12.30h und von 14-18h besetzt, sonntags geschlossen; im Sommer täglich von 9-12.30h und von 14-20h geöffnet.

Nächtigen und Speisen

• **Camping de Sérignan:** natürlich belassener Zeltplatz in der Domäne Querelle. T. 67 32 03 01. Es fehlt an Schatten, aber weit genug weg von den Menschenmassen. Nur fünfundzwanzig Stellplätze.

♦ **Le Canard à la Mer:** 7, place du Capitaine-Espinadel. T. 67 39 60 20. Die Inhaber pflegen die Küche der *Landes*, eines Landstrichs südlich von Bordeaux. Zu allen möglichen Saucen wird Ente gereicht. Zwei Menüs zu 95 und 170 F.

♦ **Ma Ferme:** 2, route de Valras. T. 67 32 26 20. Auf spanisch getrimmtes Restaurant mit Innenhof und Wasserspiel. Leckere warme Austern. Kostenpunkt: etwa 150 F.

► *VENDRES*

Kurzer Abstecher zu den Ruinen des Venustempels.

► *NISSAN-LES-ENSÉRUNE* (34440)

Keine besonderen Vorkommnisse, außer natürlich das berühmte Oppidum, ein sagenumwobener Hügel, der schon von weitem zu erkennen ist. Wir haben Nissan als Nachtquartier gewählt. Statt in Bézier abzusteigen, fahren wir lieber noch zwanzig Minuten, und schon erreichen wir ein ursprüngliches, größeres

Dorf, wo man sich den Aperitif gerne schmecken läßt, wenn die *Heure du Pastis* geschlagen hat (tja, diese Franzosen wissen eben zu leben ...).

Unterkunft

- **Hôtel Résidence:** 35, av. de la Cave. T. 67 37 00 63. Zwei-Sterne-Hotel in einem schönen Landhaus mit altertümlicher Note, wo man sich der Romanfiguren Balzacs erinnert (so man nicht nur Barbara Wood und Jerry Cotton gelesen hat). Ein angenehmer Aufenthaltsort, ob für einen Tag oder eine ganze Woche. Zimmer tiptop, davon einige neuere in einem Anbau hinten im Garten. Doppelzimmertarif zwischen 250 und 270 F. Ungezwungener, aber aufmerksamer Empfang; Halbpension möglich.

Sehenswert

▶ **Oppidum von Ensérune:** die N 113 in Richtung Narbonne einschlagen und in Höhe der Ortschaft Nissan nach links in Richtung Colline d'Ensérune abbiegen. Auf der Anhöhe dort fanden Archäologen die Überreste einer präromanischen Stadt aus dem vierten vorchristlichen Jahrhundert: Grundmauern von Wohngebäuden, ein in den Fels eingelassener Wachraum, griechische Schalen, Grabbeigaben usw. In Erinnerung ist uns vor allem die einzigartige Aussicht über den ausgetrockneten Strandsee von Montady. Seltsam, wie die in Reih und Glied stehenden Weinstöcke die frühere Wasserfläche begrenzen. Im Herbst schmückt sich die Stätte mit wunderbaren Farben.
Ausstellung der Grabungsfunde und Lapidarium (Alltagsgegenstände, Geschirr, Waffen ...). Nicht zögern, dem Abbé Gilly Fragen zu stellen. Die Kenntnisse des ehemaligen Konservators sind schier unerschöpflich. Was er allerdings auch nicht mit letzter Gewißheit zu beantworten weiß, ist die Frage nach der Herkunft jener Menschen, die einst in Ensérune lebten. Ob es sich um Ligurer, Iberer oder Kelten gehandelt hat, ist ungeklärt. Gesichert sind dagegen enge Handelsbeziehungen zu südlichen Nachbarvölkern. Nachdem der griechische und iberische Einfluß stetig gewachsen war, tauchten im 3. Jh. v.Chr. die kriegerischen gallischen Kelten auf und hinterließen erste Spuren der Zerstörung. Schon damals mußte sich das Languedoc also der aus dem Norden drohenden Eroberung und Unterdrückung erwehren.

▶ *MARAUSSAN*

Das unter Denkmalschutz stehende Schloß Perdiguier ist eine Augenweide, genauso wie die stolzen Pferde. Kein Zutritt. Sich die Zeit nehmen und ein wenig umherstreunen: hinter einem Weinberg verbirgt sich ein Schlößchen, eine Kapelle und von den Flammen verschonte *Garrigue*.

Unterkunft

- **Domaine de la Villenouvette:** T. 67 90 30 12. In einem früheren Wirtschaftsgebäude. Ferienwohnung für vier Personen mit allem Komfort zum Preis von 1600 F pro Woche.

PÉZENAS (34120)

Achttausend-Seelen-Städtchen mit erstaunlich reichem Kulturerbe. »Piscène« und seine Wollstoffe sind seit der Antike bekannt. Plinius verglich sie mit den besten des Römischen Imperiums. *Ludwig XI.* erstand 1261 den Ort, der daraufhin zur königlichen Stadt erhoben wurde und oft den Besitzer wechselte: mit von der Partie waren die Fürsten von Montmorency, Bourbon und Conti. Pézenas verdiente damals den Namen »Versailles des Languedoc« wegen seiner prunkvollen Feste und weil hier die Gouverneure des Languedoc residierten. Sogar *Molière* (eigentlich *Jean-Baptiste Poquelin)* und sein illustres

Theater logierten in der *Grange des Prés*, bevor sie hoffähig wurden und in Versailles Furore machten.

– **Fremdenverkehrsamt:** place Gambetta. T. 67 98 11 82. Ein Faltplan weist auf die wichtigsten Sehenswürdigkeiten hin. Kompetentes, aufmerksames Personal.

Kost & Logis zu mäßigen Preisen

• **Hôtel Genieys:** 9, rue Aristide-Briand. T. 67 98 13 99. Restaurant außerhalb der Saison sonntagabends geschlossen. Gegründet wurde das typische Provinzhotel der Logis-de-France-Kette im Jahre 1787! Doppelzimmer für Anspruchslose ab 180 F: kein Schnickschnack, aber sauber und preisgünstig. Allerdings etwas laut, denn das Hotel liegt unmittelbar an der Straße. Also ein Zimmer nach hinten wählen. Aufgetischt wird in einem rustikalen Speisesaal mit karierten Tischdecken, im Sommer im Garten. Menüs ab 85 F.

♦ **Le Castel:** 15, rue Antole-France. T. 67 98 82 72. Sonntags und montagabends geschlossen. Kleines, bodenständiges Restaurant ganz nach unserem Geschmack: stimmungsvoll und günstiges Preis-/Leistungsverhältnis. Menüs zu 80 F (Wein inbegriffen), 105 und 155 F: Salat mit fetter Gänseleber *(Salade au foie gras)*, Lachs *(Saumon)*, Entenstreifen mit Preiselbeeren *(Aiguilletes de canard aux airelles)*, Nachtisch. Eignet sich auch für eine Kaffeepause!

Anschauen

▶ **Altstadt:** gut ausgeschilderter Rundgang, beginnend am Fremdenverkehrsamt (die Nummern verweisen auf Erläuterungen in den auch in deutscher Sprache erhältlichen Broschüren). Den Friseurladen von Gély und das *Hôtel d'Alfonce* (zum Andenken an Molière, der in letzterem 1655/1656 seine Theaterstücke aufführte), das *Hôtel Carion Nizas* in der Rue de la Foire (Portal aus dem 17. Jh., Innenhof und Treppenaufgang aus dem 16. Jh.) und das »Ghetto« genannte Judenviertel nicht auslassen.

▶ **Musée de Vulliod-Saint-Germain:** rue des Alliés. Von 10-12h und von 15-18h (17h außerhalb der Saison) geöffnet; im Juli/August dienstags geschlossen, ansonsten dienstags, mittwochs, donnerstags und an Feiertagen. Zu sehen ist eine alte Küche aus Pézenas, Aubusson-Wandteppiche, Möbel im Louis-XV und Louis-XVI-Stil sowie Erinnerungsstücke an Molière.

▶ **Collégiale Saint-Jean** (Johanneskirche): zu Beginn des 18. Jhs wieder aufgebaut. Im Innern Holzschnitzereien, Chorgestühl und Gemälde. Gegenüber die Prachtfassaden der *Commanderie de St-Jean-de-Jérusalem* (Komturei, 17. Jh.).

Kuriositäten

– **Le Poulain** (Fohlen): zum Andenken an die Geburt eines königlichen Fohlens wird am Faschingsdienstag und im Sommer ein Holztier durch die malerischen Straßen geführt (s. weiter oben »Volkstümliche Überlieferungen«).

– **Les petits pâtés** (Pastetchen): ruhig mal probieren. Zugrunde liegt ein englisches Rezept mit viel Zucker und Hammelfleisch. Am besten warm und in Maßen genießen.

In der Umgebung

In Richtung Montpellier-Lodève weiterfahren. Man kommt an der *Grange des Prés* vorbei, wo *Molière* sich aufgehalten haben soll.

▶ **Montagnac:** schöne Kirche aus dem 14. Jh. und *Hôtels* (Stadtpaläste). Den kleinen Umweg zum *Château de Lavagnac* und dessen Park wagen. Keine Besichtigung.

BÉZIERS UND UMGEBUNG – PÉZENAS / 169

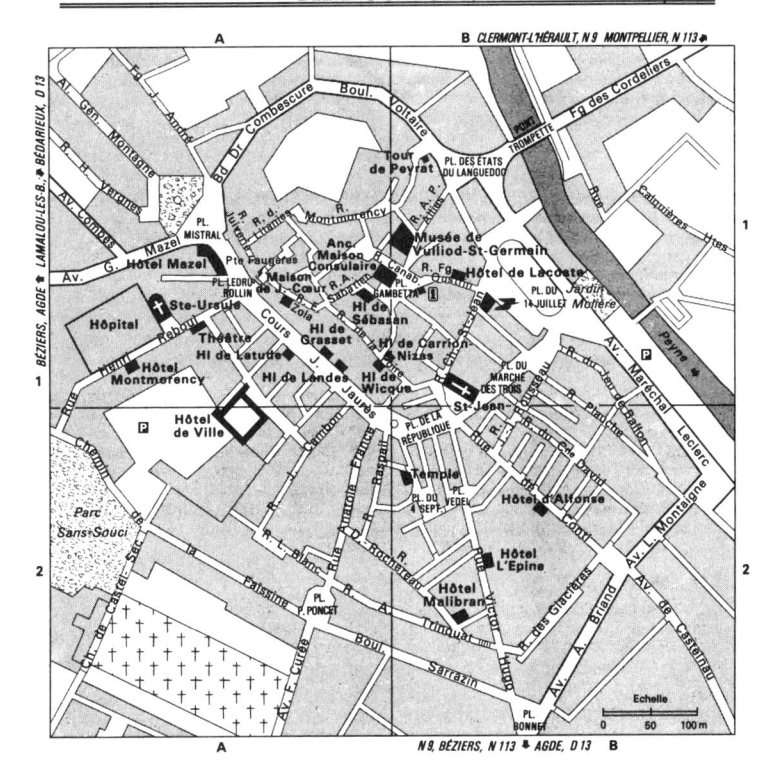

Pézenas

- **Claude de Vernazobres:** 4 km von Montagnac, über die N 113 in Richtung Mèze. Dann nach rechts in Richtung Montmèze. Gut ausgeschildert, daher nicht zu verfehlen. T. 67 24 00 12. Christophe verlangen. Am Ende einer Olivenbaum-Allee ein von Weinbergen umgebenes Landhaus mit Appartements zu 1600 F (1400 F außerhalb der Saison) pro Woche. Jede Menge Platz und Ruhe; günstiger Ausgangspunkt für die Erkundung der Umgebung. Der junge, sympathische Besitzer kennt sich gut aus.
- **Domaine Saint-Martin-des-Pins:** T. 67 24 00 37, F. 63 60 57 89. Vom 1. Juni bis zum 30. September geöffnet. Das zauberhafte Weingut wird von einem unter wildem Wein verschwindenden Turm überragt. Zimmer, allesamt mit separatem Bad und WC, ab 265 F. Garten und Schwimmbad. Mahlzeit am Familientisch zu 85 F. Tolles Quartier in einer Gegend, in der *Gîtes* (Gästezimmer) Mangelware sind.

▶ **Abbaye de Valmagne:** im Sommer Führungen von 15-18h (außer dienstags); in der übrigen Zeit des Jahres nur sonn- und feiertags von 14.30-18h. Herrliche Abtei mit Kreuzgang, Refektorium und einer zu einem Weinkeller umgebauten Kirche.

▶ **Saint-Pargoire:** kleines Dorf im Umkreis einer Kirche aus dem 14. Jh. Keine Übernachtungsgelegenheit.

► **Château de Grezan:** zwischen Laurens und Autignac. Eine richtige Kinokulisse, den Grundmauern einer gallo-römischen Villa aufgepfropft, mit mittelalterlicher Umfassungsmauer. *Viollet-le-Duc* hat das Ganze vollendet. Weinprobe im Keller. T. 67 90 28 03.

♦ Verführerisches **Restaurant**, T. 67 90 22 65. Erlesene Küche, die auch Erzeugnisse aus der Region (Miesmuscheln und Fisch) berücksichtigt. Bei 110 F geht's los.

• Übernachtung in einem der beiden, von den Eigentümern M. und Mme Lubac selbst gestalteten **Zimmer** in einem Nebengebäude. T. 67 90 28 03. Vermietung nur wochenweise. Ab 2500 F für vier Personen.

► **Paulhan:** warum die Weinetiketten so hübsch sind? Auf ihnen ist die *Ermitage* (Einsiedelei) *de Vareilles* abgebildet. Daß sie sich, umgeben von Weinbergen, auf einem kleinen Hügel gelegen, von einer Pinie und einer Zypresse beschirmt, seit dem 10. Jh. ihres Daseins erfreut, entspricht der Wahrheit. Man braucht nur in Richtung Adissanet zu fahren: linker Hand taucht dann besagte Hügelkuppe auf.

► **Pouzolles:** in der Nähe des mächtigen, mittelalterlichen *Château de Margon* und von Margalas mit seinem römischen Aquädukt.

♦ **L'Eskillou:** T. 67 24 50 50 oder 67 24 70 12. Landgasthof mit Schwimmbad und überdachtem Parkplatz. Schmachhafte Mahlzeiten, begleitet von Weinen der Region. Menü zu 90 F, einschließlich Wein. Halbpension für zwei Personen 420 F. Sich einige Tage vorher einen Platz sichern.

AGDE (34300)

Die malerische Pracht von Agde (die Griechen nannten den Ort »Agathe«: die Schöne) erweckt beim Betrachter einen befremdlichen Eindruck. Irgendetwas paßt hier nicht zur sonnendurchfluteten Küste des Languedoc, zu den goldenen Fassaden von Sète oder Béziers. Besieht man sich die wehrhafte Kathedrale, das Rathaus und die Stadtpaläste näher, fällt eines auf: in Agde ist alles schwarz, wie in Clermont-Ferrand. Unsere Mittelmeerbewohner mußten ihr Baumaterial aus Lava bzw. Basalt nicht lange suchen: Agde liegt in unmittelbarer Nachbarschaft des Vulkans Mont St-Loup. Vor weniger als einer Million Jahren tauchte er aus dem Meer auf. Agde liegt an einem Ende jener geologischen Spalte, die Frankreich in zwei Hälften teilt und auf der die Vulkane des Puy de Dôme, des Puy de Sancy, des Cantal, des Aubrac und, dem Cap-d'Agde vorgelagert, die Ilot de Brescou liegen. Kein Grund für schlaflose Nächte, allenfalls für sensible Vulkanologen ...

Kaum jemand widersteht dem Reiz der lichtdurchfluteten »schwarzen Perle des Languedocs« aus Vulkangestein, dem Gegensatz zwischen von windschiefen Behausungen gesäumten Gassenlabyrinthen und den *Quais de l'Hérault,* die stolz darauf sind, jahrhundertelang das antike Vorzeigekunstwerk der Stadt – den Epheben von Agde – aufbewahrt zu haben.

Nützliche Adressen

– **Fremdenverkehrsamt:** espace Molière. T. 67 94 29 68. Nach der Liste mit Privatunterkünften fragen.
– **Commissariat de Police** (Polizeiwache): rue René-Subra. T. 67 21 22 22.
– **Fahrradvermietung:** am *Bahnhof,* T. 67 94 11 65; oder bei *Gelly,* 22 rue Chassefière, T. 67 94 12 03.
– **Busverkehr zum Cap-d'Agde:** die Retortenstadt Cap-d'Agde steht ganz im Zeichen von Freizeit und Vergnügen. Eine Disco- und FKK-Hochburg also, ein Staat im Staate.

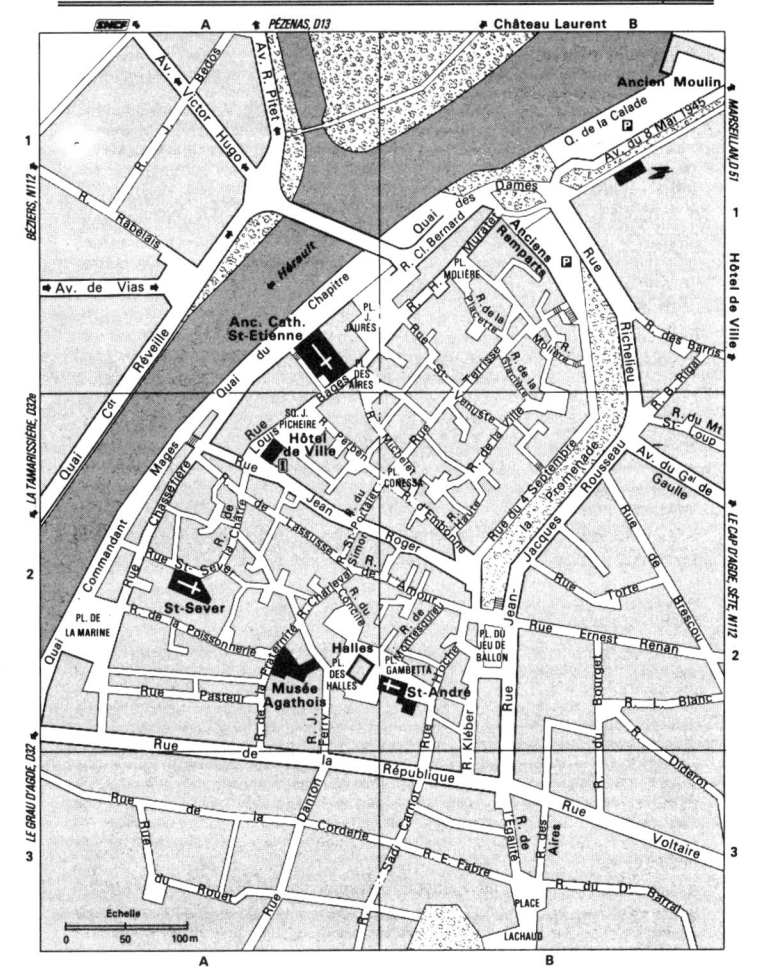

Agde

Unterkunft

Wir beschränken unsere Bettenauswahl auf Agde, geben also keine Adressen in Cap-d'Agde an; die Gründe hierfür liegen auf der Hand.

● *Für den schmalen Geldbeutel*

- **Hôtel des Arcades:** 16, rue Louis-Bages. T. 67 94 21 64. Allerheiligen und am Faschingsdienstag geschlossen. Früher mal ein Kloster, am Ende eines blumenbestandenen Hofes. Doppelzimmer zu 165-220 F. Zimmer Nr. 3, das größte, liegt am Hérault. Eher altmodisch, aber die Besitzerin sorgt für freundli-

che Aufnahme. Günstiges Preis-Leistungsverhältnis, da beißt keine Maus einen Faden ab.
- **Hôtel Bon Repos:** 15, rue Rabelais. T. 67 94 16 26. Angenehmes Quartier in einer himmlisch ruhigen Straße, zweihundert Meter von der Innenstadt. Der rundliche *Patron* hat das ältere Hotel erst kürzlich übernommen und richtet es nach und nach her. Schließlich befinden wir uns an einem geschichtsträchtigen Ort! Man höre und staune: das kleine, bescheidene Hotel, auf dessen Terrassen Urlauber heute gerne lustwandeln, diente der Stadt Agde vormals als Bordell, bevor es 1946 zur Polizeiwache wurde. Zimmerpreise: 170-240 F.

● *Mittlere Preislage*

- **Auberge de l'Affenage:** 2, route de Vias. T. 67 94 18 86, F. 67 21 22 67. Von außen betrachtet ein ganz gewöhnliches, brombeersträuchergesäumtes Haus auf der rechten Uferseite. Im Innern dann jeoch steinerne Arkaden, Gewölbe und ein Treppenhaus aus dem 17. Jh. Sieht ganz so aus, als sei der Speisesaal früher einmal eine Wachstube gewesen. Gemütlicher Aufenthaltsraum; die Doppelzimmer zu 235-260 bequeme, aber ohne persönliche Note. Die neue Hotelleitung plant denn auch, sie neu herzurichten. Den trostlosen Anbau meiden. Im Restaurant ein Menü zu 80 F. Bei alledem drängt sich die Frage auf, warum die Begrüßung so kühl ausfällt? Muß man heutzutage wirklich so mißtrauisch sein?
- **Hôtel Le Donjon:** place Jean-Jaurès. T. 67 94 12 32. Das Frühstück könnten wir im schönen Speisesaal des Hotels, rund um eine griechische Befestigung erbaut, endlos ausdehnen. Komfortabel und kürzlich renoviert. Preise: 250-310 F.

● *Gediegener*

- **Hôtel la Galiote:** 5, place Jean-Jaurès. T. 67 94 45 58, F. 67 94 41 33. Originelle Zimmer mit Betten im gotischen Stil oder Louis-XVI-Einrichtung und Seidenbettwäsche (in Nr. 14) zum Preis von 380 F pro Nacht. Doppelgemach Waschbecken und Dusche ab 230 F. Bei den Summen darf man die Aussicht auf Platz und Fluß erwarten. Hängt baulich mit der Kathedrale zusammen. Leider nur winzige Badezimmer, für eine zünftige Morgengymnastik völlig ungeeignet.

● *Zeltplätze*

Die einladendsten finden sich in Le Grau-d'Agde. Sie sind allerdings so klein, daß sie von der Präfektur nicht einmal ins Verzeichnis aufgenommen wurden.
- **Aire Naturelle Les Cadières:** route de Marseillan. T. 67 94 09 20. In Richtung Cap-d'Agde. Schattige Wiese.

Einkehren

● *Untere und mittlere Preisklasse*

♦ **L'Orient-Express:** 8, rue Jean-Roger. T. 67 21 38 15. Sonntagmittags geschlossen. Leckeres vom Grill in einem grünen, an einen Waggon erinnernden, Dekor. Die Portionen werden für oder von den Gästen auf einer heißen Steinplatte zubereitet. Originell, müssen wir schon zugeben. Mittagsmenü zu 60 F; weitere Menüs zwischen 90 und 135 F.
♦ **La Casa Pépé:** 29, rue Jean-Roger. T. 67 21 17 67. In einem Innenhof in der Altstadt, mit ländlichem Speisesaal, dessen Tische sich im Nu füllen. So richtig gemütlich mit offenliegenden Balken und Tonnengewölbe. Ein Menü zu 90 F, Wein inbegriffen. Empfehlenswert: mit Jakobsmuscheln gefüllter Steinbutt *(Turbot farci aux coquilles Saint-Jacques)*, Bouillabaisse ...
♦ **L'Écailler:** place de L'Ancien-Barbecue, in Cap-d'Agde. T. 67 26 55 42. Ein Ausflugslokal, wie es sie (fast) nicht mehr gibt. Dem Gast, der hier Austern aus Thau probiert oder mitnimmt, wird erst einmal ein Gläschen Weißwein kre-

BÉZIERS UND UMGEBUNG – AGDE / 173

denzt. Sechs Austern und ein Glas Wein für 30 F, zwölf 50 F! Austern auch zum Mitnehmen (sie werden zuvor kostenlos geöffnet). Die Sache mit dem Glas Weißwein bitte nicht ausnutzen: sonst ist es um die Nettigkeit bald geschehen!

● *Führnehmer*

♦ **Le Brasero:** rue de la Gabelle. T. 67 26 24 75. Seit über fünfzehn Jahren in Cap-d'Agde ansässig (das Urlauberghetto selbst ist gerade mal zwanzig Jahre alt), mit rustikalem Speisesaal. Georges Millares, ein Schlachter mit hochrotem Gesicht, waltet seines Amtes zum Wohl aller Karnivoren. Etwa 110 F veranschlagen. Ein weiteres Menü zu 145 F mit Fleisch- oder Fischgericht. Dank der Hecken, die das Restaurant abschirmen, ein ruhiger Ort in Cap-d'Agde.

Eis in der warmen Jahreszeit

♦ **Le glacier du Pont Saint-Martin:** quai Saint-Martin, am Ende der Rue de la Hune. T. 67 26 79 48. Das Eis von Marie-Louise läßt uns dahinschmelzen.

Sehenswert (oder auch nicht)

▶ **Cap-d'Agde:** eine Beleidigung fürs Auge. Auf vierspurigen Schnellstraßen erreicht man eine der größten Schlafstädte Europas. Früher (vor fast dreißig Jahren Jahren) erstreckte sich hinter Weinbergen und Sümpfen noch ein Bilderbuchstrand. Heute bieten die ockerfarbenen Kaninchenställe des »Seebades« weit über 100.000 Betten. Sehr viel anders sieht's in Marzahn und Leipzig-Grünau auch nicht aus. Und die letzten Bauvorhaben sind noch nicht einmal beendet! Ein gewisser *Pierre Barthès* hat aus Cap-d'Agde ein Tennismekka gemacht, die Baulöwen etwas abseits eine FKK-Metropole mit vornehmlich deutscher Kundschaft errichtet (Port-Ambone). Zehntausende Nackedeis in Intensivhaltung ... wie gut, daß es noch so anspruchslose Zeitgenossen gibt. Zwischen dem 14. Juli und 15. August sollte man auf jeden Fall einen Bogen um Cap-d'Agde schlagen. In der übrigen Zeit mag jeder für sich selbst entscheiden. Denn die Retortenstadt birgt noch einen Rest jenes Schatzes, der zunächst ganz unter Orgien und Beton verschwunden zu sein scheint: der schwarze Strand. Und ganz am Ende des Kaps, unter einer der seltenen Steilküsten des Languedoc (nur noch in Sète und Cap-Leucate), ein Sand- und Geröllstrand aus Basalt. Morgens erkunden ... Danach noch ins *Musée d'archéologie sousmarine* (Musée du Cap, s. unten) und dann nichts wie weg!

▶ **Altstadt:** für 8 F gibt's eine Führung beim Fremdenverkehrsamt. Malerische Gassen, intaktes Stadtbild.

▶ **Cathédrale Saint-Étienne:** abweisende romanische Wehrkirche aus dem 12. Jh., an der Stelle eines früheren Diana-Tempels. Zwei bis drei Meter dicke Mauern aus dem Basalt des Mont Saint-Loup, mit Zinnen und Wurfschächten versehen, und der 35 m hohe Glockenturm sollten den Seeräubern wohl signalisieren, daß in Agde für sie kein Blumentopf zu gewinnen sei. Im rundbogenverstärkten Innern ein bombastischer Altaraufsatz.

▶ **Musée agathois:** rue de la Fraternité, in der Nähe der Markthallen. Fundstücke von den Phöniziern bis zu den Iberern. Hinzugelernt haben wir auch etwas über die Entwicklung der weiblichen Kleidung und Toilette. Für allen anderen: Schiffsmodelle.

▶ **Remparts:** beim Finanzamt *(Perception)*. Die griechischen Stadtmauern liegen ein wenig versteckt unterhalb der Promenade.

▶ **Fort Brescou:** ehemaliges Staatsgefängnis, das aber nie die zweifelhafte Berühmtheit und literarischen Ehren des Château d'If vor Marseille erlangte. Führungen durch das Fremdenverkehrsamt.

► **Musée du Cap** *(Musée d'archéologie sousmarine):* am Platz. Vom 15. April bis zum 15. September von 9-12h und von 14-19h, außerhalb der Saison von 9-12h und von 15-18h geöffnet. Dienstags geschlossen. Sehenswert vor allem jener hellenistische Bronzeephebe, den Taucher 1964 aus dem Schlick des Hérault bargen.

► **Notre-Dame-du-Grau:** vom Konnetabel zu Montmorency restauriert. In einem Piniengehölz erinnert die *Chapelle de l'Agenouillade* an ein Marienwunder.

Unternehmungen

– Spaziergang auf den »Gipfel« (115 m) des **Mont Saint-Loup.** Aussicht aufs Meer. Vor zwanzig Jahren war man hier zwischen Felsen und Meer noch ganz alleine!

– **Canal du Midi:** *Bâteaux du Soleil,* 7, quai du Chapitre. Ruhig die achtzig Francs für einen nachmittägliche Bootsfahrt lockermachen. Im Sommer zwar Himmel und Menschen, aber dennoch ein Vergnügen. Hat man sich erst einmal von der Ablegestelle entfernt, wird's angenehm kühl und ruhig!

– Fahrradtour oder ein Fußmarsch auf den **Treidelpfad** nach Béziers oder Marseillan.

– **Carroussel:** die Weinstraße per Pferdekutsche. Buchung bei *La Taste:* 62, quai Jean-Miquel in Cap-d'Agde. T. 67 26 00 78. Treffpunkt ist jedoch der *Camping des Cadières,* ein Reiterhof an der D 51, 1,5 km von Agde in Richtung Marseillan. Man läßt sich von den beiden Stuten Poupette und Gavotte von Weinkeller zu Weinkeller kutschieren und probiert nebenbei die besten einheimischen Kredenzen. Weinprobe und eine Mahlzeit sind im Preis inbegriffen. Kostenpunkt: 200 F pro Tag und 110 F für die Mahlzeit. Arme Schlucker dürfen sich aber auch aus der eigenen Tasche verpflegen.

ÉTANG DE THAU

Marenne-Austern gibt es hier, aber auch Bouzigue-Austern. Letztere schon seit langem, denn bereits die Römer (die schon wieder!) züchteten sie. Obwohl die Ufer des Strandsees auf weite Strecken zugebaut sind, haben sie ihren Reiz nicht eingebüßt: man denke nur an die Mündung des *Canal du Midi,* die Austernbänke, die Ortschaften Bouzigues, Mèze, Balaruc ... und natürlich die Hauptstadt Sète. Das »Venedig des Languedoc« – derlei Vergleiche hinken immer; im Falle Sètes kommen wir damit der Wahrheit aber ziemlich nahe – wurde sogar vom Dichter *Paul Valéry* und dem Chansonnier *Georges Brassens* besungen.

MARSEILLAN (34340)

Putzmunterer Hafen, wo die Boote nach ihrer Durchquerung des *Canal du Midi* anlegen. Die Straßen sind mit Basalt gepflastert, die Häuser aus dem schwarzem Vulkangestein aus Agde erbaut.

Unterkunft

• **Domaine de la Grenatière:** 3 km in Richtung Pomerols. T. 67 77 02 73. Von November bis Mai geschlossen. Isoliert auf einer Anhöhe gelegenes Weingut mit ungehinderter Sicht auf den *Étang de Thau.* Renovierte, mit allem Nötigen ausgestattete Ferienwohnung am Rand eines Piniengehölzes. 370-430 F pro Wochenende. Abhängig von der Reisezeit 1100-2000 F pro Woche. Eignet sich besonders als Ausgangspunkt für Abstecher in die Umgebung.

Restaurants

● *Mittelprächtig*

♦ **Restaurant Le Château du Port:** 9, quai de la Résistance, am Hafen. T. 67 77 31 67. Mittwochsmittags sowie von November bis Ende März geschlossen. Wir schätzen dieses Restaurant im Erdgeschoß eines Bürgerhauses aus dem 19. Jh. besonders. Freie Sicht auf den Hafen; in der Ferne erblickt man den Mont Saint-Clair. Erfreulich güngstiges Preis-/Leistungsverhälnis: Menüs zu 88 F (außer sonn- und feiertags) und zu 135 F. Das Hotel im selben Hause steht unter anderer Leitung und wurde vor sieben Jahren aufgemöbelt. Luxuriöse Kemenaten, die folglich ihren Preis haben: ab 370 F (außerhalb der Saison billiger).

● *Etwas schicker*

♦ **La Table d'Émilie:** 8, place Carnot. T. 67 77 63 59. Während der Urlaubszeit montagsmittags, außerhalb der Saison mittwochs geschlossen. Kleines Haus unweit der Markthallen. Getafelt wird in einem Gewölbesaal, sommers auch im Garten des Innenhofs. Alles in einem raffiniert-rustikalen Stil gehalten. Genau wie der äußere Rahmen, so gibt sich auch die Küche raffiniert und traditionsverhaftet zugleich. Schon ein richtiges Feinschmeckerlokal also. Für die Gegend typisches Menü zu 110 F mit *Carpaccio de saumon* (Lachs), *Montgolfier de Saint-Jacques* (Jakobsmuscheln) und Garnelen oder *Lasagne de filet de boeuf au foie gras* (Rinderfilet-Lasagne mit Gänseleber). Wer sich's leisten kann, greift nach den kulinarischen Sternen: weitere Menüs zu 175 F, 130 und 300 F.

Freizeit und Kultur

▶ **Noilly-Prat:** am Hafen. T. 67 77 20 15. Vermittelt einen Einblick in die Produktionsgeheimnisse des berühmten Aperitifs. Führungen täglich von 10.30-11.30h und von 14.30-18h.

− **Fußmarsch** über den Treidelweg von der Pointe des Onglons nach Agde. In der Nähe der *Étang de Blagnas* und das Schutzgebiet in den Salinen. Reizvolle Landschaft und viele Vögel.

MEZE (34140)

Das nicht sonderlich reizvolle Städtchen liegt zwischen Strandsee und Nationalstraße. Wer sich an den Industrieanlagen nicht stört, wird Mèze als ruhiges Fleckchen zwischen Agde und Sète zu schätzen wissen.

− **Verkehrsamt:** rue Massaloup. T. 67 43 93 08. Vom 15. Juni bis zum 15. September von 9-12h und von 17-19h besetzt, außer samstagsmittags und sonntags; außerhalb der Urlaubszeit Auskünfte nur dienstags von 15-17h! Kaum zu fassen ... Die Hoteliers beklagen sich verständlicherweise.

Unterkunft

• **Camping Beau Rivage** (Zeltplatz): am Rande des Strandsees, in Richtung Montpellier. T. 67 43 81 48, F. 67 43 66 70. Von April bis Oktober. Dem Mont Saint-Claire gegenüber gelegen. Nicht gerade billig, aber gut angelegt, sauber und mit Schwimmbad.

• **Hôtel de Thau:** rue de la Parée. T. 67 43 83 83, F. 67 43 69 45. Das ganze Jahr über geöffnet. Hundert Meter vom Hafen entfernt, an einem schmalen Sträßchen. Mit eigenem Parkplatz. Geräumige und saubere Zimmer mit Bad oder Dusche zum Preis von 230 F. Aufgepaßt: im Erdgeschoß gibt's Zimmer mit Zwischengeschoß für Tramperhorden.

176 / HÉRAULT

Leibliches Wohl

♦ **Le Pescadou:** 33, bd du Port. T. 67 43 81 72. Dienstagabends und mittwochs geschlossen. Platz nehmen auf der Hafenterrasse oder im geräumigen, mit Bootsdarstellungen geschmückten Speisesaal. Die vielen Pflanzen verleihen dem Ort etwas Erholsames, Frisches. Treffpunkt der Einheimischen, vor allem der Sportler (in der Nähe das Sportzentrum »Le Taurus«). Appetitliche Menüs zu 80 F, 115 und 160 F. Fisch und Meeresfrüchte sind Ehrensache!

♦ **Ferme-Auberge »Domaine de Creyssels«:** an der Route de Marseillan. T. 67 43 80 82. Von Mèze aus die erste und einzige Gelegenheit nach rechts abiegen; danach ausgeschildert. Vor allem der guten Küche wegen hier einkehren: im Winter Menü mit Wild, *Foie gras* und *Cassoulet* (das wärmt wieder auf); im Sommer Fisch und Meeresfrüchte. Vorgesetzt werden uns in einem riesigen Speisesaal mit Kamin Menüs zwischen 95 und 135 F. In der tadellosen Ferienwohnung darf man in einem Pinienwald die Einsamkeit genießen. Abhängig von der Jahreszeit mit 1050-1700 F pro Woche für vier Personen rechnen.

Sehenswertes

▶ Der malerische **Markt** in den erst kürzlich herausgeputzten Markthallen.

▶ **Chapelle des Pénitents** (Büßerkapelle): ungewöhnliches Kirchenschiff, fünf Gewölbefelder.

▶ **Station de lagunage:** am Dorfausgang, in Richtung Le Mourre-Blanc. T. 67 43 87 67. Im Sommer Besichtigung täglich von 10-18h; sonst von 14-18h. Fischzucht mit hübschen Zierfischen, aber auch ein Schutzgebiet für Zugvögel.

▶ **Le Mourre-Blanc:** eine kleine Stadt für sich, bewohnt von Muschel- und Austernzüchtern. Riesige Fabrik zum Säubern und Verpacken der geschätzen Schalentiere. Nicht gerade Venedig, aber immerhin säumen hunderte kleiner Hütten die Kanäle. Früh morgens herkommen, um ein wenig hinter die Kulissen zu schauen und die Muschelzüchter bei der Arbeit anzutreffen.

BOUZIGUES (34140)

Die Muschel-Hauptstadt des Languedoc wurde schon von Griechen und Römern geschätzt. Während des Austernfestes in der zweiten Augusthälfte darf man es den Franzosen gleichtun und seine Geschmacksnerven schulen. Auf die Gefahr hin, als Banausen zu gelten: wir können dem salzigen Zeugs nichts abgewinnen ...

Unterkunft

• **Camping Lou Labech:** Zeltplatz am Strandsee, auf dem Weg zum Stadion. T. 67 78 30 38. Von Juni bis September.

● *Etwas anspruchsvoller*

• **La Côte Bleue Tudesq:** av. Louis-Tudesq. T. 67 78 30 87. Ruhigen, wohnliche Zimmer an einem Schwimmbad. Übernachtung 320 F. Zugleich ein Feinschmeckerrestaurant (Gerichte ab 170 F) mit Sicht auf den Mont Saint-Clair.

Was die Küche zu bieten hat

An jeder zweiten Straßenecke werden das ganze Jahr über garantiert frische Austern feilgehalten. Auch während der Monate ohne »r«, also im Mai, Juni, Juli und August.

ÉTANG DE THAU – BOUZIGUES / 177

● *Mittlere Kategorie*

♦ **Le Bistrot du Port:** av. Louis-Tudesq. T. 67 78 35 77. Kochkünste und Gastlichkeit sprechen nach wie vor für die Familie Archambaud. Hier werden, unschwer zu erraten, Muscheln aller Art zubereitet. Menü zu 110 F.

♦ **La Palourdière:** T. 67 43 80 19. Das ganze Jahr über geöffnet; es ist immer was los! Rund 2 km außerhalb, in westlicher Richtung. Vor den Bahngleisen in den schmalen Weg nach links einbiegen, dann die N 113. Ab hier ausgeschildert. Das abgelegene Speiselokal wird von einer Familie geführt, die ihren Lebensunterhalt mit der Austernzucht bestreitet. Was die Gäste hier im Sinn haben, liegt drum auf der Hand: Muschelnessen (»Austern und Miesmuscheln aus Bassin de Thau, stets frisch!«). Mit 110-140 F für eine Mahlzeit rechnen. Kostenlos die Aussicht auf den Etang de Thau mit seinen quadratisch angelegten Austernbänken und – im Hintergrund – den Hügel von Sète. Besonders geeignet für einen Abend unter Freunden oder zu zweit. Wie wäre es bei dieser Gelegenheit mit einem Abstecher nach Bouzigues, das sich eine gewisse Ursprünglichkeit bewahrt hat?

● *Schon vornehmer*

♦ **Restaurant Le Saint-Pierre:** 23, av. Louis Tudesq. T. 67 78 31 20 oder 67 48 15 08. Das geschmackvoll renovierte Gebäude gefällt uns: alte Balken, unverputzte Wände, viele Grünpflanzen und vor alle Fotografien mit Georges Brassens, dem berühmten Chansonnier aus Sète. Menüs zu 95 und 170 F. Wir raten zur Spezialität des Hauses: provençalischer Fischsuppe *(Bourride)* für 90 F.

Anschauen

▶ **Musée de l'Étang de Thau:** quai du Port-de-Pêche. T. 67 78 33 57. Im Sommer von 10-12h und von 14-19h, sonst je nach Jahreszeit nur von bis 18 bzw. 17h geöffnet. Liefert eine Einführung in die Geschichte der Muschelzucht: die ersten, unfruchtbaren, Versuche mit Betonpyramiden, die Methode mit Pfählen aus Mangrovenholz bis hin zu modernen Verfahren. Außerdem alles über die verschiedenen Arbeitsschritte des Muschel- bzw. Austernzüchters.

▶ **Loupian:** besonders altes Dorf. Eine galloromische Villa wird gerade restauriert. Stadtmauer, enge Gassen mit Arkaden. Das Rathaus veranstaltet im Sommer Führungen um 10.30, 15 und 17h; in der übrigen Zeit von 15-17.30h.

▪ **Camping Municipal:** ruhig und schattig gelegener Zeltplatz. Vom 1. Juni bis zum 15. September. Buchung im Rathaus unter T. 67 43 57 67.

SETE (34200)

Sète taucht nach stundenlanger Fahrt durch die Garrigue auf wie eine Fata Morgana. Aus der Ferne mutet der Mont St-Clair wie eine Insel zwischen dem Étang de Thau und dem offenen Meer an. Und so nennt man Sète denn auch gerne *Ile singulière* (»einzigartige Insel«). Die (werbewirksame) Rede ist auch vom »Venedig des Languedoc«, und tatsächlich ist Sète wie die Lagunenstadt aufs Meer fixiert: es ist der größte Fischereihafen an der französischen Mittelmeerküste, erstaunlich für eine Stadt mit nur 42.000 Einwohnern. Im Gefriertunnel von Frontignan wird tonnenweise Fisch verarbeitet (Thunfisch, Sardellen), unter anderem für den Export nach Japan.
Im Lauf der Jahrhunderte haben sich zahlreiche Bewohner anderer Mittelmeerländer in der Hafenstadt angesiedelt. Italiener stellen die Mehrheit, und zwar mit Abstand. Man braucht nur mal im Telefonbuch zu blättern ... So finden sich auch unter den Ahnen der beiden großen Söhne der Stadt mütterlicherseits italienische Vorfahren – wir meinen selbstredend den Dichter *Paul Valéry* und den Chansonnier *Georges Brassens*.

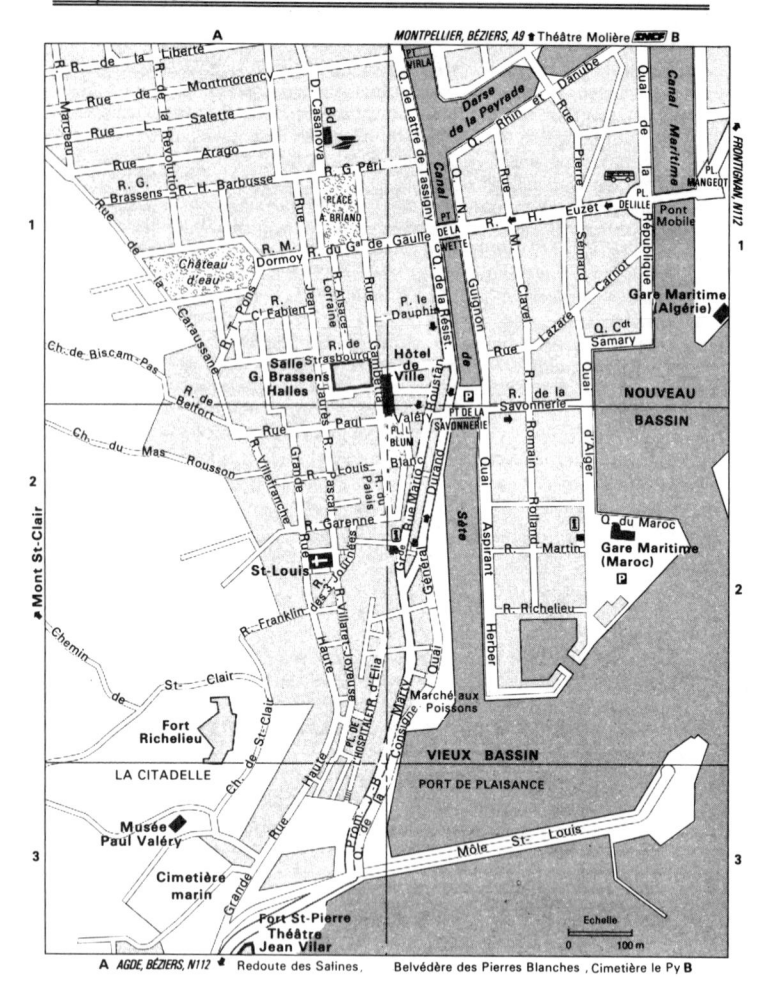

Sète

Der malerische Hafen, die Kanäle und der Mont Saint-Clair sind die Hauptanziehungspunkte in Sète. Man kommt hierher, um sich mal so richtig den Bauch vollzuschlagen (vor allem mit Fisch), aber auch wegen der Museen und des abendlichen Amüsements in den wenigen Kneipen. Die geographische Lage, eine florierende Wirtschaft und das rege Kulturschaffen machen Sète zu einer lebenswerten Stadt. Der größte Unterschied zu Venedig liegt nicht allein im Fehlen bedeutender Baudenkmäler: man trifft gelegentlich sogar auf architekonische Auswüchse in Beton, besonders am Strand von La Corniche, wo diese deprimierenden Scheußlichkeiten längst überhand genommen haben.

Fischerstechen auf südfranzösisch: »Joutes Nautiques«

Der Ursprung der Tjostenturniere *(Tournois de Joutes)* liegt im Mittelalter. Um sich vor Ausfahrt zu den Kreuzzügen die Zeit zu vertreiben, stiegen Soldaten und Matrosen auf leichte Boote und lieferten sich Scheingefechte. Am Namenstag *Ludwigs des Heiligen* – er erlag 1270 vor Tunis auf einem Kreuzzug zusammen mit einem großen Teil seines Heers einer Seuche, statt, durchbohrt von der Lanze eines Heiden, den Heldentod zu sterben – stehen sich heute rot und blau bemalte Boote in einem eigenartigen Turnierspektakel gegenüber. Die Regeln dieses an die Tübinger Stakkähne erinnernden Sports sind verzwickt: es gilt, über zwanzig Vorschriften zu berücksichtigen, die Varianten in Paris und Lyon nicht eingerechnet. Eine Aufzählung sparen wir uns. Hier nur soviel: der weiß gekleidete, mit Lanze *(Lance)* und Schild *(Pavois)* bewaffnete *Jouteur* steht auf der *Tintaine*, einer leiterartigen Vorrichung am Heck des Bootes, und versucht den *Jouteur* der gegnerischen Mannschaft ins Wasser zu befördern. Wie ist nebensächlich. Und so hagelt es Verwarnungen und Disqualifikationen. Das ganze Spektakel spielt sich in malerischer Atmosphäre unter dem Klang von Fanfaren ab. Zwischen mehreren Städten werden ernsthafte Wettbewerbe ausgetragen, wobei während der dritten Halbzeit feucht-fröhlich gefeiert wird.

Nützliche Adressen

– **Fremdenverkehrsamt:** 60, Grand-Rue-Mario-Roustan. T. 67 74 71 71, F. 67 46 17 54. Anfang September bis Mitte Juni von 9-12h und von 14-18h besetzt, sonntags geschlossen; vom 15. Juni bis Ende August Auskünfte täglich von 9-20h. Stadtführungen zu verschiedenen Themen.
– **Postamt:** bd Daniel-Casanova, hinter dem Quai de-Lattre-de-Tassigny.
– **Fahrradvermietung:** *Cycles Valestra*, 4, rue Voltaire. T. 67 74 74 77. *Déferlantes*, 6, quai Commandant-Samary. T. 67 74 82 30.
– **Busbahnhof:** 4, quai de la République. T. 67 74 66 90. Die *Courriers du Midi* führen etwa zwölf Fahrten täglich durch, und zwar nach Montpellier, Marseillan und Frontignan. Im Sommer auch Rundfahrten.
– **Bahnhof:** quai Maréchal-Joffre, am Ende der Avenue Victor-Hugo. T. 67 46 51 66. Ungefähr alle halbe Stunde ein Zug nach Montpellier.
– **Flughafen:** in Montpellier.
– **Ausflugsschiffe:** *Sète Croisières*, quai Général-Durand. T. 67 46 00 46 oder 10. Vergnügungsfahrten aufs Meer täglich außer samstags und sonntags.

Unterkunft

● *Günstig*

▪ **Le P'tit Mousse:** rue de Provence. T. 67 53 10 66. Vom 15. Oktober bis zum 15. März geschlossen. Kleines, ockerfarbenes Haus an einem Sträßchen der Corniche, ganz nah am Meer. Saubere, aber recht beengte Zimmer zu 150-220 F. Halbpensiom möglich. Familiäre Atmosphäre.
▪ **Le Mistral:** 19, quai Rhin-et-Danube. T. 67 74 33 28. Kleines Hotel im alten Sète, etwas abseits der Innenstadt. Die Zimmer liegen an einem der Kanalarme. Mobiliar und Dekor nicht mehr ganz taufrisch und WC auf dem Gang, aber insgesamt sauber und freundlich. Zimmer mit Pantoffelkino und Telefon von 130-190 F. Im Restaurant eine vollständige Mahlzeit zu rund 80 F. Halbpension für eine Person 185 F, für zwei Personen 300 F.

● *Mittlere Preise*

▪ **Les Sables d'Or:** place Édouard-Hériot. T. 67 53 09 98. Im Corniche-Viertel, also nicht weit vom Strand. Die Zimmer gut in Schuß, funktionell und frisch hergerichtet: 210 F (Dusche und WC) bis 300 F (Bad und WC). Nach einem Zimmer zum Hof fragen.

180 / HÉRAULT

- **L'Ambassade:** 27, av. Victor-Hugo. T. 67 74 72 67. F. 67 74 89 81. Anspruchsvolles Zwei-Sterne-Hotel mit geräumigen, sauberen, unlängst generalüberholten Zimmern. 250 F außerhalb der Reisezeit; im August Zuschlag in Höhe von 100 F. Restaurant im Hause, Halbpension daher möglich.
- **La Conga:** place de la Corniche. T. 67 53 02 57. Ideale Lage an den bezaubernden Mittelmeerfluten, nur einen Katzensprung vom Strand. Häßlicher Betonbau, was übrigens für das ganze Viertel zutrifft. Aber annehmbare, saubere Zimmer zu anständigen Preisen von 185 F (Dusche und WC) bis 265 F (Bad und WC).

• *Schicker*

- **Le Grand Hôtel:** 17, quai de-Lattre-de-Tassigny. T. 67 74 71 77. F. 67 74 27 99. Das um 1860 erbaute Grandhotel von Sète hat nichts von seinem großbürgerlichen Flair eingebüßt. Im Innern des geräumigen, noch ganz im Stil der Epoche eingerichteten Gebäudes stößt man auf einen Innenhof, von einem Glasdach vor den Unbilden der Witterung geschützt. Erinnert ein wenig an die Pariser Markthallen. Das Frühstück zu 45 F allein rechtfertigt schon einen Aufenthalt. Zimmerpreise zwischen 210 und 380 F; Appartements und Suiten noch etwas teurer. Im Sommer muß mit 10% Aufpreis gerechnet werden. Achtung: nur zwei Zimmer zu 210 F! Sie sind kleiner, weisen aber immerhin Dusche, WC und Fernseher auf. Personal und Service sind eines Grandhotels würdig.
- **Les Terrasses du Lido:** rond-point de l'Europe, la Corniche. T. 67 51 39 60. F. 67 53 26 96. Im Sommer täglich geöffnet; außerhalb der Urlaubszeit sonntagsabends und montags geschlossen. Michel und Colette Guironnet führen das Hotel-Restaurant mit Können und Geschmack. Alles ist gelungen: die Ausstattung der Gästezimmer, des Salons und des Speisesaals, aber auch die Küche (ein Lob für Colette) mit einer Vorliebe für Fisch und Schalentiere. Ein kleines Schwimmbad sorgt sogar für Erfrischung. Die Preise? Doppelzimmer je nach Jahreszeit von 300-430 F, Menüs zu 140 F, 230 und 310 F. Ein gutes Hotel also in dieser Kategorie. Achtung: rechtzeitig buchen, denn es gibt nur neun Zimmer!

Restaurants

• *Bei Ebbe in der Reisekasse*

♦ **L'Amphore:** 7, quai Maximin-Licciardi. T. 67 74 42 59. Mittwoch Ruhetag. In dem am Kanal gelegenen Restaurant, ob auf der Terrasse oder im schmucken Speisesaal, kann man gut essen. Angenehm auch das Drumherum: ein freundliches Lächeln, Stoffservietten und Blumen auf den Tischen. Der *Patron* steht selbst am Herd und bereitet einfache Mahlzeiten aus der Region zu: z.B. *Bourride* (provençalische Fischsuppe) oder *Moules farcis* (gefüllte Miesmuscheln). Menüs zu 90 und 145 F; obendrein ein »Sparmenü« zu 60 F, in der Zeit von 12-13h und 19-20h.

♦ **La Péniche:** 1, quai des Moulins. T. 67 48 64 13. Samstagmittags und sonntagsabends geschlossen. Schiffsrestaurant unweit einer Eisenbrücke, der *Bourse des Primeurs* gegenüber, an einem Kanalkai vertäut. Unter der Woche viele Durchreisende. Am Wochenende kehren die Einheimischen hier ein, mit der Familie oder mit Freunden. Die von den Touristen gestreßten Bedienungen wirken sonntags denn auch entspannter. Gutbürgerliche, reichlich portionierte Kost, darunter regionale Leckerbissen wie die *Bourride*. Menüs ab 80 F.

♦ **La Patelle:** chemin des Quilles, la Corniche. T. 67 53 07 36. Über Mittag und abends geöffnet; samstags geschlossen. In Sète bekannt für eine lockere Atmosphäre und jede Menge Platz – weshalb man hier auch in fröhlicher Runde einfallen kann. Anspruchslose, regional geprägte Küche. Menüs ab 75 F, Tagesgericht für sage und schreibe 30 F!

ÉTANG DE THAU – SETE / 181

● *Mittlere Preise*

♦ **The Marcel:** 5, rue Lazare-Carnot. T. 67 74 20 89. Bis 23h geöffnet (freitags und samstags soagr bis Mitternacht). Sonntags Ruhetag. *The Marcel* will vor allem kultureller Treffpunkt sein und zählt keinesfalls zu jenen Lokalen, die nur darauf aus sind, ihre Kundschaft tüchtig auszunehmen. Diesem Anspruch wird es gerecht: den Speisesaal werten Werke moderner Künstler auf – der Inhaber betreibt auch die benachbarte Galerie. Man fühlt sich auf Anhieb wohl, weder eingeengt noch gehetzt, und nehme sich ausreichend Zeit, zu probieren, was die Karte so bietet: eine tadellose Küche, ohne jeden Mißton, ganz wie die Sonate oder »My Favourite Things« von Coltrane, die im Hintergrund ertönen. 160-220 F einplanen. Kleiner Tip: Tintenfische mit Knoblauchmayonnaise *(Seiches à l'aïoli)*, begossen von einem Picpoul (Weißwein aus dem Languedoc).

♦ **La Corniche:** place Édouard-Herriot. T. 67 53 03 30. Montags sowie in der Zeit vom 10. Januar bis zum 1. März geschlossen. Auf der Veranda Plastikstühle. Gemütlicher ist der lachsfarbene Speisesaal mit pastellfarbenen Vorhängen. *Bouillabaisse* (Fischsuppe aus Marseille), *Bourride* (provençalische Fischsuppe) und *Fondant de Saint-Jacques* (Jakobsmuschel-Fondant) zieren den Speisezettel. Menüpreise: 100-180 F.

♦ **Le Buffalo Grill:** 12, Grand'Rue. T. 67 74 76 99. Nur abends bis 3h geöffnet. Ausgesprochene Fleischesser müßten schon lange suchen, um bessere Nahrung zu finden, als im *Buffalo Grill* zu Sète. Der *Patron* weiß genau, welche Fleischstücke er auswählt, und bereitet sie mit viel Sorgfalt zu; zur Freude aller Liebhaber von Filets, Entenbrüsten, Kaninchen usw. Großzügige Portionen. 160-220 F für eine vollständige Mahlzeit einplanen. Vorbestellen, die Plätze sind rar (nur zwölf Tische).

♦ **La Panne:** môle Saint-Louis. T. 67 74 49 50. Von März bis Ende Oktober täglich geöffnet; sonst Sonntag und Montag abends geschlossen. Das Schiffsrestaurant der *Société nautique* am Ende der Mole bietet in einem raffinierten äußeren Rahmen schmackhafte Speisen, besonders Fisch und Schalentiere. Wie wäre es mit ein paar Austern *(Huîtres)* oder einen gegrillten Seewolf *(Loup grillé)*? Bei stürmischem Wetter schaukelt's so schön hin und her. Funktioniert natürlich nicht jeden Tag. Noch ein Weißwein aus den Corbières und man fühlt sich rundum wohl. Aufgepaßt: zweimal im Monat steht samstags ein französischer Chansonabend auf dem Programm. Menüs ab 80 F oder à la Carte.

● *Vornehmer*

♦ **La Palangrotte:** quai de la Marine, rampe Paul-Valéry. T. 67 74 80 35. Sonntagabends und montags (außer von Juni bis September) sowie vom 15. Januar bis zum 15. Februar geschlossen. Restaurant im neovenezianischen Stil, hie und da mit Spitzen versehen. Seit zwanzig Jahren *das* Feinschmeckerlokal in Sète, fast schon ein Denkmal. Küchenchef Alain Géminiani beherrscht die taditionelle Fischzubereitung von Sète *(Eausel)* aus dem effeff. Festessen rund 220 F, Menüs zu 150 F, 210 und 330 F.

♦ **L'Horizon:** 23, promenade J.-B.-Marty. T. 67 74 32 73. Achtung: nicht jeden Abend geöffnet. Vorsichtshalber reservieren. In diesem unscheinbaren Bar-Restaurant, ganz so belassen, wie die alten Lokale in Sète einmal ausschauten, erwartet uns eine kulinarische Rarität: *Cigales de mer* (Heuschreckenkrebse) à la sétoise für 210 F pro Person, oder auch eine schmackhafte *Bouillabaisse* zu 170 F. Küchenchef Xavier wußte sich gegen alle Stürme der Zeit eine Kochkunst zu bewahren, die leider verloren zu gehen droht.

♦ **La Terrasse du Lido:** rond-point de l'Europe, la Corniche. T. 67 51 59 60. S. auch »Unterkunft«. Das weiter oben bereits angeführte Hotel verdient es, nochmals erwähnt zu werden. Menüs ab 130 F. Man ißt und amüsiert sich hier gut.

---

*Für Hinweise, die wir in späteren Auflagen verwerten,
bedanken wir uns mit einem Buch aus unserem Programm*

Kneipenkultur ...

... ist in Frankreich bekanntlich ein Fremdwort. Kein Wunder, daß man auf spanische *(Bodega)* und englische Vorbilder *(Pub)* zurückgreifen muß.
♦ **La Bodega:** 21, quai Noël-Guignon. T. 67 74 47 50. Von 17.30-3h geöffnet. Sonn- und feiertags geschlossen. Peppiger Ort, wo's so richtig abgeht. Freitags- und samstagsabends Bands mit jazziger Musik. Dann an der Bar oder im Zwischengeschoß zur Musik einen »Grunge pof« (drei Gläser eines gekonnt gemixten und dosierten Cocktails zu 50 F) ordern.
♦ **Le Wembley Pub:** 36, av. Victor-Hugo. T. 67 74 67 67. Täglich von 17-2.30h geöffnet. Die zweite Adresse für Nachtschwärmer in Sète. Hier gibt's rockigen Gitarrensound. Jeden Abend Programm; das muß man erst einmal hinkriegen! Große Bierauswahl und hinter der Theke der gute Rat: *Si tu bois, tu meurs. Si tu bois pas, tu meurs quand même. Alors bois!* (»Wenn du trinkst, stirbst du. Trinkst du nicht, stirbst du trotzdem. Also trink!«). Richtig so? Oder hat sich da nicht ein Denkfehlerchen eingeschlichen ...
♦ Tagsüber bewahren uns allerorten **Bars** vor dem Verdursten. Typisch und volkstümlich: *Bo-Bar* und *Le Pacheco* am Quai Lucciardi bzw. Quai Durand oder auch die *Bar de la Marine* mit jungem Publikum und Harley-Davidson-Atmosphäre.

Sehenswertes

▶ **Mont Saint-Clair:** beherrscht mit seinen 182 m die Stadt. Aussicht auf die Dächer der Altstadt, die Strandseen und die Strände. Den Aufstieg am Fremdenverkehrsamt beginnen. Der *Corniche* folgen. Am Place Édouard-Herriot nach rechts in die Avenue du Tennis, dann die Montée des Pierres-Blanches hinaufsteigen. Hier oben hilft eine Orientierungstafel jenen weiter, die die Richtung verloren haben. Gemütliche Fußgängerwege. Den Wegweisern zum »Belvédère« folgen.

▶ **Notre-Dame-de-la-Salette:** ganz oben auf der Hügelspitze des Mont Saint-Clair treffen Wallfahrer und weniger fromme Urlauber in einer Kapelle zusammen. Der wenig ansprechende, kuriose, niedrige und dunkle Bau wurde 1954 von Bringuier mit Fresken ausgestattet: eine dunkle, expressionistische Darstellung der Marienerscheinung in La Salette anno 1846. Schon ein wenig eigen und bedrückend, aber für den ein oder anderen vielleicht doch von Belang. Gegen den Wundervirus nicht Gefeite haben Gelegenheit, sich ein Büchlein zu verschaffen, das ausführlich über besagte Erscheinung berichtet. Ungläubige werden ratlos den Kopf schütteln, alle anderen ins Träumen geraten. Wir, für unseren Teil, machen uns aus dem Staub Richtung Kreuz, von dem aus bei klarem Wetter manchmal die Pyrenäen (im Südwesten) und sogar die provenzalischen Alpilles (im Nordosten) zu erahnen sind.

▶ **Musée Paul-Valéry:** rue François-Desnoyer, hinter dem Cimetière marin. T. 67 46 20 98, F. 67 74 40 79. Publikumsverkehr von 10-12h und von 14-18h. Außerhalb der Saison sonn- und feiertags geschlossen.
Mehrere Säle in einem modernen Gebäude von 1970 widmen sich jeweils einem Thema. Zuerst einmal wird anhand von Plakaten, Flurplänen und Modellen die *Stadtgeschichte* von Sète erläutert, das sich früher auch »Cette« schrieb, bevor eine Gemeindeverfügung 1928 die strittige Schreibweise endgültig festlegte. Ferner wird dem Besucher das Brauchtum in Sète, vor allem die *Joutes*, nahegebracht. Im Untergeschoß *moderne Malerei* einheimischer Künstler: die »freie bildliche Darstellung« ist mit Combas und den Gebrüdern Di Rosa (ihr Ruf drang bis nach Paris!) stark vertreten. Hie und da ganz hübsche Gemälde, aber bei den *klassischen Meistern* des 18. und 19. Jhs kommt man mehr auf seine Kosten (besonderes Vergnügen bereiten uns die unbekannten Maler von damals, z.B. Cabanel, die bemerkenswertes Können und einen sicheren Strich besaßen). Auch die großen Meister sind natürlich zu finden: Botticelli, Courbet, Gustave Doré ... Hier findet sich auch der *Paul-Valéry-Saal*. Bahn frei für den geistreichen Dichter Paul Valéry! Porträts, eigenhändig verfaßte

Schriftstücke (Autographen), Zeichnungen, Aquarelle – Valéry beherrschte auch diesen künstlerischen Bereich! – und zum Abschluß der Hommage Valérys Totenmaske, bei deren Anblick festzustellen bleibt, daß das Genie keinen sonderlich großen Schädelumfang besaß (er erschien uns sogar ziemlich klein): als ob Kleider doch keine Leute machten ... Beim Umherschlendern zwischen den Vitrinen sind uns folgende Sätze aufgefallen: *Socrate, je meurs! ... Donne-moi de l'esprit!* (»Sokrates, ich sterbe! ... Gib mir Verstand und Witz!«); oder: *Une oeuvre d'art devrait toujours nous apprendre que nous avions pas vu ce que nous voyons* (»Ein Kunstwerk sollte uns immer lehren, daß wir nicht das gesehen haben, was wir sehen«), eine scharf- und tiefsinnige Definition von Kunst. Nun gut, beim Verlassen des Paul-Valéry-Museums sagt man sich, wie auch beim Lesen seiner Werke, daß die Intelligenz nicht unter die gleichmäßig verteilten Güter auf dieser Erde zählt.

▶ **Cimetière marin** (Seefahrerfriedhof): rue Dunoyer. Ach, die Welt ist klein! Schon wieder begegnen wir dem Dichter *Paul Valéry*. Auf der Familiengruft (Familie Grassi) lesen wir diese, übrigens sehr nüchterne Inschrift: *O récompense après une pensée / Qu'un long regard sur le calme des dieux.* (»Oh Lohn des Geistes, wenn nach manchem Sinnen / Der Blick auf Götterstille lange ruht«. Auszug aus »Le Cimetière marin«). Jetzt heißt es, eine Pause einzulegen und ein wenig zu meditieren: unter uns das Meer, ringsum die Toten. Und weiter entfernt, zur Linken, dieser fast unwirkliche Ententeich.
Spaß beiseite: »Dies stille Dach, auf dem die Taube schreitet ...« (wieder P. Valéry) ist natürlich einer der malerischsten Friedhöfe, der uns je untergekommen ist, und wächst terrassenförmig am südöstlichen Hang des Mont Saint-Clair empor. Weiter unten, im anderen Teil des Friedhofs, das prächtige Grabmal des Ehepaars Paul Goudart und jenes, bescheidenere, der mutigen Lotsen Richard und Barthélémy, die am 6. Januar 1867 im Meer umkamen, als sie einem amerikanischen Schiff zu Hilfe eilten. Tja, in jenen heldenhaften Zeiten unterstützte Frankreich noch Amerika und nicht umgekehrt. Von ihren Großmachtträumen können sich die Franzosen übrigens nur schwer trennen. Wohin das Verhaftetsein in glorioser Vergangenheit führt, zeigt Portugal. Aber das ist ein ganz anderes Thema (zu dem wir im übrigen auch so einen komischen Reiseführer verfaßt haben ...).

▶ **Espace Georges Brassens:** 67, bd Camille-Blanc. T. 67 53 32 77. Von Juni bis September täglich von 10-12h und von 14-18h (19h im Juli/August) geöffnet; die restliche Zeit über dieselben Öffnungszeiten, aber montags zu.
Die 1991 eingeweihte Gedenkstätte *Espace Georges Brassens*, ein schlichtes, modernes Gebäude, in dessen Räumen man – mit einem Kopfhörer bewaffnet – Jugend, Sorgen, Musik und Gedankengänge des Chansonniers nahegebracht bekommt, lohnt unbedingt einen Besuch. Schon ergreifend, den berühmten Sohn der Stadt sprechen zu hören, als ob man schon bei den Toten weilte. Brassens unverwechselbare Stimme bringt uns schließlich ins Leben zurück. Ein Umweg hierher lohnt sich vor allem für Französischkundige, die den Sänger schätzen. Dessen thematische Leitmotive werden angesprochen: Frauen, Poesie, Gott, Nonkonformismus, Tod, Musik und natürlich die Freundschaft. In jeder Abteilung wird man, dank des Wunderwerks der Technik, des Kopfhörers, vom Tonband beschallt. Dokumente, Tonbildschaus, Plakate der ersten Aufführungen, unbekannte Fotos (Porträts von Jeanne und Püppchen) wandern vorüber, kommentiert von Georges persönlich, seiner ach so tiefe Stimme. Ein Saal mit Videovorführungen darf im technikbegeisterten Frankreich nicht fehlen. Ein dickes Lob für die Initiatoren und Gründer dieser Einrichtung: es ist ihnen gelungen, das Wesentliche aus Brassens Werk in lebendiger und einheitlicher Form darzustellen und dabei den Chansonnier selbst sowie den Sinn seiner Arbeit zu respektieren.

▶ **Cimetière Le Py:** Friedhof am Boulevard Camille-Blanc. Hier ist Brassens (1921-1981) Grab zu finden, der eigentlich ja am Strand von Sète bestattet werden wollte. Hier bei ihm vorbeizuschauen wird ihn sicher noch mehr freuen, als wenn man ihm anderswo die Ehre erweist, z.B. im *Espace Georges Brassens*.

► **Pointe Courte:** kleiner, malerischer, nach Jod riechender Hafen in Verlängerung des ehemaligen *Canal Royal.*

► **Môle Saint-Louis:** das genaue Gegenteil zu obigem Hafen. Seit der französische Starsegler Marc Pajot hier trainiert (in seiner Basis für den *America's Cup)* kommen Segler zuhauf ...

► **Fischversteigerung** *(Criée):* um 16.30h kehren die Fischerboote zurück und landen 139 Fischsorten an (oder haben wir uns verzählt?). Farbenfrohes Schauspiel.

► **Vignerai:** bd Camille-Blanc. T. 67 51 17 12. Von März bis November geöffnet. Ausstellung rund um das Thema Wein: die Arbeit im Weinberg, Herstellungsgänge usw. Lohnt vor allem aber wegen der Örtlichkeiten: aufgelassene Steinbrüche und Stollen.

► **Espace Fortant de France:** 278, av. du Maréchal-Juin. Täglich von 11-19h geöffnet. Eintritt frei. Maler der Gegenwart stellen ihre Werke inmitten der Weinfässer aus. Auch Malereien von Cobas oder Di Rosa.

► Sich durch die Gassen der Innenstadt im Umkreis des Rathauses treiben lassen: schon allein wegen der von Pascal Rouzaud restaurierten **Hausfassaden** mit ihren warmen, lebhaften Farbtönen. Wenn man bedenkt, daß sie früher einmal in uniformem Grau gekleidet waren!

Veranstaltungen

– **Grand Pardon de la Saint-Pierre:** am ersten Sonntag im Juli wird der Schutzheilige aller Fischer aufs Meer gebracht. Farbenprächtige Prozession durch die ganze Stadt.

– **Les Tournois des joutes:** der an mittelalterliche Lanzenstecherturniere oder das Tübinger Fischerstechen erinnernde Brauch besteht in Sète seit dem 17. Jahrhundert. Den ganzen August über Veranstaltungen in der Stadt und am *Grand Canal.* Die *Joutes* selber dauern vier Tage; Höhepunkt am 25. August (am Tag des Saint-Louis). Einesteils eine Touristenattraktion, andererseit aber auch noch ursprünglich. Die Regeln dieses Sports werden übrigens sehr ernst genommen. Auch der Schwimmwettbewerb durch die Kanäle der Stadt finden im Rahmen der *Tournois des Joutes* statt.

– **Festival de la Mer** (Meeresfestival): in der zweiten Julihälfte, im *Théâtre de la Mer Jean-Vilar.*

Unternehmungen

– **Goldbrassenangeln:** von Ende September bis Anfang Oktober ziehen ganze Schwärme vorüber. Das Problem ist nur, ein geeignetes Plätzchen am Kanal zu ergattern. Da helfen oft nur gute Beziehungen.

– **Wanderungen** in die Umgebung, um den *Étang* oder am Strand. Im Sommer am besten abends loszuehen. Das unverwechselbare Licht des Südens garantiert unvergeßliche Fotos.

FRONTIGNAN (34110)

Sète in Richtung Montpellier verlassen. Dann, ganz nach Belieben, an der Küste oder am Kanal entlangfahren (auf der N 112). Frontignan gilt als Welthauptstadt des Muskatweins; er wird gut gekühlt getrunken. »Die edle Natur dieses Weins übertrifft alle anderen«, hieß es schon 1633. Ein feines Gläschen gekühlten *Carte-Noires* sollte in Frontignan daher niemand unberührt lassen, denn was vor dreihundertsechzig Jahren richtig war, kann heute nicht falsch sein. Sein unverwechselbares Gepräge hat der Familienferienort indes eingebüßt: er wurde ein Opfer des Baubooms (für die Touristen) und der Industrialisierung (für die Einheimischen). Da hilft es auch nichts, daß die Ölraffinerie derzeit außer Betrieb ist.

Anschauen (oder auch nicht)

▶ **Église de la Conversion-de-Saint-Paul:** die der Bekehrung des Saulus zum Paulus geweihte Wehrkirche ist eine der schönsten im Languedoc.

▶ **Musée d'Histoire locale:** rue Lucien-Salette. Das Heimatmuseum ist in einer ehemaligen Kapelle mit einigen flämischen Malereien untergebracht.

▶ **Frontignan-Plage:** wundervoller Qualitätsbeton und entsprechend auf der Seele lastend.

In der Umgebung

▶ **Plage des Aresquiers:** der Strand war lange Zeit nur von Frontignan aus über eine fast 8 km lange Sackgasse, vorbei an der riesigen Mobil-Raffinerie, zu erreichen. Heute ist er über eine Brücke – Umweltschützer haben eine ganz kleine durchgeboxt und so die den Baulöwen so teure breite »Umgehungsstraße« verhindert – mit der Straße nach Montpellier verbunden. Dadurch büßte er zwar das Prädikat »Ende der Welt« ein. Aber nach wie vor zählt dieser Strand zu den ruhigsten weit und breit. Jenseits der beiden Restaurants (mittelmäßig ... und nicht einmal billig) belegt das FKK-Publikum den Strand mit Beschlag.

▶ **Vic-la-Gardiole:** auf dem Hügel über dem *Étang de Vic* ein paar Überreste der Stadtmauer. Die *Église des Aresquiers* stammt aus dem 12. Jh. Wer abends ein wenig auf den Hügeln oder um die Strandseen umherstreift, wird Flamingos, Möwen und Wildenten zu Gesicht bekommen. 50 km ausgeschilderter Wanderwege. Auskünfte beim *Syndicat mixte des Espaces naturels de la Gardiole et des Étangs:* Rathaus Frontignan. T. 67 48 25 25.

▶ **Mireval:** der nächste Ort hinter Vic, im Angesicht der *Montagne de la Gardiole*, aber auch der ihn knapp umgehenden N 112. Der hiesige Muskatwein mag zwar nicht so bekannt sein wie der aus Frontignan, doch besitzt er mit dem französischen Schriftsteller, Arzt und Humanisten *François Rabelais* einen höchst prominenten Fürsprecher. Dessen Bildnis prangt denn auch auf dem Flaschenetikett. Nach 5 km über die N 112 nach links in Richtung Fabrègues abbiegen. An einer Kreuzung vor der Autobahnbrücke zweigt ein schmales Sträßchen ab und verlockt zu einem schönen Spaziergang rund um die *Ermitage Saint-Bauzille*.

▶ **Gigean:** Ausgangspunkt des Weges in Richtung *Abtei Saint-Félix-de-Montceau*. Dieser schlängelt sich dann hinter dem genossenschaftlichen Weinkeller nach rechts in Serpentinenform nach oben. Einst hausten durchtriebene Mönche in diesem Kloster, die sich erdreisteten, ihre abendliche Freizeit mit Militärangehörigen zu verbringen und gar an Gelagen und Hochzeiten teilzunehmen – bis der Bischof von Maguelone davon Wind bekam und sie in die Schranken wies. Auf welche Weise dies geschah, darüber schweigt des Chronisten Höflichkeit. Vor kurzem renoviert. Wem der Sinn nach einem Sprung ins Grüne steht, auf den harren insgesamt fünfzehn Kilometer blau gekennzeichnete Pfade, die hübsche Rundblicke auf Küste und Rebberge gewähren.

▶ **Balaruc:** zum langgestreckten *Bassin de Thau* und nach Balaruc-le-Vieux mit seinen Befestigungsanlagen gelangt man über Poussan und das Château de la Garenne. Gemütlicher Zeltplatz in der Bucht von l'Angle.

Fotos gesucht! Für Fotos (S/W, Farbe, Dias), die wir in späteren Auflagen verwenden, bedanken wir uns mit einem Buch aus unserem Programm.

MONTPELLIER UND UMGEBUNG

MONTPELLIER (34000)

Hier – daran besteht kein Zweifel – schlägt das Herz des Languedoc-Roussillon. Schon vor über tausend Jahren wurde der Grundstein gelegt für die Hauptstadt (und den Verwaltungssitz) des Départements Hérault, aber erst vor gut dreißig Jahren erwachte sie aus ihrem Dornröschenschlaf und unterliegt seither einem rasanten Wandel. Kaum eine andere Großstadt der Region wächst und verändert sich derzeit so rasch wie Montpellier – nicht einmal Nîmes oder Perpignan. Beständig wurde und wird Montpelliers Entwicklung vorangetrieben: von den zahlreichen Heimkehrern aus Algerien, von seiner Universität, von seinem wachstumsbesessenen Bürgermeister und der für eine Provinzstadt beachtlichen Zusammenballung verschiedener Behörden und Verwaltungen. All diese Umstände bringen Montpellier, Motor für ein ausgedehntes Umland, immer wieder auf Hochtouren – und wecken den Neid der Nachbarschaft.

Aufgrund der Tatsache, daß fast alle studierwilligen Jugendlichen der Umgebung ihre Städtchen und Dörfer verlassen, um in Montpellier ihr Wissen zu vermehren, verwundert es kaum, daß mit 60.000 mehr als ein Viertel der Einwohnerschaft einen Studentenausweis vorweisen kann. Außerhalb des Unibereichs sind es die großen Kliniken, die Anwaltskanzleien, IBM sowie die kleinen und mittleren High-Tech-Unternehmen, die das Flair der kleinen Metropole begründen. Das alte, gemütlich-lebhafte Montpellier behält seine Altstadt fast ausschließlich Fußgängern vor, die sich an zahlreichen Passagen, engen Gäßchen und Treppen, schattigen Plätzchen und ruhigen Terrassen erfreuen dürfen.

Auch in punkto Kultur und Nachtleben entpuppt sich Montpellier als vorbildlich für Frankreichs Provinzstädte: Musik, Theater, kleine Rockpaläste, Theatercafés – die Reihe der abendlichen Unterhaltungsmöglichkeiten ließe sich unendlich fortsetzen. Montpellier ist eben nicht nur eine Stadt zum mal-eben-Vorbeischauen; es ist ein Ort zum Leben. Deshalb muß sich auch niemand wundern, hier auf viele Pariser zu treffen, die sich Montpellier als Wohnsitz auserkoren haben.

Fortbewegung in Montpellier

Für Autofahrer ist Montpellier ein wahrer Alptraum. Fast die gesamte Innenstadt, wegen ihrer Form »l'Écusson« (Wappenschild) genannt, ist für den Verkehr gesperrt – was allen anderen um so mehr Freude bereitet, weil beim Bummeln durch die Straßen und Gassen nur noch Vogelgezwitscher, Kindergeschrei und Straßenmusik zu vernehmen sind. Auf keinen Fall hartnäckig bleiben und verkrampft nach Parkplätzen Ausschau halten – es gibt keine! Die einzige Abstellmöglichkeit für lärmende Blechkisten bieten die unterirdischen Parkhäuser. Dank dieser löblichen, für Frankreich (noch) so untypischen Lokalpolitik konnte schon 1985 die Place de la Comédie zu einem der größten, Fußgängern vorbehaltenen Plätze im ganzen Land gekürt werden.

Kurzer Blick in die Vergangenheit

Über die Herkunft des Ortsnamens streiten sich die selbsternannten Fachleute bis heute. Gar abenteuerlich mutet die Palette ihrer Theorien an: von *Mont du Pastel* (ein Kraut, das bei der Herstellung eines Blautons Verwendung findet) über *le Mont Pelé*, *Mons Pessulanus*, *Mont Fermé* bis zu *Mont Puellarum* (»Berg der jungen Mädchen«) klaffen die Hypothesen auseinander – auch wenn bei einigen offensichtlich eher der Wunsch Vater des Gedankens war. Zumal Montpellier eines weiteren Vorzuges gerühmt wird: es soll, zumindest laut *François Truffaut*, die Stadt mit den schönsten Frauen Frankreichs sein.

Ob nun von Pastellfarben oder von Jungfrauen – fest steht, daß Montpellier im Jahre 985 an den Gestaden von Lez und Merdanson (dem heutigen Verdanson) entstand. Rasch verhalfen kluge Lehnsherren, die Guilhems, der jungen Siedlung zu Wohlstand und Ansehen, indem sie Kirchen und Paläste errichten ließen und florierenden Handel mit blaugefärbten Stoffen, mit Gewürzen und Heilkräutern trieben. Diese gedeihlichen Verhältnisse erlaubten es, die freie medizinische Ausbildung und auch Ausübung des Heilberufes zu verordnen. Der Warenhandel über den Wasserweg wurde im Hafen von Lattes abgewickelt. Bereits im 12. Jahrhundert konnten die Wissenschaften in Montpellier, der südfranzösischen *Ville savante*, Fuß fassen: in Fakultäten für Jura und für Medizin. Letztere ist übrigens die älteste heute noch existierende Ärzteschmiede auf der Welt; unter ihre Schulmeister zählten unter anderem *Rabelais* im 16. und *Lapeyronie*, der Leibarzt Ludwigs des XV., im 18. Jahrhundert.

Ende des 14. Jhs wird Montpellier nacheinander von mehreren Katastrophen heimgesucht. Die heftigsten Auswirkungen haben ein Erdbeben und natürlich die Pest, die damals fast ganz Europa heimsuchte. Zur Beschwörung ihres Schicksals stellen die verzweifelten Bewohner Montpelliers einen neuen Rekord auf: sie entzünden vor der Notre-Dame eine überdimensionale Kerze, die 3.888 m mißt – exakt die Länge der Stadtmauern, die dadurch gegen neue Unbillen gewappnet werden sollen.

Erst unter *Jacques Coeur*, der Montpellier zur Verwaltungshauptstadt erhebt, kehrt der frühere Glanz wieder zurück. Doch diesmal sind es die Religionskriege, die nicht vor den Stadtmauern haltmachen. Protestanten und Katholiken unternehmen immer wieder Versuche, das Kommando über Montpellier an sich zu reißen. Schließlich läßt um 1630 Richelieu die Zitadelle errichten, um die Wirren zu beenden. Eine neue glanzvolle Ära in der Geschichte Montpelliers beginnt, als Ludwig XIV. es zur Hauptstadt des unteren Languedoc bestimmt. Ein Architekt namens Daviler und die drei Gebrüder Giral sorgen für Brunnen und Herrschaftshäuser. Am Vorabend der Französischen Revolution drängen sich am Stadtrand, aufgereiht wie auf einer Perlenschnur, die Lustschlößchen der Honoratioren. Nach 1789 muß Montpellier dafür die Degradierung zur Départementshauptstadt hinnehmen.

Heute nun sprießt das neue, moderne Montpellier neben der in das Korsett des »Écusson« gezwängten Altstadt hervor und breitet sich ungehindert immer weiter zum Meer hin aus: mit Technologieparks, dem *Corum* aus Beton und Granit (Kongreßpalast und Oper), dem neogriechisch-römisch-klassischen Antigone-Viertel und dem Port-Marianne, wo einmal die Juristen einziehen sollen und für die Zukunft ein Hafen geplant ist.

Nützliche Adressen

– **Verkehrsamt für Montpellier und Umgebung:** Le Triangle, an der Place de la Comédie; bucht Hotelzimmer und wechselt Geld; T. 67 58 67 58. Öffnungszeiten von Mitte Juni bis Mitte September: montags bis samstags 9-19h; zur übrigen Zeit des Jahres: montags bis freitags 9-18h, samstags 10-13 und 14-18h.
– **Office du Tourisme:** *Moulin de l'Évêque*, Antigone, an der Autobahnausfahrt Süd; T. 67 22 06 16. Öffnungszeiten von Mitte Juni bis Mitte September: 9-13 und 14-19h; die andere Jahreshälfte: 9-13 und 14-18h (freitags nur bis 17h).
– **Office du Tourisme:** im *Rond-Point des Prés-d'Arènes,* ebenfalls an der Ausfahrt Süd. T. 67 22 08 80. Besetzt vom 15. Juni bis 15. September von 9-13 und 15-19h, am Wochenende gar nicht.
– **Office du Tourisme** im *Bahnhof:* Öffnungszeiten s. *Rond-Point.*
– **Comité Régional du Tourisme du Languedoc-Roussillon:** 20, rue de la République. T. 67 22 81 00. Nur unter der Woche von 8.45-12.45 und 14-18h. Wer alle Broschüren über die Region sammeln will, wird hier gut bedient.
– **Mitfahrzentrale:** 16, rue Meyruels, T. 67 92 12 02.

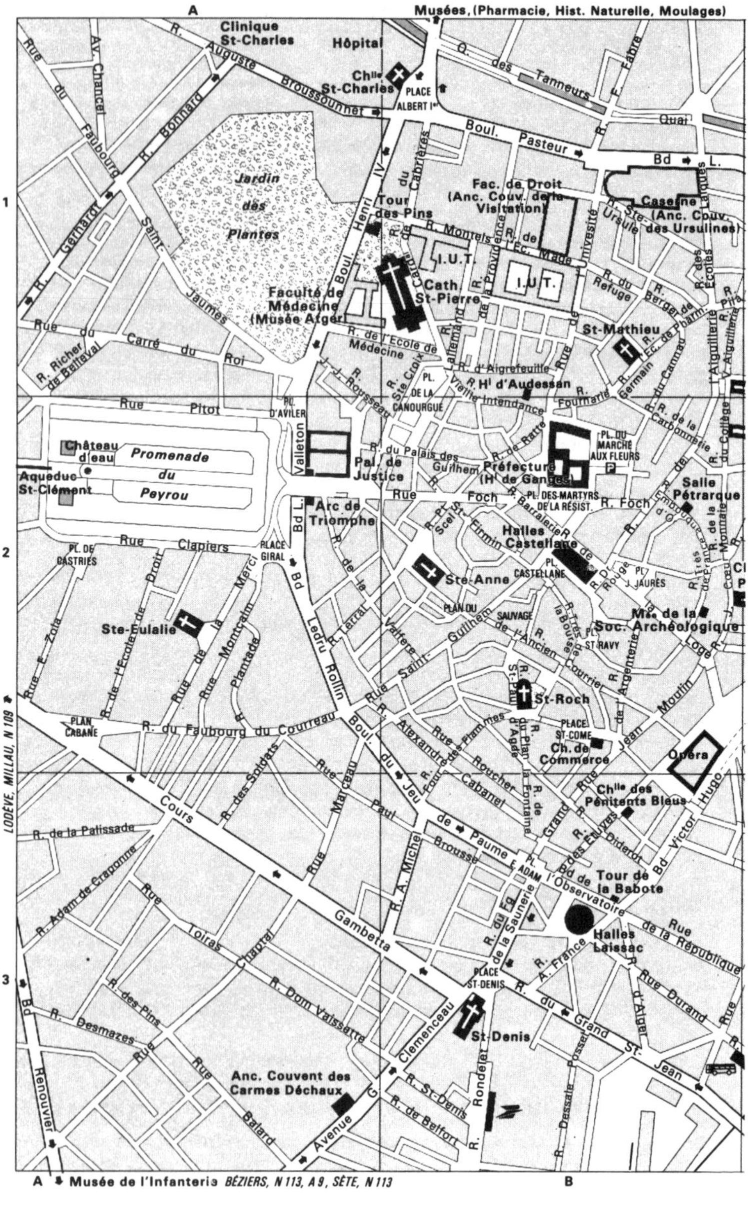
A
Musées, (Pharmacie, Hist. Naturelle, Moulages)
Clinique St-Charles
Hôpital
Chlle St-Charles
PLACE ALBERT Ier
R. Auguste Broussonnet
Q. des Tanneurs
R. F. Fabre
Quai
Boul. Pasteur
Bd L. Blanc
Rue du Faubourg
Av. Charles
R. Bonnard
R. Gerhardt
Saint Jaumes
Jardin des Plantes
Boul. Henri IV
Tour des Pins
R. du Cardinal de Cabrières
Fac. de Droit (Anc. Couv. de la Visitation)
Caserne (Anc. Couv. des Ursulines)
R. Ste Ursule
R. Montpellieret
R. de l'Ec. Mage
I.U.T.
Cath. St-Pierre
Faculté de Médecine (Musée Atger)
R. de la Providence
Université
R. du Refuge
R. Berger
R. de l'Ec. de Pharm.
R. des Ecoles
Rue du Carré du Roi
R. Richer de Belleval
R. de l'Ecole de Médecine
J.-J. Rousseau
R. Ste Croix
PL. DE LA CANOURGUE
R. d'Aigrefeuille
Hl d'Audessan
R. Vieille Intendance
St-Mathieu
R. Germain
R. du Cannau
R. Fournarié
R. de la Carbonnerie
R. de l'Aiguillerie
R. du Collège
Rue Pitot
PL. D'AVILER
Château d'eau
Promenade du Peyrou
Aqueduc St-Clément
Valleton
Pal. de Justice
R. du Palais des Guilhem
R. de la Rotte
Préfecture (Hl de Ganges)
PL. DU MARCHÉ AUX FLEURS
Salle Pétrarque
Rue Foch
PL. DES MARTYRS DE LA RÉSIST.
R. Foch
Bd L. Blanc
Arc de Triomphe
R. de la Barralerie
Scel
St Firmin
Halles Castellane
PL. CASTELLANE
R. Rouge
PL. J. JAURÈS
Rue Clapiers
PL. DE CASTRIES
PLACE GIRAL
R. de la Merci
Droit
Ste-Anne
PLAN DU SAUVAGE
Guilhem
R. Très de la Bourse
PL. ST-RAVY
Ms de la Soc. Archéologique
R. de la Loge
Rue E. Zola
R. de l'École de Droit
Ste-Eulalie
Rue de la Montcalm
Rue Plantade
Bd Ledru Rollin
R. de la Valfère
R. Saint Guilhem
R. de l'Ancien Courrier
R. de l'Argenterie
Rue Jean Moulin
St-Roch
R. St-Paul
LODÈVE, MILLAU, N 109
PLAN CABANE
R. du Faubourg du Courreau
Boul. du Jeu de Paume
Rue Alexandre Cabanel
Rue du Four des Flammes
Roucher
R. du Plan d'Agde
R. de la Fontaine
PLACE ST-COME
Ch. de Commerce
Opéra
Grand Rue
Chlle des Pénitents Bleus
R. Diderot
Bd Victor Hugo
R. des Soldats
Rue Marceau
Paul Brousse
R. de la Palissade
Cours Gambetta
R. A. Michel
PL. E. ADAM
Bd de l'Observatoire
R. des Étuves
Tour de la Babote
R. Adam de Craponne
Rue Toiras
Chaptal
R. du Fg de la Saunerie
Halles Laissac
R. A. France
Rue de la République
PLACE ST-DENIS
R. du Grand St-Jean
Rue Durand
R. d'Alger
R. Dom Vaissette
R. des Pins
R. Desmazes
Rue Balard
Bd Renouvier
Clemenceau
St-Denis
R. Rondelet
R. Dessalle Possel
Anc. Couvent des Carmes Déchaux
Avenue G.
R. St-Denis
R. de Belfort
A
Musée de l'Infanterie
BÉZIERS, N 113, A 9, SÈTE, N 113
B
1
2
3

MONTPELLIER & UMGEBUNG – MONTPELLIER / 189

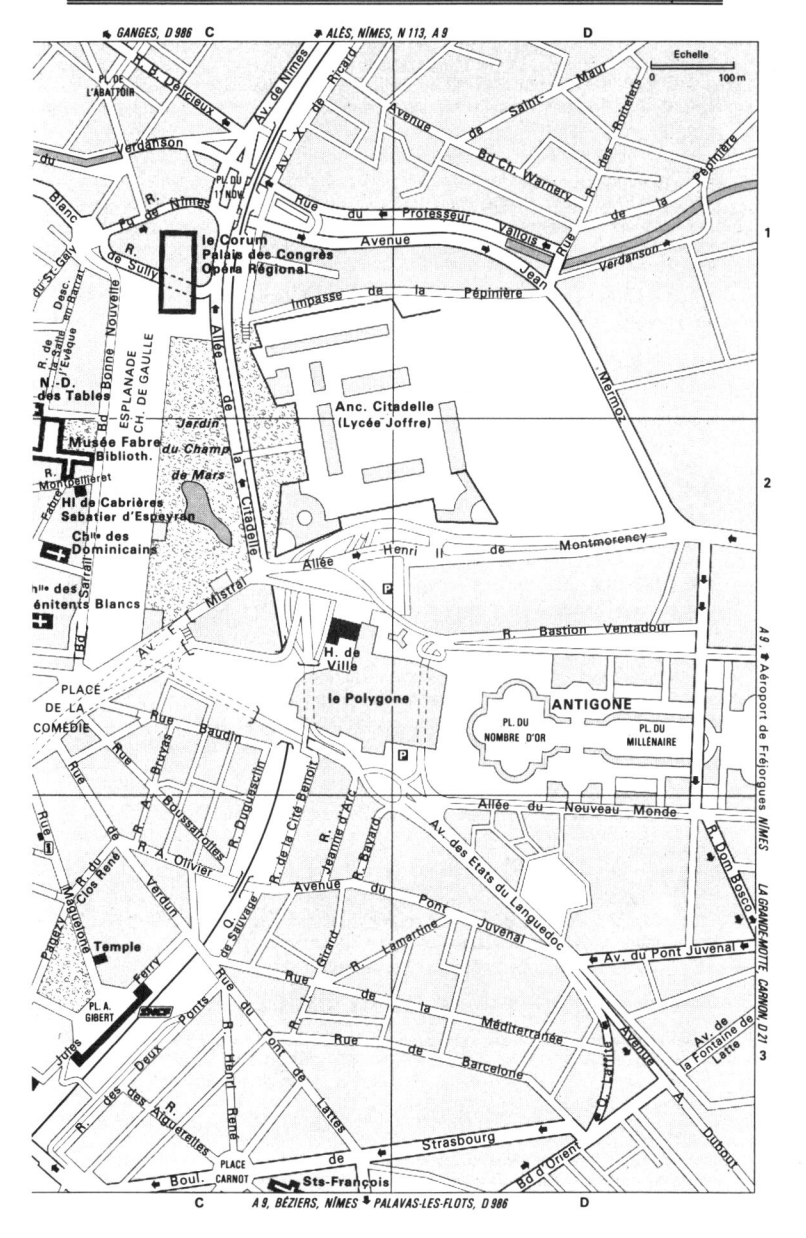

Montpellier

- **Postamt:** an der Place Rondelet oder an der Place du Marché aux Fleurs, vis-à-vis der Präfektur.
- **Bankautomaten:** kein Problem: davon finden sich gleich fünfhundert über die ganze Stadt verteilt.
- **Altstadtführung:** mittwochs und samstags jeweils ab 15h ein vom *Office du Tourisme* veranstalteter zweistündiger Rundgang. Treffpunkt, an dem auch die 60 F bzw. 40 F für Kinder und Studenten eingesammelt werden, vor dem *Office du Triangle* (Adresse und Telefon s. oben). Die wichtigsten Fassaden und Sträßchen werden abgeklappert, manchmal sogar noch ein Lustschlößchen aus dem 19. Jh., zu welchem der Öffentlichkeit normalerweise der Zugang verwehrt bleibt.
- **Gîtes Ruraux:** unter T. 67 92 88 00 ist alles über ländliche Quartiere in der Umgebung zu erfahren.

Verkehrsmittel in Montpellier

- **Calèches:** entlang der Esplanade und an der Comédie stehen Droschken bereit, die uns zum Preis von 55 bis 260 F (je nach Dauer) durch die Altstadt chauffieren.
- **Vélos pour tous:** auf der Esplanade, beim Kiosk Bosc. Die »Fahrräder für alle« sind tagsüber kostenlos (!) gegen eine Kaution von 850 F zu leihen, die bei Radrückgabe vollständig erstattet wird. Für routinierte Pedalritter liegen das Meer oder das Hinterland nicht weit. Wer sich nach Bewegung sehnt, sollte diese Gelegenheit nicht auslassen.
- **Petit Train sur Pneus:** der kleine Touristenzug auf Rädern startet täglich um 13h von der Place de la Comédie aus und bimmelt für 30 F (Kinderermäßigung) eine Stunde lang durch Teile der alten und neuen Stadt – ein Spaß für Jung und eigentlich auch für Alt.
- **Petibus:** im Kleinbus lassen sich Herrschaften älteren Semesters und Faulpelze durch den historischen Abschnitt der Fußgängerzone karren. Er zirkuliert für ein geringes Entgelt im Fünfminutentakt, wobei das Ticket auch für die Benutzung der Anschlußzüge seine Gültigkeit behält (der *Petibus* bedient die SMTU-Linien).
- **Taxi:** die besten Aussichten, eines am Standplatz zu ergattern, bestehen vor dem Bahnhof und der Comédie. Funkruf rund um die Uhr: T. 67 58 10 10.

Übernachtungsfragen

Im August erlebt der Besucher Montpelliers alles andere als eine pulsierende Stadt, da fast jeder die Flucht nach Süden, ans Meer, antritt. Ob es wohl daran liegt, daß die Auswahl an günstigen Unterkünften so beschränkt ist? Dafür bieten die Zwei-Sterne-Hotels eine um so größere Bandbreite.

● *Für Geizige, Abgebrannte und schmale Geldbeutel*

• **Jugendherberge:** rue des Écoles Laïques, Zufahrt über die Sackgasse Petite-Carraterie (Plan B1); T. 67 60 32 22, F. 67 60 32 30. Die JH ist außer an Weihnachten täglich rund um die Uhr geöffnet; Neuankömmlinge können sich zwischen 8 und 23h anmelden. Wer erst einmal registriert ist, braucht sich um keinen Zapfenstreich zu scheren. Die im großen und ganzen gut geführte Herberge liegt an der Haltestelle »Ursulines« der Linien 2, 5, 14 und 16. Knapp neunzig Betten verteilen sich auf Dreier- und Fünferzimmer. Mit 80 F für die erste Nacht (einschließlich der unvermeidlichen Bettwäschenmiete) leider eher teuer, dafür werden die folgenden Nächte mit 65 F preiswerter; Frühstück stets inbegriffen. Für Nichtmitglieder ist ein kostenloser Beitritt erforderlich. Außer der Bar mit Tischfußball (von 8-23h) besteht Gelegenheit, sich im Sommer auf der schattigen Terrasse zu vergnügen, wo abends sogar Menüs gereicht werden.

- **Hôtel les Fauvettes:** 8, rue Bonnard, hinter dem Jardin des Plantes (Plan A1); T. 67 63 17 60. In dieser Kategorie eines der bestgeführten und zudem das billigste Hotel, das Montpellier zu bieten hat. Die einfachen, aber sauberen Zimmer schauen auf den ruhigen Innenhof und werden von jüngeren und weniger jungen Altersklassen belegt. Die netten Wirtsleute verlangen 110 F fürs Doppelgemach mit Waschbecken und Bidet (Dusche und WC auf dem Gang), 150 oder 160 F für besser ausgestatte Räume. Frühstück auf der Veranda.
- **Hôtel Le Plantade:** 10, rue Plantade (Plan A2); T. 67 92 61 45. Genau die richtige Adresse für unsere jüngeren Leser und chronisch Mittellosen, die für 100 F bescheidene Zimmer mit Waschbecken, für 140 F mit Dusche erwarten dürfen. Das winzige Hotel liegt ein paar Schritte abseits des Boulevard du Jeu de Paume, in einem leicht angedüsterten Sträßchen.
- **Hôtel Parady's:** 14, rue Boussairolles (Plan C2-3); T. 67 58 42 54. Zentrale Lage inmitten des Kinoviertels. Die Bar im Erdgeschoß hat (leider?) nichts mit den einfachen, kleinstädtisch wirkenden Zimmern in den oberen Geschossen zu tun. 110 F mit Waschbecken, 190 F mit Dusche und WC.

● *Für die besser gefüllte Reisekasse*

- **Hôtel Verdun Colisée:** 33, rue de Verdun (Plan C2-3); T. 67 58 42 63, F. 67 58 98 27. Ausgezeichnete Adresse in der Stadtmitte. Aufgefrischte, bequeme Zimmer zwischen 160 und 260 F (je nachdem, ob mit Waschbecken, Dusche, Bad und WC oder ohne) und säumen eine lebhafte, aber nicht laute Straße.
- **Hôtel les Acacias:** 39, av. Bouisson-Bertrand (Plan B1). T. 67 63 55 95. An einer lauten Straße, etwas ab vom Schuß. Daß das Hotel in die Jahre gekommen ist, ist auch den Zimmern mit Waschbecken usw. anzumerken, an denen wir aber sonst nichts auszusetzen haben. Preise um 200 bis 280 F. Wer einen leichten Schlaf hat, logiert besser nach hinten raus.
- **Hôtel les Arceaux:** 33-35, bd des Arceaux. T. 67 92 03 03, F. 67 92 05 09. Schönes, gartenumgebenes Gebäude mit Freitreppe; nach hinten Blick auf ein Aquädukt aus dem 17. Jh. In den Zimmern mit Dusche und WC (zwischen 240 und 340 F) fühlt man sich rasch wie zu Hause – sie schreien allerdings nach einem Tapetenwechsel! Einige lassen sich auch auf Dreibettzimmer erweitern. Nummer 302 im Erdgeschoß mit eigener Terrasse, auf der es sich gemütlich frühstücken läßt.

● *Für üppige Scheckhefte*

- **Hôtel Ulysse:** 338, av. Saint-Maur (Plan D1); T. 67 02 02 30, F. 67 02 16 50. Das von Schweizern geführte, langgestreckte Haus mit dreißig Zimmern im südlichen Stil erweckt einen neuzeitlichen aber dennoch gemütlichen Eindruck. Wie bei Schweizern nicht anders zu erwarten, blitzt und blinkt die schmiedeeiserne und sogar die hölzerne Einrichtung. Ruhige Umgebung, die Zimmer lassen nichts zu wünschen übrig. Für die Parkplätze ist sogar kein einziger Centime zu berappen.
- **Hôtel du Parc:** 8, rue Achille-Bège. T. 67 41 16 49, F. 67 54 10 05. Auf der anderen Seite des Verdanson, ein ganz klein bißchen ab vom Schuß. Im 18. Jh. ein vornehmes Bürgerhaus. Runderneuert und vorbildlich geführt, schlagen die Zimmer mit 220 bis 370 F zu Buche; in letzterem Falle mit Bad und WC, Minibar, Telefon und Fernseher.
- **Hôtel du Palais:** 3, rue du Palais (Plan B2). T. 67 60 47 38, F. 67 60 40 23. Ruhiges, familiäres Hotel an einem kleinen Platz, im alten Teil Montpelliers, gerade mal fünf Gehminuten vom Geschäftszentrum. In der Eingangshalle wird Marmor in aufgemalter Form vorgetäuscht; Einrichtung auf antik getrimmt. Die lichtdurchfluteten Zimmer belaufen sich auf 290 F mit Dusche und WC, 360 F mit Minibar, Telefon und Fernseher. Strahlt jene gemütliche Provinzialität aus, die wir so schätzen.

● *Für Sammler satter Quittungen*

▪ **Hôtel le Guilhem:** 18, rue Jean-Jacques-Rousseau (Plan A1-2). T. 67 52 90 90, F. 67 60 67 67. Im Herzen der Stadt, am Rande eines lauschigen Parks, mit Blick auf die Kathedrale. Mit gutem Geschmack, Schlichtheit und Blick fürs Gediegene eingerichtete Zimmer unterschiedlicher Größe, was sich im Preis widerspiegelt: 310 bis 580 F. Das *Guilhem* ist ziehen wir in dieser Kategorie vor.

▪ **La Maison Blanche:** 1796, av. de la Pompignane, Ecke 46, rue des Salaisons. T. 67 79 60 25, F. 67 79 53 39. Das weiße, von jahrhundertealten Bäumen umstandene Hotel läßt uns für einen Augenblick in einer vom Winde verwehten Illusion verharren. Dem teppichbodengedämpften Komfort des »Weißen Hauses« kann man nur schwer widerstehen: die besonders geräumigen Doppelzimmer zwischen 400 und 490 F erstrahlen in dezentem Grau. Wer die Badeklamotten eingepackt hat, kann sich im hauseigenen, nicht allzu üppig dimensionierten Schwimmbecken erquicken, wie es zuvor schon Künstler wie Rostropowitch, W. Shelter, Didier Lockwood und der in Frankreich allseits vergötterte Johnny Halliday taten. Restaurant im Hause.

Speis & Trank

● *Untere bis mittlere Kategorie*

Bei den folgenden Anschriften findet jeder etwas zum Beißen, was sowohl für den Mittags- wie den Abendhunger gilt. Los geht's bei günstigen Gerichten, wobei nach oben keine engen Grenzen gesetzt sind.

◆ **Chez Marceau:** 7, place de la Chapelle-Neuve (Plan B1). T. 67 66 08 09. Über Mittag (außer sonntags) und abends gibt's (manchmal zu) kleine, einfache Menüs zum Preis von 55 und 65 F, die in der Tageshitze auf der Terrasse im Platanenschatten besten munden. Abends wird's um zwei Prisen teurer: 80 F für ein Zweigängemenü (Vorspeise + Hauptgericht oder Hauptgericht + Nachspeise).

◆ **Petit Landais du Palais:** 14, rue du Palais (Plan B2). T. 67 60 69 93. Am Wochenende nachmittags, montags ganztägig geschlossen. Hier steht uns die Qual der Wahl bevor, angesichts einer ganzen Latte von Mittags- und Abendmenüs zwischen 60 und 130 F. Die nette Dame des Hauses verwöhnt ihre Gäste mit stets einwandfreien Speisen und sorgt mithilfe von Kerzen bei einsetzender Dämmerung für einen Hauch von Romantik. Kein Kunststück, denn das Restaurant nutzt die Räumlichekeiten einer früheren Kapelle aus dem 13. Jh.

◆ **Table Sainte Anne:** 20, rue Terral (Plan A2). T. 67 60 45 35. Am Wochenende über Mittag keine Bewirtung. Zum Tagesmenü zu 55 F wird immer ein Viertel Wein gereicht. Einfache Einrichtung, freundlicher Empfang, schmackhafte Menüs (vor allem der *Pavé de thon*-Thunfisch und die Entenscheiben in Apfelwein). Abends fallen die Portionen etwas großzügiger aus, sind dann aber auch teurer: zum Preis von 70, 90 oder 120 F darf man sich an typisch französischer Kost sattessen und mit einem Gläschen *Vin de l'Aude,* der hier wirklich erschwinglich ist, den Urlaubstag verabschieden.

◆ **Mille-Pâtes:** 14, rue Roucher (Plan B2-3). T. 67 66 08 56. An sechs Abenden in der Woche (sonntags geschlossen) gibt's die von Sohnemann handgemachten *Pasta* im väterlichen, gemütlichen, puppenstubenhaften Restaurant. Zwar besteht die Speisekarte nicht ausschließlich aus allen möglichen italienischen Teigwaren, doch kehren die allermeisten Gäste ihretwegen hier ein. Keine Menüs, nur Tellergerichte zu 50 und 60 F.

◆ **L'Image:** 6, rue du Puits-des-Esquilles (Plan B2). T. 67 60 47 79. Samstagnachmittags, sonntags und den ganzen August über geschlossen. Ansonsten herrscht täglich zur Mittags- und Abendzeit Betrieb in der Küche. Originelle, stärkende Menüs: Vorspeise und Hauptgericht schlagen mittags mit 60 F zu Buche. Salate, Muscheln und *Tartar* mit Pommes werden in zahlreichen Zube-

MONTPELLIER & UMGEBUNG – MONTPELLIER / 193

reitungsarten aufgetischt. Abends steigen die Preise wie bei der Konkurrenz auch: klassisch südfranzösische Gerichte kosten dann 100 bis 140 F.

♦ **Vin en Scéne:** 3, rue Ranchin (Plan B2). T. 67 60 83 52. Lediglich montags müssen wir auf das einzige Weinlokal mit gutbürgerlicher Küche verzichten. Dem Einfall zweier junger, sympathischer und unternehmungslustiger Frauen hat es Montpellier zu verdanken, daß diese gastronomische Lücke gefüllt wurde. Zur ellenlangen Weinkarte mit Kredenzen aus allen Landesteilen gibt's für alle, die etwas Festes zu sich nehmen wollen, bodenständige Gerichte: kalter Wurstaufschnitt z.B. oder erlesene Käsesorten. Vesperteller mit einem Glas Wein 45 F, ein volles Menü 100 F. Die Kunde von vorzüglicher Bewirtung, erschwinglichen Preisen und kulinarischer Klasse verbreitete sich wie ein Lauffeuer durch die Stadt und verschaffte dem *Vin en Scéne* die Aufnahme in den Kreis der Vorzeigeadressen Montpelliers.

♦ **Fou du Roy:** 8, rue Bras-de-Fer (Plan B2). T. 67 52 77 76. Im Sommer montags geschlossen. Mittags gutbürgerliche Küche, mit Vor-, Haupt- und Nachspeise, in einem ehrwürdigen Gewölbe aus dem 13. Jh. Das kleine Menü zu 60 F könnte so aussehen: Salat nach Auvergne-Art, mit Sahne verfeinertes Hähnchenschlegel und Zitronencreme. Auch abends bleibt der Koch der bewährten *Cuisine française* treu; die Preise klettern mit 120 F allerdings um das Doppelte. Keine überraschungen erwarten, sondern solide handwerkliche Arbeit.

♦ **Tourangeau:** 10, rue de La Rochelle (Plan A2). T. 67 60 66 99. Über Mittag nur wochentags, abends nur von Donnerstag bis Samstag geöffnet. Bei Vorbestellung von mindestens zehn Personen sind aber Ausnahmen mögich. Speisekarte auf Schiefertafeln in den kleinen Räumen; der liebenswerte Wirt plaudert bereitwillig seine Rezepte aus. Die Portionen verhalten sich umgekehrt proportional zum Preis, der 80 bis 180 F *(Formule tableau)*, beim Tagesmenü *(Menu du jour)* 50 bis 70 F, betragen kann. Da die Plätze hier begehrt sind, empfiehlt sich Tischvorbestellung.

♦ **L'Epicurien:** 24, rue du Cardinal-de-Cabrières (Plan B1). T. 67 66 09 43. Den Besuchern der Kathedrale kommt der kleine Hof zum Abschluß gerade recht. Wen wundert's da, daß sich die Tische im Sommer niemals leeren? Verschiedene Salate und traditionelle Menüs wie Kalbsschnitzel oder Hasenspieß in Knoblauchsoße gibt's für 80 bis 130 F. Kleine Menüs zu 60 F nur über Mittags. Unter den Gästen fallen häufig Professoren mit ihren Studenten auf, die das *Epicurien* zu ihrer Stammkneipe auserkoren haben (Hörsaal E). Bei dieser Gelegenheit müssen wir mal wieder unsere klassische Bildung unter Beweis stellen: schon bei den alten Römern haftete dem Wort Epikureer der Beigeschmack des Genußmenschen an. Dabei gründet die Lehre des Epikur, der Epikureismus, auf der *vergeistigten* Lust, zerstört üppiger Genuß den Seelenfrieden, ist Tugendhaftigkeit Voraussetzung für jede Glückseligkeit. Trotzdem: *bon appétit!*

● *Mittelteures für knurrende Mägen*

♦ **Le Pou qui Pleure:** 3, rue de la Croix-d'Or (Plan B2). T. 67 66 18 04. Sonntags Ruhetag. Restaurant mit typischer Lyoner Gemütlichkeit, so wie es Urgroßpapa und -mama zu Beginn des Jahrhunderts gefiel. Lyoner Gastlichkeit verpflichtet, und so versteht sich die Küche denn auch auf leckere, kräftige und reichliche Portionen. Menüpreise 90 und 130 F; oder nach der Karte. Sich notfalls mit einer Vorspeise oder einem Tellergericht zu 55 F begnügen, wobei das Glas Wein auf Kosten des Hauses geht. Jahr für Jahr stellt der »Weinende Floh« seine Qualität unter Beweis. Vorsichtshalber einen Tisch vorbestellen.

♦ **Vieux Four:** 59, rue de l'Aiguillerie (Plan B1-2). T. 67 60 55 95. Außer montags und während des Augusts allabendlich bis 23.30h geöffnet. Gilt ewigen Studenten und Hard-budget-Reisenden als Institution. Der einzige, aber schwerwiegende Nachteil an diesem Lokal sind die Pommes, die leider nicht im Hause entstehen. In einem seit Jahrzehnten unveränderten Ambiente werden bei Kerzenschein Leckereien vom Grill (je nach Wahl 80 bis 160 F) auf Holzbrettchen gereicht.

♦ **Logis des Trois Rois:** 12, rue des Trésoriers-de-la-Bourse (Plan B2). T. 67 60 63 86. Sonntags und montags geschlossen. Unter einem stimmungsvollen Gewölbe schmurgeln hier seit über zwanzig Jahren Rippchen und Lammkeulen auf dem Grill, vor den Augen der Gäste. Mittags ein bescheidenes dreiteiliges Schnellmenü zu 80 F; wer 150 F investiert, bekommt auch noch ein saftiges Stück Fleisch dazu. Und wenn's erst ans Flambieren geht ...
♦ **Restaurant la Coryphène:** 21, rue Vallat (Plan B2). T. 67 60 77 23. Sonntags ganztägig, montags zur Mittagszeit geschlossen. Fisch- und Fleischgerichte in der Zeit von 22.30h für 80 bis 150 F. Gespeist wird in einem etwas zu klein geratenen, unverputzten Raum. Typisch französische Küche mit konstanter Qualität.

● *Vornehmer*

♦ **Maison de la Lozère:** 27, rue de l'Aiguillerie (Plan B1). T. 67 66 36 10. Sonntags, montags und im August geschlossen, ansonsten täglich Bewirtung von 12.15-14 und von 20-22h. Eine der Oasen Montpelliers: schon beim Eintritt hört man die Wölfe heulen, die Wildbäche rauschen, die Pilze sprießen. Küche? Nur vom Feinsten – weshalb man besser vorbestellt, da sich die Pluspunkte längst herumgesprochen haben. Zum Preis von 100 F wird im Gewölbekeller ein pantagruelisches Mittagessen aufgetischt, mit Aufschnitt, Schweinebacke an Koriander, dem südfranzösischen *Aligot*, einem Kartoffel-Käse-Gericht, und schließlich der Käseplatte. Was der Koch dann abends für 180 F zaubert, läßt sich gar nicht mehr in Worte fassen. Die raffinierten Leckereien sind auch zum Mitnehmen; fungiert nämlich auch als Feinkostladen für die oberen Zehntausend.
♦ **Ménestrel:** 2, impasse Perrier (Plan B2). T. 67 60 62 51. Hier also endlich der seltene Fall eines Restaurants, das durchgehend mittags und abends geöffnet ist und weder Ruhetag noch Ruhemonat kennt. Die Menüs (mittags 100 F, abends 150 F) bieten in Montpellier das beste Preis-/Leistungsverhältnis: Wild je nach Saison, köstliche *Bouillabaisse* und sonstige gutbürgerlich-französische Gerichte. Nachspeisen werden auf Spitzendeckchen serviert. Rechtzeitig vorzubestellen ist in dem früheren Getreidespeicher unerläßlich!
♦ **Petit Jardin:** 20, rue Jean-Jacques-Rousseau (Plan A1-2). T. 67 60 78 78. Für das *Menu de la mer* mit Fisch und Meeresfrüchten sind 110 bis 170 F zu veranschlagen. A la carte-Gerichte sind zwar teuer, der Rest stimmt aber: während der Sommermonate unbedingt auf der grünen Terrasse Platz nehmen und den Anblick der Kathedrale genießen.

● *Zwecks kulinarischer Höhenflüge*

♦ **Isadora:** 6, rue du Petit-Scel (Plan B2). T. 67 66 25 23. Samstagmittag und sonntags bleibt die Küche kalt. Vornehmlich die Köstlichkeiten des Meeres finden sich in den Menüs zwischen 130 und 200 F wieder. Im Sommer machen die Gäste es sich auf der Terrasse an der Place Sainte-Anne bequem, ansonsten steigen sie hinab in die gewölbte Unterwelt. Aufmerksamer Gastgeber, der noch um das Wohl seiner Kundschaft bemüht ist.
♦ **Louvre:** 2, rue de la Vieille (Plan B2). T. 67 60 59 37. Bereitet ohne großes Gehabe, unter Verwendung frischer Zutaten, Leckerbissen nach bewährten Rezepten und Desserts zu, die (nicht nur) das Auge erfreuen (keine *Nouvel Cuisine* also!). Menüs ab 160 F, à la Carte ab 230 F. Ohne Vorbestellung läuft wenig, da die wenigen Plätze heftig umworben sind.
♦ **L'Olivier:** 12, rue Aristide-Olivier (Plan C3). T. 67 92 86 28. Sonntags, montags sowie in der zweiten Augusthälfte Betriebsruhe. Zwei Menüs zu 150 und 200 F für Feinschmecker, denen ein paar Hundertfrancsscheinchen zuviel in der Schatulle umherflattern. In dem auf Neureich und Postmodern getrimmten Etablissement stehen Goldbrassen mit feinen Kräutern, Kalbsnierchen oder Wolfsbarsch auf Auberginen mit verschiedenen Soßen auf der Karte. Der *Patron* des Hauses sorgt für eine würdig-zeremonielle Präsentation und reibungslose Bedienung an hübsch gedeckten Tischen. Vorbestellung nicht unangebracht.

MONTPELLIER & UMGEBUNG - MONTPELLIER / 195

♦ **Cercle des Anges:** 3, rue Collot, Ecke Place Jean-Jaurès (Plan B2). T. 67 66 35 13. Sonntags sowie montagsmittags geschlossen. Eine der seltenen lukullischen Stätten mediterranen Stils, wo die Mischung aus klassischer Zubereitung und zeitgemäßer Präsentation in einem angemessenen äußeren Rahmen gelungen ist. Gespeist wird unter hoher Decke ober bei Sonnenschein auf der Terrasse im Hof. Die Küche wagt eine Annäherung an die *Nouvelle Cuisine*, treibt die Lächerlichkeit der – häufig auch noch geschmacksneutralen – Spatzenportionen aber nicht auf die Spitze. Für 120 F erhält man mittags bei anständiger Bedienung, Leinentischdecken (was in Frankreich nicht selbstverständlich ist) und angenehm plätschernder Hintergrundmusik Gelegenheit, sich wirklich sattzuessen. Fisch und Fleisch werden auf vorzügliche Weise mit feinen Saucen kombiniert. Das Abendmenü reißt uns dann noch mehr vom Hocker: Aperitif, Vorspeise, Fisch, *Trou normand* (calvadosähnlicher Obstschnaps in der Mitte eines Essens, der die Verdauung anregt und im Magen ein »Loch«, also Appetit auf mehr, schafft), Fleischgericht, Salat, Käseplatte und Dessert zum Preis von 230 oder 310 F.

Sehenswertes

Montpellier ist ein lohnendes Revier für Flaneure und verfügt über einige kurzweilige Museen. Besonders die Werke im Fabre-Museum genügen auch hohen Ansprüchen, weshalb es als eines der bestbestückten Kunsttempel außerhalb von Paris gilt.

MUSEEN

▸ **Musée Fabre:** 13, rue Montpellieret. T. 67 14 83 00. Das städtische Museum hält seine Pforten dienstags bis sonntags von 9-17.30, an Wochenenden bis 17h, geöffnet.
Der Chronologie gehorchend, fährt man zunächst in den sechsten Stock des ehemaligen Jesuitenkollegs aus dem 15. und 16. Jh. und arbeitet sich dann Etage für Etage bzw. Epoche für Epoche nach unten durch. Das *Fin de Siècle*, das unter anderem mit den heimischen Malern Bazille und Cabanel den Schlußpunkt unserer Kunstreise setzt, wurde leider im obersten Geschoß angesiedelt, so daß man am Ende eigentlich noch einmal an den Anfang zurück müßte. Zeitgenössische Künstler sind spärlich gesät; hier und da prangt ein Delaunay oder Morisot. Auf dem Weg nach unten begegnet man schon eher den Größen alter europäischer Schulen wie Delacroix, Courbet, Veronese, Brueghel und Ruysdael, Zurbarán, Poussin und wieder Rubens. Der Überblick über Flamen, Italiener, Spanier, klassische und neoklassische Franzosen ist also umfassend. Unser besonderer Hinweis gilt an dieser Stelle der Allegorie »Vertumne et Pomone« von Jean Ranc (1674-1735), dem zu Lebzeiten verkannten Maler aus Montpellier. Außer Gemälden sind in den weitläufigen Sälen auch Tongefäße, Fayencen und einige Skulpturen zu sehen.

▸ **Musée Languedocien et de la Société Archéologique:** 7, Rue Jacques Coeur. T. 67 52 93 03. Montags bis freitags im Sommer von 14-18h, während der Nebensaison nur bis 17h geöffnet.
Mittelalterliches Patrizierhaus, anno 1432 Wohnsitz *Jacques Coeurs* und im 17. Jh. dann von den königlich-französischen Finanzbeamten genutzt. In der ersten Etage altes Mobiliar, darunter die einen Tierkreis darstellende Himmelskugel des italienischen Kosmographen Cironelli von 1693. Die zweite Etage beschäftigt sich mehr mit irdischen Gefilden. In der archäologischen Ausstellung begegnet man den alten Griechen, Ägyptern und Zeugen der Vorgeschichte: Bildnissen früher Herrscher, der Isis und anderer längst verblichener Persönlichkeiten. Kein Anlaß für uns, uns jünger zu fühlen ...

▸ **Musée du Vieux Montpellier** und **Musée du Fougau:** im Hôtel de Varenne, an der Place Pétrarque. Montags bis freitags von 10-11 und von 13.30-17h.
– Im **Musée du Vieux Montpellier** in der ersten Etage kann man sich anhand von Ansichten, Plänen (ein Exemplar von 1771) und degleichen ein Bild von

Montpelliers Entwicklung machen. Diese wird auch durch Mobiliar aus den verschiedenen Epochen veranschaulicht, darunter ein kurioser Schrank mit vier Schlössern, welcher die städtischen Urkunden vor Mißbrauch schützte und nur in Anwesenheit von vier Verantwortlichen gleichzeitig geöffnet werden durfte. Ferner bei Bußprozessionen verwendete Stöcke und die liegende Statue Urbans V. und Jacques d'Aragons.

– Ein Stockwerk höher, im **Musée du Fougau**, sind mittwochs und donnerstags von 15-18.30h ehrenamtliche Führer darauf erpicht, alte Trachten und Kostüme, alte Nähmaschinen, regionale Handwerkskunst usw. vorzuführen und zu erläutern.

▸ **Hôtel Sabatier-d'Espeyran:** 6bis, rue Montpellieret. Zur Zeit leider wegen Restaurierungsarbeiten geschlossen.

STREIFZUG DURCH MONTPELLIER

Bummeln macht in dieser fußgängerfreundlichen Stadt besonders viel Spaß – nicht nur aus den ohnehin für Blechkutschen ungeeigneten Gassen, sondern auch auf einigen breiteren Achsen wurden der Autoverkehr verbannt. Fehlen auch die antiken Ruinen, so gilt es doch etliche überraschende Details zu entdecken, sobald man die Nasenspitze nach oben reckt. Alle schönen Fassaden und Innenhöfe der bedeutenden Bürger- und Patrizierhäuser *(Hôtels)* sind innerhalb des alten Stadtkerns, des sogenannten »Écusson« (Wappenschildes), zu finden. Dieser erhielt seinen Namen wegen der äußeren Form, die nach Wegfall der Stadtmauern von den breiten Boulevards Henri-IV, Vialleton, Ledru-Rollin, Jeu-de-Paume usw. gebildet wurde. Erinnern wir uns daran, daß in Montpellier während der Religionskriege kaum ein Stein auf dem anderen geblieben war, weshalb das Gros der herrschaftlichen *Hôtels* nicht weiter zurückreicht als bis ins 17. oder 18. Jh. Zu dieser Zeit bereicherte man die Stadt auch durch Esplanaden, den *Jardin des Plantes*, die *Promenade du Peyrou* und die *Place de la Comédie*. Die durch verschiedene Stilrichtungen vagabundierenden Herrschaftshäuser und Lustschlößchen, in Montpellier *Folies* genannt, ließen nicht lange auf sich warten. Dort zogen das betuchte Bürgertum und Industrielle ein. Die Zeiten, da man noch ungehinderten Zutritt auf die Innenhöfe der *Hôtels Particuliers* hatte, sind leider vorüber: heute behindern kamerabestückte Pforten den Blick auf Innenhöfe, Gärten, Treppen oder rückwärtige Fassaden.

▸ **Place de la Comédie:** wenngleich nicht das Geschäftszentrum, so bildet der Platz doch die gute Stube oder auch das Herz Montpelliers, wo man sich als anständiger *Montpelliérain* wenigstens einmal am Tag blicken zu lassen hat. Rund um die Straßencafés gelten die Gesetze des »Sehens und Gesehen werdens«, was die Preise für den *Petit noir* (Kaffee) kräftig in die Höhe treibt. Anläßlich der Tausendjahrfeier der Stadt 1985 wurde die Place de la Comédie den motorisierten Verkehrsteilnehmern entzogen und feierlich den Fußgängern übergeben – für Frankreich damals noch ein gewagtes Unternehmen (Straßburg war erst zehn Jahre später so weit). Den dynamischen Stadtvätern und -müttern, unter Führung eines zu Kapriolen neigenden Bürgermeisters, haben wie es also zu verdanken, daß sich aus dem Mitte des 18. Jahrhunderts gewachsenen Platz nach mehreren Nutzungsänderungen ein echter Treffpunkt entwickeln konnte, der zum Flanieren, Tratschen und Plauschen auf den sonnigen Terrassen der zahlreichen Cafés einlädt. Die zur selben Zeit entstandene Oper erhielt ihr endgültiges Äußeres nach mehreren Bränden erst im späten 19. Jh. und ist nach Bordeaux das größte Theater außerhalb der französischen Hauptstadt. Unter den klassizistischen Gebäuden rund um den Platz verdient eines besondere Beachtung: Balustraden, viereckige Wandpfeiler, Türmchen und andere Verzierungen, abwechselnd steinerne und schmiedeeiserne Balkone, die sich unter die bald vorkragende, bald zurückweichende Fassade mischen, geben ein Beispiel ab für die fantasievolle Architektur im 19. Jh. Die harmonische Gesamtwirkung des Platzes wird durch den »Brunnen der Drei Grazien« *(Fontaine des Trois-Grâces)* vollendet. Daß das Original aus dem 18. Jh. im Theater aufbewahrt wird, tut dem Ganzen keinen Abbruch. Die in das Pflaster eingelassenen roten Marmorsteine zeichnen die frühere elliptische Verkehrsführung nach, weshalb die Place de la Comédie im Volksmund auch *L'Oeuf*, »das Ei«, genannt wird. Auf einer Seite des Platzes tauchen Figuren aus einem Becken auf – Kunst muß nicht immer abstrakt sein. Blöderweise passen die beiden Abfütterungsanstalten nach amerikanischem Vorbild überhaupt nicht ins Gefüge. Ist denn gegen Mcdingsda & Co. kein Kraut gewachsen?

▶ **Esplanade Charles-de-Gaulle:** in früheren Zeiten ein wüster Ort, an dem die Bevölkerung bis ins 18. Jh. ihren Abfall »entsorgte« (wie es heute so herrlich euphemistisch heißt). Seither hat dieser städtische Raum eine wundersame Wandlung zur Esplanade durchgemacht: die Allee stellt mit ihren von Platanen beschatteten Bänken, Wasserbecken mit Springbrunnen und Spielwiesen die vollkommene Verbindung zwischen der Place de la Comédie und dem Gebäudekomplex aus *Corum*, Kongreßpalast und Regionaloper her. Rechter Hand der nach Pariser Vorbild geschaffene Park *Champs-de-Mars*, linker Hand verläuft der Boulevard Serrail, wo das bereits erwähnte *Musée Fabre* zu finden ist.

▶ **Tour de la Babote:** mit dem dazugehörigen kleinen Platz am Schnittpunkt des Boulevards de l'Observatoire und des Boulevards Victor Hugo. Der Turm, zusammen mit dem *Tours des Pins* Teil der mittelalterlichen Stadtmauern, spielte früher eine große Rolle. Zuerst mit Zinnen und Pechnasen versehen, stockte man ihn im 18. Jh. auf und ergänzte weitere Türme, die ihm heute ein elegantes Aussehen verleihen. Von diesem Turm aus unternahm am 29. Dezember 1783 *Louis-Sébastian Lenormand*, Bürger der Stadt Montpellier, in Anwesenheit des Ballonfachmanns Joseph de Montgolfier – es Ikarus und dem Schneider von Ulm gleichtuend, wenn auch mit mehr Erfolg – einen gewagten Sprung in die Tiefe: mit einer verstärkten sonnenschirmähnlichen Vorrichtung von sechzig Zoll Durchmesser, die er selbst als Fallschirm bezeichnete. Obwohl ein zeitgenössischer Stich existiert, der den Sprung dokumentiert, wurde die Leistung des armen Lenormand niemals offiziell anerkannt.

▶ **Place Saint-Côme:** mit der Handelskammer *(Chambre de Commerce)*. Im 18. Jh. funktionierte der Chirurg Ludwigs XV. das damalige *Hôtel Saint-Côme* zum Hörsaal für seine Anatomievorlesungen und -vorführungen um. Für Besucher leider unzugänglich, doch läßt sich wenigstens von außen ein Blick auf den kleinen Hof und das achteckige Gebäude mit seiner Kuppel werfen. Architektonisch von Belang die mit Kapitellen versehenen viereckigen Wandpfeiler, die Kranzgesimse, Balustraden und die ziselierte Holztür.

▶ **Rue de l'Ancien-Courrier:** verdankt ihren Namen einer ehemaligen Poststelle. Hübsches Bummelgäßchen mit Luxusläden unter mittelalterlichen Gewölbebögen, die früher einmal als Lagerräume und Pferdeställe herhalten mußten. Nach einem Blick auf die feilgebotenen Edelklamotten konzentriere man sich auf die malerische Umgebung und die einmündende *Rue Bras-de-Fer*, die uns ebenfalls mit Bögen und engen Treppenfluchten erfreut.

▶ **Rue de l'Argenterie:** das Haus mit der Nummer 3 macht mit zahlreichen rosettenartigen Verzierungen an den Fenstern sich auf aufmerksam. Bei Nummer 8 wird man beim Betrachten der Bossentür vom Giebel aus von einer merkwürdigen Fratze beobachtet, zwei Türen weiter trifft man auf eines der letzten Zeugnisse des Aufenthaltes der aragonesischen Könige in den Mauern der Stadt: in Gestalt eines Frieses und eines Giebelbogens. Der Zugang zur schmiedeeisernen Rampe im Hof von Nummer 20, dem *Hôtel Fourcade*, ist Neugierigen häufig verwehrt.

Für Hinweise, die wir in späteren Auflagen verwerten,
bedanken wir uns mit einem Buch aus unserem Programm

► **Place Sainte-Ravy:** hübscher Platz mit einigen mittelalterlichen Elementen. An einer Fassade sind noch gotische Bögen auszumachen, die zu einer Zeit zugemauert wurden, da sich die Besteuerung nach der Anzahl der Fenster richtete. Es heißt, die Könige von Aragón hätten einst hier geweilt. Aber man braucht ja nicht gleich jedem Gerücht Glauben zu schenken. Am Platz ein modernes, ruhiges Straßencafé, in der Mitte ein hübscher Brunnen. So läßt's sich leben ...

► **Rue des Trésoriers-de-la-Bourse:** die klassizistischen Fassaden aus dem 18. Jh. geben in Höhe von Hausnummer 4, dem *Hôtel de Rodez de Benavent*, sicher das architektonisch schönste Bild Montpelliers ab. Ruhig einmal in den stimmungsvollen Hof eintreten: an dessen linker Seite eine von Giral, Baumeister im 18. Jh., entworfene Steintreppe, über deren Tür am Ende eine Herbstallegorie thront. Desweiteren breite, offene Tür- und Fenstereinbuchtungen mit eleganten Balustraden. Hier war es also, wo die Schatzmeister der Börse, Steuereintreiber für das gesamte Languedoc, ihres Amtes walteten. Wer durch das zweite Portal weiterschlendert, erreicht einen friedlichen Garten, wo einst Theaterstücke aufgeführt wurden.

► **Rue Saint-Guilhem:** auf der langen Geschäftsstraße sind lediglich zwei Häuser hervorzuheben: Nummer 23 mit einem steinernen Balkon und einer girlandenverzierten Türe und das *Hôtel de Castries* (Nummer 31) aus dem 17. Jh.

► **Rue de la Loge:** ehemals unter dem Namen Rue Dorée bekannt. Montpelliers größte Einkaufsstraße, mit etlichen Juweliergeschäften, ist natürlich Fußgängerbereich. Hausnummer 20 mit Weinrebenverzierungen und einer Tür mit Agraffen, bei Nummer 19a, im Hinterhof einer Bar, der *Saint-Roch-Brunnen*. Mit diesem hat es folgende Bewandtnis: der Hl. Rochus (Namenstag am 16. August) stillte auf der Durchreise an dieser Stelle seinen Durst (wir wären stattdessen in die Kneipe eingekehrt). Deshalb ist heute der Brunnen nur an diesem einen Tag im Jahr zugänglich, wenn Pilger aus der ganzen Umgebung nach einem Schluck Wasser Schlange stehen. Nach der Wasserzeremonie folgt eine Prozession zur Église Saint-Roch, wo ein Gottesdienst abgehalten wird.

Den in Montpellier geborenen Hl. Rochus kennen wir auch hierzulande, wo er gerne als Fürbitter gegen die Pest und andere Seuchen angerufen wurde (daher die nach ihm benannten Spitäler). Uns ist er besonders ans Herz gewachsen, weil er ohne einen roten Pfennig (und unseren unschlagbaren Reiseführer) Italien bereiste. Wie undankbar diese Welt ist, beweist wieder einmal der Umstand, das Rochus, nachdem er einen maladen Kardinal geheilt hatte, selbst an der Pest erkrankte, (mangels Knete?) nicht im Spital zu Piacenza geduldet wurde und auf die unkonventionellen Dienste eines ihn pflegenden Engels sowie die eines Hundes zurückgreifen mußte – letzterer brachte ihm angeblich Brot ans Krankenlager. Wieder genesen, verließ er die Hütte am Waldesrand und pilgerte seiner südfranzösischen Heimat zu. Dort hielt man ihn für einen Spion und warf den armen Hund fünf Jahre ins Gefängnis, aus dem er erst als Leiche wieder entlassen wurde. Daß es sich um einen Heiligen gehandelt hatte, erkannte man an dem »kreuzförmigen Muttermal auf seiner Brust, das seit seiner Geburt immer größer und schöner geworden war«. Nichts gegen Rochus persönlich, aber handelte es sich bei dem Engel nicht vielleicht um eine fesche Maid, die dem Fiebernden Mitleid oder vielleicht sogar mehr entgegengebracht hat? Und wäre ein immer »größer und schöner« werdendes Muttermal heute nicht ein Grund dafür, schleunigst beim nächsten Hautarzt um einen Termin nachzusuchen? Und der treue Vierbeiner, immerhin das Tier eines in der Nachbarschaft wohnenden Edelmannes? Na klar doch, das war der Anstandswauwau!

► **Place Jean-Jaurès:** im 12. Jh. war dieser marmorne Platz Dreh- und Angelpunkt des florierenden Handels in Montpellier. Vor der Kirche **Notre-Dame-des-Tables** – die ihren Namen jenen Tischen verdankt, welche die Händler vor ihren Pforten aufstellten – herrschte ein eifriges Gefeilsche und Getausche.

MONTPELLIER & UMGEBUNG – MONTPELLIER / 199

Während der Religionskriege – in Montpellier verliefen die Auseinandersetzungen zwischen fanatischen Katholiken und Protestanten besonders heftig – wurde sie jedoch bis auf die *Krypta* zerstört. Diese ist dienstags bis freitags von 9-12 und 13.30-18.30h kostenlos zu besichtigen und auch vom Platz aus zu erreichen. Eigentlich gibt es außer ein paar Grabstelen, einer Vitrine voller alter Siegel und einem Modell von Montpellier und Umgebung nichts Besonderes zu sehen. Das Leben spielt sich vielmehr auf bzw. in den Cafés am Rande des Platzes ab, die inzwischen fast vollständig in studentischer Hand sind. Die Bars wechseln ihre Namen wie wir das Hemd, doch ihr junges Publikum, das sich selbst wohl als *branché* (»in«) bezeichnen würde, bleibt dasselbe. Ebenso wie das Bier, im Unterschied zur mehr oder minder lauten Musik ...

▶ **Hôtel de Manse:** 4, rue de l'Embouque-d'Or. Im Hof verbarrikadiert sich eine Treppe aus dem 17. Jh. hinter einem Digitalcode-Eingang.

▶ **Rue de l'Aiguillerie:** Fassadenliebhaber werden sich an den Fenstern im ersten Stock des *Hôtel de Planque* (Haus Nummer 25) ergötzen, an deren Masken und geschweiften Rosetten. Zwei Erdkugeln und Meßinstrumente im Türsturz der Nummer 31 erinnern noch an den früheren Sitz der »Gesellschaft für Wissenschaft«.

▶ **Hôtel de Ganges:** in der Rue Cambacérès. Vom ehemaligen Bürgerpalast überstand nur die Front mit ihren vierecken Wandpfeilern die an kriegerischen Wirren reiche Vergangenheit Montpelliers. Dreht man sich um 180 Grad, sieht man auf der *Place Chabaneau* das Wasser im Cybèle-Brunnen aus dem 18. Jh. plätschern: eine Allegorie der Stadt, die ihren Bewohnern Wasser spendet.

▶ **Arc de Triomphe:** Ende des 17. Jhs »zu Ehren« Ludwigs XIV. errichtet, bildet der Triumphbogen das harmonische, aber stilistisch nicht überzeugende Tor zur steinernen Brücke und zur *Promenade du Peyrou*. Rechts davon, in der Haussmannschen Rue Foche, befindet sich der Justizpalast. Ach so: warum wie »zu Ehren« in Anführungsstriche gesetzt haben (unsere Leser merken aber auch alles)? Weil dieses klotzige Monument von Anfang an eine Provokation der Bürger darstellte. Die auf den vier Medaillons gerühmten Heldentaten des Sonnenkönigs thematisieren nämlich nicht nur dessen Siege über Frankreichs äußere Feinde, sondern auch jene über die inneren: wir spielen auf die in Montpellier zahlreich vertreten Hugenotten an, die sich nach Aufhebung des Toleranzedikts von Nantes der Verfolgung ausgesetzt sahen.

▶ **Promenade du Peyrou:** ein Schüler Mansarts – uns noch von der Bezeichnung »Mansarde« her ein Begriff – entwarf die weitläufige »Steinpromenade«. Während sich die *Montpelliérains* unter *Ludwig XIV.* auf diesem Platz orgiastischen Festen hingaben, war man im 18. Jh. ständig um Ausbau und Erhalt bemüht. Die 1718 hinter dem Triumphbogen in der Mitte plazierte **Reiterstatue** des Sonnenkönigs kostete ihren Schöpfer das Leben: aus Gram über die vergessenen königlichen Steigbügel wählte er den Freitod. Daß Ludwig XIV. seinen triumphalen Blick ausgerechnet den Cevennen zuwendet, damals noch ein Widerstandsnest der protestantischen Camisarden, entbehrt nicht einer gewissen Ironie. Aber zuvor kam's noch doller: das 1692 in Paris gefertigte Standbild landete auf seinem beschwerlichen Weg nach Montpellier erst einmal ganz unstandesgemäß im Schlamm der Garonne; und als es endlich seinen von den Stadtvätern anvisierten Platz außerhalb der Stadtmauern eingenommen hatte, weilte der Sonnenkönig schon nicht mehr unter den Lebenden. Dabei hätte ihm sein Ebenbild sehr geschmeichelt, denn von einer Heldenstatur konnte bei Ludwig XIV., eher schwächlich konstituiert und wenig attraktiv, beim besten Willen nicht die Rede sein. Seit sich die Revolutionäre 1789 des Standbilds annahmen – warum hätte es dem Herrn über Versailles besser ergehen sollen als zweihundert Jahre später Marx und Lenin? – haben wir es übrigens mit einer Kopie zu tun.

Das Ende der in zwei Terrassen angelegten Promenade führt links über Treppen zu einem von Wassergräben umgebenen **Château d'eau** (Wasserbehälter), dessen Ähnlichkeit mit einem korinthischen Tempel nicht zu verleugnen ist. Dreimal darf man raten, wer wohl der Baumeister gewesen sein könnte. Na klar doch: Jean Antoine Giral! Da es die höchste Erhebung der Stadt darstellt, guter Aussichtspunkt über die Stadt; am Horizont erspäht man sogar die Cevennen und das Meer. Gegenüber, am rechten Ende der Promenade also, das dem Pont du Gard ähnelnde, fast 900 m lange **Aquädukt Saint-Clément**, dessen Endpunkt das »Wasserschloß« bildet.

▶ **Kathedrale Saint-Pierre:** festungsähnliches Gotteshaus am gleichnamigen, gepflasterten Platz im Nordwesten des alten Stadtkerns. Um Enttäuschungen vorzubeugen: eigentlich gibt's nichts Besonderes zu sehen. Die ehemalige Abteikapelle wurde nach den Religionskriegen im 17. Jahrhundert restauriert und wirkt in ihrer Schmucklosigkeit eher langweilig. Lediglich der kuriose Vorbau des Eingangsportals, ein von zwei konischen Türmen getragener Baldachin, sowie die Türme über dem Chor und dem Kirchenschiff sind von der äußeren Erscheinung hervorzuheben. Sie vermitteln noch eine Vorstellung vom ursprünglichen Zustand der wehrhaften Kirche aus dem 14. Jh.
Innen werden bestenfalls noch Orgelliebhaber angesichts des Gehäuses aus dem 18. Jh. auf ihre Kosten kommen. Hier wurde auch *Kardinal Cabrières* ein würdiges Mausoleum gesetzt (in der vierten Seitenkapelle von rechts). Der genießt auch posthum deshalb noch viel Sympathie bei den Bürgern der Stadt, weil er sich während des Winzeraufstandes 1907 auf die Seite der Demonstranten schlug und diesen Zuflucht in seine Kathedrale gewährte – ein ungewöhnlicher Vorgang, pflegt der Klerus sonst doch eher mit den Mächtigen zu sein (und Allah mit den Standhaften).
Begeben wir uns wieder nach draußen: auf der linken Seite schließt sich in Verlängerung der Fassade die medizinische Fakultät an; und wer gegen den Uhrzeigersinn um die Kathedrale herummarschiert, begegnet dem **Tour des pins,** einst Teil der dutzende Türme aufweisenden mittelalterlichen Stadtmauer. Zwar wachsen auf dem Wehrturm aus dem 12. Jh. keine Pinien, sondern Zypressen, daß sie es aber überhaupt noch tun, hängt mit einer Weissagung des Nostradamus zusammen: angeblich soll Montpellier dem Untergang geweiht sein, wenn keine Bäume mehr auf der Turmspitze grünen. Und so tun die städtischen Gartenarbeiter denn alles, um die Zypressen bei Laune zu halten. Wir finden das zwar rührend, sorgten uns anstelle der *Montpelliérains* aber eher um den *Super-Phénix* 100 km nordöstlich ...

▶ **Jardin des Plantes:** 163, rue Broussonet. T. 67 63 43 22. Im Sommer täglich außer sonntags von 8.30-12 und 14-18h, im Winter montags bis freitags und jeden zweiten Samstag von 8-12 und 14-17.30h zugänglich.
Der Botanische Garten wurde 1593 zum Zweck wissenschaftlicher Untersuchungen an Heilpflanzen angelegt und ist bis heute im Besitz der medizinischen Fakultät. Auf den Alleen der sechs Hektar umfassenden Anlage wandelt man wie dereinst Paul Valéry unter den Augen der Standbilder großer französischer Botaniker und Humanisten (darunter auch Rabelais) an Gewächshäusern, Orangerien, Wasserbecken mit Springbrunnen und Bambushainen entlang.

▶ **Anatomiemuseum:** 2, rue de l'École-de-Médicine. T. 67 60 73 71. Empfindsame Naturen lassen lieber die Augen von den menschlichen Körperteilen in Alkohol und Wachs. Aber diejenigen, die es sich zutrauen, erwartet in dem Unigebäude eine Ausstellung besonderer Art. Nur nachmittags von 14.15-17h geöffnet; samstags und sonntags gar nicht.

DIE NEUSTADT

▶ **Corum:** Oper und Kongreßpalast; der rosige Beton- und Granitbunker am Ende der *Esplanades* ist ohne Eintrittsgebühr samstags, im Sommer auch sonntags, von 14-19h zugänglich. Glücklicherweise birgt der Klotz, ein nach wie vor umstrittenes Werk des Architekten Vasconi, ein Schmuckstück: im hangarähnlichen Innenraum vermutet niemand die zauberhafte Opéra Berlioz, die Platz für zweitausend Gäste bietet.

▶ **Antigone:** städtebaulicher Vorbote des nächsten Jahrtausends – zumindest wenn es nach dem Willen der Stadtväter und -mütter geht – und zugleich ein weiterer Beweis für die rasche Entwicklung Montpelliers. Das nach dem griechischen Drama benannte Viertel läßt die Stadt weiter Richtung Osten wachsen, was ganz nebenbei zur Folge hat, daß das Mittelmeer ein gutes Stückchen näher rückt. Der ambitionierte Bürgermeister kam wohl nie darüber hinweg, daß die blauen Fluten so nah und doch zu fern sind, um Montpellier zur Hafenstadt aufsteigen zu lassen ... Im griechisch-römischen Stil, sogar mit abgekupferten Elementen aus Bilals Comicbänden, inszenierte der katalanische Architekt *Ricardo Bofill* ein ganzes Viertel aus Wohnungen, Büroräumen und Einkaufsläden. Aber natürlich fehlt auch hier der in Montpellier allgegenwärtige Schatten der Hauptstadt nicht: die 1800 m Länge entsprechen haargenau den Champs-Elysées in Paris. Antigone gefällt entweder auf Anhieb – oder es wird nie gefallen. Nach den arroganten, maßlosen architektonischen Verirrungen der siebziger Jahre lockern jedenfalls Eleganz, Homogenität, Respekt vor menschlichen Proportionen, Grünflächen und Fußgängerbereiche die erstaunliche Retortenstadt auf. Wie sich das Ganze in den nächsten Jahren entwickeln wird, ob sich städtisches Leben entfalten wird, steht jedoch noch in den Sternen.
Vom Place de la Comédie steuert man Antigone am besten über das namensverwandte Ladenviertel Polygone an. Die Überquerung des Place Nombre-d'Or führt uns an mehrgeschossigen Gebäuden vorbei zu einer rießigen, halbmondförmigen Anlage am Ufer des Lez (Port-Juvénal). Auf der gegenüberliegenden Seite: das *Hôtel de la Région*.

▶ **Quartiers Nord:** das *Paillade* im Norden, – eine ZUP, also ein »Gebiet vorrangiger städtebaulicher Entwicklung« zwecks Verhinderung der Bodenspekulation – ist eher für sein Fußballstadion als der dreißig Jahre alten »Türme« wegen bekannt. Sonntagsmorgens lädt ein Flohmarkt zu einer kleinen Runde im Grünen ein. Romanisten legen noch einen Abstecher zur *Tuilerie de Massane* ein, wo der Dichter *Joseph Delteil* inmitten seiner auf siebzig Hektar eigenhändig gepflanzten Weinreben lebte und starb.

▶ **Zoo von Lunaret:** av. du Val-de-Monferrand. Täglich von 8-18h, im Sommer bis 19h geöffnet. T. 67 54 45 23. Buslinie 5 vom Bahnhof aus. Eintritt frei.
Kein Zoo im herkömmlichen Sinne, sondern eher ein achtzig Hektar umfassender Park – die einzige Grünfläche im Stadtgebiet übrigens, die diesen Namen auch verdient! – mit weitläufigen Freigehegen, Vogelhäusern, exotischen Pflanzen und einem »Entdeckerpfad« *(Sentier de découverte)*. Das mediterrane Gelände bietet sich, nicht zuletzt wegen des freien Eintritts, für allerlei Aktivitäten an: ob Spazierengehen (9 km langes Wegenetz), Joggen, Tiere beobachten oder botanische Studien – auf jeden Fall ein Ort der Ruhe und Erholung. Auf keinen Fall das rieseige Gewächshaus verpassen. Gegenüber beginnt der Wald von Montmour.

Ein Gläschen am Nachmittag

Wer sich nach Abwechslung von Strandleben und Sonne sehnt, wird in Montpellier mit seinen Dutzenden schattiger Plätzchen, großzügig angelegten Esplanaden und lauschigen, versteckt liegenden Straßencafés gewiß fündig. Wir unterscheiden hier zwischen Restaurationen, die eher für den Nachmittag geeignet sind, und solchen für den Abend bzw. für die Nacht. Die folgenden Vorschläge stellen natürlich nur eine Auswahl dar – Montpellier bietet weitaus mehr, was beim Flanieren sofort ins Auge fällt. Für Hinweise unserer Leserschaft sind wir übrigens nach wie vor dankbar.

♦ **Café Bibal:** 4, rue Jacques-Coeur, gleich hinter der Place de la Comédie, im Fußgängerbereich. T. 67 60 61 42. Der Klassiker unter den Bistros ist täglich bis 19h geöffnet, außer sonntags und montagsmorgens. Auswahl und Qualität der (selbstgerösteten!) Kaffee- und Teesorten werden nirgendwo in der Umgebung übertroffen. Korbweidenstühle auf der schattigen Terrasse laden zum Pausieren ein.

♦ **Café Riche:** unsere Nummer eins unter der erfreulichen Vielfalt an Straßenlokalen rund um die Place de la Comédie. Fällt rein äußerlich überhaupt nicht auf, doch wer mal einen Blick ins Innere wirft – das Drumherum unterliegt dem Wechsel, nicht aber die Klientel! – wird nach überstandenem Generationenschock vergnügt an einem der Tische Platz nehmen und den letzten Zeugen des vorigen Jahrhunderts beim Plausch lauschen.
♦ **The Quest:** 3, rue des Soeurs-Noires, an dem ruhigen, zentralen Plätzchen hinter der Kirche Saint-Roch. T. 67 60 72 71. Das niedliche Café, umgeben von jahrhundertealten Fassaden, ist bis 19h der richtige Ort, um an Daheimgebliebene ein Grußkärtchen zu schreiben.
♦ **Arts et Buffet:** 7, rue Vallat; unmittelbar an der Place Saint-Roch, im Dunstkreis der gleichnamigen Kirche. T. 67 60 87 87. Täglich außer sonntags bis 18.30h. Winzige Caféгалerie mit Terrasse: Getränke und Kuchen für den Magen, Gemälde fürs Auge und bequeme Sitze für den edelsten Körperteil ...
♦ **Café Royal:** modernes Straßencafé an der mittelalterlichen Place Saint-Ravy. Aus dem Hintergrund dringt das Geplätschere des hübschen Springbrunnens.

Wohin am Abend?

Obwohl die Cafés in ganz Frankreich erst um 2h schließen, werden die Gehsteige in Montpellier bereits eine Stunde früher hochgeklappt (dahinter stecken sicher die Protestanten!). Als Ausweg bleiben danach nur noch die Discos.

♦ **Rockstore:** 20, rue de Verdun. T. 67 58 70 10. Dieser Rockpalast heizt Nachteulen bis 4h ein. Hinter der Fassade mit eingemauertem Cadillac à la *Hardrock Café* gibt's zunächst einmal eine Bar, wo man sich etwas abseits der dröhnenden Musik bei billigem Bier gerade noch unterhalten kann. Wer zum Abhotten hergekommen ist, marschiert eine Tür weiter. Eintritt ist meistens frei, nur bei Live-Auftritten zwischen 40 und 120 F, je nach Bekanntheitsgrad der Gruppe. Der Schuppen lockt nicht nur Touristen an, sondern auch die einheimische Jugend.
♦ **Place Jean-Jaurès:** die Kneipen an dem kleinen Platz drei Schritte von der *Comédie* erfreuen sich abwechselnder Beliebtheit, so daß es uns unmöglich ist, vorherzusagen, welche als nächste »hype« (zu deutsch: »in«) sein wird. Bei Redaktionsschluß war es das minihaciendaartige *Mex* (3, rue Collot), doch verlasse sich ein jeder auf seine Eingebung; wir berichten weiter.
♦ **Le Fût:** 81, av. de Toulouse. T. 67 42 46 34. Täglich fließen hier die verschiedenen Biersorten (auch Weißbier wie daheim!) bis 1h. Der Laden liegt etwas außerhalb, nahe der Kreuzung Place Flandres-Dunkerque. Gymnasiasten, Studenten und *Intellos* jeglicher Art treffen sich hier, ohne heimlich Wettbewerbe um das am coolsten aufgemotzte Outfit auszutragen. Höllenmusik – wie gut, daß wir Van Morrison noch haben!
♦ **Mimi-la-Sardine:** 1317, av. de Toulouse. T. 67 69 27 90. Nur etwa hundert Meter weiter oben als *Le Fût*. Auch wir wundern uns noch immer, wie auf dieser kurzen Strecke die Hausnummern von 81 auf 1317 ansteigen können. Die sardinenförmige Bar – nomen est omen! – macht aus der früheren Keksfabrik einen Treffpunkt besonderer Art für Leute jeden Schlags. Gehört zum beständigen Teil des hiesigen Nachtlebens. Zwei Billardtische, Skai-Sessel, einfaches Dekor und angenehme Atmosphäre.
♦ **Puits du Temple:** 17, rue des Soeurs-Noires. T. 67 60 79 86. Täglich bis 1h. Hebt sich vom Stil der anderen Kneipen ab: freakige Kids, Moleskinsitze, Marmortische und an der Wand ein Abbild von Jimi Hendrix, der sich gerade ein paar *Lucky Mushrooms* einverleibt, vermitteln nostalgisches Woodstock-Feeling. Die richtige Stimmung für abgefahrene Typen. Jeden Freitag- und Samstagabend von 19-22h Sologesang.

Musik und Tanz

In der Stadt selbst sind die Diskotheken spärlich gesät. Die Mehrzahl liegt zum Meer hin, in Richtung Palavas und Carnon.

♦ **Rockstore:** s. vorhergehenden Abschnitt. Finden gerade keine Live-Auftritte statt, so werden die Hitparaden rauf und runter gespielt.

♦ **Rimmel:** 6, rue Vanneau, unweit der Comédie. T. 67 58 19 29. Für 75 F ist man täglich bis 4h, am Wochenende bis 5h gut bedient. Das Publikum reicht vom Erstsemester bis zum Restaurantbesitzer, der nach getaner Arbeit noch ein Gläschen trinken geht.

♦ **La Notte, L'Ibizenco** und **Le Paladium** erfreuen sich ander Route de Carnon der größten Beliebtheit, **Latipolia** an der Route de Palavas. Riecht verdammt nach Discounfällen.

Festivals, Kongresse und sonstige Veranstaltungen

Im Unterschied zu anderen französischen Provinzstädten, zumal im betulichen *Midi*, sprüht Montpellier geradezu vor kultureller Vitalität.

– **Printemps des Comédiens:** »Frühling der Komödianten« nennt sich ein zehntägiges Theaterfestival von Ende Mai bis Anfang Juni. Eigentümlicherweise finden die meisten Veranstaltungen in den kleineren Städten des Départements statt. Gelungene Mischung aus Intellektuellen und Stars, mit Galabru, Terzieff, Huster, Arditi und anderen.

– **Festival Montpellier Danse:** T. 67 60 83 60. Acht- bis zehntägiges Tanzfestival, meist im Juni. Unter der Leitung von J.-P. Montanari werden Tänze aller Art aufgeführt: von den tanzenden Derwischen bis zu Maia Plissestkaïa.

– **Festival de Radio-France et de Montpellier:** T. 67 61 66 81. Drei Wochen lang, von Mitte Juli bis Anfang August, schweben bekannte Melodien von jungen Komponisten und in Vergessenheit geratene Stücke berühmter Interpreten durch den Äther. Während des Festivals steigen kostenlose Jazzkonzerte in den Ursulines, unter reger Beteiligung vieler Gemeinden aus dem Umland. Gegen Ende des Kultursommers, Anfang August, leert sich die Stadt dann – halb Montpellier lümmelt sich am Strand und *M. le Maire* (der Bürgermeister also) fährt in Urlaub.

– **Festival du Cinéma Méditerranéen:** Ende Oktober werden eine Woche lang Filme des mittelländischen Kulturraumes gezeigt. Ein bißchen wie Cannes ohne schmückende Palmen und Glamour.

– **Euromédicine:** alles, was mit dem Thema Gesundheit zu tun hat, wird im November in Form von Ausstellungen, Konferenzen und Diskussionen erörtert.

– **Okeanos:** im April steht der Kongreß für die Freunde des Meeres auf dem Programm.

Weiterreise ab Montpellier

● *Per Bahn*

– **Bahnhof:** Place Auguste-Gilbert. T. 67 58 50 50. Zahlreiche Schnellzugverbindungen nach Lunel, Sète, Agde, Béziers, aber auch per TGV und Talgo nach Barcelona. Nach Paris sechs Züge am Tag, bei einer Fahrtdauer von knapp fünf Stunden. Obwohl das nicht unser Stil ist, weisen wir trotzdem auf den gegenüberliegenden *McDonald's* hin – oder jedenfalls auf sein Äußeres, das von den aus Sète stammenden Brüdern Di Rosa gestaltet wurde.

● *Busse*

– **Busbahnhof:** rue du Grand-Saint-Jean, mit dem benachbarten Bahnhof per Rolltreppe verbunden. T. 67 92 01 43. Für Fahrten innerhalb des Départements und zu allen touristischen Zielen sind *Les Courriers du Midi* und die *SMTU* zu-

ständig. Manche Linien, wie die nach Saint-Guilhem-le-Désert, werden nur saisonal bedient.
– **SMTU:** 23a, rue Maguelone. Hinter diesem Kürzel versteckt sich die *Société Montpelliéraine de Transports Urbains*, also jener Nahverkehrsverbund, der das Stadtgebiet sowie die fünfzehn umliegenden Gemeinden umfaßt. Die Linien 1 bis 14 fahren nur in der Stadt, die 15 verkehrt in Grammont, wo das *Théatre des Treize Vents*, der *Zénith* sowie der Sport- und Kulturkomplex zu finden sind. Linie 16 umrundet die Stadt. Die Linien 17, 18 und 20 bis 29 bewältigen mehrmals täglich ab dem Busbahnhof die etwa halbstündliche Strecke nach Palavas, nach Lattes, Le Crès, Vendargues, Jacou, Clapiers, Montferrier, Grabels, Juvignac, Saint-Jean-de-Védas, Maurin-Lattes und Pérols-Baillargues. Nach Palavas verkehrt im Sommer auch ein Radelbus – nähere Auskünfte im Busbahnhof. Von dort aus fahren auch die Busse in die Umlandgemeinden ab.

● *Flugverbindungen*

– **Air Inter:** T. 67 22 69 10. Zehn bis fünfzehn Flugverbindungen täglich nach Paris.
– **Air Littoral:** T. 67 65 49 49. Machinen nach Bordeaux, Nizza, Lyon, Perpignan, Clermont-Ferrand, Straßburg, Genf und Barcelona.
– **Pendelbusse** fahren am *Busbahnhof* jeweils eine Stunde vor Abflug los und benötigen bis zum Flughafen etwa zwanzig Minuten. Ansonsten bleibt nur das Taxi.

In der Umgebung

AUF DER D 986 RICHTUNG MEER UND DANN LINKSHERUM

▶ **LATTES** (34970)

Früher der Hafen Montpelliers. Hier und da finden sich noch Mauerreste aus der Gründerzeit Lattaras. Das kleine Städtchen führte die Babaorum hinters Licht, indem es sich den Hafen Ariane zulegte und somit dem weiter oben vorgesehenen Hafen Marianne ein Schnippchen schlug.
▶ **Museum:** an der Straße nach Pérols. T. 67 65 31 55. Täglich von 10-12h und von 15-18.30h; dienstags geschlossen. Zu den Ausstellungskomplexen »Römischer Zirkus«, »Römische Spiele« usw. führen statt steiler Treppenstufen sanft ansteigende Rampen. Von den oberen Sälen präsentieren sich die Ausgrabungen besonders deutlich aus der Vogelperspektive.

Einkehren

♦ **Mas de Saporta:** von Montpellier-Süd in Richtung Palavas; an der ersten Ampel außerhalb des Stadtgebietes nach rechts. Anschließend den Wegweisern mit der Aufschrift »Coteaux du Languedoc« folgen. Das Restaurant liegt an der Straße nach Maurin, grenzt an die *Direction de l'Agriculture* an und ist eine Kultstätte für Liebhaber der bodenständigen Gastronomie und des Weines. Der einzige Ort weit und breit, wo der Kellner in der Lage ist, den Wein vom Etikett bis zum Verklingen des letzten Nachgeschmacks zu beschreiben. Menüs zu 75, 100, 140, 200 und 260 F. Uns mundete besonders das zweite, unter anderem mit Kabeljauragout, Spanferkel und zum Abschluß einer Aniseisbombe. Wer des Französischen mächtig ist, kann sich während des Wartens auf Karte und Speisen die Zeit mit dem Durchlesen der kuriosen »Spieleliste« *(Liste des jeux)* in Rabelais Roman »Gargantua« vergnügen, welche die Vorfreude aufs Essen noch steigert. Deshalb heißt der Speiseraum auch »Salle Rabelais«. Das Establissement erfreut sich reghaften Zuspruchs, doch lassen Originalität und Ambiente über den Trubel hinwegsehen.

▶ **PALAVAS-LES-FLOTS** (34250)

Obwohl das Dörfchen mit seinen etwas deplaziert wirkenden, schwindsüchtigen Palmen an malerischem Charme verloren hat, zählen wir es immer noch unter die angenehmsten Badeorte an diesem Küstenabschnitt. Die Bewohner Montpelliers schätzen Palavas wegen seiner Stadtnähe. Dennoch kein Grund zur Beunruhigung, wenn im Juli/August kaum noch freie Betten in Palavas aufzutreiben sind – auch die Konkurrenz im Umkreis hat etwas zu bieten. Einfach die Neubauten ignorieren und gemütlich am Meeresufer entlangspazieren. Der Name des Örtchens wird übrigens auch wie unser »Kleinkleckersdorf« mißbraucht.

Nächtigen und Einkehren

• **Zeltplatz:** am rechten Étang-Ufer, der letzte nach Grau de Prévost, vor dem Parkplatz für die Besucher Maguelone. T. 67 50 76 81. Überschaubare Anlage ohne Schatten, aber unmittelbar am Strandsee.

♦ **La Passarelle:** am Quai Paul-Cunq, die einzige Kneipe unmittelbar am linken Kanalufer. Meeresfrüchte beherrschen die Speisekarte, zum Beispiel Muscheln für 50 F oder Austern für 40 F.

♦ Im Umkreis des Casinos eine Ansammlung austauschbarer, mittelmäßiger **Restaurants**.

♦ **Marines:** die Kneipe am Jachthafen hat ganzjährig geöffnet, um ihre Gäste gnadenlos schröpfen zu können. Es bei einem Schluck bewenden lassen.

♦ **Coucoulon:** die enge Terrasse am linken Ufer, wo einem die Palavaser Luft um die Nase weht, bleibt eigentlich eher den Einheimischen vorbehalten. Auf jeden Fall gibt's hier etwas zu beißen.

Unternehmungen

▶ **Museum Albert Dubout:** Redoute de Ballestras. T. 67 68 56 41. Von 16h bis Mitternacht geöffnet. Erreichbar mit der kostenlosen Pendelfähre. Wie die in New York Stein für Stein rekonstruierten Kreuzgänge, so erhebt sich auch die Redoute wieder am Ufer des *Étang*, nachdem sie vorher vom Wasserturm verborgen war. Das Museum beherbergt Werke des in Frankreich bekannten Zeichners, darunter natürlich auch »Le Petit Train«, mit dem fellinihaften Weibsbild, das seinen zwergenhaften Mann zwischen zwei gewaltigen Brüsten erstickt.

▶ **Tauchen:** von Bord der »Petit Stéphane«; für Anfänger und Fortgeschrittene, mit Einführung: *Claude Marty,* rue Frédéric-Fablrèges. T. 67 68 04 10.

▶ **Transcanal Mickey:** am Ende des Kanals führt ein kitschiger Sessellift über denselben. Zu welchen Leistungen der Mensch doch in der Lage ist ...

▶ **MAGUELONE**

Schöner als es jeder Fotograf auf eine Postkarte zaubern kann ist doch der eigene Spaziergang entlang des von Flamingos bevölkerten Strandsees, vor allem bei Sonnenuntergang.

▶ **Wehrkirche:** Pinien und Weinreben bilden den würdigen Rahmen für die früher auf einer Insel gelegene Kirche. Das Eingangsportal wird von einer thronenden Christusfigur über dem Giebel bewacht. Im Inneren überrascht die Schlichtheit des einzigen Kirchenschiffs.

▶ **Baden:** klugerweise wurde der Strand so belassen, wie die Natur ihn hervorgebracht hat. Beim gebührenpflichtigen Parkplatz in der Sackgasse bietet sich im Sommer die Gelegenheit, mit einem kleinen Zug dem überfüllten Camping zu entkommen. FKKler und angezogene Zeitgenossen tummeln sich hier in trauter Eintracht.

206 / HÉRAULT

► CARNON-PLAGE (34280)

Der früher einmal familiäre Badeort an der D 21 östlich von Palavas gefällt sich heute als Anlegestelle für Kreuzfahrten auf dem Rhônekanal.

– **Caminav:** Carnons Flußanlegestelle. T. 67 68 01 90. Zu empfehlen sind die Treidelpfade am Étang de Pérols und am Étang de Mauguio, die nach dem Petit Travers zu Dünen und einem gern besuchten (bzw. überlaufenen), langen Strand führen.

Essen & Trinken

♦ **Bistro Canastel:** ein Zwischenstopp in diesem Bistro ist kein Fehler. Das ganze Jahr über geöffnet, schmecken die Salate bei Sonnenuntergang am besten. Liegt am Strand, unmittelbar an der Hafeneinfahrt.

♦ **Poissonnerie:** das Fischrestaurant am Hafen tischt je nach Saison frische Fische (von Fischers Fritze!) und Muscheln mit einem Gläschen Wein aus der Umgebung auf. Nettes Drumherum und zahme Preise.

♦ **Le Toucan:** am Ortsrand von Palavas, die einzige Kneipe am rechten Ufer. Verspricht von Mai bis September den Genuß eines Schnellimbisses mit Aussicht. Plastikteller und -besteck halten die Preise niedrig (und die Müllberge hoch): 35 F das Steak, 20 F der Hamburger. Die Portionen sind nicht zu knapp bemessen; »echte« Gläser bleiben dem Wein vorbehalten. Der segelbegeisterte Chef gibt gerne ein paar Abenteuer zum besten oder verrät seine exotischen Rezepte. Dusche in einer Ecke des Lokals.

► LA GRANDE MOTTE (34280)

Betonbunker an Betonbunker: ein zweifelhafter Stil, in dem vor fünfzehn Jahren der Architekt *Jean Balladur* diese künstliche Touristenstadt aus dem Boden stampfen ließ. Von weitem schon sich abzeichnende, steil aufragende Pyramiden für achtzigtausend Urlauber (bei nur fünftausend ständigen Bewohnern), in denen das Echo unendlich widerhallt, bilden einen starken Kontrast zur versöhnlich stimmenden Grünanlage mit dreißigtausend Bäumen und vierzigtausend Sträuchern. Damit es den hier Internierten nicht langweilig wird, sorgen zahlreiche Diskotheken und Nachtlokale für Remmidemmi. Wir möchten uns im Urlaub zwar nicht in eine Bienewabe einpferchen lassen, aber über Geschmack läßt sich nun einmal streiten. Vielleicht ist der geschundenen Natur am Mittelmeer sogar zuträglicher, anspruchslose Urlauber auf kleinstem Raum übereinander zu stapeln, statt sie flächendeckend zu verteilen. Surfern ist das Ponant-Viertel ein Begriff. Alle anderen halten sich an die beiden, vom Jachthafen voneinander getrennten Strandabschnitte.

– **Fremdenverkehrsamt:** an der Place de la Mairie. T. 67 29 03 37.
– **Busverbindung:** Haltestelle an der Linie von Le Grau-du-Roi nach Montpellier.

Nahrungsaufnahme

Wer Bodenständiges vorzieht, wird in dieser Retortenstadt aus Beton nicht glücklich. Von den wie Perlen einer Kette aufgereihten Restaurants, die sich gleichen wie ein Ei dem anderem, können wir lediglich eines empfehlen:

♦ **Clippers:** am Quai du Général-de-Gaulle. T. 67 56 53 81. Während der Hauptsaison von 12-14.30 und 19h bis Mitternacht geöffnet. Verwechslung mit einem botanischen Garten leicht möglich. Dennoch bequeme Sitze mit Blick auf die bunten Segel im Hafen. Menü zum Preis von 75 F mit Austernvorspeise.

MONTPELLIER & UMGEBUNG – PEROLS / 207

▶ **PEROLS** (34470)

▶ **Périples du Petit Rhône** (Rundfahrten und Ausritte): allée du Trident. T. 67 50 10 27. Die Camargue zu Land und zu Wasser zu erkunden, ist im Rahmen privater Führungen möglich. Unterwegs wird, wie sollte es in Frankreich anders sein, aufgetischt, egal, ob man festen Boden unter den Füßen hat oder nicht. René und Adèle zeigen uns ein Stück echter, wilder Camargue. Die Art der Übernachtung hängt vom Geldbeutel des Reisenden ab: im Zelt, auf dem Bauernhof oder im gehobeneren Hotel.

▶ Gönnen wir uns eine **Bootsfahrt auf der Petit Rhône und dem Kanal**: das Schloß Davignon-Aigues-Mortes und die Ankunft bei Sonnenuntergang mit der Silhouette des Constance-Turms hinterlassen unvergeßliche Eindrücke.

IM OSTEN MONTPELLIERS

▶ **MAUGUIO** (34130)

Provenzalisch verschlafenes Dörfchen am äußersten Ausläufer der *Petite Camargue*, nördlich des *Étang de l'Or*, der auch *Étang de Mauguio* genannt wird. Von Montpellier kommend, folgt man zunächst der D 189, dann der D 24.

– **Centre Equestre de l'Étang de l'Or:** Reiterhof in le Boscnil. T. 67 29 52 01.

Nächtigen

▪ **Auberge du Cheval Blanc:** 219, Grand'Rue. T. 67 29 31 88. Reizende Unterkunft mit elementarer Ausstattung. Doppelzimmer ab 140 F, bei Vollpension 240 F. Menüs mit Wein ab 70 F.

● *Anspruchsvoller*

▪ **Club Européen Bacchus:** BP 57, F-34131 Mauguio Cedex. T. 67 29 25 29. Auf der D 24 am Ortsende nach links. Die Weinflaschenmauer am Eingang erinnert an die traubenträchtige Gegend. Entsprechender Stil im Inneren. Die Weinkarte zitiert Kredenzen aus der Umgebung, und das üppige Menü – *vraiment gargantuesque!* – zu 150 F tröstet über den frostigen Empfang hinweg.

▶ **FLAUGERGUES**

Von Montpellier aus mit Bus 15 bis Haltestelle Montauberou. Autofahrer benutzen die alte Staße von Mauguio in Richtung Grammont-le-Zénith.

▶ Das gegen Ende des 17., Anfang des 18. Jhs errichtete **Schloß** (T. 67 65 51 72) präsentiert herrschaftliches Mobiliar und eine Terrasse mit schmiedeeisernem Gitter, die zum französischen Garten führt. Im Juli/August von 14.30-18.30h täglich (außer montags) Führungen auf Anfrage. Auf dem Rückweg werden Besucher geschickt durch den Weinkeller gelotst, wo die geschäftstüchtigen Franzosen ihren *Coteaux de la Méjanelle* feilbieten.

▶ **DOMAINE DE GRAMMONT**

Ist vor allem wegen des Parks mit den fantastischen Zedernbäumen einen Umweg wert. Die Treppe mit ihren zwei Aufgängen führt hinauf zu den romanischen Räumen im Erdgeschoß. Wegweiser im Park zeigen zum kleinen Biotop *(Mare écologique)* für Vögel und bedrohte Pflanzen.

♦ Preiswertes **Bistro** hinter der Kappelle, dessen Kundschaft bunt zusammengewürfelt scheint: von der örtlichen Fußballmannschaft bis zur Theatergruppe.

208 / HÉRAULT

Aquädukt, Castries

▶ MOGERE

Auf der D 189 in Richtung Flughafen Vaugières. Platanenallee und Rokoko-Springbrunnen im Park machen das Schloß, unter Meister Girals Argusaugen errichtet und heute unter Denkmalschutz stehend, zum Schmuckkästchen. Von Pfingsten bis Ende September von 14.30-18.30h geöffnet.

▶ CASTRIES (34160)

Über Saint-Aunès und Vendargues zu erreichen (D 189). Der Name erinnert noch an die frühere südfranzösische Aussprache des lateinischen Wortes für Burg *(castrum)*: »castre«.

▶ **Schloß:** beherrscht die ganze Ebene und gehört heute der *Académie Française*. Castries wird seinem Beinamen »Versailles des Languedoc« gerecht, einschließlich des französischen Parks. Im Januar und montags geschlossen, ansonsten von 10-12 und 14-18h zur Besichtigung offen.

▶ **Aquädukt:** speist besagten Schloßpark über sechs Kilometer hinweg mit dem notwenigen Naß. Ein netter Spazierweg begleitet die Rundbögen, bis sie in der Erde verschwinden und die Wasserleitung unterirdisch weiterführt. Wir befinden uns mitten in der *Garrigue*.

▶ **Komturei des Templerordens** *(Commanderie des Templiers):* weniger bekannt. Den fahrbaren Untersatz am besten am Ortseingang bei der *Cave Cooperative* abstellen und über die Avenue de la Cadoule lostiefeln. An der Kreuzung in die schmale Straße nach links einschwenken und das Cadoule-Brücklein überqueren. Nach etwa zwei Kilometern erspäht man die *Commanderie* in einer Erosionsmulde inmitten der Weinberge. Geht man ein Stück weiter, steigt der Weg an, bis er auf einer Anhöhe den Blick auf die Umgebung Castries freigibt.

Einkehren

♦ **L'Art du Feu:** 13, avenue du 8-Mai-1945. T. 67 70 05 97. Im August die ganze Zeit über geschlossen, während des restlichen Jahres nur montagabends und mittwochs. Ehemalige Eisenschmiede, wo heute bodenständige Gerichte und Weine aus der Umgebung kredenzt werden. Unter der Woche Menüs ab 100 F, sonntags ab 110 F.

▶ ASSAS (34820)

Von Castries nach Nordwesten über die D 26. Hübsches Schloß – mit eigenartigem Spinett im Inneren. Von Ostern bis Mitte Oktober dienstags, donnerstags, samstags und sonntags von 14-18h.

IM WESTEN MONTPELLIERS

▶ ARGELLIERS (34380)

Ein auf mehrere Ortsteile verstreutes Dorf abseits der ausgetretenen Pfade. Einzig der Rede wert das Feinschmeckerlokal **Domaine de Saugras** an der Straße nach Viols-le-Fort, mitten in der *Garrigue*, 6 km von Vailhuaqués. T. 67 55 08 71. Mittwochs außer im Juli/August geschlossen. Die Menüs zu 100, 130 und 160 F sind reichlich mit den klassischen Kräutern wie Thymian, Rosmarin usw. verfeinert. Wer hier nicht einkehrt, ist selbst schuld.

Für Hinweise, die wir in späteren Auflagen verwerten,
bedanken wir uns mit einem Buch aus unserem Programm

▶ MURVIEL-LES-MONTPELLIER

Am Ausgang dieses kleinen Fleckchens brachten Ausgrabungen ein bedeutendes präromanisches Oppidum ans Tageslicht. Freigelegt sind bereits die Außenmauern und ein Tempel. Blaue und orangefarbene Schilder weisen einen Rundweg aus. Die bisherigen Funde sind samstags von 14-16h kostenlos im **Dorfmuseum** zu begutachten. Im Ort auch ein römischer Brunnen.

▶ COURNONTERRAL (34660)

Stimmungsvolles Dörfchen, das anno dazumal lediglich durch eine Öffnung im Schutzwall aus dem 14. Jh. mit der Außenwelt verbunden war – und das auch nur, damit seine Bewohner Wasser aus dem Brunnen vor den Stadtmauern holen konnten. Selbstbewußt präsentieren sich der *Sarrasine-Turm*, ein Überbleibsel der mittelalterlichen Burg, die *Rue des Huguenots* und die *Rue du Docteur-Malabouche* mit Balkonen zuhauf, die an den Fassaden alter Winzerhäuser kleben: unten Geräteschuppen, oben Wohnung.

▶ CHATEAU DE LA MOSSON

Am westlichen Stadtrand Montpelliers, an der N 109, kurz vor Juvignac. Freier Eintritt: sowohl in den Park mit seinem Springbrunnen, als auch in das kleine Meisterwerk von italienischem Musikzimmer.

VON DER GARRIGUE ZU DEN CEVENNEN

Beherrscht vom Pic Saint-Loup und durchschnitten von atemberaubenden Schluchten, begleitet uns die *Garrigue*, die immergrüne Strauchheide Südfrankreichs, über gewundene Sträßchen und halbvergessene Landstriche zu den Ausläufern der Cevennen und des Larzac.
Zwei GR-Fernwanderwege und blau, schwarz, orange bzw. gelb ausgeschilderte Pfade für kurze und mittlere Wanderungen erschließen die urtümliche Landschaft. Da weiß man gar nicht, welche Richtung man zuerst einschlagen soll. Aussichtspunkte, Abgründe und geheimnisvolle Baudenkmäler bieten für jeden Geschmack etwas, und im Sommer bleibt es hier angenehm kühl. Wir raten dazu, in Wanderherbergen *(Gîtes)* oder im *Campotel* zu übernachten und die Mahlzeiten auf Bauernhöfen einzunehmen. Wie immer haben wir einige heiße Tips in petto.

– Montpellier in nordwestlicher Richtung über die Straße nach Ganges verlassen; hinter *Saint-Gély-du-Fesq* auf die D 986 abbiegen. Am *Relais des Chaînes* den Wagen abstellen, vorsichtig die Fahrbahn überqueren und den Weg gegenüber einschlagen. Schon nach kurzer Zeit stoßen wir auf die Ruinen der *Abtei von Calages* und den Taubenschlag. Tief den würzigen Duft der *Garrigue* einatmen: unverkennbar Thymian, Rosmarin und deren Genossen vom Gewürzbord! Im Frühling sprießt der Asphodill, ein für den Mittelmeerraum typisches Liliengewächs, auf seinen langen Stengeln aus dem Boden; im Herbst riecht es nach Steineichen und Pfifferlingen, die man mit verbundenen Augen ausmachen könnte. Nicht zu vergessen den wilden Spargel, der Ende Februar bzw. Anfang März seinen großen Auftritt hat.

LES MATELLES (34270)

Dörflein mit Katzenkopf-Pflaster, dessen Gassen angenehm nach altem Gemäuer und Holz riechen. Über die D 986 oder auf der nahezu parallel verlaufenden D 112 zu erreichen. Über alte Straßen gelangt man auf einen platanengesäumten Platz, auf dem sich urige Marktszenen abspielen: unberührtes Landleben, vom Massentourismus noch weitgehend verschont.

Speis & Trank

♦ **Le Pet du Diable** (Teufelsfurz): rampe de la Palissade. T. 67 84 25 25. Abends geöffnet, Montag Ruhetag. Auf der Terrasse sorgen Holztische und -bänke am Rand der *Garrigue* für rustikales Ambiente. In der alten Schmiede aus dem 15. Jh., die irgendwie an die Hölle erinnert, kommt Gegrilltes auf den Tisch. Menüs ab 100 F.

Sehenswert

▶ **Museum für Ur- und Frühgeschichte** *(Musée de la Préhistoire):* Ur- und Vorzeit haben es sich in einem alten, zu diesem Zweck jedoch wieder hergerichteten Gemäuer bequem gemacht, das nur freitags und sonntags von 15-17h seine Pforten öffnet. Aber auch nur denjenigen, die als Obolus 12 F entrichten (Kinder bis zu zwölf Jahren sind frei).

CAMBOUS

Auf der Gemarkung *Viols-le-Fort*, westlich der D 986. Den Wagen vor dem luxuriösen Schloßhotel für Erholungsbedürftige abstellen und im Eichenwald verschwinden. Hier hausten die ersten Menschen im Hérault. Deren rekonstruierte Wohnstätte kann zu Fuß umrundet werden. Wer den blauen Markierungen folgt, stößt mit etwas Glück auf einen Teich.

SAINT-MATHIEU-DE-TRÉVIERS (34270)

Am Fuß des *Pic Saint-Loup*, an der D 17 Montpellier – Alès – Mende. Jetzt wird's ernst: den sagenumwobenen Berg erschließen mindestens fünf oder sechs Wanderwege.

Nachtruhe

• **Campotel de la Fontaine Romaine:** montée de Pourols. In Saint-Mathieu den »Campotel«-Schildern folgen, bei der zweiten Ampel links (von Montpellier aus gesehen). T. 67 55 24 66, F. 67 55 27 70. Im Dorf. Die Woche kostet rund 1.200 F.
• **Auberge du Cèdre:** domaine de Cazeneuve, in Lauret. Von Saint-Mathieu aus 9 km. T. 67 59 02 02, F. 67 59 03 44. Vollpension rund 200 F. Hier gefällt's uns.

Wanderungen

– Am westlichen Ortsrand von Saint-Mathieu einfach dem rot-weiß gekennzeichneten GR 60 folgen. Wasserflasche nicht vergessen. Der Aufstieg führt ohne größere Schwierigkeiten hinauf zur **Einsiedelei** und zum Kreuz. In 658 m Höhe eröffnet sich ein unvergeßlicher Rundblick über die Ebene, die Strauchheide und die fernen Cevennen. Abstieg über den Pfad zwischen den Weinbergen, der zurück nach Saint-Mathieu führt.

– **Aufstieg zum Pic Saint-Loup:** in *Cazevieille* losmarschieren. Den Wagen hinter der Kirche abstellen und eine Weile dem gelb markierten GR folgen. Am Anfang des Wanderpfads überrascht ein seltsames Schild der Fremdenverkehrswerbung: »Cigales (Zikaden), Pétanque (Boule), natural sites and typical regional lodging.« Links beginnen, bis zum Turm und der kleinen Schlucht mit Blick nach Norden. Unterwegs Felswände, die schon zahlreiche Kletterfexe angelockt haben. Anschließend den gelben Markierungen und dem Pfad zum

Pas de Pousterle folgen, von wo es wieder südwärts geht. Weiter aufwärts über den GR, bevor der Weg wieder nach Cazevieille hinunterführt. Unterdessen rettet uns die (hoffentlich!) mitgeführte Wasserflasche vor dem Verdursten: auf dem Gipfel gibt's nämlich keine Schenke!

– **Schloß Montferrand:** auf einer Felsspitze. Den fahrbaren Untersatz nördlich von Saint-Mathieu, auf der Kreuzung an der D 1, abstellen. Die Wanderung bietet keine besonderen Schwierigkeiten. Aber Vorsicht: die Ruinen sind echt, und manchmal bröckeln ein paar Steinchen herunter!

– **Pic de l'Hortus:** erhebt sich im Angesicht des Saint-Loup, ohne dessen Besucherzahlen zu erreichen. Die zahlreichen Wege verlaufen haarscharf am Rand der schroffen Felsen.

– **Schloß Viviourés:** zwischen Saint-Mathieu-de-Trévies und Saint-Martin-de-Londres. Tolle Wanderung, auf der wir der romantischen Legende aus dem Mittelalter nachsinnen möchten: zwei Brüder namens Anselm und Elzéar warben einst um die schöne Clémence. Sie heiratete ersteren, den der zweite während eines Kreuzzugs auf heidnischem Boden erschlug. Vergebens macht Elzéar nach seiner Heimkehr der Schönen den Hof, die treu wie Penelope der Heimkehr des Gatten selig harrt. Soviel Standhaftigkeit muß belohnt werden: eines schönen Tages taucht Anselm wieder auf und zeugt mit ihr drei schöne Jungs namens Guiral, Loup und Clair, die komischerweise genau so heißen wie die Berge vor unserer Nase. Na ja ...

SAINT-MARTIN-DE-LONDRES (34380)

Zurück auf die D 986. Die alte Kirche wurde jüngst neu herausgeputzt. Saint-Martin-de-Londres eignet sich als Ausgangspunkt für abwechslungsreiche Wanderwege.

Kost & Logis

▪ **Bergerie du Bayle:** Frouzet. T. 67 55 72 16. Schwirige Anfahrt über die Schotterstraße, aber wenigstens hat man hier oben seine Ruhe. Schäferei mit acht Zimmern für rund 70 F. Küche mit allem Gerät. Auch der Speisesaal kann sich blicken lassen: alter Steinkamin und ein ausladenedes Sofa für lange Abende vor dem flackernden Kaminfeuer. Gästetisch, daher auch Halbpension für rund 150 F möglich. Zum Wohlfühlen.

♦ **Les Muscardins:** 19, route des Cévennes. T. 67 55 75 90, F. 67 55 70 28. Zur Abwechslung mal eine Feinschmeckeradresse, auch wenn der äußere Rahmen eher steif wirkt (Wanderschuhe sind ganz bestimmt besser im Schafstall aufgehoben). Lange Tische, elegante Stühle. Die regionale Küche verwendet überwiegend Erzeugnisse aus Ganges und Umgebung. Alle Gerichte atmen darum das Aroma der *Garrigue*. Menü »Fraîcheur du jour« ab 130 F. Feine, leichte und sogar großzügig portionierte Kost, wobei das Preis-Leistungsverhältnis auf jeden Fall stimmt.

Wanderungen, Ausritte und Spritztouren

– Tagestour gen Süden nach **Cazevieille** auf dem *GR 60*.

– Wanderausflug zum **Ravin des Arcs** über den GR 60, im Norden. Das Flüßlein Lamalou hat zu unserer Freude den Kalkstein ausgewaschen. Nichts für Tennisschuhträger und Barfüßler.

– Mit Zwischenstopps zur **Causse de la Selle** fahren.

♦ Mittagessen im **Bauernhof von Mme Moreau**, route de Saint-Guilhem. T. 67 73 12 11, F. 67 73 12 01. Kulinarische Besonderheit: Schwein mit *Garrigue*-Honig. Mahlzeiten ab 140 F. Innenhöfe und Räumlichkeiten könnten glatt hundertzwanzig Gäste aufnehmen, aber bei zwanzig hungrigen Mägen ist Schluß.

VON DER GARRIGUE ZU DEN CEVENNEN – ST-MARTIN / 213

Deshalb vorbestellen. Wer übernachten möchte, sollte den erstbesten freien Termin wahrnehmen; nur ein bis zwei Zimmer!

– Weiterfahrt nach Norden in Richtung *Saint-Étienne-d'Issensac*. Bemerkenswerte romanische Kirche, dann zurück auf die Hauptstraße.

– **Schloß Londres:** von Kopf bis Fuß restauriertes Schloß aus dem 12. Jh., dessen Türmchen Größe und Schlichtheit zu verbinden wissem. Innenleben leider nicht zu besichtigen.

– **Gorniès:** im Wald von Baume *(Bois de la Baume)*. Ausgangspunkt ist das Dörflein Ferrières-lès-Verrières (klingt gut, nicht wahr?). Wir raten, die Pfade rings um den Quelltopf nicht zu verlassen; das ökologische Gleichgewicht dieser Stätte ist labil. Der Weg ist übrigens nicht ausgeschildert, man muß ihn erfragen. Doch weit ist es nicht; wir waren begeistert!

– Für Reiter: **Centre Equestre Anne et Thierry Maller**, route des Ganges, vor dem Parkplatz am *Ravin des Arcs*. T. 67 55 02 03.

– **Floßfahrten** (Rafting): Alain Nicollet, F-34380 Viols-le-Fort. T. 67 55 75 75. Mehrere Ausgangspunkte. Zu mieten für eine Stunde, einen Tag oder für die große zweitägige Floßfahrt mit Biwak.

SAINT-BAUZILLE-DE-PUTOIS (34190)

Pflichtetappe, um die Demoiselles-Grotten und die Hérault-Schluchten zu erkunden.

Übernachten und Tafeln

• **Campotel des Gorges:** Mme Dol. T. 67 73 74 28. Am Flußufer. Eher finstere Schlucht am Rand der D 986. Bietet aber tadellose Zimmer für zwei bis fünf Personen für rund 200 F.

• **Le Mas de Coulet:** bei Fernand Bataille, F-34190 Brissac. T. 67 73 74 18. Ca. 4 km hinter Saint-Bauzille, an der Straße nach Montpellier. Herberge für eine Nacht oder eine Woche (pro Person rund 70 F, halber Preis für Kinder). Man wähle zwischen Zimmern mit einem oder zwei Betten oder dem Schlafsaal. Küchenbenutzung, aber die heimischen Rezepte der netten Wirtin sollten wir uns nicht entgehen lassen. Darunter: Hähnchen (vom eigenen Hof) mit Kornelkirschen. Menüs ab 85 F. Auch Verkauf von Geflügel aus eigener Zucht.

♦ **Ferme-Auberge du Mas Domergue:** Montoulieu. T. 67 73 70 88. Erstes Menü ab 95 F. Neben dem Kamin von der Speisekarte Zicklein in Rotwein oder Geflügelbrustfilet *(Magret)* Karthager Art verkosten: rund 100 F.

♦ **Le Verseau:** av. du Chemin-Neuf (Straße nach Montpellier). T. 67 73 74 60. Dienstag abends und mittwochs außerhalb der Saison geschlossen. Gastliches Lokal; auf der Terrasse sorgen Kirschbäume für ausreichend Schatten. Menüs ab 65 bis rund 170 F mit Gänseleber (Tierquäler!), Gambas und Entenfleisch. Spricht man den begeisterten Anhänger des US Montpellier auf die Europacup-Ausbeute seines Teams anno 1990 an, dann springt vielleicht eine Gratisrunde heraus.

Sehenswertes & Ausflüge

▶ **Demoiselles-Grotte:** etwas abseits der D 986, etwa 3 km westlich von St-Bauzille. T. 67 73 70 02. Von April bis Oktober: 9-12 und 14-18.30h; im Winter von 9.30-11.30 und 14-16.30h. Eintritt: 32 F für Erwachsene, 15 F für Kinder. Vorher anrufen, denn die Seilbahn ist nur zu bestimmten Zeiten in Betrieb.

Im Inneren der Tropfsteinhöhle – ihr Name soll angeblich auf Feen zurückgehen, die sich auf dem Plateau de Thaurac herumtrieben – beträgt die Temperatur konstant 14°C, also Pullover einpacken. Ihre Existenz ist seit 1770 bekannt, doch ließen sich die Höhlenforscher mit der Erkundung gut hundert Jahre Zeit. Die Mitternachtsmesse im »Kathedralensaal« (120 m lang, 80 m breit und immerhin 50 m hoch) ist stets gut besucht. Auch Nicht-Höhlenforscher werden von den bizarren Formationen der Stalaktiten und Stalagmiten beeindruckt sein. Bevor jetzt wieder der endlose Disput entbrennt: Stalaktiten nennt man die von der Decke herabhängenden Zapfen, Stalagmiten dagegen jene Säulen, die deren Abtropfungen am Boden zum eigenen Wachstum nutzen. Ein Besuch der Höhle lohnt allein wegen der Wanderung und des Blicks in die Schlucht. Wer die Höhlentour absolviert hat, darf dann auf Schusters Rappen weiterwandern, auf dem GR 60 nach Larogne.

- **Kanufahrt auf dem Hérault flußabwärts bis Brissac:** le Moulin, Saint-Bauzille-de-Putois. T. 67 73 30 73.

▶ **Brissac:** das Städtchen selbst, 7 km südlich von Ganges, thront auf einem Felsvorsprung oberhalb des Flüßchens Sézanne, der sozusagen das Tor zum Buège-Tal bildet. Schloßturm und Rabanel-Abgrund sollte man sich nicht entgehen lassen.

GANGES (34190)

Nicht verwandt und nicht verschwägert mit dem gleichnamigen Fluß in Indien. Ganges verdankte seine ehemalige Rolle als Hauptstadt der Seidenraupenzucht den Maulbeerbäumen in der Umgebung. Heute wachsen auf den »Faisse«, das sind die Hangterrassen, ... Zwiebeln. Oh du Besucher, dem allein der Gedanke an dieses Rundgemüse das Tränenwasser ins Antlitz treibt, vernimm denn seine Geschichte: von der terrassenförmigen Landschaft begünstigt, feierte dieses absonderliche Früchtchen mit den penetranten Ausdünstungen einst einen Triumphzug sondergleichen. Einen Zug, der es bis hinauf nach Saint-André-de-Majancoule in den Cevennen führte, was bekanntlich in jüngerer Zeit dem Departement Gard zugeschlagen ward – und der befürchtungsweise noch viel weiter geführt hätte, wären dort nicht übelriechende Küchenmeister mit feingeschliffenen Zwiebel-Seziermessern mutig eingeschritten. Scherz beiseite: das einsame Dorf *Saint-André-de-Majancoule*, oberhalb von Pont-d'Hérault, lebt ganz vom Süßzwiebelanbau.

Futter- und Schlafstellen

▪ **Relais du Pont Vieux:** route du Vigan. T. 67 73 62 79. An der Ortsausfahrt in Richtung Le Vigan. Nagelneue, bildschöne Gemeindeherberge, deren altes Gemäuer vorbildlich instandgesetzt wurde. Der äußeren Anmut entsprechen die inneren Werte: neue Betten, frisch gestrichene Zimmer, heller, großer Salon mit breitem Kamin; alles blitzsauber. Doppelgemach mit Dusche und WC ab 170 F; Mahlzeit ab 60 F. Der Wirt geizt nicht mit Vorschlägen für Wanderungen, Ausritte oder Mountainbiketouren.

♦ **Joselyn'Mélodie:** 4, place Fabre-d'Olivet. T. 67 73 66 02. An einem schattigen Platz in der Altstadt. Die beiden Schwestern legen sich redlich ins Zeug, um uns mit heimischer Küche zu verwöhnen. Vor allem Fleisch ist für diese Gegend von außerordentlicher Qualität. Ein echter Festtagsschmaus für ganze 100 F.

♦ **Les Euzes:** Gornies. T. 67 73 65 84. Milchferkel, Bauernimbiß und Obstkuchen. *Ferme-Auberge* in einem alten Landhaus.

Sehen und erleben

▶ **Vis-Schlucht** und **Cirque von Navacelles:** der wildromantischen Strecke längs der Schlucht folgen. Die Blechkutsche in Saint-Maurice-de-Navacelles abstellen und über den GR 7 in den Felskessel hinabsteigen. Als »Cirque« bezeichnet man die halbrunden Freiflächen am Ufer, die manche Flüsse in

Jahrtausenden aus dem Gestein herausspülen. Sie bilden eine Art natürlicher Bühne, die an antike Amphitheater erinnert. Eine Altarm der Vis hat also dieses einmalige Naturtheater geschaffen, das allseits bekannt und dementsprechend überlaufen ist. Dennoch lohnt sich der Besuch. Den Fotoapparat ruhig steckenlassen: Postkarten sind an jeder Ecke erhältlich. Geben wir uns also ganz dem Landschaftserlebnis hin. Über den alten GR am Rand des Plateaus kraxeln wir wieder aufwärts. Für die etwas über 16 km sind sieben Stunden einzuplanen; gutes Schuhwerk ist unerläßlich. Faulpelzen, die sich nicht vom Auto trennen können und auf den Fußmarsch verzichten, entgeht einiges; aber auch für sie dürfte sich dieser Abstecher allemal lohnen. Der Straße folgen, die auch ihre Reize besitzt.

– **Wanderung** auf dem GR 60, der Straße nach Castanet und dem neuen GR 60 bis Pont-d'Hérault. Ist im Herbst einfach traumhaft: mittlere Höhe 600 bis 700 m, Kastanienbäume, Erika, Erdbeerbäume, vielleicht sogar Wildschweine. Für gute Luft und Aussicht ist gesorgt.

▶ **Cazilhac:** Schloß in Privatbesitz. In der Verlängerung ein Kanal und fünf Schöpfräder zur Bewässerung der Gemüsegärten.

SAINT-GUILHEM-LE-DESERT (Bueges- und Hérault-Schluchten)

Nach dem Natur- nun der Kunstgenuß: wir besichtigen die gewiß schönste *Abtei* im Hérault. Das Rundbogenportal überragt ein Glockenturm mit Säulchen, wie er typisch ist für die Romanik im Mittelmeerraum. Zur Linken bewundern wir die Apsis mit ihren Chorkapellen. *Guilhem*, ein wackerer Paladin Karls des Großen, beschloß den Bau dieser Kirche, als er 801 von der Kaiserkrönung Karls in Rom zurückkehrte. Dessen Krönung durch *Papst Sylvester* legte übrigens den Grundstein für das Heilige Römische Reich Deutscher Nation, dem erst Napoleon tausend Jahre später (1806) ein Ende setzte. Guilhems Grab befand sich in der Klosterkirche, doch der Sarkophag fiel im 16. Jahrhundert den Religionskriegen zum Opfer. Überreste sind noch im *Musée lapidaire* (Grabsteinmuseum) zu begutachten. Auch der teilweise demontierte Kreuzgang (der Rest steht in New York) lohnt einen Blick: wegen seiner kunstvollen Zwillingsfenster und der nostalgischen Ausstrahlung.
Guilhelm absolvierte nach seinem Tod übrigens eine steile literarische Laufbahn: sein Kampf gegen die Araber wurde zum frommen Heldenepos *(Chanson de Geste)* verklärt, das sich zu einem epischen Zyklus auswuchs. Zu Beginn des 13. Jhs gelangte der Stoff auch nach Deutschland, wo *Wolfram von Eschenbach* daraus sein zweites Meisterwerk (nach dem »Parzival«) schuf, den 14.000 Verse langen »Willehalm«. Für die damalige (und teilweise sogar noch heutige) Zeit ungewöhnlich: Wolfram stellt die Heiden nicht als blutrünstige Christenfresser dar, sondern plädiert für Toleranz und Aussöhnung.

Kost & Logis

• **Gîte d'Etape du Mas Aubert:** Mme Segura, les Lavagnes. T. 67 73 10 25. Mutterseelenallein am Rand des GR 74. Mahlzeit ab 80 F; Übernachtung rund 70 F, Frühstück 25 F. Auf unseren unschlagbaren Reiseführer hinweisen (Rucksackmann auf der dritten Seite) und Mahlzeiten im voraus bestellen.

Warum wir hergekommen sind

▶ Das **Dorf** selbst schlägt uns mit seinen Gäßchen und romanischen Wohnhäusern in Bann. Über die Rue du Bout-du-Monde (»Straße ans Ende der Welt«) gelangen wir hinauf zur Burg. Den GR einschlagen, ihn auf dem Grat verlassen und dann dem halsbrecherischen Pfad bis zur Burg folgen.

▶ **Le Bout-du-Monde** oder der **Cirque von Infernet:** der Straße zur Burg hinauf bis zur Einsiedelei Notre-Dame-du-Lieu-Plaisant folgen. Links führt der Weg weiter durch eine Mondlandschaft bis nach Lavagnes; ein Waldweg strebt zurück nach Saint-Guilhem.

▶ **Grotte de Clamouse:** Höhle, 3 km südlich Saint-Guilhems. Vom 10. Juli bis 31. August von 9-19h; vom 1. April bis 9. Juli von 9-12 und 14-18h; in der übrigen Zeit sonntags und während der Schulferien nachmittags geöffnet. Abwechslungsreich geformte Hallen, Galerien und Gänge.

▶ **Hérault-Schlucht:** ist sowohl auf zwei Beinen als auch auf vier Rädern zu erkunden. Weiter geht es bis zur *Causse de la Selle*.

▶ **Buèges-Tal:** in homöopathischen Dosen zu genießen. Bürgermeister Jo Sicard bringt sein Dorf, eines der romantischsten der Séranne, gerade auf Vordermann.

• Übernachten im **Grimpadou:** Mr. et Mme Coulet, Saint-Jean-de-Buèges. T. 67 73 11 34. Im Juli/August sowie in der Nachsaison rechtzeitig buchen. Fünf Gästezimmer ab 280 F einschließlich Frühstück. Unser Lob für die Küche: Menü für rund 110 F mit Salaten, eingelegter Forelle, Hase mit Oliven und Entenfleisch mit Honig. Danach kommt uns die Mountainbikevermietung in der zerklüfteten Landschaft gerade recht: zum Abstrampeln der überschüssigen Kalorien.

– Viele Wanderwege führen durch die *Séranne*. Von den Buèges-Quellen schlängelt sich ein ausgeschilderter Pfad nach Natges, dann über die D 130 nach Le Coulet, wo wir wieder auf dem GR 74 bis Lavagnes landen. Verkauf von Ziegenkäse. Rückweg nach Saint-Jean über die D 122, rund fünf Stunden zu Fuß. Wir raten erneut zu gutem Schuhwerk.

– Eine andere Schleife führt am Ufer der Buèges entlang nach Saint-André, Vareilles und weiter über den Uferweg nach Saint-Jean.

– **Ausritte** in Pégairolles-de-Buèges möglich, bei Suzanne und Vincent Bracq: Tracastel. T. 67 73 11 34. Hoch zu Roß oder im Gespann geht's bis zum Menhir von Lacan. An ihm rieben sich einst abergläubige Frauen die Lenden, um fruchtbar zu werden.

▶ **Montcalmès:** verlassener Weiler. Zu erreichen über die Straße nach Puechabon und den Bauernhof von Lavène, wo Hungrige Ziegenkäse als Wegzehrung einkaufen. Hinter Lavogne entdecken wir im Gestrüpp die überwucherten Mauerreste des Dorfs: Kamine, Treppen, Gewölbekeller. Jenseits ein schöner Aussichtspunkt mit Blick in Richtung Saint-Guilhem.

▶ **Le Cellier-Höhle:** in Saint-Guilhelm-le-Désert. Ein geschichtsträchtiger Ort. Taschenlampe erforderlich.

Hinter der Müllkippe von Saint-Guilhelm-le-Désert bleibt das Auto auf dem *Terre plein de Malafosse* zurück. Der Weg beginnt rechter Hand; der Biegung um Malafosse folgen. Bei der ersten Kreuzung links erreichen wir die Ruinen des Arbousier-Hofs; dann geht es rechts 300 m weiter bis zur nächsten Kreuzung. Nach rund 10 m zweigt ein schmaler Weg rechts ab, dem wir folgen. Obacht: es geht steil bergab. Nach 50 m stehen wir vor dem Höhleneingang. Die *Caverne Le Cellier* ist über 200 m lang und erreicht eine maximale Höhe von 40 m. Zunächst bot sie Schutz vor Angreifern; im Mittelalter diente die Höhle dann als Asyl für eilends hierher verschleppte Pest- und Leprakranke.

ANIANE (34150)

Rund 5 km südöstlich von Saint-Guilhelm.

▶ Sehenswert sind die Überreste der berühmten **Benediktiner-Abtei,** wovon man sich im Sommer täglich von 10-12 und 14-18h überzeugen darf. Auskunft: T. 67 45 60 00. Wird derzeit instandgesetzt. Gebälk und Bergfried sowie die alten Glasfenster sind bereits überholt. Nicht die Sternwarte übersehen: der von sieben Kuppeln überwölbte Raum erlaubt alle Arten astronomischer Beobachtungen.

Kombüse und Koje

• **Moulin de l'Érau:** bietet Unterschlupf in einem landwirtschaftlichen Betrieb am Ufer des Hérault. T. 67 57 43 88.
• **Ferme-Auberge du mas Ferran:** an der Strecke nach Lagamas, 2,5 km vor Saint-Jean-de-Fos. T. 67 57 79 32. Versteht sich auf die Zubereitung von Ente in Olive und Wild der Saison.

AUF DEM JAKOBSWEG ZU DEN HÉRAULT-BERGEN

Wer hat nicht schon davon geträumt, wenigstens einmal im Leben auf dem alten Pilgerweg bis ins galicische Santiago de Compostela zu wandern (unser in Glaubensdingen eher nachlässiger Verleger eingeschlossen, der Schusters Rappen freilich den Rücken eines Esels vorzieht)? Die Wegstrecke von Arles führt durch den Hérault. Eine Jakobsmuschel um den Hals ist heutzutage nicht mehr nötig; aber der Wanderstab erweist sich als ebenso nützlich wie vor fünfhundert Jahren. Eine zünftige Wanderkleidung tut das ihre; unverzichtbar indes ist die Wasserflasche. Von Saint-Guilhelm bis La Salvetat-sur-Agout ist der Jakobsweg ausgeschildert. Er ist übrigens auch weniger stilvoll mit dem Auto nachvollziehbar, wenn man etwas von der alten Strecke abweicht.

LODEVE (34700)

Städtchen mit römischer Vergangenheit im Tal der Lergue (wo die Straßenbauer ihr Unwesen treiben), mit der majestätischen *Escalette* als Hintergrund. Rund um die Kathedrale Saint-Fulcran scharen sich die alten Gebäude der Stadt, deren Namen sich heute auch mit den Uranmienen etwas weiter südlich verbindet. Bis zum Zweiten Weltkrieg lieferte Lodève Uniformstoffe an die französische Armee, ein Privileg, das die hiesigen Tuchmacher Heinrich IV. zu verdanken hatten. Aber sprechen wir lieber von erfreulicheren Dingen: von Wein, Käse und Oliven z.B., die ihre wirtschaftliche Bedeutung noch nicht eingebüßt haben.

Nützliche Adressen

– **Verkehrsamt:** 7, place de la République. T. 67 44 07 56.
– **SNCF:** 7, place de la République. T. 67 44 07 56. Nicht nach den Zügen suchen, hier verkehren nur Bahnbusse.

Kost & Logis

• **Hôtel-Restaurant de la Paix:** 11, bd Montalangue. T. 67 44 07 46. Vom 15. November bis 15. Dezember geschlossen. Seit 1887 in Familienbesitz; unlängst renoviert. Sauber und gemütlich, mit Blick auf die Berge und die Lergue. Rund 250 F fürs Zimmer mit Bad, WC, Fernsehen und Telefon. Ab 90 F üppige Mahlzeiten (Roquefort-Crêpes, gefüllte Forelle) und Saisonmenü zu 75 F (außer samstagsabends und sonntags). Auf der Speisekarte: Mignon-Schweinefilet mit Oliven. Lecker!

Bildung und Erbauung

▶ **Kathedrale Saint-Fulcran:** Wehrkirche am Nordrand der Altstadt, deren klotziger Turm 57 m hoch emporragt. Über dem Kirchenschiff schwebt ein Kristallüster, den *Queen Victoria* seinerzeit *Napoleon III.* verehrte. In der Krypta sind noch Mauerreste aus der Karolingerzeit erhalten. In den folgenden Jahr-

hunderten wurden dann Chor und Westteil hinzugefügt bzw. auf die Unterkirche aufgepfropft.
Im 4. Jahrhundert war die Stadt der Tuchmacher Bischofssitz – über achtzig geistliche Würdenträger sind in der Kirche beigesetzt. Daß sich die Bischöfe damals sowenig wie heute mit der Seelsorge begnügten, beweist die Tatsache, daß sie noch bis ins 17. Jahrhundert hinein als weltliche Herren über Lodève herrschten und nebenbei Manufakturen und Papiermühlen betrieben.

▶ **Bischofspalast:** dient jetzt als Rathaus. Im Inneren eine Riesentreppe mit Geländer aus dem 18. Jh.

▶ **Musée Fleury:** square Georges-Turic. Öffnungszeiten: 9-12 und 14-18h. Montags und im Winter sonntags geschlossen. Das Stadtpalais aus dem 17. und 18. Jh. beherbergt heute Funde aus der örtlichen Vor- und Frühgeschichte.

▶ **Château de Montbrun:** wurde auf Befehl Richelieus geschleift, doch der mittelalterliche Burgwall ist noch vorhanden.

▶ Am Ort erinnert noch ein Zweigbetrieb der **Gobelin-Manufaktur** an die Bedeutung Lodèves als Textilstandort.

In der näheren Umgebung

▶ Abstecher über den Larzac bis **Le Caylar**. Mittagessen in *Paigarolles-de-l'Escalette*, einem Dörflein, dessen Häuser rings um die Burg verstreut liegen. Für rund 90 F labt uns **Al Vieil Mouli** (okzitanisch: »Zur alten Mühle«) mit Gebirgsküche.

• Übernachtung im **Barry du Grand Chemin** in Le Caylar, unterhalb der mit den Felsgestein verschmolzenen Mauerresten. T. 67 44 50 19. Altes Gebäude abseits der Nationalstraße. Urgemütliche Zimmer ab 250 F. Im Sommer täglich Abendessen, außerhalb der Saison auf Vorbestellung. Für 110 F gibt's Fleisch- und Wurstwaren, über dem Holzfeuer Gegrilltes, Käse und Dessert, einschließlich Wein und Kaffee. Ideal, um die Ruhe der weiten Landschaft in vollen Zügen zu genießen. Wo wir schon mal hier sind: in der Nähe ist auch die *Couvertoirade* zu finden, die Komturei des Templerordens.

♦ Bevor wir auf der Straße nach *Pezade*, dem »Grenzposten« des Hérault, ins Département Aveyron geraten, legen wir nach Vorbestellung einen gastronomischen Halt ein bei **Le Père Roussel**: T. 65 62 28 25, F. 65 62 13 80. Während der Schulferien mittwochs geschlossen. Die Städter aus Montpellier schwören auf Père Roussels flambierte Schlegel mit Kapuzinerkresse und die leckeren Käsesorten. Mahlzeiten ab 95 F.

♦ Abstieg über **Madières-le-Haut**, T. 67 44 50 41. Xavier und Marguerite Teisserenc bewirten uns auf ihrem 300 ha großen Anwesen in Le Caylar (34520). Von April bis September nur sonntags geöffnet; unter der Woche nur Gruppen und auf Vorbestellung. Lamm vom Bratspieß, in der Saison Wild, aufgefahren im fürstlichen Kuppelsaal. Xavier und Marguerite kennen die besten Wanderwege auf der Causse du Larzac, wo nur Wacholder und ruinenförmige Felsen dem Boden entwachsen. Rückweg nach Lodève über Lauroux. Unterwegs empfehlen wir einen Schlenker zum Bauernhof von Labeil: der Grotte und des *Cirque* wegen. Auch nach den Ruinen des *Roquet d'Escu* Ausschau halten.

♦ **Lou Roc del Mel:** im *Cirque*. T. 67 44 09 55. Serviert von Ostern bis Ende September Schlemmermenü mit Geselchtem, Forelle aus dem Becken, Gegrilltes, Käse und Dessert ab 100 F. Für 160 F gibt's noch Krebse dazu.

LUNAS (34650)

Lodève zu Fuß auf der schmalen D 35 in Richtung Olmet verlassen; rechts auf den GR 7 einschwenken. Man verläßt die Steilfelsen und findet sich unter

Kastanien wieder. Die Trutzburg wurde 1627 während des Cevennenkriegs geschleift. Alte Saint-Georges-Kapelle.

Kost & Logis

- **Domaine Val-de-Nize:** Mme Dameron. T. 67 23 81 48. Wir verlassen die Departementale, folgen der D 35 in Richtung Val-de-Nize und gelangen nach Lunas. Nach vier Kilometern stoßen wir in einem verwunschenen, von Wald gesäumten Tal auf ein einsames altes Haus, das im Inneren gutbürgerlichen Komfort bietet. Gepflegte, saubere Zimmer. Zwei Personen müssen mit rund 200 F rechnen; Frühstück inbegriffen. Den Speisesaal beheizt ein stattlicher Kamin. Gästetisch ab 80 F.
- ♦ **Ferme-Auberge de l'Escandorgue:** in Roqueredonde, an der D 902. T. 67 44 23 34. Nur auf Vorbestellung: Geflügel aus eigener Zucht, Roquefort-Pasteten und hausgemachtes Gebäck für rund 95 F; Wein und Kaffee inbegriffen.

LE BOUSQUET-D'ORB (34260)

Kleine Ortschaft am Orb, etwas unterhalb von Lunas. Wir schlagen einen Ausflug zum abseits der ausgetretenen Pfade am Stauseeufer gelegenen *Avène* vor. Hier verläuft die Grenze zum Département Aveyron. Anfahrt durch die malerische Orb-Schlucht. Rückweg möglich über den Col de l'Homme-Mort und Joncels-sur-Lunas.

Speis & Trank

♦ **Chez Pégurier:** bodenständige Küche (Wild, Trüffeln) ab 180 F. Sicher das einzige Lokal, das *Grace Kelly* einen Tisch verweigerte, weil die Schauspielerin und Fürstin nicht reserviert hatte. Haha! recht so! Also brav einen Tisch bestellen. Vor lauter Klatsch und Schadenfreude hätten wir's fast vergessen: wir befinden uns hier im Vorland des Larzac.

▶ **Renaissanceschloß von Cazilhac:** nur von außen zu bewundern.

SAINT-GERVAIS-SUR-MARE (34610)

Lunas zu Fuß auf der Straße nach Le Bousquet verlassen. Nach 75 m rechts den Weg nach Bouïs einschlagen, unter den Bahngleisen hindurch. Saint-Martin durchqueren, den *Col-de-Clares* erklimmen und weiter über den *Col de Vignères* zum Col de Layrac.
Sich in *Mècle,* einem hübschen Dörfchen, umschauen. Leere Wasserflasche? Da trifft es sich gut, daß hier ein munterer Quell sprudelt. Die Straße führt uns längs des Orb nach *La Tour-sur-Orb.* Aufstieg über *Saint-Étienne-d'Estrechoux* und *Castanet-le-Bas* nach *Saint-Gervais.* Noch so ein malerisches Dörflein mit engen Gassen (auf okzitanisch: *Calades),* Durchgängen und Bögen, einem Trinkwasserbrunnen an der Biegung und einem kleinen Heimatmuseum.

Verpflegung und Nachtruhe

- **Ferme-Auberge des Falaises d'Olques:** Le Fau, über Saint-Gervais-sur-Mare. T. 67 23 60 93. Bewirtung nur nach Voranmeldung. Besonders schönen Haus mitten auf einem Bauernhof. Gästezimmer ab 120 F, auch Gruppenherberge. Mahlzeit ab 80 F; auch Halbpension. Ideal als Standquartier für Bergwanderungen in alle Himmelsrichtungen.

Fotos gesucht! Für Fotos (S/W, Farbe, Dias), die wir in späteren Auflagen verwenden, bedanken wir uns mit einem Buch aus unserem Programm.

REGIONALPARK HAUT-LANGUEDOC

Der *Parc Régional du Haut Languedoc* existiert nun schon seit 1973. Seine 145.000 ha zwischen Saint-Gervais im Osten und Castres, Mazamet bzw. Revel im Westen verteilen sich auf die beiden Départements Hérault und Tarn. Unzählige Berge und Täler sowie 1.800 km gekennzeichnete Wanderwege: das ist Musik in den Ohren von Naturfreunden. Broschüren über Wanderungen in den erosionbedrohten und nach Überschwemmungen teilweise wieder aufgeforsteten Gebirgszügen *Caroux* (im Nordosten), *L'Espinouse* (im Osten), *Le Somail* (in der Mitte) oder *Sidobre* (im Westen) sind in allen weiter unten erwähnten Dörfern erhältlich. Herausgeber ist der *Parc Régional du Haut Languedoc:* 13, rue du Cloître, Saint-Pons-de-Thomières, T. 67 97 02 10. Auch Mountainbiker und Reiter finden brauchbare Vorschläge zuhauf.

Durchqueren wir nun Wälder mit den verschiedensten Baumarten und einer außergewöhnlich reichen Flora, nicht zu vergessen das bedeutendste Mufflonschutzgebiet Europas.

MURAT-SUR-VEBRE (81320)

Ein Abstecher ins Département Tarn, an den Nordrand des Regionalparks. Saint-Gervais über einen Wanderpfad verlassen, der bei Haus Nr. 11 in der Rue du Quai seinen Anfang nimmt. Dank der Ausschilderung mit Kreuz und Jakobsmuschel nicht zu verfehlen. Unterweg passieren wir Andabre, die Kapelle Sainte-Europe, Ginestet und Fichtenwälder.

Müde und hungrig?

Die Ortschaft Murat wird durch den Greisgentous-Griffoulède oder Castelas zweigeteilt. Soll sich jeder sein Lieblingsviertel aussuchen.

- **Hôtel Durand:** im Dorf, av. de l'Albigeois. T. 63 37 41 91. Freitagsabends und samstagsmittags geschlossen. Schlichter, bequem eingerichteter Altbau, vom Wirt stückchenweise renoviert. Menüpreise ab 80 bis über 200 F. Fleisch- und Wurstwaren in dieser Gegend sind von besonders guter Qualität.

Sehenswertes zwischen Saint-Gervais und Murat

▶ Hinter dem Kreuz von Moumis (rund 3 km) erklimmen wir auf dem GR 71 den Gipfel des **Espinouse** (1124 m). Cinemascope-Breitwandpanorama bis zum Belvédère de l'Ourtigas. Achtung: wir betreten den Boden einer *Réserve nationale de chasse,* also eines stattlich ausgewiesenen Jagdreviers. Vielleicht bekommen wir ja eines der seltenen Tiere zu Gesicht, die wir nach Möglichkeit nicht vergrämen sollten – sonst lassen sich die lieben Tierchen womöglich nicht mehr so leicht vor die Flinten der Diplomatenjäger locken! Halten wir uns im Herbst also lieber ans Pilzsammeln (keine Haftung des Verlags für Übelkeit und Vergiftungen!).

LA SALVETAT-SUR-AGOUT (34330)

Von der D 162 am südlichen Ortsrand Murats führt ein Fußweg nach Candoubre. Am Vebre entlang und dem *Lac de Laonzas* (Stausee) durch den Wald folgen, dann die Weiler Villelongue und Somail durchqueren und Kurs auf La Salvetat nehmen. Hinweis für Fußlahme: die Autostrecke führt auf der D 14 über Fraisse-sur-Agout.

La-Salvetat-sur-Agout gilt als eines der schönsten Dörfer Frankreichs. Sich die Saint-Étienne-Kapelle anschauen und die wundertätige Statue der Notre-Dame-d'Entraygues berühren (schaden kann's nicht, ob's was hilft, ist die andere Frage). La Salvetat sucht heute sein Heil im Fremdenverkehr; um Freizeitaktivitäten braucht man sich also nicht zu sorgen.

Kost & Logis

- **La Moutouse** *(Ferme-Auberge des Giselles):* Noëlie Pistre. T. 67 97 61 63. Den Wegweisern im Dorfkern folgen. Landwirtschaftlicher Betrieb, versteckt hinter einem Fichtenwald. Gästetisch; bequeme Zimmer ab 240 F. Zu 80 F eine Mahlzeit mit frischen Zutaten vom eigenen Hof: Schweinefleisch, Pilze, Geflügel »au flambadou«.

In der Umgebung

▶ **Candoubre:** markierter Weg zum *Dolmen von Castelsec.* Den zwei Meter langen vorzeitlichen Steindeckel tragen sieben Felsen. In Richtung Stausee, an der D 162, stoßen wir bei Pré-du-Roi und Paumauron auf zwei weitere megalithische Zeugen: Menhire.

▶ **Rieu-Montagne:** Außenstelle der Regionalparkverwaltung. Auf dem See darf gesegelt werden.

▶ **Villelongue:** am Südufer des Lac du Laouzas; mit gotischer Kirche, die »von Kopf bis Fuß« aus Schiefer besteht.

▶ **Fraisse-sur-Agout:** den *Menhir des Andes et de Picarel* schmücken ein Ei und eine Schlange. Übernachtung im *Campotel* am Dorfrand, am Agout-Ufer. T. 67 97 64 29. Zum Baden und Segeln bietet sich der nahegelegene Bouldouïres-Strand an, wo sich im Sommer allerdings etliche Mittouristen tummeln. Schöner Seerundweg.

Weiterfahrt ab La Salvetat

– **Per Bus:** mehrmals täglich nach Béziers. Auskunft im Verkehrsamt: T. 67 97 64 44.
– **Mit dem Auto:** über die D 907 via Saint-Pons-de-Thornières nach Castres oder Béziers.

LE SOULIÉ (34330)

Ca. 10 km südlich La Salvetats, an der D 150, etwas abseits der ausgetretenen Touristenpfade.

Verköstigung

♦ **Le Moulin de Vergouniac:** T. 67 97 05 62. Mittwochs und im Januar-Februar Betriebsruhe. Provinzlokal von altem Schrot und Korn – genauso, wie wir uns *la France profonde* immer vorgestellt haben. In diesen gottverlassenen Winkel ist die *Nouvelle Cuisine* zum Glück noch nicht vorgedrungen: also kriegt man hier noch mit unbewaffnetem Auge erkennbare Portionen. Entenfleisch, Fleisch- und Wurstwaren, *Crêpes*, in der Saison Krebse; alles im Überfluß. Ein anschließender Verdauungsspaziergang (im Winter auf Langlaufskiern) ist unerläßlich.

Für Hinweise, die wir in späteren Auflagen verwerten,
bedanken wir uns mit einem Buch aus unserem Programm

COL DU CABARETOU

Paß zwischen La Salvetat und Saint-Pons an der D 907 (949 m).
Klingt vielversprechend; und so läßt sich der Rundblick über die umliegenden Täler und Berge nicht lumpen. Da wird uns doch gleich ganz romantisch zumut: »O Täler weit, o Höhen, O schöner grüner Wald« (Eichendorff).

Kost & Logis

• **Auberge du Cabaretou:** an der Straße nach La Salvetat, F-34220 Saint-Pons. T. 67 97 02 31, F. 67 97 32 74. Von Saint-Pons kommend, gleich links auf dem *Col du Cabaretou*. Hier sind wir (fast) allein mit der wilden Bergwelt. Nette Wirtin, ausgewogenes Preis-/Leistungsverhältnis. Zimmer mit Bad für rund 250 F, schmackhafte Menüs ab 100 F. Autofahrer aufgepaßt: im Rinnstein auf dem Parkplatz ist schon so manches Rad hängen geblieben.

– Die Straße abwärts nach Saint-Pons führt durch Kastanienwälder.

SAINT-PONS-DE-THOMIERES (34220)

Die Dreitausend-Seelen-Gemeinde, Hauptort des Regionalparks, verströmt den Duft der Wälder in der Umgebung, ist aber dennoch gut mit öffentlichen Verkehrsmitteln zu erreichen.

Nützliche Adressen

– **Verkehrsamt:** place du Foiral. T. 67 97 06 65.
– **Bahnhof:** T. 67 62 50 50. An der Strecke Castres-Béziers.
– **Maison du Parc** (Regionalparkbüro): 13, rue du Cloître. T. 67 97 02 10. In einem schönen Park neben der Kathedrale, umgeben von Eßkastanien *(Marronniers)* und Kastanienbäumen *(Châtaigniers)*. Die Decken des prächtigen Palais zieren Stuckornamente in Zuckerbäckermanier. Das vorhandene Kartenmaterial verspricht schier unerschöpfliche Wandermöglichkeiten; man lernt sogar etwas über Botanik. Französischkundige Naturfreunde leisten sich das nützliche Büchlein über die Bergflora im Hérault.

Gastronomie und Hotellerie

• **Campotel de Jaur:** chemin d'Artenac. T. 67 97 14 76 oder 67 97 02 34 (Rathaus). Beherrscht die Altstadt; sicher eines der schönsten Häuser der Hotelkette. Frühstück unter einer Laube. *Gîtes* für vier bis sechs Personen; Übernachtung während der Saison rund 200 F, in der Nachsaison 170 F.
• **Mas Saint-Aulary:** Bernard Derode. T. 67 97 01 93. Gästezimmer; 4 km außerhalb in Richtung Bédarieux. Auf der Höhe des Tunnels links in Richtung »La Fourberie« (heißt: »die Betrügerei«) einbiegen. Urtümliche Herberge in einem echten südfranzösischen Bauernhof, in waldreichem, hügeligen Gelände. Übernachtung für eine bis vier Personen ab 230 F. Mittagessen vor Ort in einem schönen Gewölbesaal möglich: gebackene Forelle, Hase mit Haselnüssen und hausgemachte Sorbets. Pro Mahlzeit rund 100 F veranschlagen. Hervorragend!

Kultur

▶ **Kathedrale:** nurmehr eine einfache Pfarrkirche; präsentiert aber nach wie vor eine kuriose Mischung aus Romanik (11./12. Jh.) und Barock (18. Jh.). Die klassizistische Ostfassade blickt auf den kleinen Platz, wo mittwochsmorgens der Markt stattfindet. Romanische Westfassade mit zwei archaischen, stark verwitterten Türbogenfeldern am mittleren Portal. Zwecks Besichtigung des Inneren mit der berühmten *Orgel* von 1772 im Verkehrsamt anfragen. Teile des voll-

HAUT-LANGUEDOC – SAINT-PONS-DE-THOMIERES / 223

ständig abgerissenen, romanischen *Kreuzgangs* wurden in den Pariser Louvre, nach Toulouse *(Musée des Augustins)* und in die USA entführt (zunächst ins *Cloisters Museum* in New York). Daß es sich um ein Kleinod gehandelt haben muß, beweisen die dort aufbewahrten, wenigen Kapitelle.

▶ **La Portanelle:** Saint-Benoît-Turm und Bistumsturm *(Tour de l'Evêché)* sind Überreste der Stadtbefestigungen.

▶ Unweit der Ruinen von Saint-Martin-du-Jaur tritt der **Jaur** wieder zutage.

▶ **Museum für Ur- und Frühgeschichte:** Mai bis September von 10-12 und 15-18h, in der übrigen Zeit mittwochs, samstags und sonntags von 14-17h. Einzigartige Sammlung von Menhir-Statuen, die teilweise 4.500 Jahre auf dem Buckel haben. Sie heißen auch »stumme Göttinnen«, weil sie ihr Geheimnis immer noch nicht preisgegeben haben.

Im Umkreis

▶ **Devèze-Grotte:** in Corniou, 5 km in Richtung Castres. Vom 16. März bis 30. September täglich Führungen, in der übrigen Zeit an Sonn- und Feiertagen. Ist für ihre feingliedrigen Kalkablagerungen, die regelrechte Spitzen und Steinrosen bilden, bekannt.
Angehende Speleologen (Höhlenforscher) begeben sich anschließend ins *Museum*, wo neben technischen Einzelheiten die Geheimnisse der Höhlenbildung, des Ursprung farbiger Konkretionen und der Höhlentiere gelüftet werden.

▶ **Kapelle Notre-Dame-des-Trésors:** auf 625 m Höhe, nach neun Kilometern in nordöstlicher Richtung über die D 908 und D 576 zu erreichen. Blick über das Jaur-Tal und die Hérault-Ebene. Im Inneren des Sanktuariums ein Taufbecken aus rotem Marmor und eine polychrome Statue.

▶ **Maison du Parc de Prat-d'Alarie:** im Juli-August von 9-12 und von 14-18h. Ensemble ländlicher Behausungen; das 40 m lange Haupthaus ginsterüberwuchert. Klärt zu romantisch verklärten Vorstellungen neigende Großstädter mit audiovisuellen Mitteln über die traditionelle Landwirtschaft auf.

Weiterfahrt ab Saint-Pons

– **Mit dem Bus** Richtung Süden und Béziers. Die Straße durchquert die halsbrecherischen *Défilées de l'Illouvre* und endet bei Saint-Chinian in der Ebene. Durch das Jaur- und Orb-Tal führt die Straße weiter nach Piemont. Gleicher Strecke für Bus, Auto und sogar Zug.

♦ Am Ortsrand von Prémian im **L'Esclop**, gleich an der Straße, einkehren. T. 67 97 18 19. Beliebtes Ausflugslokal am Wasser, mit Weinlaube. Hausmannskost zu volkstümlichen Preisen: Mahlzeiten rund 70 F.

OLARGUES (34390)

Die ehemalige Hauptstadt der Westgoten – die, wie wir seit Asterix wissen, aus dem Osten kamen, während die Ostgoten im Westen ... – wartet mit einer krummen Teufelsbrücke, einem viereckigen Glockenturm, einem romanischen *Donjon* und malerischen Katzenkopfpflastergassen auf (unser Verleger schwört auf nicht durch Bindestrich abgeteilte Komposita!). An irdischen Genüssen sind dank des rauhe Winde abhaltenden Espinouse-Gebirges Kirschen (Kirschblüte im Frühjahr!), Trüffeln und Kastanien zu nennen. Daß Olargues eines der schmuckstens Dörfer Frankreichs ist, können wir bestätigen. Zugleich handelt es sich um ein wichtiges Standquartier für Geologen, die im Haut Languedoc jede Menge Stoff zum Forschen finden.

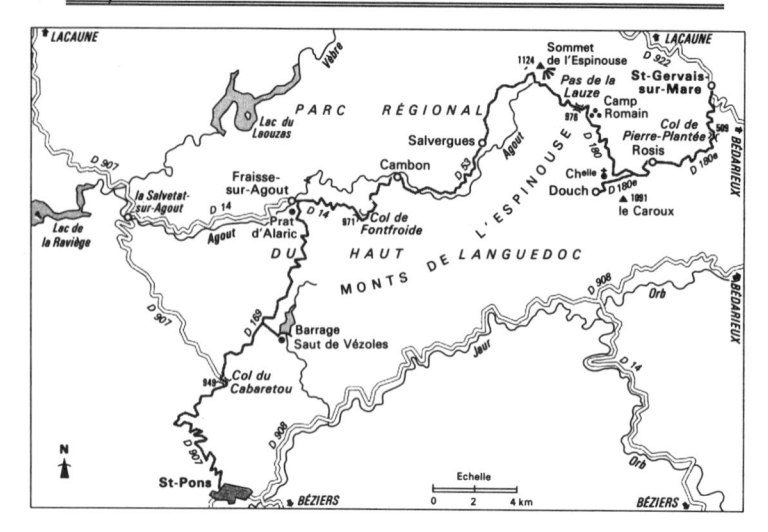

Regionalpark Haut Languedoc

Übernachtung

• **Campotel:** chemin de Pialettes. T. 67 97 77 25 oder 67 97 70 79 (Rathaus). Am lieblichen Ufer des Jaur im Pinienwald; zwei halbmondförmige Gebäude umgeben den Innenhof. Zwei Personen ab 180 F, vier bis fünf Personen ab 200 F. Steht Gruppen über zwanzig Personen ganzjährig offen; Einzelreisende dagegen stehen von Oktober bis Mai vor verrammelten Türen.

Sehenswert

▶ **Donjon:** romanischer Wohn- und Wehrturm aus dem 11. Jh., der den Überblick über das Gassengewirr behält.
▶ **Pont du Diable:** die mittelalterliche Teufelsbrücke über den Jaur erinnert an eine gekrümmten Eselsrücken. Hält nun schon seit dem 13. Jahrhundert!
▶ 1 km östlich, über die D 908 und eine abzweigende Nebenstraße, inmitten von Kirschbäumen und Zypressen, die **Prioratskirche Saint-Julien** mit ihrem hohen, viereckigen Glockenturm. Könnte so ähnlich auch in der Lombardei stehen.

Ausflüge und Kanutouren in der Umgebung

▶ *Mons-la-Trivalle:* Ausgangspunkt für Wanderungen zum Gipfel des *Mont Caroux* (1091 m). Sehenswerte romanische Kapelle in La Voulte.
• **Gîte** in einem Steinhaus mit Außentreppe, die auf einem Bogen ruht. T. 67 97 72 37; oder auf dem **Camping de Clap** am Ufer der Orb übernachten. T. 67 97 72 64.

▶ *Héric-Schlucht* und *Col de l'Ourtigas* führen zum **Espinouse-Gipfel** (1124 m). Abwechslungsreicher Wanderweg durch ganz verschiedene Landschaften; sicher einer der schönsten in dieser Ecke. Der Abschnitt durch den *Gouffre du Cerisier* wird uns jedenfalls unvergeßlich bleiben.

HAUT-LANGUEDOC – OLARGUES / 225

– **Kanuvermietung:** am Ortsausgang von Tarrassac, in Richtung Roquebrun. Die nicht übermäßig anstrengende Route führt durch eine landschaftlich reizvolle Umgebung. In der Gegend von Vieussan bietet sich an der Uferböschung die Gelegenheit zu einem zünftigen Picknick. Schließlich landen wir in Roquebrun. Kanuvermietung in der *Moulin de Tarrassac:* Mons-la-Trivalle, T. 67 98 63 03. Preise: von 70 F für den halben Tag bis 200 F für den ganzen.

▶ *Roquebrun:* die meisten Urlauber landen hier mit dem Kanu; aber der Ort ist auch zu Fuß, mit dem Wagen oder per Bus erreichbar. Roquebrun trägt wegen seines selbst für südfranzösische Verhältnisse außergewöhnlich milden Klimas den Beinamen »Klein-Nizza«. Unter dem Turm im Oberdorf lädt denn auch ein **Mittelmeergarten** *(Jardin méditerranéen)* zum Lustwandeln ein. In mehreren Abteilungen lernen wir dabei Schmuck- und exotische Pflanzen aus benachbarten Klimazonen kennen, begegnen einheimischen Pflanzen und einem Obstgarten mit alten, heute kaum noch anzutreffenden Obstarten. Im Frühling erfüllen Mimosen, Orangenbäume und Blumen den Garten mit Farben und Düften. Den hiesigen Weinen kommt die sonnige Lage und die klassische, kohlensäurehaltige Gärung zugute. Sie sind noch jung: mal sehen, wie sie sich daheim im Weinkeller entwickeln.

▪ **Campotel:** T. 67 89 61 99. Am gegenüberliegenden Ufer des Orb.

▶ **Colombières-sur-Orb:** erholsame Etappe auf unserem Weg zur wildromantischen *Madale-Schlucht* und der alten Römerstraße. Unterkunft und Verköstigung in *Sévirac* bei Bernard Raynal, der auf seinem elf Hektar großen Anwesen einen vorbildlichen Gästetisch bietet. Zimmer ab 140 F, Frühstück inbegriffen; Mahlzeiten ab 70 F. Wär doch was.

LAMALOU-LES-BAINS (34240)

Nostalgischer Thermalort mit Platanen, Spielcasino und einem kitschigen Operettenfestival, das auf seine Art zu den Höhepunkten der allsommerlichen Festspielsaison zählt.

Zu den gekrönten und ungekrönten Häuptern, die sich in Lamalou-les-Bains schon ins Gästebuch eintrugen, gehören (bunt gemischt): *Alexandre Dumas d. J.* (»Die Kameliendame«), *Alfons XII.* von Spanien, *Alphonse Daudet*, *Sully-Prudhomme* – wäre längst vergessen, wenn er nicht mal den Nobelpreis für Literatur gekriegt hätte; wie unser alter Paul Heyse, den auch keiner mehr kennt – der Sultan von Marokko und *André Gide*, der alte Falschmünzer. Die ganze Mischpoke kurierte hier ihr durch langjähriges Lotterleben erworbenes Rheuma, Nervenkrankheiten oder Störungen des Bewegungsapparats.

Die Villen aus der *Belle Epoque* bilden zugegebenermaße eine ideale Operettenkulisse.

– **Verkehrsamt:** 2, av. du Docteur-Ménard. T. 67 95 70 91. Verkauft Bahnfahrkarten und Fahrausweise für den Bus nach Montpellier, Béziers und Sète. Fachkundiger, freundlicher Chef.

Schlemmen und Schlummern

● *Preiswert*

▪ **Hôtel Le Commerce:** av. Menard. T. 67 95 63 14. Alter, etwas in die Jahre gekommener Familienbetrieb mit bärtigem Wirt. Das altfränkische Innere macht aber einen gepflegten Eindruck. Zimmer in der Preisspanne 120-180 F. Abends Restaurantbetrieb, allerdings nur für Hotelgäste. Menü zu 60 F – kaum zu glauben! Tagesgerichte wie gefüllte Wachtel nur 45 F. Gemütliche Terrasse.

● *Mittlere Kategorie*

▪ **Belleville:** 1, av. Charcot. T. 67 95 61 09, F. 67 95 64 18. Alle Zimmer urgemütlich: ab 145 bis rund 300 F haben wir Anrecht auf echten Marmor und Jacuzzi (Whirlpool) im Bad. Blick auf den Garten. Bodenständiges Restaurant mit Menüs ab 85 F, bei denen heimische Erzeugnisse den Vorzug erhalten. Die Bedienung läßt sich Zeit; normalerweise haben es Kurgäste ja nicht eilig. Für hektische Stadtmenschen empfehlen wir das Schnellmenü (rund 60 F). Im Sommer Bedienung unter der Veranda. Wanderern bietet in Rosis an der GR 7 ein Altbau Unterschlupf: geradezu ideal!

Auf einen Schluck

♦ **Le Glacier**; 3, av. du Maréchal-Joffre. T. 67 95 65 26. Ältestes Bistrot am Ort, mit großen, geschliffenen Spiegeln und Jugendstil-Engeln.

Wieder unterwegs (zu Fuß und zu Pferd)

– **Wanderung zum Mont Caroux und durch den »Wald der kämpfenden Schriftsteller«** (Forêt des Écrivains-Combattants; zur Erinnerung an jene 560 Vertreter der schreibenden Zunft, die im 1. Weltkrieg für das französische Vaterland fielen – auf der anderen Seite der Front standen die Kollegen wie Richard Dehmel, Ernst Stadler oder Ernst Jünger. Zedern, Pinien, Eichen und Kastanien säumen unseren Weg. Anfahrt über eine malerische Straße, Anmarsch über den ausgeschilderten GR 7.

– **Wanderung zum Pic Coquillade** (696 m): wir beginnen auf der anderen Seite des Orb, unweit des *Zeltplatzes »Le Gatinié«*. Eine Sträßchen führt nach Les Abbés, dann geht's auf einem Wanderpfad weiter. Bevor wir den Gipfel des Coquillade erreichen, kommen wir an der Burg von Mercoirol und der kleinen Kirche Saint-Michel vorbei. Wasserflasche und festes Schuhwerk sind kein Luxus.

– **Claude Bras:** Les Candounes. T. 67 95 68 49. Ausritte durch das Carroux-Massiv.

In der Umgebung

▶ **Hérépian:** wir besichtigen die *Fonderie Bruneau-Garnier*, eine der letzten Glockengießereien (angeblich gibt's in Frankreich bloß noch vier). »Festgemauert in der Erden, steht die Form, aus Lehm gebrannt, heute muß die Glocke werden usw.« Preisfrage: von wem ist das Gedicht? Der Gewinner erhält eine kostenlose Eintrittskarte ins Schillerhaus in Marbach. Spaß beiseite: die Garniers waren ab 1605 Nagelschmiede, dann verlegten sie sich aufs Glockengießen. Seit 1930 haben sie sich auf Kirchenglocken spezialisiert. Sie betreiben zwei Werkstätten: eine für Kuhglocken und Schellen in Hérépian selbst, mit Kunstgießerei für Skulpturen und Medaillen, sowie in Castanet-le-Bas die Kirchenglockengießerei *(Fonderie de Cloches d'églises)*. Besichtigung der Gießerei allein oder in Gruppen auf Anmeldung ganzjährig möglich. Im Sommer (Juli/August) Führungen um 10-12 und 14.30-18h.

BÉDARIEUX (34600)

Die Zeiten des Kohlebergbaus sind in dem kleinen Städtchen am Orb gottlob vorbei. Um das triste Grau ein wenig abzuschütteln, haben die zum Fremdenverkehr bekehrten Bewohner öffentliche Gebäude wie Kirche, Rathaus und Verkehrsamt rosarot angestrichen. Am Kai ragen die steilen Giebel der putzigen, teilweise auch verlotterten schmalen Häuser empor.

Nützliche Adressen

– **Verkehrsamt:** 77, rue Saint-Alexandre. T. 67 95 08 79.
– **Bahnhof:** av. Jean-Jaurès. T. 67 95 02 92. Züge in Richtung Béziers oder über Millau zum Causses-Plateau.

- **Autocars du Languedoc:** 60, av. de la Gare. T. 67 95 01 84. Täglich drei Busse nach Montpellier.
- **Mountainbike-Vermietung:** *Point Sud,* T. 67 95 13 23; und imn *Campotel,* T. 67 95 18 22.

Kost & Logis

● *Bei Ebbe in der Reisekasse*

• **Hôtel Le Central:** 3, place aux Herbes. T. 67 95 06 76. Samstags geschlossen sowie zusätzlich vom 1. bis 5. Oktober. Provinzhotel mit Blick auf den Orb; der einfache Speisesaal wirkt für unseren Geschmack arg düster. Efeu bedeckt die gefällige Fassade. Zimmer für eine bis vier Personen ab 125 F bzw. 270 F. Könnte etwas mehr auf Sauberkeit achten. Menüs ab 70 F, darunter leckere Hausmannskost.
• **Campotel des Trois Vallées:** bd Jean-Moulin am Stadtausgang. T. 67 95 18 22 oder 67 95 00 16 (Rathaus). Haus der Campotel-Kette mitten in einem Obstgarten am Orb-Ufer. *Gîte* für vier Personen: rund 220 F. An Gewitterabenden meiden.
• **Domaine de Pelissols:** nach 2 km in Richtung Lodève; Inhaber: Mr. und Mme Bonnal. T. 67 95 04 64. Hundertjährige Platanen beschatten den Altbau mit seinen Gästezimmern. Brunnen aus dem 12. Jh. und Obstgärten mit Apfel- und Kirschbäumen. Zimmer ab 180 F. Zum Frühstück frische Zutaten vom Bauernhof.
♦ **Restaurant Le Tisonnier:** route de Saint-Pons; Ortsausfahrt Bédarieux in Richtung Olargues, rechts. T. 67 95 00 62. Im Oktober sowie samstagsmittags geschlossen. Bodenständige Kost bei üppigen Portionen. Vier Menüs ab 76 F.
♦ **Café des Glaces:** 36, rue de la République. T. 67 95 01 10. Art Bierschwemme oder Weinbar. Die nichtssagende Einrichtung vergißt man über den bodenständigen Tagesgerichten (rund 50 F) und süffigen Landweinen.

Auf einen Schluck

♦ **Café de la Placette:** place Roger-Abal. Derzeit die angesagte Rockkneipe in Bédarieux; die Terrasse hockt deshalb immer proppenvoll.
♦ **Le Maracana:** 91, rue Saint-Alexandre. Neben dem Orb, unter den Bäumen. Finden wir gemütlicher als das *Café de la Placette.* Hier treffen sich denn auch die Dorfalten, um ein Schwätzchen zu halten. Wer den neusten Klatsch erfahren möchte, braucht nur ein wenig die Ohren aufzusperren.

Kultur und Unterhaltung

▶ **Viadukt:** siebenunddreißig Bögen aus dem 19. Jh. spannen sich über den Orb. Ein gelb-grün gekennzeichneter Uferweg geleitet uns hin.

▶ **Orgeln:** Stücker drei in der Stadt, da ist für jeden Geschmack etwas dabei: in der Église Saint-Alexandre, der Église Saint-Louis (Barockorgel) und in der evangelischen Kirche (ein wahres Schmuckstück).

▶ **Maison des Arts:** heimatkundliches Museum in Verlängerung der Saint-Louis-Kirche. Rekonstruktion einer bäuerlichen Stube, graziöse Darstellung eines neapolitanischen Tänzers, Manuskripte französischer Schriftstellergrößen wie *Alphonse Daudet, Alexandre Dumas* (der oft zur Kur in Lamalou weilte), *Emile Zola* (der sich mehr für das Leben der Bergleute interessierte) und dem aus der Gegend stammenden *Ferdinand Fabre.*

▶ **L'Oustal des Abeilles:** Soumatre. T. 67 23 05 94. Nichts für Bienen-Allergiker! Hier erfährt man alles Wissenswerte über Leben und Tagwerk der fleißigen Insekten. Zu sehen ist u.a. ein alter Bienenstock in Gestalt eines ausgehöhlten Kastanienstumpfs. Zum Schluß eine Kostprobe Honig und ... Honigverkauf.

In der Umgebung

▶ **Pic de Tantajo:** Rundblick über den Mont Caroux, den Mont Espinouse und die Küste. Wer der Straße weiter folgt, gelangt nach Faugères im Weinanbaugebiet.

▶ **Boussagues:** mittelalterliches Städtchen, das sich zu einem Freilichtmuseum herausgeputzt hat. Schlichte romanische Kirche mit viereckigem Turm, Stadtwälle, schmiedeeiserner, auf einem Gewölbebogen balancierender Balkon und ein Haus, das der Familie Toulouse-Lautrecs gehörte.

– **Lama- und Packeseltrekking:** mas de Riols, La Tour-sur-Orb. T. 67 23 10 53. Auf diese Art durch den Hérault zu ziehen, ist sicherlich die originellste Annäherung an den Mont Caroux. Als Herberge dient ein typisches, großes Haus. Nota bene: die Lamas sprechen kein Tibetisch!

▶ In der kleinen Gemeinde **Cabrerolles**, die sich auf fünf Weiler verteilt, schlug vor einigen Millionen Jahren ein Meteorit ein und hinterließ einen kreisrunden Krater in der Landschaft, der Geologen noch heute Rätsel aufgibt. Wir fühlen uns in Cabrerolles besonders sicher, alldieweil es uns höchst unwahrscheinlich dünkt, schlüge ausgerechnet hier noch einmal so ein Brocken aus dem Weltraum ein ... Verkauf von regionalen Erzeugnissen und Wein, darunter jener vom Weingut *La Liquière.* Oder wie wäre es mit Glasmalerei (findet man auch nicht alle Tage)?

CLERMONT-L'HÉRAULT (34800)

Land des Weines, aber auch des Olivenöls, und heimliche Hauptstadt der Tafeltraube. Wer die Welt nicht in die beiden Kategorien »eßbar« und »ungenießbar« aufteilt, wird seine Freude am hübschen alten Stadtviertel am Fuß eines Burghügels haben.

Nützliche Adressen

– **Verkehrsamt:** 9, rue René-Gosse. T. 67 96 23 86.
– **Busse:** nach Montpellier und Béziers.

Speis & Trank

♦ **Ferme-Auberge du Mas de Font-Chaude:** route du lac, les Bories. T. 67 96 19 77. Von Ostern bis Allerheiligen geöffnet; Mittwoch Ruhetag. Großzügige Mahlzeiten für rund 120 F, im Sommer unter einer Weinlaube aufgetischt: Hasenbraten und Geflügel, mit Zwiebeln geschmort, hausgemachtes Gebäck. Ländliche Küche halt, die ihr Handwerk noch versteht. Tischbestellung ist anzuraten.

Kost & Logis in der Umgebung

● *Für schmale Geldbeutel*

• **La Vallé du Salagou, chez Mme Delage:** Route de Mas-Canet, *Salasc*, nach zehn Kilometern in Richtung Bédarieux. Ab Salasc den Wegweisern folgen. T. 67 96 15 62. Neben der *Ferme-Auberge* urgemütliche Gästezimmer ab 240 F für zwei bis drei Personen (mit Frühstück). Tolle Aussicht ins Tal; Mahlzeiten ab 90 F mit Wein bis zum Abwinken! Als Grundlage Pasteten *(Terrine)*, Gegrilltes, in der Saison Wild, Erzeugnisse vom Bauernhof. Halbpension zu zweit: rund 400 F.

• **Campotel du Salagou:** T. 67 96 13 13. Etwa 4 km vor Clermont-l'Hérault unweit des Zeltplatzes, am *Lac de Salagou*. Abends verleihen die wandernden Schatten der Landschaft ein unheimliches Aussehen; man würde sich gar nicht wundern, wenn Nessie aus dem See hüpfte. Zimmer mit Kochnische für vier

HAUT-LANGUEDOC – CLERMONT-L'HÉRAULT / 229

bis fünf Personen ab 280 F; wer sich zwei Nächte oder länger einmietet, kommt mit 190 F davon.
- **Gästezimmer:** La Calade, *Octon*. T. 67 96 19 21. Von April bis Dezember; montags zu. Malerisches Dorf in der Nähe des Lac de Salagou. Saftiges Menü für rund 100 F: Geflügelpastete mit Schalottenpüree, Mignonfilet mit Oliven, Nachtisch. Geräumige Zimmer mit WC und Dusche ab 220 F (je nach Saison), einige mit kleiner Kanapee-Salonecke. Gute Adresse.

● *Anspruchsvoller*
- **Hôtel Navas:** 8 km westlich Clermont-l'Héraults, in Hauts-de-Mourèze. T. 67 96 04 84, F. 67 96 25 85. Von Ostern bis Ende Oktober geöffnet. Nobler Neubau, geschickt dem in der Gegend üblichen Stil angepaßt, der der *Cirque de Mourèze* und das Tal beherrscht. Tadellose, rustikale Zimmer, einige mit Balkon oder Terrasse, durchweg mit vollständigen Sanitäranlagen. Gegen den Preis von 330 F läßt sich nichts sagen. Tolles Schwimmbad und netter Empfang; kein Wunder, daß man lange im voraus buchen muß.
- **La Source:** an der Straße nach Bédarieux, in Villeneuvette. T. 67 96 05 07, F. 67 96 90 09. Sonntagabends, montags und von Mitte November bis Mitte März geschlossen. Großes Haus in einem denkmalgeschützen Anwesen, das *Colbert* sich im 17. Jh. ausgedacht hat. Traumhafter Park. Renovierte, gemütliche Zimmer ab 300 F, alle mit Dusche (oder Bad) und WC. Obergrenze bei 450 F. Das Hotel ist allerdings um Klassen besser als das Restaurant. Schwimmbad und Tennisplatz am Hause.

Sehenswert

▶ **Kirche Saint-Paul:** schönster gotischer Bau weit und breit; dreischiffig. Im Inneren ein neunzehn Meter weit gespannter Gewölbebogen; die achteckigen Stützpfeiler flankieren Nebensäulchen.

▶ **Ritterburg:** der Weg führt hinauf durch enge Gassen, teilweise mit Stufen. Überblickt hinter seinen Wällen und dem im Norden sichtbaren Graben das Tal. Vom zweistöckigen, viereckigen Bergfried ist noch eine breite Treppe übrig, die hinab in den Waffensaal führt.

▶ **Ölpresse:** av. Wilson. T. 67 96 10 36. Öffnugszeiten: 8-12 und 14-18h. Ausstellung alter Handswerksgeräte. Das hervorragende Olivenöl und ein paar *Lucques* kaufen – das sind grüne, längliche Oliven, die nur in dieser Region wachsen. Ein Genuß!

In der näheren Umgebung

▶ **Cirque de Mourèze:** 8 km vor Clérmont-l'Hérault an der D 908. Das alte Dorf geht nahtlos in die zerklüfteten Felsen über, die bizarre Formen annehmen, wie Riesen, Fabelwesen oder sonstiges Getier. Auf sechs oder sieben Kilometern glaubt man bald eine Sphynx, dann eine Sirene, einen Dämon oder eine Nonne zu erkennen. Blauweißrote Ausschilderung. Nach Passieren der Abtei *Saint-Jean-d'Aureillan* geht's bergan zum großartigen *Col de Portes*.

▶ **Château de Malavielle:** 2 km vor Octon passieren wir die Ortschaft Malavielle. Die grün ausgeschilderte Piste nimmt 500 m weiter auf der rechten Seite ihren Anfang. In *Lieude* (westlich) kamen Überreste von Dinosauriern ans Tageslicht. Von hier oben fällt der Blick auf den See in der Tiefe. Die fantastischen Felsformationen erinnern an Arizona. Von Lieude braucht man zu Fuß rund eine halbe Stunde bis zur Burg von Malavielle.

▶ In **Villeneuvette** eine erstaunlich gut erhaltene königliche Manufaktur. Das ansehnliche Industriedenkmal aus dem 17. Jh. wurde erst vor vierzig Jahren aufgegeben. In einem Teil der ehemaligen Arbeiterwohnungen haben sich seither Handwerker eingenistet. Reizvolles Ortsbild mit romantischem Gebüsch. Die Arbeiter lebten in einer Gemeinschaft und mußten den strengen Regeln des Arbeitgebers gehorchen: ein Tagwerk noch vor Morgengrauen, früh zu

Bett und Sperrstunde bei Einbruch der Dunkelheit. In etwa so, wie's unsere Arbeitgebervertreter heute wieder gerne hätten ... Auch die Kirche Notre-Dame-du-Peyron am Ortsausgang lohnt einen Blick.

► **Kapelle Notre-Dame-de-l'Hortus:** am Ortsausgang von *Ceyras*. Klobige romanische Kirche in den Weinbergen mit niedrigem Portal. Gefällt uns.

► **Pic Vissou:** 4 km von Villeneuvette. Seine 480 Höhenmeter bescheren uns einen Ausblick, der die schweißtreibende Kletterei lohnt. Schon die alten Galloromanen, romanisierte Gallier und Vorfahren der heutigen Franzosen, siedelten hier. Den Wagen in Cabrières abstellen. Mit etwas Glück stoßen wir auch auf die Quelle, die nur alle zwölf Jahre sprudelt und in der Johannisnacht versiegt. *Miracle* ...

► **Lac de Salagou:** größerer Stausee, dessen Ufer sogenannte *Ruffes* säumen; so nennen die Einheimischen den roten Buntsandstein, der zusammen mit Himmel, Wasser und Pflanzenwelt ein außergewöhnliches Bild abgibt. Der Boden ist übersät von vulkanischen Bomben, der See bedeckt einen erloschenen Krater. Vor 255 Millionen Jahren bevölkerten Dinosaurier das Tal; dann wurden sie bekanntlich immer trauriger und starben schließlich aus. Der Beiweis: in *Lieude*, zwischen Octon und Salasc, gleich hinter Mérifons, ist eine Tafel zu sehen, auf der ein Dino seinen Fußabdruck hinterlassen hat. Alles Wissenswerte über Paläontologie erfahren wir bei Henri Carayrade: Espace au Sud, Mas de Carles. T. 67 96 35 80.

♦ **Relais de la Croix de Cartels:** T. 67 44 00 72. Samstags und sonntags zu. Liegt fast an der N 9, an der Abzweigung nach Salagou. Fernfahrerlokal wie aus alten Zeiten; Menü für rund 70 F, einschließlich Wein.

► **Celles:** sieht aus wie das Heimatdorf von Asterix und Obelix. Der *Conseil général* (eine Art Parlament auf Départementsebene) hat es vollständig abgesperrt, um Vandalismus vorzubeugen. Seit über zwanzig Jahren ist es nämlich nahezu unbewohnt. Die Bewohner wurden beim Bau der Staumauer, die den Salagou-See entstehen ließ, enteignet. Was sich im Nachhinein als peinlich erwies: der See reichte entgegen aller Berechnungen nie bis zum Dorf. Mal wieder ein klarer Fall von technokratischer Fehlplanung ohne Rücksicht auf Land und Leute, wie sie Frankreichs Strommonopolist EDF mit Vorliebe durchzieht. Oder sollte etwa ein Intel-Pentium-Prozessor seine Finger im Spiel gehabt haben? Egal: heute können wir an dem verfallenen Dorf vorüberwandern, wo die Zeit stehen geblieben zu sein scheint, und den unverbaubaren Seeblick bewundern.

Unternehmungen in der Umgebung

– **Ausritt mit Tramontagne:** Les Vailhès. T. 67 44 22 78. Bis zu acht Tagen, Einweisung vor Ort. Wir passieren Felsnadeln und kapitellartige Formationen. Gelegenheit zum Abendessen und Unterkünfte an Ort und Stelle. Auf der Speisekarte: Ente mit Pflaumen.
– **Pferdetouren** ab Clermont-l'Hérault: Auskünfte im Verkehrsamt.
– **Wassersport:** Freizeitgelände Salagou. T. 67 96 05 71. Kanu und Brettsegeln (hä?). Im Sommer stets gut besucht.

SAINT-GUIRAUD (34150)

Dörflein an der D 130 nördlich von Clermont l'Hérault, jenseits der Nationalstraße N 109.

Speis & Trank

♦ **Le Mimosa:** T. 67 96 67 96. Außer im Juli/August sonntagabends und montags sowie von November bis Februar geschlossen. Das originellste Restaurant weit und breit. Aus dem Altbau blickt man herab auf die *Garrigue*. Tisch-

HAUT-LANGUEDOC – SAINT-GUIRAUD / 231

vorbestellung ist unerläßlich, denn David Pugh kauft am Morgen auf dem Markt ein, bevor sich sein Ehegesponst Bridget an den Kochtopf stellt. Wahre Künstlernaturen: klassische Musik sorgt für die notwendige Geräuschkulisse, unter den Balken Schwalbennester. Mit Turnschuhen und kurzen Hosen sollte man besser nicht in die Gaststube stolpern. Den Speisezettel zieren Miesmuschelsuppe mit Safran, Lachs mit Zitrusfrüchten und Ingwer, zart mit Whiskey flambiertes Rinderfilet und Dessertteller in orangefarbenem Camaieu, alles für rund 260 F. Bereuen wird's also niemand, seine Quadratlatschen ausgezogen und ein weißes Hemd angelegt zu haben. Mittagsmenü für rund 170 F.

– Es bieten sich mehrere Möglichkeiten, die Region zu verlassen: entweder hinauf nach Norden in Richtung Larzac und Tarn-Schlucht fahren, hinab in die Weinebene von Béziers oder aber über die N 109 in Richtung Montpellier, Küste und *Garrigue*. Ab Clermont verkehren zahlreiche Busse in alle drei Richtungen.

Im Umkreis

▶ **Gignac:** putzmunteres Städtchen an der N 109 in Richtung Montpellier, mit schattiger Platanenesplanade und Cafés. Ging in die Geschichte ein, als seine Exzellenz, der französische Präsident der Republik, bei seinem Freund Capion einkehrte und eine Portion Kroketten nachbestellte. Und seit die Muttergottes am 14. September irgendwann im 14. Jh. einen blinden Jungen auf wundersame Weise heilte, finden Wallfahrten hierher statt. »An Wundern hängt der Mensch, nach Wundern sehnt er sich ...« (Clemens Brentano, 1819). Der Umweg um die Felsnase führt zu den vierzehn die Ebene beherrschenden Kreuzwegkapellen.

• Übernachtung auf dem **Zeltplatz Domaine de l'Hermitage:** T. 67 57 54 80. Liegt in einem schattigen Park mitten auf dem Land.

▶ **Burgruine von Aumelas:** 7 km südlich, abseits der D 114. Die wildromantische Stätte überragt die Ebene, und so mancher Blick verliert sich in der Ferne, wo das Mittelmeer in der Sonne glitzert.

GARD

Man nehme: ein Teil Mittelmeer, ein schönes Stück Camargue, viel Strauchheide, eine majestätische Gebirgskulisse sowie die Cevennen mit dem Mont Aigoual. Als Dreingabe jede Menge mediterrane Städte wie Uzès oder Sommières und liebliche Dörfer wie Castillon-du-Gard, Lussan, Sauve und Montclus, die im silberblauen Licht des Languedoc baden. Außer dem Pont du Gard, der ungezählte Werbeplakate ziert und zu den Hauptattraktionen Frankreichs gehört, hält das Département Gard viele unbekannte Schätze in petto: z.B. verborgene Schluchten, wo smaragdfarbene Wildbäche zwischen sonnenbeschienenen Wackersteinen zu Tal rauschen.

Nîmes, die »Großstadt« im Gard, ist zugleich von seiner römischen und protestantischen Vergangenheit geprägt. Es bildet den natürlichen Mittelpunkt jener Landschaft, durch die seit über zweitausend Jahren die Verkehrswege nach Südwesteuropa verlaufen. Heute hört die Hauptstrecke auf den Namen *Autoroute la Languedocienne* (»Languedoc-Autobahn«). Das Département Gard ist denn auch das genaue Gegenteil einer weltabgewandten Gegend: seit jeher ziehen hier Menschen durch, suchen Zuflucht wie die Hugenotten, schiffen sich in Aigues-Mortes in den Orient ein oder forschen im Urlaub nach einem Stück südfranzösischer Lebensart, nach dem herben Charme einer unablässig sich wandelnden Kulturlandschaft.

– **Comité départemental du tourisme du Gard:** 3, place des Arènes, B.P. 122, F-30011 Nîmes Cédex. T. 66 21 02 51, F. 66 36 13 14. Minitel 36-15, code GARD.

NIMES (30000)

Schon eine komische Stadt: Nîmes gibt sich zugleich altbacken und modern, traditionsbewußt und fortschrittlich. Nach jahrzehntelangem Dornröschenschlaf ändert das »französische Rom«, in dessen Mauern größtenteils aus den Cevennen stammende Protestanten wohnen, sein Gesicht. Natürlich ist das für die Ewigkeit gebaute Amphitheater, *Arènes* genannt, immer noch da, doch im Winter und bei schlechtem Wetter schützt es, als Zeichen des Fortschritts, eine (aufblasbare!) Plexiglaskuppel. Unter dem künstlichen Dach finden dann Stierkämpfe, (Pop)Konzerte und Tennisturniere statt. Selbstverständlich ruht das *Maison Carrée* noch immer fest auf seinen zweitausend Jahre alten Fundamenten. Im Inneren waren bis 1995 jedoch zeitgenössische Riesengemälde A.D. Schnabels zu sehen.

Keine Bange: Nîmes hat weder seine Ursprünge noch seine Geschichte vergessen, auch wenn es die Säulen seines alten Theaters nach Caissargues auf ein ödes Autobahngelände verpflanzt hat. Die Geburtsstadt des Schriftstellers *Alphonse Daudet*, durch deren schattig-kühle Gassen auch *Guillaume Apollinaire* gerne wandelte, ist mit ihren Caféterrassen, Plätzen und Palais nach wie vor eine durch und durch südeuropäische Stadt. Doch unter dem Einfluß seines rührigen Bürgermeisters *Jean Bousquet* (Chef der Modefirma Cacharel), der sich für moderne Kunst begeistert, wechselt Nîmes seine Toilette, um die ewigen Schätze in seinen Mauern besser zur Geltung zu bringen. Im antiken städtebaulichen Umfeld setzen Avantgarde-Architekten wie *Wilmotte, Nouvel, Foster* oder *Starck* neue Akzente: auch eine Weise, die Erinnerung an die bewegte Geschichte der Stadt wachzuhalten und für Aufsehen zu sorgen. So ganz vermochte Nîmes den Lebensrhythmus einer französischen Provinzstadt aber nicht abzuschütteln: aller Kulturoffensiven zum Trotz wirkt es abends allzu oft wie ausgestorben. Wo bleiben denn die Studenten? Dabei hat Nîmes sich doch eigens ein Studentenwohnheim zugelegt (vorher saßen im Fort Vaubon, der heutigen *Cité U*, schwere Jungs ein).

Maison Carrée

Blick ins Geschichtsbuch

Am Anfang waren die Kelten. Sie verehrten die Erde, das Wasser und den Himmel und hatten überhaupt ein fortgeschrittenes ökologisches Bewußtsein.
Der Menhir von Courbessac (viertausend Jahre alt, zwei Meter hoch) am Flugplatz, unweit der RN 86, ist wahrscheinlich das älteste Baudenkmal in Nîmes.

● *Römerstadt »Colonia Augusta Nemausus«*

Zusammen mit Autun und Vienne zählte Nîmes zu den Metropolen im römischen Gallien. Die Hauptstadt der keltischen *Volcae Arecomici* lag auf dem Gebiet der Provincia Narbonensis, wurde ca. 120 v.Chr. römisch und 40 v.Chr. in den Rang einer römischen *Colonia* erhoben. Der Verkehrsknotenpunkt und Handelsplatz lag günstig an der *Via Domitia*, der alten Herkulesstraße, die Rom mit Spanien und dessen Erzminen verband. Alle 1.480 m markieren Meilensteine die Via Domitia. Nîmes war damals obligatorische Durchgangsstation für alle Händler und Eroberer, die über die Rhône wollten. Es war aber auch Endstation für jene Bauern und Averner-Hirten aus dem Zentralmassiv, die ihre Milcherzeugnisse (Käse usw.) über die Cevennen in die Ebene brachten.
Die Römer verehrten den Quellgott *Nemausus*, welcher der Stadt seinen Namen lieh. Aus Nemausus wurde Nemse, dann Nismes und Nîmes: so etwas nennt man Etymologie. Die Kelten verehrten dieselbe Flußgottheit schon früher unter dem Namen Nemeton. Kaiser *Augustus* bewies ein Herz für die Stadt und erhob sie zur Colonia Augusta Nemausus, was ihren Reichtum an Baudenkmälern, ihren Wohlstand und ihre kulturelle Ausstrahlung erklärt. Das Stadtwappen von Nîmes zeigt ein an einen Palmbaum angebundenes Krokodil: zur Erinnerung an die Eroberung Ägyptens durch die Römer. Die für Rom so wertvolle Kolonialstadt gab sich alle Mühe, dem Vorbild Roms, der Urbs, der Mutterstadt, an urbaner Prachtentfaltung nachzueifern.
Aus dieser Zeit stammen die sieben Kilometer lange Stadtmauer, das *Maison Carrée* zu Ehren von Augustus' Adoptivsöhnen, der Diana-Tempel, das Theater und das Amphitheater *(Les Arènes)*. Um Nîmes mit Wasser zu versorgen, zapfte man die Eure- und Airan-Quellen bei Uzès an und stellte einen 50 km langen Aquädukt durch die *Garrigue* auf die Beine, der den Gardon in Gestalt jener kühnen Konstruktion überwindet, die nach zweitausend Jahren immer noch unbeschadet ist: wir meinen natürlich den berühmten *Pont du Gard*. Unter Augustus schmückt sich das französische Rom gleichermaßen mit einer Basilika (Markthalle), einer Kurie, einem Gymnasion (Sporthalle), einem Zirkus und den unvermeidlichen Thermen. Leider ist davon nichts mehr zu sehen. Doch auch nach zweitausend Jahren bleibt Nîmes ein Musterbeispiel römischer Zivilisation für alle, die der stummen Sprache der Steine zu lauschen verstehen.

● *Stadt der Hugenotten*

Im 16. Jahrhundert verbreiten sich die Ideen der Reformation in den Cevennen und in der Stadt Nîmes. Adel und Bürgertum bekehren sich zum Kalvinismus. Die protestantische Hochburg gerät jedoch alsbald in einen Strudel von Gewalt: vom 17. bis in die Mitte des 18. Jhs kommt es immer wieder zu Kämpfen, Massakern und Religionskriegen. 1685 hatte *Ludwig XIV.* nämlich das Edikt von Nantes widerrufen, das den Hugenotten bis dahin Glaubens- und Gewissensfreiheit gewährt hatte.
Das Zeitalter des Absolutismus hat Nîmes jedoch auch eine Reihe prächtiger Bürgerpaläste *(Hôtels particuliers)* hinterlassen, u.a. das *Hôtel Mazel*, das *Hôtel Bernis*, das *Hôtel de Régis* und das *Hôtel de Balincourt*, bewohnt von mächtigen Familien, die im Manufaktur-, Bank- und Handelsgeschäft zu Geld gekommen waren. Seiden- und Textilindustrie waren die beiden Standbeine, auf denen der neue Reichtum im Jahrhundert der Aufklärung beruhte.

● *Stammt die Jeans aus Nîmes?*

Wenn ein Amerikaner von seiner Blue-Jeans spricht, sagt er »my jeans made from denim« (egal ob Levi-Strauss oder Lee Cooper draufsteht). Wieso »Denim«? Nun, im 17. Jh. führten die Manufakturen in Nîmes ägyptische Baumwolle ein, um Kammgarn herzustellen, ein schräg geschnittenes Gewebe, das für seine Festigkeit und seine chinablaue Farbe bekannt war. Man fertigte daraus Umhänge für die Schäfer in der *Garrigue*, Röcke für die Bäuerinnen und Arbeitskleidung. Das robuste, preiswerte Tuch wurde nach ganz Europa sowie in die Vereinigten Staaten ausgeführt, als »articles de Nîmes«. 1848 verfiel Schneider *Levi-Strauss* auf den Gedanken, aus dem Stoff passende Beinkleider für Cowboys und Goldsucher zu fertigen. Womit wieder einmal bewiesen wäre, daß Frankreich die Mutter aller Künste und Wissenschaften ist ... Warum heißt das Zeug dann aber »Jeans«? Weil die Genuesen denselben Stoff herstellten (jetzt dürfen sich die Italiener auf die Schulter klopfen). Levi-Strauss seinerseits landete als armer jüdischer Einwanderer aus Bayern (auch das noch!) 1847 mit einem Posten Segelplane in San Francisco ...

● *Die Feria, oder Nîmes im Freudentaumel*

Wer Nîmes lieber als einsamer Flaneur zu erkunden gedenkt, sollte die Stadt unbedingt meiden, wenn dreimal im Jahr die *Ferias* stattfinden, große Volksfeste rund um die *Corridas*. Da ist nämlich der Teufel los. Die Massen der z.T. von weit her anreisenden *Aficionados* füllen die Arena bis auf den letzten Platz. Bistrots und Straßencafés sind schwarz vor Menschen. Jubel, Trubel, Heiterkeit. Was daran so lustig sein soll, wenn ein Stier erst halb zu Tode gehetzt wird, ihm dann der Todesstoß versetzt und sein Fleisch zerteilt in den Schaufenstern der Metzger als »Vente de Torros de Corrida« feilgeboten wird, muß uns erst noch jemand erklären. Schließlich handelt es sich um einen ungleichen Kampf zwischen Torero und Stier, den letzterer noch nie gewonnen hat. Tröstlich für alle Tierschützer: wie in Spanien, in Madrid oder Sevilla etwa, öffnen Privatpersonen während der Feierlichkeiten *Bodegas*, improvisierte Straußwirtschaften, wie es sie stellenweise auch in Süddeutschland gibt. Hier kommt der obligatorische *Fino* auf den Tisch.

In den letzten Jahren hat der Medienrummel um die zunehmend vermarktete Feria die Eingeborenen etwas vergrault. Die Zustände erinnern bisweilen an das Oktoberfest in München. Die mehr oder minder alkoholisierte Menschenmenge, die sich den Boulevard Victor-Hugo rauf- und runterschiebt, der sich dann in eine riesige Paella-Schmiede verwandelt, hat mit dem Publikum in der Stierkampfarena jedenfalls nicht viel gemein.

> **Heißer Tip:** wer nicht unbedingt auf eine *Corrida* versessen ist (die Plätze sind rar und teuer), aber insgeheim doch einmal mit eigenen Augen sehen möchte, was an dem Spektakel – Mythos für die einen, Schlachtfest oder schlicht Tierquälerei für die anderen – dran ist, warte vor dem *Café de la Petite Bourse:* nach dem fünften Stier öffnen sich die Gitter der Arena, und alle Abgebrannten und Liebhaber der reinen Kunst stürzen sich durch die »vomitoires«, die Ausgänge.

Der Stierkampf mit Nîmes als seinem französischen Mittelpunkt erlebt alljährlich drei Höhepunkte:

– **Pfingst-Feria:** dauert rund zehn Tage. Nach dem Oktoberfest angeblich das beliebteste Volksfest Europas. Die *Novilladas* finden jeden Morgen um 11h statt. Die eigentliche Corrida beginnt um 17h. An manchen Tagen läßt man den Stier durch die Straßen der Stadt pesen. Am Tag der Feria-Eröffnung paradiert ein langer Zug von Kaleschen und Pferden durch die *Jardins de la Fontaine*.
– **Erntedank-Feria:** in der dritten Septemberwoche. Auch bei dieser Gelegenheit machen sich in den Straßen die *Bodegas* breit. Im Fontaine-Park findet ein

Gespannfahrwettbewerb statt. Wirkt spontaner und unverfälschter als die Pfingst-Feria.
- **Winter-Feria:** wurde erst unlängst ins Leben gerufen und findet im Februar statt. Die Arena überdacht dann ein Plexiglasdach. Reichlich künstliches Spektakel.

● *Nützliche Adresse und wohlmeinender Ratschlag*

- **Bureau de location des Arènes** (Kartenverkauf): 1, rue Alexandre-Ducros. T. 66 67 28 02.
- Während der Feria sein Hotelzimmer unbedingt weit im voraus buchen!

Nützliche Adressen

- **Verkehrsamt:** 6, rue Auguste. T. 66 67 29 11. Telex: 490 926 F. Minitel 36-15, code NIMES. F. 66 21 81 11. Nur 150 m vom *Maison carrée* entfernt. Im Sommer unter der Woche täglich von 8-19h besetzt, sonntags von 10-17h; im Winter von 12-14h geschlossen. Nettes, sachkundiges Personal. Stadtplan, Hotel-, Gaststätten- und Zeltplatzverzeichnis hier erhältlich. Außerdem eine siebensprachige Gratisbroschüre. Wechselstube und Zimmerbuchung in Nîmes und im ganzen Département Gard. Bietet obendrein Führungen mit zwei- bis dreisprachigen Fremdenführern durch die Altstadt.
- **Verkehrsamt im Bahnhof:** T. 66 84 18 13. Auskünfte von 9.30-12.30 und von 14-18.30h täglich, einschließlich wochenends. Zimmerreservierung.
- **Flughafen Nîmes-Garons:** 8 km südlich, an der Straße nach Saint-Gilles. T. 66 70 06 88. Die Zubringerbusse halten vor dem Justizpalast.
- **Air Inter:** T. 66 70 08 59.
- **Bahnhof:** zu Fuß zehn Minuten von der Arena, am Boulevard Sergent-Triaire. Reisezugauskünfte: T. 66 23 50 50. Platzreservierung: T. 66 29 44 95. Gepäckaufbewahrung von 8-20h. Geldautomat für Visa *(Carte bleue)*. Zum zwei Minuten entfernten Busbahnhof gelangt man durch den Südausgang.
- **Busbahnhof:** hinter dem Bahnhof, rue Sainte-Félicité. T. 66 29 52 00. Ausgangspunkt für alle regionalen und internationalen Buslinien. Auskunft und Abfahrzeiten über das Verkehrsamt oder per Telefon.
- **Ärztlicher Notdienst, Nachtapotheken:** T. 66 76 11 11.
- **Rettungsdienst:** T. 15.
- **Autovermietung:** *Avis*, 1bis, rue de la République. T. 66 21 00 29. Vom Bahnhof aus am nächsten.
- **Fahrradvermietung:** im Bahnhof, beim Gepäckschalter.
- **Motorroller:** bei *Cruz*, 23 bd Talabot, unweit vom Bahnhof. T. 66 29 04 40.
- **Aquatropic-Schwimmbad:** in der Hotelzone an der Umgehungsstraße, Nähe *MacDonald's*. T. 66 38 31 00. Öffnungszeiten: 9-22h. Anfahrt mit Bus 4. Im Sommer kann man hier die glühend heißen Nachmittage vergessen.
- **Comité Départemental du Tourisme du Gard:** 3, Place des Arènes. T. 66 21 02 51. Ganzjährig geöffnet. Das Empfangsbüro hält eine umfangreiche Broschüre über den Gard bereit: Hotels, Lokale, Zeltplätze, möblierte Zimmer, Herbergen, Wanderungen, Feste und Festivals. Minitel 36-15, code GARD.

Übernachtung

● *Für'n Appel und'n Ei*

• **Foyer Espace Puech du Teil:** 5, impasse Messager. T. 66 64 13 37. Das frühere Wohnheim für junge Arbeiter beherbergt jetzt Schulklassen, hält aber auch einige Einzelzimmer bereit. Billige Lösung für den Notfall. Südlich der Innenstadt, zu Fuß in zwanzig Minuten zu erreichen. Anfahrt mit Bus 3. Anmeldung empfohlen. Erste Übernachtung 90 F (Einzelzimmer mit Waschbecken) bzw. 130 F (Doppelzimmer mit Waschbecken).

- **Jugendherberge:** chemin de la Cigale, 2 km von der Innenstadt, auf einem der Hügel in Nîmes Umgebung. T. 66 23 25 04. F. 66 23 84 27. Nicht leicht ausfindig zu machen, aber wenn man den Weg erst einmal ausbaldowert hat, fühlt man sich inmitten des botanischen Lehrpfads mit seinen achtzig Baumarten pudelwohl. Vom Bahnhof aus ist man mit Bus 20 in zwanzig Minuten vor Ort; oder mit Linie 8 ab »Stade Villeverte«. Verkehrt von 7.30 bis Mitternacht. Sommers Aufnahme rund um die Uhr, im Winter von 7.30-23h. Im Sommer vorsichtshalber buchen. Schlafsäle mit sechs, acht und dreizehn Betten. Übernachtung mit Frühstück rund 70 F, Abendessen um die 50 F. Vermietung von Mountainbikes (VTT). Der Kleinbus »Taxibrousse« holt Gäste vom Bahnhof ab, wenn sie mindestens zu dritt sind.

● *Erschwinglich*

- **Hôtel du Dauphiné:** Rue Dorée, Ecke Grand-Rue, gleich hinter dem Museum (ehemaliges Jesuitenkolleg), mitten in der Fußgängerzone. T. 66 67 33 75. Ehemaliges Herrenhaus mit zehn Zimmern im Stil einer Familienpension. Doppelzimmer mit Etagenklo rund 160 F, für drei Personen 200 F. Zimmer Nr. 7 nimmt vier Personen auf. Von Nr. 7 bis 10 im obersten Stock Blick über die Dächer. Prima Frühstück zu 18 F. Nachts ruhig. Ist bei amerikanischen, englischen und japanischen Studenten überaus beliebt.
- **Hôtel La Couronne:** 4, square de la Couronne. T. 66 67 51 73. Von der Arena weniger als zehn Fußminuten entfernt, gleich neben der Kirche Sainte-Perpétue. Renovierte Doppelzimmer zu 160-240 F. Die Zimmer zum Square können laut sein, deshalb eines der fünf ruhigen Gemächer zum Hof verlangen. Einfallslose Einrichtung, ebensolcher Empfang.
- **Hôtel des Voyageurs:** 4, rue Roussy. T. 66 67 46 52. F. 66 21 77 79. Etwas abseits vom Boulevard Amiral-Courbet, in einem ruhigen Winkel. In seiner Kategorie hervorragendes Preis-/Leistungsverhältnis. Doppelzimmer mit Etagendusche rund 210 F, mit Bad 280 F. Lebensfroher äußerer Rahmen. Das von unten bis oben getäfelte Zimmer Nr. 2 *bis* mit seiner kleinen Terrasse zur Straße und dem Bioladen verlangen.

● *Mittlere Kategorie*

- **Hôtel Lisita:** 2 *bis*, bd des Arènes. T. 66 67 66 20. F. 66 76 22 30. Eine günstigere Lage ist kaum denkbar: gleich vis-à-vis der Arena, nur einen Katzensprung bis zum *Café de la Bourse:* Wirt Michel Caylar liebt Spanien und den Stierkampf. Die Inneneinrichtung der Zimmer hat er eigenhändig gefertigt: Möbel aus dem Languedoc, Stoffe aus der Provence, unbearbeitete Holztüren, viel Atmosphäre. Hier steigen ja auch die Toreros ab, wenn sie in der Stadt sind! Die Matadores verlangen stets Zimmer 19 und 28 mit den spanischen Eisenbetten. *Paco Ojeda, Victor Mendez* und *Nimeno II.*, deren Fotos in der Eingangshalle hängen, haben eben so ihre kleinen Gewohnheiten. Bevor sie sich in die Arena begeben, verlassen sie das Hotel in ihrer bestickten Stierkämpfertracht: sieht toll aus. Obwohl wir sonst eher auf der Seite der geplagten Kreatur stehen, hat uns dieses Stierkämpferhotel doch gefallen. Besonders das kleine Zimmer mit der Nr. 12 mit Blick auf die Platanen ist sehr persönlich gestaltet. Übernachtung 200-320 F.
- **Central Hôtel:** 2, place du Château. T. 66 67 27 75. F. 66 21 77 79. Gleich neben der protestantischen Kirche, mit dem *Grand Temple*, und dem großen Konfektionsgeschäft *La Cité*. Hübsches Zwei-Sterne-Hotel mit einer großen Garage für Autos und Motorräder. Freundliche Aufnahme. Wichtig im Sommer: die Zimmer besitzen einen Ventilator. Vom Zweibettzimmer Nr. 20 aus schweift der Blick über die Dächer, Glockentürme und Kuppeln der alten Römerstadt. Übernachtung für zwei Personen ab 280 F.
- **Hôtel de la Maison Carrée:** 14, rue de la Maison-Carrée. T. 66 67 32 89, F. 66 76 22 57. Mitten in der Stadt. Hochanständiges, einfaches aber sauberes Zwei-Sterne-Hotel. Vernünftige Preise: ab 160 F fürs Doppelzimmer mit Dusche.

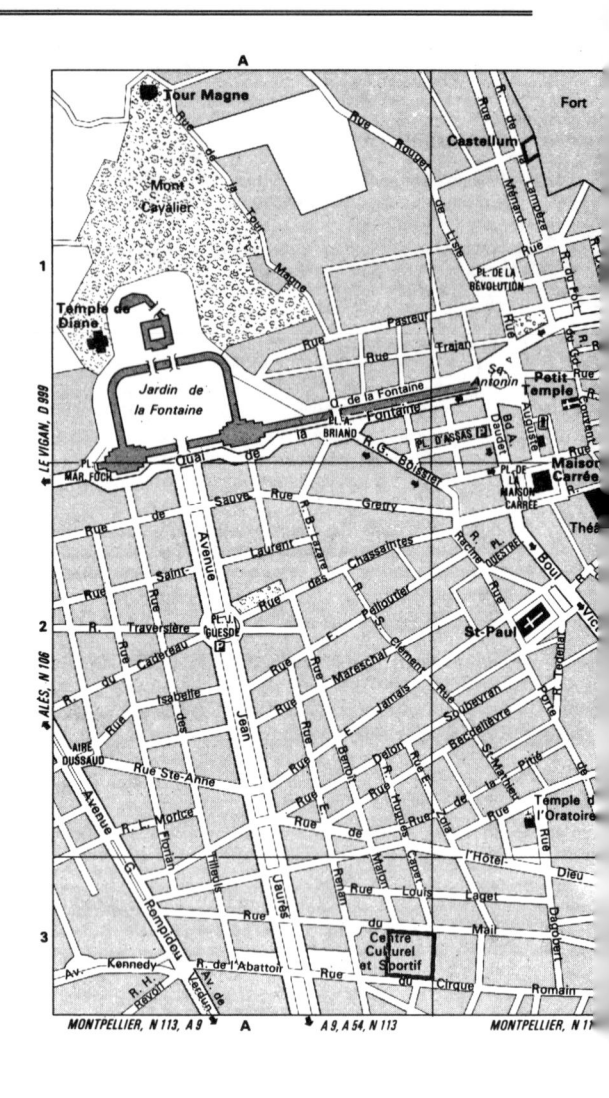

- **Hôtel Royal:** 3, bd Alphonse-Daudet. T. 66 67 28 36. F. 66 21 68 97. Das Gros der Zimmer blickt auf die ruhige, Fußgängern vorbehaltene Place d'Assas, die der Bildhauer *Martial Raysse* künstlerisch herrichten durfte. Sein esoterischer Brunnen ist dem Flußgott *Nemausus* gewidmet. Inneneinrichtung im Art-Deco-Stil mit Anklängen an den in Frankreich anscheinend unvermeidlichen, pseudogenialen *Ph. Starck* und vielen neckischen Einfällen der Wirtin Anne-Véronique Maurel. Die stimmungsvollen Zimmer locken Schauspieler, durchreisende Künstler und Assistenten der Toreros an. Die meisten verfügen über einen Ventilator, was in Nîmes kein Luxus ist. Filmemacherin *Agnès Varda* logierte hier, *Bellochio* und *Chambaz* ebenfalls. Nr. 28 *bis* soll besonders gemütlich sein; uns dagegen hat es das ganz in blau gehaltene Zimmer Nr. 25

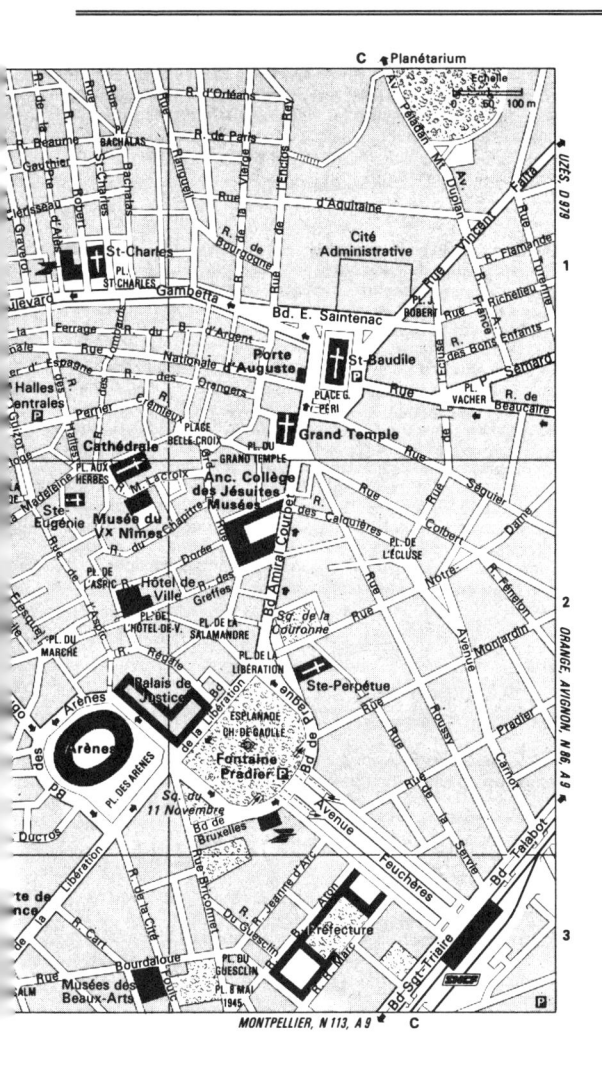

Nîmes

angetan. Ein Zimmer zum Platz verlangen. Am Ende des mit rotem Stoff ausgeschlagenen, rätselhaften langen Ganges wartet eine kleine weiße Tür: dahinter Bar und Art-Deco-Salon. Im Sommer chronisch ausgebucht. Fürstliche 260 F fürs Doppelgemach; kein Problem allerdings, hier auch 500 F hinzublättern.

● *Anspruchsvoller*

• **Hôtel Plazza:** 10, rue Roussy. T. 66 76 16 20. F. 66 67 65 99. Friedliche Straße, zwei Minuten von den Museen und der Altstadt. Das im Stil der dreißiger Jahre hergerichtete alte Nîmoiser Bürgerhaus ist seit Mai 1988 in Betrieb. Inhaber Bernard Viallet heißt seine Gäste freundlich willkommen. Unterbrin-

gung in achtundzwanzig Zimmern mit Klimaanlage, Dusche oder Bad und Telefon. Je nach Stockwerk blaue, rosa oder beige Einrichtung. Im vierten Stock von kleinen Terrassen Blick über die alten Ziegeldächer. Doppelzimmer ab 340 F; Zimmer mit Terrasse ab 430 F. Abgeschlossene Hotelgarage.
- **Hôtel Imperator Concorde:** quai de la Fontaine, 15, rue Gaston-Boissier. T. 66 21 90 30, F. 66 67 70 25. Schönes Vier-Sterne-Hotel. Ruhe und Beschaulichkeit herrschen das ganze Jahr über, außer während der *Ferias*. Es handelt sich nämlich um eine begehrte Lieblingsabsteige der Matadore. Der Trick besteht darin, den *Aficionado* zu mimen, eifrig im »Wörterbuch der Tauromachie« zu blättern und sich in den Hotelgarten einzuschleichen. Bei der beliebten Überraschungsparty trifft sich Tout-Nîmes. Wer in der ersten Reihe sitzen will, blecht über 550 F. Im Restaurant Menü ab 180 F.

● *Mondän*

- **Le Cheval Blanc:** 1, place des Arènes. T. 66 76 32 32. Wir wollen unseren Lesern die Existenz dieses Etablissements nicht verschweigen. Anläßlich der Erntedank-Feria im Herbst 1991 öffnete der Vier-Sterne-Nobelschuppen mit großem Pomp seine Pforten. Das von Régine von der Stadt gepachtete Hotel spiegelt die offizielle Kulturpolitik Nîmes wieder, die Altes und Zeitgenössisches zu verbinden trachtet. Architekt *Jean-Marie Wilmotte* schuf sechsundzwanzig, entfernt an Mönchszellen erinnernde, individuelle Zimmer mit handsigniertem Mobiliar – der neue Luxus ist die neue Bescheidenheit, oder so ähnlich. 500-900 F für eine Person, ab 600-1200 F für zwei, Suiten 1.200-1900 F. Da nimmt sich das Menü für 240 F ja preiswert aus!

● *Zeltplatz*

- **Camping du domaine de la Bastide:** 5 km südlich Nîmes, an der Straße nach Générac, neben dem *Stade des Costières*. T. 66 38 09 21. Ganzjährig auf. Mit allen Schikanen, nur Schatten ist noch Mangelware. Abkühlung gegenüber im Schwimmbad des Tennis-Clubs (kostet Eintritt).

Gastronomie

● *Glatt geschenkt*

♦ Auch bei heftigem Magenknurren den Schnellimbiß (frz. *Snack)* im Bahnhof links liegen lassen und schnurstracks zur **Bude** links auf dem Boulevard Feuchères marschieren, nicht zu der gegenüber, wo man für den Thunfisch im *Pan Bagnat* Aufschlag zahlen muß: als ob die Wurst im Hot-dog auch zusätzlich etwas kosten würde. Gauner! Täglich außer samstags von 7.30-22.30h; sonntags von 7.30-0.30h. Freundlich sind sie auch noch (auch in besseren Lokalen keine Selbstverständlichkeit!). Maïté und Maxime servieren in zwei Durchgängen mit drei Handbewegungen belegte Brote (frz. *Sandwiches)*, die jeder Konkurrenz standhalten. Wer total abgebrannt ist, begnügt sich mit dem *Painfrites*, das er sich weiter oben im Schatten der Esplanade zwischen die Kiemen schiebt.

● *Erschwinglich*

♦ **Le Palmier:** 2, rue de la Monnaie, Ecke Place du Marché. T. 66 67 36 30. Montags Ruhetag, zusätzlich sonntags über Mittag geschlossen. Preiswerte griechische Speisen; mittags Tagesessen *(formule snack)*. Im Inneren Designereinrichtung; während der Saison Bedienung auf der Terrasse.
♦ **Fast-Food Quick:** 1, bd de l'Amiral-Courbet; gegenüber der Esplanade Charles-de-Gaulle und dem Square de la Couronne. Sonst strafen wir diese Schnellfreßbuden ja mit Nichtachtung; wegen des dem Maler *Claude Viallat* aus Nîmes geschuldeten Dekors machen wir hier mal eine Ausnahme.
♦ **La Truye qui Filhe:** 9, rue Fresque; zwischen der Arena und dem *Maison carrée*. T. 66 21 76 33. Nur über Mittag geöffnet; sonntags und im August ganz zu. Abends nur für Gruppen auf Vorbestellung. Selbstbedienungsrestaurant,

wo man unter schönen Steinbögen aus dem 14. Jh. speist. Alles andere als steril; man darf auch draußen im Innenhof Platz nehmen. Jean-Pierre Hermenegilde bietet Hauptgericht und Dessert für rund 55 F, nach heimischen Rezepten. Schon anno 1400 stand hier eine bekannte Herberge; an manchen Abenden konnte man im Engelszimmer schlafen ...

● *Mittlere Preislage*

♦ **Le Jardin de Bernis:** 6, rue de Bernis. T. 66 67 90 10. Sonntag Ruhetag. Unverfälscht und einfach hinreißend. Leckeres vom Grill, ein stiller Garten und zugleich eine der turbulentesten *Bodegas*, wenn die Feria ausbricht. Mittagsmenü rund 75 F, abends ab 105 F.

♦ **Le Cinq Antoine:** 5, rue Saint-Antoine, zwischen der Place du Marché und dem Amphitheater. T. 66 21 86 01. Dienstagabend und sonntags geschlossen. Auch wenn es keine Gelegenheit zum Draußensitzen bietet, sollten wir die Tür zum kleinen pastellgrünen Saal eher im Sommer aufstoßen. Für die großen Salate sind hier ausnahmsweise keine gesalzenen Preise hinzublättern. Außerhalb der Touristensaison hat die Salatherrlichkeit jedoch ein Ende und es gibt nur noch richtige Menüs. Das sollte man wissen.

♦ **Le Chapon Fin:** place du Château-Fadaise. T. 66 67 34 73. Gleich hinter der Église Saint-Paul; gemütliches kleines Lokal mit Bistrot-Atmosphäre. Hausmannskost wie Räucherpfanne, Kalbsragout mit Zucchini, angebratener Schlegel mit *Tapenade* (würzig-pikante Paste), Fischsauerkraut usw. Die Gerichte wechseln viermal im Jahr, also mit den Jahreszeiten. Anständiges Mittagsmenü zu 80 F; auch Speisen à la carte.

♦ **El Rinconcito:** 7, rue des Marchands. T. 66 76 17 30. Sonntags und montags Ruhetag. Das chilenische Lokal ist nicht leicht ausfindig zu machen. In der Rue des Marchands nach der Passage du Vieux-Nîmes Ausschau halten: das *rinconcito* befindet sich am Ende der Gasse in einem stillen Innenhof. Im stilechten Inneren ist nicht viel Platz (also klugerweise Tisch und Lieblingsgericht vorbestellen). Hector erzählt gern von seiner Heimat Chile, die er regelmäßig besucht. Gerichte zwischen 75 und 110 F. Die *Empanadas,* das *Chili con carne* oder das *Curanto* vorziehen.

♦ **Nicolas:** 1, rue Poise. T. 66 67 50 47. Montags und samstagmittags geschlossen. Unweit vom *Cinéma Forum*, in der Altstadt. Geräumiger Speisesaal mit Steinmauern, geschmackvoll eingerichtet. Die Einheimischen nehmen hier gern in gemütlicher Runde ihre Abendmahlzeit ein. In angenehmer Erinnerung haben wir die provenzalischen Anchovis, die lauwarmen Muscheln, den Stockfisch im Blätterteig und natürlich die hausgemachten Desserts. Menü ab 70 F, auch am Wochenende.

♦ **Ophélie:** 35, rue Fresque. T. 66 21 00 19. Nur abends geöffnet. Sonntag und Montag Ruhetag. Der nahe Marktplatz sorgt allein schon für Appetit. Die Nacht bricht herein, und Patricia Talbot zündet die Kerzen an. Da sitzt es sich lauschig im Hof, während Patricia am Herd hantiert. Das von ihr zubereitete Fleisch gilt als erstklassig. Pro Person mindestens 170 F einplanen.

♦ **Au Flanc Coco:** 31, rue du Mûrier-d'Espagne. T. 66 21 84 81. Außer samstags (auch abends) nur über Mittag geöffnet. Sonntag Ruhetag. In Nähe der Kuppel der *Halles*. Die beiden bärtigen Inhaber Michel Pépin und Pierre Chosnier sind gelernte Lieferanten von Fertigmenüs. Einesteils verkaufen sie in ihrem Laden selbst hergestellte Erzeugnisse und Konfitüren mit Aprikosen-, grüne Tomate-, Melonen-, Wintermelonen- und anderen Geschmäckern. Auf der anderen Seite bugsieren sie bei gutem Wetter Tische mit polierter, grüner Granitplatte auf die Sonnenterrasse. Einfallsreiche Gerichte, reichlich bemessene, täglich mit der Speisekarte wechselnde Salate; und alles frisch! Auch die Preise bleiben auf dem Teppich: »wir wollen unsere Kunden ja nicht zur Ader lassen«. Im Sommer der ideale Ort fürs Mittagessen. Gerichte zwischen 50 und 80 F.

♦ **La Belle Respire:** 12, rue de l'Étoile, zwischen Place du Marché und *Maison carrée*. T. 66 21 27 21. Mittwoch Ruhetag. »Die Schöne stöhnt«, welch bedeutungsschwangerer Name für ein Lokal! Das Haus, bis 1966 eine Stätte der Fleischessünde, florierte seinerzeit unter dem Namen *Bagatelle* als Bordell und wandelt erst seit 1979 auf dem Pfad der Tugend. Die plüschige Inneneinrichtung mit ihren gewendelten Säulen, Rundfensterchen und Clubtüren hat sich jedoch noch einen Hauch der schwülen Atmosphäre von damals bewahrt. Kleiner Speisesaal mit einunddreißig Plätzen, gelbrosa Wänden, Holztischen und einer Art Alkoven. Zuvorkommende Bedienung. Die Wirtin bereitet Hausmannskost *(Cuisine de bonne femme)* zu, wie sie uns erklärte. Trotzdem mit mindestens 150 F rechnen.

♦ **Chez Jacotte:** 1 *bis*, rue Thoumayne. T. 66 21 64 59. Im Sommer mittags und abends geöffnet; samstagmittags, sonntags und montags geschlossen. Im Winter von Montag bis Freitag über Mittag geöffnet, abends nur donnerstags, freitags und samstags (ist das kompliziert!). Jacottes feine Küche unweit vom Marktplatz lockt einheimische Feinschmecker an. Besinnliche Stimmung; safrangelbe Wände und rosa Terrakottafliesen sorgen für ein helles, freundliches Ambiente. Mittagsmenü mit Vorspeise, Hauptgericht, Dessert und einem Glas Wein für rund 100 F. Das nächste Menü ist unvorhersehbar: der Koch folgt nämlich seinen spontanen Einfällen, je nachdem, was er gerade auf dem Markt findet. Seine größte Erfolge waren bisher: eine bunte Mischung aus Gänseleber und farbigen Nudeln und Entenkompott mit Pfirsichen.

● *Anspruchsvoller*

♦ **Le Caramel Mou:** 5, rue Reboul. T. 66 21 27 08. Nur abends geöffnet. Montags, dienstags und im August geschlossen. Auf dem Boulevard Victor-Hugo zweigt in Höhe des *Lycée Daudet* rechts eine kleine Straße ab: die Rue Reboul. Wieder so eine originelle Adresse mit individueller Einrichtung, ganz nach dem Geschmack von Jacqueline Bonafé, alias Bobo, einer Lehrerin, die in der Küche Wundertaten vollbringt. Ihre Gerichte sind großzügig portioniert und schmecken lecker: Drachenkopf-*Bourride* (eine Art verfeinerter Bouillabaisse), *Carpaccio* aus Entenmagret ... Die Weinkarte kann sich gleichfalls sehen lassen. Pro Person mit rund 160 F rechnen. Bravo Bobo!

♦ **Le Jardin d'Hadrien:** 11, rue Enclos-Rey. T. 66 21 86 65. Sonntagabends geschlossen. Die Straße endet unweit der Sainte-Baudile-Kirche im Nordosten der Altstadt. Leckere, der Tradition verhaftete Küche, die im Sommer auf der Gartenveranda aufgetischt wird. Menüs ab 100 F, à la carte 190 F.

Auf einen Schluck

In Nîmes, dem französischen Rom, Stadt der Sonne, der Platanen und des Stierkampfs, sind die Straßencafés Freiluftsalons, wo man gerne über *Corrida*, Fußball, Literatur oder moderne Kunst plaudert (sofern man des Französischen mächtig ist) ...

♦ **Café de Petite Bourse:** nicht verwechseln mit der *Grande Bourse*. Beide Cafés liegen nämlich nebeneinander, an der Ecke des Boulevard Hugo und des Boulevard des Arènes. Von Januar bis Dezember ist die Terrasse unverzichtbare Bühne für alle, die getreu dem Motto »sehen und gesehen werden« leben: Oberschüler, Künstler und Intellektuelle. Was während der *Feria* los ist, davon wollen wir erst gar nicht reden ...

♦ **Café Napoléon:** eine weitere Institution in Nîmes, auf dem Boul'Hugo. Hier verkehrt die gutbürgerliche, durchgestylte protestantische Elite von morgen – halt was man in Frankreich mit BCBG *(bon chic, bon genre)* bezeichnet; Tendenz olé, olé. Tagesgericht zu 60 F.

♦ **Café des Beaux-Arts:** an der hübschen Place aux Herbes, in der Altstadt. Ganz anderer Stil: auf der schattigen Terrasse schlürft man seinen Aperitif in Gesellschaft der Kunststudenten von der nahen *École des Beaux-Arts*. Hier hockt es sich wirklich gut.

♦ **Café Le Cygne:** Bd Victor-Hugo. Führen wir auf, weil es der einzige *Bar-Tabac* ist, der in der Innenstadt spätabends noch geöffnet hat.

♦ **Cafés auf dem Boulevard de l'Amiral-Courbet:** im Umkreis der Kinos reiht sich eine Pizzeria an die andere, unterbrochen von Straßencafés und Bistrots.

Abends herrscht hier reges Treiben: viel junges Volk und Soldaten aus den Kasernen am Stadtrand.

Abends ausgehen

♦ **Le Haddock Café:** 13, rue de l'Agau (vormals Rue Nationale). T. 66 67 86 57. Sonntag Ruhetag. Derzeit ganz besonders *en vogue;* die Einrichtung respektiert die örtliche Architektur. Serviert auch Eßbares.

♦ **La Movida:** auf der Placette. T. 66 67 80 90. Konzertcafé mitten im Zigeunerviertel *(Quartier gitan).* Gerichte zwischen 30 und 40 F. Hier regiert jedoch nicht nur der Flamenco: am Wochenende heißt es Bühne frei für Musiker, Sänger, gesangsfreudige Freunde oder bekanntere Köpfe.

♦ **Le Diagonal:** 41 *bis,* rue Émile-Jamais. T. 66 21 70 01. Montag Ruhetag. Musik, Einrichtung, ausgestelle Bilder, *Tapas* zu zivilen Preisen ... Eine Hochburg des Nachtlebens in Nîmes und auch eine unserer warm empfohlenen Adressen für Amüsierwillige.

Kultur

»Nîmes ist eine geheimnisvolle Frucht, die immer saftiger wird, je näher man dem Kern kommt«, schreibt *Christian Liger* in »Nîmes sans Visa« – (was es doch für Dummschwätzer gibt!). Den Kern muß man freilich per pedes erkunden: laßt alle Hoffnung fahren, die ihr Nîmes' Altstadt aus der Windschutzscheibenperspektive zu besichtigen trachtet! Den fahrbaren Untersatz im Hotel, unter den Bäumen der Avenuen oder im Parkhaus abstellen (das an der Arena zählt 720 Stellplätze, jenes an den Halles 625).

▶ **Amphitheater** (Arènes): während der Sommermonate Einlaß von 9-18.30h, in der übrigen Zeit von 9-12 und 14-17.30h. Am 1. Mai und an Großveranstaltungstagen keine Besichtigung. Eintritt: 20 F.

Zuerst das Wasser, dann das Blut: die »Colonia Augusta Nemausus« war bereits über den Gard-Aquädukt und seine berühmte Brücke bestens mit Wasser versorgt, als man so zwischen 50 und 100 n.Chr. beschloß, ein Amphitheater zu bauen. Es war vorrangig für Gladiatorenkämpfe bestimmt. Aus den benachbarten Steinbrüchen von Roquemaillère und Barutel wurden tonnenweise Steine herbeigeschafft. Obwohl von Wind und Wetter (und den Autoabgasen) angeknabbert, sind die Mauern der *Arènes* doch erstaunlich rüstig. Kurz und gut: zweitausend Jahre später gilt das Amphitheater als weltweit besterhaltenes römisches Baudenkmal. Die vom Kolosseum zu Rom inspirierte Architektur ist ein Musterbeispiel an Harmonie und Ausgewogenheit. Die Ausmaße spielen dabei nur eine untergeordnete Rolle: unter fünfundsiebzig erhaltenen Amphitheatern liegt das von Nîmes größenmäßig nur auf dem zwanzigsten Platz. Das Elliptoid mißt 133 auf 101 m; 24.000 Sitzplätze verteilen sich im Inneren auf vierunddreißig Ränge. Beeindruckend ist die Leistung des römischen Architekten, der das Amphitheater so angelegt hat, daß der Zugang zu den Rängen *(Cavea)* so leicht und schnell wie möglich vonstatten geht. Die beiden Arkadenstockwerke verbergen fünf konzentrische Galerien auf mehreren Ebenen sowie nicht weniger als 126 Innentreppen, die Gedränge am Ein- und Ausgang vermeiden helfen sollen. Die Ausgänge heißen hier übrigens *Vomitoires,* was so viel wie »Ausspucker« bedeutet (frz. *vomir* = sich erbrechen).

In der Römerzeit war die Arena ein riesiges Freiluftstadion, das der Elite wie dem Volk der Stadt offen stand. In der ersten Reihe waren vierzig Plätze den Rhône- und Saône-Schiffern sowie fünfundzwanzig den Schiffern auf der Ardèche und der Ouvèze vorbehalten. Neben blutigen Gladiatorenkämpfen begeisterten Wagen- und Pferderennen sowie Pantomimen das Publikum. Der Untergang des Römischen Reichs und das Christentum sorgten für ein Ende der Spiele. Hexenverbrennen macht ja auch Spaß ...

Im Mittelalter barg die Arena Wohnungen, Straßen und eine Art Fluchtburg, die wiederholte Male von den »Rittern der Arena« verteidigt werden mußte. Noch 1782 standen 230 Häuser im Rund – Rousseau mokierte sich noch über die

Amphitheater

schäbigen Behausungen innerhalb des Amphitheaters. 1863 fand der erste Stierkampf statt, damals ein Skandal. Seit dieser Zeit riß die Corrida-Tradition nicht mehr ab. In den zurückliegenden Jahren haben sich Anzahl und Popularität der Stierkämpfe unter Leitung des Direktors *Simon Casas* angeblich stetig gesteigert. Außer Stieren und Matadoren erlebt das antike Amphitheater heute auch Rock- und Jazzkonzerte, Zirkusdarbietungen, Theatervorstellungen und Opernaufführungen. Weihnachten findet hier sogar die Mitternachtsmette statt. Die Akustik ist aber auch wirklich ausgezeichnet. Das bewegliche Dach aus Plexiglas, Tuch und Aluminium soll aus *Velum* (Sonnensegel) alter römischer Theater erinnern. Die Arena – der größte Veranstaltungssaal im Languedoc-Roussillon – ist so sechs Monate im Jahr überdacht und wird im Winter sogar beheizt ... eine geglückte Verwandlung.

▶ **Marktplatz** *(Place du Marché):* hübscher kleiner Platz mit einem 1985 gepflanzten Palmbaum und dem sehenswerten, von *Martial Raysse* entworfenen Krokodilbrunnen. Palme und Krokodil zieren seit 1535 das Wappen von Nîmes. Sie erinnern an Cäsar, der Kleopatra und Ägypten eroberte, und an die Seeschlacht von Actium 31 v.Chr. Ein geradezu tropisches Logo.

▶ **Rue Fresque:** verläuft vom Marktplatz bis zur Place de la Calade, unweit des *Maison Carrée.* In Haus Nr. 6 sehenswerter Hof und Treppe des *Hôtel Mazel* aus dem 17. Jh.

▶ **Maison carrée:** vom 16. Juni bis 15. September von 9-19h, vom 1. März bis 15. Juni von 9-17.30h geöffnet.
In Wahrheit weder ein Haus, noch quadratisch, sondern ein bestens erhaltener römischer Tempel, der im Geviert 25 x 12 m mißt. Er wurde zwischen 3 und 5 n.Chr. unter der Ägide des *Augustus* erbaut. Gewidmet ist er *Caius* und *Lucius Caesar,* den »Prinzen der Jugend« und Adoptivsöhnen des Kaisers. Das Baudenkmal folgte dem Vorbild des Apollotempels in Rom. Und der Architekt der klassizistischen Madeleine-Kirche zu Paris (1785) soll sich seinerseits von *Maison carrée* haben inspirieren lassen. Ein Beweis dafür, daß Nachmachen in der Architektur durchaus nicht schlecht ausgehen muß.
Seltsamerweise haben die schönsten Bauten oft die merkwürdigste Geschichte: der ehemalige römische Tempel diente in der Folgezeit Richtern als Versammlungsgebäude, dann als Büro der Konsuln (1198). Später wurde er zum Wohnhaus, zum Pferdestall und endlich zur Augustinerkirche. Im vergangenen Jahrhundert beherbergte das Tempelchen Beamte und Tonnen von Akten. Angeblich soll die Herzogin von Uzès davon geträumt haben, es in ein Mausoleum für ihren Gemahl umzuwandeln. Und Colbert, Finanzminister unter Ludwig XIV. soll sogar daran gedacht haben, das *Maison carrée* nach Versailles zu schaffen. Daraus ist zum Glück nichts geworden: heute dient der Tempel der »Prinzen der Jugend« als Museum und Ausstellungssaal. Und demnächst soll eine Buchhandlung nur mit Werken über das kulturelle Erbe Frankreichs eröffnen.

▶ **Kulturhaus »Carré d'Art«:** dem Maison Carrée gegenüber. T. 66 76 35 35. Geöffnet von 10-20h. Montags zu.
1983 hatten *Jean Bousquet* und *Bob Calles* die Idee zu einem »Kunst-Viereck« geboren, einem modernen Kulturpalast aus Glas und Beton nach Plänen des englischen Stararchitekten *Norman Foster,* der schließlich am 8. Mai 1993 seiner Bestimmung übergeben wurde. Nach zweimaliger Überschwemmung, 1988 und 1993, birgt dieser »Tempel des Lichts«, dessen fünf schlanke Säulen das Gegenstück zum Peristyl des *Maison Carrée* bilden, heute die modernste Bibliothek Frankreichs und Nîmes' neues Zentrum für zeitgenössische Kunst *(Musée d'Art Contemporain).* Mehr als nur eine Bibliothek für Bücher und Zeitschriften, hat es kulturell Interessierten Schallplatten und andere Tonträger in der *Bibliothèque Musicale,* eine Videothek und einen perfekten Auskunftsdienst zu bieten. Das *Museum für moderne Kunst* in der ersten Ebene veranstaltet Sonderausstellungen (die ständigen Sammlungen befinden sich im *Musée des Beaux-Arts),* wo Werke von Braque, Picasso, Duchamp, De Chirico

usw. zu sehen sind. Eine löbliche Initiative: für den Eintritt sind zwar ein paar Franken (20 F) fällig, doch werden sechsmal am Tag kostenlose Führungen angeboten. Sich nach den genauen Uhrzeiten erkundigen.

Das Carré d'Art hat, wie bei öffentlichen Bauten üblich, für viel Streit und Kritik gesorgt: Nörgler finden, daß der Riesenbau die Bedürfnisse und Möglichkeiten der Stadt bei weitem übersteigt (über 360 Millionen Francs wurden verbaut). Was die Ästhetik anbelangt, so mag jeder selbst entscheiden ... Daß etwas mit dem Platz geschehen mußte, wo sich die in den fünfziger Jahren abgebrannte Oper von Nîmes befand, ist jedenfalls unstrittig. Wer sich für Glas und Beton nicht so recht erwärmen kann, tröste sich mit einem Blick von der Dachterrasse des Café-Restaurant: auf die zeitlose Schönheit des antiken Tempels und die Dächer der Altstadt.

ALTSTADTBUMMEL

Von der *Maison carrée* zockeln wir zu Fuß zurück zur Place aux Herbes.

▶ **Place aux Herbes:** das Herz der Altstadt. Einige gemütliche Straßencafés, Sonnenschirme, das Spiel von Sonne und Schatten und natürlich die hell strahlende Silhouette der Kathedrale.

▶ **Kathedrale Notre-Dame-et-Saint-Castor:** die romanische Kirche wurde mehrfach zerstört und wieder aufgebaut. An der Fassade zur Place aux Herbes bemerken wir auf der zeiten Ebene ein langes *Figurenfries*, das zu den schönsten Beispielen romanischer Kunst im Bas Languedoc zählt. Es erzählt in fortlaufenden »Bildern« Szenen aus der Schöpfungsgeschichte: der Südenfall Adams und Evas, das Opfer Kains und Abels, der gewaltsame Tod des letzteren usw. Die Gesichter der Figuren sind ungewöhnlich groß. Dennoch leistet ein Fernglas oder Teleobjektiv wertvolle Dienste.

Im byzantinischem Geschmack angepaßten Inneren der Kathedrale befindet sich das Grabmal des bekannten Kardinals *de Bernis* (1715-94), Günstling der Madame de Pompadour, Freund Casanovas und frivoler Dichter. *Ludwig XV.* schickte ihn als Gesandten nach Venedig und Rom, wo er verarmt starb, als die Revolution dem flotten Leben des hohen Klerus ein jähes Ende setzte.

▶ **Rue de l'Horloge:** führt zur Place de l'Horloge, die der gleichnamige Uhrturm von 1754 beherrscht.

▶ **Rue de l'Aspic:** noch eine typisch Nîmoiser Altstadtgasse; bei Haus Nr. 14 das *Hôtel de Fontfroide* (1699) und dessen stattliche Treppe würdigen.

▶ **Rue du Chapitre:** bei Haus Nr. 14 die Tür zum *Hôtel de Régis* (16. Jh.) aufstoßen, nachdem wir die Fassade bestaunt haben. Im Inneren ein gepflasterter Hof mit *Calades*, Katzenkopfpflaster aus Flußsteinen. Die Pumpe des alten Brunnens ist immer noch da.

▶ **Rue Dorée:** zwischen der Place de l'Aspic und der Jesuitenkapelle. Mit den Hausnummern 3, 4 und vor allem 16 (*Hôtel de l'Académie*, 17. Jh.) einige schöne Bürgerpaläste. Die Eingangstür des *Hôtel de l'Académie* ist wirklich großartig. Im Innenhof stellen Skulpturen behelmte Soldaten aus der Zeit des Sonnenkönigs dar. Das Hôtel ist Sitz der Akademie von Nîmes, deren Devise »nequed Nimis« lautet, »nichts zuviel« (oder »weniger ist manchmal mehr?«).

▶ **Place de la Salamandre:** der Salamander war das Lieblingstier *Franz I.*, der ihn in sein Wappen aufnahm (hatte als Kind wohl auch Lurchi gelesen ...). Nach seinem Besuch in Nîmes im Jahre 1535 errichtete man eine Säule, auf der oben ein Salamander thront. Heute befindet sie sich im Hof des archäologischen Museums.

▶ **Rathaus** *(Hôtel de Ville):* versuchen, ins Innere zu gelangen, um einen Blick auf die vom Designer-Architekten *Jean-Michel Wilmotte* durchgestylte Einrichtung zu erhaschen, die sich als gelungene Mischung von alten Gewölben und

High-tech präsentiert. Im Treppenhaus baumeln als Wahrzeichen der Stadt vier ausgestopfte Krokodile unter der Decke.

► **Jesuiten-Kapelle:** fünf Minuten vom Rathaus, in der Grand-Rue. 1985 renoviert und heute für Ausstellungen oder Konzerte genutzt. Zwischen 1673 und 1678 nach dem Vorbild der Il-Gesù-Kirche in Rom erbaut, gehört die Kapelle zum Jesuitenkolleg, wo längst das archäologische und das naturgeschichtliche Museum eingezogen sind.

► **École des Beaux-Arts:** 10, Grand-Rue. Die von *Wilmotte* geplante Kunsthochschule hat seit 1985 ihren Sitz im ehemaligen *Hôtel Rivet*.

JARDIN DE LA FONTAINE UND TOUR MAGNE

► **Quais de la Fontaine:** bei warmem Wetter eine angenehme Promenade. Wir kommen zu Fuß von der *Maison carrée* und flüchten uns in den Schatten der Platanen und Ulmen, die längs des Kanals einen kühlen Tunnel bilden. Die Uferkais sind das Viertel der reichen protestantischen Tuchhändler und der *Hôtels particuliers*, steinerne Zeugnisse hundertfünfzig Jahre währender Geschäftstüchtigkeit.

► **Jardin de la Fontaine:** Park am Fuß des Mont Cavalier, des Hausbergs von Nîmes, dessen höchsten Punkt der Magne-Turm markiert. Dieser erste öffentliche Park in der Geschichte Frankreichs wurde 1750 eingerichtet. Bis dato umgaben die Gärten die Schlößchen. Steinerne Vasen und Balustraden, Statuen von Faunen und Nymphen, zeitvergessene Terrassen und Wasserbecken zeugen vom klassizistischen Geschmack der Zeit der Aufklärung. Heute bestimmen händchenhaltende Liebespaare, herumtollende Kinder, kartenspielende Veteranen, Boulespieler und schattensuchende Touristen das friedliche Bild. Auf dem Parkgelände die in einem Bassin gefaßte *Nemausus-Quelle,* die seit zweitausend Jahren an die Wasser- und Schutzgottheit der Stadt erinnert. Daß hier Nymphen und Waldgeister ihre neckischen Spielchen treiben, fällt nicht schwer zu glauben.
Um 25 v.Chr. erbauten die Römer an dieser Stelle unter Einbeziehung einer keltischen Kultstätte ein Heiligtum, wo Nemausus neben Venus, den Nymphen und Herkules in bester Gesellschaft war.

► **Diana-Tempel:** unweit des Quellbeckens stoßen wir auf das rätselhafteste gallorömische Denkmal in Nîmes. Niemand weiß genau zu sagen, welche Funktion das rechteckige Quellheiligtum ursprünglich erfüllte. Eine mystische Sauna? Eine Bibliothek? Von dem weitgehend verfallenen Bau blieben Mauernischen, Säulen und Kranzgesimse übrig sowie ein prächtiges Kreuzgewölbe. Das halbkreisförmige Tonnengewölbe ist dagegen längst eingestürzt.

► **Tour Magne:** achteckiger Turm auf dem *Mont Cavalier*. Der ideale Nachmittagsspaziergang, wenn sich gegen Abend das Licht milder färbt. »Sei mir gegrüßt, oh Magne-Turm, du schöne Rose«, schwärmte der Dichter *Apollinaire*. Der ungewöhnliche Wachturm, einst Teil der römischen Stadtbefestigung, ist an der Basis um einiges breiter als an der Spitze, besitzt eine lange Rampe und eine Innentreppe. Das Geheimnis des 32,7 m hohen Turmn wurde bis heute nicht gelüftet. Angeblich handelt es sich um ein Mausoleum oder gar um eine Kopie des Leuchtturms von Alexandria. Bereits die Gallier hatten in vorrömischer Zeit an dieser Stelle einen 18 m hohen Turm errichtet, den die Römer einfach in ihren Wachturm integrierten. Dieses Wissen verdanken die Archäologen einem Gärtner aus Nîmes, der bei Nostradamus nachgelesen hatte und einen goldenen Schatz im Turm verborgen glaubte. Er brachte vor Übereifer fast die Fundamente zum Einsturz. Den prophezeiten Schatz fand er nie, legte gleichwohl aber die vorrömische Mauerreste frei. Ein Rätsel, dem man an langen Winternächten nachsinnen kann. Unterdessen genießen wir schon mal den prächtigen Ausblick von oben (Aufstieg sommers von 9-19h, im Winter von 9-17.30h möglich). An schönen Tagen erkennt man die Cevennen, die Alpilles und den Pic Saint-Loup in Richtung Montpellier. Häufig bläst hier oben der Mistral aber so kräftig, daß man es nicht lange aushält.

MUSEEN

▶ **Archäologisches Museum** (Musée Archéologique): 13, bd de l'Amiral-Courbet, im ehemaligen Jesuitenkolleg. T. 66 67 25 57. Geöffnet vom 16. Juni bis 15. September in der Zeit von 11-18h. Montags geschlossen.
Meistfrequentiertes Museum der Stadt mit einer der reichsten Sammlungen Frankreichs. In Nîmes ist es ja wie in Trier unmöglich, ein Loch zu graben, ohne auf römische Überreste zu stoßen. Aus diesem Grunde ist das Museum auch vollgestopft mit antiken Funden, Skulpturen, Mosaiken, Münzen, Vasen und Inschriften aus in Nîmes und Umgebung ans Tageslicht beförderten Grabbeigaben. Die Grabstätten befanden sich meist an der *Via Domitia,* jener wichtigen Römerstraße, die Italien mit Spanien verband.

▶ **Museum für Naturgeschichte** (Musée d'Histoire Naturelle): im selben Gebäude wie vorgenanntes Museum. T. 66 67 39 14. Selbe Öffnungszeiten.
Birgt bedeutende Sammlungen zur Ur- und Frühgeschichte, darunter eine bemerkenswerte Serie von Menhir-Statuen, die ältesten bekannten Skulpturen Südfrankreichs. Im ersten Stock eine anthropologische Sammlung aus Afrika, Asien und Ozeanien. Ferner ausgestopfte Tiere, darunter ein Stier.

▶ **Stadtgeschichtliches Museum** (Musée du Vieux-Nîmes): place aux Herbes; im ehemaligen Bischofspalais. T. 66 36 00 64. Vom 16. Juni bis 15. September von 11-18h. Außer während der Sommermonate sonntagmorgens geschlossen.
In den schönen Räumen aus dem 17. Jh. finden sich zahlreiche Dokumente zur Stadtgeschichte: Stiche, Porträts, Keramik, altes Mobiliar. In Raum II, dem »Sommer-Vorzimmer«, ein prächtiger Schrank aus dem 17. Jh., daneben ein Porträt des *Mgr. Séguier,* dereinst Bischof von Nîmes und Trockenmieter des Bischofspalais.

▶ **Kunstmuseum** (Musée des Beaux-Arts): rue Cité-Foulc. T. 66 67 38 21. 400 m von der Place des Arènes entfernt, von der Altstadt aus gesehen außerhalb. Einlaß vom 16. Juni bis 15. September von 9-19h; in der übrigen Zeit zwischen 12-14h sowie sonntagsvormittags geschlossen.
Zahlreiche Gemälde aus der italienischen, französischen und niederländischen Schule. Das große Mosaik im Hauptsaal stellt die *Hochzeit des Admet* (mit Alkestis) dar.

▶ **Museum für zeitgenössische Kunst** *(Musée d'Art Contemporain):* im *Carré d'Art.* T. 66 76 35 70. 11-20h. Montags geschlossen. S. oben unter »Kultur-Carré d'Art«.

AUSGEFALLENE IDEEN

▶ **Brunel-Ölmühle:** 433, route de Rouquairol-Saint-Cézaire. T. 66 84 05 54. Besichtigung: von Dezember bis Januar, von 8.15-11.45 und von 14.15-17.45h; samstagnachmittags und sonntags geschlossen. Ein *Ölmuseum* befindet sich in Nîmes, Rue Auguste Nr. 10.

▶ **Château de la Tuilerie:** route de Saint-Gilles. T. 66 70 07 52. Montags bis samstags von 8.30-12.30 und 14-18h. Zuerst jedoch Verbindung mit Véronique Morisse aufnehmen. Der bedeutendste private Weinkeller im Département Gard, der die *Costières du gard* hervorbringt, blumig-frische AOC-Weine von hoher Qualität (rot, rosé und weiß).

▶ **Minibusrundfahrt durch die Region:** nun auf, ein wenig abseits der Trampelpfade, und zwar mit Chantal Andrieu, der ehemaligen Geschäftsführerin des *CTD du Gard.* Auskunft: *Déambule,* 23, Rue Fénélon. T. 66 29 50 64.

In der Umgebung

▶ **Oppidum von Nages:** 12,5 km südwestlich von Nîmes, an der Straße nach Sommières. Zur Linken überrascht uns ein kurioser Hügel, der unverhofft aus der eintönigen *Garrigue*-Landschaft emporragt. Wir stehen vor einer der wichtigsten frühzeitlichen Fundstätten der Region. Zur Zeit der Kelten und Römer befand sich auf dem Gipfel ein *Oppidum*, ein kelto-ligurisches Dorf also mit Häusern und Wegen. Heute sind natürlich nur noch Mauerreste zu sehen: von Wohnanlagen, drei Rundtürmen und einem Tempel. Sie stammen aus der ersten Hälfte des 3. Jahrhunderts v.Chr. Zufahrt über das Dörflein Nages im Süden. Über den Südhang des Oppidum den Fußweg erklimmen, über einen reizvollen Fußweg namens »Impasse de l'Oppidum«, im Norden von Nages.

▶ **Calvisson:** Dörflein auf halbem Wege zwischen Nîmes und Sommières, das an sich nichts Besonderes aufweist, außer dem *Café de la Maison du Peuple* (chez Pascal), dessen Name an die gute alte Zeit der Volksfront von 1936 – eine gegen den Faschismus gerichtete Koalition aus Linksparteien, Sozialisten und Radikalsozialisten mit Unterstützung der Kommunisten – erinnert. Auf der Terrasse sitzt es sich im Sommer besonders gemütlich.
Am Ortsausgang Sommières kraxeln wir hinauf zu den vier Mühlen, die den vier Söhnen eines gewissen Mr. Balthazar gehörten. Eine davon dient zwei Blinden als Grab, die sie gekauft hatten. Sachen gibt's ...

SOMMIERES (30250)

Nach dem obligaten Rundgang um die alte Burg und dem Aufstieg über die Montée Régordanes von den schattigen Kais aus entdeckt man unwillkürlich sein Herz für das malerische Sommières. Tatsächlich verkörpert es die südfranzösische Kleinstadt *par excellence:* mit ihren ein Schwätzchen haltenden Müßiggängern unter den Platanen, dem örtlichen Motorradklub, dem *Secours Populaire*, der Schule Jules-Ferry sowie dem *Café du Commerce*, dem *Café de l'Univers* und dem *Café du Nord*, einträchtig an den Ufern des Vidourle aufgereiht. Hinzu kommen noch das Meer aus Ziegeldächern, die gepflasterten Gassen, die hohen, altehrwürdigen Mauern der *Hôtels particuliers* und kleinen Plätze. Erstaunlicherweise begegnet man in Sommières nur wenig Andenkenläden, was darauf hindeutet, daß sich nur wenige Touristen hierher verirren. Um so besser! In der Umgebung machen sich *Garrigue* und Weinberge breit; eine lateinische Landschaft mit unendlich gewellten Hügeln, die im goldenen Licht der südlichen Sonne verschwimmen (hach, sind wir heute wieder poetisch!).

Blick in die Geschichte

Sommières war zunächst eine wichtige Durchgangsstation für die Römer. Im 1. Jahrhundert n.Chr. verlief die Römerstraße von Nîmes nach Lodève durch den Ort, die den Vidourle über eine große Brücke mit siebzehn Bögen überwand. Um die strategisch wichtige Stadt im Mittelalter im Blick zu haben, baute man später oberhalb eine Festung. Im Kamisardenkrieg war sie eine Fluchtburg der Hugenotten.
Sommières war bekannt für seine Leder- und Wollindustrie. Gerber, Weißgerber und Kürschner gewährleisteten im 17. Jahrhundert den Wohlstand der Stadt, wovon noch mehrere Bürgerhäuser aus dieser Zeit zeugen. Auch aromatische Essenzen wurden hier destilliert.

● *Sommières im Werk von Lawrence Durrell*

1957 schrieb der Autor des *Alexandria-Quartetts* an seine Freunde: »Der Fluß fließt inmitten der mittelalterlichen Stadt ... Das Tal ist mit Weinreben bepflanzt ... Zu allen Seiten gibt es kleine Dörfer mit erstaunlich großen Bauernhäusern und gewölbten Toren, die riesige Ställe besitzen. Die Räume sind zweimal so groß wie Margarets Salons und sehr hoch ... Und hier, am Ufer des Flusses (des Vidourle), ist die Luft gut und gesund, besser als auf Zypern. Ich muß zugeben, nichts Hübscheres gesehen zu haben als Sommières. Sommières ist überaus amüsant, zutiefst geprägt von Raimus und Fernandels Geist ... Die Erzählungen der Einheimischen sind zwerchfellerschütternd. Natürlich beginnt das absurde Universum der Mopeds und Friseursalons mit Fernsehen, auch diese Gegend zu überrollen ... Wir befinden uns hier gerade außerhalb der Reichweite der Stechmücken und hinlänglich über dem Meeresspiegel« Lawrence Durrell verbrachte seinen Lebensabend in Sommières, wo er im Oktober 1990 starb. Zumindest die französischen Filmemacher gaben ihm in der Einschätzung seiner Wahlheimat recht: sie drehten in Sommières zwei Romane Marcel Pagnols.

● *Die »Vidourlades«*

Es handelt sich nicht, wie man denken könnte, um ein Volksfest, sondern um das alljährliche Hochwasser des Vidourle. Der Fluß entspringt in den Cevennen; im Unterlauf tritt er aus seinem Bett und setzt die Keller unter Wasser. Im Oktober 1958 stieg der Wasserpegel bei einem besonders verheerenden Hochwasser auf sechs Meter über normal!

Nützliche Adressen

– **Verkehrsamt**: rue du Général-Bruyère. T. 66 80 99 30. Besetzt von 10-13h und von 14-18h. Sonntags geschlossen.
– **Maison des Terres de Sommières**: an der Straße nach Uzès. T. 66 77 75 37. Von Anfang Juli bis 15. September geöffnet. Hier finden wir einen Ölkeller sowie einen Laden für heimische Erzeugnisse und Kunsthandwerk. Wanderungen und Mountainbike-Vermietung vor Ort.

Unterkunft und leibliches Wohl

● *Anspruchsvoll*

▪ **Auberge du Pont Romain**: 2, av. Émile-Jamais; 300 m von der Römerbrücke, in der Rechtskurve gegenüber der Polizeiwache, in Richtung Aubais (D 12). T. 66 80 00 58, F. 66 80 31 52. Außerhalb der Saison mittwochs sowie vom 15. Januar bis 15. März geschlossen. Die Ausmaße des Baus sowie die Industrieschornstein, der das Ganze aus unerfindlichen Gründen überragt, nötigen uns ein ungläubiges Staunen ab. Die frühere Teppichmanufaktur war nacheinander Bleicherei und Aroma-Destille, bevor sie zu ihrer heutigen Bestimmung als noble Drei-Sterne-Unterkunft zu noch erträglichen Preisen fand: Doppelzimmer zwischen 200 und 400 F. Zimmer Nr. 8 öffnet sich zum Fluß. Im Sommer verführen der schattige Blumengarten und das Schwimmbad dazu, die Siesta zu verlängern. Teures Restaurant, aber die Küche ist genügt auch höheren Ansprüchen (Menüs: 180-250 F).

● *Zeltplätze*

▪ **Camping Le Pré Saint-André**: in *Souvignargues*, 4 km von Sommières. T. 66 80 95 85. Von Mitte Mai bis Mitte Oktober geschlossen. Schattig, mit Schwimmbad.
▪ **Camping de Boisseron**: domaine de Gajan, in *Boisseron* (34160), 2,5 km südlich von Sommières. T. 66 80 94 30. Vom 15. Oktober bis 15. März zu. Zwei Sterne.

Auf einen Schluck

Am Vidourle und in der Altstadt finden sich mehrere schattige Straßencafés.

♦ **Café du Nord:** quai Gaussorgues, neben dem *Hôtel du Commerce*. Hat außer der Lage nichts Außergewöhnliches zu bieten. Blick auf den Fluß und die Bögen der Römerbrücke. Der Barman verbringt seine Tage damit, über die Straße zu eilen, um die Gäste auf der Terrasse zu bedienen. Einfache, preiswerte Küche. Mittags hat man in diesen südlichen Breiten eh nie viel Hunger.

Zum Anschauen

Natürlich läßt sich die Altstadt nur zu Fuß erkunden, indem man gemächlich die malerischen Gassen und Kais abklappert.

▶ **Römerbrücke:** wenn sie eines Tages verschwände, wäre das ein echtes Drama für die Einheimischen, bildet sie doch die Keimzelle ihrer Stadt. Die *Pont romain* stammt aus der Zeit von Kaiser Tiberius (19-31 n.Chr.) und mißt fast 190 m. Sie blieb bestens erhalten, auch wenn im Lauf der Jahrhunderte mehrfach an ihr herumrestauriert wurde. Ihr größter Feind: die *Vidourlades!*

▶ **Tour de l'Horloge:** der gotische Uhrturm erhob sich einst über dem siebten Brückenbogen. Wer von Montpellier kommt und den Vidourle überquert, nimmt den mittelalterlichen Turm mit Belfried und Glocke am Ende der Brücke wahr. Wer dagegen nach Montpellier fährt tut dies am Anfang. Komisch ...

▶ **Uferkais:** im Schatten der Platanen zwängen sich einige lauschige Terrassen zwischen Straße und Fluß. Weiter unten, am Ufer des Vidourle, liegt das Paradies der Boulespieler.

▶ **Place des Docteurs-Dax:** wer wohl diese Doktoren sein mögen? Sind sie etwa verwandt mit dem Trill-Symbionten aus »Deep Space Nine«? Weit gefehlt: es handelt sich um zwei verdiente Bürger der Stadt, denen die Lokalisierung des Sprachzentrums im menschlichen Gehirn gelang. Ein seltsamer Platz! Wir befinden uns unterhalb der Kais, weil die Häuser sich auf Bögen erheben, die sie vor dem Hochwasser schützen sollen. Zugang durch eine graffittibedeckte kleine Passage gleich links hinter dem Portal der *Tour de l'Horloge*. Die Cafés führen hinten auf den Platz hinaus. Ein stilles Plätzchen zum Wohlfühlen.

▶ **Spaziergang durch die Altstadtgassen:** die in den Hügel geschnittene *Rue de la Taillade* säumen zahlreiche Bürgerhäuser *(Hôtels)* aus dem 17. und 18. Jh. Sich die Rue Bombe-Cul (das übersetzen wir lieber nicht) und ihre alten Gewölbe ansehen.

▶ **Rue Antonin-Paris:** malerische Fußgänger- und Geschäftsstraße.

▶ **Église Saint-Pons:** Saint Pons ist der Schutzpatron der Stadt.

▶ **Montée Régordane:** auf keinen Fall auslassen, diese Reise in die Vergangenheit: man würde sich nicht wundern, im nächsten Moment einem Gerber aus dem 18. Jh., einem Soldat Ludwigs XIV. oder einem verirrten Franziskanermönch zu begegnen. Wer nach der Münze sucht, wird von dem kleinen Schild an der Wand eines Besseren belehrt: »Die Münze wurde 1317 nach Montpellier verlegt«. Die Montée Régordane steigt steil bergan bis zum Burgturm. Umfassender Blick über Stadt und Umgebung.

▶ **Burgturm:** die eindrucksvolle Ruine nicht mit der immer noch bewohnten Burg von Villevieille verwechseln, die übrigens vom Turm aus zu erkennen ist.

In der Umgebung

▶ **Château de Villevieille:** 1,5 km vor Sommières, in Richtung Nîmes, auf einem schönen Hügel. T. 66 80 01 62. Vom 1. Juli bis 15. September von 14.30-18.30h zu besichtigen, sonntagsmittags nur außerhalb der Schulferien. Zwischen 17 und 19h nimmt die Fassade des herrschaftlichen Anwesens aus dem 11. Jh. einen ockernen Farbton an. Niemand Geringeres als der *Heilige Ludwig* weilte 1243 hier und heckte die Gründung von Aigues-Mortes und Sommières aus (beide folgen in ihrem Grundriß Städten im mittleren Orient). Das Innere Villevieilles ist bestens erhalten: es blieb von den Wirren der Französi-

schen Revolution verschont, denn der Burgherr war ein Busenfreund *Voltaires*, *Mirabeaus* und *Cambacérès*, in dessen Obhut er 1824 das Zeitliche segnete. Gute Verbindungen muß man haben, wir wußten es schon immer.
Rund um das Chateau de Villevieille erstreckt sich eine Art Oberstadt aus Häusern und hinter hohen Mauern versteckten Gärten mit südländischer Fauna. Poetisch klingen die Namen der beiden Boulevards: Boulevard de l'Aube (Sonnenaufgang) und Boulevard du Couchant (Sonnenuntergang), dabei sind sie nur ländliche Alleen. Rund um das abgelegene, ruhige Dorf zieht sich eine Straße. Am Burgeingang wartet ein Restaurant: *Les Quatre Vents*.

▶ **Kapelle Saint-Julien de Salinelles:** Sommières in Richtung Salinelles verlassen. Nach 2 km führt links ein Weg hinauf zum Kapellchen, mitten durch die Weinberge. Romanisches Bauwerk aus dem 11. und 12. Jh., drumherum ein Friedhof. Um das Innere zu besichtigen, René Peyrolle anrufen: T. 66 80 01 95. Bietet Gelegenheit zu einer schönen Landpartie.

▶ In den umliegenden Dörfern findet man zahlreiche alte **Schlösser:** so in *Souvignargues*, *Junas*, *Aubais* und *Lecques*.

♦ Mittagessen in **Canpeio**, zwischen Junas und Aujargues; T. 66 77 71 83. Mittwochs und sonntagsabends geschlossen. Bahnhof a.D., den seine Inhaber zu einer originellen Begegnungs- und Ausstellungsstätte für Künstler gemacht haben. Genußmenschen und Liebhabern der katalanischen Küche raten wir zu dem netten Menü zu 120 F. Abends mit rund 190 F rechnen.

KLEINE CAMARGUE

Cowboys, Reisfelder, Zigeuner und rosa Flamingos ... die üblichen Klischees über die Camargue sollten wir ganz schnell vergessen, denn sie gelten allenfalls für die Camargue bei Aigues-Mortes und Saintes-Maries. Nur wer sich über den Stacheldraht hinwegsetzt und die Schilder mißachtet, die verkünden, daß hier Jagdgelände und »Parken verboten« ist, wird die stillen Bauernhäuser bei Sonnenuntergang und die Wildpferde an der Lagune zu Gesicht bekommen ...
Die *Petite Camargue* beschränkt sich auf einen Landzipfel westlich der Kleinen Rhône und endet am *Étang de Mauguio*. Sie weist im wesentlichen dieselben Merkmale auf wie die große Schwester: ein von Strandseen (z.B. dem *Étang de Scamandre* und dem *Étang de Charnier*) durchsetztes Sumpfgelände. Vor zweitausend Jahren zählte das Delta bereits sechs Rhônearme, von denen einer längs der Costières verlief und im Étang de Mauguio mündete.

Rindviecher

In der ganzen Region bis Nîmes erfreut sich der Stier fast kultischer Verehrung, und das seit ältesten Zeiten. Aus Mitteleuropa eingewanderte Stiere sollen sich hier festgesetzt haben, während die anderen ahnungslos nach Spanien weiterzogen. Zwei verschiedene Rassen, zwei verschiedene Kulturen. Das strittige, durchaus ernste Thema spanischer Kampfstier und Stierkampf wollen wir an dieser Stelle aber nicht weiter ausführen.

● *Der Camargue-Stier*

Zu erkennen an seinen leierförmigen Hörnern, der engen Stirn, den lebhaften, hervorspringenden Augen (die Rede ist *nicht* von einem bekannten, vor Jahren verstorbenen bayerischen Ministerpräsidenten!). Wir haben ihm aus der Nähe in selbige geblickt und wissen also Bescheid. Die langen, grauen Hörner sind am Ansatz dunkler, in der Mitte crèmefarben und an der Spitze schwärzlich. Der schmale, längliche Hals, die kompakten Hüften und der lange Schenkel unterscheiden den *Taureau camarguais* von seinem wesentlich bulligeren spa

Camargue-Stiere

nischen Vettern. Er wird selten größer als 1,30 m und wiegt unter 400 kg (wie tröstlich!).

Die Herden halten sich stets am Rand des Sumpfgeländes auf und kauen gerne *Saladelle* (die beste Erntezeit ist übrigens nach dem 15. August; man kann das dekorative Kraut gut ein Jahr lang aufheben). Bei Annäherung des Menschen nimmt er reißaus, versteckt sich im Schilfrohr oder nimmt beim »Simbéu« Zuflucht (»das Symbol«: ein Stier mit Glöckchen, der die Rolle des schützenden großen Bruders spielt).

Der freiliebende Camargue-Stier kennt Ställe nicht von innen; im Winter schaut er mit seinem gesträubten Fell aus wie ein kleiner Bison. Seine Konstitution bestimmt ihn zum Spiel, dessen Höhepunkt die *Course camarguaise* oder der Kokardenwettlauf *(Course à la cocarde)* ist. Jedenfalls in den Augen der Stierkampfbefürworter.

– **Ferrade/Marquage des Bêtes** (Brennen der Tiere): Pflichtprogrammpunkt jeder *Course Camaguaise* und unverzichtbar, um zu erkennen, ob sich einzelne Tiere in eine Nachbarherde verirrt haben. Das Einbrennen des Besitzerzeichens verläuft nach einem genau festgelegten Ritual im Rahmen volksfestartiger Stimmung. Ausgerechnet im Juli/August besteht keine Aussicht, einer echten *Ferrade* beizuwohnen: zu dieser Jahreszeit nehmen die Stiere an den *Courses* teil. Also Vorsicht, wenn uns jemand ein einschlägiges Angebot macht. Der *Anouble*, so heißt der Jungstier des Jahres, wird von den übrigen Tieren getrennt. Geladene Gäste haben die Ehre, den Burschen zum Stehen zu bringen und ihn mit festzuhalten, wenn der Stierbesitzer *(Manadier)* die Nummer seiner Herde und die des Tieres mit dem Eisen ins Fell brennt.

– **Escoussures** (Kupieren): die ganze Kunst besteht für den *Manadier* darin, ein genau festgelegtes Ohrstück auszuschneiden, ohne dem Tier weh zu tun.

Der Sage nach werden die tapfersten Stiere stehend begraben. Verblüffend sind die den verblichenen Vierbeinern gewidmeten Denkmäler: *Lou Sanglier* in Cailar, der Gedenkstein von Beaucaire, das Denkmal in Goya. Eine Stele erinnert an die Hirten der *Manade Aubanel*, die ihr Leben »per fe del biou« geopfert haben, aus Liebe zum Stier. Sie ist auf den Weiden von Cailar zu finden, unweit der Vistre. Der *Marquis von Baroncelli* soll angeblich zwischen seinem gesattelten Pferd und seinem Lieblingsstier begraben liegen – gewiß zieht er jetzt mit ihnen durch die ewigen Jagdgründe.

● *Der eigentliche »Stierlauf«*

Wer die Petite Camargue wirklich kennenlernen will, muß sich mit der *Course de taureaux*, dem »Stierlauf«, vertraut machen. Hier kommt kein Tier zu Tode, hier fließt kein Blut, es sei denn, ein Unvorsichtiger springt nicht rechtzeitig beiseite.

Die Tradition der *Courses* geht bis ins 16. Jh. zurück, als die Gutsbesitzer sich sonntags nach der (meist auch nicht sonderlich aufregenden) Messe langweilten. Sie begannen, ihre Kräfte und Geschicklichkeit an Stieren zu messen. Im 18. Jahrhundert verpaßte man diesen sinnigerweise eine Kokarde, die seit dem 19. Jahrhundert die Farben der Grande Nation trägt: Blau, Weiß und Rot. Wie in Saint-Laurent-d'Aigouze, einer Hochburg der Viehzucht, waren Arena und Kirche eine Einheit, verschmolzen Stierzwinger *(Toril)* und Sakristei hinsichtlich ihrer Nutzung. Wahrscheinlich wollten die Hugenotten die Katholiken ärgern, wenn sie den Stierlauf gleichzeitig mit der Messe um 11h beginnen ließen. Heutzutage werden die Stiere um 12.30h losgelassen.

Um die *Courses* ranken sich mehrere Bräuche:

– **L'abrivado**: die Stiere werden von berittenen Hütern von der Weide in die Arena eskortiert. Manchmal brechen einzelne aus ...

– **L'encierro**: die Stiere werden in den Gassen der Stadt losgelassen. Ein Höllenspektakel: laute Musik, wildgewordene Stiere, panisch flüchtende Zuschauer, die auf Bäume klettern oder sich ins nächste Café retten, was nicht immer eine guter Gedanke ist. Dann kehren die Stiere dort ein und trinken ein

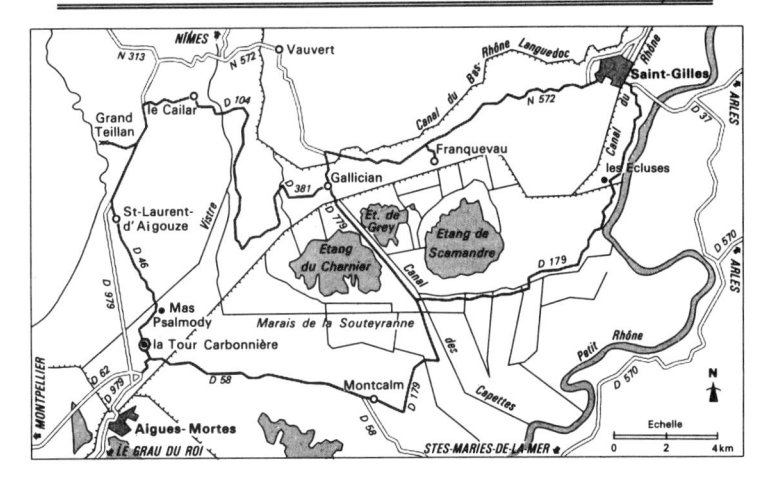

Kleine Camargue

Gläschen Pastis. Ein bißchen Schummelei ist freilich dabei: manche Straßen sind verbarrikadiert, was das Risiko mindert.
– **Le bandido:** von der Arena geht's zurück auf die Weide *(Paty)*, umgekehrt wie beim *Abrivado*.

● *Die großen »Courses«*

Die Saison beginnt mit dem *Course de Marsillargues* am ersten Sonntag im März und endet stets am Sonntag nach dem 11. November auch dort. Das Prinzip des Spektakels ist denkbar einfach: unter Zuhilfenahme eines Hakens muß man auf möglichst elegante Weise eine Kokarde und die Troddeln erwischen, die kunstvoll um Stirn und Hörner des Stiers geschlungen sind. Ein klassischer, eleganter »Fischzug« beginnt an der Barriere, greift den Stier etwas von der Seite her an und kehrt in weitem Bogen zur Bande zurück. Schneid muß man haben!

– **Marsillargues:** vom 30. Juli bis 7. August. Die *Course* erreicht ihren Höhepunkt mit *Abrivado* und *Bandido* am Donnerstag. Während der Urlaubszeit steht das prächtige Renaissanceschloß zur Besichtigung offen. Rund um die Arena gemütliche Cafés.

– **Péroles:** vom 6. bis 15. August. Die *Encierros* spielen sich vor dem Rathaus ab. Dort bekommt man die besten Kokardenjäger und Hakenschläger zu Gesicht.

– **Mauguio:** vom 13. bis 21. August täglich *Abrivado* durch die Mas des Pauvres, die Grand-Rue und die Arena. Besonderheit hier: waghalsige *Encierros*, denen man vom Tresen der beiden Cafés aus zusehen kann.

– **Lausargues:** vom 13. bis 22. August. In dieser Zeit muß man sich zwischen Mauguio und Lausargues entscheiden oder pendeln. Die Stiere kommen unmittelbar von der Weide. Den besten Blick erhascht man von der Ecke der Rue Monteil und der Avenue Grasset-Morel aus. Übernachtung in der *Ferme-Auberge von Cascabel*, T. 67 86 70 35. Zum Preis von 80 F gibt es auf Voranmeldung eine der besten *Gardiane* weit und breit.

- **Saint-Géniès:** vom 20. bis 28. August. Das Mittagessen auf der Weide, in der *Manade* Jean-Lafont, sollte man sich nicht entgehen lassen. Den Aperitif genehmigen wir uns im einzigen Café am Platz, das nach den Worten *Jacques Durands*, des Leib-und-Magen-Barden aller Viehzüchter, der »Moschee von Cordoba ähnelt, weil es auch viele Säulen hat.«
- **Saint-Laurent-d'Aigouze:** vom 18. bis 27. August. Die Stiere brechen immer wieder aus und nehmen an der Bar Platz.

• Wer mittendrin dabei sein will, übernachtet in den **Pierrades**, Weiler Montcalm, F-30000 Vauvert. T. 66 73 52 72. Gästezimmer ab 170 F. Im Schatten der Mauerreste von Schloß Montcalm, im Herzen der Camargue und ihrer Feste. Die Fenster sind sogar mit Fliegengittern gesichert. Eine zauberhafte Adresse 17 km von Montcalm und nur 12 km von Aigues-Mortes.

Verkehrsmittel

Das beste Fortbewegungsmittel in der Kleinen Camargue sind ... die eigenen Füße. Augen offenhalten und auf das leiseste Murmeln lauschen, um das Unsichtbare wahrzunehmen.

- **Zu Fuß:** wir beginnen in *Aigues-Mortes*; folgen auf sieben Kilometer dem Treidelpfad am Canal du Rhône nach Norden, bis zur Pont des Tourrandons; biegen dann an der schmalen, diskret ausgeschilderten Straße nach links ab. Plötzlich ändert die Landschaft ihr Gesicht: wir befinden uns auf den Weiden von *Cailar*, wo die Stiere groß und stark werden. Ein Fahrweg durchquert die *Prés du Cailar*. Sich nie auf die Weiden vorwagen, kein Gatter öffnen, nie die friedlich grasenden Tiere reizen: passiert ist schnell etwas! Und außerdem hat hier das Vieh Hausrecht! Den Stierweiden bis zur Vistre folgen, einem sich vorüberschlängelndem Rinnsal, dann gelangen wir über das Mas de Psalmody und den Carbonière-Turm wieder auf die Wälle. Weit, schön und flach – entweder ist man ein Wandersmann oder nicht! Im Sommer, wenn die Tage lang sind, kommt man voran, ohne sich dessen recht bewußt zu werden.

- **Mit dem Schiff:** ab Aigues-Mortes mit *Le Pescalune:* M. Griller, BP N 76. T. 66 53 79 47. Ab Saint-Gilles mit *Blue Line Camargue:* quai du Canal. T. 66 87 22 66. Kreuzfahrten von zwei bis acht Tagen. Auf 26 km sieht man nicht ein einziges Dorf; stattdessen Sümpfe, Salinen, Fauna und Flora.

- **Zu Pferd:** einige Vermieter längs jener Straße, die vom Grau-du-Roi zur Espiguette verläuft, preisen Ausritte an.

- **Per Mountainbike und Geländewagen mit Allradantrieb:** sich letztere Fortbewegungsart verkneifen: die Camargue ist nicht Kenia; und die Einheimischen mögen keinen Krach. Die Pferde übrigens auch nicht.

Wie gesagt: die Petite Camargue ist Naturschutzgebiet; Unterkünfte sind folglich rar und fast durchweg im Außenbereich angesiedelt.

SAINT-GILLES (30800)

Mitten im Rhône-Delta: 20 km südlich Nîmes, 16 km westlich Arles; mitten in einer weiten Ebene, von Kanälen und Obstgärten, Reisfeldern (!) und Reben durchzogen. Saint-Gilles-du-Gard, wie das Städtchen im Mittelalter hieß, ist bekannt für seine Abteikirche, ein Kleinod romanischer Baukunst im Languedoc. Die Stadt liegt günstig am Beginn der »Strandseen-Camargue«, einige Kilometer vom Meer entfernt. Ein ideales Standquartier für alle, die eingetretene Pfade verlassen, Touristenmassen meiden und im Hinterland umherstreifen wollen.

Aus der Geschichte

Wahrscheinlich wurde die Stadt über dem schon in der Antike bekannten Oppidum von Herakläa erbaut.

KLEINE CAMARGUE – SAINT-GILLES / 257

● *Der Heilige Ägidius, Beschützer der Schwachen*

Im 7. Jahrhundert lebte einst ein frommer Einsiedler namens Ägidius (frz. »Gilles«), ein Anachoret griechischer Abstammung, den stets eine milchspendende Hirschkuh begleitete. Alsbald gründete Ägidius höchstpersönlich das erste Kloster. Um das Jahr 1000 weiß die gesamte Christenheit um sein frommes Leben. 1042 kommt an Ort und Stelle ein Konzil zusammen, um die Grabstätte des Einsiedlers und Klostergründers zu weihen. Die Wunder lassen nicht lange auf sich warten ...

● *Einer der vier größten Wallfahrtsorte des Mittelalters*

Nach Rom, Jerusalem und Santiago de Compostela ist Saint-Gilles-du-Gard im 11. und 12. Jh. Hauptanziehungspunkt für Büßer- und Pilgermassen. Damals, als es noch keinen bezahlten Urlaub und kein dreizehntes Monatsgehalt gab, war Pilgern, zu Fuß und mit dem Schnappsack auf dem Rücken, die einzige Möglichkeit, sich mal etwas in der Welt umzutun. Einige kamen aus weiter Ferne, aus Belgien und Polen etwa, um den Heiligen Ägidius anzubeten. Nachdem sie die Auvergne und die Cevennen über die *Voie Régordane*, die hinter Alès und Nîmes in Saint-Gilles endet, überquert hatten, kamen sie müde und abgekämpft am Ziel ihrer Reise an.
Saint-Gilles ist damals auch für Pilger auf dem Jakobsweg eine Pflichtetappe. Dazu kommen noch die Kreuzfahrer, die sich nach Jerusalem einschiffen wollen. Denn Saint-Gilles, damals einer der östlichsten Häfen im Französischen Königreich, war einer der günstigsten Häfen, um ins Heilige Land aufzubrechen. Folglich tummelte sich viel Volk ums heilige Grab. 1116 mußte über der unterirdischen Krypta eine große Basilika errichtet werden. Vor dieser, am Eingangsportal mit ergreifenden Figuren geschmückten Kirche, stehen wir heute.

● *Das Goldene Zeitalter: 12. und 13. Jahrhundert*

Damals zählt die Stadt sieben Kapellen, die in den Rang von Pfarrkirchen erhoben wurden. Mönchssoldaten, Hospitaliter, Templer und Bankiers entfalten eine rege Geschäftigkeit. Die machthabenden Grafen fördern ihrerseits Handel und Wandel nach Kräften.
Über den Hafen gelangen zahlreiche Waren aus dem Orient ins Land. Erst die Gründung von Aigues-Mortes durch *Ludwig den Heiligen* läutet den Niedergang der mittelalterlichen »Boomtown« Saint-Gilles ein.

Adressen, die man sich merken sollte

- **Maison du Tourisme:** 1, place Frédéric-Mistral. T. 66 87 33 75. Auskünfte im Juli, August und September von 9-12.30 und 14.30-19h; sonntags 9.30-12.30h. Hier erfährt man alles Wissenswerte über Stadt und Land.
- **Bureau d'Accueil des Monuments Historiques** (Auskunftsbüro der Denkmalverwaltung): an der Place de la République, gegenüber der Abteikirche. T. 66 87 41 31. Ausführliches Faltblatt über die Abteikirche, die Krypta und die Skulpturen an den drei großen Eingangsportalen der Pilgerstätte. Gruppenführungen nach Voranmeldung.
- **Schwimmbad:**
im Tennis-Club »Le Mirador«, route de Montpellier. T. 66 87 06 40.
- **Reiten:** *Centre Equestre de l'Étrier,* bei Altert Cochet, Etang de l'Estagel, an der Straße nach Nîmes. T. 66 01 36 76. *Centre Equestre de l'Eperon,* mas Fourignet, ebenfalls an der Straße nach Nîmes. T. 66 87 23 01.
- **Fahrradvermietung:** M. Linsolas, quai du Canal. T. 66 87 23 82.

Übernachtung

• **Gästezimmer im Mas du Plisset:** an der Straße nach Nîmes, rechts vor der Citroën-Werkstatt. T. 66 87 18 91. M. und Mme Duplissy bieten vier Zimmer mit Blick auf den Garten, Dusche, WC und Waschbecken. Übernachtung für zwei Personen zu 250 F, Frühstück inbegriffen.

● *Preiswert*

▪ **Hôtel-Resto »Au Grill Saint-Gillois«:** 1, rue Neuve. T. 66 87 33 69. Günstig gelegenes Kleinhotel gleich neben der Place Gambetta, unweit vom Jachthafen im Süden der Stadt. Nur sieben Zimmer zum blumenbestandenen Innenhof; ruhige Straße. Doppelzimmer mit Dusche und WC zu 210 F, Halbpension 280 F.

● *Anspruchsvoller*

▪ **Hôtel Le Cours:** 10, av. François-Griffeuille, im Süden der Stadt, neben dem *Saint-Gillois* und dem *Globe*. T. 66 87 31 93. F. 66 87 31 83. Vom 15. Dezember bis 15. Februar Betriebsruhe. Größeres weißes Gebäude unter den Platanen einer schattigen, breiten Avenue. Freundlicher Empfang; Übernachtung im Zimmer mit Dusche und WC ca. 250 F, mit eigenem Bad 280 F. Die Küche bietet ein hervorragendes Preis-/Leistungsverhältnis: Menü ab 55 F! Eine gute Adresse.

▪ **Hôtel Héraclée:** 30, quai du Canal, am Jachthafen im Süden. T. 66 87 44 10, F. 66 87 13 65. Im Februar dicht. Hinter dem Namen aus der griechischen Mythologie verbirgt sich ein kleines, aber feines Hotel: helles Gebäude am Rhône-Sète-Kanal, auf dem Schnellboote, Wasserkutschen und Hausboote vorüberziehen. Nur schade, daß auf der anderen Seite diese metallische Silhouette stört ... Kurz: uns hat's gefallen. Einundzwanzig geschmackvoll eingerichtete Zimmer; die Nummern 322 und 323 auf der Kanal- oder Gartenseite mit Terrasse. Übernachtung: 280-350 F, aber den Preis wert. Frühstück rund 30 F. Obendrein erholsam ruhig. Der Wirt war früher Inhaber einer Autowerkstatt; man muß ihm zugestehen, daß er ein Händchen für Service und Einrichtung hat.

● *Zeltplatz*

▪ **Camping La Chicanette:** rue de la Chicanette, gar nicht weit der Innenstadt. T. 66 87 28 32. Vom 30. Oktober bis zum 1. April. Freundliches Ambiente mit kollektiver Mülleimerleerung (die »Müllmänner« werden per Los ermittelt). Erinnert uns fatal an die in Südwestdeutschland übliche »Kehrwoche« ...

Speis & Trank

♦ **La Biche Gourmande:** 3, allée Griffeuille. T. 66 87 04 98. Einfache Einrichtung nach rustikalem Geschmack. Der Wirt, ein ehemaliger Stahlkocher (!), versteht sich auf die Zubereitung einer einfallsreichen, anständigen Kost mit persönlicher Note. Zu den Leckerbissen des Hauses gehören die bemerkenswerten Stockfisch-Accras. Menüs ab 70 F, Schlemmermenü zu 210 F.

♦ **Le Clément IV:** 36, quai du Canal. T. 66 87 00 66. Gemütlicher Saal mit Grünpflanzen und einem Mittelbrunnen. Zwei Menüs zu 100 und 160 F. Traditionelle, regional gefärbte Küche. Die Speisekarte ist nicht gerade lang, die Qualität des Essens jedoch zu loben.

♦ **Hôtel Le Cours:** siehe »Übernachtung«. Wie bereits gesagt, sowohl für »Hamham« als auch für »Bubu« eine rundum gute Adresse (unser Lektor hat gerade Nachwuchs bekommen, von daher die etwas ungewöhnliche Ausdrucksweise).

Sehenswertes

▶ **Abteikirche Sankt Ägidius** *(Abbatiale Saint-Gilles):* in der Innenstadt. Zunächst erstaunt die geringe Höhe. Von außen betrachtet, beschränkt sich der Kirchenbau neben dem viereckigen Turm rechts auf eine langgestreckte, von drei Portalen unterbrochene Fassade. Dieser Teil heißt »Obere Kirche« *(Église haute)*, im Gegensatz zur »Unteren Kirche« *(Église basse)*, die eine geräumige *Krypta* mit dem Grabmal des heiligen Ägidius beherbergt. Nichts Besonderes, mag der verwöhnte Weltenbummler denken; aber unmerklich entfalten die vollkommenen Proportionen, die klaren, reinen Linien ihren Zauber und

KLEINE CAMARGUE – SAINT-GILLES / 259

Zigeunerkarren

wir begreifen, warum wir einem Meisterwerk der romanischen Kunst gegenüberstehen. Tatsächlich vollenden sich in Gestalt der Abteikirche von Saint-Gilles zwei Jahrhunderte romanischer Ikonographie. Sie hätte einen höheren Bekanntheitsgrad verdient. Hinter der Abteikirche die Ruinen des romanischen Chors und eine weltweit einzigartige Wendeltreppe *(Vis de Saint-Gilles)*.
Der Komplex wurde 1116 in Angriff genommen und zu Beginn des 14. Jhs fertiggestellt, wurde aber während der Religionskriege und der Französischen Revolution in Mitleidenschaft gezogen (und nicht etwa »in Leidenschaft mitgezogen«, wie unser polyglotter französischer Cicerone sich ausdrückte). Zahlreiche Gesichter an der bemalten Fassade sind verschwunden, was das steingewordenen Evangelium nur noch ergreifender macht.
– **Fassade:** fünf verschiedene Meister sollen die drei Portale zwischen 1140 und 1160 in zwanzigjähriger Arbeit gemeißelt haben. Das Nordportal zur Linken stellt im Tympanon die Anbetung der heiligen drei Könige dar. Das Südportal zur Rechten zeigt auf dem Tympanon die *Kreuzigung*. Am sehenswertesten finden wir jedoch den Fenstersturz des Mittelportals, trotz dessen ramponierten Zustandes. Kraftvoll sind Augen, Haare und Faltenwurf der Gewänder aus dem Stein gearbeitet.
– **Romanische Krypta:** stammt vom Ende des 11. Jhs. Der niedrige Gewölbesaal mißt 50 x 25 m. Lebhaft tritt uns das Bild der Pilger vor das innere Auge, die sich hier um das Grab des Heiligen scharten. In der Mitte birgt die Krypta den Sarg des Heiligen Ägidius, mitsamt der Hirschkuh, den ein Abbé 1865 wiederentdeckte. Bemerkenswert: die »Treppe der Abbés«, eine schiefe Ebene, der Brunnen und das Grab von *Pierre de Castelnau*, das an die gnadenlose Ausrottung – genannt Kreuzzug – der Albigenser gemahnt.
– **Reste des romanischen Chors:** draußen, hinter der Abteikirche; vermittelt eine Vorstellung davon, wie groß diese im Mittelalter war. Vor seiner Zerstörung 1622 bildete der Chor mit den fünf Seitenkapellen eine Apsis.
– **Sankt-Ägidius-Wendeltreppe** *(Vis de Saint-Gilles):* neben dem Chor. Mehr ist von der Wendeltreppe aus dem 12. Jh. nicht mehr übrig. Von unten sind die Stufen nicht zu sehen, was bei einer Steintreppe ungewöhnlich ist.

▶ **Römisches Haus** (Museum): an einem kleinen Platz, der mit der Place de l'Abbatiale in Verbindung steht. Von März bis September Einlaß von 9-12 und 14-18h. Sonntags geschlossen.

▶ **Markt:** donnerstags und sonntagmorgens quirliges Treiben in der Avenue Émile-Cazelles.

Freizeitgestaltung

Wie wäre es mit einer **Bootsrundfahrt** auf den Kanälen im Rhonedelta? Hier nur einige Anbieter:

- *La Salicorne:* quai du Canal, am Jachthafen. T. 66 87 33 29. Schwimmendes Restaurant mit Kneipe, das Abstecher nach Beaucaire, Saintes-Maries-de-la-Mer und Aigues-Mortes unternimmt. So richtig nach dem Geschmack unserer französischen Freunde, bei denen die Liebe zu Land und Leuten durch den Magen geht.
- *Blue Line:* quai du Canal. T. 66 87 22 66.
- *Luc-Lines:* ebenfalls am Kanalkai. T. 66 87 27 74. Hausbootferien à la Camargue, ideal für Familien oder Freundesgruppen.

– **Camargue-Cowboy für einen Tag:** *Manade* heißt in der Camargue ein Hof, wo Stiere, »biou«, gezüchtet werden. Näheres beim Verkehrsamt.

Weiterfahrt per Bus

Busbahnhof am Boulevard de Chanzy 6-8; T. 66 87 31 32.

– **Nach Arles und Lunel:** täglich mehrere Busse; Fahrkarten im Tabakladen *Blanc*, Rue Gambetta, in Saint-Gilles.

– **Nach Nîmes:** die *Rapides de Camargue* verkehren rund zehnmal am Tag. Auskunft am Busbahnhof.

BEAUCAIRE (30300)

Ein Traum, zumindest eine von jenen zahlreichen Städten in der Gegend, von denen wir unter dem wolkenverhangenen Himmel Germaniens nächtens zu träumen pflegen. Tatsächlich präsentiert sich Beaucaire dem Besucher als architektonische, kulturelle und hotelleristische Kombipackung. Das in Frankreich vielzitierte kulturelle Erbe *(le patrimoine)* wird bereichert durch gute, ja sogar hervorragende Adressen zum Essen und Schlafen bei erträglichen Preisen. Ein *weekend* in Beaucaire ist auf alle Fälle ein gelungenes Wochenende.
In unserer schnellebigen Zeit reisen wir natürlich nicht mehr – wie weiland *Alphonse Daudet* – hoch auf dem gelben Wagen mit der Eilpost an, sondern mit dem Zug oder dem Wagen.
Während des weit über die Landesgrenzen hinaus berühmten Sainte-Madeleine-Jahrmarkts entfaltet die Stadt eine fieberhafte Geschäftigkeit. Im Jahr 1793 wurde übrigens während der *Foire* das berühmte »Souper von Beaucaire« verfaßt, ein Dialog, der seine Inspiration aus einer Unterredung zwischen Geschäftsleuten über die Lage des Landes bezog. Schriftführer war ein junger Artillerieoffizier namens *Napoleon Bonaparte* ...
Über Beaucaire schwebt auch der Schatten des *Drac*, halb verführerisches, halb grausliges Ungetüm, das eine junge Wäscherin entführt haben soll, um sie auf dem Grund der Rhône gefangenzuhalten. Am ersten Wochenende im Juni wird der Drac in Gestalt eines Drachen feierlich durch die Stadt getragen.
Bleibt noch die alte Burg von Beaucaire zu nennen: sie wacht nach wie vor über den Dächern, den engen Gassen und den mit roten Ziegeln gedeckten Häusern. Wenn man von der Schwesterstadt Tarascon anreist und die Rhône bei Sonnenuntergang überquert, entfaltet sich eine magische Atmosphäre.

Nützliche Adresse

– **Verkehrsamt:** 24, cours Gambetta. T. 66 59 26 57. Von April bis September montags bis samstags geöffnet (im Juli/August zusätzlich am Sonntag), von Oktober bis März von Montag bis Freitag. Jung, dynamisch, freundlich (wie es in den Stellenanzeigen immer heißt).

Ein Dach über dem Kopf

● *Für schmale Geldbörsen*

▪ **Hôtel-Restaurant Le Napoléon:** 4, place Frédéric-Mistral. T. 66 59 34 97. Sonntag Ruhetag. Die junge Wirtin des *Napoléon* hält die provenzalisch eingerichteten Zimmer tadellos in Schuß. Nr. 7 im dritten Stock (kein Aufzug) belohnt dafür, daß man die Treppe hinaufschnauft (man wird eben auch nicht jünger): malerischer Blick über die Dächer und Fassaden der ruhigen, gewundenen Rue Mirabeau. Eine Adresse, die man sich merken sollte. Doppelzimmer mit Dusche und WC ab 170 F. Im Hause ein Restaurant mit traditioneller Hausmannskost. Zur Wahl steht aber auch ein »mexikanisches« Menü für rund 90 F. Mittags ein Tagesessen mit Wein zu rund 70 F.

● *Mittlere Preislage*

▪ **Hôtel-Restaurant Le Parc:** 4,5 km hinter dem Stadtrand Beaucaires; über der Straße nach Saint-Gilles und Bellegarde zu erreichen, auf der rechten Seite im Abseits. Eingebettet in einen im baumbestandenen Park. T. 66 01 11 45. F. 66 01 02 28. Sieben saubere, hübsche Zimmer, wahlweise mit Dusche, Bad oder Waschbecken. Doppelzimmer 180-300 F. Gastfreundlicher Empfang, guter Tisch: Menüs zwischen 70 und 300 F, die im Speisesaal oder auf der

schattigen Terrasse serviert werden. Ein dreifaches Hoch auf die französische Küche!
- **Le Robinson:** an der Straße nach Remoulins. T. 66 59 21 32. F. 66 59 00 03. Im Februar Betriebsruhe. Mitten auf dem Land: viel Platz, viel Grün und ein Schwimmbad. Aber der Zivilisation immer noch zu nah, um hier Robinson und Freitag spielen zu können. Doppelzimmer 350 F, Frühstück 40 F. Benutzung des Tennisplatzes 50 F pro Stunde; Parken in der abgeschlossenen Garage 35 F pro Tag. Der »offene Parkplatz« ist kostenlos.

Essen & Trinken

● *Preiswert*

♦ **Le Soleil:** 30, quai du Général-de-Gaulle. T. 66 59 28 52. Täglich nur über Mittag geöffnet. Gute, einfache, bodenständige Speisegaststätte. Menü inkl. Wein für rund 65 F. Hausmannskost ohne hohe Ansprüche, die aber auf frischen Zutaten basiert. Nette Bedienung. Von der Wand blickt Schorsch *Pompidou* ernst hernieder, die Hände in sämtlichen Hosentaschen. Der hängt auch schon dreißig Jahre da oben, scheint ihm hier wohl zu gefallen. Uns auch.
♦ **La Péniche:** idealerweise am Hafenkai, gleich vis-à-vis vom *Soleil*. Das blaue Hausboot spieöt von Juni bis September schwimmendes Restaurant. Die Inhaber sind dieselben wie im *Soleil,* folglich kommen auch hier frische Erzeugnisse auf den Tisch, obwohl das Menü anders, eher touristisch ausfällt. Dennoch schmeckt das Gegrillte auf der Brücke vorzüglich, und auch das Komplettmenü zu 70 F ohne Wein ist nicht übel.

● *Mittlere Kategorie*

♦ **Le Sénéchal:** 49, bd du Maréchal-Joffre. T. 66 59 23 10. Montags und mittwochabends geschlossen. Hier wird keiner über den Tisch gezogen; der Wirt ist noch ein Küchenchef vom alten Schlag. Gemütliche Einrichtung, unverputzte Steinwände, Rose und Kerze auf dem weißen Tischtuch, freundliche Bedienung. Serviert klassische Gerichte aus erlesenen Zutaten. Ein Genuß, der sich bei der überbordenden Käseplatte noch steigert. Der Schlemmerteller gab uns den Rest; ihn sollte sich keiner entgehen lassen. Man gönnt sich ja sonst nichts ... Menüs zu 100, 150 und 200 F.
♦ **Côté Cour:** 8, rue de l'Indépendance. T. 66 59 24 88. Originelles Menü: 160 F für die komplette Mahlzeit, vom Aperitif bis hin zu Dessert und Wein. Am Büffet jede Menge Salate, zartes Fleisch. Abgesehen von der Küche lockt auch die gelungene Inneneinrichtung in Pastelltönen mit ihren Grünpflanzen die Kundschaft an. Blühender Innenhof. Der Wirt hat es verstanden, eine behagliche Atmosphäre zu erzeugen.
♦ **Le Fiacre:** 10, rue Mirabeau. T. 66 59 48 60. Montags- und dienstagsabends sowie den ganzen August über geschlossen. Ländlicher Saal, steineres Gewölbe und ein großer Kamin sorgen für Gemütlichkeit. Fisch gibt bei den Menüs zu 100 und 180 F den Ton an.

Für Kulturbeflissene

▶ **Königliche Burg** *(Château royal):* die mächtige Zitadelle aus der Zeit des Heiligen Ludwig beherrscht Beaucaire seit dem 11. Jh. Romanische Kapelle und Garten überstanden die zahlreichen Belagerungen, denen sich die Stadt ausgesetzt sah. Freie Besichtigung der Gärten innerhalb der Burgmauern täglich außer dienstags im Sommer von 10-12h und von 14.15-18.45h; außerhalb der Saison von 10.15-12h und von 14-17.15h.

▶ **Stiftskirche »Notre-Dame-des-Pommiers«:** von Franque und Rollin im 18. Jh. erbaut; an der gewellten Fassade »Unserer lieben Frau vom Apfelbaum« finden sich Tiefreliefs. Ein Fries auf der Ostfassade stellt Szenen aus der Leidensgeschichte dar. Inneneinrichtung aus mehrfarbigem Marmor, zahlreiche Gemälde alter Meister.

KLEINE CAMARGUE – BEAUCAIRE / 263

▶ In der Innenstadt stoßen wir auf viele **Hôtels particuliers** (Bürgerhäuser).

▶ **Musée Auguste Jacquet:** in den Burggärten. T. 66 59 47 61. Dienstags und feiertags geschlossen. Archäologie, Geschichte des Jahrmarkts von Beaucaire, Brauchtum und Sonderausstellungen.

▶ **Adler von Beaucaire:** in der Burg, T. 66 59 58 33. Zwischen Ostern und Allerheiligen jeden Nachmittag außer Mittwoch. Etwa jede Stunde werden die stolzen Vögel freigelassen. Greifvögel im freien Flug vor mittelalterlicher Kulisse, dazu musikalische Untermalung. Adler, Geier, Milane und Falken entfalten ihre Flugkünste.

Feste und Feierlichkeiten

– **Himmelfahrtsjahrmarkt** *(Foire de l'Ascension):* riesiger Trödelmarkt auf den Boulevards Gambetta, Joffre und Foch.
– **Sommerfestival von Beaucaire:** zur Erinnerung an den alten Sainte-Madeleine-Jahrmarkt. Auftakt der *Estivales de Beaucaire* ist der historische Umzug am 21. Juli. Ausstellungen, Handwerkskunst, Trödel, Weinfest, Straßentheater, Konzerte, *Courses* und Stierkampf.
– **Märkte:** donnerstags- und sonntagvormittags auf dem Cours Gambetta und dem Rathausplatz.
– **Trödelmarkt:** am ersten Freitag im Monat auf dem Boulevard Gambetta.

In der Umgebung

▶ **Abtei Saint-Roman:** nach 5 km an der D 999 in Richtung Nîmes. Gut ausgeschildert. T. 66 59 26 57. Gewiß eines der erstaunlichsten Bauwerke weit und breit, handelt es sich doch um eine in Europa einzigartige Höhlenabtei, die vom 5. Jh. an ganz in den Fels gehauen wurde. Die Kapelle, die großen Säle, die Zellen, alles wurde in den Berg getrieben, was immerhin eine stolze Leistung ist. Auf der oberen Terrasse liegt unter freiem Himmel eine *Totenstadt* (die Gräber der sieben Zwerge?), von der aus man einen fantastischen Blick über das Rhônetal hat.

▶ **Vieux Mas:** Mas de Vegère. T. 66 59 60 13. Von 10-19h. Von Beaucaire in Richtung Fouqués über die D 15. Nach rund 7 km auf die Schilder rechts achten. Nachbau einer Dorfschule, Darstellung ausgestorbener Handwerke wie Hufschmied, Sattler oder Holzschuhmacher. Ausstellung alter Weinbaugeräte.

▶ **Schloß Tourelles:** an der Straße nach Bellegarde (D 38), rund 4 km hinter Beaucaire zur Rechten. T. 66 59 19 72. Besichtigung in der Zeit vom 12. April bis 3. Oktober von 14-19h; während der übrigen Mnate samstags von 14-19h. Den *Mulsum* (Honigwein) probieren, ein ausgereifter, nach zweitausend Jahre alter Methode angebauter Met. Gewährt Zutritt in den restaurierten galloromanischen Keller mit Weinamphoren von einem nahegelegenen Ausgrabungsort.

LE GRAU-DU-ROI (30240) – PORT-CAMARGUE (30240)

Alles begann im 16. Jh. mit zwei Steinmolen »an der Kanalmündung des Königs«, auf der natürlichen Landbrücke zwischen See und Meer, auf okzitanisch »grau«. Von Heinrich IV. bis Napoleon haben viele Herrscher das Schicksal der Stadt bestimmt. Bis heute hat sich der vielbesuchte Badeort Le Grau mit seinen Schaluppen in der Innenstadt – Le Grau ist nicht von ungefähr zweitgrößter Fischerhafen an der französischen Mittelmeerküste! – trotz Touristenrummel einen gewissen Reiz bewahrt. Schuld am Beginn des Massenandrangs war übrigens der Bau einer Eisenbahnlinie nach Nîmes 1910: Le Grau bot sich daraufhin als Hausbadestrand der Städter an.
Der neue Badeort Port-Camargue wird vor allem die Segelfreunde unter unseren Lesern anlocken. Mit 4.500 Ringen ist Port-Camargue der größte Jachthafen Europas (diese Franzosen mit ihren ewigen gigantomanischen Bauvorha-

ben!). Den Spaziergang durch die verbaute Landschaft mit ihren Kanälen kann man sich schenken. Schauen wir wenigstens mal am *Quai d'Honneur* (»Ehrenkai«) unweit des Hafenamts vorbei. Die Freunde von Ketsch, Schoner oder Dreimaster werden ihre Freude haben. Hier herrscht bisweilen die größte Jachtendichte an der ganzen Mittelmeerküste. Heimathafen sind häufig Hamburg, London oder gar Sydney.
Hafenamtsleiter ist der alte Skipper Jean-Marie Vidal. An Segelschulen herrscht kein Mangel. Wer die Wahl hat ...

Nützliche Adressen

– **Verkehrsamt:** rue Rédares. T. 66 51 67 70. Die Hostesse, die uns weiterhalf, sprach mindestens fünf Sprachen fließend. Gerade in Frankreich keine Selbstverständlichkeit.
– **Fahrradvermietung:**
Cyclo New Style, 8, rue du Stade. T. 66 53 08 06. Ganzjährig geöffnet.

Übernachtung

● *Erschwinglich*

• **Hôtel Quai d'Azur:** 31, rue du Vidourle. T. 66 53 41 94. Klappt von Mitte November bis Mitte Februar die Läden zu. Im Herzen der Altstadt. Ruhiges, einfaches Kleinhotel mit schattigem Innenhof und Frühstücksterrassen. Kostenpunkt: 180-220 F, Frühstück: 30 F.
• **Hôtel Le Pistou:** 79, rue Alsace-Lorraine. T. 66 53 17 59. Am Bahnhof, in einem hübschen Gebäude mit Restaurant im Chalet-Stil. Insgesamt vier Zimmer: Doppelzimmer ab 270 F, Frühstück inbegriffen. Zwei Wochen Halbpension für zwei Personen 2.900 F. Genug Zeit also, um alle Schönheiten der Landschaft in sich aufzunehmen. Einfache, professionell zubereitete Kost auf der Basis von Meereserzeugnissen.

● *Mittlere Kategorie*

• **Hôtels Les Acacias:** 21, rue de l'Égalité. T. 66 51 40 86. Im alten Ortskern, im Schatten einer Platane. Unterkunft im ländlich-provenzalischen Stil: Doppelzimmer in der Hochsaison rund 300 F, außerhalb der Saison 260 F. Dem alten Hotel vor dem bequemen, aber ungemütlichen Anbau den Vorzug geben. Aufgetischt wird im Speisesaal oder unter der Platane auf der Terrasse: Fisch, besonders hausgemachte Fischsuppe mit halbem Hummer zu 230 F, Menü zu 180 F mit »Tintenfischrouille« (Knoblauchsauce). Die während der Saison unumgängliche Halbpension beläuft sich pro Person auf 280 F (Menü zu 100 F).
• **Hôtel Le Maray:** quai Christian-Gosioso. T. 66 51 46 51. F. 66 51 54 54. Nichtssagendes Äußeres, aber die tiptop Zimmer. Zuvorkommender Empfang, seltene Sauberkeit. Dennoch ein Gemach zum Hafen verlangen, die anderen finden wir etwas düster. Doppelzimmer 260-320 F, Frühstück: 38 F.

● *Für Kinder aus gutem Hause*

• **L'Oustau Camarguen:** 3, route des Marines, in Port-Camargue. T. 66 51 51 65, F. 66 53 06 65. Einfach vollkommen: sowohl was die liebenswürdige, höfliche Begrüßung, als auch was das Drumherum (Schwimmbad, Whirlpool) und die Einrichtung anbelangt: halb spanische, halb Camargue-Atmosphäre; provenzalische Bettdecken. Ein Neubau zwar, der aber nicht mit persönlicher Note und Komfort geizt. Abseits des Trubels. Sicher nicht geschenkt, aber wenn wir schon mal hier sind ... Doppelzimmer ab 400 F. Verhungern braucht auch niemand: Menüs in der Preislage 130-180 F.

KLEINE CAMARGUE – GRAU-DU-ROI/PORT-CAMARGUE

Wenn der Magen knurrt

● *Erschwinglich*

♦ **Le Cardinal:** 14, rue du Levant. T. 66 51 46 83. Eher düstere Einrichtung, die sich um das Thema Stierkampf dreht. Beliebte und stets gut besuchte Viertelskneipe, wo heimische Kost auf den Tisch kommt. Menüs zu 60, 90 und 150 F.

♦ **Le Boucanier:** im Einkaufszentrum Boucaner, av. de Bernis. T. 66 51 72 31. Außerhalb der Urlaubszeit ruht montags der Betrieb; von November bis einschließlich Februar ganz dicht. Reich bemessene Hausmannskost. Die überbackenen Miesmuscheln, bei denen man nach Herzenslust zulangen darf, sagten uns ebenso zu wie die hausgemachten »Venusmuscheln Seeräuber Art« von der Speisekarte. Menü ab 78 F.

♦ **Le Pistou:** s. »Übernachten«. Während der Saison täglich außer montags geöffnet; von Ende Oktober bis Ostern nur freitags, samstags und sonntags. Rund 90 F für ein ausgewogenes Menü, die Gemütlichkeit des Speisesaals und die Freundlichkeit des *Patron* veranschlagen. Leckerbissen: geräucherter Fisch.

● *Mittlere bis höhere Kategorie*

♦ **Le Palangre:** 56, quai du Général-de-Gaulle. T. 66 51 76 30. Dienstags sowie von Mitte November bis Mitte Februar geschlossen. Am Hafen. Speisesaal in Brauntönen mit Strohstühlen. Für Leckeres vom Grill und Hochstimmung garantieren wir. Los geht's bei 90 F, aber auch 240 F auszugeben, fällt nicht schwer. Nicht nur Menüs, sondern auch beim der Speisekarte.

♦ **L'Amarette:** im Einkaufszentrum *Camargue 2000*, Port-Camargue. T. 66 51 47 63. Mittwoch Ruhetag. Piccobello, dazu ein Blick über die Bucht, frische Meeresfrüchte und guter Fisch. Ab 200 F; Panoramaterrasse.

Sehenswertes & Unternehmungen

– **Reiten:** *Ranch du Phare*, route de l'Espiguette. T. 66 53 10 87. Durch die Dünen und am Strand entlang.

– **Volksfeste:** im Juni und September Languedoc-Turniere und *Courses Camarguaises*.

▶ **Palais de la Mer:** av. du Palais-de-la-Mer. T. 66 51 57 57. Öffnungszeiten: täglich außer montagsvormittags von 9.30-12h und von 14.30-19h; im April, Mai, Juni, September durchgehend bis 21h; im Juli/August bis 23h. Haie und seltene, buntschillernde Fische schwimmen über unsere Köpfe hinweg. Auch das *Musée de la Mer* sollte man nicht verpassen, wo Fauna und Flora im Mündungsbereich des Kanals vorgestellt werden. Eintritt für zwei: 41 F.

– **Bootsexkursion und Hochseeangeln:** ein Ausflug, der immer noch seine Anhänger findet. Das Boot ist für über siebzig Personen vorgesehen, was entschieden zuviel ist. Buchung und Abfahrt am Quai Colbert.

– **Haus des Weins und das Gard** (*Maison des vins et des produits du Gard*): route de l'Espiguette. T. 66 53 07 52. Das ganze Jahr über täglich geöffnet: von Juli bis September 9-22h, von Oktober bis Juni von 15-19h. Große Ausstellung handwerklicher Erzeugnisse, Verkauf roher (Obst der Saison) und verarbeiteter Produkte wie Öl, Wein, Seife, Honig oder Textilien.

▶ **Espiguette-Leuchtturm:** sicher eines der schönsten Ausflugsziele zwischen Dünen und Meer. Obacht: hinter einer Düne verbirgt sich meist eine zweite Düne. Acht Kilometer lang zieht sich der Weg dahin, und bald hat man die Fußkranken hinter sich gelassen. FKK-Anhänger bevölkern den Strand. Parkplatz neben dem Leuchtturm. Kilometerlang unverbaute Landschaft. Von der höchsten Düne schweift der Blick von den Pyrenäen bis zum Mont Ventoux und dem Larzac in den Cevennen. Im Osten gelangt man bis zum Bereich der Salinen von Aigues-Mortes. Im Westen sind es 8 km bis Port-Camargue, an den Zeltplätzen entlang.

Pferdeherde

KLEINE CAMARGUE – GRAU-DU-ROI/PORT-CAMARGUE

– **Weitere Wanderungen:** Auskunft im Verkehrsamt (s. »nützliche Adressen«). Das Personal rückt netterweise einen Plan heraus.

AIGUES-MORTES (30220)

Von hier aus brach *Ludwig IX.* zum Kreuzzug auf, auch wenn es damals noch keine Stadtmauern gab. Den späteren Hafen beherrschten lediglich ein Holzturm aus der Merowingerzeit, »Matafère« genannt, und die Abtei der Mönche von Psalmody. Schon die Tempelritter verlegten sich auf die Pferdezucht. Aber noch einmal zurück zum Heiligen Ludwig: aus Sorge um den militärischen Schutz von Aigues-Mortes, damals der einzige französische Mittelmeerhafen (die Grafschaft Provence gehörte damals nämlich noch zum Heiligen Römischen Reich Deutscher Nation, jawoll!), ließ er in aller Eile den Constance-Turm hochziehen. Nach Ludwigs Tod entstand innerhalb von zwanzig Jahren die Festungsanlage mit ihren fünfzehn Türmen und zehn Toren. Schachbrettartig angelegte Straßen verhindern, daß der kalte Mistral sich in der Stadt verfängt.
Daß sich die Bürger über die Benennung ihrer Stadt wenig begeistert zeigten, ist verständlich, bedeutet *Aigues-Mortes* doch nichts anderes als »tote Wasser«. So schlecht war der Name damals aber nicht gewählt, schließlich handelte es sich um eine strategisch motivierte Gründung inmitten der Einöde, durchsetzt von malariaverseuchten Sümpfen. Wären nicht die Fremden und der Weinbau, so könnte man heute beim Anblick der Kanäle, Salinen und Lagunen noch melancholisch werden. Denn militärische und wirtschaftliche Bedeutung Aigues-Mortes als Hafenstadt sind längst Geschichte: der Kanal versandete, Marseille kam 1481 zu Frankreich und versetzte Aigues-Mortes den Todesstoß, der Mittelmeerhandel kam daraufhin zum Erliegen und Salz büßte seine Bedeutung als sprudelnde Steuerquelle und Grundlage des Wohlstands ein. Ganz zu schweigen von den kriegerischen Auseinandersetzungen zwischen Katholiken und Protestanten, den immer wieder aufflackernden Seuchen (vor allem Malaria und Cholera) und der Verfolgung der Hugenotten nach Aufhebung des Edikts von Nantes.
Hier noch eine »gesalzene Anekdote«: 1421 bemächtigen sich die Burgunder der Hafenstadt und setzen die Armagnacs vor die Tür, die wüste Söldnertruppe des Königs. Diese nehmen in den Cevennen Zuflucht und stehen zehn Jahre später im Schutz der Nacht wild und rachelüstern wieder auf der Matte. Der Überraschungseffekt war auf ihrer Seite, die Burgunder wurden abgeschlachtet wie die Schweine. Eine Genfer Konvention gab's in diesen gottesfürchtigen Zeiten ja noch nicht. Aus hygienischen Gründen wurden die Leichen damals in einem der Türme aufgestapelt, und zwischen jede Schicht kam eine Lage Salz. Seitdem heißt der betreffende Turm logischerweise »Turm der gesalzenen Burgunder«.

Ab in die Falle

- *Untere bis mittlere Kategorie*

▪ **Hôtel-Restaurant L'Escale:** 3, av. de la Tour-de-Constance. T. 66 53 71 14. An der Stadtmauer. Schlichte, aber tadellose Zimmer; freundliche Aufnahme. Doppelzimmer mit Dusche 170 F, Frühstück: 25 F. Im Restaurant ein Menü zu 75 F. Halbpension 175 F pro Nase.

- *Mittelprächtig bis schicker*

▪ **Hôtel des Croisades:** 2, rue du Port. T. 66 53 67 85, F. 66 53 72 95. Vom 15. November bis 15. Dezember und vom 15. Januar bis 15. Februar geschlossen. Neubau außerhalb der Stadtmauern, aber gleich dran, oberhalb des Kanals. Freundliche Begrüßung, anheimelnde, gediegene Umgebung. Doppelzimmer 240-270 F, Frühstück 32 F. Haustiere nicht zugelassen. Günstigstes Preis-Leistungsverhältnis in Aigues-Mortes.

Aigues Mortes

- **Hôtel Saint-Louis:** 10, rue de l'Amiral-Courbet. T. 66 53 72 68, F. 66 53 75 92. Von Januar bis März ruht der Betrieb. Das Restaurant bleibt dienstags- und donnerstagsmittags zu. In einer Gasse unweit des Platzes erhebt sich das denkmalgeschützte alte Gebäude mit Innenhof und Stilmöbeln. Die thronartigen Klosetts sind geradezu museumsreif. Doppelzimmer 330-470 F, Frühstück: 50 F.

Speis & Trank

Für schmale Geldbeutel

♦ **Chez Laurette:** 9, rue Alsace-Lorraine. T. 66 53 62 67. Montag Ruhetag; während der zweiten Oktoberhälfte ganz geschlossen. Hinter der Kirche Notre-Dame-des-Sablons. Anständige Bleibe ohne große Ansprüche, wo wir, ohne unser letztes Hemd dranzugeben, in den Genuß einheimischer Küche kommen, insbesondere der *Rouille* genannten Knoblauchsoße. Essenspreise 70-110 F.

Mittlere Preislage

♦ **Le Galion:** 24, rue Pasteur. T. 66 53 86 41. Außerhalb der Urlaubszeit montags Ruhetag. Gemütlicher äußerer Rahmen aus unverputzten Wänden und Balken; da schmeckt die *Pierrade du Pescadou* (Goldbrasse und Wolfsbarsch mit drei Soßen und einem vorzüglichen Kartoffelgratin) noch mal so gut; oder wie wäre es mit einem Fleischgericht, bei dessen Auswahl uns der junge Wirt mit Rat und Tat zur Seite steht? Kurz und gut: die Geschmacksnerven kommen nicht zu kurz, die Bedienung ist nett und die Preise bleiben auf dem Teppich. Menüs zu 85, 100 und 130 F. Oder nach der Karte bestellen.
♦ **Le Duende:** 16, rue de l'Amiral-Courbet. T. 66 53 80 38. Außerhalb der Hauptreisezeit mittwochs Ruhetag. Erfreut sich einigen Ansehens. Hübscher provenzalischer Gastraum mit Stierkampf-Ambiente und einer verführerischen Speisekarte. 80 oder 160 F das Menü, 50 F der Kinderteller.
♦ **La Goulue:** 2 *ter*, rue Rochereau. T. 66 53 69 45. Von Oktober bis März geschlossen. Unbeschreiblich schön; wer im Garten zu Mittag essen will, muß deshalb unbedingt vorbestellen. Wer sich dagegen mit dem Speisesaal begnügt, wird vom Wirt zwischen die anderen Gäste plaziert. Wenn der in Form ist, vergißt man über der quirligen Atmosphäre bald die passable Kost. Menüs zu 70 und 170 F. Angeber mit Plastikgeld schauen in die Röhre.

Anspruchsvoller

♦ **La Camargue:** 19, rue de la République. T. 66 53 86 88, F. 66 53 72 69. Bewirtung nur abends. Das bekannteste Haus am Platz. Im Garten südländisch-andalusische Stimmung. Manitas, Mitglied der europaweit erfolgreichen *Gipsy Kings*, sorgte hier schon vor seiner steilen Karriere für wohltemperierten Saitenklang. Nach der Karte ordern oder das Einheitsmenü aus Anchovis und Gegrilltem zu 120 F kommen lassen.

Sehenswertes und Ausflüge

▶ **Stadtführung durch das Verkehrsamt:** porte de la Gardette. T. 66 53 73 00. Winters 9-12 und 14-18h. Im Sommer durchgehend von 9-20h.

▶ **Stadtmauer:** 11 m hoch, 1.634 m lang, 2 m dick, welches Volumen? Ist uns eigentlich wurscht; Hauptsache, die Mauern sind gut erhalten und von außen wie innen hübsch anzusehen.

▶ **Tour des Bourguignons Salés** (»Turm der gesalzenen Burgunder«): s.o.

▶ **Constance-Turm:** place Anatole-France. Theoretisch von 9-12 und von 14-18h zugänglich (die Uhrzeiten können sich aber jederzeit ändern, schließlich sind wir in Südfrankreich und nicht in Schwaben). Ältester Teil der Stadtmauern; wer die hundertneunzig Stufen hochschnauft, hat von oben einen beneidenswerten Blick über das Mauerviereck der Stadt. Fotoapparat raus, schon im Kasten! Aber halt, so billig lassen wir unsere Leserinnen und Leser nicht wegkommen. Schließlich gibt es zu dem 40 m hohen, runden Bollwerk mit seinem 6 m dicken Mauerwerk einiges zu berichten. Beispielsweise was das Thema »innere Sicherheit« anbelangt: man achte auf das raffinierte System aus Wurfschächten und Fallgittern, deren Führungen heute noch zu erkennen sind. Oben im Turm hielt einst Ludwig IX. Andacht: in einer eigens für ihn angelegten Privatkapelle. Noch ein Stockwerk darüber ging's derweil weniger beschaulich zu: hier harrten im 14. Jh. Anhänger des zerschlagenen Templerordens auf ihr ungewisses Schicksal. Im von Religionskriegen zerissenen 16. Jahrhundert bekamen sie Gesellschaft von zahlreichen hier einsitzenden Protestanten, gefolgt von Angehörigen des schwachen Geschlechts im 18. Jahrhundert: damals diente der Turm nämlich als Frauengefängnis. Darauf, daß die Lebensbedingungen dort alles andere als behaglich waren, weisen die für spärliche Beleuchtung sorgenden schmalen Fensterschlitze hin, durch die es mächtig zieht. Ein Kamisardenführer namens *Abraham Mazel* konnte seinem unfreiwilligen Aufenthaltsort so wenig Geschmack abgewinnen, daß er sich an Leintüchern an der Außenwand abseilte, ganz so, wie nach ihm Generationen amerikanischer Gangster im Film. Erinnert sei auch an die Hugenottin *Marie Durand*, die, noch jung an Jahren, verhaftet wurde und fast vierzig Jahre lang im Turm schmachten mußte, ohne indes ihrem Glauben abzuschwören. Jedenfalls deutet das in den Stein geritzte Wort *Reçister* (»widerstehen«) auf ihre Unbeugsamkeit hin, die erst 1768 mit der Begnadigung durch den Gouverneur des Languedocs belohnt wurde.

▶ **Kirche Notre-Dame-des-Sablons:** im frühgotischen Stil. Die schmucklosen Altartische sind ehemalige Bauerntische. Während der Französischen Revolution diente die Kirche als Salzlager.

▶ **Place Saint-Louis:** anläßlich der Feierlichkeiten zu Ehren des Schutzpatrons, des Heiligen Ludwigs, oder beim Oktoberfest (sic!) trinken wir hier einen Pastis. Das Herz der schachbrettartigen Altstadt; Touristen und Einheimische wuseln entsprechend bunt durcheinander.

▶ **Ehemalige Kapuzinerkapelle:** beherbergt heute das Verkehrsamt. Jährlich wechselnde Ausstellungen aus den Bereichen Malerei, Bildhauerei und Kunsthandwerk.

▶ **Kapelle der Grauen Büßer** *(Chapelle des Pénitents-gris):* polychromer Hauptaltar mit Altaraufsatz, Werke von Künstlern aus Montpellier.

▶ **Salins du Midi:** die Salzgärten sind nur im Rahmen einer Führung zu besichtigen. Schon die alten Römer bedienten sich der stufenweisen Verdunstung und gewannen hier Salz aus dem Meer; die Salinensklaven hatten dabei eine durchschnittliche Lebenserwartung von fünfundzwanzig Jahren. Meint doch so ein Schnösel, da hätten die Frauen wenigstens dreimal im Leben heiraten können – diese Franzosen denken auch immer nur an das eine! Zurück zur Salzgewinnung: die trockene Luft und die starke Sonneneinstrahlung begünstigen die Verdunstung. 400.000 t Salz türmen sich zu richtigen Bergen (»camelles«, hat nix mit dem Kölner Karneval zu tun).

▶ **Kapelle der Weißen Büßer** *(Chapelle des Pénitents-Blancs):* mit einem Fresko von *Xavier Cigalon*. Besichtigungswillige müssen sich im Verkehrsamt anmelden.

▶ **Weingut Listel:** domaine de Jarras. T. 66 53 63 65. Teil der *Salins du Midi*. Besichtigung der Weinkeller und kostenlose Weinprobe möglich. Hier wird ein ganz besonderer Rebensaft gewonnen, da die Rebstöcke im Sand wachsen *(Vin de Sable)*. Das erklärt auch, warum sie im 19. Jahrhundert von der Reblaus verschont blieben. Was nachher ins Glas fließt, ist also original französischer Wein, während die Konkurrenz auf kalifornische Stöcke zurückgreifen

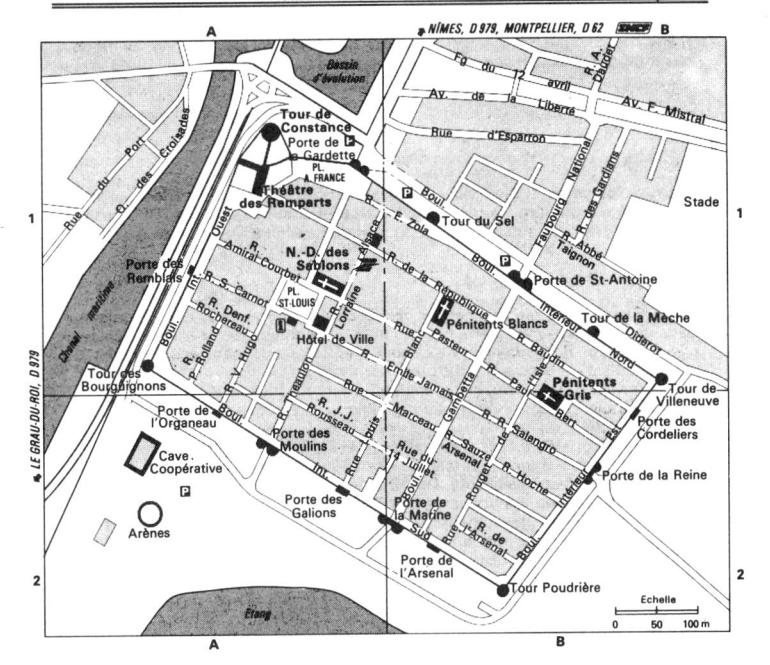

Aigues-Mortes

mußte. Wir müssen daher stets ein wenig schmunzeln, wenn sich Franzosen über amerikanischen Wein mokieren ...

Ruhig einmal freundlich anfragen, ob man auf dem Gelände ein wenig umherlaufen darf. Die Aussichten stehen nicht schlecht, unterwegs Eisvögeln, Pferden, Seidenreihern, Fischreihern und diesen kleinen fluoreszierenden Fröschlein, die uns in die Hosenbeine hupfen, zu begegnen. Renetten, eine Apfelsorte, wachsen an den Bäumen. Unweit eines der schmalen Bewässerungskanäle stoßen wir auf das *Fort Peccais* (von Festungsbaumeister Vauban), das nicht ausgeschildert ist, sich aber am Ufer des gleichnamigen *Étang* befindet. Ebenfalls sehenswert.

> **Abstecher:** hinter der Ausfahrt von Aigues-Mortes Le Bosquet links liegen lassen und die Piste längs des Bougidou-Kanals einschlagen. Nicht die ganze Strecke im Auto zurücklegen, schließlich sind es nur 3 km ohne Steigung. Der Fußmarsch ist viel aufregender, die Stoßdämpfer von Muttis Einkaufsflitzer werden geschont und die Anlieger sind auch dankbar.
> Nach rund 15 km stolpern wir wieder über das *Fort Peccais*.

Feste feiern

– **Fête de la Saint-Louis:** um den 25. August herum (Hl. Ludwig), unter Aufbietung alter Kostüme sowie Feuerspucker.

– **Stadtfest:** Mitte Oktober, nach Weinlese und Salzernte. Auf keinen Fall versäumen. Die Stierkampfarena, deren Ränge aus zwei Meter breiten Boxen bestehen, die per Los auf je eine Familie verteilt werden, liegt außerhalb der

Stadtmauern. Eine Woche lang ist der »Toro« König: *abrivado, bandido, Courses camarguaises*. Erfreulich wenige Touristen, statt dessen Einheimische und »Cowboys«, pardon: *Manadiers*, aus der Umgebung.

LUNEL (34400)

Unverfälschtes 17.000-Seelen-Städtchen mitten im Weinland, wo donnerstags und sonntagsvormittags munteres Markttreiben die Szenerie beherrscht. Nicht fehlen dürfen Platanen und Stierkampfarena. Unter Kaiser *Vespasian* (wann war das noch mal ... - genau: 68 n.Chr.) sollen Juden aus Jericho, der Stadt des Mondes *(luna)*, Lunel gegründet haben. Klingt eher nach billiger Volksetymologie. Unstrittig ist, daß sich hier spätestens im 12. Jahrhundert ein blühendes jüdisches Gemeinwesen gebildet hatte, dessen Rabbi sich als Übersetzer bedeutender philosophischer Werke hervortat, mit Ausstrahlung auf die spanische Kabbala. Zu Beginn des 14. Jhs leitete *Philipp IV.* (genannt »der Schöne«), Begründer der französischen Vormachtstellung in Europa, die Vertreibung der Juden aus Frankreich und damit auch das Ende der jüdischen Gemeinde in Lunel ein. Wie heißt es dazu in den Geschichtsbüchern so schön: »Philipp der Schöne stärkt das Königtum durch kluge Finanzpolitik«. Na, dämmert's?
Lunels ehemalige Synagoge bzw. deren Überreste wurden in das *Hôtel de Bernis* integriert.

Auskünfte

- **Auskunftsbüro/Verkehrsamt:** place des Martyrs-de-la-Résistance. T. 67 87 83 97 oder 67 71 01 37. Täglich von 9-12 und 14-19h geöffnet; sonn- und feiertags von 9.30-12.30h.

Kost & Logis

● *Untere bis mittlere Kategorie*

▪ **Auberge des Halles:** 26, cours Gabriel-Péri. T. 67 71 85 33. Mitten in der Stadt, sauber und dabei recht preiswert. Doppelzimmer mit Dusche, Fernsehen und WC ab 170 F; Frühstück 38 F. Die Zimmer zur lauten Straße hin meiden. Serviert wird auf der kleinen Terrasse oder im blumengeschmückten Speisesaal. Unter der Woche Menü ab 70 F, am Wochenende 100 F. Einfache, anständige Gerichte.
▪ **Hôtel-Restaurant de la Gare:** av. Victor-Hugo. T. 67 83 07 10. Restaurant donnerstags geschlossen. Erst kürzlich aufgefrischt, proper und funktional und freundliche Leute. Ausreichend Zimmer ab 200 F (eine Person) bis 400 F (zu viert oder fünft). Auch die Küche ist um Niveau bemüht und bietet Leckerbissen wie *Cromesquis de crevette*, eine Art Schmalzgebäck, oder *Cassoulet* aus Meeresfrüchten. Für die Mahlzeit auf der schattigen Terrasse an die 130 F einplanen. Tagesgericht unter der Woche ab 55 F.
♦ **Restaurant La Toque:** 175, av. du Général-Sarrail. T. 67 83 19 38. Sonntagabends und montags zu. Der erholsame äußere Rahmen paßt bestens zu der gleichermaßen erlesenen wie bodenständigen Kost. Blätterteig mit Schnecken und Langusten-Medaillon mit brauner Sauce, so heißen die gelungenen Kreationen. Unter der Woche Menü ab 100 F, am Wochenende 120-170 F.

● *Zeltplatz*

▪ **Camping du Pont de Lunel:** RN 113, ortsausgangs von Lunel in Richtung Nîmes. T. 67 71 10 22. Vom 15. März bis zum 30. Oktober. Schattige, mittelgroße Anlage.

KLEINE CAMARGUE – LUNEL / 273

Kost & Logis in der Umgebung

- **Mas Saint-Félix:** *Saint-Séries,* 7 km vor Lunel in Richtung Sommières. T. 67 86 05 83. Ganzjährig geöffnet. Etwas außerhalb der hübschen, südländisch anmutenden Ortschaft Saint-Séries. Zwei geräumige, helle und bequeme Gästezimmer. 250 F für zwei Personen, Frühstück inbegriffen; 60 F für jede zusätzliche Person. Das geräumige Anwesen diente den Malteserrittern als Poststation und war einstmals eine Abtei. Entsprechend altes Gemäuer, das mühelos mit jeder Historienfilmkulisse mithält; im Inneren aber aller Komfort für den verwöhnten Stadtmenschen des ausgehenden 20. Jhs: Küchenbenutzung, Waschmaschine, usw.. Auch wer hoch zu Roß Einzug hält, braucht sich um die Unterbringung seines vierbeinigen Verkehrsmittel nicht zu sorgen. Gute Adresse.
- **Gästezimmer »Les Bougainvillées«:** in *Villetelle,* 343, chemin des Combes-Noires. T. 67 86 87 00, F. 66 53 30 77. In Richtung Sommières, dann 2 km hinter Lunel nach rechts in Richtung Villetelle abbiegen. Dort nach dem Weg fragen; jeder weiß Bescheid. Die ehemaligen Dekorateure Daniel und Simone Barlaguet haben ihr Anwesen erst vor kurzem in der Garrigue errichtet und es mit geschmackvoll eingerichteten Einzelzimmern versehen. Mit allen Schikanen selbstverständlich; 340 F für zwei Personen, üppiges Frühstück inbegriffen. Teilweise handelt es sich um Ein-Zimmer-Appartements mit Zwischengeschoß, wo mühelos vier Personen Platz haben (rund 580 F). Zusätzliches Bett und Frühstück zum Preis von 100 F. Schwimmbad und privater Tennisplatz, Tierpark mit Gänsen, Enten und Schafen lassen keine Langeweile aufkommen. Wissen wir alles zu würdigen, ebenso wie die Abendbrotplatte aus unverdächtigen Erzeugnissen vom eigenen Bauernhof, die nur unter der Woche serviert wird: 110 F.

Sehenswertes

▶ **Place des Martyrs-de-la-Résistance:** während sich bei uns nach Kriegsende jeder zweite als verkappter Widerstandskämpfer entpuppte, waren bekanntlich auch alle Franzosen in der *Résistance* aktiv ... Die protzige Statue des schnauzbärtigen Hauptmanns *Ménard* (geb. 1862), hier dargestellt, wie er mit dem Revolver in der Faust 1892 dreißigjährig den Heldentod fürs Vaterland sterben darf, erinnert ebenfalls an eine Heldentat aus der französischen Geschichte. Die Franzosen waren nämlich scharf auf den Sudan und hatten vom Tschad aus ein Expeditionskorps losgeschickt, zwecks kolonialer Ausdehnung und zwangsweiser Beglückung der Afrikaner mit den Errungenschaften französischer Kultur. Die Engländer waren damit gar nicht einverstanden, und so war Ménards Tod völlig sinnlos. Jedenfalls hat er zuvor noch ein paar Einheimische mit ins Jenseits genommen, vermutlich als Beitrag zur Bekämpfung der Bevölkerungsexplosion ...

▶ **Altstadt:** in der Rue des Caladons; Aneinanderreihung prachtvoller Gewölbebögen.

▶ **Kirche Notre-Dame-du-Lac:** ihr Glockenturm ruht auf dem Wachturm.

▶ **Fonds Ménard:** in der Stadtbibliothek befindet sich – Bibliophile, herhören! – die zehnbändige Ausgabe überaus seltenen *Vögel* aus *Buffons* Naturgeschichte.

▶ **Park Jean-Hugo:** von *Le Nôtre* entworfen, der auch für den Schloßpark von Versailles verantwortlich zeichnet.

▶ **Ausgrabungsgelände von Ambrusum:** das Verkehrsamt gibt einen Lageplan aus. Wir verlassen die Stadt über die Straße nach Sommières, parken im Bois de Fourques hinter dem Mas (Hof) und bewundern vor dort aus die Allee mit Libanonzedern und den halbwild lebenden Pfauen. Durch Wald und *Garrigue* gelangen wir zur Römerbrücke und zu angekündigter Ausgrabungsstätte. Wir befinden uns auf der *Via Domitia,* die vor zweitausend Jahren das ganze

Pont du Gard

Languedoc durchzog und die Alpen mit den Pyrenäen verband. Die Furchen der Römerkarren zeugen davon, daß schon damals vor Überquerung der Brücke eine Mautgebühr zu entrichten war. Blau ausgeschilderter Rundgang; Gruppen läßt das Verkehrsamt eine kostenlose Führung angedeihen.

NORDÖSTLICH VON NIMES

PONT DU GARD

Nach Versailles und dem Eiffelturm das meistbesichtigte Baudenkmal Frankreichs: zwei Millionen Besucher wälzen sich jährlich an der alten Römerbrücke vorbei. Wir raten dringend, sich Jahreszeit, Dauer und Stunde des Besuchs genau zu überlegen. Am besten ist man früh am Morgen oder abends gegen 18 oder 19h dran. Verkneife sollte man sich einen Besuch z.B. am 15. August nachmittags, wenn wenn es unter den Brückenbögen und am Gardon-Ufer zugeht wie bei Woolworth im Sommerschlußverkauf. Auch Tage, an denen es regnet oder der Mistral bläst, sind ungünstig. Nur Lebensmüde versuchen, oben auf den Kanalplatten zu balancieren, welche die oberste Brückenetage abdecken: Bungee-Springen ohne Seil ist irgendwie nicht das Wahre ... Und wer soll dann unsere Reiseführer kaufen?
Nachdem diese Fragen geklärt sind, können wir uns ungestört dem Zauber des Ortes hingeben. Auf das siebte römische Weltwunder passen alle Attribute, die wir im Wörterbuch gefunden haben: groß, prächtig, erhaben, streng, romantisch, imperial, ergreifend ... Auf den Punkt brachte es aber *Henry James*, der den *Pont du Gard* 1877 mit folgenden, wohlgesetzten Worten würdigte: »seine Schönheit rührt daher, daß er nicht des Vergnügens willen, sondern der Nützlichkeit wegen gebaut wurde!«

Rückblick

● *Zum ersten: feine Unterschiede*

Pont heißt zwar Brücke, aber eigentlich handelt es sich um einen *Aquädukt*, also um eine »mehrgeschossige Bogenbrücke mit Wasserleitung, bei der das Wasser durch abgedeckte Kanäle unter Ausnutzung des natürlichen Gefälles seinem Ziel, in diesem Fall der Römerstadt Nîmes, zugeleitet wurde«. Die Fußgängerbrücke in Höhe der ersten Bogenreihe stammt nicht von den Römern, sondern aus der Mitte des 18. Jhs.

● *Zum zweiten: wozu der ganze Aufwand?*

Die Römer errichteten den Aquädukt vor rund zweitausend Jahren; das genaue Datum konnte von Historikern bisher nicht ermittelt werden. Zweck: die Trinkwasserversorgung der rasch wachsenden Kolonie Nîmes. Die Wasserbauingenieure im Dienst des Römischen Reichs gingen also auf der Wassersuche bis Uzès. Eure- und Airanquellen sprudeln dort heute noch. Dann errichteten sie in der Gardon-Schlucht einen gewaltigen Aquädukt, eben den *Pont du Gard*, und erstellten zwischen Uzès und Nîmes eine fünfzig Kilometer lange Wasserleitung. Da der Höhenunterschied zwischen beiden Städten nur siebzehn Meter beträgt, macht ein Gefälle von vierunddreißig Zentimetern pro Kilometer, waren beim Bau aufwendige Berechnungen und viel Einfallsreichtum erforderlich. Daß das begehrte Naß dank Lüftungsschlitzen und streckenweise gekießtem Bett in einem frischen Zustand in Nîmes aus der Verteilerstelle, dem *Castellum Divisorum*, sprudelte, ist verbürgt. Dann ging's ihm (oder besser: den Verbrauchern) aber schlecht, denn es floß innerhalb des Stadtgebiets

Castellum Divisorium

durch Bleirohre. Wohl jenen armen Schluckern, die ihr Wasser mangels Anschluß aus dem Brunnen schöpfen mußten!

● *Zum dritten: warum funktioniert's nicht mehr?*

Nach acht- oder neunhundert Jahren intensiver Nutzung haben die Einwohner Nîmes schließlich Quellen angezapft, die näher an ihrer Stadt lagen. Der Aquädukt hatte seine ursprüngliche Bestimmung eingebüßt: aus dem Zweckbau wurde im frühen Mittelalter ein Kunstwerk. Warum unsere Architekten ein solchen Gang der Dinge bei ihren heutigen Planungen nicht mehr bedenken müssen und munter draulosstümpern dürfen? Weil Stahlbeton sowieso nicht länger als fünfzig Jahre hält ...

● *Zum vierten: warum steht er noch?*

Außer an den Verbindungsstellen des Kanals findet sich kein Mörtel zwischen den Steinen; es handelt sich also um vollkommene Steinmetzarbeit. Zweitausend Jahren hat der Pont du Gard fast unbeschadet überstanden. Weder Kriege noch Revolutionen konnten ihm etwas anhaben. Immerhin haben wir etwas von Lecks in der Kanalisation läuten hören. Die einzigen nennenswerten Restaurierungsarbeiten fanden jedoch erst unter *Napoleon III.* nach dem Besuch von *Prosper Mérimée* statt, der eben nicht nur »Carmen« geschrieben hat, sondern sich auch als Denkmalschützer bleibende Verdienste erwarb. Dabei ging es aber mehr darum, das Bauwerk zu konsolidieren.

NORDÖSTLICH VON NIMES – PONT DU GARD / 277

● *Zum fünften: Restaurierung 1994*

1990 sah der Aquädukt nicht viel anders aus als 1920: kein Betonklotz, der den Horizont verschandelt hätte. Störend bemerkbar machte sich jedoch die ziel- und planlose Bauplanung. Niemand kümmerte sich um die sich immer weiter ausbreitenden Frittenbuden und Souvenirläden. Der *Service d'information* hatte nichts zum Informieren, die Sanitäranlagen waren verkommen, der Parkplatz lag ungeschützt in der Sonne, die Unterkunftsmöglichkeiten waren begrenzt: kurz, gemessen an ihrem internationalen Ruhm, war die Stätte grotesk unterversorgt.

Der *Conseil Général* des Départements Gard hatte schließlich ein Einsehen und beschloß, für rund 320 Millionen Franken die Umgebung der berühmten »Brücke« völlig neu zu planen. Das Projekt sieht die Verbannung aller fliegenden Händler und die Schaffung zweier verschiedener Gelände für Empfang, Auskunft, Unterbringung, Parken und Läden vor. Benzinkutschen dürfen nicht mehr an der Brücke entlangfahren, die farbenfrohe Graffiti zieren, sondern müssen vorher im schattigen Grün haltmachen. Die Besucher müssen dann zu Fuß weiter (recht so!).

Für die vor Ort ansässigen Händler ist dieses Vorhaben natürlich eine Katastrophe, da sie quasi enteignet werden. Streit und Querelen sind also zu erwarten.

Nützliche Adresse

- **Maison du tourisme du Pont du Gard** (Haus des Gastes): 200 m vom *Pont* entfernt, am rechten Gardon-Ufer; wenn man von Nîmes über die D 981 anreist, hinter dem Parkplatz. T. 66 37 00 02. Geöffnet vom 1. April bis 30. September. Außerhalb der Urlaubszeit erteilt der Inhaber des *Tabac* nebenan Auskunft.
- **Verkehrsamt:** in Remoulins, rue du Moulin-d'Aure. T. 66 37 22 34. Rechts vom Kreisverkehr an der Stadteinfahrt, wenn man von Avignon kommt. Ganzjährig besetzt.

Übernachtung

- **Hôtel du Nord:** Remoulins, 14, av. Geoffroy-Perret. T. 66 37 03 23. Täglich geöffnet; das Restaurant schließt dienstagsabends sowie mittwochs ganztags. Das Ehepaar Lefèbvre samt Tochter halten ihr Hotel-Restaurant mit Bar sauber und haben stets ein Lächeln übrig. Günstiges Preis-/Leistungsverhältnis: Doppelzimmer zu 180, 200 und 240 F (für vier Personen 220 F); Dusche, WC und Telefon. Frühstück rund 30 F. Bodenständige Menüs zu 70, 90 und 140 F; am Tisch, im Speisesaal oder im schattigen Innenhof. Eine brauchbare Adresse also für Weltenbummler. Die volkstümliche Bar (französischer geht's nimmer!) gefällt uns, weil man hier seinen Pastis schlürfen und sich auf der gut bestückten Juke-box seinen liebsten Rocksong auswählen kann.
- **Hôtel-Restaurant Le Colombier:** am rechten Ufer des Pont du Gard. T. 66 37 05 28. F. 66 37 35 75. Freundliche Begrüßung, gefälliger äußerer Rahmen. Das Haus ist etwas teurer als das vorhergehende; aber die Leistungen rechtfertigen den Preis. Nur rund zehn Zimmer (250-300 F). Solide Hausmannskost, Menüs zu 100, 130 und 170 F; Schnellgericht ab 75 F, außer sonntags, zwischen 11 bis 18h. Während der Ferienzeit ist Halbpension Pflicht: mit 270 F pro Person rechnen.

● *Zeltplätze*

- **Camping International »Les Gorges du Gardon«:** an der Straße von Uzès nach Vers-Pont-du-Gard. T. 66 22 81 81. F. 66 22 90 12. In »La Barque Vieille«. Schwimmbad, Warmwasser und saubere Sanitäranlagen. Gebühr eines Zwei-Sterne-Platzes.
- **Camping Le Barrelet:** in Collias, einem Dorf rund 7 km westlich vom Pont du Gard. T. 66 22 84 52. Vom 1. April bis 30. September geöffnet. Schwimmbad, Naturstrand mit flachen Felsen am Gardonufer, Klettern.

Besichtigung des Pont du Gard

– Kostenpflichtige **Parkplätze**, freier Zutritt zur Brücke. Wie lange noch?
– Für die geruhsame Überquerung zwei Stunden einplanen, dann den Kanal-Übergang im letzten Stock benutzen und am gegenüberliegenden Ufer durch die *Garrigue* streunen.
– Den besten Blick auf die Brücke hat man vom rechten Ufer, von jener Stelle also, die man aus Richtung Nîmes kommend passiert.
– In der Urlaubszeit wird das Monument abends angestrahlt. Dann duften die Garrigue-Kräuter und musizieren die Zikaden ...

– **Statistik**: der Pont du Gard mißt im oberen Teil 275 m in der Länge und 48,77 m in der Höhe. Er ist mit Abstand der größte aller römischen Aquädukte. Jedes Stockwerk sieht anders aus: je weiter aufwärts es geht, um so kleiner werden die Bögen, um so dichter folgen sie aufeinander. Einige Kalksteinblöcke haben ein Volumen von über zwei Kubikmetern und wiegen über sechs Tonnen: richtige Kaventsmänner aus dem Steinbruch bei der Ortschaft Vers! Wie man die mächtigen Quader ohne Hilfe von Maschinen nach oben hievte? Per Flaschenzug natürlich! Der Wasserkanal mißt 1,20 m in der Breite, ist etwa 1,80 m tief und erlaubt den täglichen Durchfluß von rund zwanzigtausend Kubikmetern Wasser.

– **Kurioses**: zahlreiche Steinmetzgehilfen haben sich im Kalkstein verewigt: der *Pont du Gard* war für sie eine Pflichtetappe auf ihrer Wanderschaft durch Frankreich.

Sehenswertes und Ausflüge in der Umgebung

In den umliegenden *Garrigue*-Hügeln oder am Gardon-Ufer sind einige schöne Dörfer zu entdecken.

▶ **Valliguières:** 9 km nördlich Remoulins, an der Nationalstraße nach Bagnols-sur-Cèze (N 86). Hübsches Dorf mit folgender nützlicher Adresse:
• **La Vieille Auberge:** T. 66 37 16 13. Im Winter geschlossen. In dieser alten Umspannstelle für Postkutschpferde von 1640 finden wir: eine gewundene Wendeltreppe, einen Speisesaal mit riesigem Kamin und acht Zimmer zu 150-280 F (Nr. 5 mit Balkon!). Menüs zwischen 95 und 150 F.

▶ **Vers-Pont-du-Gard:** malerisches Dorf mit Blumenschmuck, dessen Steinbruch bis heute in Betrieb ist (hierher stammen auch die meisten der für den Bau des Aquädukts mit Schlitten herangekarrten Kalksteinquader). Im ehemaligen *Waschhaus* scheint die Zeit stehengeblieben zu sein; anhalten und Brotzeit machen.

▶ **Castillon-du-Gard:** eines der schönsten Dörfer im Département Gard, an den Hang über den Weinbergen gebaut, und das einzige, von dem aus man in der Ferne den Pont du Gard erblickt. Gut erhaltene mittelalterliche Bausubstanz.
• Unterkunft für unsere gutsituierten Leser: **Le Vieux Castillon**, Nobelherberge mit Schwimmbad und Innenhof, mitten im Dorf; verdammt stilvoll, verdammt teuer: Übernachtung ab 430 F aufwärts.
♦ Erschwinglicher ist da schon **Le Clos des Vignes**, Place du 8-Mai-1945. T. 66 37 02 26. Sonntagabends und montags außerhalb der Urlaubszeit geschlossen. Bodenständige Küche, so ansprechend wie die Begrüßung und der Rahmen (mit Innenhof). Menüs 85 und 140 F.

Für Hinweise, die wir in späteren Auflagen verwerten,
bedanken wir uns mit einem Buch aus unserem Programm

► **Saint-Hilaire-d'Ozilhan:** 3 km östlich Castillons lehnt sich das verschlafene Dörflein von romantischem Reiz an den Berghang. In den Weinkellern der örtlichen Genossenschaft versorgen sich auch die Einheimischen: wenn das keine Empfehlung ist ... Einen Platz in der Rubrik »Anspruchsvoll« hätte dieses Hotel-Restaurant verdient:
• **L'Arceau:** T. 66 37 34 45, F. 66 37 33 90. In einer Innerortsgasse; renovierter Altbau mit den Doppelzimmern ab 270 F (mit Dusche) bis 320 F (Bad). Blitzblank und freundlicher Empfang; im Restaurant Menüs ab 100 F.

► **Collias:** auf halbem Wege zwischen Uzès und dem Pont-du-Gard. Collias war vor rund zwanzig Jahren ein beliebter Hippie-Treffpunkt. Davon spricht man im Dorf noch heute. Zum Verdruß der Einheimischen titulierte man Collias damals auch als »Katmandu-sur-Gardon«. Auch wenn die letzten Althippies noch immer in ihren Höhlen hocken, Collias ist mit der Zeit gegangen und setzt voll auf »Aktivurlaub«: Bergsteigen, Kanu und Kajak. Ändert alles nichts an der landschaftlichen Schönheit, herzerfrischend und erholsam. Der Strand gleich unterhalb der Ortschaft ist im Sommer freilich hoffnungslos überfüllt. Den schlagen wir uns drum aus dem Kopf und marschieren lieber am Gardon entlang, bis wir in einer guten Stunde Baume erreichen.
Gegenüber fällt die Küstenstraße stark ab. Hier wurde der nervenzerfetzende Actionfilm »Der Lohn der Angst« gedreht (mit *Yves Montand* und *Charles Vanel)*. Kurz in die Stromschnellen des Bergbachs eintauchen, und weiter geht's zur **Kapelle Saint-Véredème,** die mit den Gesteinsmassen zu verschmelzen scheint.
– Eine weitere schöne **Wanderung** in der Nähe des Pont-du-Gard führt durch den Wald zu einer bis ins 18. Jahrhundert hinein bewohnten Einsiedelei *(Ermitage).* Kostenlose Besichtigung.
– **Kajak:** *Association Kayak Vert,* T. 66 22 84 83 oder 66 22 80 76. Leichte Abfahrt bis zum Pont-du-Gard, oder härtere, aber weniger touristische Auffahrt Richtung Pont Saint-Nicolas.
• **Hôtel-Restaurant Le Gardon:** T. 66 22 80 54. Vom 1. November bis zum 15. März Betriebsruhe. Hotel im Grünen; erstklassige Lage am Gardon. Saubere, geräumige Zimmer mit nostalgischer Einrichtung, Doppelzimmer zu 260 F. Hausmannskost mit lokaler Note, erstes Menü 90 F.

IM LAND DES COTES DU RHONE

Um genau zu sein: es handelt sich um das Rhône-Ufer im Nordostzipfel des Départements Gard, wo die Weinreben am sanften Abhang der *Garrigue* unweit des Stroms die Sonne des Südens auffangen. Einfach die Rhône zwischen Villeneuve-lès-Avignon und Pont-Saint-Esprit, 40 km Luftlinie nördlich, miteinander verbinden und den *Pont du Gard* als östlichen Bezugspunkt nehmen: schon erhalten wir das rhodanische »Bermuda-Weindreieck«: die *Côtes du Rhône.* Rotwein, Weißwein oder Rosé reifen hier, vollmundig, blumig und leicht. Das Dörfchen Tavel etwa liefert den besten Rosé Frankreichs. Aus dem Nachbarort stammt der Lirac, und weiter nördlich schließen sich die Anbaugebiete der Qualitätsweine Chusclan, Laudun und Saint-Gervais an.
Unterwegs finden wir links und rechts der Sträßchen zahlreiche Genossenschafts-Weingüter *(Caves-coopératives),* die zur Weinprobe einladen. Wenn wir hier das Glas erheben, folgen wir dem historischen Vorbild der Päpste aus Avignon und der französischen Könige. Tja, Pfaffen und Aristokraten wußten schon immer, was gut schmeckt.

► **TAVEL**

Die A 9, »La Languedocienne«, verfehlt das stille Dorf nur knapp um 1,5 km. Tavels köstlicher Rosé darf auf keiner französischen Weinkarte fehlen (auch nicht in Navarra). Zu sehen gibt's nichts weiter; ein Verdauungsspaziergang durch die Gassen und über die reizende Place de la Fontaine gleich hinter der Kirche empfiehlt sich aber dennoch. Geschichtlich Interessierten unter unseren Lesern sei noch verraten, daß der Tavel im 13. Jahrhundert Lieblingswein des französischen Regenten *Philipp des Schönen* war, Gemahl Johannas I. von Navarra, der 1309 die Verlegung der päpstlichen Residenz nach Avignon durchsetzen konnte und damit entscheidenden Einfluß auf das Papsttum gewann, u.a. auch durch Aufhebung des finanzkräftigen Templerordens 1312. Es wäre schon eine Kulturschande, wenn dieser gute alte Rosé von subventionierter EU-Massenware vom Markt verdrängt würde.

Kost & Logis

* **Hostellerie du Seigneur:** im Ortskern; das alte Anwesen verschwindet beinahe unter Wildem Wein. T. 66 50 04 26. Vom 1. Dezember bis Mitte Januar geschlossen. Das Restaurant bleibt Mittwochabends, sonntagsabends und donnerstags zu. Vom Zimmer aus Blick über die alten Ziegeldächer von Tavel; Doppelzimmer 180-220 F. Während der Saison nur Halbpension. Die Küche erfreut sich zu Recht einiger Beliebtheit: Menüs zu 100 und 150 F. Die freundlichen Inhaber: Juliette und Ange Bodo.

► **LIRAC**

Auch dieses Dorf lieh einem berühmten Wein seinen Namen. Etwa 2 km nördlich von Tavel.

► In **Sainte-Baume** erwarten uns eine antike Grotte und eine Einsiedelei in waldreicher, romantischer Umgebung.

– **Winzergenossenschaft Lirac** *(Syndicat des Producteurs de Lirac):* maison des Vins. T. 66 82 65 52.

► **SAINT-LAURENT-DES-ARBRES**

Etwa 3 km nördlich Liracs. Die Weinstraße *(Route des vins)* durchquert hier ein malerisches Dörflein mit romanischer Kirche aus dem 12. Jh., dereinst im Besitz der Bischöfe von Avignon. Schöne Gegend. An der Place de la Mairie haltmachen und den *Chemin de la Ronde* zur Linken einschlagen, der uns ins Mittelalter zurückbefördert.

► **SAINT-VICTOR-LA-COSTE**

Eigentlich außerhalb der geographischen Grenzen der Côtes-du-Rhône, ist aber dennoch sehenswert. Manch einer unserer schreibenden Kollegen hält es neben Montclus und Lussan für eines der romantischsten Städtchen im Département Gard. Das mittelalterliche Saint-Victor-la-Coste liegt jedenfalls malerisch zu Füßen der Mauerreste des Château du Castella, von dem aus sich ein beneidenswerter Blick über das Hinterland auftut.

Wenn der Magen knurrt

♦ In bester Lage am Platz, in Sichtweite der Platanen, offeriert das Restaurant mit dem unpassenden Namen **L'Industrie** (bodenständige Einrichtung, schattige Terrasse und geräumiger Speisesaal!) Menüs zu 60 und 160 F. T. 66 50 31 61. Mittwochs sowie Anfang September geschlossen. Bereitet Hausmannskost aus frischen Erzeugnissen zu; auch für Gruppen bestens geeignet.

VILLENEUVE-LES-AVIGNON (30400)

Die östlichste Stadt in der Region Languedoc-Roussillon läßt bereits das besondere Aroma der Provence erahnen. Sich am Ufer der Rhône an einen Hügel schmiegend, vegetierte Villeneuve-lès-Avignon allzulange im Schatten der Papststadt Avignon. Seit Umwandlung des Kartäuserklosters in ein offenes Künstlerhaus, hat der Vorort am rechten Rhône-Ufer jedoch seine kulturelle Selbständigkeit erlangt. Sein kulturelles und geschichtliches Erbe darf aber auch so als außergewöhnlich gelten. Weiter von Vorteil ist, daß in Villeneuve noch Aussicht auf eine Kammer besteht, wenn die Hotels in Avignon während des Sommerfestivals restlos ausgebucht sind. In Villeneuve ist dagegen meist noch ein Plätzchen frei, ebenso wie in der Randgemeinde *Les Angles*, weitab vom überfüllten, turbulenten Avignon.

Aus der Geschichte

Es ist wie mit Mannheim und Ludwigshafen oder mit Traben und Trarbach: der Fluß bildete jahrhundertelang eine Grenze, die zwei Welten trennte. Villeneuve gehörte zum Königreich Frankreich, während Avignon zum Machtbereich der Päpste und Kardinäle bzw. zum »Heiligen Römischen Reich Deutscher Nation« gehörte. Villeneuves Geschichte begann etwa 586 n.Chr., als der Einsiedlerin *Casarie*, die hier in die ewige Seligkeit einging, eine Grabstätte errichtet wurde. Darüber erbaute man die Abtei Saint-André, bis heute gleich einem Adlerhorst auf den Felsen thronend. Hoch oben auf dem Mont Andaon erinnert sie an eine andalusische Festung.
Als die Päpste sich in Avignon Hof hielten, begann auch für Villeneuve das Goldene Zeitalter. Reiche Kardinäle ersannen sich protzige Paläste, die sogenannten »Kardinalslivreen«, für die das Museum Pierre de Luxembourg ein anschauliches Beispiel liefert. Die Kartause stammt aus dem 14. Jh. und wurde um eine Kardinalsresidenz herum errichtet, die einem gewissen *Étienne Aubert* gehörte, besser bekannt als Papst *Innozenz VI.*, der ein Herz für Villeneuve hatte. Ganz richtig: es handelt sich um den »verliebten Papst« von Villeneuve, angeblich ein früh gealterter, zuweilen unentschlossener Mann von labiler Gesundheit, der seinen innigsten Wunsch, nämlich nach Rom zurückzukehren, mit ins Grab nehmen mußte.
Zurück zu wechselvollen Geschichte Villeneuves: die Französische Revolution bereitete dem weltlichen Glanz der allzu machtbesessenen Kirche ein Ende, und Villeneuve sank bis zu den achtziger Jahren unseres Jahrhunderts zur unbedeutenden Vorstadt Avignons herab.

Nützliche Adressen

– **Städtisches Verkehrsamt:** 1, place Charles-David, neben dem großen Parkplatz. T. 90 25 61 33. Vom 15. Juni bis 30. September täglich von 8.45-12.30 und 14-18h besetzt; vom 1. Oktober bis 15. Juni gelten dieselben Uhrzeiten, aber Sonntag Ruhetag. Schwungvolles Personal hält ein Hotel- und Gaststättenverzeichnis bereit. Veranstaltet auch Einzelführungen, die unseres Erachtens nach unentbehrlich für einen wirklichen Einblick in das »Dorf in der Stadt«, d.h. die Kartause, sind. Los geht's beim Verkehrsamt; nach der genauen Zeit fragen. Dauer: zwei Stunden.
– **Sommerbüro des Verkehrsamtes:** 58, rue de la République, gleich neben dem Eingangstor der Kartause, also günstig gelegen. Vom 16. Juni bis 15. September täglich geöffnet. Führungen durch Kartause und Museum im Büro erfragen.
– **Taxis:** *Les Taxis Villeneuvois*, place Jean-Jaurès, T. 90 25 88 88.
– **Schwimmbad:** chemin Saint-Honoré, T. 90 27 49 43. Unweit vom Zeltplatz, nördlich vom Fort Saint-André.

Ein Dach über dem Kopf

- **Foyer international YMCA:** 7, chemin de la Justice. T. 90 25 46 20, F. 90 25 30 64. Vom 1. April bis zum 1. Oktober. Oben auf einem Hügel, von dem aus man einen Postkartenblick auf Avignon bei Sonnenuntergang hat. Vom Verkehrsamt Villeneuve aus in Richtung Avignon zockeln, in Höhe des *Pont du Royaume* rechts in Richtung Les Angles; dreihundert Meter weiter stoßen wir links auf den Chemin de la Justice: das große, kühle Gebäude schaut aus wie eine alte Klinik (es war auch mal eine). Zweihundertfünfzig Betten in Schlafsälen zu zwei bis sechs bzw. sechs bis zehn Personen. Gestaffelte Tarife: die Preisskala beginnt bei Übernachtung mit Frühstück, klettert auf 130-170 F für Halbpension und auf 170-210 F für Vollpension. Schwimmbad und Bar, der bereits gerühmte Ausblick auf die Päpstestadt, die Rhône und die Barthelasse-Insel machen das YMCA-Heim zu einer Spitzenadresse; vor allem, wenn im Sommer junge Leute aus aller Welt Leben in die Bude bringen und die karge Architektur sowie die spartanische Ausstattung vergessen lassen.
- **Résidence Pierre-Louis-Loisil:** av. Pierre-Sémard. Linker Hand der kleinen Place de la Croix, rund 400 m vom Eingang zur Kartause (Rue de la République), in der Innenstadt. T. 90 25 07 92. Ideal für Jugendgruppen mit Reisebegleitung; obendrei ein Notanker bei akuter Finanznot. Sich zu einer Gruppe zusammentun, dann wird's billiger. Vierundzwanzig Schlafsäle mit drei bis vier Betten in einem nichtssagenden, aber sauberen Gebäude. Übernachtung mit Frühstück (8-8.30h) ab 85 F; Bettbezüge 25 F Aufpreis. Handtücher mitbringen.

● *Mittlere bis höhere Preise*

- **Gästezimmer:** bei Bruno Eyrier, 15, rue de la Foire. Mitten in der Innenstadt von Villeneuve-lès-Avignon, nur eine Minute von Stiftskirche und Rathaus. T. und F. 90 25 44 21. Leicht zu finden; Anmeldung erforderlich. Vor Eintreten bei »Eyrier« klingeln. Ehemalige Seidenraupenspinnerei aus dem »Grand Siècle«, dem 17. Jh. also; gibt sich mit seiner Treppe samt schmiedeeisernem Geländer, sechs geschmackvoll eingerichteten Zimmern und drei Einzimmer-Appartements herrschaftlich. Hier ist man von Erinnerungsstücken, Kostbarkeiten und Erbstücken der Familie Eyrier umgeben, deren Porträts die Wände des Treppenhauses schmücken. Zimmer Nr. 1 mit Himmelbett, Marmorkamin, seinen Balken, den Innenläden, Zierleisten und Kassettentüren macht schon was her. Vermittelt aristokratische Lebensart von anno dazumal zu anständigen Preisen: in der Ferienzeit 320-370 F, wobei man fürs Frühstück auch selbst sorgen darf. Zimmer mit Bad oder Duschen auf dem Gang; Parkplatz praktischerweise auf dem Privatgelände. Der Hausherr macht Ahnen und Anwesen keine Schande: *Bruno Eyrier* ist stolz auf die kulturelle Eigenständigkeit des Südens, sammelt alte Gespanne und verteidigt die provenzalische Sprache mit Zähnen und Klauen. Besonders gerne erläutert er, daß die südfranzösische *Langue d'oc* einen Wortschatz von 115.000 Wörtern zählt, während das »armselige« Normfranzösisch (die *Langue d'oeil*) nur 35.000 umfaßt (pah! unser geliebtes Deutsch hat mindestens 500.000, siehe Wörterbuch der Brüder Grimm!). Ein netter Zeitgenosse, der kulturell näher Interessierten auch etwas über die Parlarem-Bewegung zu erzählen weiß.
- **Gästezimmer »Le Logis Saint-Éloi«:** 14, place de l'Oratoire. T. 90 25 40 36, F. 90 25 95 12. Gleich neben Mr. Eyrier, am Ende der Rue de la Foire. Danielle Roux hat mit ihrem Gatten zwei alte Gemäuer aus dem 14. und 15. Jh. aufgemöbelt und bietet nun rund zwanzig »Studios« ab 320 F (für zwei Personen) bzw. 370 F (zwei bis drei Personen) in der Urlaubszeit an, außerhalb der Hauptreisezeit ab 280-320 F. Sondertarife bei einwöchigem oder längerem Aufenthalt *(long séjour)*; sich erkundigen. Hier herrschen guter Geschmack und Eleganz: echte Stilmöbel aus verschiedenen Epochen, Lithographien, Stiche und Reproduktionen sorgen in jedem Zimmer für eine gediegene Harmonie und setzen die Besonderheit der mittelalterlichen Gemäuer ins rechte Licht. Der Komfort versteht sich von selbst. In einem solchen Umfeld vergessen wir gerne die böse, böse Welt da draußen ...

NORDÖSTLICH VON NIMES – VILLENEUVE-LES-AVIGNON / 283

- **Hôtel de l'Atelier:** 5, rue de la Foire, gleich am Anfang der Straße; günstige Lage. T. 90 25 01 84, F. 90 25 80 06. Gebäude aus dem 16. Jh., dessen neunzehn Zimmer alte Stilmöbeln, TV und Telefon aufweisen. Doppelzimmer 240-450 F. Frühstück im blumenbestandenen Innenhof (40 F); Dachterrasse. In der Zwei-Sterne-Kategorie günstiges Preis-/Leistungsverhältnis.
- **Hôtel du Vieux Moulin:** rue du Vieux-Moulin. T. 90 25 00 26, F. 90 25 43 57. Restaurant außer sonn- und montags nur während der Abendstunden geöffnet. Vom 15. November bis zum 15. Dezember geschlossen. In Villeneuve der Straße nach Avignon folgen; das Hotel befindet sich am Rhône-Ufer, rund 400 m hinter dem Philippe-le-Bel-Turm. Die Flußmühle aus dem 17. Jh. war bis vor kurzem noch Ankerplatz für Mühlenboote, die auf dem Fluß umherschipperten. Es handelt sich übrigens um das Lieblingshotel des Schauspielers *Gérard Philippe*, der immer im selben Zimmer unter dem Dach mit Blick auf die Rhône abstieg (Nr. 15). Bei Einbruch der Nacht ist die Aussicht besonders schön. *Brigitte Bardot* pflegte dagegen eine Vorliebe für die Nr. 14. Der Wirt heißt aber auch weniger illustre Neuankömmlinge freundlich willkommen und veranstaltet provenzalische Abende *(Veillés)*. Zwanzig Gemächer zwischen 240 und 450 F; Doppelzimmer mit Dusche und WC: zur Rhône 360 F, zum Hof 300 F. Vom großen Speisesaal aus Blick auf den Fluß. Auf der Speisekarte provenzalische und die übliche französische Kost; mit rund 140 F rechnen.
- **Hôtel L'Olivier:** 40, chemin de Laurette, 30133 Les Angles. T. 90 25 52 21 oder 90 23 06 96; F. 90 23 11 06. Rund 3 km vor Villeneuve, nicht ganz einfach zu finden. Vom Pont du Royaume die Straße nehmen, die sich in Richtung Les Angles bergan schlängelt. In der ersten großen Rechtskurve den Weg links nach einschlagen; ab da ist das Hotel dann ausgeschildert. Mme Teboul empfängt ihre Gäste mit einem Lächeln. Unter Bäumen verstecktes Landhaus: »Hier bin ich Mensch, hier darf ich's sein.« Zimmer Nr. 7 mit Himmelbett und Blick in den Garten verlangen. Doppelzimmer mit Dusche 240 F, mit Bad 320 F. Herrlich ruhige Unterkunft; Schwimmbad vorhanden.

● *Zeltplatz*

- **Camping municipal de la Laune:** chemin Saint-Honoré, am Fuß der Nordflanke des Saint-André-Forts. Vom Verkehrsamt aus der Nationalstraße in Richtung Sauveterre folgen. Nach einem Kilometer rechts. T. 90 25 76 06, F. 90 25 91 55. Von 21-8h geschlossen. Sauber, schattig und ausreichend Abstand zwischen den Stellplätzen. Tadellose Sanitäranlagen, auch für Behinderte (sollte man gar nicht eigens hervorheben müssen!). Imbißbude an Ort und Stelle, in der Nähe ein Schwimmbad. Haltestelle der Buslinie 10 nach Avignon gleich am Eingang. Übernachtung für zwei Personen, mit Zelt und Fahrzeug: ca. 70 F.

Kost & Logis in der Umgebung

- **Gästezimmer und Gästetisch »La Calade«:** in *Saze,* rund 5 km hinter Villeneuve-les-Angles, an der Straße nach Nîmes (N 100). T. 90 31 70 52. Auf der Nationalstraße die Ortschaft Saze links liegen lassen und das Sträßchen rechts hinter der Tankstelle einschlagen (bis ans Ende durchfahren). Vorsicht: zum *La Calade* geht's *unmittelbar* hinter der Tankstelle nach rechts. Wenn es so aussieht, daß die Nationalstraße durch einen Mittelstreifen geteilt wird, dann sind wir schon zu weit gefahren: die Tankstelle befindet sich kurz vor dem Mittelstreifen, vor der Kurve. Es war wohl der Nordwind, der Mme Masquelier aus dem regenverhangenen heimatlichen Belgien hierherwehte, oder der lockende Ruf des Südwinds. Um so besser für uns, die wir ein Plätzchen für die Nacht (fünf Zimmer für zwei zum Preis von 210-280 F sowie zwei Einzimmerappartements für vier bis fünf Personen; alles geschmackvoll eingerichtet) und etwas zu futtern finden: englisches Frühstück rund 35 F, von Mme Masquelier mit Liebe und Können zubereitete Menüs ab 120 F (Wein inbegriffen). Schwimmbad vorhanden. Schönes Drumherum, nette, aufmerksame Gastgeberin: das ist doch schon 'was.

- **Gästezimmer »Le Rocher Pointu«:** plan de Dève, *Aramon*. Anfahrt über die RN 100 in Richtung Nîmes, dann rund drei Kilometer hinter Les Angles links auf die D 126 gleich hinter Fontaine du Buis abbiegen; nach 3,4 km wieder rechts abbiegen: dann sind es noch 500 m bis zum *Rocher Pointu*. T. 66 57 41 87, F. 66 57 01 77. Am Busen der Natur, abseits der Städte, vermieten Annie und André Malek vier Zimmer (360-400 F, für französische Verhältnisse üppiges Frühstück inbegriffen) für zwei Personen sowie zwei separate Einzimmer-Appartements für bis zu fünf Personen (Preis erfragen). Heimelig-provenzalische Einrichtung zum Wohlfühlen; Küche und Salon stehen Hausgästen zur Verfügung. Vom Schwimmbad und der Terrasse mit ihrem herrlichen Blick auf das stille Tal konnten wir uns gar nicht trennen, bis uns Mme Malek daran erinnerte, daß der Mensch auch etwas Warmes braucht.

● *Ziemlich schnieke, aber noch bezahlbar*

♦ **Restaurant La Maison:** 1, rue Montée-du-Fort Saint-André. T. 90 25 20 81. Mittwochs Ruhetag, zusätzlich auch samstagsmittag und dienstagsabends geschlossen. Geht auf die Place Jean-Jaurès hinter dem Rathaus hinaus. Erlesene, originelle Einrichtung und entsprechende Küche. Für rund 120 F kommen unter Ventilatoren (die man an heißen Sommertagen zu schätzen lernt) leckere Sachen auf den Tisch, z.B. Entenmagret mit roter Butter. Besonders nette Bedienung. Eine gute Adresse also.

♦ **Restaurant La Calèche:** 35, rue de la République. T. 90 25 02 54. F. 90 25 16 97. Donnerstagsabends und sonntags durchgehend geschlossen; auch im November zu. Mit Terrasse und Innenhof. Zwei hintereinander angeordnete Räume, ansprechend dekoriert und in warmen Farbtönen; die Wände zieren zahlreiche Plakate und Reproduktionen (Toulouse-Lautrec). Liebenswürdige Bedienung, achtbare Küche. Menü zu 88 F, ohne Wein, aber der Viertel- oder Halbliter Landwein haut preislich niemanden vom Hocker).

Sehenswertes

▶ **Kartäuserkloster Val-de-Bénédiction:** im Herzen der Stadt, am Fuß des Westhangs des Mont Andaon mit dem Fort Saint-André. Haupteingang: Rue de la République. Einlaß von Oktober bis März täglich außer feiertags von 9.30-17.30, von April bis September von 9-18h. Ermäßigung für alle unter 25 Jahren. Führungen: eine Woche im voraus anfragen. T. 90 25 05 46.

Seit Papst *Innozenz VI.*, der die Kartause im 14. Jh. erbauen ließ, bis hin zu *Pierre Boulez* und *Patrice Chéreau*, die hier während des Festivals von Avignon ihr Können darboten, ist das Kloster eine Stätte künstlerischer Betätigung, die Kreative und Inspirationsuchende zu fesseln vermochte. Anlaß der päpstlichen Stiftung war das Gedenken an einen Ordensgeneral, der aus Bescheidenheit die Papstkrone abgelehnt hatte. Übrigens: ganz so unschuldig und friedlich, wie man denken könnte, war Innozenz freilich nicht. In seiner Bulle »Ad Extirpanda« stellte er andersgläubige Christen auf eine Stufe mit Räubern und Mördern und verpflichtete alle weltlichen Herrscher, dergleichen »Häretiker« zu Geständnis und Verrat an ihren Glaubensbrüdern zu zwingen und die schuldig Befundenen binnen fünf Tagen in die Hölle zu befördern.

Wie sah der Tagesablauf der Mönche damals aus? Sie verbrachten ihr Leben in strenger Abgeschiedenheit mit Beten, Studieren und handwerklicher Arbeit. Dreimal täglich trafen sie sich in der Kapelle zum Gottesdienst, und nur sonntags waren ein gemeinsames Mahl und wenige Minuten des Gesprächs gestattet.

Ursprünglich galt Val-de-Bénédiction mit seinen zweieinhalb Hektar am rechten Rhône-Ufer als reichstes und größtes Kartäuserkloster in ganz Frankreich. Als Folge der Französischen Revolution mußten die Mönche ihr Anwesen verlassen. Die meisten Gebäude wurden an das erwerbstüchtige Bürgertum veräußert, die übrigen Baulichkeiten dem Verfall preisgegeben. *Prosper Mérimée* (schon wieder der!) »entdeckte« die Kartause 1835, 1905 stellte der Staat sie unter Denkmalschutz. Seit 1991 beherbergt sie in ihren Mauern das »Zentrum

für Theaterliteratur« *(Centre Nationale des Ecritures du Spectacle, CNES).* Nach und nach wird das Kloster restauriert, wobei es zweitweise für Aufführungen und Besucher zugänglich ist.
Stipendien geben Schriftstellern aus den Bereichen Theater, Oper oder Film Gelegenheit, hier unterzukommen, während sie ihre Arbeiten fertigstellen. Sie logieren in ehemaligen Mönchszellen, die zu kleinen »Studios« bzw. Arbeitszimmern ausgebaut wurden. Die Aufenthaltsdauer kann zwischen einem Monat und zwei Jahren betragen. Diese Initiative hat wieder Leben in die alten Gemäuer gebracht, die zwei Jahrhunderte lang in Vergessenheit geraten waren.
Unter anderem veranstaltet das CNES ein Internationales Sommersymposium *(Rencontres Internationales d'Eté)* – mit Aufführungen, Konzerten, Ausstellungen, Vorträgen usf. – stellt seine Räumlichkeiten aber auch Vereinen und Werbeausstellungen zur Verfügung.
Was man nach einem Rundgang gesehen haben muß: das Grab des Klostergründers *Innozenz VI.* – hier scheint die Idee einer gotischen Kathedralfassade ins Kleinformat übersetzt worden zu sein – den großen und den kleinen Kreuzgang, die Mönchszellen, die ein Bild vom beschaulichen Leben der Karthäusermönche vermitteln, und den *Tinel* (ehemaliges Refektorium), dessen Akustik es sogar mit dem Bayreuther Festspielhügel aufnimmt.

▶ **Fort Saint-André:** hoch droben auf dem Mont Andaon, umgeben von einem beachtlichen Mauerwall. Die Burg würde ohne weiteres in die kastilische Hochebene passen. Besichtigungszeiten auf dem Verkehrsamt erfragen. Kostet Eintritt; aber wozu braucht man eigentlich zwei Karten: eine für die Zwillingstürme, eine für den Abteigarten? Die Welt ist voller Geheimnisse ...
Die Saint-André-Festung entstand auf Geheiß des französischen Königs *Johann dem Guten* zwischen 1362 und 1368: um den bereits vorhandenen Weiler Saint-André in Botmäßigkeit zu halten, hauptsächlich jedoch, um dem Papst und dem Heiligen Römischen Reich Deutscher Nation drüben am anderen Rhôneufer zu zeigen, wo die Grenze ihres Machtbereichs verlief. Prächtige Gärten im italienischen Stil und ein weiter Blick über Avignon und das Rhônetal sprangen mit dabei heraus. Freier, kostenloser Zugang zu den Wallmauern.

▶ **Musée Pierre de Luxembourg:** rue de la République, 50 m vor der Stiftskirche Notre-Dame. Öffnungszeiten von Oktober bis März: 10-12 und 14-17h; von April bis September 10-12.30 und 15-19.30h. Im Februar geschlossen.
Im alten Palast des Kardinals *Pierre de Luxembourg* aus dem 14. Jh. Das Museum nennt einige Meisterwerke sein eigen: im Erdgeschoß die »Elfenbeinerne Muttergottes« (14. Jh.), die aus einem einzigen Stoßzahn geschnitzt ist; im ersten Stock »Die Krönung der Gottesmutter Maria« (15. Jh.) und ein gotischer Prachtaltar von *Enguerrand Quarton.*
Kleiner religionskundlicher Einschub: die Marienverehrung in der katholischen Kirche und innerhalb der Ostkirche wird einesteils von einer weitgehend unabhängigen Volksfrömmigkeit getragen. Da dem Volk bekanntlich aber nicht über den Weg zu trauen ist, hat die offizielle Theologie sich eine »Mariologie« einfallen lassen und am Erscheinungsbild der Gottesmutter fleißig auf Konzilen herumgebastelt: 431 – Dogmatisierung des Titels »Gottesgebärerin«; 1555 – Dogma von der »immerwährenden Jungfräulichkeit Marias«; 1854 – Dogma über die »unbefleckte Empfängnis«; 1950 – Dogma von der »leiblichen und seelischen Aufnahme in die himmlische Glorie«. Die Sorgen möchten wir haben ...

▶ **Turm Philipps des Schönen** *(Tour Philippe-le-Bel):* av. Gabriel-Péri, an der Straße nach Avignon. Selbe Öffnungszeiten, wie sie für das *Musée Pierre de Luxembourg* gelten. Kostet Eintritt. 1307 vollendet, bewachte der Wehrturm den Zugang zur berühmten Saint-Bénezet-Brücke: das ist die aus dem Kinderliedchen »Sur le pont d'Avignon, on y danse, on y danse usw.«. Erstklassiger Blick von der Terrasse im letzten Stock. Der Turm wird abends angestrahlt.

Pont d'Avignon

▶ **Stiftskirche Notre-Dame:** selbe Öffnungszeiten wie im Museum; kostet Eintritt. Auftraggeber war 1320 Kardinal *Arnaud de Via*, Neffe von Papst *Johann XXII*. Ihm verdanken wir also den kostbaren Marmoraltar mit ruhendem Christus von 1745. Der Kreuzgang schließt an die Nordflanke der Stiftskirche an.

▶ **Botanischer Lehrpfad in der Plaine de l'Abbaye:** ein Spaziergang am Rhôneufer, der durch die mittelmeerische Flora führt. Dank des Faltblatts vom Verkehrsamt gelingt es sogar Leuten wie uns, die im Biologieunterricht nicht aufgepaßt haben, das Grünzeug zu identifizieren: Lorbeer, Weißdorn, Rosenbäume ...

Unternehmungen

– **Rhône-Kreuzfahrt an Bord der »Kayaco«:** *Association La Vie à Bord,* berge du Vieux-Moulin, 30400 Villeneuve-lès-Avignon. T. 90 25 10 99. Philippe und Violetta, beides Kinder von Flußschiffern, ermöglichen Landratten eine Erkundung der Rhône und ihrer Deltakanäle bis hinein in die Camargue. Mit 12 km/h tuckern wir ein oder zwei Tage lang an Bord eines umgebauten 30 t schweren Flußkahns mit mindestens fünf weiteren Personen durch die Geographie. Auf dem Strom spürt man so richtig den Duft der großen weiten Welt. Philipp erzählt mit Begeisterung von »seinem« Fluß: daß es am Ufer noch Biber gibt und vereinzelte verschwiegene Plätzchen, wo man noch baden kann.
Wann der Kahn ablegt, muß erfragt werden, bei der Gelegenheit gleich telefonisch reservieren. Romanisten und Lyriker wird die Flußfahrt an eine Passage in *Rimbauds* Gedicht »Das trunkene Schiff« erinnern (jetzt wird's poetisch!): »Wie ich unschiffbare Flüsse hinabtrieb, fühlte ich mich nicht mehr von den Treidlern geführt ... wilde Rothäute hatten sie sich als Zielscheibe genommen, sie nackt an die Marterpfähle genagelt ...« Rimbaud gilt als französischer Wegbereiter des Symbolismus.

Weiterfahrt ab Villeneuve-lès-Avignon

– **Mit dem Zug:** Bahnhof in Avignon. T. 90 82 50 50. Mit dem TGV nach Paris in viereinhalb Stunden.
– **Mit dem Flugzeug:** Flughafen Avignon, 15 km außerhalb.
– **Bus 10 nach Avignon:** hält vor der Stiftskirche neben dem Verkehrsamt sowie in der Rue de la République, gar nicht weit vom Eingang zur Kartause. Durchschnittlich zwei Busse pro Stunde; Fahrtzeit rund fünfzehn Minuten.

UZES (30700)

> Oh kleine Stadt Uzès! Lägest du in
> Umbrien, Touristen aus Paris kämen in
> Scharen, dich zu sehen!
> (*André Gide*)

Schon von fern sieht man unter den Bäumen der Straße von Lussan die vier hohen mittelalterlichen Türme aus dem Meer roter Dachziegel hervorragen: Zeichen einer ruhmreichen Vergangenheit, die sich mit dem Titel des »ersten Herzogtums Frankreichs« schmückt. Ganze achttausend Einwohner bevölkern die beschauliche südfranzösische Kleinstadt heute. Die durch und durch südländische Kulisse paßte prima in jeden Historienfilm. Arkadenplätze, stolze Bürgerhäuser: vieles erinnert uns an die italienischen Stadtstaaten im Mittelalter, wo jeder Stein, jedes Pflaster seine Geschichte zu erzählen hätte ... »Für mich liegt Uzès ferner als China«, blaffte *André Malraux* die Marquise von *Crussol d'Uzès*, Herzogin von Uzès, an, als die ihn um Unterstützung bei der Rettung des bedrohten Kulturgutes anging. Wir dagegen wissen Makao und Uzès sehr wohl auseinanderzuhalten und schicken erst einmal eine Postkarte nach Hause, schreiben, »daß wir gerade im Schatten der Platanen auf der Place aux

Uzès

Herbes einen Pastis trinken«. Da werden die Lieben daheim in Dittelbrunn und Wammelsreuth bestimmt neidisch.

Nachzutragen haben wir noch, daß der Schriftsteller André Gide (s. Zitat weiter oben) in Uzès mehrere Male seine Schulferien verbrachte, und zwar bei seiner Großmutter. Hätte er heute seine Memoiren (»Si le grain ne meurt«) noch einmal zu schreiben, den Stoßseufzer könnte er sich sparen: die Touristenscharen ergießen sich längst über die Promenade des Marroniers und die Place aux Herbes.

Erstes Herzogtum Frankreichs

Von nichts kommt nichts: allein schon seine günstige strategische Lage auf halbem Wege zwischen Cevennen und Mittelmeer, zwischen der Päpstestadt Avignon und der alten Römerstadt Nîmes, bestimmte Uzès zu Höherem.
Ältestes Zeugnis der Stadtgeschichte ist die Scherbe eines Weintrinkgefäßes aus dem 5. Jh. v.Chr.; neueste Grabungen sollen griechische Keramik aus noch früherer Zeit zutage gefördert haben. Später zapften die Römer die Eure-Quelle einige Kilometer vor Uzès an, um Nîmes über den Pont-du-Gard mit Wasser zu versorgen. Anschließend hatten lange Zeit die Bischöfe das Sagen. Vom Jahr 419 bis zur Französischen Revolution reichten sich vierundsechzig Prälaten den Krummstab weiter. Die Allmacht der Kirche schlug sich im Stadtbild nieder: ehemaliges Bischofspalais, Kathedrale Saint-Théodorit, Kirche Saint-Étienne, Fenestrelle-Turm. Zur geistlichen Gewalt gesellte sich noch die weltliche der Herzöge, deren Herzogtum (das der Burg ihren Namen verlieh) das älteste Frankreichs war.
König *Karl IX.* hatte die Pfalzgrafschaft Uzès 1559 nämlich zum Herzogtum erhoben, was den Herzog von Uzès zum ersten *Pair de France* machte. Dieser kam unter dem *Ancien Régime* im offiziellen Hofzeremoniell gleich hinter den Prinzen von königlichem Geblüt. Das Haus Crussol d'Uzès, seit über tausend Jahren Herr über das Schloß, zählt daher auch zum erlesensten Kreis des französischen Hochadels.
Zurück nach Uzès: 1546 schlug sich die Stadt auf die Seite der Reformatoren. Als *Ludwig XIV.* 1685 das Toleranzedikt von Nantes widerrief, das den Protestanten Religionsfreiheit zugesichert hatte, zogen Textilarbeiter und durch Textilfabrikation reich gewordene Kaufleute außer Landes, bis hinauf in die Mark Brandenburg. Im 19. Jh. ging es nur noch bergab. Um 1960 schließlich ist Uzès ein heruntergekommenes, halb verlassenes Kaff. Erst auf Betreiben der Marquise de Crussol d'Uzès, die eigentlich *Marie-Louise Béziers* heißt, aus der Bretagne stammt und sich beim damaligen Kultusminister *André Malraux* für die Stadt einsetzte, wurde dem Verfall Einhalt geboten: das sorgfältig restaurierte Kulturerbe sorgt seit einigen Jahren für neuen Glanz, bei aller nach wie vor vorhandenen provinziellen Bescheidenheit. Das *Festival Nuits d'Uzès* und das Straßenmusikfestival trugen wesentlich zu dieser erfreulichen Entwicklung bei.

Nützliche Adressen

– **Verkehrsamt:** av. de la Libération; im Westen der Stadt, an der großen Esplanade, wo Autofahrer leicht einen Parkplatz finden. T. 66 22 68 88. Kundiges, freundliches Personal. Christine Figa kennt Stadt und Umgebung wie ihre Westentasche; aber auch ihre Kollegen sind nett und geizen nicht mit Broschüren und Auskünften über Stadt und Umland, das Uzège. Hotel- und Restaurantverzeichnis. Führungen durch die Altstadt: vom 15. Juni bis 15. September montags um 10h, mittwochs um 16h und freitags um 10h. Abmarsch vor dem Verkehrsamt. Preis: 30 F.

Für Hinweise, die wir in späteren Auflagen verwerten,
bedanken wir uns mit einem Buch aus unserem Programm

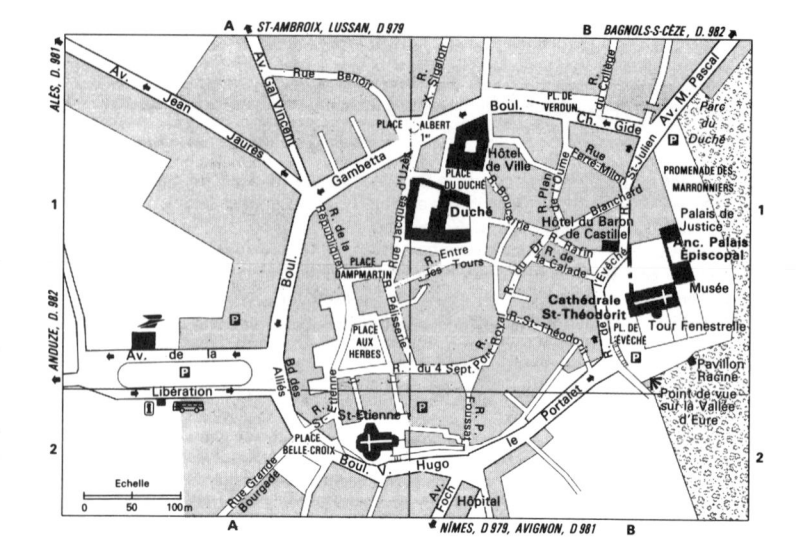

Uzès

– **Fahrradvermietung:** *Payan,* av. du Général-Vincent. T. 66 22 13 94. *Motocycles de l'Uzège,* neben dem Verkehrsamt, 30 m weiter auf derselben Straßenseite. T. 66 22 19 40.
– **Busbahnhof:**
in unmittelbarer Nachbarschaft des Verkehrsamts. T. 66 22 00 58.

Übernachtung

● *Für sparsame Schwaben*

• **Hostellerie Provençale:** 1, rue Grande-Bourgade. T. 66 22 11 06. Ruhige Seitenstraße, die auf die Fassade der Saint-Étienne-Kirche zuläuft. Günstigstes Hotel am Platz: Zimmer mit Dusche 150 F (WC auf dem Gang), mit WC und Dusche 180 F. Sauber und einfach, bescheidene Einrichtung. Im Restaurant Menüs zu 75, 100 und 120 F.
• **Hôtel La Taverne:** 4, rue Xavier-Signalon; das Sträßchen mündet auf der Place Albert-Ier, 150 m nördlich vom Eingang zum Herzogspalast. T. 66 22 13 10, F. 66 22 45 90. Schlicht und gar nicht teuer. Zimmerpreise 190-240 F. Inhaber Gérard Hampartzoumian betreibt auch das gleichnamige Restaurant in Haus Nr. 7 derselben Straße, das wir gleichfalls empfehlen (s. »Speis und Trank«).

● *Mittlere Kategorie*

• **Hôtel Saint-Géniès:** quartier Saint-Géniès, an der Straße nach Saint-Ambroix. T. 66 22 29 99, F. 66 03 14 89. Rund 800 m außerhalb; nach rechts abbiegen. Das Viertel entpuppt sich als reine Wohnsiedlung, wo nachts Totenstille herrscht. Mme Tedeschi hat ihren Neubau unweit eines großen privaten Parkplatzes errichtet; ihr Mann zeichnete für die Bauausführung verantwortlich. Die Steinwände sind so dick, daß man von seinen Zimmernachbarn rein garnichts mitbekommt – schade manchmal ... Von den siebzehn geschmackvoll eingerichteten Zimmern wirken die Mansardenräume (Nr. 10, 11 und 12) am gemütlichsten. Erfreulich günstiges Preis-/Leistungsverhältnis: Doppelzimmer mit Telefon und Fernsehen 250-280 F. Und Marie-Louise Tedeschi weiß noch, was sich beim Empfang neuankommender Gäste gehört. Weitere Pluspunkte: die selbstgemachte Marmelade zum Frühstück und das Schwimmbad. Halbpension: 260 F pro Person. Wird sogar von der *New York Times* empfohlen!

● *Anspruchsvoller*

▪ **Hôtel d'Entraigues:** 8, rue de la Calade. T. 66 22 32 68, F. 66 22 57 01. In Sichtweite des früheren Bischofspalasts und der Kathedrale Saint-Théodorit. Das alte Bürgerhaus aus dem 15. Jh. wurde 1982 gründlich erneuert und präsentiert sich seitdem mit Schwimmbad, Rasse und Klasse: drei Dutzend Zimmer mit Stilmöbeln zum Preis von 300-500 F. Drei Zimmer werden noch mit Dachterrassen versehen. Ein Fußgängerüberweg führt unmittelbar in die *Jardins de Castille* und zum Restaurant von Mr. Savry.

● *Gästezimmer (in Uzès und Umgebung)*

▪ **Golf-Club Uzès:** pont des Charettes. T. 66 22 40 03, F. 66 22 17 70. Außerhalb von Uzès, an der Straße nach Remoulins. Am Pont des Trois-Charrettes rechts abbiegen, dann den Wegweisern folgen. Die hübsche Straße führt zu einem *Mas* (Bauernhaus) mit fünf schönen Zimmern. Blick auf den Rasen und den Golfplatz mit Zypressen, Aprikosenbäumen, Kirsch- und Pflaumenbäumen. Während sich die einen im Schwimmbad Abkühlung verschaffen, lassen sich die anderen in die Geheimnisse des Golfspiels einweihen. Viel Ruhe, netter Empfang. Die Wände sind mit provenzalischen Stoffen verkleidet. Übernachtung für zwei Personen rund 320 F, Frühstück inbegriffen. Vorausbuchung ratsam.

▪ **Auberge de Cruviers:** montée de Larnac, an der Straße nach Saint-Ambroix; 5 km nördlich von Uzès, in Cruviers-Larnac. T. 66 22 10 89. Doppelzimmer mit hausgemachtem Frühstück 300 F, außerhalb der Ferienzeit niedrigere Tarife. Mahlzeiten im Bauernhof; erstes Menü rund 110 F (bei Halbpension 90 F).

▪ **Gästezimmer du Fou du Roi:** in *Pougnadoresse*. T. 66 72 84 32, F. 66 72 82 72. In Uzès der D 982 in Richtung Pouzilhac folgen, dann nach 2 km links auf die D 5 Richtung Vallabrix und Bagnols-sur-Chèze einschwenken. Vallabrix durchfahren, dann 4 km weiter von der D 5 nach links abbiegen; jetzt sind es nur noch ein bis zwei Kilometer bis Pougnadoresse. Sich beim Restaurant *Le Fou du Roi* im Oberdorf melden. Wie hier üblich, ist das Haus aus unbehauenen Steinen erbaut. Schlafsaal mit elf Betten; zwei Zimmer mit Doppelbett und Zwischengeschoß. Auf jedem Zimmer Dusche, WC und Waschbecken. Übernachtung ab 70 F (20 F Aufschlag für Bettücher) pro Person. Zwei bis vier Personen sollten sich ein Zimmer mieten: unschlagbares Preis-Leistungsverhältnis! Auch der äußere Rahmen ist vielversprechend: in Pougnadoresse sagen sich Fuchs und Hase gute Nacht. Auch verhungern muß im *Fou du Roi* niemand: regional gefärbte Küche, verdauliche Preise.

● *Zeltplätze*

▪ **Gemeindezeltplatz »Val de l'Eure«:** an der Straße nach Bagnols-sur-Cèze, 500 m außerhalb von Uzès. T. 66 22 11 79. Vom 15. Juni bis 15. September geöffnet. Schattige Anlage am Ufer des Alzon, dessen Fluten allerdings nicht gerade zum Baden einladen. Trösten wir uns mit dem städtischen Schwimmbad fünf Minuten von hier.

▪ **Camping Le Moulin Neuf:** unweit der Ortschaft Saint-Quentin-la-Poterie; 3,5 km nördlich von Uzès, in der *Garrigue*. T. 66 22 17 21. Von Ostern bis Mitte September. Platz satt und ein großes Schwimmbad.

- **Camping La Paillotte:** Mas Fran Val (hinter dem katholischen Friedhof, der vom Zeltplatz aus aber nicht zu sehen ist; nur keine Panik!). T. 66 22 38 55. Vom 20. März bis zum 20. Oktober. Mit Schwimmbad, in Stadtnähe. Zwei Personen berappen eine Pauschalgebühr von 90 F.

Hunger?

● *Mittlere Preislage*

♦ **Restaurant La Césarine:** 1, bd Victor-Hugo, gleich unterhalb der Kirche Saint-Étienne. T. 66 22 70 09. Dienstags und donnerstagsabends geschlossen. Menüs zu 90 und 160 F; unter der Woche mittags zwei zusätzliche Menüs (70 und 90 F).
♦ **Restaurant La Taverne:** 7, rue Xavier-Sigalon. T. 66 22 47 08, F. 66 22 45 90. Täglich über Mittag sowie abends geöffnet. In der »Kinostraße« von Uzès. Gute Küche in gemütlicher Umgebung, mit ruhigem, kleinem Hofgarten. Inhaber Gérard Hampartzoumian kennt die Stadt wie seine Westentasche. Menüs zu 80, 100 und 150 F. Vermietet auch Zimmer ab 180 F.
♦ **Chez Myou:** 1, place Saint-Étienne. T. 66 22 59 28. Linker Hand der Kirche. Montags sowie vom 15. bis zum 30. Januar Betriebsruhe. Auf *Chez Myou* ist in Uzès Verlaß: unaufdringliche Bedienung, gemütliches Ambiente, Stofftischdecken und Servietten. Klassisch französische Küche mit hohem Standard. Menüs zu 90, 140 und 180 F; Preis und Leistung stehen in einem ausgewogenen Verhältnis.
♦ **Restaurant La Jasse:** in Arpaillargues. T. 66 03 10 92. Arpaillargues ist das erste Dorf hinter Uzès an der D 982 (in Richtung Moussac und Anduz, rund 4,5 km). Das *La Jasse* ist auf der linken Straßenseite zu finden, gleich hinter dem *Musée 1900*. Das frühere Seidenraupenhaus weist nach Renovierung schöne Gewölbesäle aus unverputztem Stein auf. Schmackhafte Küche mit regionaler Färbung. In kulinarischen Dingen Unerschrockenen und Liebhabern von Kutteln empfehlen wir die *Pieds et paquets à la provençale*. Menü zu 100 F oder nach der Speisekarte.

● *Gediegener*

♦ **Restaurant Les Jardins de Castille:** an der Place de l'Évêché, Eingang jedoch in der Rue de la Calade. T. 66 22 32 68, F. 66 22 57 01. Kein Bumslokal und auch keine Garküche für Habenichtse. Also überhaupt nichts für abgebrannte Weltenbummler. Wir haben das neoromanische Restaurant dennoch aufgenommen: wegen seines soliden ersten Menüs für rund 120 F, das in dem wahrhaft vornehmen äußeren Rahmen gleich doppelt gut schmeckt. Und zwar in der Urlaubszeit nur über Mittag, außerhalb der Saison aber auch als Abendessen. Nehmen wir uns also gegenüber der Place de l'Évêché oder auf der Dachterrasse Platz. Ein Restaurant mit Klasse bei demokratischen Preisen! Weiter so, M. Savry! Wer hier auch gleich absteigt, zahlt fürs Doppelzimmer 300-490 F (teilweise mit Klimaanlage).

Weiterbildung

Uzès ist eine der schönsten Städtchen Frankreichs (das mußte ja mal gesagt werden!). Am besten zu Fuß erkunden (was denn sonst?).

▶ **Le Duché** (Schloß der Herzöge von Uzès): Sammelbezeichnung für ein außergewöhnliches Anwesen, das sich aus dem *Schloß der Herzöge von Uzès*, der *Schloßkapelle*, dem *Vieux Logis* und dem majestätischen *Bermonde-Turm* zusammensetzt, der die ganze Stadt überragt. Der ganze Komplex befindet sich bis auf den heutigen Tag im Privatbesitz der Adelsfamilie Crussol d'Uzès, ist aber zu besichtigen: vom 1. April bis 30. September von 9.30-12h und 14.30-18h; zwischen dem 1. Oktober und dem 31. März von 9.30-12h und 15.30h bis Einbruch der Nacht. Rund 40 F Eintritt. Der Fremdenführer demonstriert eindrucksvoll den südfranzösischen Akzent. Im Hof die Hellebardenwache am Eingang beachten, auch wenn der brave Soldat nur aus Wachs besteht (wenn doch alle Soldaten der Welt dasselbe von sich behaupten könnten!). Links der *Vicomte-Turm* aus dem 14. Jh.; und weiter rechts zeichnet sich die massige Silhouette des dicken *Bermonde-Turms* ab.

– *Fassade des Renaissanceflügels:* ein Meisterwerk, im Abendlicht am eindrucksvollsten. Stammt vom Ende des 16. Jhs; Auftraggeber dürfte Herzog *Antoine de Crussol* gewesen sein, der die Burg zum standesgemäßen Schloß umbauen ließ. Die prächtige Fassade gilt als eines der ersten Beispiele für die Beachtung der dreigeschossigen klassischen Säulenordnung (von unten nach oben: dorisch, ionisch, korinthisch) in der französischen Architektur. Wer mit uns in Griechenland war, weiß Bescheid. Nebenan die spätgotische *Schloßkapelle.*

– *Bermonde-Turm:* der auf das 11. Jahrhundert zurückdatierte, über vierzig Meter hohe *Donjon* will auch gewürdigt sein. Die enge Treppe führt über 148 Stufen nach oben, von wo aus der Blick über Uzès und das Uzège schweift.

– *Privatgemächer:* eine Zimmerflucht reich verzierter und möblierter Salons und Räume im Louis-XV.- und Louis-XVI.-Stil. Im Erdgeschoß ein »Kapetingersaal« genannter Raum. Während der Führung erfahren wir alles über die Familiengeschichte der *Crussol d'Uzès* und die herausragendsten Vertreter des Herzogsgeschlechts. Etwa über jene schillernde Herzogin, die die in Frankreich bekannte »Veuve Clicquot« beerbte, streng monarchistisch dachte, aber nichtsdestoweniger mit der »roten Jungfrau« *Louise Michel* befreundet war. Sie wurde 1847 geboren, verlor ihren Mann mit einunddreißig Jahren und wachte eines Morgens als Eigentümerin eines der größten Privatvermögen Frankreichs auf. Man machte ihr den Hof, denn sie war eine gute Partie. Die reiche Witwe stürzte sich aber lieber mit derselben Leidenschaft in die Politik, mit der sie auch die Treibjagd betrieb – in ihrem Leben erlegte sie 2.056 Hirsche! Dem populistischen General *Boulanger* steckte sie drei Millionen Francs zu, was damals eine ungeheure Summe war, um die Republik zu stürzen. Eine völlige Fehlinvestition. Auf der anderen Seite verfaßt sie eine Broschüre über Phosphatdüngung, bildhauert unter dem Künstlernamen Manuela, finanziert die Frauenzeitschrift *La Française,* streitet für das Frauenwahlrecht, gründet den ersten Automobilclub für Frauen und erhielt als erste Französin 1898 einen Führerschein: eine echte Feministin also! Bei unseren Grünen gehen Konservativismus und Reformfreude heute ja auch bunt durcheinander.

– *Keller und Kostümpuppen:* in dem schönen Gewölbekeller wurde die Hochzeit des Grafen von Crussol-Uzès im Jahre 1486 nachgestellt. Der Hofnarr (frz. *Bouffon)* gefällt uns am besten.

▶ **Rathaus** (Hôtel de Ville): gegenüber vom Eingangsportal des Herzogspalais. Schöner Bau aus dem 18. Jh. Im Innenhof finden bisweilen Ausstellungen statt.

▶ **Kathedrale Saint-Théodorit:** im Osten der Stadt. Bildet gemeinsam mit dem Bischofspalast und dem Fenestrelle-Turm ein harmonisches städtebauliches Ensemble, das sich seit Jean Racines Zeiten – der Altvater des französischen Dramas soll hier den schönen Bürgerstöchtern aus Uzès den Hof gemacht haben – kaum verändert hat. Allerdings fiel die romanische Vorgängerkirche den Revolutionswirren zum Opfer. Im ansonsten wenig bemerkenswerten Inneren eine kostbare *Barockorgel* von 1670, die vor den übereifrigen Revolutionären verschont blieb. Auch die Täfelung in der Sakristei ist bestens erhalten.

▶ **Fenestrelle-Turm:** leider ist das Wahrzeichen von Uzès nicht zugänglich. Der elegante *Campanile* aus dem 12. Jh. gilt als Musterbeispiel für einen von Fensteröffnungen durchbrochenen, romanisch-lombardischen Turm. Im Inneren eine »Sankt-Ägidius-Wendeltreppe«.

▶ **Terrasse und Promenade des Marroniers:** besonders im Herbst ein romantisches Fleckchen, von dem aus man den *Pavillon Racine* sieht. Die Chronisten der Stadt behaupten gerne, der berühmte Tragödienschreiber habe hier seine ersten Stücke zu Papier gebracht. Als das Häuschen erbaut wurde, war er aber schon seit einem Viertel Jahrhundert Jahren auf und davon. 1661 zählte Racine zweiundzwanzig Lenze und hatte in Uzès eine klassische Bildung genossen. *Sconin*, sein Onkel mütterlicherseits, Großvikar des Bistums, wollte aus ihm einen Geistlichen machen. Aber die Mädchen von Uzès hatten es ihm mehr angetan, und so landete er schließlich bei der Schreiberei. Die Kirchenlaufbahn wäre sicher lukrativer gewesen; aber der junge Heißsporn ließ sich nicht beirren, führte in seinen Briefe Klage über die Langeweile und provinzielle Enge in Uzès, wo die Leute nicht einmal vernünftig Französisch sprächen. Was ihn alles nicht davon abhielt, den Uzétiennes nachzusteigen und sich an der landschaftlichen Schönheit des Uzège zu ergötzen.

▶ **Ehemaliger Bischofspalast:** links neben der Kathedrale. Nicht zugänglich, weil seit Jahren herumrenoviert wird. Baujahr 1671; wunderschönes Gebäude mit schmiedeeisernem Eingangsportal.

▶ **Stadtmuseum** *(Musée Municipal)*: gleich neben Bischofspalast und Kathedrale. Kreist thematisch um Frühgeschichte, mittelalterliches Brauchtum in Uzès und Volkskunst. Erinnerungsstücke an Charles und *André Gide*.

▶ **Hôtel du Baron de Castille:** wenn wir auf dem kleinen Platz vor der Kathedrale stehen, ist auf der rechten Seite ein kurioses Anwesen mit Säulen zu sehen, das sich in seiner Ecke förmlich zu verstecken scheint. Es handelt sich um eines der ansehnlichsten Bürgerhäuser in Uzès. Der Baron von Kastilien gehört zu jenen Figuren, die man im letzten Jahrhundert auf den Straßen Europas antreffen konnte. Eigentlich hieß er ganz prosaisch *Froment Fromentès*, war viel gereist und besonders beeindruckt von *Berninis* Kolonnade in Rom. Er hegte eine Vorliebe für Ägypten und Griechenland. Seine erste Frau war nach Ausbruch der Französischen Revolution an einem gebrochenen Herzen gestorben. Der lebenslustige Alte heiratete anschließend die achtunddreißig Jahre jüngere Prinzessin von Rohan. Die große Glocke in der Kirche Saint-Étienne wurde zu ihren Ehren »la Baronne« benannt. Nicht gerade schmeichelhaft ...

▶ **Place aux Herbes:** an Markttagen oder wenn gerade ein Film gedreht wird, ist der malerische Platz besonders belebt. Unter anderem diente er als Kulisse für einige Szenen im Film »Cyrano de Bergerac« mit *Gérard Depardieu*. Stundenlang könnte man hier vor einem Glas Pastis verweilen. Das Provinzielle der alten Arkadenhäuser rings um den Platz wirkt angenehm zurückhaltend. Übrigens: die Szene mit dem Heiratsantrag – die Rede ist wieder vom Filmklassiker »Cyrano« – wurde unter einer Arkade des aus dem 17. Jh. stammenden *Hôtel de la Rochette,* Haus Nr. 26, aufgenommen.

▶ **Kirche Saint-Étienne:** 150 m südlich von der Place aux Herbes. Die Fassade aus dem 18. Jh. ist im eher strengen »Jesuitenstil« gehalten. Sobald jedoch ein Sonnenstrahl darauf trifft, leuchtet der Stein auf.

▶ **Place Dampmartin:** von der Place aux Herbes wieder hinauf zur Rue de la République. Das *Hôtel Dampmartin* – Haus Nr. 1, mit schöner Renaissancefassade und Rundturm – weist im Inneren ein herrschaftliches, viereckiges Treppenhaus auf, typisch für die sogenannten »Ehrentreppen von Uzès« mit ihren ansteigenden Balustraden. Im kleinen Hof ein Antiquitätengeschäft.

Feste und Feierlichkeiten

– **Markt:** samstagsvormittags auf der Place aux Herbes, im Sommer bis 16 oder 17h. Lieber am Morgen hingehen, wenn alle Erzeugnisse der Provence an den Ständen ausgebreitet werden: Oliven, Stockfische, Trockenblumen, Gemüse, Garrigueskräuter, Honig und vieles andere mehr.

– **Festival »Nuits d'Uzès«:** jedes Jahr im Juli. Bildet seit 1970 einen der Höhepunkte im Sommer. Konzerte im Hof des Bischofspalasts und in der Kathedrale Saint-Théodorit. Warum eigentlich »Nächte in Uzès«? Zum einen, weil die Veranstaltungen bei Einbruch der Dunkelheit beginnen, aber auch in Erinne-

rung an einen Brief Racines, der über jene Stadt, wo er bei seinem Onkel logierte, schrieb: »Und meine Nächte sind schöner als eure Tage ...«
- **Straßenmusikfestival:** Veranstalter ist die *Association Autobus*. An drei Tagen im August verteilen sich die Musiker über das ganze Stadtgebiet. Ist bei der Bevölkerung überaus beliebt, besonders bei der Jugend. Jazz und Flamenco, Lambada - ist ja auch schon wieder Jahre her! - Gauklerumzug durch die Altstadt.
- **Knoblauchmarkt:** am 24. Juni strömen alle Knoblauchbauern nach Uzès, um ihre wohlschmeckenden Knollen zu vertreiben. Allerorten türmt sich der Knofel, wobei allen Farben vertreten sind. Schon mal violette Knoblauchzehen gesehen?
- **Trüffelmarkt:** von Dezember bis März. Früh samstagmorgens auf dem Platz gegenüber vom Verkehrsamt vorbeischauen, in der Av. de la Libération. Hochwertige Trüffel bringen hier tausend Franc pro Kilo; andernorts kosten sie glatt zweitausend.
- **Cinema d'Uzès:** rue Xavier-Sigalon, hinter dem Restaurant *La Taverne* links. Eines der letzten Kinos weit und breit, das nicht dichtgemacht hat. Das neu hergerichtete Lichtspieltheater verfügt über drei Säle mit ausgezeichneter Akustik. Mitunter flimmern jene Filmstars, die ein Häuschen im Gard besitzen, nicht nur über die Leinwand, sondern laufen einem sogar über den Weg.

Weiterfahrt mit dem Bus

Auskunft bei der Gesellschaft *STD Gard*, Av. de la Libération, gleich neben dem Verkehrsamt. T. 66 22 00 58. Abfahrt auf der Esplanade der Av. de la Libération.
- **Nach Nîmes:** zwei Busse am Morgen, drei oder vier nachmittags.
- **Zum Pont du Gard:** Bus nach Nîmes mit Umsteigen in Remoulins (oder zu Fuß weiter).
- **Nach Alès:** täglich eine Busverbindung vormittags.
- **Nach Avignon:** mit derselben Gesellschaft.

Die schönsten Dörfer im Uzège

▶ *Arpaillargues:* 3 km westlich von Uzès, an der Straße von Anduze. Sehenswert sind das **Musée 1900** und das **Bahn- und Spielzeugmuseum:** Moulin de Chalier. Inhaber Gaston Baron nebst Söhnen gehört zu jenen Zeitgenossen, die für ihre Leidenschaft Berge versetzen würden. Sein Hobby besteht darin, solche wundersamen Gegenstände auszugraben, welche die menschliche Arbeit ausgangs des 19. Jhs und zu Beginn des 20. Jhs revolutionierten. Ein ehrgeiziges Vorhaben; Mr. Baron hat die Herausforderung jedenfalls angenommen. Sein Musée 1900 zeigt die Vorläufer des Automobils (vom »Grand Bi« bis zum »Marne-Taxi«), der heutigen Telekommunikation (vier Meter langer Verstärker in Akazienholz, alte Radios) sowie landwirtschafliche Geräte, z.B. eine riesige Mäh- und Dreschmaschine. Vielfalt und Qualität der Ausstellungsstücke, deren Einzelteile bunt zusammengewürfelt erscheinen, können wir hier gar nicht im Einzelnen beschreiben: schließlich stecken dreißig Jahre Sammelleidenschaft dahinter.
Das Sehvergnügen setzt sich im benachbarten Zug- und Spielzeugmuseum fort: Liebhaber alten Spielzeugs werden ins Schwärmen geraten. Modelleisenbahn im Maßstab 1:43, die durch den Gard rattert, von den Cevennen bis in die Camargue: nichts fehlt, weder die Minen von Alès noch der Leuchtturm von Aigues-Mortes. Vom Pont-du-Gard ganz zu schweigen. Weiter so!
▪ **Château d'Arpaillargues:** T. 66 22 14 48. F. 66 22 56 10. Etwas für Bildungsreisende: das romantische Schloß beherbergte einst *Marie d'Agoult*, Techtelmechtel von *Franz Liszt* und Schwiegermutter von *Richard Wagner*. Soviel Hochkultur hat natürlich ihren Preis: Übernachtung ab 420 F.
♦ **Restaurant La Jasse:** s. »Speis & Trank in Uzès«. Willkommene Stärkung nach dem anstrengenden Museumsbesuch im Musée 1900.

▶ **Saint-Quentin-la-Poterie:** 5 km nördlich von Uzès. Treppenwitz der Kulturgeschichte: in dem keramikproduzierenden Dorf kam 1823 *Joseph Monier* auf die Welt, der Erfinder des Stahlbetons. Die Backsteinziegel sind dennoch nicht nacktem Beton gewichen. Schon die alten Römer fertigten an diesem Ort Amphoren; und die Päpste in Avignon orderten später 110.000 Kacheln für die Innenverkleidung ihres Palastes. Im 18. Jahrhundert stellte man auch Tonpfeifen her. 1926 erlosch der letzte Brennofen. Seit 1983 allerdings nimmt das alte Gewerbe in Regie der *Maison de la Terre* einen neuen Aufschwung: zehn Keramiker leben, arbeiten und verkaufen ihre Erzeugnisse am Ort.

− **Maison de la Terre:** rue de la Fontaine, in der Ortsmitte. T. 66 22 15 71. Ausstellungsräume mit Töpfen und Keramikerzeugnissen. Hier erhältlich: eine Liste der Töpfer und Werkstätten (leicht zu finden) und die genauen Termine des großen Terralha-Fests, das alljährlich im Juli stattfindet. Da beleben sich die Straßen, und aus Saint-Quentin wird Keramik-Ville.

▶ **Lussan:** 18 km nördlich von Uzès, an der Straße nach Saint-Ambroix. Eines der malerischsten Begdörfer im Gard, vielleicht auch in ganz Südwestfrankreich. Bestens erhalten: weder Hotel noch Restaurant stören den Gesamteindruck. Für Erfrischung sorgt allein der Schatten der Bäume. Provenzalisches Dorf im Urzustand: ein Adlerhorst, zusammengewürfelt aus wenigen Wohnbehausungen, der Burg (heute Rathaus) und einer kleinen Kirche. Früh am Morgen ist es so ruhig, daß man die Katzen übers Pflaster schleichen hört, und die Großmütterchen halten am Fenster den ersten Schwatz. Lussan legt offensichtlich keinen Wert auf Fremdenverkehrswerbung. Läge es in Holland oder Bayern, die Touristenscharen wälzten sich nur so durch die Gassen. Wir schauten außerhalb der Ferienzeit, im September, vorbei, einige Tage nach Schulbeginn (in Frankreich *Rentrée* genannt). Im Hof der Zwergschule spielten die Kinder, und die Landschaft, wo einst die Vorfahren *André Gides* wandelten, dessen Familie aus dieser Gegend stammt, geriet zur Kulisse. Lussan ist bereits ein Vorgeschmack auf die Landschaft der Ardèche.

▶ Vom Ortsrand Lussans brechen wir auf zur Erkundung der **Concluses** in der Aiguillon-Schlucht. Erinnert uns an die Samariaschlucht auf Kreta, nur daß man sich hier nicht gegenseitig auf den Füßen herumsteht.

▶ Weitere sehenswerte Dörfchen in der *Garrigue:* **Belvézet**, zwischen Lussan und Uzès, mit einer Burgruine; **Saint-Victor-des-Oules**, 8 km nordöstlich von Uzès, das für seine Quartzitsteinbrüche und bizarren Sandsteinfelsen berühmt ist. Mit etwas Glück finden wir noch fossiles Holz. Wie wär's mit einer Wanderung zum Gipfel des *Mont Aigu?* Prächtiger Blick über die Cevennen und das Uzège.

ZWISCHEN GARD UND ARDECHE

Diese kaum bekannte Region zwischen Barjac und Bagnols-sur-Cèze trägt keinen eigenen Namen. Im Norden des Départements Gard, nur wenige Kilometer südlich der Ardèche-Schlucht im gleichnamigen Département, ist sie ein Paradies für Kajakfahrer. Auch hier finden wir noch Landschaft, Duft und Zauber der *Garrigue*, wenngleich sich allerorten die nahe Ardèche bemerkbar macht. In der Ferienzeit fallen denn auch holländische, belgische und deutsche Touristen in die Gegend ein − so etwas nennt man hier dann »ardéchisation«. Wanderer und Kajak-Freunde werden in der herben Naturlandschaft dennoch in ihrem Element sein.

Zeitweise beschleicht uns das eigenartige, aber durchaus reale Gefühl, daß es hier noch eine Menge zu entdecken gilt: die Dolmen auf dem Méjannes-Plateau, die urzeitlichen Grotten in der Cèze-Schlucht und die einsamen Weiler und Dörfer der *Garrigue*. Ein Stück unberührter Natur, wo man noch Robinson spielen und der Zivilisation abhanden kommen kann.

ZWISCHEN GARD UND ARDECHE – BARJAC / 297

BARJAC (30430)

Unverkennbar südfranzösisches Städtchen unweit der Ardèche- und Cèze-Schluchten. Ein Schloß aus dem 17. Jh., die Kirche und alte Behausungen bilden den hübschen, aber nicht außergewöhnlichen Ortskern. Im Sommer schiebt sich viel Volk durch die Gassen; dennoch ist Barjac nach wie vor einen Abstecher wert. Am reizvollsten finden wir aber die Umgebung. Leider bietet die Hotellerie nur wenige geeignete Adressen; zumindest einige ansprechende Gästezimmer konnten wir ermitteln (vollständige Liste auf dem Verkehrsamt).

Nützliche Adresse

– **Verkehrsamt**: place du 8-Mai, in der Innenstadt. T. 66 24 53 44 im Sommer; im Winter T. 66 24 50 46. Öffnungszeiten: im Sommer von 9-12 und von 15-19h, außerhalb der Saison von 10-12h.

Kost & Logis

● *Erschwinglich*

▪ **Gästezimmer**: bei Suzy Comte, route de Bagnols. T. 66 24 51 31. 200 m von der Place du 8-Mai, auf der rechten Seite. Unübersehbares, massiges Gebäude, dessen Innenhof als Parkplatz dient. Sechs Kemenaten mit bescheidenem Komfort (Dusche und WC auf dem Gang), aber sauber und geräumig. Ab 170 F für zwei Personen. Frühstück: 25 F. Ein Zimmer zum Hof verlangen. Gerade richtig für Geizhälse, Abgebrannte und uns, zumal Mme Comte recht nett ist.

▪ **Gästezimmer in Linde**: 4 km außerhalb von Barjac, an der D 901 (in Richtung Bagnols-sur-Cèze). T. 66 24 50 96. Auf dem Zeltplatzgelände von Linde, linker Hand. Drei propere Gemächer mit Dusche und WC, mitten im Grünen. Der Cèze bietet sich zum Baden und Kanufahren an. Kostenpunkt für zwei Personen: ab 180 F, Frühstück: 35 F. Besonders nette Begrüßung.

● *Mittlere Kategorie*

▪ **Gästezimmer bei M. und Mme Ciaramella**: rue Basse. T. 66 24 59 63. Unweit der Innenstadt, in einem großen Haus aus dem 18. Jh. Drei Zimmer mit allen Schikanen, wobei wir insbesondere zu dem mit Bad im ersten Stock raten. Stilmöbel und erlesene Einrichtung in geräumigen Zimmern. Schwimmbad im hinteren Teil des schattigen Gartens. 250 F für zwei Personen. Erfreulich günstiges Preis-/Leistungsverhältnis, freundliche Aufnahme.

▪ **Gästezimmer bei Isabelle Agapitos**: an der Straße nach Vallon-Pont-d'Arc. T. 66 24 54 77, F. 66 24 58 97. An der Ortsausfahrt Barjacs, auf der rechten Seite, in einem äußerlich unscheinbaren Seidenraupenhaus. Innen sieht die Sache gleich ganz anders aus: drei helle, saubere Zimmer mit allen Annehmlichkeiten (Dusche und WC). Im Garten ein kleines Schwimmbad. 230 F für zwei Personen. Mme Agapitos erweist sich als liebenswürdige Gastgeberin.

♦ **Restaurant L'Esplanade**: place de l'Esplanade. T. 66 24 58 42. Im Januar geschlossen, zusätzlich dienstags bis in den Juni hinein. Ob man auf der Terrasse oder im kleinen Gewölbesaal speist, der Küchenchef leistet Beachtliches: Fisch vor allen Dingen, aber auch hausgemachte Nudeln und *Confit de canard* (eingelegte Ente). Kulante Bedienung. Bestellungen nur von der Speisekarte; vollständige Mahlzeit mit Wein rund 100 F.

● *Anspruchsvoller*

▪ **Auberge Le Mas de Rivet**: etwas abseits von Barjac. T. und F. 66 24 56 11. Vom 1. Mai bis Ende September geöffnet. Das große *Mas* aus dem 16. Jh. überblickt von seinem Hügel aus die *Garrigue* und kann sich sehen lassen. Hier hat man seine Ruhe. Neun Zimmer mit Bad und WC zum Preis von 320-

400 F. Im Juli/August ist Halbpension vorgeschrieben (rund 340 F pro Kopf). Freundlicher Empfang.
- **L'Hostellerie de Landes:** im Weiler Landes, D 901, *Saint-Privat-de-Champclos*. T. 66 24 56 14. Vom 15. Dezember bis 15. Januar zu. Rund 4 km außerhalb Barjacs, auf der linken Seite in Richtung Bagnols-sur-Cèze. Hotel-Restaurant mit Blick auf das Cèze-Tal. Vier blitzblanke Zimmer mit Dusche, Waschbecken und Toilette. Doppelzimmer 280-390 F. Gutbürgerliche Küche mit regionaler Färbung; Menüs zu 100, 140, 180 und 240 F.
- **Auberge Le Mas du Terme:** 3 km vor Barjac, an der Strecke nach Bagnols-sur-Cèze. T. 66 24 56 31, F. 66 24 58 54. Im Januar und Februar geschlossen. M. und Mme Marron haben die ehemalige Seidenraupenzucht aus dem 18. Jh. mit Gewölbesalon, Innenhof und zehn ruhigen Zimmerchen im ländlichen Stil eingerichtet. Doppelzimmer 360-390 F. Die Speisekarte zieren regionale Leckerbissen, und bei Hitze verspricht das hauseigene Schwimmbad Abkühlung.

● *Zeltplätze*

- **Camping de Linde:** 4 km vor Barjac, an der Straße nach Bagnols-sur-Cèze. T. 66 24 50 96. Zelten auf dem Bauernhof mit vielfältigem Freizeitangebot: Baden, Kanu, Höhlenforschung, Wandern.
- **Zelten auf dem Bauernhof** *(Camping à la Ferme):* le Mas Neuf, 2,5 km vor Barjac, an der Straße nach Bessas. T. 66 24 50 79. Kleiner schattiger Zeltplatz, den Inhaber Jean Divol mit Toiletten und warmen Duschen vorbildlich hergerichtet hat.
- **Camping La Combe:** Mas de Reboul, 2,5 km von Barjac, an der Straße nach Saint-Sauveur-de-Cruzières. T. 66 24 51 21. Von Ostern bis Ende September geöffnet. Ausreichend Schatten; mit Schwimmbad und Tennisplatz.

Sehenswertes

▶ **Karsthöhle** *(Aven)* **von Orgnac:** 8 km von Barjac, im Département Ardèche. Von März bis Mitte November von 9-12 und 14-18h zugänglich. Sehenswertes Gängelabyrinth mit spektakulären Tropfsteinformationen in glitzernden Farbschattierungen, einem großen »Orgelpfeifengang«, dem »Saal der Exzentriker« usw.

▶ **Karsthöhle** *(Aven)* **von La Forestière:** unweit der eben erwähnten; Anfahrt über das Dorf Orgnac, dann der Straße nach Labastide-de-Virac folgen. Einlaß täglich zwischen dem 1. April und dem 30. September. Ganz anders als die vorige: die Konkretionen (Ablagerungen) wirken äußerst zart. Hier unterhalten Wissenschaftler ein in Europa einzigartiges Akklimatisierungslaboratorium für Höhlentiere. Da freut sich der Grottenolm.

ARDECHE-SCHLUCHT

Kleiner Abstecher in die Region Rhône-Alpes, zu der die Ardèche gehört. Zwischen der noch schwindelerregenderen Tarnschlucht und der coloradoähnlichen Verdonschlucht erwartet uns hier einer der großen südfranzösischen Canyons. Über mehr als fünfunddreißig Kilometer bahnt sich die Ardèche zwischen *Vallon-Pont-d'Arc* und *Saint-Martin-d'Ardèche* zwischen zwei- bis dreihundert Metern hohen weißen Kalkfelsen ihren Weg durch eine noch weitgehend unberührte Landschaft (jedenfalls will Städtern das so scheinen).
Die Ardèche ist eine Art Wetterscheide, wo gemäßigt-ozeanisches auf das Mittelmeerklima trifft. Im Sommer fallen unter einem wolkenlosen Himmel Badegäste, Wanderer und erlebnishungrige Sportler wie eine der biblischen Plagen in die Schluchten ein, zwecks Körperertüchtigung durch Kanu-, Kajak-, Floßfahren und Klettern. Die Schlucht wird dann zum Freizeitparadies. Wer die Abgeschiedenheit sucht, sollte die die Ardèche um diese Jahreszeit meiden und

sein Glück lieber auf den Aubrac- oder Margeride-Plateaus versuchen. Trotz des sommerlichen Rummels müssen wir die Schluchten erwähnen; denn an einem Wochentag zwischen Mai und Juni oder im September und Oktober sieht alles schon wieder ganz anders aus, von der kalten Jahreszeit gar nicht erst zu reden. Der Winter zeigt hier kaum einmal die Zähne, weshalb er für eine Reise an die Ardèche durchaus günstig ist.

● *Die Ardèche: Fluß mit zwei Gesichtern*

Der träge dahinschleichende Fluß kann sich unversehens in ein reißendes Untier verwandeln. Die Hochwasser am Ende des Sommers sind berüchtigt. Am 21. September 1890 wälzten sich pro Sekunde 7.500 m^3 Wasser durch die Schlucht, der Pegelstand unter dem Pont d'Arc stieg um 21 m. Das letzte verheerende Hochwasser ereignete sich im November 1994. Die Ardèchequelle liegt auf 1.100 m Meereshöhe in den Vivarais-Bergen unweit Langognes. Nach nur hundertzwanzig Kilometern, auf denen es steil bergab geht, mündet der Fluß bei Pont-Saint-Esprit in die Rhône. »Die Ardèche ist ein Gebirgsfluß aus dem Zentralmassiv: mit warmem Wasser, zugleich unbändig und zahm«, sagen Kenner. Tatsächlich bietet die Ardèche mit ihren Schluchten einen Wechsel von Stromschnellen und ruhigen Passagen, die für Kajakfahrer verhältnismäßig leicht zu bezwingen sind. Ihrer sind zu gewissen Zeiten mittlerweile so viele, daß auch Wanderer davon profitieren, indem sie bequem trockenen Fußes von Boot zu Boot hüpfen können. Alles klar?

● *Naturschutz und Fremdenverkehr*

Bis in die achtziger Jahre hinein kippten die Gemeinden Aubenas, Ruoms und Vallon ihren Dreck ungeniert in den Fluß. Mit der Entwicklung des »sanften Tourismus« – in Frankreich *Tourisme Vert*, also »grüner Fremdenverkehr« genannt – ging es so nicht weiter; den untragbaren Zuständen mußte Abhilfe geschaffen werden. 1980 wurde das Landschaftsschutzgebiet *Gorges de l'Ardèche* ausgewiesen. Seitdem stehen Fauna und Flora des 1.570 ha großen Geländes unter einem gewissen gesetzlichen Schutz, wenn auch die Einschränkungen nicht an jene in einem echten Naturschutzgebiet (in Frankreich: *Parc Naturel*, also National- und Naturparks) heranreichen. Das Ardèche-Gebiet bevölkern rund hundert Vogelarten, von der Dohle bis zum Bonelli-Adler, sowie kleinere Säugetiere wie Fuchs, Dachs, Steinmarder oder Iltis. An Reptilien sind eine bestimmte Natternart *(Couleuvre de Montpellier)* und Perleidechsen vertreten. Auf der Hochebene und in der Garrigue treiben sich auch Biber und Wildschweine herum. Erst 1981 wurde der Plan »Ardèche Clair« zur Gewässerreinhaltung, Flußregulierung und zum Bau einer Kläranlage in Vallon verabschiedet (zu dem Zeitpunkt war bei uns schon jedes Nest an eine solche angeschlossen). Dies geschah, wie wir gesehen haben, nicht aus reiner Naturliebe, sondern um den Fremdenverkehr in dieser Gegend nicht zu gefährden (»die deutschen Touristen sind ja so pingelig«, meinte ein französischer Bekannter). Womit bewiesen wäre, daß Fremdenverkehr auch sein Gutes hat, wenn er auch kräftig zu den Belastungen beiträgt. Auch wenn's die Franzosen mit einem Achselzucken quittieren sollten: die Contrex-Flasche gehört nicht ins Gebüsch!
Wie auch immer: die Verschmutzung der Ardèche nimmt seither stetig ab, der Fluß ist nicht mehr die überriechende Kloake der sechziger Jahre. In den letzten dreißig Jahren hat sich auch an der Ardèche der für die ländlichen Räume Frankreichs typische Strukturwandel vollzogen.

VALLON-PONT-D'ARC (07150)

Sollte im Sommer treffender Kanu-City oder Kajak-Ville heißen, denn hier beginnt für die meisten ihre Reise flußabwärts. Keine andere Gemeinde in Frankreich wird im gleichen Maße vom Wasserstand eines Flusses und der regelmäßig einfallenden Kanu- bzw. Kajakfahrer bestimmt. In der schönen Jahreszeit

Ardèche, Arche Naturelle

ARDECHE-SCHLUCHT – VALLON-PONT-D'ARC / 301

verdoppelt sich die Zahl der Bewohner glatt um das Vierzigfache und straft das Gerede vom »grünen Tourismus« Lügen. In der Ardècheschlucht schaukeln dann an die dreitausend Boote auf den Wogen, schießen die Stromschnellen hinab oder gleiten gemächlich am Fuß der majestätisch aufragenden Steilfelsen dahin. Die Zeit um Christi Himmelfahrt und Pfingsten meiden: dann herrscht auf dem Wasser ein Gedränge wie auf der Autobahn München-Salzburg zur Hauptferienzeit. Abgesehen von solchen Unannehmlichkeiten ist Vallon ein einladender, lebendiger Ort.

Anreise

– **Mit dem Zug:** in Montélimar oder Avignon aussteigen, dann am Bahnhof in den Bus nach Vallon steigen. Täglich zwei bis drei Verbindungen, ohne Umsteigen ab Avignon und Montélimar. Fahrzeit gut zwei Stunden.

Nützliche Adressen

– **Verkehrsamt der Ardèche-Schlucht:** auf dem »Verwaltungsplatz« (Place Administrative), unweit der Gendarmerie und der Post, wenn man von Ruoms kommt, ortseingangs von Vallon. T. 75 88 04 01, F. 75 37 19 79. Mit Ausnahme des Sonntags und Samstagnachmittags außerhalb der Urlaubszeit täglich besetzt; in der Hauptreisezeit sonntags ab 12 h geschlossen.
– **Taxis:** *Henri Chaniol.* T. 75 88 05 39. *Taxis Vallonais.* T. 75 37 13 80.

Ein Dach über dem Kopf

● *Preiswert*

▪ **Gîte d'Etape:** unter der Leitung des Vereins *Escapade Loisirs* an der Place de la Mairie. T. 75 88 07 87, F. 75 88 11 74. Drei Schlafsäle, Gemeinschaftsraum mit Küche. Im zweiten Stock eines Hauses mit Blick auf den Platz. Steht auch Rucksacktouristen offen; Übernachtung rund 60 F.
▪ **Hôtel du Château:** an der Place de la Mairie, gleich neben dem *Café du Nord*, weiter oben in derselben Straße. T. 75 88 02 20. Das einfache Hotel in bester Lage gehört Jean-Claude Revest. Doppelzimmer mit Dusche auf dem Gang ab 200 F. Ist bei Wanderern und Kajakfahrern gleichermaßen beliebt.

● *Anspruchsvoller*

▪ **Le Manoir du Raveyron:** rue Henri-Barbusse. T. 75 88 03 59. Von Mitte Oktober bis Mitte März geschlossen. Rund fünfzehn Zimmer ab 225 F. Sommergarten, passables Restaurant. Während der Ferienzeit nur mit Halbpension.

Zeltplätze

Allein in Vallon zählten wir ihrer Stücker zwölf, in Salavas waren es sieben.

▪ **Camping Le Vieux Vallon:** quartier La Combe. T. 75 88 01 47. Vom 20. Juni bis 10. September geöffnet. Nur vierzig Stellplätze; Gebühr rund 75 F. Noch einer der preiswertesten.
▪ **Camping Ardèche Bateaux:** an der Schluchtenstraße am Flußufer. T. 75 37 10 07. Vom 15. März bis 30. September. Schont gleichfalls den Geldbeutel. Kneipe, Restaurant, Lebensmittelladen sowie Vermietung von Kanus und Kajaks.
▪ **Camping Aloha Plage:** in *Sampzon,* an der Straße nach Ruoms, am Ufer der Ardèche. T. 75 39 67 62. Abseits der Schlucht läßt das Gedränge auf dem Zeltplatz merklich nach. Maßvolle Gebühren, kein Lebensmittelladen, aber dafür ein Restaurant.

Speis & Trank

● *Preiswert*

♦ **Le Chelsea:** in der Hauptstraße, Bd Peschaire-Alizon. T. 75 88 01 40. Betriebsruhe von Oktober bis April (so schön möchten wir's mal haben!). Junges, gerade »angesagtes« Lokal im provinziellen »Take it easy«-Stil. Die Wände des kleinen Gastraums mit Durchgang zum Garten zieren die Comichelden *Corto Maltese, Tim und Struppi* sowie eine gute alte Harley-Davidson. Feine Salate, besonders der *Chelsea* mit Nudeln, Paprika, Basilikum und Sahne. Kein Menü; mit 70-100 F rechnen. Im Ausschank ausgefallene Biersorten (was in Frankreich freilich noch nichts heißen muß!).

● *Etwas gehobener*

♦ **Le Manoir du Raveyron:** rue Henri-Barbusse. T. 75 88 03 59. *Die* gute Adresse in Vallon: gemütliche Terrasse, schöner Garten. An kulinarischen Leckerbissen wären zu nennen: die Schneckenpastete mit Wildfenchel, Seeteufelfrikassee mit Jakobsmuscheln und weitere Gerichte mit dem würzigen Kräutergeschmack der Ardèche. Menüs zu 100-220 F. Übernachtungsgelegenheit zum Preis von 200-300 F.

Einkehren in der Umgebung

♦ **La Grotte des Tunnels:** an der Ardèche-Schluchtenstraße, rund 2 km von Vallon. T. 75 88 03 73. Ausflugslokal im Grünen mit beschränkter Aussicht. Hauptsache, Preis und Leistung stimmen. Gemischter Salat, Frischfleisch vom Land, Weine aus der Gegend.

♦ **La Petite Auberge:** 07150 *Labastide-de-Virac,* 9 km südlich Vallon-Pont-d'Arcs, an jenem Sträßchen, das zur Karsthöhle *(Aven)* von la Forestière und nach Orgnac-l'Aven führt. T. 75 38 61 94. Altes Landhaus mit schönem Vorbau und Talblick von der Terrasse. Reichlich bemessene Portionen, keine 0-8-15-Küche, gehobene Preise: 100-250 F *(Menu gastronomique)*.

Kanu- und Kajakvermietung

An Vermietern herrscht in Vallon kein Mangel: wir zählten nicht weniger als siebzehn! Die Anlegestellen liegen jedoch längs der Ardèche, in Salavas oder am Pont d'Arc in der Schlucht (im Ort sind es nur vier). Abfahrten meistens mit Begleitung. Nichts für Nichtschwimmer! Was ist eigentlich der Unterschied zwischen Kanu (frz. *Canoë)* und Kajak *(Kayak)?*

- **Kanu:** stammt von den Indianern in Nordamerika. Der Ruderer sitzt nicht, sondern kniet, und handhabt ein einfaches Paddel. Manche Boote fassen bis zu acht Personen.
- **Kajak:** ein Wort aus der Eskimosprache. Für eine bis zwei Personen, aber immer im Sitzen und mit Doppelpaddel, im Gegensatz zum Kanu. Erfordert mehr Sportsgeist als das Kanu.

- **Escapade Loisirs:** seriöser Vermieter mit nettem Personal. Büro an der Place de la Mairie, in Vallon, neben dem *Café du Nord.* T. 75 88 07 87. Von Ostern bis Allerheiligen, im Sommer täglich von 8-22h. Patricia Leder bietet mehrere ein- oder zweitägige Ardèche-Abfahrten an: im einsitzigen Kajak (Ausrüstung und Rückfahrt inbegriffen), im zweisitzigen Kanu und im *Kraft* (Kanu mit acht Plätzen). Mit Führer belaufen sich zwei Tage auf rund 670 F (550 F im Kanu-Kajak); Rückfahrt per Bus. Übernachtung im Biwakgelände am Flußufer, in Gaud oder Gournier. Die Agentur veranstaltet auch Höhlenführungen, Klettern, *Canyoning*, Mountainbike-Tage und Floßfahrten auf dem Allier *(Rafting)*.

ARDECHE-SCHLUCHT – VALLON-PONT-D'ARC

Weiterfahrt ab Vallon-Pont-d'Arc

Täglich drei Busse nach Montélimar und Avignon. Abfahrt in der Nähe des *Café de la Poste* vor der evangelischen Kirche.

ARDECHE-SCHLUCHTENSTRASSE

Heißt vor Ort »Touristenstraße« *(Route touristique)*, verläuft auf zweiunddreißig Kilometer oberhalb der Ardèche-Schlucht und gestattet es uns, auf einer mittleren Höhe von zweihundert Metern dem Flußlauf zu folgen. Ein majestätisches Naturschauspiel! Zahlreiche Aussichtspunkte auf die glitzernden Schleifen der Ardèche. Mehrere Fußwege verschiedener Schwierigkeitsgrade führen von diesem Höhenweg hinab zum Flußufer. Unten besteht Bademöglichkeit, doch ist der Wasserstand im Sommer arg niedrig. Vorsicht bei Gewittern: sie sind bisweilen überaus heftig und gefährlich. Höhlen sind unterwegs auch zu besichtigen.

Nützliche Telefonnummern

- **SOS:** T. 75 64 18 18.
- **Biwak in Gournier:** T. 75 04 38 93.
- **Haus des Landschaftsschutzgebiets Gaud:** T. 75 38 63 00.

Sehenswert

Unterwegs von Vallon-Pont-d'Arc nach Saint-Martin-d'Ardèche:

▶ **Pont d'Arc:** 5 km hinter Vallon. Riesiger Kalksteinbogen, den die Wassermassen in der Mitte ausgehöhlt haben. Ursprünglich umfloß die Ardèche den Felsvorsprung in einer Schleife. Weiter unterhalb gibt es einen Badestrand. Wagen auf dem Parkplatz gut abschließen.

– **Auskunftsbüro** *(Centre d'Information des Gorges):* 2 km nach dem Pont-d'Arc, bevor es wieder aufwärts zum Aussichtspunkt *Serre de Tourre* geht. Ein Fußweg führt hinab zum Fluß.

▶ **Aussichtspunkt Serre du Tourre:** ein fantastisches Panorama, klar.

▶ **Schloß Gaud:** bereits ein Dutzend Kilometer von Vallon entfernt. Das Jagdschlößchen gehörte einem gewissen Reynaud, den sein Cousin *Alphonse Daudet* als *Tartarin de Tarascon* unsterblich machte. Von der Straße führt ein Fußweg hin.

▶ **Cirque** und **Grotte de Madeleine:** unmittelbar vor der Grotte der Aussichtspunkt von Gournier. Märchenhafte Unterwelt; die typische Karsthöhle weist Ablagerungen in allen erdenklichen Formen auf. Der Templiers-Strand ist FKK-Anhängern vorbehalten.

▶ **Grotten von Saint-Marcel:** fast haben wir die Schlucht durchquert. Nicht so bekannt, aber auch nicht so spektakulär wie die übrigen Höhlen.

▶ **Saint-Martin-d'Ardèche:**
Obacht, 6 km weiter gibt es noch ein *Saint-Marcel-d'Ardèche!*

Im Umkreis der Ardèche-Schlucht

▶ **Saint-Marcel-d'Ardèche:** idyllisches Dörflein abseits der Durchgangsstraße. Übernachtung im *Hôtel du Jardin* neben der Post. Einfach und ruhig. Vornehmer geht es in der *Auberge de la Source* zu.

▶ **Préhistorama-Museum vom Ursprung und der Evolution des Menschen:** an der Straße zwischen der Ortschaft Bidon und der Karsthöhle von Marzal. T. 75 04 38 55. Zwischen dem 1. April und dem 30. September von 10-19h geöffnet. Endlich mal ein wissenschaftliches Museum mit einer Prise Hu-

mor. Eirik Granqvist, aus Skandinavien, hatte die herkömmlichen Museen mit ihren Skeletten und alten Schädeln hinter verstaubten Glasvitrinen satt. Er nahm sich vor, den Alltag unserer Urahnen vor zwei Millionen Jahren auf seine Art darzustellen. Das Ergebnis kann sich sehen lassen. Der international tätige Anwalt ist auch ein angesehener Taxidermist (das sind Leute, die Tiere ausstopfen) und Künstler.
Im schummrigen Dämmerlicht des Museums sind eine ganze Reihe vorgeschichtlicher Herrschaften zu entdecken, die alle von ihm selbst nach der *Gerassimov*-Methode angefertigt wurden. Die sowjetische Polizei bediente sich dieser ursprünglich, um aus einem Schädel das Gesicht zu rekonstruieren. Jede Figur wird in natürlicher Größe aus einem Polyester-Glasfasergewebe nachgebildet. Das Ergebnis sind lebensechte Szenen aus dem Alltag der Familie Feuerstein: *Erectus* verspeisst *Robustus,* stillende Frau unter einem Laubdach, *Homo habilis* zerlegt eine Antilope, Familienbegräbnis, usw.
Unwirkliche Atmosphäre, die uns zu der Erkenntnis gelangen läßt, daß der Cor-Magnonmensch kein Barney Geröllheimer war.

▶ **Karsthöhle (Aven) von Marzal:** 4 km von Saint-Remèze, an der Straße nach Bidon. Eine Treppe führt von der Decke hinab ins Innere der riesigen unterirdischen Grotte. Stalaktiten und Stalagmiten in den unterschiedlichsten Farbtönen von dunkelbraun bis schneeweiß bilden eine bizarre Kulisse. Ist deshalb eine der schönsten unterirdischen Höhlen Frankreichs. In der Nähe des Eingangs erläutert ein »Unterweltmuseum« *(Musée du Monde Souterrain)* im Sommer täglich von 9-19h die Geschichte der Höhlenkunde, vom modernen Erkundungsgerät bis hin zur Vorgeschichte. Freunde von Mammuts und Dinos in Naturgröße kommen an der Erdoberfläche auf ihre Kosten: auf unserem Rundgang durch die *Garrigue* ringsum stoßen wir auf mehrere Nachbildungen der Urzeitviecher.

AM FUSSE DER CEVENNEN

Der Südteil der Cevennen, wo die Luft noch lau, der südliche Himmel blau und die Mundart okzitanisch ist. Olivenbäume, Kastanien und Weinreben wachsen in der lieblichen Landschaft zwischen Garrigue und Gebirge einträchtig nebeneinander, die wir auf unserem Weg von Nîmes oder Montpellier zwangsläufig durchqueren. Von Alès bis Vigan über Anduze und Saint-Hippolyte-du-Fort erstreckt sich das Land der Kamisarden.

ALES (30100)

Aus der früheren Abraumhalde wurde im Lauf der Zeit ein grüner, baumbestandener Hügel: ein anschauliches Symbol für die Krise, die diese Bergbauregion schüttelte und zum Strukturwandel zwang.
Zwischen *Garrigue* und Gebirge träumt die »Hauptstadt der Cevennen«, leider einschnürt von einem häßlichen Gürtel seelenloser Betonklötze, von einer Zukunft im Industrie- und Techniktourismus. Der Sprung vom »Kohlenpott« ins postindustrielle Zeitalter ist eben nicht leicht. Uns schien, daß die Innenstadt sich ihrer verborgenen Reize noch gar nicht bewußt geworden ist. Es bleibt noch viel zu tun, um das Bild von der »Arbeiterstadt dort unten im Tal« zu überwinden.
Alès größter Trumpf: die eindrucksvollen Industriedenkmäler und das kollektive Gedächtnis seiner Bevölkerung, das sich in den heute aufgelassenen Minengängen herausgebildet hat. Was im Umkreis des Museumsbergwerks, das jeder Zola-Leser gesehen haben sollte, in Angriff genommen wurde, was dort einst seinen Anfang nahm, läßt hoffen, daß sich diese Form des Fremdenverkehrs etablieren wird. Die Zahl der europäischen Industriedenkmäler wird näm-

lich weiter zunehmen, ob im Ruhrgebiet, an der Saar, in Asturien oder in Frankreich.

Aus der Geschichte

Alès war lange ein Zufluchtsort der Hugenotten. 1560 entstand hier die erste protestantische Kirche Frankreichs. Dann geriet die Stadt in den Strudel der Religionskriege in den Cevennen. Im 18. Jahrhundert bringt der Maulbeerbaum den Cevennen Wohlstand und Reichtum. Alès dagegen lebte hauptsächlich von der Tuch- und Seidenindustrie.
Nach Anbruch der industriellen Revolution übernahm die Kohle die Rolle des wichtigsten Standbeins der lokalen Wirtschaft. Tatsächlich steckt der Untergrund in einem Umkreis von 20-30 km nordwestlich von Alès voller Anthrazit. Zwischen 1850 und 1880 gaben rund hundert Gruben den Bergarbeiterscharen Arbeit und Brot, durchweg Männer aus den Cevennen, die ihre heimatlichen Bergdörfer verließen, um im Tal ihren Lebensunterhalt zu bestreiten. Auf dem Höhepunkt des Bergbaus erreichte die Fördermenge zwei Millionen Tonnen pro Jahr.

● *Niedergang des Bergbaus und Hoffnung auf Strukturwandel*

Der Niedergang des Bergbaus, eines Stützpfeilers des wirtschaftlichen und sozialen Lebens, begann in den fünfziger Jahren und stürzte Alès in eine tiefe Krise, die noch immer nicht ganz bewältigt ist. Eine Grube nach der anderen machte dicht. Die Bergleute mußten vorzeitig in Rente gehen oder in den Kleinhandel und den Tourismus abwandern. Zwischen 1950 und 1980 gingen im Kohlebecken von Alès insgesamt etwa 25.000 Arbeitsplätze verloren. Auch wenn heute zweihundert Bergleute im Tagebau 500.000 Tonnen Kohle pro Jahr abbauen, ist Alès nicht mehr die rußig-schwarze Stadt von einst. Die Zeiten sind vorbei. Aber die Krise schlug unerbittlich zu und hinterließ Spuren im Bewußtsein der Menschen und in der Landschaft. In La Grand-Combe und in Bessèges sieht man zahlreiche Industriebrachen, befremdliche Gerippe aus Eisen und Ziegelstein, die sich über den Talgrund verteilen. Ein kleines Ruhrgebiet in unmittelbarer Nachbarschaft der *Garrigue* und der Grillen. Es fällt sicher nicht leicht, sich nach anderen Erwerbsquellen umzusehen, wenn sechs oder sieben Generationen den Beruf des Bergmanns, des *Gueule noire,* vom Vater auf den Sohn vererbten.

Nützliche Adressen

– **Verkehrsamt für Alès und die Cevennen:** Empfangspavillon an der Place Gabriel-Péri, im Süden der Fußgängerzone, gleich am Gardonufer. T. 66 52 32 15. Von Mai bis Ende September besetzt. Ganzjährig geöffnet ist der Hauptsitz des Verkehrsamts, zugleich Industrie- und Handelskammer, am Bd. Victor-Hugo Nr. 10 (selbe Telefonnummer).
– **Bahnhof:** place Pierre-Sémard, im Norden der Stadt. T. 66 78 79 79. Mit Fahrradvermietung *(Service train + vélo).*
– **Busbahnhof:**
neben dem Bahnhof, an ein und demselben Platz. T. 66 30 24 86.

Ein Bett für die Nacht

● *Preiswert*

• **Hôtel Durand:** 3, bd Anatole-France. T. 66 86 28 94. Kleines Hotel in einer ruhigen Seitenstraße, die gegenüber der Place de la Gare ihren Anfang nimmt. Das Ehepaar Dumas, ehemalige Milchhändler aus La Grand-Combe, haben sich aufs Hotelfach verlegt und das heruntergekommene Haus gründlich instandgesetzt, wobei sie ihm mehr Profil und eine gemütlichere Inneneinrichtung verpaßten. Übernachtung ab 190 F mit Dusche, WC und Fernseher. Einfach und sauber, kleiner Garten. Aufmerksamer Empfang.

● *Anspruchsvoller*

▪ **Hôtel l'Écusson:** 3 km von Alès, an der Straße nach Nîmes, 30560 *Saint-Hilaire-de-Brethmas*. T. 66 30 10 52. F. 66 56 92 48. Großes, weiß gestrichenes Gebäude mit ockerfarbenen Fensterläden neben einem Schwimmbad. Günstiges Preis-Leistungsverhältnis für ein Zwei-Sterne-Hotel: Doppelzimmer ab 210 F mit Fernseher, Telefon, Bad und Mobiliar im Louis-Quinze-Stil. Leider ist die Umgebung mit ihren Lagerhallen nicht besonders hübsch, außerdem auch noch laut.

Feste und flüssige Nahrung

● *Erschwinglich*

♦ **Restaurant Le Mandajors:** 17, rue Mandajors. T. 66 52 62 98. Sonntags und Ende August geschlossen. Mitten in der Stadt, gleich neben der Place Gabriel-Péri. Kleines, anspruchsloses Restaurant, wo man ganz einfach gut ißt. Der bärtige, humorvolle Wirt und Chefkoch Frédéric Béguin sorgen für eine abwechslungsreiche Küche auf der Basis frischer, heimischer Erzeugnisse. Seine Frau Andrée kümmert sich um die Bedienung. Kurz, eine gute Adresse, wo für 70 F ein vollständiges Menü auf den Tisch kommt. Käseliebhaber bestellen die *Rébarbe:* Geschmackserlebnis garantiert! Achtung, hier gelten strikte Öffnungszeiten: 12-14 und 19-21h! Im voraus bestellen, denn Tische sind knapp.

♦ **Restaurant Le Blé Noir:** place de la Libération, unweit des Gardon. Ziegelrotes Haus an einer Ecke des Platzes. *Le Blé Noir* ist eine Crêperie-Salatbar, wo man für unter 100 F speisen kann (wie in anderen Crêperien auch). Einzigartige, schummerige Esoterik-Atmosphäre mit Weihrauchduft, Kerzen und halb surrealistischem, halb barockem, bunt zusammengewürfeltem Dekor. Denn so wollte es Inhaber Oscar l'Argentin, ein exzentrischer Maler und Wirbelwind, der für die ausgestellten Werke verantwortlich zeichnet (unter anderem in Tuch verpackte, genagelte Puppen sowie zahlreiche kleine Spiegel mit ziselierten Metallrahmen). Der Besucher wird, je nach Lust und Laune, entzückt oder verärgert sein. Auf jeden Fall ist es originell, und das ist ja auch was wert.

Kost & Logis in der Umgebung

▪ **Le Mas Cauvy:** Gästezimmer bei Mme Maurin, 30380 Saint-Christol-lès-Alès. T. 66 60 78 24. Ca. 3 km vor Alès, über die N 110 (Richtung Montpellier). An der ersten Kreuzung in Saint-Christol links abbiegen, dann den Schildern folgen. Unser Traumhof mit Hühnern, Blumen, Brunnen und ländlichem Durcheinander. Mme Maurin, die auch eine gute Köchin ist, übernimmt die Begrüßung. Die »Bauernmahlzeiten« (75 F) sind Gästen des Hauses vorbehalten. Zwei saubere Doppelgemächer im ländlichen Stil zu 220 F (das Einzel) und 315 F (das Doppel). Wer gerne aus der Vergangenheit erzählt bekommt, spreche Mme Maurin auf die Kämpfe an, die sich Kamisarden und königstreue Truppen 1702 ganz in der Nähe ihres Hofes lieferten.

♦ **Lou Cante Perdrix:** La Vernarède, Chamborigaud. T. 66 61 50 30. F. 66 61 43 21. Nördlich von Alès, an der Straße von Génolhac (D 906), nach 28 km. Das Gemäuer überragt unübersehbar das wilde Tal am Ende der Welt. Ruhe satt. Fünfzehn saubere, gemütliche Zimmer mit Bad, Telefon und Fernseher. Doppelzimmer 280 F, Pension bzw. Halbpension ca. 250 F; Zwei-Tages-Pauschale mit zwei Mahlzeiten 360 F. Regional gefärbte Küche, Menüs 95-200 F. Uns schmeckte der glasierte Cevennenkuchen mit Kastaniencrème besonders. Eine geeignete Adresse, um mal so richtig auszuspannen. Nicht zu vergessen: Schwimmbad vorhanden.

♦ **Auberge du Col de la Baraque:** in Lamelouze, am Col de la Baraque. T. 66 34 57 29. F. 66 54 92 80. Anfang Januar sowie montags außerhalb der Reisezeit geschlossen. Vier Gästezimmer mit spartanischer Einrichtung (Bidet und Waschbecken, Dusche und WC auf dem Gang) für wenig Geld (160 F für zwei Personen). Von der großen schattigen Frühstücksterrasse Blick über das Galeizon-Tal (Frühstück (20 F); aufgetischt werden hier aber auch regionale Gerichte aus frischen Erzeugnissen wie Röhrling, Wild usw. Vier Menüs von 75-180 F oder nach der Speisekarte.

▪ **Château de Ribaute les Tavernes:** 30700 *Ribaute*. T. 66 83 01 66. F. 66 83 86 93. Ausgezeichnete Adresse. Unsere »minderbemittelten« Leser begnügen sich damit, die Salons und Appartements mit ihren Stilmöbeln lediglich zu besichtigen und lassen sich auch die doppelte Wendeltreppe nicht entgehen. Die auf der Sonnenseite des Lebens können sich ab 380 F eine Traumnacht leisten und mit Ladislas und Françoise Chamski ab 160 F dinieren.

● *Zeltplätze*

▪ **Camping Le Clos de l'Abbaye:** im Sportpark von Cendras. T. 66 86 52 05. Cendras liegt 3-4 km nördlich von Alès am Ufer des Gardon.

▪ **Camping Les Châtaigniers:** chemin des Sports. T. 66 52 53 57. Vom 1. Juni bis zum 15. September. Im Süden von Alès. Den Gardon überqueren und nach der Av. Jules-Guesde Ausschau halten. Vor dem Quai du Gardon rechts zum Schwimmbad hin abbiegen. Der Zeltplatz befindet sich etwas weiter auf der rechten Straßenseite.

Sehenswert

IN DER INNENSTADT VON ALES

▶ **Kathedrale Saint-Jean:** mitten in der Altstadt. Die ehemalige romanische Kirche wurde auf den Mauerresten eines römischen Tempels erbaut und wurde noch Zeuge, wie die ersten Kreuzfahrer zum gottgefälligen Morden ins Heilige Land aufbrachen. Vom mittelalterlichen Gemäuer blieb nur die Westfassade übrig, die teilweise vom angebauten, massigen Glockenturm aus dem 15. Jh. verdeckt wird. Das Kirchenschiff ist gotisch, aber der Chor mit seinen majestätischen Säulen stammt aus der Renaissance und wurde im 18. Jh. rekonstruiert. Sehenswert im Inneren: die denkmalgeschützte Orgelempore, eine Kanzel von 1727, prächtiges Chorgestühl, ein Abendmahltisch aus Marmor (18. Jh.), der Hauptaltar mit Elementen des 18. und 19. Jhs sowie schöne Gemälde. Das ebenfalls unter Denkmalschutz stehende Baptisterium überragt ein Prachtschinken mit der Taufe Christi. In der Marienkapelle eine »Himmelfahrt« von Nicolas Mignard, einem Meister des 17. Jhs.

▶ **Fort Vauban und Bosquet-Gärten:** auf dem Roque-Hügel. Die ehemalige Festung überblickt die Altstadt. Nach der Einnahme von Alès anno 1629 befahlen *Ludwig XIII.* und *Richelieu*, das Schloß der Barone zu schleifen. 1635 wurde es wieder aufgebaut; aber der für die Verwaltung des Languedoc zuständige *Intendant* beschloß, ein Fort zu bauen, und zwar aus drei Gründen: zum Ruhme Ludwigs XIV., zum Schutz der königlichen Garnison und als Gefängnis für die Hugenotten. Die Zitadelle wurde 1688 nach Plänen Vaubans erbaut, unter Einbeziehung eines Teils des alten Schlosses der Barone. Das Fort kann nicht besichtigt werden, aber der Zugang zu den Terrassen ist frei. Die Regionalverwaltung für Denkmalschutz in Montpellier nutzt es als Zwischenlager für archäologische Funde. Die Gärten wurden im 18. Jahrhundert hergerichtet.

▶ **Rathaus:** schöne Fassade aus dem 18. Jh. mit zwei besonders sehenswerten Balkonkonsolen. Im Inneren der Ständesaal *(Salle des États)* mit vier Tafeln: auf zweien die beiden Stadturkunden von 1200 und 1217 in Latein und Altfranzösisch, die beiden anderen zeigen Alt-Alès mit seinen Befestigungsanlagen und zu Beginn dieses Jahrhunderts. Hier findet man auch die Namen der wichtigsten Ratsherren, Bürgermeister und Beigeordneten. Handwerklich kunstvoll gestalteter Holztisch aus der Zeit Ludwigs XV *(Monument historique)*.

▸ **Colombier-Museum:** im Colombier-Park, im Norden der Stadt, unweit der Unterpräfektur *(Sous-Préfecture)*. T. 66 86 30 40. Geschichtszeugnisse und archäologische Sammlungen aus der Gegend, Gemälde vom 16. Jh. bis zur Gegenwart. Zwei Breughel-Kopien von Velours (»Die Erde« und »Das Meer«) und ein Bellegambe zugeschriebenes Dreifaltigkeits-Triptychon.

▸ **Mineralogische Sammlung der Bergbauschule:** 6, av. de Clavières. T. 66 78 51 69. Einlaß vom 15. Juni bis zum 15. September von 14-19h. Sonntags geschlossen. Eine der größten Sammlungen in Frankreich: siebenhundert Gesteins- und Mineralproben aus einem Fundus von fünftausend, daneben sehenswerte Fossilien. Einstündige Führung.

ETWAS AUSSERHALB DER STADT

▸ **Museum Pierre-André Benoît** *(Musée PAB):* 52, montée des Lauriers. Im Rochebelle-Viertel, am rechten Gardonufer. T. 66 88 98 69. Außerhalb der Hauptreisezeit von Mittwoch bis Sonntag, 12-19h; von Mitte Juni bis Mitte September und während der Schulferien täglich 12-19h. Das in einem eleganten Schlößchen aus dem 18. Jh. residierende Museum verdankt seine Existenz *Pierre-André Benoît* (1921-1993), einem Maler, Drucker, Bildhauer und Dichter. Werke zeitgenössischer Künstler, die er kannte und mit denen er zum Teil befreundet war, sind hier zu sehen, darunter Picabia, Alechinsky, Braque und Survage. Im Park stimmen uns Werke von Alechinsky (»Die kleine bebilderte Steilklippe«) auf den Besuch der hellen, luftigen Innenräume ein, deren Einrichtung Benoît selbst entworfen hatte. Kunstdruckerei und Buchbinderei, für die P.A.B. sich besonders begeisterte, nehmen einen wichtigen Platz ein. Wir lernen hier, daß auch diese handwerklichen Tätigkeiten künstlerischer Erhöhung fähig sind und gehöriges Wissen und Talent erfordern (Rose Adler, Boissonas). Die hübschen kleinen Bücher würden auch bei uns daheim repräsentativ wirken, fanden wir. Die Privatdrucke von René Char, André Breton und P.A.B. führen uns vor Augen, daß Bücher etwas anderes sein können als Bleiwüsten auf billigem Papier (wie gewisse Reiseführer, von denen wir hier nicht näher reden wollen). Einige Säle sind Sonderausstellungen vorbehalten und sorgen für Überraschungen: eine Büste von Camille Claudel, ein Stich von Miró usw.

▸ **Schaubergwerk Alès:** chemin de la Cité-Sainte-Marie, Faubourg de Rochebelle. T. 66 30 45 15. 1. April bis 11. November: von 10-11 und von 14-18h geöffnet. Dauer der Besichtigung: anderthalb Stunden. Auf einem Hügel über den Dächern der Stadt. Mit Abstand die Hauptattraktion in Alès und mit Sicherheit eines der sehenswertesten Museen für Industriearchäologie in Frankreich. Bevor wir ins Labyrinth der unterirdischen Gänge eindringen, heißt es erst einmal »Schutzhelm auf«. Nur so dürfen die sechshundert Meter langen Stollen zu Fuß erkundet werden, die zwischen 1945 und 1968 unter dem Montaud-Hügel gegraben wurden. Erläuterungen liefern die Gattin des Schöpfers des Bergwerkmuseums, Mme Aubaret, und ehemalige Kumpel (schon traurig, nicht wahr?). Vorgestellt werden die verschiedenen Schürfmethoden, die zwischen 1880 und 1960 angewandt wurden: Meißel, Hammermeißel, Kohlenhobel, Schrämmaschine und andere moderne Ungetüme. Je weiter wir ins Dunkle vordringen, um so eindringlicher die Erinnerung an das Grubenunglück in Zolas »Germinal«. Im Halbschatten der engen Stollengänge mit ihren Geleisen und Kohlenloren nimmt der Beginn unseres Industriezeitalters Gestalt an. Auf die Sicherheitsvorkehrungen achten: schlagwettersicheres Telefon, Signalglocke usw. Gezeigt wird auch ein Sprengplan mit Bohrlöchern für die Dynamitpatronen. Wie meinte doch unsere Führerin: »Eine harte Arbeit, aber die Bergleute liebten es, den Schoß der Erde zu erobern«.

In der Umgebung

▶ **Vogelpark in Saint-Julien-de-Carsagnas:** zwischen dem Thermalbad Les Fumades und der Ortschaft Mages. T. 66 25 66 13. Von 9-19h durchgehend. Besonders sehenswert: die jungen *Lori nectarivus*, eine bienenähnliche Kolibriart, die sich von Blumennektar ernährt. Des weiteren Strauße (das andere Extrem in der Vogelwelt), Wildgänse und Trompetenschwäne, die Besucher lauthals begrüßen.

▶ **Schreibermuseum in Saint-Christol-lès-Alès** *(Musée du Scribe):* im alten Dorf neben der Kirche. T. 66 60 88 10. Vom 1. September bis zum 30. Juni am Wochenende 14.30-19h; vom 1. Juli bis zum 31. August täglich 14.30-19h. Kleines, originelles Museum: birgt eine Sammlung alter Schreibfedern (von der Rohrfeder über den Gänsekiel bis zur Oberfeldwebelfeder) sowie Schreibunterlagen wie Papyrus, Pergament und verschiedene Papiersorten. Im ersten Stock eine nachgestellte Schulklasse von 1920. Hochinteressant, Teilnahme an einer Führung lohnt sich also.

Adieu Alès

● *Mit dem Bus*

– **Nach Anduze:** das Busunternehmen *Lafont Tourisme* (30270 Saint-Jean-du-Gard) verkehrt regelmäßig sechsmal täglich zwischen Alès (Abfahrt am Busbahnhof) und Saint-Jean-du-Gard über Anduze. An Sonn- und Feiertagen keine Verbindungen. Auskunft am Busbahnhof von Alès. Fahrtzeit: dreißig Minuten.

– **Nach Saint-Jean-du-Gard:** mit derselben Gesellschaft. Während der Schulzeit täglich fünf Busse, während der Ferien zwei. Fahrtzeit: eine knappe Stunde.

● *Mit dem Zug*

– **Nach Nîmes:** täglich zwischen 6 und 21 Uhr rund zwölf Züge. Fahrtzeit: etwa eine Dreiviertelstunde.

– **Nach Paris:** zunächst von Alès nach Nîmes, dort umsteigen in den TGV nach Paris. Beispiel: Abfahrt in Alès 10.44h; Ankunft in Nîmes 11.23h; Weiterfahrt nach Paris 12.47h; der TGV läuft im Pariser *Gare de Lyon* um 17.16 Uhr ein.

ANDUZE (30140)

Rund 13 km südwestlich von Alès. Das »Tor zu den Cevennen« zwängt sich mit seinen roten Ziegeldächern in die enge Schlucht zwischen Gardon (der sich bei Hochwasser ungebärdig aufführt) und die Kalkfelsen des Peyremale-Plateaus. Eine strategisch günstige Lage also.
Seit der Reformation stehen die Leute hier treu zum Protestantismus. 1570 war Anduze sogar Hauptquartier der südfranzösischen Hugenottenstreitmacht. Das Tor zum *Vallée des Camisards* (»Tal der Kamisarden« mit Saint-Jean-du-Gard und dem Wüstenmuseum in Mas-Soubeyran) ist unseres Dafürhaltens ein ideales Standquartier für eine Erkundung des Umlands.

Nützliche Adressen

– **Verkehrsamt:** place du Plan-de-Brie, gegenüber von der *Tour de l'Horloge.* T. 66 61 98 17. Ein preiswertes, hier erhältliches Büchlein beschreibt alle fünfzehn ausgeschilderten Wanderwege rund um Anduze.
– **La Vitrine Cévenole:** Route de Saint-Jean-du-Gard. T. 66 61 87 28. Heimische Erzeugnisse und Kunsthandwerk.

- **Töpferei von Anduze:** an der Straße nach Saint-Jean-du-Gard. T. 66 61 80 86. Keramik ist die Spezialität von Anduze, besonders die großen glasierten Gartenvasen. Schon *Ludwig XIV.* bestellte sie bei den Handwerkern von Anduze, um die Orangerie von Versailles damit auszuschmücken. Das Handwerk hat sich gehalten. Ausstellung und Verkauf.

Quartier machen

● *Gîte d'Etape*

▪ **François Grandene:** 11, rue du Luxembourg, T. 66 61 70 27. Übernachtung für Einzelreisende rund 50 F; zwei Doppelzimmer ab 150 F. Ermäßigung für Gruppen; im Juli-August besser im voraus buchen.

● *Gästezimmer*

▪ **Bei M. und Mme Tirfort:** quartier de Veyrac. T. 66 61 74 87. Eine unserer besten Adressen für Gästezimmer und Ferienwohnung im Gard. Nach gut zwei Kilometern führt auf der Rechten eine kleine Straße in Richtung Vayrac bergauf zum Bauernhof der Tirforts. Die Gästezimmer befinden sich inmitten eines Obstgartens und eines Pinienwäldchens in einem separaten Häuschen, in der schattigen Talsohle. Ein lauschiges Fleckchen. Mme Tirfort und ihr Gatte Max haben alles selbst mit viel Liebe zum Detail hergerichtet. Morgens findet man sein Frühstück im Korb auf der Türschwelle vor. Rund 270 F für zwei Personen, Frühstück inbegriffen.
Nett auch das *Gîte rural du Moulin:* der Aperitif wird auf einem alten Mühlstein serviert. Ruhige Lage und Blick über das Tal mit Aprikosen-, Pflaumenbäumen und Akazien. Verkauf von hofeigenem Gemüse und Obst. Auch *Zelten auf dem Bauernhof:* fünfundzwanzig Stellplätze auf schattigem Grund mit Warmwasser, Duschen und Strom. Freilich: bei den Eheleuten Tirfort fühlen sich alle so wohl, daß im Sommer Vorausbuchung angebracht ist. Übernachtung für zwei Personen im Gästezimmer um die 270 F, für drei 330 F. In der Nähe Badegelegenheit.

● *Hotels*

▪ **La Régalière:** route Saint-Jean-du-Gard. T. 66 61 81 93. F. 66 61 85 94. Im Dezember geschlossen. Abseits der Straße, mit schönem Garten und Terrasse. Das Schwimmbad ist außerhalb der Urlaubszeit sogar überdacht. Rund ein Dutzend gepflegte Zimmer ab 260 F. Auch das Restaurant ist nicht übel (s. folg. Kapitel).
▪ **Hostellerie du Manoir:** route Saint-Jean-du-Gard, ortsausgangs von Anduze. T. 66 61 81 19. Vom 15. März bis zum 5. November geöffnet. Außerhalb der Saison sonntags abends und montags zu. Das für das Gebotene günstige Restaurant ist bekannter; es sind aber auch rund zehn Zimmer unter 220 F zu haben. Eines zum Gardon wählen.

Wenn der Magen knurrt

♦ **La Rocaille:** place Couverte. T. 66 61 73 23. Im ganzen Département bestens bekannt. *La Rocaille* nimmt ein Drittel der Place Couverte ein (wo der Pagodenbrunnen steht) und belegt drei oder vier alte Gemäuer. Anständiges Essen für 40 F. Natürlich sind wir hier nicht im Ritz; aber die Portionen sind frisch und reichlich. Nachteil: die Atmosphäre erinnert an eine Kantine.
♦ **La Paillerette:** route Saint-Jean-du-Gard. T. 66 61 73 27. Im Oktober Betriebsruhe. Einfache Gerichte (z.B. Austernpilze à la crème oder Speck), Menü ab 70 F. Nette Bedienung.
♦ **La Régalière:** selbe Adresse wie das gleichnamige Hotel, da im selben Haus. Was das Preis-/Leistungsverhältnis betrifft, unsere Spitzenadresse in Anduze. Für das erste Menü 95 F einplanen. Solide Küche.

AM FUSSE DER CEVENNEN – ANDUZE / 311

Einkehren in der Umgebung

♦ **Le Clos du Mûrier:** in 30140 Générargues, einem Dorf 3,5 km nördlich von Anduze, hinter dem Bambuswäldchen von Prafrance. T. 66 61 82 28. Gegrilltes, Salate. Altes Cevennenhaus mit hübscher Laube und Terrasse. Menüs zu 64, 74 und 85 F.

♦ **Auberge du Fer à Cheval:** place des Templiers, 30140 Mialet. T. 66 85 02 80. Montag Ruhetag, zusätzlich vom 1. Dezember bis 20. März geschlossen. Mialet liegt rund 10 km außerhalb von Anduzes; in Richtung Générargues fahren, dann gleich am Ortseingang von Générargues links auf die D 50 einbiegen: Mialet erreichen wir nach gut sechs Kilometern auf der D 50. Altes, ruhig gelegenes Cevennenhaus mit Blumenschmuck, wo althergebrachte und ausgewogene Kost auf den Teller kommt. Freundliche Bedienung und mäßige Preise (erstes Menü 95 F). Lohnt den Umweg.

♦ **Table d'Hôte »La Truie qui Doute«:** an der Straße von Saint-Hippolyte-du-Fort (D 133); gleich ortsausgangs von Anduze geht's rechts hoch: die *Truie qui Doute* kommt nach gut 3 km seitlich in Sicht. T. 66 61 71 38. Ehrwürdiges, vom Zahn der Zeit erfaßtes Gemäuer, dessen Geschichte bis ins 13. Jh. zurückreicht. Bietet in einsamer Umgebung eine einfallsreiche Küche (Keule vom Schwein *à la Rabelais,* Kräutersuppe, usw.), deren Rezepte auf mittelalterliche Handschriften zurückgehen. Alles, was auf dem Teller landet, wurde in der Gegend angebaut, gezüchtet, gejagt, gefischt oder gesammelt. Da versteht Küchenchef Hébrard keinen Spaß. Wer vierundzwanzig Stunden im voraus einen Tisch bestellt, darf für 160 F Platz nehmen.

Weiterbildung und Freizeitgestaltung

Groß zu sehen gibt es in Anduze nichts; der Reiz liegt eher in der Atmosphäre als solcher.

▶ **Tour de l'Horloge** (Uhrturm): aus dem Jahre 1320.

▶ **Pagodenbrunnen:** am überdachten Platz in der Innenstadt. Seltsamer Brunnen mit Türmchen und einem Dach aus lackierten Ziegeln. Seine exotische Aufmachung verdankt er einem Seidenraupenzüchter aus Anduze, der im 17. Jahrhundert bis in den Orient kam.

▶ **Protestantische Kirche:** eine der größten in Frankreich; im Sommer finden hier Konzerte statt.

▶ **Musikmuseum:** Faubourg du Pont. T. 66 61 86 80. An Sonn- und Feiertagen sowie während der Schulferien 14-18h; im Juli/August täglich 10-13 und 15-19h. Von der Straße nach Alès gleich hinter der Brücke rechts rein. Geschichte der Musikinstrumente: vom Schlagzeug bis zum modernen Saxophon sind rund tausend Exponate anzuschauen. Im Sommer Konzerte (Weltmusik, alte Musik).

– **TVC** (Cevennen-Dampfzug): stampft von April bis Allerheiligen von Anduze nach Saint-Jean-du-Gard (an der Bambuspflanzung vorüber). Einstündige Spazierfahrt in einem echten Schnauferl, das dampft und tutet wie im Western.

In der Umgebung

▶ **Bambusplantage in Prafrance:** rund 2 km nördlich von Anduze, an der Straße von Générargues. T. 66 61 70 47. Von März bis Ende September täglich von 9.30-12 und von 14-19h, im Sommer durchgehend geöffnet. Von Oktober bis Ende Februar montags und dienstags zu. Teilnahme an einer Führung empfiehlt sich, wenn man die Geheimnisse des Bambus ergründen möchte. Wer eine Schwäche für Asien hat, wird bei diesem kleinen Dschungel am Fuß der Cevennen, im Land der Königskastanie, begeistert sein.

Unter der südlichen Sonne sprießen hier auf zwölf Hektar rund einhundertfünfzig verschiedene Bambusarten, darunter Riesenbambus, die größte Europas. Diese *Phyllostachys pubescens* erreichen zwischen 20 und 25 m Höhe, und ihre »Stiele« messen bisweilen 20 cm im Durchmesser. Wir erfahren, daß Bambus (ursprünglich ein malaiisches Wort) von Natur aus das leichteste und zäheste Material überhaupt ist. In Asien wird er zu allem verwendet: zur Herstellung von Wiegen, Sänften, Sonnenhüten, Körben, Booten, Möbeln, Betten usw. Seine Faser ist so hart wie Eisen: die Druckfestigkeit beträgt 3.500 kg pro Quadratzentimeter! Ein kurioses Kraut. Manche Triebe schießen plötzlich aus der Erde und wachsen am Tag einen Meter, wenn das Wetter günstig ist. Angeblich soll die französische Fremdenlegion diese Eigenschaft des Bambus früher genutzt haben, um Deserteure zu foltern: auf der Erde über Bambuskeimen festbinden, gießen und abwarten, bis die Sprößen durch's Fleisch wachsen ... Ob's wirklich stimmt, wissen wir nicht.

Die Bambusplantage von Prafrance wurde 1856 von *Eugène Mazel* angelegt, einem weitgereisten, aus dem Gard stammenden Samenhändler. Der brachte von seinen Reisen in den Fernen Osten mehrere exotische Gewächse mit. Er machte ein Vermögen im Gewürzhandel, das er wieder durchbrachte, als er die *Bambouseraie* schuf. Heute gehört das Gelände *Yves Crouzet*, einem ideenreichen Gartenbauingenieur, der aus ihm eine große Baumschule zu Forschungs- und Züchtungszwecken gemacht hat, Bambusfüße und verschiedene exotische Arten verkauft. Zu besichtigen sind:

– *Park:* Zugang über die von amerikanischen Sequoias gesäumte Allee. Zahlreiche Pflanzen- und Baumarten wie Gingko Biloba (der älteste Baum der Welt, den schon Goethe im »West-Östlichen Divan« besang), Magnolien, Kamelien, Palmen und Virginia-Tulpenbaum.

– *Wassergarten (Jardin Aquatique):* hier tummeln sich japanische Koi-Karpfen zwischen ägyptischem Papyrus, Lotus und Seerosen.

– *Asiatisches Dorf:* mehrere laotische Hütten auf einer Wiese. Wirkt fast echt.

– *Musikdorf:* malerischer Komplex ganz aus Bambus, wo den lieben Kleinen die Musik nahegebracht werden soll.

– *Baumschule und Gewächshaus:* Zwergbambus, mittel- und ganz große, im Blumentopf in allen Größen verkäuflich. Bis zehn Zentimeter 25 F, Riesenbambus von sechs bis sieben Meter für 1280 F.

Vor dem Abschied wollen wir noch schnell daran erinnern, daß die *Bambouseraie de Prafrance* Drehort mehrerer Filme war: von »Lohn der Angst«, »Paul und Virginie« und »Die Helden sind müde« z.B. Und daß unser Besuch dem Erhalt einer Tierart beiträgt, die weltweit im Aussterben begriffen ist: des Chinapandas nämlich. Jede Woche rückt ein Lastwagen aus Berlin an, um Bambusblätter für den dortigen Zoo zu laden, dessen Pandapärchen nun mal partout nichts anderes frißt.

SAINT-HIPPOLYTE-DU-FORT (30170)

Am Fuß der Südcevennen, zwischen Nîmes und Vigan. Saint-Hippo, wie das hiesige Jungvolk flapsig sagt, bietet zwar keine besonderen Attraktionen. Im Sommer kann man im Schatten der Platanen aber gut über Wanderungen im schönen Hinterland nachdenken, das hinter den letzten Häusern der Ortschaft beginnt. Saint-Hippolytes Geschichte läßt sich in zwei Worte fassen: Protestantismus und Seidenraupenzucht *(Sériculture)*.

Kost & Logis

- **Hôtel-Restaurant du Cheval Blanc:** neben der Dorfkirche, in der Kurve. T. 66 77 21 03. Sonntags abends und montags außerhalb der Saison geschlossen. Weißer Altbau mit grün gestrichenen Fensterläden und einer kleinen schattigen Terrasse. Typische Landherberge; Doppelzimmer mit Waschbecken ab 130 F, mit Dusche 180 F. Im Restaurant Menüs zu 70, 90 und 115 F; Gegrilltes ab 50 F.

AM FUSSE DER CEVENNEN – SAINT-HIPPOLYTE

♦ **Auberge Cigaloise:** an der Route de Nîmes. T. 66 77 64 59. F. 66 77 25 08. Dienstags abends geschlossen. Echte Familienherberge; alles spielt sich im Umkreis des Kamins ab, während der Blick auf den Cevennen-Ausläufern ruht. Klassische Gerichte wie flambierte Nierchen und Hausmannskost. Menüs ab 105 F, unter der Woche ein Mittagsmenü für 85 F. Doppelzimmer mit Bad 260 F. Der Wirt, M. Faurichon, sorgt für Stimmung und veranstaltet bisweilen Tischtennisturniere rund ums Schwimmbad.

♦ **Restaurant L'Amourier:** an der Straße nach Monoblet. T. 66 77 26 19. Sonntags abends an Montagen geschlossen. Gleich ortsausgangs in Richtung Monoblet. Gediegenes Ambiente mit Terrasse und Garten, dazu schmackhafte Kost zu ehrlichen Preisen. Das Überraschungsmenü *(Surprise du chef)* zu 135 F bietet Entenfleisch und eine *Crêpe Suzette*.

♦ **Le Ranquet:** an der Straße nach Saint-Hippolyte, in *Tornac*. T. 66 77 51 63. Dienstags abends und mittwochs geschlossen (außer in der Zeit von Mitte Juni bis Mitte September), zusätzlich von November bis Ende Februar. Merklich gehobene Adresse, aber die Köchin ist auch eine Meisterein ihres Faches. Ihre Kochkünste brechen mit der Tradition, und das bei vergleichweise braven Preisen. Rund 160 F fürs erste Menü. Detail am Rande: die Illustrationen auf der Rechnung werden jedes Jahr von einem anderen Künstler angefertigt.

Sehen und erleben

▶ **Seidenmuseum** *(Écomusée de la Soie):* T. 66 77 66 47. Täglich von 10-12 und 14-19h; im Juli/August durchgehend von 10-19h geöffnet. Ist in einer ehemaligen Kaserne untergebracht. Vom Maulbeerbaum zur Spinnerei, vom Seidenwurm zum Moulinieren (Seide zwirnen) und Weben erfahren wir hier alles über jenen Wirtschaftszweig, der den Cevennen im 18. Jahrhundert zu Reichtum verhalf. Das Heimatmuseum versteht sich aber auch als Werbeträger und Vertriebsstätte für Cevennenseide. Ideal wäre es, die »Seidenstraße« mit einer Besichtigung der Spinnerei von Grefeuilhe in Monoblet fortzusetzen (s. »In der der Umgebung«).

– **Sonnenuhr-Promenade:** der Rundgang durch den alten Ortskern führt uns an zwanzig Sonnenuhren vorbei. Wegbeschreibung im Verkehrsamt erhältlich.

▶ **IN DER NÄHEREN UMGEBUNG: MONOBLET**

7,5 km nördlich von Saint-Hippolyte.

▶ **Filature de Grefeuilhe:** T. 66 85 43 26. Besichtigung nur nach Voranmeldung. Von diesem Dörflein ging die Wiederbelebung der Cevennen-Seidenkultur aus. Bereits 1972 betrieb der Lehrer *Michel Costa* die handwerksmäßige Maulbeerbaumkultur. Drei Jahre später wuchsen in Monoblet viertausend neugepflanzte Bäume. 1981 wurde die Warenmarke »Soie-Cévennes« als eingetragenes Markenzeichen registriert, und 1985 waren 10.000 m Stoff produziert, die dann an die großen Pariser Couturiers (40 %) und die Japaner (60 %) verkauft wurden. Ein kleines Wirtschaftswunder in der französischen Provinz. In Monoblet hat der Architekt *Alexandre Ojeda* aus einem ummauerten Armeezelt im Geist fantasiebegabter Tüftler ein kuriosos Haus gebaut.

▶ **SAUVE**

Im ansteigenden Halbrund auf einer Felsnase oberhalb des Vidourle. Uraltes Dorf 8,5 km südlich von Saint-Hippolyte, an der Straße nach Nîmes. Vornehme Stadthäuser, enge Gassen und verschlafene Plätze, die man unbedingt zu Fuß erkunden muß (wie denn sonst?). Vom höchsten Punkt des Hügels aus läßt sich das sogenannte »Felsenmeer« *(Mer de Rochers)* überblicken, eine Kalksteinformation über der Ortschaft.

Als einheimische Spezialität gilt der Zürgelbaum-Spieß *(Fourche en micocoulier)*. Jedes Jahr im August steigt in Sauve ein Festival des französischen Chansons, wo sich auch schon mal französische Showgrößen sehen lassen.
An der Straße nach Durfort nicht die Wanderung im *Crespenou-Canyon* versäumen, vorbei an Wasserfällen, riesigen Felströgen und einem Oppidum aus der Römerzeit. Der Fußmarsch ist nicht immer ein Zuckerschlecken, lohnt aber die Mühe.

Kost & Logis

- **La Pousarangue:** 2 km weiter, an der Straße nach Quissac. T. 66 77 00 97. Am Eingang der Herberge ein Radbrunnen *(Pousarangue)* und ein Schwimmbad. Die urgemütlichen Zimmer verfügen alle über ein Zwischengeschoß. 270 F für zwei, 320 F für drei Personen, 380 F für vier (Frühstück inbegriffen). Im großen provenzalischen Speisesaal das üppige Menü zu 100 F ordern: schmeckt unverkennbar nach der Gegend.
- ♦ **Restaurant Le Micocoulier:** 3, place Jean-Astruc. T. 66 77 57 61. Täglich abends, sonntags auch über Mittag geöffnet. Hoch oben auf der Felswand, im mittelalterlichen Ortskern. *Le Micocoulier* (»der Zürgelbaum«) ist ein kleines, originelles Restaurant mit der entspannten Atmosphäre der Nach-Achtundsechziger-Jahre (wohin sind sie entschwunden ...). Die Wirtin kümmert sich vor allem ums Gebäck; Schokoladenkuchen und Zitronentorte gleiten die Kehle wie von selbst hinab. Da heißt es, den Gürtel weiter schnallen. Tagesgericht 60 F, Menüs 95 und 160 F, oder nach der Speisekarte bestellen.
- ♦ **Restaurant Les Volets Verts:** ebenfalls im mittelalterlichen Dorf, Place Pascal-Vallongue. T. 66 77 53 28. Montags abends und am Dienstag geschlossen. Freundlicher Empfang im belebten Restaurant mit Bar, dessen Wände zahlreiche Gemälde und Fotos in einem bunten Durcheinander schmücken. *Der* Ort für gesellschaftlichen und kulturellen Austausch in Sauve. Schattige Terrasse. Verschiedene Gerichte »von hier und anderswo« zu zahmen Preisen: Mittagstisch unter der Woche 70 F, ständige Menüs ab 100 F.

LE VIGAN (30120) UND DAS PAYS VIGANAIS

»Das hier sind die mittelmeerischen Cevennen, locker, von der Sonne verwöhnt und schneearm«, meinte ein junger Einheimischer. Recht hat er: Le Vigan ist alles andere als ein karges, ödes Kaff. Die Berghänge bedeckten einst Weinberge und Olivenhaine. Ziegeldächer, leise plätscherndes Wasser in von Lauben beschatteten Brunnen, ein Glas Pastis unter, eine Partie Boule da und der unverwechselbare südfranzösische Akzent lassen Lebensart erkennen. Die fünftausend Einwohner gehören siebzig Vereinen an, womit sie sogar deutsche Verhältnisse in den Schatten stellen.
Le Vigan ist eines der wenigen Städtchen im Gard, dessen Bewohner das ganze Jahr über Quellwasser aus der Leitung trinken können, auch wenn anderorts die große Dürre ausbricht. Wasser ist hier Anlaß zum Feiern und Gegenstand einer Legende. Jedes Jahr während der ersten Augustwoche sorgt nämlich das Isis-Fest für Auftrieb. Wie kommt die altägyptische Göttin in das entlegene Cevennental? Die Legende erzählt, daß eine Priesterin aus dem Dianatempel zu Nîmes, zufällig Isis geheißen, in den Bergen rings um Espérou botanisierte. Mit ihren Gefährtinnen sammelte sie heilige Pflanzen, dann badete sie im Pays d'Arisitensis in jener Quelle, die heute ihren Namen trägt.
In der alten Hugenottenstadt Le Vigan ist überraschenderweise im Garten der Sparkasse eine Statue des französischen Komikers *Coluche* zu entdecken, den man am ehesten als eine Mischung aus *Otto* und *Tom Gerhardt* beschreiben könnte. Trotz Protestantismus scheint hier etwas Besonderes in der Luft zu liegen ...

AM FUSSE DER CEVENNEN – LE VIGAN & PAYS VIGANAIS / 315

Nützliche Adressen

- **Verkehrsamt für Le Vigan und das Pays viganais:** in der *Maison de Pays*, Place du Marché, in der Innenstadt. T. 67 81 01 72. F. 67 81 86 79. Im Juli-August täglich außer sonntags nachmittags von 8.30-12.30 und von 13.30-19.30h besetzt; in der übrigen Zeit des Jahres von Montag bis Samstag, 9-12.30 und 14-18h. Jede Menge Auskünfte und Broschüren, ein Hotelverzeichnis, Liste mit Zeltplätzen und Privatzimmern sowie Ausflugsrouten in das Aigoual-Massiv. Kümmert sich auch um Buchungen.
- **Auskunftsbüro des Cevennen-Nationalparks:** selbe Adresse; im Juli-August geöffnet.
- **Association Cévennes Aventure:** selbe Adresse. T. 67 81 01 72. Klettertouren in den Vis- und Arre-Felsen.
- **Association Viganaise d'Environnement-Nature:** 59, côte d'Aulas. T. 66 85 01 22. Veranstaltungen rund um Fauna und Flora.

Kost & Logis

- **Gîte d'Etape am GR 60:** Claude Vivier, Cap-de-Coste, 30120 Le Vigan. T. 67 81 94 47. Siebenundzwanzig Schlafplätze, auf zwei Säle verteilt. Liegt an der D 329 von Mandagout nach L'Espérou. Mit Dusche und Kochnische. Aufnahme von Wanderern, Reitern und Radwanderern.
- **Gîte d'Etape am GR 7:** Jean-Luc Parant. T. 67 81 82 22. Nagelneue Unterkunft in Pracoustal. In Richtung Millau fahren, dann Richtung Aigoual abbiegen (D 48). Anschließend links nach Aulas und wieder links nach Pracoustal. Fünfunddreißig Plätze in einem typischen alten Steinhaus mit allem Komfort. Übernachtung im Sommer rund 40 F, im Winter 50 F; Frühstück: 30 F. Radler bekommen hier Routentips und technische Unterstützung bei Reparaturen.
- **Hôtel du Commerce:** 26, rue des Barris. T. 67 81 03 28. F. 67 81 86 79. Kleines, einfaches Hotel mit Garten, Terrasse und Parkplatz. Doppelzimmer 130-200 F, Einpersonenzimmer schon ab 100 F. Rundum empfehlenswert.
- **Auberge Cocagne:** place du Château, in *Avèze*, 2 km südlich Vigans in Richtung Montdardier. T. 67 81 02 70. Im Schatten von Schloß Montcalm, das einst dem berühmten Marquis und General de *Montcalm* gehörte, der 1759 den Heldentod fand, als er in Kanada das französische Quebec gegen die Engländer »verteidigte« (in Anführungsstrichen deshalb, weil ein Dieb dem anderen etwas abnehmen darf, ohne deshalb mit dem Gesetz in Konflikt zu kommen). »Cocagne« heißt in Südfrankreich übrigens soviel wie Glück bzw. Schlaraffenland. Einen passenderen Namen hätte man für diese gemütliche Landherberge im Schatten der Bäume auch nicht finden können. Die Zimmer in dem vierhundert Jahre alten Gemäuer mit dicken Wänden und roten Fensterläden sind schlicht, aber nicht ungemütlich. Doppelzimmer zwischen 160 und 250 F; Zimmer mit Dusche ab 180 F; Zimmer für vier Personen 250-340 F, eine günstige Absteige also für Wanderer. Die früheren Weltenbummler M. und Mme Welker veranstalten während der Urlaubszeit auch kleine Ausstellungen. Bodenständig-provenzalische Küche, großzügige Portionen; maßvolle Preise: Menü ab 65 F. Im Sommer tafelt man auf der Terrasse.
- **Auberge La Borie:** 10 km oberhalb von Vigan, in *Mandagout*. T. 67 81 06 03. F. 67 81 86 79. Im Januar und Februar geschlossen. So etwas suchen wir seit langem: ein altes Cevennenhaus an einem sonnenverwöhnten Berghang, mit Schwimmbad und erschwinglichen Preisen. *La Borie* ließ unseren Traum zwar Wirklichkeit werden, der Weg aber dorthin ist lang und dornenreich. In Vigan die Straße nach Mandagout nehmen (D 170). Nach 9 km rechts nach Mandagout abbiegen. Das Dorf durchqueren, dann weiterfahren in Richtung Saint-André-de-Majencoules. Dort führt links ein Weg am Berghang 250 m aufwärts zur Herberge. Uff! Der Ausblick ist einfach sagenhaft: ein kastanienbestandener Berg erinnert an die korsische Castagniccia. Unendlich blau wölbt sich der Himmel; Ruhe und Frieden überall. Die Betreiber der Herberge sind gesprächige Leute. Elisabeth und Jean-François Roche (ein Bretone aus Rennes) kümmern sich darum, daß die zehn Zimmer im Inneren des alten Steingemäu-

ers tadellos in Ordnung sind. Doppelzimmer mit Dusche und WC auf dem Gang (kleiner Nachteil, leicht zu verschmerzen) 120-170 F. Zimmer Nr. 8, 9 oder 10 im ehemaligen Gewölbekeller verlangen: sie bleiben selbst bei sommerlicher Hitze angenehm kühl. Hausmannskost ausschließlich aus heimischen Erzeugnissen. Menüs ab 80 F. Leben wie Gott in Frankreich ...
- **L'Hort du Mas:** La Rouvierette, 30570 Saint-André-de-Majancoules. T. 67 82 40 82. Im Januar und Februar geschlossen. Im Nordosten Le Vigans. Das stattliche Anwesen ist um einen Mittelhof mit Terrasse angeordnet und blickt aus sechshundert Metern Höhe hinab auf die gewellte Landschaft. Auf dem Freizeitprogramm stehen Meditation, Yoga und Wandern. Wahlweise Voll- oder Halbpension (250 bzw. 200 F). Claire Blanc-Seigneur sorgt für gediegene, meist pflanzliche Kost, aber niemand wird darauf verpflichtet). Übernachtung und Gedeck zu erfreulich niedrigem Preis. Vorausbuchung unerläßlich.
- **Le Revel:** in *Rogues* (30210), knappe 15 km südlich von Le Vigan, an der D 48. T. 67 81 50 89, F. 67 81 52 75. Unweit des sehenswerten *Cirque de Navacelles*. Hélène und Pierre haben in einem ruhigen und natürlichen Umfeld einen »Freiraum des Friedens und der Energie« geschaffen, wo man neue Energie tanken kann. Ihr schönes Anwesen bietet sowohl Gruppenzimmer mit drei bis fünf Betten, als auch Gästezimmer für zwei oder drei Personen (230 F für ein Paar, Frühstück inbegriffen). Vegetarisch-biologische Kost für rund 80 F. Esoteriker haben die Wahl zwischen Astrologie, Kinesiologie und verschiedenen Entspannungstechniken. Ein besonderer Ort also, wo »die Teilnahme am Alltagsleben willkommen ist« – heißt das etwa, daß wir unsere Teller selber abspülen müssen? Jedenfalls bleiben die Preise auf dem Teppich, und die Atmosphäre ist wirklich erholsam.
- **Gästezimmer und Zelten auf dem Bauernhof:** bei Mme Aimé Dupont, im Weiler Les Plans, 30120 *Bréau-et-Salagosse*. T. 67 81 04 47. Rund 4 km westlich Vigans, in Richtung Bréau-et-Salagosse. Schattiges Fleckchen für Camper und einfache, gemütliche Kämmerle; nette Zimmerwirtin. Vernünftige Preise: Doppelzimmer ab 170 F.
- **Camping Le Val de l'Arre:** an der Straße nach Ganges. T. 67 81 02 77. Von November bis April geschlossen. Gut ausgestatteter Zeltplatz am Flußufer.

♦ **Brasserie d'Assas:** an der Place d'Assas oder Rue de la Boucherie Nr. 2. T. 67 81 06 51. Sonntags abends und montags (im Winter) keine Bewirtung. Innerorts, neben dem *Maison de Pays*. Das Tagesgericht schmeckt gut und ist gar nicht teuer.

Sehenswert

▶ **Place du Quai:** im Schatten der Linden spielt sich der Großteil des Dorflebens ab. Dem schönen Brunnen aus dem 18. Jh. entströmt das Wasser der Isis-Quelle.

▶ **Cevennen-Museum:** 1, rue de Calquières, unweit der romanischen Brücke. T. 67 81 06 86. Publikumsverkehr vom 1. April bis 31. Oktober von 10-12 und 14-18h. Dienstag geschlossen. Überblick über volkstümliches Handwerk und Traditionen der südlichen Cevennen und des Viganais. Ein Raum ist dem Schriftsteller und Mitglied der Académie Française *André Chamson* gewidmet, der seine Jugend in Vigan verbrachte und sein Werk teilweise in den Cevennen spielen läßt.

▶ **Alte Stadtpalais:** *Hôtel Daudet d'Alzon,* av. Emmanuel-d'Alzon, *Hôtel d'Assas* (17. Jh.), heute Erholungsheim »Saint-Vincent« am Bd. des Châtaigniers.

▶ **Statuen:** drei haben wir ausfindig gemacht. Im Garten der Sparkasse, dem ehemaligen *Hôtel de Ginestous*, steht die in Frankreich einzigartige Statue des verstorbenen Komikers *Coluche*, ein Werk von Christian Zénéré, der sie zunächst dem Bürgermeister jener kleinen provenzalischen Gemeinde anbot, wo Coluche bei einem Motorradunfall umkam. Da der sie ablehnte, erbat der

Bürgermeister von Le Vigan das Kunstwerk für sich und seine Stadt. So gelangte der französische *Otto* nach Vigan.

DIE CEVENNEN

Eine rauhe Landschaft mit düsterer Geschichte und von herbem Charakter. Im großen und ganzen trifft das Klischee zu; aber es fehlen die Nuancen. Die Natur der Cevennen ist zugleich erhaben und rebellisch, wild und zahm lächelnd. Das Land der überzeugten Kamisarden und blutigen Religionskriege ist auch das Land der Seidenfabrikation – das edle Gewebe wurde damals mit Gold aufgewogen! – wo Kastanien das tägliche Brot waren. Unzählige Weiler sind aus jenem Schiefer und Granit erbaut, aus dem auch die unüberwindlichen Berge, vom Mont Lozère (1699 m) bis zum Mont Aigoual (1564 m), bestehen. Ein stolzes, aber nicht hochmütiges Land, fern, aber nicht unzugänglich. Eine Welt für sich jedenfalls, ein Hort der Freiheit und Unabhängigkeit, in den sich seit dem Dämmer der Menschheitsgeschichte immer wieder Menschen zurückgezogen haben: Schäfer, Pilger, verfolgte Protestanten, Rebellen, Hippies – in den siebziger Jahren – und sonstige Minderheiten fanden den Weg in die Cevennen, um die Gesetze und Zwänge der Welt rundum zu vergessen.
Diese Berufung der Cevennen ist geblieben. Heute, im Zeitalter der Ökologie, zählt diese Mittelgebirgslandschaft zu den am wenigsten verschandelten Regionen Frankreichs: sowohl innerhalb der Ortschaften, als auch im Sinne des Landschaftsschutzes. Dies bedeutet freilich noch lange nicht, daß die Cevennen vor Klimakapriolen gefeit sind: im November 1994 waren sie durch Unwetter und Überschwemmungen tagelang von der Außenwelt abgeschnitten.

Aus dem Geschichtsbuch

● *Der Kamisardenkrieg*

Wenn heute von religiösen Fanatikern – auf Französisch treffend *Fous de Dieu* genannt, »Narren Gottes« – die Rede ist, denkt man unwillkürlich an islamische Fundamentalisten, die der westlichen Welt den Heiligen Krieg erklärt haben, an japanische Weltuntergangssekten und vielleicht auch noch an die weniger militanten Zeugen Jehovas. Wer ist sich denn schon noch dessen bewußt, daß sich vor dreihundert Jahren mitten in Europa die Leute umbrachten, weil die einen prostestantisch bleiben wollten, und die anderen sie unbedingt in den Schoß der römisch-katholischen Kirche zurückführen wollten? Die Schäfer der Cevennen prophezeiten den Soldaten *Ludwigs XIV.* göttliche Rache, während sie verzweifelt um ihr Recht auf Gewissens- und Glaubensfreiheit rangen (die Errichtung einer religiösen Tyrannei lag ihnen fern) – das ganze an der Schwelle des Zeitalters der Aufklärung. Vor diesem Hintergrund versteht man erst, warum unsere Klassiker, allen voran *Lessing*, soviel Zeit auf religiöse Polemik verwendeten, und warum ein Stück wie der »Nathan«, der heute die Schüler langweilt, damals eine Provokation war.

Aber hübsch der Reihe nach: am Anfang des »Aufruhrs in den Cevennen« (*Ludwig Tieck*) steht *Ludwigs XIV.* selbstherrliche Entscheidung, 1685 das Edikt von Nantes aufzuheben, in dem sein Großvater *Heinrich IV.* seinen ehemaligen Glaubensbrüdern, den Hugenotten, Glaubens- und Gewissensfreiheit gewährte. Die Reformation hatte sich in Südfrankreich, und besonders in den Cevennen, wohin der Arm der Zentralgewalt kaum reichte, rasch ausgebreitet. Ludwig XIV. dachte hingegen getreu des Wahlspruchs »ein Volk, ein König, ein Glaube«, womit er ein Vorläufer späterer totalitärer Staatsformen ist, die ja auch immer »ein Volk, ein Reich, ein Führer bzw. Generalsekretär usw.« anstrebten. Die Aufhebung des Edikts von Nantes war übrigens bei der Mehrheit der katholischen Bevölkerung, die den wirtschaftlich erfolgreicheren Protestanten ihren Wohlstand neidete, durchaus populär. Von einem Tag auf den anderen wurde den Hugenotten also verboten, ihre Religion auszuüben. Die Intoleranz wurde erst Gesetz, dann staatliche Repression: protestantische Kirchen wurden gebrannischatzt, die Pastoren verjagt. Sie mußten entweder ihrem Glauben abschwören oder innerhalb vierzehn Tagen das Land verlassen. Versammlungen waren verboten, Eltern wurden gezwungen, ihre Kinder katholisch taufen zu lassen. Die Bibel (!) zu besitzen oder zu lesen, machte verdächtig. Jeder Hugenotte, der seinem Glauben nicht abschwörte, wanderte ins Gefängnis; kurz, die protestantische Bevölkerung verlor sämtliche bürgerlichen Rechte.

Die bibelfesten Hugenotten hingegen fühlten sich von Gott erleuchtet und geschützt, sahen sich in der Rolle der Propheten aus dem Alten Testament, die um des Himmelreiches willen Verfolgung erlitten, und weigerten sich hartnäckig, sich zu beugen. Das einfache Volk in den Bergen erhob sich gegen den absolutistischen Staat. Einfache Leute wie Schäfer, Ziegen- und Schweinehirten, Wollkrempler und Kastaniensammler begannen, als Propheten aufzutreten, und riefen Gott an, daß er die Schalen seines Zorns doch auf die Häupter ihrer Verfolger und Peiniger ausgießen möge. Friedlicher Widerstand wurde zu bewaffnetem Kampf. Die Rebellen, die um Kopf und Kragen fürchten mußten, flohen in die Berge, wo sie geheime Versammlungen abhielten und den Dragonern des *Marschalls Villars* zusetzten, der in den Devolutionskriegen schon die Pfalz verwüstet und Freiburg im Breisgau erobert hatte. In der Nacht trugen sie weiße Hemden als Erkennungszeichen, daher ihr Spitzname »Kamisarden«.

Zwei Jahre lang, von 1702 bis 1704, hielten die »Narren Gottes« die Soldateska des Sonnenkönigs in Schach. Die glaubensstarke Volksguerilla von höchstens dreißigtausend Schäfern und ihre improvisierten Anführer behaupteten sich gegen fünfundzwanzigtausend schwerbewaffnete Soldaten. Ihr Vorteil war die genaue Kenntnis der undurchdringlichen Täler und Berge und der Herdenwege *(Drailles)*, die das Labyrinth durchziehen. Bevor sie in den Kampf zogen, knieten sie nieder und sangen Psalm 68, den »Schlachtenpsalm«. Zwei Anführer der Kamisarden taten sich durch ihr taktisches Geschick und ihre Strategie hervor: ein gewisser *Roland* aus Mas-Soubeyran in Mialet (gegenwärtig Musée du Désert) und ein kleiner Bäcker von dreiundzwanzig Jahren namens *Jean Cavalier* aus Anduze.

Mit letzterem mußte Marschall Villars schließlich sogar verhandeln, weil es ihm einfach nicht gelingen wollte, die Region zu »befrieden«. Cavalier ging Villars in die Falle und wurde mit seinen Leuten nach England verbannt. Roland wurde 1704 getötet.

Der Kamisardenkrieg endete zunächst mit einem Kompromiß, der das Hintertor offen ließ für weitere Verfolgung. Im 18. Jahrhundert wurden die Hugenotten immer wieder wegen ihres Glaubens verfolgt, eingekerkert, als Zwangsarbeiter auf Galeeren verbracht. Pastoren wurden hingerichtet, Kinder zwangsweise in katholische Klöster und Schulen gesteckt. Zu den »Märtyrern des Widerstandes« gehörte *Marie Durand*, die fast vierzig Jahre lang im *Tour de Constance* in *Aigues-Mortes* schmachtete. Die Liste der Verfolgten ist aber viel länger. Sie bedeckt die Wände des *Musée du Désert*, Pantheon und geistiges Memorial des französischen Protestantismus. Ohne den erbitterten Widerstand der von Mystik durchdrungenen Hugenotten in den Cevennen gäbe es in Frankreich wahrscheinlich heute keine Protestanten mehr. Nachdem eine neuerliche Verfolgungswelle am Widerstand der Aufklärer gescheitert war *(Voltaire*: »Fall Calas«), wurde 1787 endlich ein Toleranzedikt erlassen, das den französischen Protestanten ihre Bürgerrechte zusicherte, ohne daß sie katholisch werden mußten.

– Französisch- und deutschsprachige Bücher über die **Kamisarden**: »Les Fous de Dieu« von *Jean-Pierre Chabrol*, »Der Sperber von Maheux« von *Jean Carrière*, »Der Aufruhr in den Cevennen« von *Ludwig Tieck*. *René Allio* drehte 1971 den zum Nachdenken anregenden Film »Der Aufruhr in den Cevennen« (Originaltitel: »Les Camisards«).

Mont Aigoual (Cevennen-Nationalpark)

● *Der »Goldbaum«, oder: Seidenherstellung in den Cevennen*

Einer alten Legende zufolge soll die chinesische Prinzessin *Xiling* vor fünftausend Jahren den Seidenfaden entdeckt haben. Als sie gerade unter einem Maulbeerbaum ihren Fünfuhrtee einnahm, da plumpste ein Raupenkokon in ihre Tasse. Während sie diesen herauszufischen versuchte, blieb ihr hochwohlgeborener Fingernagel an einem Faden hängen und rollte diesen auf. Ein Zufallsfund, der die chinesische Kultur tiefgreifend verändern sollte und noch fünfzig Jahrhunderte später in den Cevennen für Wohlstand sorgte. Seide und *Mûrier* werden in der Gegend von Anduze zum ersten Mal im 13. Jahrhundert erwähnt, nachdem der Maulbeerbaum im Gefolge der Kreuzzüge in den Westen gelangt war. Im 14. Jahrhundert nahm die Seidenraupenzucht unter der Leitung des Agronomen *Olivier de Serres* einen ersten Aufschwung. Im 17. und 18. Jahrhundert breitete sie sich über die gesamten Cevennen aus und ersetzte nach und nach die Kastanienbäume, die der schreckliche Winter von 1709 vernichtet hatte. Das 19. Jahrhundert gilt den Cevennen als Goldenes Zeitalter der Seidenfabrikation, die den Einheimischen einen Großteil ihres Einkommens sichert. Maulbeerbäume, genannt »Goldbäume«, bedecken die Berghänge, und in jedem Hof steht eine Scheune zur Aufzucht der Kokons. Der Seidenfaden stammt von einem Tier, der gefräßigen Raupe *Bombyx mori*, die sich ausschließlich von Maulbeerblättern ernährt. Die Würmer wachsen zunächst in Seidenraupenhäusern (frz. *Magnaneries*) heran. Sobald sie die richtige Größe erreicht haben, hängt man sie an Heidekrautzweige, damit sie ihren Kokon spinnen. Nach einigen Wochen nimmt man die Kokons herab, um den Faden herauszulösen, der im Inneren steckt. Dies war die Aufgabe der Spinnereien *(Filatures)*, die Tausende weiblicher Arbeitskräften beschäftigten. Letzter Herstellungsschritt: das Weben *(Tissage)*. Die Seidenspinnereien in den Cevennen verkauften ihre Fäden tonnenweise an Manufakturen in Nîmes oder Lyon, wo man Strümpfe, Nachtmützen und alle sonstigen Kleidungsstücke daraus webte.

Die Konkurrenz synthetischer Fasern, Krankheiten des Seidenwurms und der Verzicht auf Seide bei der bürgerlichen Kleidung des 19. Jhs führten den Niedergang der Seidenkultur in den Cevennen herbei. Die letzte Spinnerei schloß 1965 ihre Pforten. Trotz einiger Versuche zur Wiederbelebung gehört die Cevennenseide nunmehr der Vergangenheit an. Sie bleibt ein wirtschaftliches und menschliches Abenteuer, das im *Musée des Vallées Cévenoles* in Saint-Jean-du-Gard und im *Seidenmuseum* zu Saint-Hippolyte-du-Fort ausführlich gewürdigt wird.

● *Der Kastanien- oder Brotbaum*

Was dem Mexikaner der Mais und dem Chinesen der Reis, das ist dem *Cévenol* der Edelkastanienbaum. Jahrhundertelang verspeisten die Einheimischen mittags und abends, bisweilen auch zum Frühstück, Eßkastanien. Rauhe Schale, weicher Kern: das Symbol der Cevennen hat einen eigenen Lebensstil erzeugt. Der Kastanienbaum hieß auch der »Brotbaum«, weil er den Bergbauern das tägliche Überleben sicherte. Im 16. Jahrhundert wurden alle Abhänge der Cevennen zwischen fünfhundert und achthundert Meter Höhe mit den schönen Bäumen mit ihren gefiederten Blättern bepflanzt, die ihre Früchte im Herbst herabfallen lassen, während die schützende, stachelige Hülle am Zweig verbleibt.

Jeder Bestandteil des »Brotbaumes« wurde genutzt: die Blätter fraßen die Schafe und Ziegen, oder sie dienten den Schweinen als Streu. Aus dem unverwüstlichen Holz wurden Gerüste, Bretter, Möbel, Fässer, Wiegen, Körbe und Werkzeuge gefertigt. Die aufgesammelten Kastanien wurden in der *Clède*, einem kleinen Nebengebäude, getrocknet, mit den *Soles* (Spitzschuhen) entrindet und sodann frisch als *Blanchettes* gebraten oder als Suppe *(Bajanat)* verzehrt. Diese traditionelle Ernährungsweise der Cevennenbewohner verschwand im 20. Jahrhundert.

Längst hat der Edelkastanienbaum der Steineiche und der Schwarz- oder Strandkiefer (Südcevennen), der Traubeneiche und der Buche (an höheren Standorten) Platz gemacht.

● *Der Untergrund: Schiefer, Granit und Kalkstein*

»Sag mir wo du wohnst, und ich sage dir, wer du bist.« Ein Sprichwort, das auch und gerade in den Cevennen zutrifft. Auf den ersten Blick frappiert die eigenwillige Schönheit der gottverlassenen Cevennendörfer, die sich an Hängen, in Talmulden *(Valats)*, am Ende holpriger Wege und an den *Drailles* genannten Herdenwegen verbergen. Große Gehöfte mit dicken Mauern aus dem Granit des Mont Lozère, hohe, finstere Weiler in den Cevennentälern und freundliche, ziegelgedeckte Behausungen an den zum Mittelmeer hin abfallenden Flanken der Cevennen sind die dort vorherrschenden Siedlungsformen.

In der *Cevenne des Châtaignes* (»Kastaniencévenne«) umgibt das Wohnhaus eine Reihe von Nebengebäuden aus Schiefer: Schäferei, Schweinestall, Scheune, Ofen, Weinpresse, *Magnanerie* (wo man Seidenraupen züchtete) und *Clède*, jenes Häuschen, wo die Kastanien getrocknet wurden.

Was die vielen kleinen, im Schatten von Zypressen gelegenen Friedhöfe in den Cevennen betrifft, so hat es damit folgende Bewandtnis: während der Verfolgung unter *Ludwig XIV.* hatten die Hugenotten nicht das Recht, ihre Toten neben rechtgläubigen Katholiken auf dem Friedhof zu beerdigen. Also verscharrten sie sie nachts und ohne Trauergemeinde in einer Ecke des Gemüsegartens in Hofnähe.

Die Gehöfte der Bergbauern passen sich nahtlos in die Landschaft ein. Die Cevennenparkverwaltung hat einige uralte Weiler im überkommenen Baustil instandgesetzt und Besuchern zugänglich gemacht. Wir weisen im folgenden auf solche Museumshöfe oder -weiler hin.

- *Mit Robert Louis Stevenson durch die Cevennen*

Ein junger, bärtiger Schotte von siebenundzwanzig Lenzen beschließt, in Begleitung einer netten Eselin namens Modestine, die er auf dem Markt von Monastier-sur-Gazeille erstanden hat, die Cevennen zu durchqueren. Menschenhaß? Sehnsucht nach Einsamkeit? Liebeskummer? Seine angebetete Fanny, die er nicht heiraten kann, ist auf und davon nach Kalifornien. Während seiner ganzen Reise wird er immer an sie denken. Innerhalb von zwölf Tagen durchquert Stevenson das Velay, das Gévaudan, den Mont Lozère sowie das Herz der Cevennen, bevor er seine Reise in Saint-Jean-du-Gard beendet. Jeden Tag notiert er sich Einzelheiten dieser ungewöhnlichen Wanderung. Seine »Reise durch die Cevennen auf einem Esel« funkelt vor Witz und Humor. Stevensons Bemerkungen und Beobachtungen treffen jedesmal ins Schwarze. Über ein Jahrhundert nach dieser einsamen Reise folgen Wanderer haargenau seinen Spuren, ausgerüstet mit dem offiziellen Wanderführer »Auf Stevensons Spuren durch die Cevennen«, mit dessen Hilfe sich die Route des Schriftstellers von Tagesetappe zu Tagesetappe nachvollziehen läßt. Auch eine Stevenson-Rallye wurde schon ins Leben gerufen, zu der sich alljährlich Wanderer aus allen europäischen Ländern in *Saint-Jean-du-Gard* versammeln. Der Schatten des »Schatzinsel«-Autors schwebt noch immer über der Gegend, obwohl er »nur des Vergnügens wegen reiste und nicht, um einen bestimmten Ort zu erreichen«.

- *Von den Hippies zu den »Neo-Cévenols«*

Gardarem lou Larzac! (»Das Larzac gehört uns!«) skandierte man damals, als dem Kalkplateau die Ansiedlung einer Militärbasis drohte. Die ersten Rucksacktouristen brachen damals gerade nach Katmandu auf, wo sie das Nirwana zu finden hofften. Andere blieben im Lande, zogen hinauf in die Cevennen, züchteten Ziegen, trieben Yoga und lasen Carlos Castaneda, Herbert Marcuse oder Rousseau. Auch die französischen Apologeten des einfachen Lebens träumten von einem Ideal aus kalifornischem Flowerpower und chinesischer Volkskommune und gründeten ihre Gemeinschaften in den entlegensten Cevennenkäffern. Die Zeitung *Actuel* veröffentlichte die Adressen der Aussteiger, die man zwischen Sumène und Saint-Jean-du-Gard besuchen konnte. Die ortsansässigen Bauern freilich begegneten dem ganzen Rummel mit gehöriger Skepsis und machten sich über die »Zippies« lustig, die von der Landwirtschaft leben wollten, einer kargen Scholle, die sie ihren eigenen Kindern nicht zumuten wollten. Die hatten sie lieber in die verlockende Welt der Städte geschickt. Für viele Neubürger der Cevennen dauerte das große Abenteuer nur einen Sommer lang. Nur der harte Kern hielt länger aus. Später kamen dann die »Neo-Cévenols«, die weniger auffielen und besser in das sozioökonomische Umfeld integriert waren: Animateure, Restaurantbetreiber, Hoteliers, Landwirte, Beamte, Händler.

Die achtziger Jahre brachten in Frankreich einen Wandel von Lebensstil und Benehmen. Es gab jetzt keine eigentlichen Aussteiger mehr. Auch wer kein Grüner oder Umweltschützer ist: die Einsicht, daß die unberührte Natur der Cevennen deren kostbarstes Gut darstellt, ist das gemeinsame Credo all derer, die sich hier niedergelassen haben, ob einheimisch oder zugereist. Ein weiteres Indiz: niemand belächelt mehr einen Städter aus Straßburg oder Rennes, der sich in Florac oder Vigan einkauft. »Wir sind doch in Frankreich, zum Teufel«, meinte ein alter Schäfer uns gegenüber, der schon seit Generationen hier lebt.

● **Reiselektüre**

– R. L. Stevenson: »The travel with a donkey in the Cevennes« (1879). Leider nicht auf Deutsch erschienen, dafür aber auf Französisch: »*Voyage avec un âne dans les Cévennes*« (Éditions Encre 1989).
– »*Les Fous de Dieu*« (»Die Narren Gottes«) von *Jean-Pierre Chabrol* (Gallimard, 1966). Beschreibt in gewollt altertümlicher Sprache den Kamisardenkrieg.
– Die Romane von *Jean Carrière*: »Der Sperber von Maheux« (1972; als Übersetzung erschienen in Heidelberg 1980); »*La caverne des pestiférés*« (1978; bisher nicht ins Deutsche übersetzt), »*Les Années sauvages*« (1986; bis nicht übersetzt). Schauplatz sind stets die Cevennen.
– *Ludwig Tieck*: »Der Aufruhr in den Cevennen« (1826), eine beklemmende Studie über religiösen Fanatismus auf beiden Seiten.
– *André Chamson* bleibt der große Klassiker der Cevennen. Die meisten seiner Bücher spielen rund um Vigan und den Mont Aigoual. Lesenswert sind, bei entsprechenden Französischkenntnissen: »*Roux, le Bandit*« (Grasset, 1925), »*Les Hommes de la route*« (Grasset, 1952) und »*Castanet, le camisard de l'Aigoual*« (Plon, 1979).

CEVENNEN-NATIONALPARK

»Speerspitze« in Sachen Schutz und Aufwertung des Natur- und Kulturerbes der Cevennen. Die Parkverwaltung spielt zugleich die Rolle eines Wächters und eines Ideenlabors. Der Nationalpark wurde am 2. September 1970 ins Leben gerufen und erstreckt sich auf eine Schutzzone mit zweiundfünfzig Gemeinden mit insgesamt 591 Einwohnern und über mehrere Landschaftstypen (Departements Lozère, Gard und Ardèche): den *Mont Lozère* (1.700 m), den *Mont Aigoual* und die *Montagne du Lingas* (1.565 m), die Gardons-Hochtäler *Vallée Longue*, *Vallée Borgne* und *Vallée Française*, das *Bougèsgebirge* (1.700 m) und das *Méjean-Plateau* (Causse Méjean), eine karge, aber um so erhabenere Hochebene. Der Nationalparkverwaltung obliegt der Schutz von rund fünfundvierzig Säugetierarten, hundertfünfzig Vogelarten, dreiundzwanzig Reptilienarten und Amphibien sowie dreizehn Fischarten. Geier, Biber, Hirsche und Rehe wurden wieder heimisch gemacht. Der Park ist zudem die wissenschaftliche Autorität, beinahe das moralische Gewissen der Region. Umgerechnet zahlt jeder Franzosen zehn Pfennig (vierzig Centimes) pro Jahr für seinen Unterhalt, und das Ergebnis kann sich sehen lassen.

– **Nützliche Adressen**: Auskunftsbüro des *PNC* im Schloß von Florac. T. 66 45 01 75 (s. weiter unten bei Florac im Kapitel »Lozère«).
– **Weitere Nationalparkbüros** (nur im Sommer besetzt): Saint-Jean-du-Gard, Saint-Germain-de-Calberte, Pont-Ravagers, Saint-Laurent-de-Trèves, Barre-des-Cévennes, Meyrueis, Le Vigan, Trèves, Pont-de-Montvert, Mas-Camargues (am Mont Lozère), Le Collet-de-Dèze, Villefort, Génolhac, La Malène (Tarn-Schlucht) und auf dem Gipfel des Mont Aigoual.

Wanderwege (GR und »Sentiers de petite randonnée«)

Den Cevennen-Nationalpark erschließen der Fernwanderweg GR 7 (Vogesen-Pyrenäen), der GR 6 und 60 (Rhône-Cevennen), sowie der GR 66 (rund um den Aigoual), der GR 67 (Cevennen-Rundweg) und der GR 68 (rund um den Mont Lozère). Lohnende Wanderrouten, für die mit Unterstützung der Nationalparkverwaltung zahlreiche *Gîtes d'Etape* und Privatunterkünfte eingerichtet wurden.

CEVENNEN – CEVENNEN-NATIONALPARK / 323

Für weniger Ambitionierte gibt's auch Kurzwanderwege *(Sentiers de petite randonnée)*: zweiundzwanzig halb- oder ganztägige Rundwege, durchweg von der Parkverwaltung markiert bzw. ausgeschildert, an verschiedenen Punkten der Cevennen. Diese Routenvorschläge überfordern so schnell niemanden. Wenn jemand uns fragt, so stellt Wandern mit Abstand die beste Art uns Weise dar, den Nationalpark zu erkunden (s. oben »Mit Robert Louis Stevenson durch die Cevennen«).

> **Bitte beachten:** der Cevennen-Nationalpark ist wie alle französischen Nationalparks in drei konzentrische Schutzzonen gegliedert: während die eigentliche Kernzone *(Réserve Intégrale)* von Erholungssuchenden nicht betreten werden darf, sind in der dritten Zone *(Préparc)* Ortschaften mit touristischen Einrichtungen erlaubt bzw. erwünscht.

– **Auskunft** zu Wanderwegen, Wanderführern *(Topoguides)* und *Gîtes d'Etape* im Nationalparkbüro Florac oder bei allen Außenstellen, die den Sommer über geöffnet sind.

SAINT-JEAN-DU-GARD (30270) UND TAL DER KAMISARDEN

In den unteren Cevennentälern, im Südosten des eigentlichen Massivs, zu erreichen über die Cevennen-Hochstraße *(Corniche des Cévennes)* nach Florac, die man zu diesem Zweck freilich verlassen muß. Der Einfluß des Mittelmeers macht sich hier noch (oder schon) bemerkbar. Die »kleine Hauptstadt des Kamisardenlandes« am Ufer des Gardon, unverwechselbar und geschichtsträchtig, birgt in ihren Mauern ein Museum für volkstümliche Kunst und Brauchtum, das bestens in die Welt der Cevennen einführt.
Im übrigen machen mehrere Kurzwanderwege im Hinterland sowie ein »internationales Wanderfestival« aus Saint-Jean einen Ort, wo man seinen Rucksack ohne zu zögern für einige Tage abstellen sollte.
Wer Näheres über die Geschichte der Kamisarden in dieser Gegend erfahren möchte, sollte im Kamisardental und im *Musée du Désert* im Mas-Soubeyran vorbeischauen.

Nützliche Adressen

– **Verkehrsamt:** place Rabaut-Saint-Étienne. T. 66 85 32 11. Bürozeiten: 9-12 und 14-18h. Außerhalb der Ferienzeit sonntags geschlossen.
– **Freizeit- und Fremdenverkehrsbüro:** 98, Grand'Rue. T. 66 85 13 41. In der Urlaubszeit täglich von 9-19h, außerhalb der Saison 10-16h.
– **Fahrradvermietung und Mountainbike-Touren:** *Cévennes-Évasion,* Mas-Juan, Falguière. T. 66 85 16 85.
– **Le Merlet:** 112, Grand'Rue. T. 66 85 18 19. Ganzjährig geöffnet. Wanderungen und Kanutouren in der Region.
– **Association Le Brion:** T. 66 45 75 30; in Marouls, nach rund 7 km an der Straße nach Saint-Étienne-Vallée-Française. Der Verein in Saint-Jean veranstaltet ausgefallene Wanderungen: Aufstieg an Wasserläufen und Gebirgsbächen, Wanderungen mit dem Zeichenblock, Eselwandern auf den Spuren Stevensons usf.

Tisch & Bett

• **Hôtel Le Central:** 11, rue Pellet-de-la-Lozère. T. 66 85 30 20, F. 66 85 12 52. Die preiswerte Adresse in Saint-Jean: Doppelzimmer 160-240 F. Serge und Anouchka betreiben neben dem gemütlichen Hotel noch ein Restaurant (erstes Menü ab 90 F).

- **La Corniche des Cévennes:** ortsausgangs, an der Straße nach Florac. T. 66 85 30 38, F. 66 85 32 48. Geschlossen Mitte November bis 1. März sowie mittwochs außerhalb der Urlaubszeit. Banale Einrichtung, freundlicher Empfang. Doppelzimmer 160-200 F, erstes Menü rund 80 F.

● *Anspruchsvoller*

- **Inter Hôtel-L'Oronge:** 103, Grand-Rue. T. 66 85 30 34, F. 66 85 39 73. Von Januar bis März geschlossen.»Oronge« heißt ein seltener, köstlicher Speisepilz, den man mit etwas Glück in den Cevennen findet. Küchenchefin und Inhaberin Monique Berthier wählte die Pflanze als Markenzeichen ihres Lokals, das für seine solide Küche mit regionaler Färbung bekannt ist. Menüs zu 75, 150 und 250 F. Das alte, hohe Gemäuer in Saint-Jean mit seinen verwitterten Steinen war im 16. Jahrhundert eine Umspannstelle für Postkutschpferde auf der *Route Royale* von Nîmes nach Florac. Bis 1920 diente es als Postkutschenstation. Literaturfreunde, aufgemerkt: hier beendete *Stevenson* seine Cevennenreise, nachdem er sein getreues Grautier Modestine schweren Herzens wieder verkauft hatte. Fast hätten wir die Zimmerpreise vergessen: 300-320 fürs Doppelzimmer.
- **Auberge du Péras:** an der Route d'Anduze. T. 66 85 35 94. F. 66 52 30 32. Betriebsruhe von Dezember bis März. Altes, vorbildlich hergerichtetes, bequemes Landhaus. Doppelzimmer ab 280 F, Menüs ab 65 F.

● *Zeltplatz*

- **Camping Le Mas de la Cam:** an der Straße nach Saint-André-de-Valborgne. T. 66 85 12 02. F. 66 85 32 07. Von Ende September bis Mai geschlossen. Drei-Sterne-Anlage mit allem Drum und Dran, in hübscher Lage am Gardonufer. Über die hohen Gebühren vermag auch die Badegelegenheit hinwegzutrösten.

Sehenswertes und Unternehmungen

▶ **Tour de l'Horloge** (Uhrturm): Überrest eines Priorats aus dem 12. Jh.

▶ **Gardon-Brücke:** aus dem 18. Jh.

▶ **Grand-Rue:** schöne Türen, z.B. bei Haus Nr. 70 und 80.

▶ **Spinnerei** *(Maison Rouge):* 5, rue de l'Industrie. Die 1838 erbaute Seidenspinnerei ist die größte und architektonisch gelungenste ihrer Art. Sie war die letzte in Frankreich, die noch in Betrieb war, bis auch sie 1964 dichtmachen mußte.

▶ **Musée »Le Voyage dans le temps«:** av. de la Résistance. T. 66 85 30 44. M. Barons zweiter Streich (s. *Musée 1900* und Spielzeugmuseum in Arpaillargues bei Uzès)! Dieselbe Leidenschaft, dasselbe Können, dasselbe Resultat: eine sehenswerte Ausstellung sorgfältig restaurierter Modelle, die geschickt zur Geltung gebracht werden, schickt den Betrachter auf eine Reise durch die Zeit. Hier geht es um die Geschichte aller vierrädrigen Gefährte, von der Postkutsche bis zum Pontiac. Hervorzuheben der unförmige Truppentransporter »Berliet 1914« und das Stadtcoupé 1860 von Toulouse-Lautrec, das dereinst durch die Gassen Alt-Montmartres klapperte.

▶ **Musée des Vallées Cévenoles** (Museum der Cevenntäler): 95, Grand'Rue. T. 66 85 10 48. Im Mai, Juni und September täglich außer montags und sonntags vormittags von 10.30-12.30 und 14-19h; im Juli-August täglich 10.30-19h; außerhalb der Hauptreisezeit während der Schulferien außer montags und samstags geöffnet.

Das sehenswerte Heimatmuseum hat in den ehemaligen Stallungen eines Anwesens aus dem 16. Jh. Platz gefunden, vormals als *Auberge des Trois Rois* bekannt. Die beiden Hauptthemen sind Seide und Kastanienbaum, die bis ins 19. Jahrhundert hinein die beiden wirtschaftlichen Eckpfeiler in den Cevennen waren. Am besten schaut man sich in Begleitung des Führers Jean-

Philippe Vriet um, dessen Erläuterungen für Klarheit sorgen. Auf Wunsch auch Einzelführungen.

Zusätzlich bietet M. Vriet donnerstags im Juli/August von 7-15/16h auch Ausflüge in die Umgebung Saint-Jeans, wobei das Kulturerbe der Cevennen im Vordergrund steht. Anmeldung im Museum, Kostenbeitrag: 40 F. Im Museum ist auch ein französischsprachiger Wanderführer rund um Saint-Jean (»Guide des Sentiers Pédestres autour de Saint-Jean«, 45 F) erhältlich, der eine gute allgemeine Einführung in die Eigenart der Cevennen enthält.

Cevennen-Dampfzug: Auskunft und Buchung unter T. 66 85 13 17. Bummelzug für Touristen, der viermal täglich in vierzig Minuten zwischen Saint-Jean-du-Gard und Anduze hin- und herpendelt. Einfache Fahrt: 40 F, Hin- und Rückfahrt 50 F; Kinder 25-30 F. Verkehr im Juli/August sowie Anfang September täglich; im Juni nur montags, im Winterhalbjahr nur sonn- und feiertags.

In der Umgebung

▶ **Musée du Désert**

– **Wo?** Im Mas-Soubeyran, 30140 *Mialet*. T. 66 85 02 72. Alter Cevennenweiler, 11,5 km südlich von Saint-Jean-du-Gard, an der Straße nach Générargues und zur *Bambouseraie* von Prafrance. Anfahrt über eine hübsche Landstraße, die Mialet durchquert und nicht weit von der Kamisardenbrücke *(Pont des Camisards)* aus dem 18. Jh. vorbeiführt, ortsausgangs auf der linken Seite.

– **Wann?** Vom 1. März bis zum 30. November täglich von 9.30-12 und 14.30-18h geöffnet; vom 1. Juli bis zum ersten Sonntag im September durchgehend 9.30-18.30h.

– **Was?** Das *Musée du Désert* wurde 1910 im Geburtshaus des Kamisardenführers *Pierre Laporte*, Spitzname *Roland* (gestorben 1704), eingerichtet und gehört der Historischen Gesellschaft des Französischen Protestantismus. Und warum »Désert«, Wüste? Gemeint ist natürlich keine geographische Wüste, sondern die für alle Hugenotten schmerzensreiche Periode der »Kirche der Wüste«, die von der Aufhebung des Edikts von Nantes 1685 (Verlust des Rechts auf freie Religionsausübung) bis zum Toleranzedikt *Ludwigs XVI.* reicht, das ihnen eine gewisse Glaubensfreiheit gewährt. Ein Jahrhundert lang müssen die französischen Protestanten entweder auswandern – u.a. nach Holland und Deutschland – sich versteckt halten oder ihren Glauben im Verborgenen praktizieren, um sich ihre Gewissens- und Kultusfreiheit bewahren zu können. »Wüste« bedeutet für sie: einsame, abgelegene Orte und die weltabgeschiedenen Täler, Höhlen und Wälder in den Cevennen, wo die Kamisarden Zuflucht vor den Dragonern des Königs und die nötige Ruhe zum Gebet finden. Das Wort hat auch einen biblischen Beiklang, da es an den vierzigjährigen Exodus der Juden durch die Wüste Sinai erinnert.

Das Museum hält die Erinnerung an das schwere Schicksal der französischen Hugenotten wach. Es gliedert sich in zwei Teile: Roland-Haus *(Maison de Roland)* und Gedenkstätte *(Mémorial)*.

▶ Erste Abteilung: im **Roland-Haus** erinnern acht Säle an ...

– ... die *Reformation* im 16. Jh. und die Geburt des französischen Protestantismus; dieser erreichte Frankreich in Gestalt des Kalvinismus über Genf, daher auch der Spottname »Hugenotten« (Eidgenossen).

– ... die *Aufhebung des Edikts von Nantes* 1685 durch *Ludwig XIV.* und die nachfolgende blutige Unterdrückung: Gefängnis, Verfolgung, Dragonaden (Zwangseinquartierung von Dragonern, die die Speisekammer leeressen und die Frauen vergewaltigten), Zwangsbekehrungen usw. In der *Salle Brousson* ein kurioses »Gänsespiel«, das die im Kloster eingesperrten jungen Hugenotten spielten.

- ... den *Kamisardenkrieg* (Cevennenkrieg): er ist nur von kurzer Dauer (1702-10), aber gnadenlos. Auslöser des letzten Hugenottenkrieges ist die Ermordung des *Abbé du Chayla* in Pont-de-Montvert. Am 24. Juli 1702 beschließen *Abraham Mazel* und *Esprit Séguier*, jenes Haus zu belagern, wo der Abbé die »Neubekehrten« gefangen hält. Im Schlafzimmer Rolands ist auch die harte Bank zu sehen, auf der du Chayla seine Opfer folterte. In der *Salle Roland-et-Cavalier*: ein Wandschrank, der im Notfall als Versteck diente.

- ... die »*Kirche der Wüste*«: oder religiöses Leben im Untergrund. Die Exponate bezeugen Unbeugsamkeit und Widerstandsgeist der Kamisarden, die nicht ins Ausland flüchteten; z.B. die tragbare Kanzel, die zugeklappt ausschaut wie ein unschuldiges Kornfaß. Sie ist im Versammlungsraum zu sehen. Die geheimen Zusammenkünfte fanden an abgelegenen Stellen in den Bergen statt, was die abnehmbaren Kelche und die blinden Laternen erklärt, welche die Pastoren auf ihren nächtlichen Gängen mit sich führten.

- *Bibelsaal*: bemerkenswerte Sammlung alter Bibeln vom 16. bis zum 18. Jh. Besonders schöne Miniaturbibel von 1896 mit Lupe.

- ... die allmähliche *Restauration der protestantischen Kirche Frankreichs*: in den Sälen Antoine-Court und Paul-Rabaut. Obwohl den französischen Protestanten 1787 die staatliche Duldung und mit der Revolution die volle Gleichberechtigung zuteil wurde, leben derzeit nur rund 750.000 Reformierte in Frankreich, was einem prozentualen Anteil von rund 3 % aller Christen entspricht (76 % Katholiken).

▶ **Zweite Abteilung:** die »Helden der Gewissensfreiheit«

- *Salle des Pasteurs et des Prédicants* (Pastoren- und Predigersaal): auf großen Marmortafeln ist die endlose Liste ihrer Namen und die Daten ihrer Hinrichtung verzeichnet.
- *Salle du Refuge* (Zufluchtssaal): eine Art Gedenkkapelle mit einer Liste der Asylländer Schweiz, England, Holland, Sachsen, Preußen, Hamburg, Hessen, Württemberg, Genf usw., wo die verfolgten Hugenotten Unterschlupf fanden.
- *Salle des Galériens* (Saal der Galeerensträflinge): 2.600 Hugenotten landeten als Zwangsarbeiter auf einer Galeere, darunter der berühmte *Jean Fabre*, *Galérien pour la Foi* (»Galeerensträfling aus Glaubensüberzeugung«).
- *Salle de la lecture de la bible* (Saal des Bibelstudiums): ein Einband aus Genueser Tuch, jenem blauen Gewebe, dem später eine Karriere als »Bluejeans« bevorstehen sollte.
- *Salle des Prisonniers et des Prisonnières* (Saal der Gefangenen): noch am aufregendsten. Rekonstruktion des Frauengefängnisses im Constance-Turm zu Aigues-Mortes, in dem *Marie Durand* aus Glaubensüberzeugung 38 Jahre lang einsaß. Im Stein eines Brunnenrands lesen wir das dort eingravierte Schlüsselwort des *Musée du Désert*: »RÉSISTER« – widerstehen.

▶ **Höhle von Trabuc**

Ca. 2 km nördlich vom *Musée du Désert*. Vom 15. Juni bis zum 10. September durchgehend von 9.30-18.30h; vom 15. März bis 15. Juni und vom 11. September bis 15. Oktober von 12-14h geschlossen; vom 16. Oktober bis 30. November sonntagnachmittags sowie täglich auf schriftliche Anmeldung hin geöffnet. Auskunft: T. 66 85 03 28.

Nach der Reise in die französische Religionsgeschichte jetzt die Reise zum Mittelpunkt der Erde. Im Sommer heißt es früh am Morgen dran sein, bevor die Reisebusse anrollen. Die Führung dauert eine Stunde, 1.200 m sind zurückzulegen. Trabuc heißt auch die »Grotte der hunderttausend Soldaten«, wegen des geheimnisvollen unterirdischen Saals, den ein Wald von Kongretionen bedeckt, deren Genese noch immer der wissenschaftlichen Erklärung harrt. Auf unserem Rundgang ist alles Rätsel und Wunder: der »Saal des Mitternachtssees«; die frz. *Gour* genannten Bodenbuckel, äolische Erosionsformen; die schwarzen Aragoniten, der »Gong-Saal«, die »Teufelsbrücke«, die »Roten Wasserfälle« usw.

Tafelfreuden in Mialet

♦ **Auberge du Fer à Cheval:** place des Templiers, 30140 Mialet. T. 66 85 02 80 (s. »Einkehren in der Umgebung von Alès«). Ausgezeichnetes Lokal.

LASALLE (30460)

Im Talgrund Weiden und Obstgärten, kastanienbestandene Bergflanken, verstreut liegende Weiler aus Granit und malerische Schlößchen mitten im Grünen: eine Art kleine Schweiz der Cevennen. Lassalle, das sich schon früh zum Protestantismus bekannte, zieht sich über 1,7 km an einer Straße hin. Die landschaftlich reizvolle Strecke führt bis Sumène durch die Colognac-Dörfer, malerisch auf einer Terrasse gelegen, und *Saint-Roman-de-Codières*. In den siebziger Jahren lockte diese Gegend zahlreiche Alternative und Aussteiger an, die »zurück zur Natur« wollten. Die bärtigen Hippies lebten in Kommunen zusammen, bestellten ihr Stück Land, zogen Ziegen oder betätigten sich als Handwerker. Es war eine schöne Zeit, die leider nur ein paar Jahre währte. Und dann kehrten sie (fast) alle wieder zurück in die Großstadt und kletterten auf der Karriereleiter nach oben. Wenn sie im oberen Drittel angekommen sind, können sie sich dann wieder ein Häuschen in den Cévennen leisten, wo sie Ziegen züchten, ihr Stück Land bestellen ...

– **Auskünfte:** im Rathaus. T. 66 85 20 34.

Kost & Logis

▪ **Camping »Le Val de Salendrique«:** les Plaines, an der Straße nach Saint-Hippolyte-du-Fort. T. 66 85 24 57. F. 66 85 41 50. Von Ostern bis zum 31. Oktober. Bestens ausgestatteter Zwei-Sterne-Platz; schattig und gar nicht teuer.
▪ **Hôtel-Restaurant »Les Camisards«:** 51, rue de la Croix. T. 66 85 20 50. Von Mitte November bis März geschlossen. Eine gute Adresse in den Cevennen. Rund zwanzig Zimmer ab 200 F bzw. 230 F für zwei Personen mit Dusche, WC oder Bad. Küche und Restaurant geben sich heimatverbunden: Menüs zu 75, 110 und 150 F.

Ziele in der Umgebung

– **Reitverein Vabres:** 4,5 km östlich von Lasalle, im Weiler Vabres. T. 66 85 28 77. Inhaber Bernard Jemma veranstaltet ein- bis dreistündige Ausritte und Pferdewanderungen von einem bis zu sechs Tagen Dauer für erfahrene Reiter. Das dreizehn Hektar große Anwesen mitten im Grünen bietet auch zwei *Gîtes ruraux* in gut ausgestatteten Cevennenhäusern. Vermietung wochenweise oder übers Wochenende. Einziger Nachteil: im Sommer haben die Stechmücken Lufthoheit.

BORGNE-TAL

Am Fuß der Cevennenhochstraße *(Corniche des Cévennes)*, Südseite. Das langgezogene Tal, durch das der Gardon de Saint-Jean fließt, ist eine überdimensionale Sackgasse mit hier und da hingetupften bodenständigen Weilern, kleinen Hugenottenfriedhöfen und alten Schlössern, die unter dem Laub der Kastanienbäume verschwinden. Die D 907 beginnt in Saint-Jean-du-Gard, führt über L'Estrechure nach Saumane und bis zum weltabgeschiedenen Saint-André-de-Valborgne. *Borgne* bedeutet auf französisch übrigens einäugig – vielleicht heißt das Tal wegen seiner isolierten Lage so. Jedenfalls hindert uns nichts daran, die landschaftliche Schönheit »mit beiden Augen«, in vollen Zügen also, zu genießen.

► SAINT-ANDRE-DE-VALBORGNE (30940)

Rund 25 km nordwestlich von Saint-Jean-du-Gard, im Borgne-Tal. Wieder so ein altes Städtchen mit Patina, dessen Häuser die Ufer des Gardon säumen. Romanische Kirche aus dem 13. Jh. und eine protestantische Kirche im Empirestil, die für Saint-André eigentlich eine Nummer zu groß wirken. Dieses entfaltet seinen Zauber vor allem in der Vor- und Nachsaison. Im Umkreis mehrere alte Schlösser: *le Barbuts* (Privatbesitz), ein größeres landwirtschaftliches Anwesen mit Befestigung, *Nogaret* (Privatbesitz) an der alten Route royale du Pompidou, und *Schloß Follaquier* an der D 907 nach Les Vannels.

Unterkunft und Verpflegung

* **Zelten auf dem Bauernhof:** bei Jean Blanc, *les Barbuts,* 2 km östlich Saint-Andrés. T. 66 60 30 17. Im Juli/August in Betrieb. Halbschattige Wiese mit zehn Stellplätzen, Duschen und WC.
* **Hôtel Bourgade:** place de l'Église. T. 66 60 30 72. Landhotel mit Niedrigpreisen. Ein Zimmer mit Gardonblick verlangen. Doppelzimmer 150-180 F. Hausmannskost; Menüs ab 75 F.

– Die spektakuläre Paßstraße führt hinauf zum **Col du Marquairès** und fällt dann wieder ab zum Hameau des Rousses im Tarnon-Tal.
– Um wieder zurück auf die *Cevennenhochstraße* zu gelangen, müssen wir über die D 61 hinauf bis zum Pompidou, von wo aus sich das Borgne-Tal überblicken läßt.

VALLÉE FRANÇAISE

Das Herz der Cevennen, jener Teil also, den *Stevenson* auf dem Rücken seiner Eselin Modestine im Oktober 1878 durchquerte: »Keine Gegend hatte mir einen tieferen Genuß verschafft ... zwischen den Ästen hindurch erfaßte mein Blick ein ganzes Amphitheater sonnenbeschienener, laubbedeckter Berge«, notiert der Autor von »Dr. Jekyll und Mr. Hyde« in seinem Reisetagebuch. Der unzugängliche, von Bergen eingeschlossene Landstrich aus den wellenartigen *Serres* (Hügel, Berge) und der verborgenen Welt der *Valats* (Täler) hat sich seine Unberührtheit weitgehend erhalten. An den Bergflanken indes hinterließ der Mensch sichtbare Spuren seiner Tätigkeit: dort umgeben die *Bancels* – Terrassen für den Anbau von Oliven, Wein oder Maulbeerbäumen – noch immer die Schiefergehöfte, die über die Grate hinweg durch *Drailles* miteinander in Verbindung stehen, die steinigen Herdenpfade der Cevennen. Die Schafe wurden über diese früher auf die Sommerweide getrieben, um dort die warme Jahreszeit zu verbringen.

Wer diese Naturlandschaft erwandern möchte, folge dem *GR 67*, der einmal rund durch die Cevennen führt. Auch hier stoßen wir unterwegs noch auf zahlreiche Zeugnisse des letzten Hugenottenkrieges, der Erhebung der Kamisarden. Was den Namen des Tals betriff (übersetzt »Französisches Tal«), so soll dieser auf eine Zeit zurückgehen, da die Westgoten den Süden der Cevennen besetzt hielten, während die Franken sich in das abgelegene Tal zurückgezogen hatten. Aber das ist nur eine Vermutung.

Unser Rundweg beginnt in Saint-Jean-du-Gard, wo wir die D 983 nach Norden einschlagen.

Unterkunft und Verpflegung

* **Bauernhof-Schloß Marouls:** altes Schieferhaus, das als Wanderherberge dient. T. 66 45 75 30, F. 66 45 72 28. Zwei Schlafsäle mit fünfzehn Betten. Übernachtung 50 F, Frühstück: 23 F. Zum Abendessen hausgemachte Erzeugnisse; bodenständige Kost ab 80 F (Wein inbegriffen). Wundervolle Umgebung.

CEVENNEN – VALLÉE FRANÇAISE / 329

▶ LE MARTINET

1,5 km vor Saint-Étienne-Vallée-Française. Noch ein schönes Fleckchen am Zusammenfluß des Gardon de Sainte-Croix und des Gardon de Mialet.

Übernachtung

- **Camping Le Martinet:** 48330 Saint-Étienne-Vallée-Française. T. 66 45 74 88.

▶ SAINT-ÉTIENNE-VALLEE-FRANÇAISE

– **Eseltouren:** Vermietung für einen Tag oder länger; Auskunft im *Ferme-Château de Marouls* (s. oben).

▶ NOTRE-DAME-DE-VALFRANCESQUE

Ansehnliche Kirche aus dem 11. Jh., 3 km vor der Ortschaft Sainte-Croix-Vallée-Française, hinter den Ruinen von Schloß Moissac. Heute verkündet hier ein protestantischer Pastor das Wort Gottes.

▶ SAINTE-CROIX-VALLEE-FRANÇAISE

Jahrhundertealte Schieferhäuser scharen sich um ein »Schloß« aus dem 16. Jh., das Schule und Rathaus beherbergt. Im Januar 1989 war endlich einmal die Rede von diesem einsamen Nest (302 Einwohner), als eine ultramoderne, vierundzwanzig Stunden täglich geöffnete Tankstelle aufmachte.

Einkehren

♦ **Restaurant L'Oultre:** T. 66 44 70 29. Dienstags sowie von Allerheiligen bis Ostern geschlossen. Lockere Stimmung in ländlich-rustikaler Einrichtung. Das Ehepaar, Neubürger in den Cevennen, also *Néo-Cévenols*, tischt ab 75 F schmackhafte Mahlzeiten zu fairen Preisen auf. Gerade richtig für alle, die frische, biologische Kost vom Lande zu schätzen wissen.

▶ PONT-RAVAGERS

In der alten Schmiede residiert ein kleines Heimatmuseum, dessen Pforte man ruhig mal aufstoßen sollte. Der Cevennen-Nationalpark unterhält hier im Sommer ein Auskunftsbüro.

Übernachtung

- **Gästezimmer Devèze:** zwischen Molezon und Sainte-Croix-Vallée-Française. T. 66 44 74 41. Ortsausgangs von Ravagers vor der Brücke rechts abbiegen. Ganzjährig geöffnet. Die kleine Burg, eigentlich eher ein befestigter Bauernhof, liegt rund 4 km von Pont-Ravagers in einem stillen Tal nördlich des Vallée Française. Eine unserer Spitzenadressen in dieser Gegend. Nur drei Zimmer, die aber vom Feinsten: rund 130 F, Halbpension pro Person 170 F, für zwei Personen ab 270 F. Bietet auch einen Gästetisch an: 60 F, eigene Erzeugnisse.

▶ LE MAZEL

Schönes Schloß aus dem 17. Jh., unweit des Canourque-Turms (fünfzehn Meter hoch; war Teil eines Festungssystems gegen englische Überfälle im 14. Jh., als halb Frankreich zur englischen Krone gehörte).

SAINT-GERMAIN-DE-CALBERTE (48370)

In der geschützten Talsenke am Ende des Vallée Française und des Vallée Longue. Das Cevennendorf besitzt ein besonderes Mikroklima: Steineichen, Strandkiefern und Kastanienbäume wachsen einträchtig an den Flanken des Vieille Morte (»Alte Tote«) und des Mont Mars (»Marsberg«), zwei vielsagende Gebirgsnamen, die schon einiges über die Stimmung der Landschaft hier oben verraten. Unser alter Bekannter *Stevenson* kam auch hier vorbei und beschrieb das Dorf, »das zwischen majestätischen Kastanienbäumen terrassenförmig über einem schroffen Abhang hangelt«.

Nützliche Adresse

- **Verkehrsamt:** im Sommer im Rathaus. T. 66 45 90 06.

Unterschlupf

● *Gîtes d'Etape*

▪ **Vorläufiger Sitz des Verkehrsamts:**
sich mit Mme Fabre in Verbindung setzen. T. 66 45 91 55.
▪ **Gîte du Pont de Burgen:** bei Mme Donnet in Pont-de-Burgen, nach 4 km in Richtung Saint-Étienne-Vallée-Française, am GR 67A; Postanschrift: F-48330 Saint-Étienne-Vallée-Française. T. 66 45 73 94. Auch Mahlzeiten. Einundzwanzig Schlafplätze. Zimmer, Kochecke und Duschen.
▪ **Gîte du Serre de la Cam:** Anlaufstelle für Wanderer und Reiter an einem Seitenast des GR 67, westlich des Dorfs auf einer kleinen, waldigen Anhöhe. Im Januar dicht. T. 66 45 93 58. Moderne Unterkunft, Doppelzimmer 230 F. Verhungert ist hier auch noch niemand: Menüs zu 80, 100 und 130 F.
▪ **Gîte et Auberge des Ayres:** unter den gemütlichen Adressen eine der besten. T. 66 45 90 95. Ganzjährige geöffnet. Anfahrt zum *Hameau des Ayres*, 11 km nördlich Saint-Germains, über die Straße hinauf nach Saint-André-de-Lancize. 1,5 km hinter dem Dorf rechts abbiegen zum Col de Pendédis. Schafzüchter und Naturfreund Dominique Imbert kennt die Cevennen wie seine Westentasche. Zwei Schlafsäle für vier bis zehn Pesonen, Übernachtung rund 50 F. Die Herberge gegenüber vom *Gîte* paßt ebenfalls in die Umgebung dieses typischen Cevennenweilers, der von seinem Grat aus die atemberaubende Berglandschaft überblickt. Mme Larguier serviert Frühstück ab 30 F, Mittag- und Abendessen ab 80 F. Abends Gedanken- und Erfahrungsaustausch mit den Wanderern, die auf dem GR 67 durch die Cevennen unterwegs sind.

Unterkunft in der Umgebung

▪ **Hôtel Lou Raiol:** 12 km östlich von Saint-Germain, am Col de Pendédis. Über die D 13. T. 66 45 52 02. Ganzjährig geöffnet. M. und Mme Daudé haben elf Zimmer zu vergeben, das Doppel zu 120-170 F. Frühstück rund 25 F. Blick über die ganzen Cevennen. Menüs ab 80 F: klassisch französische Kost mit Froschschenkeln, Hähnchen in Wein, Forelle usw. zu einem vorteilhaften Preis-Leistungsverhältnis.

Sehenswert

▶ **Château Saint-Pierre:** an der Straße nach Pendédis. Etwa 1 km östlich des Dorfes, an der Gardonbrücke, den Fußweg zur Burg hinauf einschlagen. Vom 1. Juli bis 30. August zugänglich. Von der ehemaligen Zwingburg sind ein Bergfried mit Schießscharten und ein Wohnraum übriggeblieben, wo eine Kunsthandwerkerfamilie jeden Sommer ihre Werke ausstellt.

Stiefel geschnürt?

– **Wanderung: Felsenweg von Galta** *(Sentier des rocs de Galta):* beim Gewächshaus in La Can, oberhalb von Saint-Germain, beginnt ein fünf Kilometer langer Rundweg, der in weniger als zwei Stunden zu bewältigen ist. Die Nationalparkverwaltung lotst uns mit ihren Markierungen über den Grat zwischen zwei Tälern.

– **Von Saint-Germain-de-Calberte nach Barre-des-Cévennes:** ein Muß, denn die Landschaft ist einfach traumhaft. Bietet den Vorteil, daß man danach Anschluß an die Cevennen-Hochstraße hat und sich wieder hinunter nach Florac begeben kann.

– **Plan de Fontmort:** Paß in 896 m Meereshöhe, 14 km westlich von Saint-Germain-de-Calberte. Ein Denkmal erinnert an das Toleranzedikt von 1787, das die protestantische Religion in Frankreich offiziell zuließ und als symbolische Geste im Vorfeld der Revolution zu betrachten ist. Im Umkreis der Paßhöhe bietet sich eine Wanderung durch den Fontmort-Wald an, zwischen gemeinen Kiefern, Rottannen, Buchen und Birken. Dazwischen auch auf einige jüngst aus Amerika eingeführte Roteichen (die Grünröcke lernen einfach nicht dazu!). Ein Teil des Bergmassivs ist »für die Jagd gesperrt«. Um so besser – uns genügt's, mit Kamera und Bleistift auf die Pirsch zu gehen.

CEVENNEN-HOCHSTRASSE (Corniche des Cévennes)

Auf IGN- oder Michelin-Karten nicht zu übersehen. Alles andere als langweilig, sondern eine traumhafte Panoramastraße, die sich über endlosen Tälern dahinzieht.

Die Hochstraße stellt über einen Grat hinweg die Verbindung her zwischen Saint-Jean-du-Gard und Florac, dem Herz des Cevennen-Nationalparks. Sollte man sich nicht entgehen lassen. Außerdem ist die *Corniche* ausreichend breit, durchgehend geteert, kurvenreich zwar, aber ohne heikle Abschnitte – mit einem Wort: autogerecht – und erschließt eine abwechslungsreiche Landschaft aus Tälern, Wald und Kastanienhainen. Weiter oben dann die Hochebene des Kalkplateaus *(Causse),* deren einsame, herbe Schönheit niemanden ungerührt lassen wird.

Wir machen uns in Saint-Jean-du-Gard auf die Socken und fahren nach Florac, obwohl die Cevennen-Hochstraße eigentlich schon in Saint-Laurent-de-Trèves endet. Insgesamt 53 km, für die man sich Zeit lassen sollte.

▶ **Col de Saint-Pierre:** rund 9 km hinter Saint-Jean-du-Gard; bildet die natürliche Grenze zwischen den Départements Gard und Lozère. Vom höchsten Punkt aus großartiger Blick, vor allem bei klarem Wetter. *R.L. Stevenson* (schon wieder der!) gefiel der Paß dermaßen, daß er beschloß, dort eine Nacht unter freiem Sternenhimmel zu verbringen.

▶ **Col de l'Exil:** noch so ein Ortsname, der auf tragische Ereignisse hindeutet. Die Häufung schicksalsschwangerer Bezeichnungen (wie »Schlucht des Toten Mannes«, »Berg der alten Toten« usw.) in dieser Gegend ist auffällig. Die Cevennen-Hochstraße war während des Kamisardenkriegs übrigens eine strategisch wichtige Nachschublinie.

▶ **Saint-Roman-de-Tousque:** Dörflein, das von seinem Grat auf das Borgne- und Française-Tal hinabblickt.

Für Hinweise, die wir in späteren Auflagen verwerten, bedanken wir uns mit einem Buch aus unserem Programm

● *Le Pompidou:* Chirac liegt weiter drüben in Marvejols (Lozère), hier also wäre Pompidou. Dabei stammt der französische Staatspräsident selig gar nicht aus der Gegend, dafür aber *Jacques Chirac.* Aber lassen wir die Wortspielereien. Le Pompidou zählt zu jenen verwunschenen Dörfern, wo die Zeit stehengeblieben zu sein scheint. Hierher möchte man sich eines Tages zurückziehen, um endlich den großen zeitgenössischen Roman zu schreiben, den Reich-Ranicki seit dreißig Jahren anmahnt ... Kurz, ein anmutiges Fleckchen Erde auf der Grenze von Schiefercevennen und dem Kalkplateau der *Causse.*
– 1 km nördlich das hübsche Kirchlein *Saint-Flour* aus dem 13. Jh.
– Im Sommer unterhält die Nationalparkverwaltung hier ein kleines *Auskunftsbüro.*

● *L'Hospitalet:* auf dem *Can de l'Hospitalet,* einem felsigen Hochplateau mit verdorrten Pflanzen, von Karsthöhlen *(Avens)* und Grotten unterhöhlt und von Weide- und Hohlwegen durchzogen. Eine ganz seltsame Stimmung greift Raum: man glaubt sich plötzlich in den von Winterstürmen gepeitschten Steppen Mittelasiens. Bei Schnee wiesen den verirrten Reisenden große Stelen *(Montjoies)* den Weg, die man noch heutzutage am Wegesrand sieht. Und auf den Höfen läutete man bei Nebel oder Sturm eine besondere Glocke. Eine Welt für sich also, fast wie die großen Hochebenen der *Grands Causses.* Die Nationalparkverwaltung hat für die Ausschilderung der Wanderwege gesorgt.
▪ **Gîte d'Etape des Hospitalet:** bei M. Pin, 48400 Florac. T. 66 44 01 60. Rund zwanzig Schlafplätze für Wanderer, mit Dusche und Kochecke. Auch Unterbringung in einem *Auberge-*Zimmer.

● *Barre-des-Cévennes:* schmuckes Dorf, 3 km abseits der Hochstraße, am Südhang eines Kalkplateaus, *Castelas* genannt, und dadurch vor dem rauhen Nordwind geschützt. Typische Cevennenhäuser bilden ein langgezogenes Straßendorf. In der Hauptstraße fallen besonders die Anwesen aus dem 17. und 18. Jh. auf, die höher als breit sind und deren Gärten terrassenförmig angelegt wurden, um Platz zu sparen.
Raus aus der Blechkiste und durchs Dorf bzw. dessen nähere Umgebung schlendern; dabei dem Rundweg folgen, den die Parkverwaltung angelegt hat.
– **Auskunftsbüro der Nationalparkverwaltung:** ortseingangs, an der Place de la Loue; nur im Sommer geöffnet.
▪ **Gîte d'Etape und Zeltplatz:** bei Mme Combes. T. 66 45 05 28. Natürliches Gelände zum Zelten in idyllischer Umgebung mit schönem Ausblick. Serviert auf Vorbestellung auch Mahlzeiten: 90-100 F, Wein und Kaffee inbegriffen. Auch Unterbringung im Bauernhof möglich: Zimmer mit Dusche und WC etwa 65 F pro Person.

▶ **Saint-Laurent-de-Trèves:** das winzige Dörfchen klammert sich an die Kante des Kalkplateaus oberhalb des Tarnontals. Willkommen im Land der Dinosaurier! An dieser denkmalgeschützten Stätte haben die Urzeitechsen vor 190 Millionen Jahren im Tonsediment zweiundzwanzig Fußabdrücke hinterlassen. Nach Ansicht der Paläontologen prägten zu Beginn des Juras seichte Lagunen das Bild der Gegend. Die Abdrücke stammen von Theropoden, fleischfressenden, zweifüßigen und rund vier Meter großen Raubsauriern also. Übrigens: das Wort »Dinosaurier« erfand 1841 ein englischer Wissenschaftler als Zusammensetzung aus »deinos« (furchtbar) und »sauros« (Eidechse). Die possierlichen Tierchen waren bis zu dreißig Meter lang und brachten bis zu hundert Tonnen auf die Waage (wie z.B. der Brachiosaurus). Daneben nähme sich unser Elefant mit vier Metern Höhe und sieben Tonnen geradezu bescheiden aus.
Trotz (oder gerade wegen?) ihrer kolossalen Größe verschwanden die Dinosaurier schließlich von der Erde. Warum? Eine Hypothese besagt, die Saurier hätten unter einer Hormonstörung gelitten, die zu einer anormalen Verhärtung ihrer Eierschalen geführt haben könnte, wodurch die Brut in ihnen Ei erstickt wäre. Mehr Anhänger hat die Big-Bang-Theorie, nach der ein Meteor oder Asteroid auf der Erde einschlug, den Himmel verfinsterte und das Klima dermaßen durcheinanderbrachte, daß die Tiere nichts mehr zu fressen fanden.

Diese und weitere Fragen beantwortet die Nationalparkverwaltung in Florac: T. 66 49 53 00.

MONT AIGOUAL

Heiliger Berg der Cevennen, wenn man so will. Atemberaubend denn auch die Aussicht von hier oben: in der Ferne lassen sich das Mittelmeer, der Mont Ventoux und die Alpen erahnen. »Eine Kuppel aus niedrigem Gras«, schrieb der Cevennenschriftsteller *André Chamson*, dessen Grab sich an einer der Flanken des Aigoual befindet.

Wir eroberten ihn in einer Septembernacht und mußten uns an der Reling des Observatoriums festhalten, um nicht vom Wind umgeweht zu werden. An der bretonischen Pointe du Raz bläst der Wind auch nicht ungestümer. Das ist echt der Gipfel: 250 km/h erreichen Orkanböen an manchen Tagen. Wir befinden uns schließlich 1.565 m über dem Meer, das nur 70 km von hier entfernt ist. Mit unseren Bekannten aus Meyrueis hätten wir an diesem Tag übrigens die Lichtergirlande der Leuchttürme und Häfen von Sète bis Marseille mit Händen greifen können.

Der erhabene Aigoual ist eine Wetter- und Wasserscheide: auf der einen Seite nehmen die Flüsse Kurs aufs Mittelmeerbecken, auf der anderen münden sie in den Tarn, dann in die Garonne und bei Bordeaux schließlich in den Atlantik, der doch so fern schien. Daß der Mont Aigoual etwas von der Aura urzeitlicher Heiligtümer bewahrt hat, können wir bestätigen.

Nützliche Adressen

– **Gîte Communal im Aigoual-Observatoriums** T. 67 82 62 78. Von Mai bis Oktober. Fünfundzwanzig Schlafplätze; am Fernwanderweg GR 66 »Tour de l'Aigoual«.
– **Wetterwarte:**
T. 67 82 62 12. Um sich über das Wetter hier oben schlau zu machen.

Anreise

– **Über L'Espérou:** dem Mont Aigoual nächstgelegene Ortschaft (Verpflegung, Hotels, Restaurants), 9 km südlich an der Straße Vigan und Valleraugue.
– **Über Le Vigan:** wunderbare Strecke, die schon den Schriftsteller *André Chamson* inspirierte. Wir beschreiben sie summarisch im Kapitel »Le Vigan«. Von Le Vigan bis zum Gipfel des Aigoual sind es rund vierzig Kilometer.
– **Über Meyrueis:** die andere Möglichkeit. In dieser Kleinstadt nehmen nämlich zwei Routen zum Aigoual ihren Anfang: die D 986 über Camprieu und den Col de Sereyrède, etwa 32 km; wir ziehen jedoch die D 18 vor, auf die man am Col de Perjuret trifft, am Fuß der Causse Méjean (rund 26 km).
– **Über Valleraugue:** wegen der starken Steigung der D 986 kein Zuckerschlecken für Radler.

Was sollen wir eigentlich da oben?

– Tief Luft holen.
– In der wunderbaren Naturlandschaft umherstreifen (wer dumm fragt, kriegt auch eine dumme Antwort).

● *Kurzwanderweg* (Sentier de Petite Randonnée)

Der ein Kilometer lange Rundweg um den Gipfel, den Mitarbeiter des Nationalparks ausgeschildert haben, ist kein GR. Beginn beim Aigoual-Observatorium. Der Vorteil dieser kurzen Wanderung liegt darin, die Süd-, Nord- und Ostseite des Berges sehen zu können. Der sogenannte »Botanikerpfad« *(Sentier des Botanistes)* führt über Höhenwiesen, durch das Arboretum des »Hort de Dieu« (»Gottesgarten«) und zum Ostabhang des Aigoual, der nicht so ausgetrocknet wirkt wie die Südflanke. Am kalten, windigen Nordhang wachsen Buchen und Fichten, an der Südflanke Föhren, Fichten und Rottannen. Keine schwierigen Passagen.

- **Fernwanderweg GR 66: »Tour de l'Aigoual«**

Gleich mehrere Fernwanderwege laufen über den Mont Aigoual: z.B. der GR 6 »Alpes-Océan« oder der GR 7 »Vogesen-Pyrenäen«. Auf dem GR 66 wandert man in einer Woche einmal rund um das Bergmassiv. Start normalerweise in L'Espérou. Im Süden überquert man das Lingas-Plateau. Über den Pic Saint-Guiral gelangen wir nach Dourbies und Meyrueis, bevor es wieder weiter östlich nach Cabrillac, zum Forsthaus von Aire-de-Côte, bergauf geht. Von dort den Gipfel des Mont Aigoual erklimmen und anschließend über den Col de Sereyrède nach L'Espérou absteigen. Macht insgesamt rund 79 km. Ein Wanderführer *(Topoguide)* in französischer Sprache ist erhältlich. Unterwegs bitern sechs *Gîtes d'Etape* Unterschlupf:

- **Gîte d'Etape in Dourbies:** Mme Lydie Sanch, 30750 Dourbies. Oder die *Auberge de Dourbies:* T. 67 82 74 82. Im Juli/August geöffnet.
- **Gîte des Hirondelles:** fünfhundert Meter von der Ortsmitte in Meyrueis entfernt. M. Poujols, Les Ayres, 48150 Meyrueis. T. 66 45 62 73. Von April bis Mitte November. Zwanzig Plätze, Duschen, Kochnische. Kostenpunkt: 45 F die Nacht.
- **Gîte de Cabrillac:** *Association Cévennes-Languedoc*, M. Issartel, 30190 Sauzet. T. 66 81 62 64. *Gîte:* T. 66 45 62 21. Im Juli/August geöffnet.
- **Gîte de l'Aire de Côte:** Mme Garcia, Aire de Côte, 48400 Bassurels. T. 66 44 70 47. Außerhalb der Ferienzeit geschlossen. Fünfzig Plätze, streng gehandhabte Öffnungszeiten.

In der Umgebung

▶ L'ESPÉROU

Etwa 9 km weiter südlich. Im Gegensatz zu den Dörfchen im Umkreis eine Art Luftkurort mit undurchdringlichen Wäldern und Almen auf 1.250 m Höhe. An einer Mauer besagt ein kleines blaues Schild *Carrefour des Hommes de la Route* (»Wegkreuz der Männer der Landstraße«), das an einen 1927 erschienenen Roman von *André Chamson* erinnert. Der spielt unweit des Col du Minier und in der Gegend von L'Espérou. Heute sind die »Männer der Landstraße« eher Rucksacktouristen. Wer nach Unterkunft sucht, hat keine große Auswahl. Unserer Meinung nach sollte man daher lieber in Meyrueis nächtigen.

Übernachtung und leibliches Wohl

- **Hôtel-Restaurant du Touring et de l'Observatoire:** T. 67 82 60 04. Sonntags abends und montags außerhalb der Urlaubszeit sowie im November und Dezember geschlossen. Großes, gesichtsloses Haus neben der Kapelle von L'Espérou; acht propere Kemenaten mit Fernsehen, Dusche und Bad, die uns von der Aufmachung her wehmütig an die gute alte Nachkriegszeit und »Die Ferien des Monsieur Hulot« erinnern. Also nicht nur was für den Notfall. Auch die Preise bleiben auf dem Teppich: Doppelzimmer mit Dusche und WC rund 240 F. Abends ein einfaches Mahl für rund 78 F.

▶ VALLERAUGUE

Im Talgrund, wo der Hérault rauscht, finden wir ein brauchbares Quartier am malerischen, aber kurvenreichen Aufstieg zum Aigoual. Ein Fußweg, genannt *Sentier des 4000 Marches* (»Pfad der viertausend Stufen«) ermöglicht den fünfstündigen Aufstieg von Valleraugue zum Aigoual-Gipfel. Etwa tausend Meter Höhenunterschied.

Kost & Logis

- **Hôtel-Restaurant Le Petit Luxembourg:** rue du Luxembourg. T. 67 82 20 44, F. 67 82 24 66. Sonntags abends und montags außerhalb der Saison sowie im Januar geschlossen. Eine unserer Spitzenadressen rund um den Mont Aigoual. Zwei-Sterne-Hotel mit geradezu idealem Preis-/Leistungsverhältnis: Doppelzimmer zwischen 220 und 270 F, Frühstück zusätzlich. Wirt Bernard Taligrot ist vornehmlich Küchenchef und Hotelprofi. Seine Gaumenfreuden aus den Cevennen kommen unter dem Steingewölbe des Restaurants auf den Tisch. Erstes Menü ab 85 F.

● *Merklich anspruchsvoller*

- **Château du Rey:** Pont d'Hérault. Burg aus dem 13. Jh. mit Zinnen und Pecherkern, umgeben von einem zwei Hektar großen Park. Zimmer mit allem Komfort zu 320-430 F pro Nacht. Ausgewogenes Preis-Leistungsverhältnis. Hundebesitzer müssen für ihren Fifi 40 F Aufpreis blechen, was wir nur begrüßen.

▶ **CAMPRIEU**

Unscheinbares Dorf, rund 15 km westlich des Mont Aigoual auf einem Kalkplateau mit aufgeforsteten Abhängen. Immerhin: *Jean Carrière*, der 1972 für seinen »Sperber von Maheux« den französischen Literaturpreis *Prix Goncourt* erhielt, hielt Camprieu für eines der schönsten Cevennendörfer. Nur zu begreiflich, schließlich lebte er einige Jahre dort. Vielleicht gibt es noch typischere, aber die Landschaft im Umkreis ist auf jeden Fall großartig.

▶ Unser kleines privates Glück fanden wir am Rand der D 986. Es handelt sich allerdings um einen Bach dieses Namens: **Le Bonheur.** Er entspringt am Hang des L'Espérou und mündet in den Trévezel, der wiederum in die Dourbie und letztere in den Tarn. Vom Tarn geht es dann weiter in die Garonne, den großen Strom des französischen Südwestens, der in den Atlantik mündet. So weit kann auch ein bescheidener Bach es bringen (von kleinen Verlagen ganz zu schweigen). Die Informationstafel vor der kleinen Brücke zu entziffern suchen; der Bonheur hat nämlich ein interessantes Vorleben aufzuweisen. Um das Jahr 1.000 herum errichtete der ritterliche, wohltätige Lehnsherr *Baron de Roquefeuil* in der Montagne de L'Espérou, auf einer bereits Le Bonheur genannten Gelände, ein »Armenhospital«, um mittellose Reisende, Pilger und fliegende Händler zu beherbergen. An nebligen Abenden läutete ein Mann die große Glocke von vier Doppelzentnern Gewicht, um Verirrte auf den rechten Weg zu leiten. Damals gab's in der Gegend schließlich noch viele Wölfe. Der Weg hieß übrigens *»Draille* im Wolfspark«. Gastfreundliche Mönche gründeten in der Folgezeit ein Kloster, das im 12. unter dem Namen Boni Hominis, dann Bona Aura (»Gute Aufnahme«), schließlich Bonahuc und Bonheur bekannt war. So kam es, daß zahlreiche »Individualtouristen« damals vor dem Erfrieren und Umherirren errettet wurden, was sie einem menschenfreundlichen Freiherrn zu verdanken hatten.

Kost & Logis

- **L'Auberge du Bonheur:** T. 67 82 60 65, F. 67 82 65 52. Sonntags abends und außerhalb der Ferienzeit sowie im Januar geschlossen. Einen Kilometer vom *Abîme de Bramabiau* entfernt. Im Dorf selbst, unweit der Kirche. Kleines, sauberes und schlichtes Hotel mit neunzehn Zimmern und Restaurant. Nicht nur der Name, auch die Preise machen uns glücklich: Doppelzimmer ab 150 F, solides Menü mit Hausmannskost für rund 75 F.
- **Gîte d'Etape »Au bord du Lac«:** Herberge für Wanderer in Camprieu. T. 67 82 61 20. Von Januar bis November geschlossen. Zweiunddreißig Plätze im Schlafsaal zu jeweils 45 F pro Nacht. Bei den Menüs geht's bei 75 F los.

▶ ABIME DE BRAMABIAU

Rund 1 km nordwestlich von Camprieu. T. 67 82 60 78. Führung von April bis Oktober zwischen 9 und 19h. Kostet Eintritt. Keine Höhle, sondern jene Stelle, wo der Bonheur nach einer unterirdischen Wegstrecke von 689 m wieder an die Erdoberfläche quillt. Der große Wasserfall donnert derart laut gegen die Felsen, daß die Einheimischen ihn in ihrem Dialekt *Brame biou* nannten, den »brüllenden Ochsen«. Daher der gegenwärtige Name Bramabiau.
Die Besichtigung beginnt im *Maison des Guides* (einem netten Café). Zu Fuß braucht man zehn Minuten, um den großen Höhlensaal oberhalb des Wasserfalls zu erreichen. Urgeschichtliche Funde wie versteinerte Überreste von Dinosauriern haben dem Abîme de Bramabiau die Aufmerksamkeit der Wissenschaft eingebracht. Für uns zumindest ein schöner Spaziergang.

LOZERE

Ist mit seinen 74.000 Einwohnern immer noch das am dünnsten besiedelte Département Frankreichs; Tendenz leicht fallend. Sein Umfang entspricht ziemlich genau dem früheren Gévaudan, einer Grafschaft des vorrevolutionären Frankreichs, wo im 18. Jh. die berüchtigte »Bestie von Gévaudan« wütete (s. Kap. »Marvejols«). Seinerzeit nannte man es auch das Département der Quellen, weil eine ganze Reihe von Flüssen hier entspringt. Mont Lozère und Mont Aigoual spielen tatsächlich die Rolle eines Wasserspeichers für das Lozère und ganz Südfrankreich. Noch was zur Statistik: im Durchschnitt ist dies das höchstgelegene Département des ganzen Landes.

Die Einheimischen sind stolz darauf, daß kein von anderen Departements stammendes Wasser das ihre durchfließt. Während die Bretagne sich das wogende Meer als Symbol erwählte, entschied sich das Lozère also für die Quelle. »Lozère, Quelle der Freiheit, der Natur, der Kultur, der Geschichte usw.« Einst lästerte man in den feinen Pariser Zirkeln über die »französische Wüste«, aber in Zukunft könnte sich das Armenhaus Frankreichs zur Zukunftsregion mitten in Europa mausern. Von den Cevennen mit ihrer reichgegliederten Oberfläche bis zu den *Grands Causses,* den unendlich weiten Kalkplateaus: hier ist noch genügend Freiraum vorhanden. Im Norden erhebt sich der *Aubrac*, ein Berg mit abgerundeten Formen, der viel Raum für die Sommerweidewirtschaft bietet, und wo Wanderer kilometerweit durch einsame Weidegründe und zwischen Sennhütten *(Burons)* streifen können. Schließlich die *Margeride,* ein weithin unbekannter Landstrich mitten in der französischen Provinz mit endlosen Wäldern, vor Wassermangel gelbtrockenen Weiden, Bächen mit Forellen und granitenen Dörfern bis zum Horizont.

Eine karge, herbe Naturlandschaft also, aber von urtümlicher Schönheit. Endlos weit spannt sich der Horizont, ein Gefühl, daß man im kleinräumigen, dicht besiedelten Europa kaum mehr antrifft.

Kein unnützer Lärm, kein störender Beton: unmöglich, sich in der Lozère Magengeschwüre zuzuziehen, in Aubrac Selbstmord zu begehen oder in Margeride eine Verbrecherlaufbahn einzuschlagen, oder? Die weite Landschaft scheint die Fähigkeit zu besitzen, Aggressionen abzubauen, böse Geister zu vertreiben und negative Schwingungen zu glätten. Dank dieser honorarfreien, ständig wirksamen natürlichen Psychotherapie ist die Lozère das Département mit der niedrigsten Kriminalitätsrate in Frankreich. Dafür liegt sie bei den Leberzirrhosen vorne: wenn die Bauern in ihrer Einöde trübselig werden, verfallen sie halt eher dem Suff, als daß sie gewalttätig würden.

Ein von kleinräumigen Grenzen und verbauten Horizonten verschontes Land, wie gesagt. Nach dem Urlaub dürfte man sich daheim in Wanne-Eickel in seinen Zwei-Zimmer-Küche-Bad wie im Hamsterkäfig vorkommen. Spätestens dann wird man sich dessen bewußt, daß man ein Stück von seinem Herzen in Nasbinals oder Châteauneuf-de-Randon zurückgelassen hat, und es macht sich Wehmut breit.

Unser Bekannter Louis Hermet aus Marvejols brachte die Sache auf den Punkt: »Die Lozère ist Grand-Canyon, Tundra und Steppe zugleich.«

Nützliche Adressen

- **Verkehrsamt des Départements Lozère:**
14, bd Henri-Bourillon, 48002 Mende Cedex. T. 66 65 03 55. Fax 66 65 03 55.
- **Maison de la Lozère in Paris:** 4, rue Hautefeuille, 75006 Paris. T. 43 54 26 64. Fax 67 60 30 22. M. »Odéon«. Von 10-18h geöffnet, sonn- und montags geschlossen. Restaurant von 12-14h und von 19.30-22.30h. Auskünfte und Buchungsservice für *Loisirs Accueil (Gîtes ruraux,* Hotels, Feriendörfer, Kurse usw.).

– **Maison de la Lozère in Montpellier:**
27, rue de l'Aiguillerie. T. 67 66 36 10. Fax 67 60 33 22.

MEYRUEIS (48150)

Um es gleich vorweg zu nehmen: in Meyrueis hat's uns gut gefallen; zwar nicht im Sommer, aber in der Nachsaison. Die kleine Stadt am Fuß der abenteuerlichen Hochstraßen über die *Causses* erweist sich als rettender Hafen für müde Wanderer. Der Ortsname bedeutet übrigens »inmitten der Bäche«. Da Meyrueis am Schnittpunkt dreier Täler liegt, fließen Jonte, Bétuzon und Brèze über die Gemarkung, was dem Städtchen einen alpinen Charakter verleiht. Lage und Umland sind wunderschön. Hier stoßen zwei Welten aufeinander: die kastanienbedeckten Schieferberge der Cevennen und die *Causses*, das Reich des Kalksteins und der unendlichen Steppe. Von der D 986, die zur Karsthöhle von Armand und zum Méjean-Kalkplateau hinaufführt, bietet sich der beste Blick über die Stadt.

Wichtiger Hinweis für Sprachkundige: die Leute hier sprechen mit südfranzösischem Akzent und fühlen sich Montpellier näher als der fernen Auvergne.

Aus der Geschichte

Als Grenzort zwischen Causses und Cevennen markiert Meyrueis auch die Schnittstelle zwischen protestantischem Gebiet und der katholischen Bastion der Causses. Meyrueis entwickelte sich um die kleine Saint-Pierre-Kirche aus dem Jahr 1.000. Die aufstrebende Handelsstadt verdankte ihren Wohlstand den Woll- und Baumwollspinnereien (17. und 18. Jh.), vor allem aber der Herstellung von Filzhüten, die bis ins 15. Jh. zurückreicht. Anfang des 19. Jhs setzt der wirtschaftliche Niedergang ein. Eine Wende zum Besseren zeichnete sich erst 1888 ab, als der erste Verkehrsverein in der Lozère gegründet wird. Dank der nahen Tarn-Schlucht ist heute der Fremdenverkehr wichtigster Erwerbszweig.

Nützliche Adressen

– **Verkehrsamt:** im alten Uhrturm, am Ufer der Jonte. T. 66 45 60 33. Besetzt von 10-12h und von 15.30-18h. Jung, dynamisch, fröhlich – wie der Fremdenführer Philippe Chambon, der uns auf Wunsch durch Meyrueis schleift, das er wie seine Westentasche kennt. Achtung: im Sommer ist in dem kleinen Büro die Hölle los. Auskünfte über Hotels, Zeltplätze und Gästezimmer im Umkreis von dreißig Kilometern.
– **Mountainbike:** die Abfahrt vom Mont Aigoual über ausgeschilderte Pfade beginnt im Morgengrauen. Und nach oben? Da fährt es sich bequemer mit dem Bus, bei Sonnenaufgang. Faule Bande! Näheres auf dem Verkehrsamt.
– **Klettern, Höhlenforschung, Canyon-Wandern, Kanu-Kajak:** Auskünfte beim Verkehrsamt.

Ein Bett für die Nacht

● *Günstig*

▪ **Hôtel des Sapins:** günstigstes Haus am Platz. T. 66 45 60 40. Betriebsruhe von Oktober bis Juni. Sieht aus wie eine Kreisverwaltung, provinziell, aber professionell. Doppelzimmer rund 170 F, kein Restaurant.

● *Mittlere Preislage*

▪ **Hôtel Family:** größeres Gebäude am Stadtbach. T. 66 45 60 02, Fax 66 45 66 54. Gehört zur Kette *Logis de France*. Annehmbar, ohne besonderen Pfiff, aber mit Blick über die Dächer von Meyrueis. Doppelgemach mit WC, Dusche oder Bad ab 220 F. Die Preise für die solide, eher langweilige Küche halten sich in Grenzen (erstes Menü rund 80 F). Mit Schwimmbad und Garten.

- *Anspruchsvoller*

• **Hôtel Saint-Sauveur:** place d'Orléans. T. 66 45 62 12, Fax 66 45 65 94. Vom 1. April bis 15. November geöffnet. Herrenhaus aus dem 18. Jh., das einst einem königlichen Oberleutnant gehörte. Geräumige, etwas düstere Kammern zu 230 F. Einige blicken auf die schattige Terrasse des Restaurants. Pfiffige Menüs 80-300 F, wobei der Preis keine Rolle spielt.

• **Hôtel du Mont Aigoual:** rue de la Barrière. T. 66 45 65 61. Fax 66 45 64 25. Ein Pluspunkt neben Schwimmbad, bequemen Zimmern und Schlemmerküche ist der Mountainbikevermietung für Aigoual-Eroberer. Insgesamt ausgewogenes Preis-Leistungsverhältnis. Doppelzimmer ab 250 F.

- *Für ganz Verwöhnte*

• **Hôtel La Renaissance:** Rue de la Ville, unweit der Place d'Orléans. T. 66 45 60 19. Fax 66 45 65 94. Drei-Sterne-Hotel in einem schönen Anwesen aus dem 16. Jh. mit edler Möblierung. Einen Raum mit Blick auf die Causse Méjean oder den Innengarten verlangen. Zimmer ab 320 F. Betreibt sein Restaurant gemeinsam mit dem *Saint-Sauveur.*

- *Zeltplätze*

• **Camping Le Pré de Charlet:** av. Florac. T. 66 45 63 65. Vom 20. April bis zum 1. Oktober. Achthundert Meter außerhalb, an der Straße nach Florac. Schöne Gegend am Ufer der Jonte, schattig, blumenbestanden, sauber. Nette Begrüßung. Wer am Abend vorher seine Bestellung am Empfang aufgibt, bekommt am nächsten Morgen frische Croissants und Brot geliefert. Für eine Zwei-Sterne-Anlage vernünftige Gebühren.

• **Zeltplatz in Salvinsac:** bei Éric Causse, La Cascade, rund 2 km außerhalb von Meyrueis, an der Straße nach Florac. T. 66 45 65 38. Von Ostern bis Allerheiligen geöffnet. Weiterer Spitzenplatz am Jonte-Ufer. Tadellose Sanitäranlagen, Duschen und Warmwasser. Verkauf landwirtschaftlicher Erzeugnisse und Badegelegenheit im Fluß.

• **Camping Le Pré des Amarines** (Chez Guy Gely): les Amarines, an der Straße nach Florac. T. 66 45 61 65. Von Mai bis Ende September geöffnet. Kleiner Weiler, rund 5 km außerhalb von Meyrueis, vor dem Aufstieg zum *Col de Perjuret.* Einladende Anlage am Ufer der Jonte, unweit vom Bauernhof der Gelys. Einfach, aber gemütlich; Sanitäranlagen mit Warmwasser, Stromanschluß und Telefon.

- *Wanderherbergen und »Zelten auf dem Bauernhof« in der Umgebung*

• **Ferme de Marjoab:** bei M. Libourel. T. 66 45 64 18. Rund 8 km südlich von Meyrueis, am Rand der Causse Noir, in bester Lage also. Anfahrt über die D 986 in Richtung Aigoual. Ganz oben am Berghang rechts auf das Sträßchen in Richtung Lanuéjols abbiegen, und schon findet man sich auf dem Plateau wieder. Einen Kilometer hinter der Kreuzung kommt die nach Marjoab führende Allee in Sicht. Das einsame Gehöft auf dem Kalkplateau verfügt über achtzehn Schlafplätze (Duschen und Kochnische) und liegt am GR 6 »Alpes-Océan«. Nebenan der leider schattenlose Zeltplatz. Dafür bietet der Bauernhof seit kurzem vier gemütliche Gästezimmer zu 200 F für zwei bzw. 230 F für drei Personen. Vermietung von Mountainbikes an Entdeckungslustige, welche die traumhafte Umgebung Markoabs auf zwei Rädern erkunden wollen. In der Zeit zwischen Allerheiligen und Ostern Unterbringung nur auf Anmeldung.

- *Gästezimmer*

Sich an das Verkehrsamt in Meyrueis wenden. Wegen ihrer bescheidenen Preise wollen wir die Zimmer bei **Mme Commanche** hervorheben: in der Innenstadt, T. 66 45 52 70, ab 120 F. Weitere gute Unterkünfte in Saint-Pierre-des-Tripiers im äußersten Südwesten der Causse Méjean, also ziemlich weit außerhalb von Meyrueis (rund 20 km). Siehe auch Abschnitt über die Causse Méjean.

Speis & Trank

Die meisten Hotels in Meyrueis betreiben auch ein passables, oft sogar preiswertes Restaurant.

♦ **Ferme-Auberge chez Rémi Baret:** in les Hérans, einem einsamen Weiler auf dem Méjean-Plateau, 1 km südlich der Aven Armand. Erreichbar über eine kleine Sackgasse. T. 66 45 64 42 bzw. 68 60. Unbedingt ein paar Tage im voraus buchen. Von März bis Oktober Bedienung nur über Mittag. Unsere beste Adresse auf der Causse Méjean. Mme Baret waltet am Herd, während sich ihre Tochter im kleinen Speisesaal mit den individuellen Ulmentischen um die Gäste kümmert. An der Decke Kastanienholzbalken. Bei den Barets schwört man auf die Natur, daher schmecken die Speisen vom Bauernhof eine so gut wie die andere, werden sie doch von der Inhaberin nach alten »Causse-Rezepten« zubereitet. Drei Menüs ab 60 F. Das für 130 F schlägt alle Rekorde: Suppe, Wurstwaren, Süßspeise als Zwischenmahlzeit, Fleischgericht, zwei Sorten Gemüse, Roquefortplatte, Nachtisch, Kaffee, Wein (Côtes de Millau) ... Uff! Ein ländliches Festmahl. Der Leckerbissen des Hauses, die Roqueforttorte, kann man im voraus bestellen.

Sehenswertes

▶ **Historische Gebäude:** in der Innenstadt; zu nennen wäre vor allem die *Maison du Viguier*, ehemals *Hôtel La Renaissance* und *Saint-Sauveur* (s. »Ein Bett für die Nacht«).

▶ **Spaziergang:** am Bétuzon, wo sich die Häuser dicht aneinander drängen wie an einem Hafenkai.

▶ **Protestantische Kirche:** achteckiger Grundriß, aus dem Jahr 1804.

▶ **Kapelle Notre-Dame-du-Rocher:** von 1876. Beherrscht von ihrem Felsen herab ganz Meyrueis, an der Stelle des alten Schlosses der Grafen von Meyrueis. Dient heute als Unterkunft für Wanderer zur *Dargilan-Höhle*.

▶ **Burg Roquedols:** 2 km südlich von Meyrueis, an der Straße zum Mont Aigoual. Ende 15./Anfang 16. Jh. Das Anwesen, eines der besterhaltenen im Lozère, beherbergt das Auskunftsbüro des Cevennen-Nationalparks *(Centre d'Information du Parc des Cévennes).*

In der Umgebung

▶ **Dargilan-Höhle:** T. 66 45 60 20 (während der Saison). Zutritt von den Osterferien bis Allerheiligen von 9-12.30 und von 13.30-18h. Ca. 8 km westlich von Meyrueis, an einem vom Ortsrand zur Causse Noir hinaufführenden Sträßchen. Heißt wegen der eigentümlichen Färbung seiner unterirdischen Hohlräume auch die Rosa Grotte *(Grotte rose)*. 1880 von einem Schäfer per Zufall entdeckt, erkundete sie 1888 der Pionier der französischen Höhlenforschung, *Édouard Martel*. Die Grotte de Dargilan wurde 1890 für Besichtigungen hergerichtet und bietet an Sehenswertem: das ehemalige Bett eines unterirdischen Flusses, ein fantastisches Ensemble von Ablagerungen (Konkretionen), orgelförmigen Stalagmiten und ebenso geheimnisvollen wie eindrucksvollen Sälen.

▶ **Fermes de Jontanels:** hinter Meyrueis die D 996 in Richtung Florac nehmen, dann nach 11 km rechts abbiegen. T. 66 45 65 72. Das gottverlassene Dorf in einem einsamen Tal wurde erst vor vierzehn Jahren aus seinem Dornröschenschlaf erweckt, und zwar von Käsefabrikanten aus Lille und *Josiane Estève*, der französischen Königin des Angora. Zweihundert Meter voneinander entfernt finden wir eine Zuchtfarm für Angorakaninchen (Verkauf von Wolle,

Pullovern und hausgemachter Marmelade) und einen Hof mit Käse- bzw. Wurstherstellung (Besichtigung der Käserei täglich gegen 11 Uhr), der Karnickelfarm natürlich nicht, warum wohl?

ZWISCHEN CAUSSE UND CEVENNEN

Die kleine Rundreise beginnt in Meyrueis, führt über die *Causse Noir*, durch die Trévézelschlucht und die bewaldeten Berge der westlichen Aigoual-Flanke. Die abwechslungsreiche Landschaft ist ein treffendes Abbild der ganzen Lozère. Rund achtzig Kilometer gut ausgebautes Wegenetz.

▶ LANUÉJOLS (30750)

Nicht verwechseln mit dem anderen Lanuéjols in der Gegend von Mende. Unser Lanuéjols ist ein unscheinbarer Weiler, der sich in eine Mulde der *Causse Noir* schmiegt. Ein idyllischer Weg führt zum Dorf. Besichtigung der Lavendeldestillerie, was vor allem während der Erntezeit Mitte August reizvoll ist. T. 67 82 70 94.

Übernachtung und Verpflegung

- Hôtel du Bel Air: T. 67 82 72 78. Bescheidener Landgasthof (zwei Sterne) mit schlichten, sehr günstigen Zimmern: Doppelzimmer ab 220 F. Menüs ab 70 F im Restaurant. Nicht nur für den Notfall geeignet. Die malerische D 47 führt nach Trèves.

▶ TREVES

Eines unserer Lieblingsdörfer in der Gegend zwischen Causse und Cevennen, abseits der Touristenmassen in der Tarn-Schlucht. Die Straße aus Lanuéjols schlängelt sich am Berghang entlang, oberhalb des Trévézel-Tals mit seinen Ziegel- bzw. Schieferdächern. Eine erholsame, einsame Gegend zum Wohlfühlen. Auf dem kleinen Platz rauscht der Brunnen, unter den Bäumen läßt's sich gut schwatzen; Tante-Emma-Laden, Café und stille Gassen runden das Bild ab.

– Von Trèves der D 47 hinauf zum *Col de la Pierre-Plantée* folgen. Am Ortsrand, in der Kurve links, ein alter zum Ferienhaus umgebauter Heuschober. 1973 haben wir dort eine Nacht lang im Stroh gelegen – das waren noch Zeiten! Heute ist die alte Scheune gutbürgerlich geworden, was beweist, daß auch in den Cévennen die Uhren nicht stehengeblieben sind. *Grünen Tourismus* nennt man das heute.

▶ TRÉVÉZEL-SCHLUCHT

Ein Sträßchen windet sich durch die enge Schlucht, deren Name kuriorserweise an ein bretonisches Kap erinnert. Sprachwissenschaftler meinen aber, hier läge bloß Homophonie (zu deutsch: Gleichklang) vor. Jedenfalls eine Bilderbuchlandschaft. Über einen noch engeren Pfad, der bis zur D 986 auf dem Plateau emporführt, gelangen wir zum *Arboretum de la Foux*.

▶ DOURBIES

Weiterer gottverlassener Flecken am Fuß der sagenumwobenen *Montagne du Lingas*. Hier sind die Leute wieder gut katholisch. Weidewirtschaft, wilde Schluchten und vereinzelte Strohdächer auf den steinigen Feldern bestimmen das Bild. Ein langer Pfad, von den Mitarbeiter der Nationalparkverwaltung mit dem Rehsymbol gekennzeichnet, erschließt die Gegend nördlich von Dourbies. Zwanzig Kilometer, die Sportskanonen wie wir in sieben Stunden locker ablaufen: im wesentlichen Niederwald (Eiche, Buche) und eine Hochebene aus Granit.

Nächtigen und einkehren

- **Auberge de Dourbies:** T. 67 82 70 88 oder 66 88 77 67. Nur im Juli/August durchgehend geöffnet; in der übrigen Zeit des Jahres nur wochenends nach Voranmeldung. Schlichte Kämmerle ab 180 F für zwei, was uns nicht übertrieben erscheint. Reichlich bemessene ländliche Kost.

– Von Dourbies nach **L'Espérou** (s. »In der Umgebung des Mont Aigoual«) an der Aigoual-Südflanke, wobei wir die Weiler *Laupiès* und *Laupiettes* durchqueren; die Gegend ist seit einigen Jahren das Reich der Schafe und Rinder. Lohnender Blick auf den Nordabhang der Montagne du Lingas.

JONTE-SCHLUCHT

Weniger bekannt als die Tarn-Schlucht, aber ebenso schön, wenn nicht noch schöner. Die Jonte entspringt im Cevennenmassiv, an der Nordflanke des Mont Aigoual, der »Mutter aller Gewässer« diesen Teils Frankreichs. Dann gräbt sie sich ein Bett im Kalkstein, wobei sie zwischen Meyrueis und Le Rozier durch einen eindrucksvollen Canyon von etwa über zwanzig Kilometer Länge rauscht, die *Gorges de la Jonte* eben, bevor sie in den Tarn mündet. Wir machen Halt in der *Auberge des Douzes* und im *Café-Restaurant Chez Armand* (kaum Platz zum Parken, denn im Canyon ist Platz Mangelware) und genießen den Blick auf die Schlucht.

Ab Meyrueis bieten sich als Abstecher an:

► LES DOUZES (48150)

Ca. 12 km von Meyrueis, daher der Ortsname. Oberhalb der Ortschaft ragt der Saint-Gervais-Felsen empor, mit kleiner, romanischer Kapelle.

Wo schlafen? Wo essen?

- **Hôtel de la Jonte:** T. 65 62 60 52. Fax 65 62 61 62. Im Januar geschlossen. Großes ländliches Gebäude am Straßenrand, bekannt im Umkreis für erlesene Küche und freundliche Aufnahme. M. Vergely serviert in zwei Räumen, einer touristischer als der andere. Wir raten zum Speisesaal für Arbeiter und kleine Leute, denn dort kommt die bessere Kost zu einem Sparpreis auf den Tisch: Menüs 65-120 F. Doppelzimmer ab 140 F. Vom Anbau schöner Blick auf die Jonte-Schlucht.

♦ **Café-Resto Chez Armand:** 2 km hinter Les Douzes, im Weiler la Caze. T. 65 62 61 74. Weißes Häuschen mit schattiger Terrasse über der Jonte-Schlucht. Großartige, wildromantische Landschaft, wie wir sie lieben. Die Inhaberin heißt Gisèle Costecalde. Kleine Menüs ab 68 F; mit einem Glas Wein oder Bier ist es freilich auch getan. Mit etwas Glück tauchen am Himmel die Geier auf, die von der Nationalparkverwaltung auf der Causse Méjean ausgewildert wurden.

► LE TRUEL

Dörfchen am Rand des Canyons. Die Straße von *Saint-Pierre-des-Tripiers* herunter beschert wunderbare Ausblicke.

▶ BELVÉDERE DES TERRASSES (Aussichtspunkt)

Aussichtsplattform 4 km vor Le Rozier, wenn man von Meyrueis kommt. Rückt man allerdings von der anderen Seite an, so liegt sie 4 km nach Meyrueis. Gut, was? Kostenpflichtig. Die Lämmergeier wurden zu Beginn der siebziger Jahre in Volieren oberhalb der Jonte-Schlucht heimisch gemacht. Inzwischen segeln schon hundertzwanzig Stück in den *Grands Causses* umher. Vom Aussichtspunkt aus bekommt man die nützlichen Aasfresser (sowie Adler und Falken) zu Gesicht, wenn man ein Fernglas mietet oder an einer Führung durchs Gelände teilnimmt (gegen eine Gebühr). Dank des Fonds »Rettet die Raubvögel« und der Nationalparkverwaltung konnte 1994 auf dem Gelände des Belvédère ein »Haus des Geiers« *(Maison du Vautour)* eingerichtet werden.

▶ LE ROZIER

Nachdem wir das schöne *Truel-Tal* durchquert haben und den Flug der Geier über dem Terrassen-Aussichtspunkt beobachtet haben, verschlägt es uns nach Le Rozier, am Zusammenfluß von Tarn und Jonte: Näheres am Ende des Abschnitts »Tarn-Schlucht«.

CAUSSE MÉJEAN

> »Überall die Haufen teils zersplitterten Gesteins, erratischen Blöcken einer Mondlandschaft gleich.«
>
> *Jacques Lacarrière, »Unterwegs«.*

Eine Höhenwüste wie in Osttibet: 33.000 ha Steppe, unendlich weit, leicht gewellt, mit verwelktem Gestrüpp soweit das Auge reicht, durchsetzt von vereinzelten Weilern mit *Lauze*-Dächern (Schieferplatten), *Clapas* (vom Frost gesprengtes Geröll) und *Chazelles*, einer Art Unterstand für Schaf und Schäfer. Der höchste aller *Causses* (rund tausend Meter) ist sicher auch der schönste. Gerade mal 1,4 Einwohner pro km², ganz so wie in Tibet. Nur die *Drailles* genannten Herdenpfade, die Fernwanderwege GR 6 und *GR 60* sowie einige Nebenstraßen durchziehen die öde Hochebene, die bald an Mittelasien, bald an die innerkastilische Meseta erinnert. Der baumlose Ostteil der Causse Méjean wirkt nackter als der Westen mit seinen ausgedehnten Kiefernforsten.
Landwirtschaftlich nutzbar sind nur die runden Senken, *Sotchs* oder Dolinen genannt; sie finden sich in weiten Abständen und veleihen der Karstlandschaft ihr typisches Gepräge.
Hauptsehenswürdigkeit auf der Causse Méjean ist die Karsthöhle *Aven Armand*, die Jahr für Jahr 200.000 Besucher anlockt. Mehrere Dolmen und Menhire bezeugen, daß die Gegend seit dem 4. Jahrtausend vor Christus besiedelt ist.
»Nie war deutlicher spürbar, was (der französische Religionswissenschaftler) *Mircea Eliade* die Sehnsucht nach dem Ursprung nennt: die Erinnerung an eine Zeit, als die Formen der Schöpfung noch nicht klar voneinander geschieden waren«, schreibt *Claude Mettra*, ein intimer Kenner der Causse.

Nützliche Adresse

- **Association Le Méjean:** im Rathaus, 48150 Hures-la-Parade.

Unterkunft

● **Wanderherbergen** (Gîtes d'Etape)

▪ **Gîte de Hyelzas:** M. und Mme Pratlong, im Weiler Hyelzas, 48150 *Hures-la-Parade*. T. 66 45 65 25. Drei Dutzend Plätze, Versorgung mit Proviant möglich. Duschen und Kochnische. Am GR 6 »Alpes-Océan« von der Rhône zum Mont Aigoual.

▪ **Gîte de la Viale** (abseits des GR): bei Mme Vernhet, la Viale, 48150 Hures-la-Parade. T. 66 48 82 39. Ganzjährig geöffnet. Auch Gästezimmer im Bauernhof (s. unten).

▪ **Gîte de Masdeval:** Mme Maurin, 48210 *Mas-Saint-Chély*, T. 66 48 52 13. Sechzehn Schlafplätze, ebenfalls am GR 60; im Sommer Anmeldung erbeten.

● **Gästezimmer** (Chambres d'Hôte)

▪ **Bei Mme Vernhet:** La Viale, 48150 *Saint-Pierre-des-Tripiers*. T. 66 48 82 39. Von Ostern bis Allerheiligen und nach Vereinbarung. Im äußersten Südwesten des Plateaus, rund 1,5 km südlich von der Ortschaft Saint-Pierre-des-Tripiers, wo der GR 6 verläuft. Warme Mahlzeiten und Verkauf eigener Erzeugnisse. Fleischwaren von der *Causse*, Lamm, Landkäse und hausgemachte Desserts ab 75 F. Übernachtung im Doppelzimmer mit Dusche und WC ab 240 F.

▪ **Le Courby** (bei Roger Gal): *Ferme-Auberge* im Weiler Courby, 3 km vor Saint-Pierre-des-Tripiers aus Richtung La Parade. T. 66 45 63 21. Fax 66 45 67 38. Von Mitte November bis Ostern geschlossen. Nettes Plätzchen mit Blick über das Méjean-Plateau. Sieben adrette Zimmer ab 350 F (Halbpension für zwei Personen). Zeltmöglichkeit auf einer halbwegs schattigen Wiese. Menüs ab 70 F.

● **Zelten auf dem Bauernhof** (Camping à la Ferme)

▪ **Zeltplatz in Drigas:** bei Noël Avesque, 48150 Meyrueis. Weiler rund 6 km östlich der Armand-Karsthöhle, an der D 63 vor Hures-la-Parade. T. 66 45 63 01. Aufnahme ab zweiter Junihälfte bis Oktober. Auf 950 m, unweit der beiden Fernwanderwege (GR). Ruhiger Erdenwinkel, wo man das Gefühl großer Weite verspürt.

Leibliches Wohl

♦ **Ferme-Auberge Chez Rémi Baret:** les Hérans, 48150 Meyrueis. T. 66 45 64 42, Fax 66 45 68 60. Eine unserer Lieblingsadressen auf der Causse Méjean. Näheres in der Rubrik »Essen in Meyrueis«.

Sehenswertes

► **Aven Armand:** die Karsthöhle ist ein unterirdisches Weltwunder, das glatt zum Weltkulturerbe der Unesco zählen könnte. T. 66 45 61 31. Von Ende März bis Anfang November vor- und nachmittags geöffnet; von Juni bis Ende August sogar ohne Mittagspause. Preis: rund 40 F pro Person; Ermäßigung für Kinder. Die Höhle wurde 1897 von *Louis Armand*, einem Schlosser aus Le Rozier, und *Edouard-Alfred Martel* entdeckt und ist seit 1927 der Allgemeinheit zugänglich. Zugang über einen 188 m langen Tunnel, der an jenem Kamin endet, durch den die unerschrockenen Höhlenforscher einst abstiegen. Man betritt anschließend den riesigen, geröllbedeckten Saal (Grundfläche 60 x 100 m, Höhe 35 m). Regenwasser drang in die Oberfläche der Kalkkruste ein und hinterließ einen »jungfräulichen Wald« aus bizarren Kalkablagerungen. Der Fantasie sind keine Grenzen gesetzt. Wer genau hinschaut, wird in dieser seltsamen Kulisse versteinerte Ungeheuer, zisiliertes Obst und Gemüse, surrealistische Palmen oder Gebäckteilchen mit Mokkacreme erkennen. Nicht nur der Schlaf der Vernunft gebiert Ungeheuer, auch die Lichtverhältnisse in der Unterwelt!

▶ **Causse-Bauernhof in Hyelzas:** altes Bauernhaus aus Kalkstein und -platten in Hyelzas, einem einsamen Weiler am Ende der Straße, die hinter der Armand-Karsthöhle nach Westen führt. T. 66 45 65 25. Von April bis Oktober von täglich 9-12 und 14.20-19h geöffnet. Im Inneren erfährt man, wie der Alltag eines Bauern auf der *Causse* früher einmal aussah.
In Hyelzas findet man auch eine Wanderherberge *(Gîte d'Etape),* eine Reiterunterkunft *(Gîte Equestre)* und alles Eßbare, was ein Bauernhof hier oben so hervorbringt. Postkartenblick über die Jonte und die *Causse Noir* jenseits der Schlucht.

▶ **Freilebende Geier:** im Abschnitt über die Jonte-Schlucht haben wir bereits über die possierlichen Aasfresser gesprochen.

▶ **Typische Causse-Dörfer:** über das ganze Kalkplateau verteilt; lenken als Orientierungspunkte vor dem endlosen Horizont die Aufmerksamkeit auf sich. Sehenswert sind *Hyelzas,* aber auch *Drigas, La Volpilière* (an der Straße nach Saint-Pierre-des-Tripiers) und *Les Bastides* an der schmalen, von La Parade in die Jonte-Schlucht hinabführenden D 63. Noch einsamer liegt das *Fretma-Gehöft* im Osttеil der Hochebene, im Dunstkreis des Cevennen-Nationalparks. Um sich nicht hoffnungslos zu verlaufen, besorge man sich die IGN-Karte 354, bevor man sich allein zu Fuß in die Wildnis wagt ...

▶ **Felsenmeer von Nîmes-le-Vieux:** aus dem endlosen, gelben Steppengras taucht plötzlich diese befremdliche Kalksteinansammlung auf, die man für eine Ruinenstadt halten könnte. Die felsige Stätte hat natürlich nichts mit dem »richtigen« Nîmes zu tun. Regen und Wind haben hier zackige Felsblöcke herausgewaschen, dazwischen der markierte Fußpfad. Erreichbar ist das Felsenmeer von Nîmes-le-Vieux über den *Col de Perjuret,* wo man einem Sträßchen bis zu den Dörfern *L'Hon* und *Veygalier* folgt. Dort den Wagen abstellen und den zu Fuß fortsetzen. Wanderer führt ein neuer Weg von L'Hon bis *Galy.* In L'Hon und Veygalier Unterkunft und Verköstigung in *Fermes-Auberges,* wo meist auch eigene Erzeugnisse feilgeboten werden. Sich in Veygalier vor dem Schrot der Jäger hüten!

▶ **Przewalski-Pferde:** Versuchsgestüt in *Vilaret,* 10 km östlich der Aven Armand, an der D 63 in Richtung Florac. Auf über dreihundert Hektar tummeln sich rund zwanzig kaltbilde, rote Kaltblüter. Benannt ist die Pferderasse nach dem russischen Abenteurer und Forschungsreisenden *Nikolai Przewalski,* der die Wildpferde 1878 in der Mongolei aufstöberte, angeblich die letzten Wildpferde auf der ganzen Welt. In Gefangenschaft sind nur ein paar tausend Exemplare übriggeblieben. Die einmalige Zucht wird von *TAKH* (einem Verein zum Schutz der Przewalski-Pferde) und WWF unterstützt.

FLORAC (48400)

Die Stadt am Fuß der *Corniche du Causse Méjan,* der Hochstraße über die Méjan-Hochebene, ist in einem Talgrund förmlich eingeschlossen, in dem drei Flüsse – Tarn, Tarnon und Mimente – mit dem Vibron zusammentreffen, einem größeren Bach, der bei der *Source du Pêcheur* in der Innenstadt von Florac entspringt. Geologen zufolge treffen hier auch drei metamorphe Gesteinsformationen aufeinander: der Granit des Mont Lozère, Cevennenschiefer und der Kalkstein der *Causse.*
Stevenson schaute 1878 in Florac vorbei; seiner Meinung nach ist die »Hauptstadt der Kamisarden« berühmt »für die Schönhеit ihrer Frauen«. Nun ja, als Schotte dürfte er diesbezüglich nicht verwöhnt gewesen sein ... Die Kleinstadt ist heute Sitz der Unterpräfektur und der Verwaltung des Cevennen-Nationalparks, die standesgemäß im Schloß Hof hält. Das gut bestückte Auskunftsbüro dort hilft jedem weiter.

Nützliche Adressen

- **Verkehrsamt:** av. Jean-Monestier. T. 66 45 01 14. An der breiten Hauptstraße durch die Stadt. Im Sommer täglich von 9-18h, in der übrigen Zeit von 9-12h besetzt. Hotel-, Restaurant-, Zeltplatz- und *Gîtes*-Verzeichnis sowie Nachweis von Privatzimmern.

- **Auskunftsbüro des Cevennen-Nationalparks:** Schloß Florac, im Erdgeschoß; T. 66 49 53 00. Auskünfte von Juni bis Oktober. Jede Menge brauchbares Material. Wir raten zur IGN-Karte im Maßstab 1 : 100.000 (Cevennen-Nationalpark) und zu dem bebilderten Führer, der eine gute Einführung in Land und Leute bietet.

1985 stufte die Unesco den Cevennenpark als schützenswerten Bestandteil der Biosphäre ein. Deshalb sollen die 91.000 ha Schutzzone im Park, der zu achtzig Prozent im Département Lozère liegt, vorhandene natürliche Ressourcen bewahren und die Wiederansiedlung einheimischer Tier- und Pflanzenarten ermöglichen. Wegen des außergewöhnlich abwechslungsreichen Klimas – heißes, trockenes Klima im Gardons-Tal, kaltes, feuchtes Klima am Mont Lozère – beherbergt der Nationalpark über hundertfünfzig Vogel- und eintausendzweihundert blühende Pflanzenarten. Wieder heimisch gemacht wurden Hirsch, Biber, Auerhahn und natürlich der Lämmergeier.

Wer länger bleibt und die Gegend erwandern möchte, für den hält die Parkverwaltung eine Reihe praktischer Themenblätter parat: *Gîtes Ruraux, Gîtes d'Etape,* Wander- und Reitwege, Kanu/Kajak, Radwandern, Jugendcamps, Fauna und Flora, Menhire und Dolmen der Causses, Architektur und Landschaft, Geier, Biber, Mufflon, »Auf den Spuren der Dinosaurier«, »Kulinarische Touren am Mont Lozère« usw.

Im Angebot sind ferner alle *Topoguide*-Wanderführer zum GR 6, GR 7, GR 66 »Tour de l'Aigoual«, GR 67 »Cevennenrundwanderweg« und zum GR 68 »Rund um den Mont Lozère«.

Wohin die Wanderung auch führen soll: an guten Ratschlägen fehlt es hier nicht. Achtung: die Parkverwaltung kümmert sich *nicht* um das Buchen von *Gîtes d'Etape* oder *Gîtes Ruraux*. Entweder gleich beim Inhaber anrufen oder das Verkehrsamt für die Lozère in Mende ansprechen. Im Sommer öffnen im Einzugsgebiet des Nationalparks vierzehn weitere Auskunftbüros.

Ein Dach über dem Kopf

Die Hotellerie ist nicht gerade die starke Seite Floracs. Also ohne Hemmungen in der Umgebung absteigen.

● *Gîtes d'Etape*

▪ **Gemeindeherberge:** rue du Four. T. 66 45 14 93 oder 66 45 00 53. Fax 66 45 01 99. Ganzjährige Aufnahme. Neunundzwanzig Betten à 45 F/Nacht; bestens ausgestattet mit Sanitäranlagen, Heizung, Küche.

▪ Im alten Pfarrhaus bei **M. Martinez,** 18, rue du Pêcher. T. 66 45 24 54. Vom 1. Mai bis zum 31. Oktober. Übernachtung rund 50 F.

▪ **Für Wanderer und Reiter:** Pierre Serrano, Le Pont-du-Tarn, 1 km nördlich Floracs, Straße nach Ispagnac. T. 66 45 20 89. Anmeldung erforderlich; über Januar geschlossen.

● *Preiswert*

▪ **Hôtel-Bar-Restaurant »Chez Bruno«:** 21, l'Esplanade; an der platanienbestandenen Esplanade in der Innenstadt. T. 66 45 11 19, Fax 66 45 06 65. Ganzjährig und täglich geöffnet. Noch das preiswerteste Hotel in Florac: Zimmer mit Waschbecken 120 F, mit Dusche und WC 150 F. Vier Wanderer dürfen sich für 180 F ein Gemach teilen. Der Wirt könnte als Held in einem Schundroman auftreten: Bruno Saint-Léger. Klingt gut! Einfaches Hotel in vorteilhafter Lage; leckere, regionale Küche; Menü ab 75 F.

- *Anspruchsvoller*
  - **Grand Hôtel du Parc:** 47, av. Jean-Monestier. T. 66 45 03 05. Fax 66 45 11 81. In der Innenstadt. Vom 15. März bis zum 1. Dezember. Außerhalb der Saison montags geschlossen. Angesichts des Gebotenen maßvolle Preise. Wohl das älteste und größte Hotel in der Gegend, in einem hübschen Park. Familienpension, wo sich Alt und Jung in den Gängen oder im Restaurant begegnen. Altfränkisches Mobilar und Inneneinrichtung. Insgesamt sechzig Zimmer zwischen 190 und 250 F; Frühstück gegen Aufpreis. Claude und Patrice Gleize bereiten leckere Menüs zu 90, 150 und 195 F.

- *Zeltplätze*
  - **Städtischer Zeltplatz:** am Pont-du-Tarn, 1 km außerhalb, an der Kreuzung der Straßen von Ispagnac und Pont-de-Montvert. T. 66 45 18 26, Fax 66 45 26 43 oder 01 99 (Rathaus). Vom 1. April bis zum 31. Oktober. Gut ausgestattete Anlage am Tarnufer, mit ausreichend Schatten. Pro Tag für zwei Personen 35-55 F.
  - **Zeltplatz Chantemerle:** in *Bédouès*, 2 km außerhalb, an der Straße nach Pont-de-Montvert. T. 66 45 19 66. Vom 1. Juni bis 15. September. Kleinere, aber umso schönere Anlage am Ufer des Tarn.

Speis & Trank

♦ **L'Auberge Cévenole:** bei Annie und Serge, 48400 *La Salle-Prunet*. T. 66 45 11 80. Betriebsruhe von Mitte November bis Anfang Februar. Ungefähr 2 km außerhalb Floracs, an der Straße nach Alès. Altes Steinhaus im Tal der Mimente. Im Sommer speist man auf der Terrasse, im Winter rund um den Kamin. In dieser gemütlichen Landherberge hätte sich auch *Stevenson* wohlgefühlt: gemütlich wie im Wohnzimmer. Menüs ab 85 F; besonders üppig dasjenige zu 105 F: Fleisch- und Wurstwaren *(Charcuterie du pays)*, *Pélardon* (warmer Ziegenkäse auf Salat), Roquefort-Salat. Auf der Speisekarte: Kalbsnuß mit Röhrlingscrème. Rechtzeitig einen Tisch bestellen, sonst gibt's lange Gesichter! Übernachtung im Doppelgemach mit Dusche ab 210 F. Unser bestes Quartier in Florac.

Kost & Logis in der Umgebung

– Siehe unsere Adressen am Mont Lozère, auf der Causse Méjean und im Abschnitt über die Cevennen.

- **Restaurant-Hôtel La Lozerette:** in *Cocurès*, 6 km hinter Florac an der Bergstraße zum Mont Lozère, in einem beschaulichen Dörfchen. T. 66 45 06 04. Fax 66 45 12 93. Bewirtung und Beherbergung von April bis Anfang November. Außerhalb der Saison dienstags zu. Einundzwanzig Zimmer mit Bad und WC oder Dusche und WC; saubere, ansprechende Doppelzimmer ab 270 F. Höher angesehen sind freilich Restaurant und Kochkünste des Küchenchefs Pierre Agulhon. Der Familienbetrieb ist ansonsten Frauensache: schon Großmutter Eugénie betrieb eine Herberge. Heute führen ihre Enkelinnen Pierrette und Line Agulhon die Tradition weiter. Das Menü zu 85 F heißt weltmännisch-international »Cévenol Trotter« – kleiner Wink mit dem Zaunpfahl an die Adresse unserer Leserinnen und Leser. Frische Zutaten aus der heimischen Landwirtschaft.
- **Gîte Rural und »Table d'Hôte«:** nur für Gruppen. Bei Martine Pascual, Ferme d'Artigues. T. 66 45 12 89. Das 7 km südlich von Florac gelegene *Artigues* ist erreichbar über die D 907 hoch über dem Tarnon. Anschließend in Richtung Saint-Laurent-de-Trèves auf die Cevennnen-Hochstraße (D 983) einschwenken. Die hufeisenförmige Tarnon-Brücke überqueren; 150 m weiter führt auf der Linken ein Weg hinauf nach Artigues-Le Dèves. Nach vierzehn Kurven ist auf der gut ausgebauten Asphaltstraße der höchste Punkt des Kalkplateaus und der Hof der Pascuals erreicht. Atemberaubende Landschaft. In

dem Weiler auf achthundert Metern drehte Regisseur *René Allio* Teile seines Films über die Kamisarden. Martine Pascual betätigt sich als Aquarellmalerin und leitet Pferdetouren über das Kalkplateau. Freundlicher Empfang. Ihr Mann ist in der Landwirtschaft tätig und hat das Ferienhäuschen des Weilers in Eigenarbeit errichtet (während der Saison 1.900 F pro Woche, außerhalb 1.400 F). Verköstigung (Festpreismenü zu 90 F) nur auf Anmeldung und für Gruppen von zwölf bis dreißig Personen. Wanderer aller Länder, vereinigt euch!

- **Zeltplatz la Quilette:** 20 km südlich von Florac, in *Les Rousses*, am Anfang der Tapoul-Schlucht. T. 66 44 00 29. Vom 15. Juni bis zum 15. September. Einer der besten Zeltplätze weit und breit. Nur fünfundzwanzig halbwegs schattige Stellplätze am Fluß mit Badestelle.
- **Zeltplatz Espace Stevenson:** in *Cassagnas*. T. 66 45 20 34. Im Mimente-Tal, 12 km vor Florac über die N 106 in Richtung Alès, auf der linken Seite. Ruhige Anlage am Flußufer. Bei Guy und Josie Soustelle schlemmen wir im *Relais Stevenson:* herzlicher Empfang garantiert.

Sehenswertes & Ausflüge

▶ **Schloß Florac:** im Juli/August täglich von 9-19h zu besichtigen; in der restlichen Jahreszeit wechselnde Öffnungszeiten. Stattliches Gemäuer aus dem 17. Jh., dem zwei Rundtürme mit Spitzdach zur Seite stehen. Das alte Anwesen aus dem 13. Jh. gehörte zur Baronie Florac (Raymond d'Anduze), diente im Lauf der Zeiten bald als Herrensitz, als Salzspeicher, als Gefängnis, im 19. Jh. dann als Militärspital und in den fünfziger bis sechziger Jahren schließlich als Ferienkolonie. Der Cevennen-Nationalpark erwarb Schloß Florac 1973 und setzte es es instand, um hier sein Empfangs- und Auskunftszentrum einzurichten. Dauerausstellung zum Thema »Architektur und Landschaft in den Cevennen«.

▶ **Alt-Florac:** erkundet man zu Fuß, wenn man vom Schloß aus durch Gassen und über Plätze schlendert. Am Vibron haben sich noch viele Behausungen im für die Region typischen Baustil erhalten. Viele stehen leer und sind sicher billig zu haben. Ein lauschiges Fleckchen.

– **Florac-Rundweg** *(Sentier de Florac):* rund 5 km langer, von der Nationalparkverwaltung ausgeschilderte Rundweg, der beim Lotissement des Grèzes an der Abzweigung namens »Sentier de Grailhon« seinen Anfang nimmt. Im Süden ein weiterer Ast, der »Sentier de Grimoald«. Wir haben den Wanderweg am Rand der *Causse* in bester Erinnerung. Mehr darüber in dem ausgezeichneten kleinen, leider nur auf Französisch erhältlichen Wanderführer »*Guide des Randonnées du Parc National des Cévennes*« (Éditions Glénat), der für das ganze Gebiet des Nationalparks rund zwanzig gekennzeichnete Rundwege beschreibt (also keine in einer Großrichtung verlaufenden GR-Fernwanderwege!).

– **Quellen-Rundweg** *(Sentier de la Source):* zwanzig Minuten bis eine Stunde, während derer wir die *Source du Pêcher* und den Panoramablick über Florac kennenlernen. Beginnt beim Schloß.

– **Fernwanderweg GR 68 »Tour du Mont Lozère«:** wilder als der Aigoual-Rundwanderweg. Der Fernwanderweg ist Gegenstand eines Wanderführers, der beim Auskunftsbüro des Nationalparks in Florac oder im französischen Buchhandel erhältlich ist. Der GR 68 verläuft 1 km nördlich von Florac durch Pont-du-Tarn (Zeltplatz und *Gîte*). Wegen des besseren Zugangs und der Verpflegungsmöglichkeit beginnen wir hier den Aufstieg zum Mont Lozère (s. weiter unten unsere kurze Abhandlung im Abschnitt über den Mont Lozère).

– **Rundritte:** Dominique Serrano, Le Pont-du-Tarn, 48400 Florac. T. 66 45 20 89 oder 66 45 24 58. Zweistündige sowie halb- und ganztägige Ausritte führen uns in die abwechslungsreiche Umgebung Floracs.

– **Mountainbike-Vermietung:** Richard und Nathalie in Croupillac, 4,5 km südlich von Florac, an der Straße nach Meyrueis. T. 66 45 09 56.

In der Umgebung

▶ **Bédouès:** 3 km von Florac, an der Straße nach Pont-de-Montvert. Der historische Charakter des Dorfes mit seinen Schieferbehausungen, über denen die Silhouette der Kirche Notre-Dame hochnäsig gen Himmel ragt, ist unverkennbar. Die Stiftskirche gründete Papst *Urban V.* im 14. Jh. Der hieß eigentlich *Guillaume de Grimoard du Roure* und stammte aus der Lozère, und zwar aus dem Weiler Grizac bei Pont-de-Montvert. Ob's ein sündiger Pontifex war oder ein braver, werden wir bis zur nächsten Auflage in Erfahrung bringen.

Weiterfahrt ab Florac

● *Per Bus*

Fahrplanauskünfte bei *Cévennes Transports,* Le Plo, 48400 Ispagnac, T. 66 44 21 63; bei *Cars Reilhes,* av. Jean-Monestier, T. 66 45 00 18; oder in Florac, im Gewerbegebiet der Stadt (ist zum Glück kein Industriegebiet!). T. 66 45 02 45.

– **Nach Le Pont-de-Montvert und Genolhac:** täglich außer an Feiertagen.
– **Nach Alès über Sainte-Cécile-d'Andorge:** von montags bis samstags, außer an Feiertagen.
– **Nach Mende:** nur ein Bus am ersten Mittwoch und am dritten Freitag im Monat; keine Andienung an Feiertagen (das heißt wirklich so!).

● *Per Bahn*

Florac besitzt keinem Bahnhof. Der nächste ist in Mende (T. 66 49 00 39), wo Anschluß nach Marvejols besteht. Von Marvejols (T. 66 32 00 10) täglich drei Züge nach Paris und Béziers.
Andere Möglichkeit: vom Bahnhof Villefort den Triebwagen nach Alès nehmen und in Nîmes umsteigen.

MONT-LOZERE

»Obwohl ich diesen Moment lange erwartet hatte, war ich doch überwältigt, als meine Blicke endlich den Horizont jenseits des Gipfels entdeckten.
Ich tat einen Schritt, der nicht bedeutungsvoller zu sein schien, als die vorhergehenden, und wie der furchtlose Cortez, als er mit seinen Adleraugen den Pazifik erblickte, konnte ich nicht glauben, daß ich eine neue Welt in Besitz nehmen würde.

R. L. Stevenson,
»Travels with a donkey
in the Cevennes«

Eine herbe Schönheit, die man im Winter kennenlernen sollte; im Sommer ist der Mont Lozère ein ruhender Granitriese unter einer gelben Pflanzendecke, von Wind und Wetter in Jahrtausenden abgeschliffen. Der Gipfel ragt immerhin 1.700 m hoch auf (da kommt unser Feldberg im Schwarzwald mit knapp 1500 m nicht mit). Im Winter zeigen seine Flanken sich denn auch schneebedeckt, und die vereinzelten Weiler scheinen sich nur mühsam in den Schneemassen zu behaupten. An stürmischen Tagen lassen orkanartige Windböen die Glockentürme vor »Schmerz« aufheulen. Das ferne Stöhnen im Nebel hat etwas Unheimliches, diente aber einst einsamen Wanderern als Orientierungshilfe und verriet ihnen die Nähe der rettenden Ortschaft, wo ein Lager für die Nacht ihrer harrte.

Denn die Majestät der unendlich weiträumigen Landschaft des Mont Lozère birgt auch seine Gefahren. So starben kürzlich zwei Lehrerinnen auf dem Weg zur Arbeit im Schneesturm; im Januar 1984 wurden unweit des Weilers *Les*

Laubies zwei an Erfrierungen und Erschöpfung gestorbene Mönche gefunden. Im Mai verändert der Berg sein Gesicht und überzieht sich mit gelbblühendem Ginster. Nach den Skilangläufern erstürmen nun auf dem GR 68 die Wanderer den Mont Lozère.
Hinter dicken Granitmauern bilden die Behausungen der Weiler vereinzelte Lebensinseln. Und dann wachsen aus der unermeßlichen Leere plötzlich die Umrisse von Menhiren aus dem Boden. Auf dem *Cham des Bondons*, in über tausend Meter Meereshöhe, sind über hundertfünfzig Steine verstreut. Damit handelt es sich um die zweitgrößte Megalithenstätte Frankreichs. Wie der Mont Aigoual, sein südliches Gegenstück, ist der Mont Lozère reich an Quellen. Zahlreiche Flüsse entspringen hier, darunter der Tarn unweit des Col de Finiels, aber auch so unbekannte Gewässer wie Finialette, Galadette, Bramon, Malpertus, die Bäche Mère l'Aygue, Gourdouse oder Rieumalet. Lot und Allier entspringen gegenüber an den Hängen der Montagne du Goulet.

WANDERUNG UM DEN MONT LOZERE

Wer allen Abschnitten des weiß-rot markierten *GR 68* folgt, legt in einer Woche rund hundertzehn Kilometer zurück. Der schöne Wanderweg verläuft rund um das sich über dreißig Kilometer von Ost nach West erstreckende Bergmassiv. Für gewöhnlich beginnt die Tour in *Villefort* am Nordabhang, Le Bleymard, Bagnols-les-Bains. Weiter geht's über den *Col de la Loubière*, über die kahle Hochebene von *La Fage*, bevor wir über den Kalkgrat des *Eschino d'Ase* den Abstieg nach Florac antreten. Dort verläßt der GR 68 den Mont Lozère und steigt steil hinan zum Gipfel der *Montagne Bougès* im Süden, von wo aus man den ganzen Mont Lozère überblickt. Die Alternativroute (GR 72) führt durch die alten Weiler *Mas-Camargues*, *Bellecoste* und *Mas-de-la-Baraque*. Über die Ostflanke geht's schließlich nach Villefort zurück.

Übernachtung und Gastronomie

Mehrere *Gîtes d'Etape* bieten unterwegs Unterschlupf: am besten vorher anrufen.

- **Gîte in Villefort:** Mme Kievits, les Sédariès, 48800 Villefort. T. 66 46 84 33, Fax 66 46 89 66. Hergerichteter alter Bauernhof. Übernachtung rund 40 F.
- **Gîte in La Pigeyre:** Mme Moulin-Collinet, la Pigeyre, 48800 *Altier*. T. 66 46 81 65. Ideal zum Übernachten. Zwei Warmwasserduschen, Toiletten, Küchenecke und Kamin.
- **Gîte in Auriac:**
Mme Paris, Auriac, 48190 Saint-Julien-du-Tournel. T. 66 47 64 72.
- **Gîte in La Fage:** Mme Madeleine Meyrueix, La Fage, 48000 *Saint-Étienne-du-Valdonnez*. T. 66 48 05 36. Ganzjährig geöffnet. Übernachtung in der Scheune schon ab 10 F: die billigste Unterkunft im ganzen Languedoc-Roussillon! Madeleine Meyrueix hält auf Voranmeldung aber auch ein Zimmer bereit und sorgt für Frühstück und Abendbrot. Macht 250 F fürs Doppelzimmer mit Bad und WC. Besonders lecker ihr Joghurt und die hausgemachte Marmelade. Wenn gegen sechs oder sieben Uhr gemolken wird, ist auch euterwarme Kuhmilch zu haben. Eh ben, du lait d'un lollo ne serait pas mal non plus – on en a des fantasmes.
- **Auberge des Laubies:** s. Abschnitt »Übernachtung auf dem Mont Lozère«. Ist kein *Gîte d'Etape* für Wanderer, sondern ein richtiges Landhotel.
- **Gîtes d'Etape de Florac:** besprechen wir im Kapitel über die Stadt Florac.
- **Gîte du Col de la Croix de Berthel:** Mme Dubois, Auberge des Bastides, 48220 Saint-Maurice-de-Ventalon. T. 66 45 81 25.
- **Hameau de Gourdouse:** unbewachte Hütte, auch *La Maison du Berger* (»Haus des Schäfers«) geheißen.
- **Gîte de Génolhac:** im *Maison de Pays*, 30450 *Génolhac*. T. 66 61 18 32.

- **Châlet-Hôtel des Mont Lozère**, M. Pagès, 48190 *Cubières*. T. 66 48 62 84, Fax 66 48 63 51. Auf dem Mont Lozère, abseits des GR 68, aber am GR 7. Zimmer 230-260 F. Auch Menüs zu 80, 130 und 180 F.

Kürzere Rundwanderwege (Tagestouren)

Die Nationalparkverwaltung hat sieben schöne *Sentiers de Petite Randonnée* auf dem Mont Lozère ausgeschildert. Einzelheiten sind dem kleinen, französischsprachigen Wanderführer »Parc National des Cévennes No. 7« von Michelle Sabatier zu entnehmen (Éditions Glénat).

- **La Loubière:** 8,5 km, drei Stunden, Beginn am Col de la Loubière.
- **Malavieille:** 8 km, drei Stunden, Beginn bei Mazel du Bleymard.
- **Pic Finiels:** 9 km, drei Stunden, Beginn am Chalet des Mont-Lozère (Wintersportstation).
- **Mallevrière:** 7,5 km, drei Stunden, Beginn oberhalb von Finiels, unweit der ehemaligen Ferienkolonie.
- **Les Rouvières:** 5,2 km, zwei Stunden, Beginn in der Nähe der *Auberge des Bastides,* unweit des Col de la Croix de Berthel.
- **Gourdouse:** 5 km, drei Stunden, Beginn in Vialas, 9 km südlich Génolhacs.
- **Les Bouzèdes und Malmontet:** siebenstündiger, dreißig Kilometer langer Wanderweg, der an der alten Gendarmerie von Bouzèdes oberhalb von Génolhac oder am *Col de l'Ancize* (Malmontet) seinen Anfang nimmt.

Aus dem Geschichtsbuch

Der riesige Granitriegel Mont Lozère bildet seit jeher die Grenze zwischen zwei Welten: zwischen Frankenreich und Westgotenreich zur Zeit der Völkerwanderung, zwischen dem Königreich Frankreich im Norden und der Grafschaft Toulouse im Süden, die lose zum Heiligen Römischen Reich Deutscher Nation gehörte. Seit der Reformation markiert der Mont Lozère aber auch die Konfessionsgrenze zwischen dem katholischen Gévaudan und den protestantischen Cevennen.

Vom 12. Jh. bis zur Französischen Revolution unterstand der Mont Lozère mit seiner Höhenlandwirtschaft der Rechtssprechung des Malteserordens, in der Tradition der mittelalterlichen Ritterorden, der Steuern eintrieb und Wegzoll für den Almauf- oder -abtrieb erhob. Der fünftausend Hektar große Besitz der Malteser, das Cap Francès, war mit zahlreichen Grenzsteinen und mit dem Malteserkreuz behauenen Felsen markiert, über die man noch heute hier und da stolpert.

Die Landwirtschaft am Mont Lozère beschränkt sich derweil auf Sommerweiden und Rinderzucht. Die einst so zahlreichen Schafherden spielen fast keine Rolle mehr.

PONT-DE-MONTVERT (48220)

Malerisches Granitdorf wie aus dem Bilderbuch im oberen Tal des Tarn; 21 km östlich Floracs, über eine landschaftlich besonders reizvolle Straße zu erreichen. Unterwegs begegnen uns zahlreiche Wanderer mit roten Wangen und dicken Wollsocken. Echte Rucksacktouristen sollten wie üblich die Nachsaison vorziehen, was für alle Touristengegenden gilt. In den alten Gemäuern mit den meterdicken Mauern wird es dann richtig gemütlich.
Eine hübsche gotische Brücke mit eigenem Uhrturm überspannt den Tarn, der an dieser Stelle einem größeren Gebirgsbach ähnelt.

Für Hinweise, die wir in späteren Auflagen verwerten, bedanken wir uns mit einem Buch aus unserem Programm

Ein geschichtsträchtiger Ort: in Pont-de-Montvert wurde am 24. Juli 1702 der *Abbé du Chayla*, Erzpriester der Cevennen und Missionsbeauftragter für die ganze Region, abgemurkst. Nachdem er sich in China als christlicher Märtyrer hervorgetan hatte, wütete er daheim gegen die Hugenotten. Die Kamisarden stürmten unter *Esprit Séguier* sein Haus, steckten es unter Absingen frommer Psalmen in Brand, setzten den Abbé gefangen und ließen dessen von zweiundfünfzig Dolchstichen durchbohrten Leichnam auf offenem Platz liegen. Die Aufrührer befreiten bei dieser Gelegenheit auch gleich die Gefangenen, die er in seinem Haus eingesperrt und gefoltert hatte. Die tragischen Ereignisse dieser Nacht waren der eigentliche Auslöser des Kamisardenkriegs.

Übernachtung

● *Preiswert*

▪ **Hôtel des Cévennes:** das Granithäuschen mit Terrasse oberhalb des Bergbachs und unweit der darüberführenden Brücke fällt sogleich ins Auge. T. 66 45 80 01. Von Ostern bis Allerheiligen. Im Stil alter Berggasthöfe, wie sie Stevenson wahrscheinlich noch kennenlernte. Schlichte, aber wohnliche Zimmer mit Dusche und WC auf dem Gang sowie neuere mit Dusche und WC, die aber weniger reizvoll sind. Übernachtung ab 170 F. Zimmer Nr. 1, 2 oder 3 mit Blick auf den Tarn verlangen. Im Restaurant ein erstes Menü für 85 F, das sich sehen lassen kann. Vom hellen, ruhigen Speiseraum Blick über das Dorf. Nur das Empfangspersonal läßt mal wieder zu wünschen übrig!

● *Anspruchsvoller*

▪ **La Truite Enchanté:** Hotel-Restaurant an der Hauptstraße durch Le-Pont-de-Montvert. T. 66 45 80 03. »Die verzauberte Forelle!« ... Klingt wie ein Stück vom Schubert Franzl. Die Inhaber Edgar und Corinne vermieten die acht renovierten, familiengerechten Zimmer des Hauses: 120-150 F (mit Dusche); die mit Tarnblick verlangen! Leckere, großzügig portionierte Kost mit regionaler Färbung ab 80 F (Obergrenze 160 F). Rechtzeitige Buchung lohnt also.

Übernachtung auf dem Mont Lozère

Unsere Vorzugsadressen liegen auf der sonnigen Südseite des Massivs.

● *Gîtes Ruraux* (Ferienhäuser und -wohnungen)

Achtung: normalerweise nur wochenweise Vermietung! Im Sommer ziehen die Preise deutlich an.

▪ **In Champlong-de-Lozère:** kleiner Weiler auf 1.200 m, an der Straße nach Finiels, rund 4 km von Pont-de-Montvert. Ferienwohnung für fünf Personen in einem niedrigen, für den Mont Lozère typischen Steinhaus. Im Juli/August kostet die Woche rund 1.700 F, außerhalb der Saison nur 1.000 F. Ansprechpartner ist der Eigentümer M. Molines, T. 66 45 80 15. Vermietung über das Verkehrsamt für die Lozère.

▪ **Le Merlet:** größeres landwirtschaftliches Anwesen am Südhang des Mont Lozère, in einer großartigen Umgebung. Hier wollten wir gar nicht wieder weg. T. 66 45 82 92. Das ruhige Nest, 8 km östlich Pont-de-Montverts, ist allerdings nicht auf Anhieb zu finden: zunächst die Straße nach Génolhac einschlagen, dann 5,5 km vor der Brücke links in Richtung Le Merlet abbiegen. Ein Weg führt schließlich zu dem 2,5 km entfernten Weiler. Philippe Galzin, ein sympathischer Imker, kennt die Region wie seine Westentasche. Er vermietet zwei *Gîtes* für zwei bis fünf Personen und ein paar Gästezimmer mit persönlicher Note. Wanderer auf dem nahen GR 72 kommen auch im Schlafsaal unter. Gemeinschaftsmahlzeiten, Verkauf von eigenen Erzeugnissen, u.a. guter hausgemachte Cidre. Die Galzins veranstalten auch gemütliche Abende am Kamin. Eine Idylle am Ende der Welt also.

Einkehren auf dem Mont Lozère

♦ **Auberge des Laubies:** 17 km nordwestlich von Pont-de-Montvert, im Weiler *Les Laubies* (Saint-Étienne-du-Valdonnez), etwas abseits der Straße zum Col de Montmirat. Mme Romain, T. 66 48 01 25. Von Ende Oktober bis Ostern geschlossen. Spitzenadresse in vollkommener Bergeinsamkeit, auf dem kahlen Hochplateau des Mont Lozère. Hier, wo der Horizont unendlich weit und die Landschaft großartig ist, führt eine alteingesessene Familie von *Lozériens* ihren Gasthof. Günstig: Vollpension 200 F! Reichliche Hausmannskost, vorteilhaftes Preis-Leistungsverhältnis. Menüs ab 70 F. Ideales Plätzchen, um auf andere Gedanken zu kommen, einfach nur nachzudenken, in freier Natur zu träumen, zum Fischen oder Wandern.

Sehenswertes in Pont-de-Montvert

▶ **Maison du Mont Lozère:** T. 66 45 80 73. Vom 1. Juni bis 30. September von 10.30-12 und 14.30-18.30h geöffnet; vom 1. Oktober bis 31. Mai nur donnerstags, samstags, sonntags sowie während der Schulferien . Alles über den Mont Lozère in Geschichte und Gegenwart: Kulturgeographie, Natur, Volkskunst und Brauchtum. Dokumentation zum Nationalpark und Auskünfte über das Heimatmuseum des Mont Lozère.

In der Umgebung

Nähere im *Maison du Mont Lozère*, wo man auch den jeweiligen genauen Anfahrtsweg erfährt.

▶ **Ferme de Troubat:** Bauernhof, rund 8 km östlich Pont-de-Montverts. Vom 1. Juni bis zum 30. September, donnerstags und freitags geschlossen. Gut erhalten. Zu sehen sind der Stall mit Heuschober, der Brotofen, die Mühle und der Dreschboden.

▶ **Weiler Villeneuve, L'Hôpital und Bellecoste:** an der schmalen Hangstraße zum Mas-Camargues. Ab Pont-de-Montvert den Schildern folgen. Die Örtchen sind typisch für den Mont Lozère.

▶ **Mas-Camargue:** Gehöft, rund 8 km nordöstlich Pont-de-Montverts, an einer schmalen, befahrbaren Straße. Im Sommer täglich zu besichtigen. Eine Art Lehrpfad macht uns mit den natürlichen Gegebenheiten auf der Südseite des Mont Lozère vertraut. Zwei Rundwege stehen zur Wahl: einer 2,7 km, der andere 3,8 km lang.

▶ **Mas-de-la-Barque:** noch abgelegener als das Mas-Camargues, am Ende des Wegs, dem auch der GR 72 folgt. Am leichtesten über Génolhac oder Villefort zu finden. »Ach, wie mich freut, Waldeinsamkeit« (Ludwig Tieck): die waldige Partie des Mont Lozère wartet mit Nadelhölzern, Buchen und Fichten auf.

IM WEITEREN UMKREIS DES MONT LOZERE

Am besten sind alle mit eigenem Auto dran, denn Busse verkehren rund um den Mont Lozère kaum. Und zu Fuß müßte man natürlich mehrere Tage einplanen. Los geht's in Pont-de-Montvert. Für den Ausflug zum »Berg der Quellen« mindestens einen Tag rechnen, wobei wir unterwegs nicht nur zum Essen aussteigen – wie unsere französischen Freunde – und uns Zeit lassen.

▶ **Finiels:** altes Schäferdorf an der Draille des Gévaudan, wo jedes Jahr am ersten Sonntag im August ein großes Heidelbeerenfest stattfindet.

▶ **Col de Finiels** (1.541 m): mehrere Wanderwege führen von hier zum Finiels-Gipfel (1.700 m) oder nach Osten zu den Tarn-Quellen.

354 / LOZERE – MONT LOZERE

- **Le Châlet du Mont-Lozère:** Pflichthalt für alle Wanderer in der Gegend. Art Wanderherberge. T. 66 48 62 84. Auf 1.400 m Höhe, kleiner Wintersportplatz. Wir haben die Wahl zwischen Verpflegungspaket, wenn man zum Wandern oder Skilaufen aufbricht, und lecker-deftigen Gerichten. »Gebirgspreise« um die 80 F. Übernachtung in Zimmern mit ländlich-einfacher Ausstattung.

▶ **Le Mazel:** die Straße führt nunmehr den Nordhang des Mont Lozère hinab.

▶ **Le Bleymard:** wenige Kilometer von hier, in der *Montage du Goulet*, entspringt der Lot, der das Dorf hier noch als größerer Bach durcheilt.
- **Hôtel La Remise:** T. 66 48 65 80. Übernachtung ab 220 F im Doppelzimmer. Im Restaurant Menüs von 88-188 F.

▶ **»Clochers de Tourmente«:** zwischen Le Bleymard und Bagnols stößt man an der Flanke des Mont-Lozère auf die bereits angekündigten Glockentürme, deren klagendes Geräusch bei Sturm im Nebel verirrten Wanderern Orientierung bot: in den Weilern *Serviès, les Sagnes, Auriac* und *Oultet*, alle auf der IGN-Karte Nr. 354 im Maßstab 1 : 100.000 verzeichnet.

▶ **Saint-Julien-du-Tournel:** Bergnest oberhalb einer Schleife des Lot. Sehenswert sind die Kirche aus braunem Schiefer und Burgruinen aus dem 12. Jh. auf einer Felsnase.

▶ **Bagnols-les-Bains:** Badeort, den schon die alten Römer kannten; den verschlafenen Kurort suchen noch heute jene Zeitgenossen auf, die im Dummdeutsch der Werbefritzen »Kurlauber« heißen.
- **Auberge du Lot:** T. 66 47 60 09. Von Ostern bis Oktober. Günstigtes Haus am Platz: Doppelzimmer mit Halbpension ab 190 F. Menüs ab 70 F.

▶ **Col de la Loubière** (1.181 m): wir befinden uns hier auf der alten Straßenverbindung von Mende ins Vivarais. Auch der Weideweg nach la Margeride lief über diesen Paß. Ringsum breitet schweigend der dichte, ausgedehnte Loubière-Wald Raum, den wir der fortwährenden Aufforstung seit Anfang des Jahrhunderts zu verdanken haben – der saure Regen wird ihn schon kleinkriegen, auch wenn die Franzosen meinen, den gebe es nur in Deutschland.

▶ **Lanuéjols:** nicht verwechseln mit dem anderen Lanuéjols im Gard (unweit Trèves, auf der Causse Noir). Unterhalb der D 41 ist ein merkwürdiges *Mausoleum* aus der Römerzeit vom Ende des 3. Jhs zu sehen. Ein gewisser Lucius Julius Bassianus hat es in treuem Angedenken seinen beiden toten Kindern gewidmet. Auch einen Blick in die Kirche aus dem 12. Jh. werfen.
In Lanuéjols die Straße nach Saint-Étienne-du-Valdonnez hinauf einschlagen, anschließend über die N 106 (Mende-Florac) wieder zurück auf den Col de Montmirat; von wo aus wir nach links über die untergeordnete D 35 verkrümeln, die an der Südwestflanke des Mont Lozère verläuft.

▶ **Hameau de La Fage:** das einsame Dörfchen, wo der Wind aus allen vier Himmelsrichtungen gleichzeitig zu wehen scheint, ist ebenfalls auf der IGN-Karte Nr. 354 verzeichnet. Die paar bescheidenen Behausungen im traditionellen Baustil sind mit ihren dicken Granitmauern für die Ewigkeit gebaut. Auch hier ein bei Sturm »heulender Kirchturm«. Wer die Gegend im Winter erebt hat, sieht dessen Nutzen ein.
- **Wanderherberge** (Inh. Madeleine Meyrueix): T. 66 48 05 36. Bereits im Abschnitt »Wanderungen am Mont Lozère« besprochen. Dennoch sei noch einmal darauf hingewiesen, daß hier die billigste, preiswerteste, erschwinglichste usw. Übernachtung im ganzen Languedoc-Roussillon zu finden ist: 10 F für die Nacht im Heustadl!

▶ **Cham des Bondons:** aus dem öden, sich unendlich erstreckenden Bondons-Plateau ragen nur einige Kuppen hervor, sogenannte von der Erosion zu rundlichen Hubbeln abgeschliffene »Puechs«. Wie mag diese gottverlassene Stätte am Mont Lozère erst im Nebel wirken, wenn die Raben ihr »Kroaa« ertönen lassen, die Kuhglocken bimmeln und wie aus dem nichts Granitfelsen und Menhirfelder auftauchen? Dann spürt man etwas von der keltischen Vergan-

genheit Frankreichs. Kein Baum und kein Strauch, raumgreifende Weite, eine geradezu furchteinflößende Stille – wo findet man so was heute noch? Dem Heideschrat Arno Schmidt hätte es hier bestimmt gefallen.
Zur Inaugenscheinnahme des Menhirfelds hat man doch tatsächlich den Wagen abzustellen und sich zu Fuß über die Weiden nach Colobrières durchzuwursteln, bis man vor dem größten Menhir des Mont Lozère steht: ein drei Meter hoher, auf einem Berggrat schon von weiten sichtbarer Granitblock. Die Kelten, schon wieder!

♦ **Auberge des Bondons:** T. 66 45 18 53. In der Ortschaft Bondons. Erzeugnisse aus eigener Herstellung. Menüs ab 70 F auf Bestellung.

▶ **Hameau de Runes:** an der schmalen D 35, die in unberührter, wilder Landschaft hinabführt nach Le Pont-de-Montvert. Hübscher Weiler mit alten Behausungen.

▶ **Fraissinet-de-Lozère:** 3 km hinter Runes, weiter unten am Berghang.

Dieselbe enge Straße führt uns zurück nach Pont-de-Montvert.

TARN-SCHLUCHT (Gorges du Tarn)

»Schön ist, Mutter Natur, deiner Erfindung Pracht« (formulierte Klopstock, der allerdings den Zürisee meinte): eine der spektakulärsten Naturlandschaften Frankreichs, im Sommer freilich auch eine der überlaufensten (dieses Problem war dem Verfasser feierlicher Oden an die Natur allerdings noch fremd, worum wir ihn beneiden). Es hilft jedoch alles nichts: der Tarn ist wie Venedig oder Mykonos, irgendwann kommt jeder mal vorbei. Denn noch haben die Besuchermassen Schönheit und Zauber der Schlucht nicht vollends überrannt. Nach unserem Aufenthalt haben wir den Abstecher jedenfalls keinen Augenblick lang bereut. Ein französischer Klassiker, den mit neuen Augen sehen wird, wer sich ein wenig abseits der ausgetretenen Wege hält.
Wir wollten zuerst eigentlich einen Rundflug über der Tarn-Schlucht im motorisierten Ultraleichtflugzeug (frz. *ULM*) empfehlen; einfacher ist es jedoch, ein Kanu oder Kajak zu mieten und sich mit der Strömung treiben zu lassen. Unserer Meinung nach bietet dieses Fortbewegungsmittel – neben Wandern, versteht sich – die besten Voraussetzungen für eine Erkundung der ganzen Gegend. Unverbesserliche Autofahrer, nur keine Panik: die einzige Schluchtenstraße steht dem MIV (motorisierten Individualverkehr) nach wie vor offen.

Der Tarn und seine berühmte Schlucht

Bis Florac geht alles gut: der Tarn entspringt am Gipfel des Mont Lozère, in 1.575 m Höhe, und fließt als kleiner Gebirgsbach mit mäßigem Gefälle seiner Wege. Nach Ispagnac jedoch wird alles anders: der Tarn stößt dort auf die *Causse* genannten Hochebenen aus Kalkgestein. Den für festen Boden unter den Füßen sorgenden Granit des Mont Lozère und den Cevennenschiefer läßt er hinter sich zurück, denn hier beginnt das Reich der weichsten aller Gesteinsarten. Auf den dreiundfünfzig Kilometern zwischen Ispagnac und Le Rozier ist darum Schluß mit dem gemütlichen Daherbummeln. Der ungestüme Tarn gräbt sich ein tiefes Bett und rauscht zwischen vier- bis fünfhundert Meter hohen Steilklippen in die Tiefe. Sein Wasser wäscht die Kalkwände seit Jahrtausenden aus. An einigen Stellen zwängt er sich durch Engpässe wie in der Détroits-Passage zwischen Malène und Les Vignes, vielleicht dem schönsten Abschnitt der Schlucht.

356 / LOZERE – TARN-SCHLUCHT

Tarnschlucht

Andernorts bildet der Tarn Mäander und beschreibt atemberaubende Kurven: wie im *Cirque de Pougnadoires* unweit Saint-Chélys oder, noch spektakulärer, im *Cirque des Baumes*. Ein Naturschauspiel, bei dem die begeisterten Zuschauer in der ersten Reihe sitzen. So auch am *Roc des Hourtous,* wo seltene Adler nisten. Das klare Wasser des Tarn birgt durchaus seine Geheimnisse: man erkennt sie nicht sofort, aber an die vierzig unterirdische Zuflüsse aus dem Méjean-Kalkplateau und der Causse du Sauveterre ergießen sich über Wasserfälle in den Tarn. Dessen Schluchten bestehen übrigens nicht nur aus Wasser und Stein; wir entdecken vielmehr auch wildreiche, hektargroße Wälder mit unzugänglichen Weilern wie *La Croze*, Zeugnis alten bäuerlichen Lebens, das selbst in der Schlucht Wurzeln zu schlagen vermochte.

Mächtige Herren, alle mehr oder weniger menschenfeindlich gesonnen, hatten an den malerischen Ufern des Tarn ihr Domizil aufgeschlagen: das Tal säumen daher mehrere mächtie Burgen, manche in Trümmern, während andere zu Schloßhotels umfunktioniert wurden. *Rocheblave*, *Charbonnières*, *Castelbouc*, *La Caze*, *La Malène*; ... lauter uneinnehmbare Adlernester der Stolzen, Unbeugsamen.

Nicht zu vergessen, daß die Hochwasser des Tarn für ihre Heftigkeit berüchtigt sind. Im Sommer tritt der Fluß nach einigen Stunden Gewitter über die Ufer. Ist das Unwetter abgezogen, sinkt er in sein Flußbett zurück, als sei nichts gewesen. Wer will, kann dem Unterlauf des Tarn über Albi und Montauban bis nach Moissac folgen, wo er sein Wasser mit dem der Garonne vereint. Ausdauernde Kajakfahrer wollen diese Strecke schon hinabgepaddelt sein.

Was man beherzigen sollte

– Auf die geeignete Reisezeit achten. Wie gesagt: im Juli/August ist wegen Überfüllung geschlossen.
– Vorher beim Hotel telefonisch anfragen, ob noch was frei ist und ob Halbpension Pflicht ist oder nicht.
– Auch auf der Causse Méjean oder der Causse de Sauveterre finden sich Unterkünfte. Unserer Meinung macht man am besten in einem Umkreis von fünfzehn bis zwanzig Kilometern um den Tarn Quartier. Wir unterbreiten diesbezüglich Vorschläge.
– Wanderer, kommst du zum Tarn, zieh Erkundigungen ein über die Wanderpfade, wie es der Reiseführer befiehlt. Von La Malène oder Le Rozier aus lassen sich wunderbare Touren unternehmen.

ISPAGNAC (48320)

Hübsches Dorf im oberen Tarntal, rund 12 km nordwestlich Floracs. Die eigentliche Schlucht beginnt erst hinter Ispagnac, im Weiler *Molines*. Im Frühling geht's hier recht beschaulich zu, im Sommer tritt man sich gegenseitig auf die Füße. In *Sainte-Énimie* tarnabwärts finden wir dann leichter eine Unterkunft. In Ispagnac schöne romanische Dorfkirche.

Nützliche Adresse

– **Verkehrsamt:** neben dem Rathaus. T. 66 44 20 50.

Übernachtung

• **Auberge du Cheval Blanc:** 1 km hinter Ispagnac, in Richtung Sainte-Énimie. T. 66 44 20 79. Das »weiße Rössel« hat vom 1. April bis zum 1. November auf. Zwölf Zimmer ab 200 F.
• **Zeltplatz L'Aiguebelle:** am Tarnufer, wie die meisten anderen Zeltplätze auch. T. 66 44 20 26. Von April bis Oktober. Einkehrgelegenheit.

358 / LOZERE – TARN-SCHLUCHT

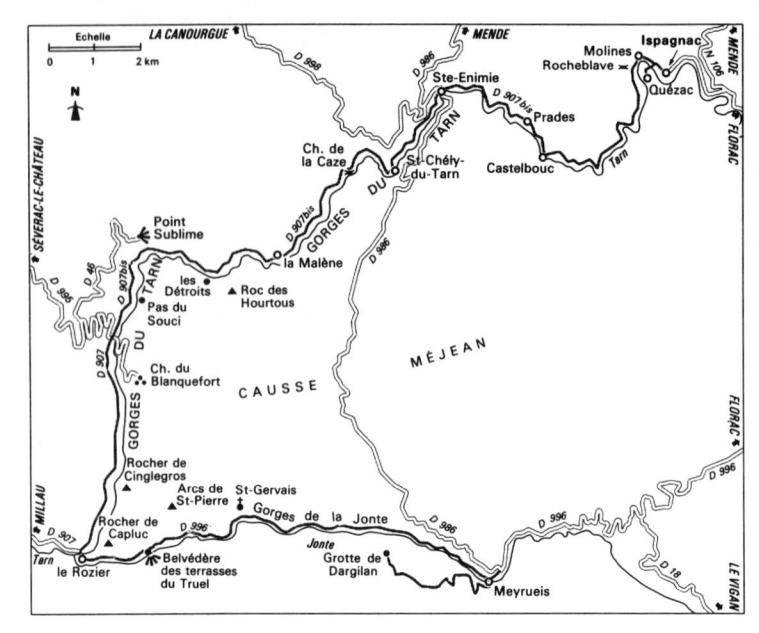

Tarn- und Jonte-Schlucht

VON ISPAGNAC NACH SAINTE-ÉNIMIE

▶ MONTBRUN

Gottverlassenes, hübsch gelegenes Dorf. Das Schloß Charbonnières würde hier auch keiner vermuten.

– **Point d'Accueil Jeunes:** in Regie der *UCPA*. T. 66 48 55 43.

Nachtruhe

• **Zeltplatz »Le Pré Morjal«:** T. 66 44 23 77 und 66 44 20 50 (in der Vor- und Nachsaison); Fax 66 44 23 99. Vom Osterwochenende bis zum 30. September auf. Gut ausgestatteter, gemeindeeigener Zeltplatz.
• **Zeltplatz Chez Roger:** T. 66 48 55 38. Schattige Anlage am Ufer des Tarn; vernünftige Gebühren.
• **Wanderherberge:** *Gîte d'Etape* bei Pierre Arragon in *Blajoux,* 1,5 km von Montbrun, zwischen Schloß Charbonnières und Castelbouc. T. 66 48 51 95. Vom Juli bis September. Vier spartanische Kemenaten mit Waschbecken; Waschraum und WC auf dem Treppenabsatz.

SAINTE-ÉNIMIE (48210)

Auf seiner Frankreichdurchquerung auf Schusters Rappen schrieb *Jacques Lacarrière* 1973: »Das Touristendorf ist voller Hotels, die im Sommer stets ausgebucht sind und außerhalb der Saison dicht machen. Der November in Saint-Énimie ist ein Monat in Gesellschaft von Siebenschläfern, Murmeltieren und Winterschläfern«. Gut beobachtet. Es hat sich seither nichts geändert, ja, es ist eher noch schlimmer geworden. In jungen Jahren rollten wir unter der alten Brücke unseren Schlafsack aus; heute machen sich überall die Kanu- und Kajakfahrer breit. Bleibt die malerische Landschaft, die im Mai und September am schönsten ist.

Nützliche Adresse

– **Verkehrsamt:** im Gebäude des Rathauses, unweit der Post. T. 66 48 53 44. Fax 66 48 52 28. Ganzjährig geöffnet, im Sommer von 9-19h. Verzeichnis der Zeltplätze, Hotels und Privatzimmernachweis.

Übernachtung

Hier sehnen wir uns nach den guten alten Bauernhöfen auf dem Mont Lozère zurück!

- **Hôtel-Bar Le Central:** rue Basse. Mitten in der Stadt, wie der einfallslose Name vermuten läßt. T. 66 48 50 23. Bequemes, einfaches Doppelzimmer ab 170 F. Nur für den Notfall.
- **Gästezimmer:** bei Julien und Raymonde Bosc, Place de la Combe. T. 66 48 50 36. Neuzeitlicher Bau, in dem zwei Räume vermietet werden. Doppelzimmer mit Bad ca. 170 F.
- **Point Acceuil Jeunes:** für die Abgebrannten; Übernachtung für rund 10 F. Im Rathaus anrufen: T. 66 48 50 09.

SAINT-CHÉLY-DU-TARN

Ca. 4 km südlich Sainte-Énimies; altes Bilderbuchdorf am Fuß der Kalkfelsen. Über ein Brückchen gelangen wir in den unverfälschten Ort mit seiner romanischen Kirche, dem Brotofen und den Wohnhäusern aus heimischem Kalkstein, die das Tarnufer malerisch säumen. Alles das kommt freilich am besten zur Geltung, wenn nicht zu viele Mittouristen da sind.

Schlafen & Essen

- **L'Auberge de la Cascade:** sich an das räumlich von der Herberge getrennte Restaurant gleich am Ortseingang links wenden. T. 66 48 52 82, Fax 66 48 52 45. Vorausbuchung ratsam. Ausgewogenes Preis-/Leistungsverhältnis: Doppelzimmer mit Dusche und WC rund 190 F. Unterbringung in einem alten Steingemäuer im rückwärtigen Teil einer Passage. Ruhige Lage, aber man sieht nicht viel, und dunkel ist es leider auch. Gutes Essen zu bekömmlichen Preisen auf der Restaurantterrasse. Bietet auch von daher eines der günstigsten Preis-Leistungsverhältnisse in der Schlucht (ab 70 F). Schwimmbad im Hause.

In der Umgebung

▶ **Cirque de Saint-Chély:** atemberaubend!

▶ **Cirque de Pougnadoires:** in einer Flußschleife bilden die erodierten Steilklippen ein natürliches Amphitheater.

360 / LOZERE – TARN-SCHLUCHT

St. Enimie

▶ **Burg La Caze:** rund 2 km hinter Saint-Chély, in Richtung La Malène. Leider ist das schöne Burghotel aus dem 15. Jh. nicht zu besichtigen, in dessen Nymphenzimmer die Tarn-Schönheiten schlummern.

LA MALENE (48210)

Den schönsten Blick auf La Malène erwartet, wer über die kurvenreiche Straße von der Causse Méjean in die Schlucht hinunterfährt. Im Sommer ist auch La Malène überlaufen, wirkt aber im Herbst derart ansprechend, daß wir im Frühling nachschauen werden, um uns auszumalen, wie die alten Lauze-Dächer unter dem Schnee dem Winter ausgesehen haben mögen.

Nützliche Adressen

– **Auskunftsbüro des Cevennen-Nationalparks:** an der Tarnbrücke; dient im Sommer auch als Verkehrsamt. T. 66 48 50 77. Täglich von 9-12.30 und 15-18h besetzt.
▪ **Gemeindeherberge:** *Gîte d'Etape* im alten Pfarrhaus. Sich an Mme Josette Fages wenden: T. 66 48 51 47, oder ans Rathaus: T. 66 48 51 16, Fax 66 48 58 51. Geöffnet von Ostern bis Allerheiligen. Zwanzig Plätze, Übernachtung ab 50 F. Duschen, kleine Küche. Schlafsack mitbringen.

Zelten zwischen La Malène und Les Vignes

In der Reihenfolge von La Malène nach Les Vignes:

▪ **Camping chez Maurice** oder **Le Clos:** 2 km hinter La Malène der erste Zeltplatz am Tarnufer. T. 66 48 51 24.
▪ **Camping La Blaquière:** ebenfalls am Tarnufer; schattige Anlage am Fuß der Steilfelsen, zwischen dem *Cirque des Baumes* und den *Détroits*, 19 km von Sainte-Énimie. T. 66 48 54 93, Fax 65 68 22 52. Anständige Sanitäranlagen mit Warmwasser und Duschen. Getränkebude und Tante-Emma-Laden, von Mai bis September. Sicherlich eines der schönsten Fleckchen, um in der Schlucht sein Zelt aufzuschlagen. D.h. wenn noch genügend Platz ist ...
▪ **Camping Beldoire:** kurz vor der Ortschaft Les Vignes. T. 66 48 82 79 während der Saison, außerhalb der Ferienzeit T. 66 68 20 28. Von Ostern bis Anfang Oktober. Ebenfalls ein hübsches Plätzchen. Die Schlucht weitet sich hier bereits etwas, um Häuser und Zelte bleibt auf diesem gut ausgestatteten Zeltplatz also mehr Raum. Vernünftige Gebühren; im Sommer allerdings ziemlich überlaufen.

Sehenswert

▶ **Roc des Hourtous:** dieser hochgelegene Aussichtspunkt beschert einen grandiosen Blick über die Tarnschlucht. Am *Point Sublime* kommt man sich vor wie weiland Polykrates; der sah von seines Daches Zinnen auf das beherrschte Samos hin, da sprach er zu Ägyptens König: gestehe, daß ich glücklich bin! usw., s. Schiller. Anfahrt zum *Roc des Hourtous:* erst rauf auf die *Causse Méjean* (s. oben), wo man sich von der Weite nicht trunken machen lassen sollte und dann zielsicher die D 16 folgen. An der Kreuzung nicht schnurstracks geradeaus fahren – die Straße führt nach Carnac, nicht nach dem bretonischen Carnac mit seinen Menhiren, sondern zur *Ferme de Carnac* (seltsam, diese keltischen Anklänge auf dem Plateau). Schließlich kommt der ersehnte Aussichtspunkt über der Schlucht in Sicht. Vorher bei der kleinen Kneipe halten und den Wagen auf dem Parkplatz abstellen, dann zu Fuß auf dem unbefestigten Weg weiter.

Vorschläge für Abenteuerlustige

- Mit dem Boot tarnabwärts: ein Erlebnis. *Les Bateliers de La Malène* ermöglichen diesen Ausflug mehrmals am Tag. Büro rechts vor der Brücke. T. 66 48 51 10. Fax 66 48 52 02. Anlegestelle ein Stück unterhalb der Brücke. Dauer: eine Stunde, Länge: rund 8 km. In Gruppen von vier bis fünf Personen lotst uns ein Einheimischer durch die Schlucht und erläutert uns deren landschaftliche Schönheiten. Bei zu niedrigem Wasserstand setzt er den Motor oder seine lange Stange ein. Unterwegs der Engpaß *Détroits*, wo sich Biber und Adler gute Nacht sagen, und der alte Weiler *la Croze*, den man nur mit dem Kahn erreicht. Eine Straße führt nicht hierher. Der Eigentümer des Anwesens, ein Industrieller aus Nordfrankreich, hat ein großes Seil über die Schlucht spannen lassen, um Lebensmittel und Gepäck herbeizuschaffen. Die Bootsfahrt erreicht ihren Endpunkt am *Cirque des Baumes*, einem natürlichen Amphitheater, aus dem Steilfelsen, Felsnadeln und Baumgruppen emporwachsen. Ein Pkw oder Kleinbus bringt einen zum Ausgangspunkt zurück, d.h. nach La Malène. Einzig von Nachteil ist der happige Preis von ca. 100 F pro Person und der Zwang zur Gruppenfahrt. Im Sommer am besten schon früh um 8h auf der Matte stehen.

LES VIGNES (48210)

Ortschaft am Ausgang der eigentlichen Tarn-Schlucht, wo diese breiter wird. Wie der Name schon andeutet, waren die Bauern hier auch Winzer.

Kost & Logis

- **Hôtel-Restaurant Le Parisien:** ortsausgangs, 10 km vor Le Rozier. T. 66 48 81 51. Großes Jahrhundertwendegebäude in Erdfarben; bietet von der Terrasse und den Zimmern aus einen Postkartenblick über den Tarn. Bescheidenere Preise haben wir selten erlebt: Zimmer mit Dusche 130 F, mit Tarnblick 170 F. Behäbiges Landhotel, sauber und einladend, dessen Inhaber sich in der Saison nicht so hochnäsig wie viele andere aufführen. Natürlich ist das Hotel-Restaurant gefragt, daher im Sommer rechtzeitig buchen. Auch die Mahlzeiten hier sind erschwinglich. Eine gute Adresse für eine Übernachtung in der Schlucht also.

Kost & Logis auf der Causse de Sauveterre

- **Gästezimmer bei Mathilde und Armand Blanc:** Mas Rouch, 48500 *Saint-Georges-de-Lévejac*. T. 66 48 81 22. Ca. 2 km östlich Saint-Georges. Lohnende Anfahrt über das Sträßchen via Plateau nach La Malène. In dem alten, leicht abgeplättert wirkenden Hof hat Mathilde drei Zimmer mit Waschbecken für Gäste hergerichtet. Zum Preis von 170 F (Frühstück inbegriffen) blickt man aufs Kalkplateau. Duschen und WC außerhalb der Zimmer; auch Zeltmöglichkeit. Wanderer auf dem GR 6 kommen im Gruppenschlafsaal unter (40 F pro Nacht und Nase). Mahlzeiten auf Bestellung, 65 F.

LE ROZIER (48150)

Ganze einhundertzehn Einwohner bevölkern das Dorf am Zusammenfluß von Jonte und Tarn. Im Sommer sind's freilich zehnmal so viele. Le Rozier markiert die Grenze zwischen der Lozère und dem Aveyron; gleich gegenüber liegt Peyreleau. Eine romanische Kirche und eine ganze Reihe alter Gemäuer säumen die Hauptstraße. Eignet sich als Ausgangspunkt für Wanderungen über die Causse Méjean hoch über beiden Tälern.

Nützliche Adressen

- **Maison des Guides Sportifs:** T. 65 62 63 54. Geführte Wanderungen, Kletterpartien, Höhlenforschung usw. Der etwas andere Zugang zu den *Grands Causses*.
- **Verkehrsamt:** im selben Gebäude wie die Post. T. 65 62 60 89.

Unterkunft und Verpflegung

● *Erschwinglich*

▪ **Hôtel Doussière:** Neubau am Dorfplatz, wo man Neuankömmlinge freundlich willkommen heißt, jedenfalls in der Zeit von Ostern bis November. T. 65 62 60 25. Doppelzimmer ab 190 F, Obergrenze 300 F. Den renovierten Zimmern in der alten Posthalterei am anderen Jonteufer den Vorzug geben. Keine Mahlzeiten.

● *Anspruchsvoller*

▪ **Grand Hôtel des Voyageurs:** in der Ortsmitte. T. 65 62 60 09, Fax 65 62 64 01. Gehört zur Kette *Logis de France;* anständige Zimmer ab 280 F. Betreibt von März bis Oktober auch ein Speiselokal, das einzige in Le Rozier, wovon der Laden natürlich profitiert. Schnoddrige Begrüßung und Küche treiben uns eher in die Schlucht zurück.

● *Zelten*

▪ **Gemeindezeltplatz:** T. 65 62 63 98. Von Ende September bis Anfang April geschlossen. Schattige Anlage am Flußufer, gut ausgestattet und vernünftige Gebühren.

Sehenswertes und Unternehmungen

- **Wanderungen:** die schöne, aber schwierige Route über die *Corniche des Causse Méjean* beginnt im Dorf. Fünfundvierzig Minuten bis zum Rocher de Capluc, eineinviertel Stunde zum Pont des Arcs, zweieinhalb Stunden bis zur Bastion von Cinglegros. Aufstieg über den GR 67; vom höchsten Punkt aus Traumblick über die Jonte-Schlucht.

▶ **Lämmergeier:** besprechen wir ausführlich im Kapitel »Causse Méjean«.

▶ **Jonte-Schlucht:** s. das gleichnamige Kapitel in diesem unseren Reiseführer.

In der Umgebung

▶ **Peyrelau:** denkmalgeschütztes Dorf an der Jonte. Peyrelau zieht sich über die Flanke eines Hügels hin, den ein zinnenbewehrter Turm krönt. Mehr ist von der alten Trutzburg nicht übriggeblieben.

CAUSSE DE SAUVETERRE

Eines der vier großen Kalkplateaus neben der Causse Méjean, der Causse Noir und der Causse du Larzac. Zwei Flußläufe rahmen die Causse de Sauveterre ein: der Lot im Norden, der Tarn im Osten. Aber hier kommt die Landschaft nicht so karg wie andernorts daher, namentlich im Südwestteil zwischen La Canourgue und Saint-Rome-de-Dolan. Wanderungen sind auf dem GR 6 und dem GR 60 möglich, vor einem unermeßlichen Horizont, oder man bewegt sich zu Pferd fort.

LA CANOURGUE (48500)

Nettes Städtchen im Talgrund. Das La Canourge durchziehende Kanalnetz wirkt ungewohnt nach dem trockenen Kalkplateau. In der Innenstadt säumen mehrere Renaissancehäuser das Flüßchen Urugne, wo einst Gerber und Weißgerber arbeiteten. La Canourge ist zwar tiefste Provinz, verströmt aber dennoch (oder gerade deshalb) eine besondere Atmosphäre und gibt eine gute Etappe zwischen der Causse und dem Aubrac ab. Seit März 1986 ist Bürgermeister *Jacques Blanc* Präsident des Regionalrats des Languedoc-Roussillon, weshalb er in seiner Stadt der Mann für alle Fälle ist, einer, der etwas zu sagen hat, der alles weiß und alles macht; also genau das Gegenteil von uns. Drum notfalls im Rathaus anrufen und ganz selbstverständlich Jacques verlangen, wenn's irgendwo klemmt.

Nützliche Adresse

- **Verkehrsamt:** im Rathaus. T. 66 32 81 47. Auskünfte von Juni bis September von 10-12.30 und von 15-19h.

Kost & Logis

● *Preiswert*

- **Hôtel Le Portalou:** place du Portalou, in der Innenstadt. T. 66 32 83 55, Fax 66 32 92 54. Ganzjährig geöffnet. Läuft im Ort nur unter *Bar Gibelin,* weil die Wirtin Mme Gibelin heißt. Von außen könnte man das Hotel glatt für eine Präfektur halten. Schöne Zimmer ab 200 F; Nächtigen ist aber auch schon ab 140 F möglich (Dusche und WC auf dem Gang). Kein Restaurant.

● *Anspruchsvoller*

- **Hôtel La Citadelle:** av. des Gorges-du-Tarn, Altbau in der Innenstadt. T. 66 32 80 11. Im November geschlossen. Inhaber ist Dédé, der Präsident des örtlichen Fußballvereins. Moderne Zimmer ohne große Besonderheiten zu 200 F (Dusche) bzw. 240 F (Bad). Im Restaurant Menüs ab 80 F; gemütliche Bistroatmosphäre.

Sehenswert

▶ **Kapelle in Saint-Frézal:** wurde von der Bruderschaft *Confrérie de la Pouteille et du Mamouls* restauriert.

▶ **Kirche Saint-Martin:** aus dem 12. und 14. Jh., aus weißrosa Sandstein. Quadratischer Glockenturm.

▶ **Sabot de Malepeyre:** bizarrer, dreißig Meter hoher Felsen, der entfernt an einen Holzschuh (frz. *Sabot)* erinnert. An der D 46, in Richtung Causse.

AUF DER CAUSSE

Logis und Verpflegung

- **Gästezimmer bei Mme Salanson:** in Cros-Bas, 4 km südlich Chanacs, auf der Causse Sauveterre. T. 66 48 22 52. Von Mitte Mai bis Mitte September. Bauernhof mit vier Gästezimmern, Verkauf von eigenen Erzeugnissen. Halbpension rund 140 F pro Person. Der Fernwanderweg GR 60 durchquert Cros-Bas.
- **Ferme-Auberge de la Vialette:** neben dem Dorf La Capelle, an der D 988, 7 km von Laval-du-Tarn, auf der Causse Sauveterre. T. 66 32 83 00, Fax 66 32 94 62. Anne-Marie und Jean Fages empfangen ihre Gäste in ihrem renovierten, idyllischen Bauernhof aus dem 19. Jh. Abgesehen von der Ferienwohnung

LA CANOURGUE / 365

(Gîte) für zehn Personen im früheren Herrenhaus fünf bequeme Gästezimmer ab 250 F pro Nacht mit Frühstück. Reichliche Portionen, und Familienanschluß ist auch gewährleistet. Halbpension ca. 200 F. Ringsum laden endlose Wälder zu Streifzügen ein, sei es zu Fuß oder mit dem Rad. Unser Geheimtip auf der Causse.

▶ **SAUVETERRE**

Typisches altes Dorf auf der Causse Sauveterre, unweit der Straße, die Sainte-Énimie mit Balsièges im Lot-Tal verbindet.

▶ **CHAMPERBOUX**

Zweieinhalb Kilometer vor Sauveterre. Noch so ein gottverlassenes Nest auf dem Plateau. In dieser Gegend stoßen wir auf mehrere Dolmen und Tumuli (Grabhügel). Kombiniere: hier lebten früher Kelten.

Erst spachteln, dann schlafen

• **Reiterhof in La Périgouse:** gut 2 km südlich von Champerboux. T. 66 48 53 71, Fax 66 48 54 67. Keine Betriebsruhe. Lassen wir die Menschenmassen in der Tarnschlucht getrost hinter uns: der Hof ist eine ideale Anlaufstelle für stundenlange Ausritte über das weite, öde Kalkplateau. Während die Pferde auch nachts auf der Weide stehen, nächtigen die Wanderer im *Gîte* oder in den Gästezimmern (Vollpension rund 210 F). In einiger Entfernung sorgen eine Kneipe und sogar ein »Privatclub« für Kurzweil. Im Restaurant bereitet Jean-Pierre Pourquier leckere Hausmannskost zu. Er veranstaltet auch Ausritte aller Art, sowohl Tages-, als auch Wochentouren (mit Halbpension um die 2.100 F). Themenschwerpunkte: Touren für Junggesellen, zu den Schlössern usw. Also dann, aufgesessen!

MENDE (48000)

Mende ist das genaue Gegenteil von Saint-Tropez: die Stadt, von der *keiner* spricht, nicht einmal innerhalb Frankreichs. Würde uns nicht wundern, wenn es auf der einen oder anderen Landkarte nicht verzeichnet wäre. Im Verwaltungssitz des Départements Lozère fühlt man sich denn auch in die Welt der Romane im 19. Jh. zurückversetzt: Balzac, Stendhal, Flaubert. Uns hat es hier gefallen, schon allein wegen der Altstadt, der altehrwürdigen Gemäuer, des zeitlosen Ambientes. Drugstores und Stars wird man hier vergeblich suchen. Mende ist also eine der wenigen mittelgroßen französischen Städte, an denen die lärmende, vulgäre Nachkriegszivilisation fast spurlos vorbeigegangen ist.

Blick ins Geschichtsbuch

Am Fuß des *Mont Mimat* herrscht an Quellen kein Mangel. Hier hat alles begonnen. Einst regierten Bischöfe die Stadt und ließen die Stadtmauer errichten, zum Zeichen ihrer Allmacht, die vom 14. Jh. bis zur Französischen Revolution währte. Unter Ludwig XIV. bis zu Ludwig XVI. blühte die Textilindustrie, besonders die Herstellung der beiden Stoffarten *Cadis* und *Serge*. Aus dieser Zeit stammen noch die herrschaftlichen Häuser hinter der Kathedrale. Mende hat sogar einen eigenen Papst vorzuweisen, nämlich *Urban V.* aus der Nähe von Pont-de-Montvert, 1362 zum Oberhaupt der Christenheit gewählt. Vier Jahre später ließ er sich dazu hinreißen, in Mende eine Kathedrale hinzustellen (Kunststück, war ja vom Geld der anderen). Man sollte die Lozère also nicht unterschätzen: auch Hinterwäldler können es zum Minister oder Pontifex bringen, sobald sie nur der heimatlichen Scholle Lebewohl sagen.

Hilfreiche Adressen

- **Verkehrsamt:** 14, bd Henri Bourillon. T. 66 65 02 69. Hotelverzeichnis, Zeltplätze und Restaurants in Mende und Umgebung.
- **CDT Lozère** (Fremdenverkehrsabteilung des Départements Lozère): 14, bd Henri-Bourillon. T. 66 65 60 00, Fax 66 65 03 55. An einer der Ringstraßen rund um die Stadt, unweit der Kathedrale. Das touristische Schaufenster der Lozère: hier findet man alles, vom Hotel-, Restaurant- und Zeltplatzverzeichnis bis hin zu Ferienwohnungen und -häuser auf dem Lande *(Gîtes ruraux)*, Privatzimmern, *Fermes-auberges* (bewirtschaftete Bauernhöfe mit Unterkunft), besonderen Angeboten für Kinder *(Gîtes d'enfants)* usw.) sowie nähere Auskünfte zu Wandermöglichkeiten, Reiterferien, Kanu und Kajak oder Höhlenforschung. Die Prospekte sind übersichtlich und auf dem neuesten Stand. Fachkundiges, freundliches Personal, deshalb unbedingt vorbeischauen.
- **Autovermietung:** *Citer,* av. des Gorges-du-Tarn, T. 66 49 11 22.
- **Fun Radio:** 93.3 Mhz. Rue de la Liberté, T. 66 49 16 16.
- **Notarzt:** T. 66 65 22 22.
- **Postamt:** 6, bd du Soubeyran. T. 66 49 13 75.
- **Taxi:** *Boulet,* T. 66 65 19 88. *Niorthe,* T. 66 49 04 05.

Übernachtung

● *Für schmale Geldbeutel*

▪ **Hôtel du Gévaudan:** rue d'Aigues-Passes. T. 66 65 14 74. Samstags abends und sonntags sowie während der zweiten Dezemberhälfte geschlossen. Ruhige Gasse gleich neben der Kathedrale. Preiswerteste Adresse in Mende: Doppelzimmer 140-180 F, einfacher äußerer Rahmen und gemütliche Atmosphäre. Erschwingliche, schmackhafte Hausmannskost. Ein Lokal für kleine Leute; Menü zu 68 F.

● *Mittlere Kategorie*

▪ **Hôtel Le Palais:** place Urbain-V. T. 66 49 01 59. Vis-à-vis der schönen Kathedrale. Die Eingangshalle, die an die Bar anstößt, zeugt von wahrlich schlechtem Geschmack; aber der Anblick der Zimmer Nr. 16, 17, 20 und 24 läßt uns dies alles vergessen. Doppelzimmer mit passablem Komfort ab 200 F.

● *Gehoben*

▪ **Hôtel de France:** 9, bd Lucien-Arnault. T. 66 65 00 04. Fax 66 49 30 47. Vom 15. Dezember bis 15. Januar geschlossen. Am Ringboulevard, in einem hübschen Haus aus heimischem Stein. Günstiges Preis-/Leistungsverhältnis: wohnliche Zimmer ab 250 F. Betreibt auch ein Restaurant, Menüs 95-220 F. Parkplatz.

▪ **Hôtel du Pont Roupt:** 2, av. du 11-Novembre. T. 66 65 01 43. Im Februar Betriebsruhe. Restaurant sonn- und montags geschlossen. Gehört zur Kette *Logis de France* und bietet am Flußufer jeden erdenklichen Komfort. Seit neuestem drei Sterne, so daß der Zimmerpreis entsprechend gestiegen ist (auf 250-340 F). Auch im Feinschmeckerrestaurant hat man tiefer in die Tasche zu langen, aber die Qualität ist erstklassig.

Speis & Trank

● *Preiswert*

♦ **Le Rachas:** 5, av. Foch. T. 66 65 12 62. Fünf Minuten zu Fuß bis zur Kathedrale, ganzjährig geöffnet. Sonntag Ruhetag, auch samstags abends geschlossen. Menüs ab 70 F. Das erste ist gemessen an Preis und Leistung unschlagbar: sage und schreibe fünf Gänge werden aufgefahren! In der schönen Jahreszeit im sonnigen Innenhof Platz nehmen.

● *Mittlere Preislage*

♦ **Le Mazel:** 25, rue du Collège. In der Innenstadt. T. 66 65 05 33, Fax 66 49 21 63. Montagabends, dienstags und in der ersten Märzhälfte zu. Trotz trister Einrichtung vermag uns J.-P. Brun mit seiner soliden Küche zu fairen Preisen bald aufzuheitern (80-170 F).

♦ **Restaurant Camiflo:** 5, rue de la République. T. 66 49 21 12. Mitten in der Altstadt, hinter der Kathedrale. Mme Chabert, gebürtig aus der Lozère, kocht nach alten Familienrezepten. Bodenständiges Tagesgericht plus Salat; tut finanziell keinem weh und sättigt. Besonders schmackhaft die gemischten Salate. Garnierter Teller für 55 F (Hase mit Senf, Entenschenkel, Pastete, Gegrilltes, Fischfilet); für 75 F Gänsefilet mit Pilzen oder Piniennüssen sowie burgundischem Fondue. Um so bedauerlicher, daß die Einrichtung eher zur Cafeteria eines Einkaufszentrum auf der grünen Wiese passen würde.

Kost & Logis in der Umgebung

▪ **L'Auberge du Pré du Juge:** an der RN 106 in Richtung Florac, 20 km von Mende. T. 66 48 01 55. Während der Hauptreisezeit geöffnet. Was zum Teufel hat die Wiese *(Pré)* mit dem Richter *(Juge)* zu tun? Wir wissen es nicht. Wir empfehlen stattdessen die heimeligen Zimmer ab 100 F sowie die bodenständigen Gerichte ab 60 F, Unter der Fuchtel einer netten alten Dame.

▪ **Reiterherberge La Boulène:** in Aspres. T. 66 49 23 37, Fax 66 49 34 43. Im Winter montags geschlossen. Von Mende gleich vor dem *Hôtel du Pont Roupt* rechts abbiegen und schnurgeradeaus gen Rieu-Cros düsen. Schöne Zimmer ab 200 F mit Ausblick auf das Kalkplateau. Raffinierte Küche ab 95 F mit Leckerbissen wie Zwiebelpuree, was uns über den eher frostigen Empfang gnädig hinwegsehen läßt. Vorausbuchung ist ratsam. Gelegenheit, zu Pferd die Causse zu erkunden; eintägige bis zweiwöchige Rundritte.

♦ **Auberge de Chauvets:** in Mende die D 42 in Richtung Chabrits nehmen und dann links auf die D 50 nach Aumont-Aubrac einbiegen; nach fünf Kilometern zweigt der Weg links ab nach Chauvets. T. 66 43 37 17. In diesem aufgefrischten, alten Gehöft fühlen wir uns gleich wie zu Hause: freundlicher Empfang, heimelige Räumlichkeiten, großer alter Kamin ... Der Wirt sorgt nebenan für schmackhafte Kost in reichlichen Portionen. Ohne Anmeldung läuft allerdings nichts. Unterkunft für die Nacht *(Gîte)*.

Sehenswert

▶ **Altstadtbummel:** durch die Rue du Soubeyran, die Rue Notre-Dame, über die Place au Blé, die Place du Mazel und die Place du Griffon, die den Namen eines alten Brunnens trägt.

▶ **Kathedrale:** Place Urbain-V. Sie überragt die gesamte Stadt und ist das Wahrzeichen Mendes. Die beiden Turmspitzen schauen unterschiedlich aus. Am späten Nachmittag oder bei Sonnenuntergang nimmt der Stein einen warmen, goldenen Farbton an. *Urban V.*, besagter Papst aus der Lozère, ließ die Kathedrale ab 1369 erstellen. In der Nähe des Eingangsportals auf den Klöppel der riesigen Glocke achten, die den Spitznamen »die Unvergleichliche« trägt. Im Inneren kostbares hölzernes Chorgestühl. In der unterirdischen romanischen Krypta sollen die knöchernen Überreste des *Heiligen Privat* ruhen, des Gründers der Stadt Mende.

▶ **Alte Synagoge:** stammt aus dem 12. Jh. und war bis zur Judenvertreibung durch Bischof *Guillaume Durand* das »Getto« der hiesigen Juden. *Philipp der Schöne* war sich nicht zu schade, Hab und Gut der Vertriebenen für den Staatssäckel einzusacken. Auch eine Art, die Staatsschulden abzubauen.

368 / LOZERE – CAUSSE DE SAUVETERRE

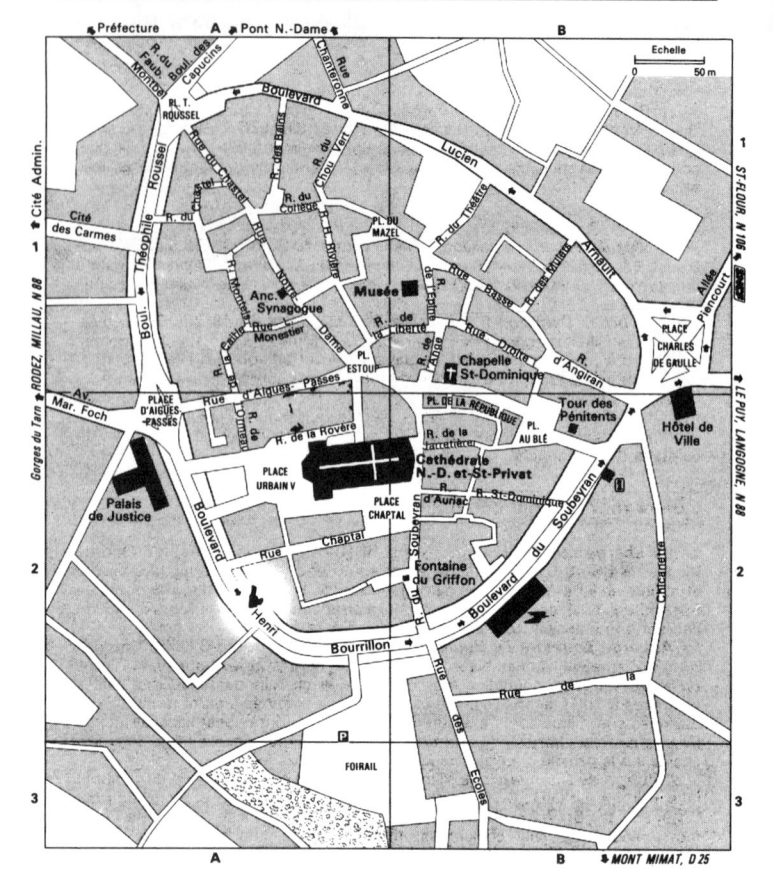

Mende

Daran könnten sich unsere Politiker heute ein Vorbild nehmen, die überschüssige Beträge gleich in die Privatschatulle wirtschaften.

▶ **Musée Ignon Fabre:** rue de l'Épine. T. 66 65 05 02. Stadthaus aus dem 17. Jh. mit schönem Hof. Sehenswert ist der Schatz aus der Bronzezeit, der in Carnac gefunden wurde – natürlich nicht in der Bretagne, sondern auf der Causse Méjean.

▶ **Laden der Kunsthandwerker- und Bauerngenossenschaft der Lozère:** rue de l'Ange, im ehemaligen Karmeliterkloster. T. 66 65 01 57. Hundertfünfzig Kunsthandwerker aus dem ganzen Département stellen die Ergebnisse ihres Schaffens aus: Möbel, Korbwaren aus Roggenstroh, Schmiedeeisen, Puppen, Gegenstände aus Wolle, Stein, Keramik.

▶ **Pont Notre-Dame:** selbstverständlich verlassen wir Mende nicht, ohne die drei geschwungenen, fotogenen Bögen der gotischen Brücke in Augenschein genommen zu haben. Sie überspannt den Lot (was macht der denn schon wieder hier?); von hier aus guter Blick auf die Stadt. In der Ferne ist der Mont Mimat zu erahnen.

In der Umgebung

▶ **Moulin de Langlade:** T. 66 48 02 75. Einlaß bis 18h. Dienstags außerhalb der Saison geschlossen. Fischzuchtanstalt, wo man sich seine Lachsforelle angeln kann, die sonst im Wasser der Fontmaure-Quelle lebt. Einzelverkauf oder Halbgroßhandel: auch geräucherte oder ungeräucherte Forellen, am Stück oder in Scheiben, ab 40 F.

MARVEJOLS (48100)

Tor zum Aubrac und zur Margeride. Das idyllische Städtchen hat sich seit Jahrhunderten sein eigenes Gesicht zu bewahren vermocht. Wir sind nun mitten im *Gévaudan*, der Heimat jenes blutrünstigen Untiers, das vor der Revolution Angst und Schrecken verbreitete. Kost und Logis reißen in Marvejols keine Löcher in den Geldbeutel. Für einen ländlichen Marktflecken mit kanpp sechstausend Sellen ist ordentlich was los, vor allem im Sommer. Wer will da noch ans Meer, zumal hier Nervenkitzel geboten wird, wenn wir den Fährten der Gévaudan-Wölfe folgen, die *Gérard Ménatory* einige Kilometer außerhalb wieder heimisch gemacht hat.

Nützlich zu wissen

Marvejols ist zwar tiefste französische Provinz, aber auch hier denkt man an Europa und internationale Begegnungen. Marvejols ist die einzige Stadt im Languedoc-Roussillon, der 1990 die Ehrenfahne des Europarates (zwölf goldene Sterne auf blauem Grund) zuerkannt wurde. Aber selbst von der bulgarischen Volkstanzgruppe und der rumänischen Kinderschar lassen sich die Boulespieler nicht aus der Ruhe bringen.
Ein grober Schnitzer wäre es, auf der Postkarte nach Hause zu schreiben, daß »wir uns gerade in der Auvergne aufhalten«. Die beginnt erst fünfzig Kilometer weiter nördlich. Marvejols gehört mit seinem okzitanischen Akzent landmannschaftlich zum Languedoc, auch wenn Bauten und Landschaft nichts Mediterranes anhaftet. »Uns zieht's nach Süden«, hat man uns erklärt.

Frauen und Kinder zuerst, oder:
Die gar erschröckliche Geschichte vom Untier zu Gévaudan

Hat dieses Untier wirklich existiert? War es ein riesiger, wilder Wolf? Ein haariges Ungeheuer mit Zähnen und Klauen, aus einem Zirkus entlaufen? Oder viel mehr ein tollwütiger Hund? Nichts genaues weiß man nicht. Noch heute streiten sich die Gelehrten, und nachdem zunächst viel Blut floß, läßt das *Bête du Gévaudan* heute viel Tinte fließen: siebenunddreißig Bücher gehen auf seine Rechnung. Es regt die Fantasie an, prangt auf Plakaten und Postkarten. Es ist natürlich auch in den Auslagen der Händler von Marvejols präsent, wo eine scheußliche Bronzestatue das Untier darstellt, wie es sich anschickt, sein Opfer zu verschlingen. Gleich gegenüber trägt ein Café seinen Namen. Es ist einfach unübersehbar.
Was war geschehen? Drei Jahre lang, von 1764 bis 1767, wurde die Provinz Gévaudan von einem unbekannten, rätselhaften »wilden Tier« in Angst und Schrecken versetzt, einem »furchtbaren Ungeheuer«, das vor allem Kinder (68 an der Zahl) und Frauen (25) riß, seltener Männer (sechs Tote). Die Holzfäller trauten sich nicht mehr in den Wald; ganze Familien zitterten vor Angst. Mit dem Auftrag, das vierbeinige Untier zu erlegen, entsandte König *Ludwig XV.* Hauptmann *Duhamel* und siebenundfünfzig Dragoner. Sie durchkämmten die ganze Gegend, ohne Ergebnis. Der Terror ging weiter. Hundertvierzig Gemeinden wurden mobilisiert, von Langogne bis Saint-Chély-d'Apcher. Um diese

Geißel zu bekämpfen, »die Gott entsandte, um die losen Sitten der Gévaudaner in die Schranken zu weisen«, ordnete der Bischof von Mende an, wie in schweren Notzeiten Bittgebete in allen Kirchen abzuhalten (der Mann verstand was von geschicktem Marketing!). Der Teufel war damals in den Köpfen noch allgegenwärtig. Im Februar 1765 endete die erste Kampagne erfolglos. Der französische König schickte einen anderen Wolfsjäger, *Denneval*, der schon 1.200 Wölfe zur Strecke gebracht hatte. Ein neuerlicher Fehlschlag, das Tier (?) mordete weiter. Ludwig XV. entsendet schließlich aufgebracht den königlichen Jagdaufseher *Antoine de Beauterne*, den besten Schützen im ganzen Königreich, wie es damals hieß. Nach mehrwöchiger Treibjagd kehrt er nach Versailles zurück und präsentiert einen großen, dunklen Wolf, der unter seiner Leitung erlegt wurde. Der König belohnt ihn mit einer Prämie von zehntausend Livres. Vor Ort geht das Gemetzel jedoch weiter, und die Einheimischen verdoppeln ihre Anstrengungen. Am 17. Juni 1767 schießt ein gewisser *Jean Chastel* mit »geweihten Kugeln« auf das Tier: auf der Strecke bleibt wieder ein Wolf.
»Alles Ammenmärchen«, eifert sich heute *Gérard Ménatory*, der Anwalt der Wölfe, in seinem Gévaudan-Wolfspark in Sainte-Lucie. »Wie kommt es, daß diese angebliche Bestie kein einziges Schaf getötet hat? Kein Wolf greift ohne Not Menschen an, er geht ihnen aus dem Weg.« Obendrein erlegte man damals jedes Jahr noch an die siebzig Wölfe im Gévaudan. Wer war's dann? Womöglich ein Lustmörder, ein hochgradig sadistisch veranlagter Einzeltäter? Der Bischof von Mende selbst? Möglich erscheint alles. Jedenfalls wäre eine solche Theorie plausibler als als alle Wolfsmärchen zusammen.

Nützliche Adressen

- **Verkehrsamt:**
in der Porte du Soubeyran. T. 66 32 02 14. Minitel 36-15, code OPM.
- **Vermietung von Langlaufskiern:**
Sports et Loisirs, 21, rue Chanelles. T. 66 32 15 17.
- **Point Accueil Jeunes:** im Sportzentrum »Le Ranquet« am Ufer der Colagne. Gelände zum Zelten, das Jungwanderern zwischen 13 und 18 Jahren für höchstens fünf Nächte offensteht. Auskunft und Buchung im Rathaus: T. 66 32 00 45.
- **Charcuterie du Gévaudan:** »Aux Tripous Lozériens«, Inh. Louis Tondut, Metzgermeister, 2, rue Carnot. T. 66 32 04 07. Hartwurst, Schinken, Pasteten zum Mitnehmen. Schmecken zum *bon petit rouge* (Rotwein) am besten.
- Auf dem Rathaus den Beigeordneten **Louis Hermet** ansprechen, ein Bekannter von uns. Der nette Herr kennt die Gegend wie seine Westentasche, wo er als echter Einheimischer stets ein Laguiole-Messer trägt. Sprechstunde zwischen 11 und 12h. T. 66 32 00 45.

Schlafen und Schlemmen

● *Für arme Schlucker*

- **Hôtel de la Poste:** bd Saint-Dominique. T. 66 32 00 99. Der kurze Boulevard zweihundert Meter von der Place du Soubeyran ist leicht zu finden. Ein-Stern; Zimmer mit Dusche ab 140 F. Der Preis läßt das Spartanische an der Unterkunft verschmerzen.

● *Für den preisbewußten Mittelstand*

- **Hôtel Henri IV:** place Soubeyran, im Schatten der wuchtigen Porte Soubeyran; im Norden der Stadt, neben einem gebührenpflichtigen Parkplatz. T. 66 32 09 81. Fax 66 32 38 83. Im Hof springt uns gleich das knallrote englische Telefonhäuschen ins Auge. Das Hotel in bester Lage besitzt hübsch eingerichtete Zimmer in rosa Farbtönen: mit Dusche und Bad ab 200 F. Nr. 7 zur ruhigen Straße und Nr. 8 mit Blick über die Ziegeldächer sagten uns besonders zu. Auch das Restaurant darf weiterempfohlen werden: Mahlzeit ab 60 F.

- **Hôtel de la Gare et des Rochers:** außerhalb von Marvejols, an der Place de la Gare. T. 66 32 10 58, Fax 66 32 30 63. Von Mitte Januar bis Mitte März geschlossen. Der große Neubau überragt die Colagne-Schlucht. Alle »Schikanen« eines Zwei-Sterne-Hotels zu vernünftigen Tarifen: Doppelzimmer mit Bad ab 175 F. Im hellen Speisesaal mit Blick auf das Tal speist man vorzüglich. Menüs ab 78 F. Günstiges Quartier, wenn man mit den »Aubrac« (Zugstrecke Paris-Béziers) aus Richtung Paris anreist.

● *Zeltplätze*

- **Camping de l'Esplanade:** der preiswerteste. Auskunft auf dem Verkehrsamt: T. 66 32 02 14. Von Ende Juni bis Mitte September. Wurde vor kurzem aus der Montplaisir-Ebene auf die Colagneufer verlegt. Im Sommer ganz gemütlich.
- **Camping de l'Europe:** T. 66 32 03 69. Vom 1. Juni bis 15. September. Etwas außerhalb, aber höchst komfortabel.

Veranstaltungen

– **Comic- und Jazzfestival:** im Juli.
– **Märkte:** massenhafter Schafauftrieb am ersten und dritten Montag jeden Monats (Aubrac-Schafe). Marvejols ist ein wichtiger Umschlagplatz für die Landwirtschaft. Seit 1991 darf das Fleisch als staatlich geprüfte Qualitätsmarke »Fleur d'Aubrac« vermarktet werden. Der wirtschaftliche Erfolg ist nicht ausgeblieben.

Sehenswertes und Ausflüge

▶ **Die befestigten Stadttore:** die *Porte de Chanelles* in der Südstadt, mit ihren Pecherkern und den beiden dicken Rundtürmen mit Schieferdach, findet ihr Ebenbild im Norden Marvejols: in Gestalt der *Porte du Soubeyran* neben der Statue Heinrichs IV., dem Wiedererbauer der Stadt. Beide Festungstore dienen schon seit langem als Wohnung, weshalb sie sich auch so gut erhalten haben dürften. Der Soubeyran-Turm beherbergt heute das *Museum für Archäologie des Lozère*. Von höchsten Punkt dieses Turms aus Blick über die Dächer der Stadt.

▶ **Bibliothek und Park:** wir wär's mit einem Spaziergang durch den kleinen Park, der das alte Gemäuer aus dem 17. Jh. umgibt. Gehört zu den besonders geschützten *Jardins de France*.

– **Kurzwanderwege:** in unmittelbarer Umgebung der Stadt finden sich in hügeliger, abwechslungsreicher Landschaft mehrere schöne Strecken für Wanderer und Mountainbiker: le Regourdel, Antrenas, le Grenier-Valadou, auf dem Rouby-Plateau und im Coulagnet-Tal. Im Verkehrsamt Näheres zu den *Sentiers de petite randonnée*.

– **Einführung ins Gleitsegeln** *(Parapente):* Auskunft auf dem Verkehrsamt.

Weiter ab Marvejols

– **Bahnhof:** T. 66 32 00 10. Anderthalb Kilometer südlich der Stadt.
– **Nach Mende:** vier Züge täglich.
– **Nach Paris:** täglich drei Züge, Fahrzeit zwischen sieben und acht Stunden (es geht durch die ganze Auvergne und Mittelfrankreich).

In der Umgebung

▶ **Truc de Grèzes:** frz. *truc* heißt doch Dreh oder Ding – was für ein Ding? Nun, an der N 108, 7 km vor den Toren Marvejols, ragt unvermittelt ein grasbewachsener, Felshügel aus der Geographie (1.012 m). Die Einheimischen nennen so etwas »Truc«. Noch so ein komisches Ding fanden wir ganz in der

372 / LOZERE – CAUSSE DE SAUVETERRE

Nähe, nämlich oberhalb von Brugers. Wer Spaß daran hat, kann ja mal alle »Dinger« zusammensuchen, die er findet. Ein lustiges Spielchen, oder?

▶ **Chirac:** noch so ein »Ding«? Nein, ein schlichtes Dorf, das mit dem großen Obermotz von Paris (und künftigen gaullistischen Staatspräsidenten?) aber nichts zu tun hat. Dafür gibt's in Chirac eine schöne romanische Kirche zu bewundern, was ja auch was wert ist.

♦ **L'Auberge des Violes:** T. 66 32 77 66. Außerhalb der Reisesaison dienstags und mittwochs dicht. Innerhalb der Ortschaft; Anfahrt über die kleine Serpentinenstraße am Rioulon entlang, die in Chirac ihren Anfang nimmt. Wo die Straße zu Ende ist, machen auch wir halt. Der Gasthof am Berghang, in unberührter, wild wuchernder Natur, ist nach Süden ausgerichtet. Kaum ist die Schwelle überschritten, da kommen uns schon die Wohlgerüche aus der Küche entgegen, wo noch auch dem Holzfeuer gekocht wird. Kalkweißer Speisesaal mit den schönen Holzmöbeln, die ein alter Tischlermeister aus Aix geschnitzt hat. Ein einziges »Bergmenü« zu 80 F (im voraus bestellen, wenn man nicht übernachtet): Fleisch- und Wurstwaren, Salat, *Aligot*, Schlegel, Käse und selbstgemachtes Dessert, mit dem die elsässische Wirtin ihr Können beweist. Halbpension pro Nacht und Nase rund 170 F. Tischvorbestellen dringend angeraten.

▶ **Wolfspark »Les Loups du Gévaudan«**

Rund 9 km nördlich Marvejols, in *Sainte-Lucie.* T. 66 32 09 22. N 9 in Richtung Aumont-Aubrac, nach 6,5 km rechts abbiegen und bis zum Ende der Straße durchfahren. Die Landschaft in 1.100 m Meereshöhe ist wild-romantisch. In der Ferne sind die Berge der Margeride und des Aubrac zu erkennen. Kostet Eintritt. Am Eingang Bar und Restaurant, unterhalb des Gebäudes das kleine Museum *Maison du Loup.*

Huhuhu! Sie haben lebhafte, durchdringende Augen, zwei spitze Ohren, eine spitze Schnauze, einen andersfarbigen Pelzring um Maul und Hals, schwarzes, weißes oder beiges Fell: Wölfe. Einhundertzwanzig dieser Tiere tummeln sich hier auf fünf, demnächst fünfundzwanzig, Hektar eines Geheges inmitten eines Naturschutzgebiets. Kein Zoo, sondern der erste zaghafte Versuch, Wölfe in Frankreich wieder heimisch zu machen, wo das letzte Exemplar zu Beginn unseres Jahrhunderts erlegt wurde. Der menschliche Leitwolf des Parks, der ehemalige Journalist *Gérard Ménatory* hat sich vorgenommen, das schlechte Ansehen des Wolfs aufzupolieren, wofür er weder Kosten noch Mühe scheut. Wenn Fütterungszeit ist, begleitet er Besuchergruppen ins Gehege, umarmt seine vierbeinigen Freunde, wälzt sich mit ihnen auf der Erde herum und spielt mit ihnen. Ménatorys Hund sieht dem Schauspiel ein wenig ratlos zu. Sein Herrchen muß Wolfsblut in den Adern haben; schon kursiert das Gerücht, sein Vater habe ihn vor einer Wölfin säugen lassen. Daher wohl die heiße Liebe zu den Vierbeinern. Er schläft, ißt, läuft und spielt mit seinen Wölfen und belehrt uns, daß Isegrim nie aus Jux und Dollerei einen Menschen angreift (das ist aber kein Grund, unvorsichtig zu werden!), daß er das geselligste Tier im ganzen Tierreich ist, daß die Taube – auf ihre Art – viel aggressiver ist, daß Wölfe bis zu sechzehn Jahre alt werden, daß die Geschichte von Rotkäppchen und dem bösen Wolf der reine Schwachsinn ist und daß es die »Bestie von Gévaudan« nie gegeben hat, jedenfalls in Tiergestalt. Kurz, Ménatory kämpft wie ein Wolf für den Wolf. Da möchte man sich doch gleich so ein Kerlchen als Haustier mitnehmen ...

• Unterkunft ganz in der Nähe: in Sainte-Lucie ein **Hotel-Restaurant** sowie mehrere vorbildlich hergerichtete **Ferienwohnungen** in massigen Steinhäusern bodenständiger Bauweise.

▶ **Moulinet-See:** in einem malerischen Umfeld aus Wäldern und Weiden, ein traumhafter Ort für Wassersportler oder Angler. Verköstigung bei *M. Castan* (T. 66 32 17 40). Schlemmermahl für jeden Geldbeutel für nur 75 F.

▶ **Schloß La Baume:** 11,5 km von Marvejols, über die N 9 in Richtung Aumont-Aubrac; links abbiegen in Richtung Prinsuéjols, dann sind's noch 5 km. T. 66 32 51 59. Besichtigung täglich außer dienstags von 10-12 und 14-18h. Vierzigminütige Führung auf Anfrage.
Schon die Anfahrt durch unberührte Natur ist ein Erlebnis. Vor dem unermeßlichen Horizont zeichnen sich einzelne Wäldchen ab, dunkle Flecken in der von der Sommerhitze gelb gefärbten Landschaft. Und dann plötzlich dieses herrschaftliche Anwesen aus Granit: das »Versailles des Gévaudan«, eines der schönsten Schlösser der Lozère (17. Jh.). Im Inneren prächtige Räume, darunter das Zimmer des schillernden Grafen von *Las Cases*, der Napoleon in die Verbannung nach Sankt Helena begleitete und dessen Memoiren veröffentlichte.
Auf dem Weg von La Baume nach Nasbinals machen wir Halt in *Marchastel* und *Prinsuéjols:* winzigen Dörfern, wie sie für das Aubrac typisch sind (s. unten).

Futterkrippen in der Umgebung

♦ **La Baraque du Plô:** 8 km nördlich von Marvejols, über die D 900 in Richtung Nasbinals. T. 66 32 12 07. Mme Beaufils, die zu Recht als »Königin der Kutteln« gilt, herrscht über die Töpfe dieses ansprechenden kleinen Arbeiterlokals. Sechs Gänge zum Preis von 60 F.
♦ **L'Oustabas:** 13 km südlich Aumont-Aubracs, gleich unterhalb der N 9 in Couffinet, 2 km hinter dem Col des Issartès. T. 66 42 87 44. Gemäuer mit meterdicken Wänden, im Inneren alte Balken, einen Kamin und putzige Tische aufweist. Bodenständige Küche zu erschwinglichen Preisen, schließlich befinden wir uns in der *Terre de Peyre* zwischen Aubrac und Margeride: Mahlzeit ab 85 F.

AUBRAC

»Alles unberührt Exotische, was von der französischen Landschaft übriggeblieben ist, schien mir von jeher hier angesiedelt: es ist wie ein Stück kahlen Kontinents. Sakrale, asketische Tonsuren in unserem dichten, baumartigen Haupthaar, Bilder einer nahezu spirituellen Schmucklosigkeit der Landschaft, die zum Nutzen des Wanderers das Gefühl der Höhe und der Erhöhung unauflöslich miteinander verbindet.« (*Julien Gracq*).

Uns soll keiner mehr kommen mit der Sahara, Kalifornien oder Osttibet; wir halten dagegen: Aubrac! Zum ersten Mal haben wir in Südfrankreich das Gefühl, am Ende der Welt angelangt zu sein. In diesem kahlen Gebirge von herber Schönheit erreichen die Gipfel fast Höhen wie im Schwarzwald, also 1.300, 1.400 m. Eine Welt für sich aus abgerundeten Kuppen und kahlen Höhen, mit Wiesen und Heideland soweit das Auge reicht. Schier endlose Weite bis zum Horizont, durchzogen von forellenreichen Bächen. Nichts hält den Blick gefangen, außer den schieferplattengedeckten Schäferhütten oder den hoch aufragenden Glockentürmen. Da wird einem gleich ganz anders zu Mute. Aufpassen muß man, daß einen der Wind nicht umbläst: er fegt mit voller Stärke über die Hochebene. Wärme und Leben verstecken sich hinter meterdicken, heroisch den Klimaunbilden trotzenden Hauswänden. Die Menschen hier sind freundlich, offen und haben das Herz am rechten Fleck – die Südländer der Auvergne sozusagen. Wie man uns erzählte, soll es auf den kahlen Bergen

1.300 Pflanzenarten geben, sind die Seen ein Paradies für Angler und soll sich das Skigebiet im Winter über hundertfünfzig Kilometer erstrecken.

Stimmt alles. Starke Wurzeln verbinden das Aubrac mit seinen Bewohnern, den *Aubracois*, aber auch Gefühlsbande. Es genügt, sich die mühevolle Arbeit der *ADECA* (Verein für Wirtschafts- und Kulturförderung im Aubrac) seit zehn Jahren leistet. Hier gibt es kein Naturschutzgebiet, und doch geht's nirgendwo naturverbundener zu. Im Gegensatz zum Cevennenpark bemüht sich hier jeder selbst nach bestem Wissen darum, daß die alte Heimat nicht in Vergessenheit gerät. Die Bewohner dieses abgeschiedenen Landstrichs gehörten im 18. und 19. Jh. gleichwohl zu den ersten, die als Kellner, Wasserträger und Limonadenverkäufer die französische Hauptstadt eroberten. Der Aubracois zieht gern nach Paris, wo er oft einen Vetter hat, der ein Bierlokal leitet. Er ist heimatverbunden und tut dies auch kund.

Vor der spektakulären Kulisse des Aubrac wurden schon einige Filme gedreht, wie »Der Waffenstillstand« und »Die Adoption« von *Marc Grunbaum* (1971), ein Fernsehfilm (»Das Wolfstuch«, 1972) und ein Kurzfilm von *François Labarthe*, »Anaon«, der ursprünglich in der Bretagne entstehen sollte. Aber so unterschiedlich sind beide Landschaften schließlich nicht: man nehme die Monts d'Arrée, multipliziere deren Höhe mit dem Faktor fünf und denke sich das Meer weg.

Almauftrieb à la Aubrac

Alljährlich um den 25. Mai, wenn auf dem Feld die Blumen sprießen, dürfen die Kuhherden (Aubrac-Rasse, gekreuzt mit Charolais-Rindern) nach dem langen harten Winter wieder hinaus ins Freie. Die Tiere werden auf die *Dômes* des Aubrac getrieben, wo sie auf den Hochweiden (1.200-1.300 m) den Sommer verbringen. Der Auftrieb dauert im allgemeinen zwei Wochen. Ein Sonntag steht ganz im Zeichen farbenfroher Feierlichkeiten *(Fête de la Transhumance)*, die sich als Relikt althergebrachten Brauchtums erhalten haben. Die Kühe tragen Kuhglocken und sind mit Fähnchen sowie der französischen Trikolore geschmückt (seht her, werden jetzt Schäuble & Co. sagen, was den französischen Rindviechern recht, muß doch den deutschen Hornochsen billig sein: die rechte Prise Nationalbewußtsein!). Auf den Hörnern schaukeln die Aubrac-Rinder Blumengebinde, Wacholderzweige und Stechpalmenzweige durch die Gegend. Die dergestalt herausgeputzten Tiere trotten bis Aubrac, wo sie in einer Einfriedung zusammengetrieben werden. Eine Jury prämiert die schönste Herde; der Preis besteht aus einer großen Schelle. In den Schäferhütten *(Burons)* und Landgasthäusern feiert man das Ereignis mit jeder Menge *Aligot*. Die übrigen Herden werden per Lastwagen befördert: das geht halt schneller, Brauchtum hin oder her.

Das »Aligot«, Schäferschmaus aus dem Aubrac

Das alte Leib- und Magengericht der Hirten, dessen Nährwert kaum zu übertreffen sein dürfte. Hinterher ist man jedenfalls pappsatt. Es handelt sich dabei um eine Art zähes Kartoffelpüree, vermischt mit Milch, Butter, Sahne und geschmolzenem Speck. Hinzu kommt frischer savoyischer Käse, der die weiße Paste geschmeidig macht, so daß sie nicht in ihre Bestandteile zerfällt. Aligot wird im Winter wie im Sommer zubereitet. Am besten schmeckt das Zeug natürlich in der Hütte unter echten Hirten, z.B. im *Buron de Canuc* unweit von Aubrac (s. unten).

Die »Burons«

Julien Gracq beschreibt diese für das Aubrac typische Schäferhütten folgendermaßen: »Halb von Gras und Kräutern überwucherte *Burons*, kleine, idyllische, heidnische Gebetsstätten, mit Schieferplatten bedeckt, wo man zum Klang der Kuhglocken die Gaben des Feldes opfert: weiße Milch gerinnt über dem Holzfeuer zu großen Käselaiben, wie das Latex saftigen Krauts.« (»Lettrines«, Band 2). In den dreißiger Jahren zählte man in den Bergen noch dreihundert *Burons*, die sich schneebedeckten Grenzsteinen gleich über die kahle Einöde verteilten. Heute werden nur noch einige wenige genutzt, und dies hauptsächlich für uns Touristen. Die Buron-Hütte, im benachbarten Aveyron *Mazuc* genannt, besteht aus zwei bis drei kleinen Zimmern: eines zum Schlafen für die Hirten, das andere zur Herstellung von Käse aus Kuhmilch, und das dritte dient als Lagerraum.

AUBRAC-RUNDWANDERWEG

Unvergleichliche Wanderung, für die ungefähr zehn Tage zu veranschlagen sind. Viele beginnen die Tour in Aumont-Aubrac, aber es geht auch anders; und der GR 65 führt uns vielerorts zurück auf den GR »Tour de l'Aubrac«. Der Abschnitt zwischen Trémouloux und Saint-Laurent-de-Muret lohnt unbedingt einen Umweg! Wer einen ortskundigen Führer wünscht, wende sich an *Díaz Gonzalo* (T. 66 32 56 02): er kennt die heimischen bräuche und Legenden ebenso gut wie Fauna und Flora.

Rechts und links des Weges bieten mehrere kleine Hotels und Herbergen *(Gîtes d'Etape)* Unterschlupf. Wir führen einige auf; eine vollständige Liste mit genauer Ortsangabe ist im Verkehrsamt erhältlich.

Etwas zu beißen und ein Dach über dem Kopf

- **Gîte d'Etape de Nasbinals:** gewährt auch Reitern Unterschlupf. Sich an M. Moisset in der Route de Saint-Urcize wenden. T. 66 32 50 65. Dreißig Betten, Duschen und WC. Einnahme der Mahlzeiten im *Gîte;* Halbpension rund 140 F.
- **Les Salces:** im Südosten des Aubrac. T. 66 32 63 51.
- **Gîte in Fau de Peyre:** im Dorf selbst, F-48130 Fau-de-Peyre, bei Mme Estevenon. T. 66 31 11 10. Zwanzig Betten, Duschen, Kochnische und Restaurant.
- **Gîte in Fournels:** bewirtschaftet die Gemeinde. Tintin Saint-Chély anrufen: T. 66 31 60 84, oder auf dem Rathaus: T. 66 31 60 15.
- **Gîte in Prinsuéjols:** gemeindeeigene Wanderherberge; man wende sich an Hermet Amable, Prinsuéjols. T. 66 32 51 63. Auch hier braucht niemand zu verhungern (T. 66 32 52 96).
- **Gîte in Aumont-Aubrac:** im *Relais de Peyre,* bei Vincent Boussugue. T. 66 42 85 88. Zwanzig Plätze, Duschen, Restaurant.
- **Gîte in La Chaldette:** 10 km südwestlich von Fournels; bei Mme Fosse, La Chaldette, 48310 Brion. T. 66 31 61 04. Siebzehn Betten, Toilette, Duschen, Kochnische, Restaurant. Nur auf Voranmeldung.
- **Gîte in Saint-Chély d'Aubrac:** bei Émilien Magne. T. 65 44 25 30. Neunzehn Betten, Duschen, WC, Kochecke.
- **Gîte in Saint-Urcize:** Anmeldung beim Herrn Pfarrer (der heißt auf französisch *M. le curé)*, T. 71 23 20 57. Zwanzig Betten, Duschen, Toilette und Kochnische in der ehemaligen Büßerkapelle – da sind wir alten Sünder ja genau richtig!

Fernwanderweg »GR 65« oder Jakobsweg

»Des Schreckens und der Einsamkeit Aufenthalt«, so ähnlich lautete der Bibelvers, der dereinst den Giebel am Eingang des Aubrac-Hospizes schmückte, wo im Mittelalter (13./14. Jh.) tausende Pilger aus Le Puy oder Vézelay kommend Quartier machten, bevor sie gen Conques oder Santiago de Compostela (Galicien) weiterzogen.

In der damaligen Zeit war die Überquerung der öden Hochebene des Aubrac noch ein echtes Wagnis. Eine ganze Reihe von Gefahren lauerten dem Pilger auf: Nebel und winterliche Schneestürme, Wegelagerer, Wölfe (der Aubrac war damals noch von Wäldern bedeckt), Hunger, Durst und Einsamkeit. Mönchssoldaten sollten unterwegs den Schutz der Pilger gewährleisten. Die steinigen Wege der Wanderer stiegen steil bergan, verliefen über die »hohe Straße« *(Haute route* über Fau-de-Peyre, Malbouzon, Nasbinals und Aubrac) oder über Fournels, Saint-Urcize und Laguiole, bevor sie in weniger fährnisreiche Gegenden bis Espalion hinabführten.

Der heutige Fernwanderweg GR 65 greift die mittelalterliche Wegführung abschnittsweise auf, auf der man der Natur sicher am nächsten kommt. Bevor es los geht, sich einen brauchbaren Wanderführer *(Topoguide)* besorgen.

NASBINALS (48260)

Kann kaum als Stadt bezeichnet werden, ist vielmehr ein nettes Dorf mit siebenhundert Seelen. Es erwarten uns fest gefügte Behausungen mit Granit- und Basaltmauern und eine schöne romanische Kirche mit achteckigem Glockenturm und toller Aussicht auf den Aubrac. In Nasbinals laufen uns ebensoviele Wanderer, Skilangläufer (im Winter), Pferde und Viehherden wie begeisterte Angler, inspirierte Träumer und glückliche Naturforscher über den Weg. Darin besteht das Geheimnis dieser zivilisationsfernen Gegend.

Nützliche Adressen

– **Verkehrsamt:** in der Hauptstraße, neben dem *Hôtel de La Route d'Argent.* T. 66 32 55 73. Während der Saison von 9-12 und von 15-19h besetzt. Wanderer sollten sich hier in Sachen Unterkunft in einer der Wanderherbergen *(Gîtes d'Etape)* schlau machen. Jede Menge Broschüren, darunter eine, die zwölf Wanderwege rings um Nasbinals ausweist. Auskünfte zu Freizeitaktivitäten wie Angeln, Mountainbiking, Ausritte, Wasserski und Klettern. Den netten, kundigen Gonzalo ansprechen: er kann einiges über Wanderungen mit Themenschwerpunkten wie Fauna, Flora, Torfmoore, röhrende Hirsche usw. erzählen.

– **Reitverein Monts-d'Aubrac:** Gérard Moisset, an der Straße von Saint-Urcize nach Nasbinals. T. 66 32 50 65. Ganzjährig geöffnet. Wanderherberge, Verpflegungspunkt, geführte Wanderungen auf die Aubrac-Berge. Betreibt auch einen *Point d'accueil* für junge Leute zwischen 13 und 18 Jahren.

– **Postamt:** in der Ortsmitte, T. 66 32 50 59.

– **Im Dorf:** Bäcker, Metzger, Lebensmittelhändler, Arzt, Zahnarzt und Kiosk. Auf Zeitungen und Zeitschriften können wir während der Ferien aber verzichten.

Absteigen und Einkehren

• **Hôtel La Route d'Argent:** unschwer zu finden; einfach nach dem großen Haus hinter der Kirche neben dem Dorfparkplatz Ausschau halten. T. 66 32 50 03. Fax 66 32 56 77. Inhaber Pierre Bastide ist ein unerschöpflicher Quell von Geschichten über die Gegend. Am Empfang, in einer Ecke der Bar, werden wir aber voraussichtlich Bernard begegnen, einem seiner Söhne. Im Aubrac ist Bastide eine Institution. Die Küche des Chefs kitzelt verwöhnte Gaumen mit Jakobsmuscheln, Entenfleisch mit Cayetade-Äpfeln und natürlich dem *Aligot* à la Père Bastide. Alles das in einem dörflichen, gemütlichen Rahmen. Erstes Menü ab 85 F, Zimmer mit Dusche 170-240 F. Mit Halbpension geht's ab 180 F los. Morgens beim Frühstück begegnet man in der Bar dem Dorfpolizisten, dem Pfarrer, dem Briefträger und dem Viehhändler (mal was anderes als Softwareentwickler, Versicherungsvertreter, Studienräte und Verlagslektoren). Kurz, halb Nasbinals trifft sich beim alten Bastide.

• **L'Auberge Gourmande:** rue de la Pharmacie, in Nasbinals, unterhalb der Kirche. T. 66 32 56 76. Mittwochs außerhalb der Saison geschlossen. Schlafsaal mit fünfzehn Plätzen; Übernachtung rund 40 F, mit Halbpension 140 F.

- **Gemeindeeigener Zeltplatz:** dreihundert Meter außerhalb, an der Straße nach Saint-Urcize. T. 66 32 50 17 (Rathaus) oder Giselle Andrieu anrufen: T. 66 32 52 95. Aufnahme von April bis Mitte Oktober. Ruhig, windgeschützt, kaum Schatten. Dafür aber warmes Wasser.

● *Aligot-Essen im Buron*

♦ **Ferme-Auberge du Buron du Che:** bei Christian Bessière, zwischen Nasbinals und Malbouzon. T. 66 32 53 30 (Bauernhof) oder T. 66 32 55 72 *(Buron)*. Bewirtschaftet vom Tag des Viehauftriebs in Aubrac an bis Ende September. Außer im Juli/August montags geschlossen. Vorher anrufen! Menüs ab 120 F. Nicht gerade billig!

♦ **Au Buron de Canuc:** 12470 Saint-Chély-d'Aubrac. Ist mit dem vorigen nicht vergleichbar. Rustikaler zwar, aber auch immer touristischer. Vor unseren Augen bereiten die Hirten selbst das *Aligot* zu. In der warmen Jahreszeit leben sie im *Buron*, hüten ihre Herden und stellen nach alter Methode Hüttenkäse *(Tomme)* her. Der *Buron* von Canuc, in der Nähe des *Croix des Trois Evêques* (»Kreuz der drei Bischöfe«), 3 km nördlich Aubracs, an der Straße nach Laguiole, profitiert von einer malerischen Umgebung. Am Vortag vorbeischauen oder anrufen (T. 65 42 29 02). M. Causse verlangen, den Inhaber des *Buron,* und am nächsten Tag wiederkommen, um sich am *Aligot* zu mästen. Die Preise *(Aligot* rund 45 F) treiben niemanden in den Ruin. Gedecke und Getränke selbst mitbringen.

Kost & Logis in der Umgebung

- **La Maison de Rosalie:** in *Montgros,* 2 km vor Nasbinals, etwas abseits der Straße Marvejols-Nasbinals. T. 66 32 55 14. Fax 66 32 56 46. Im Schutz der mächtigen Granitmauern dieses alten Bauernhofs fühlt man sich sogleich wohl. Auch Jean-Marc Pluvinet verliebte sich in diesen Winkel des Aubrac, als er 1971 am Marathon Marvejols-Nasbinals-Mende teilnahm. Er hängte seine Stellung als Lehrer an der Côte d'Azur an den Nagel, um diesen alten Hof aufzumöbeln und sich hier endgültig mit Weib und Kind niederzulassen. Im Gasthaus zwei Menüs ab 90 F: Lozère-Fleisch, Lachsravioli, *Aligot.* Übernachtung entweder im Gästezimmer außerhalb, in einem kleinen Nebengebäude (die Trennwand ist freilich etwas dünn) oder in den renovierten Zimmern im Hof selbst. Vernünftige Preise: Gästezimmer ab 150 F, für die neuen Zimmer mit Dusche oder Bad rund 250 F. Kritische Bemerkung am Rande: auch wenn das *Maison de Rosalie* nach wie vor hervorragende Noten verdient, so bedauern wir doch die unlängst erfolgten Umbauten (Sauna usw.), die aus einem hübschen Bauernhof ein Drei-Sterne-Hotel machen, zum Schaden des stimmungsvollen Ambientes. Ärgerlich auch, daß die Preise in die Höhe schnellen, weshalb es sich arme Schlucker wie wir demnächst dreimal überlegen werden, ob wir noch einmal hier absteigen.

HISTORISCHE DÖRFER IM AUBRAC

Ob zu Fuß oder notfalls im heiligen Blechle: diese unbekannte Welt sollte man sich nicht entgehen lassen. Hier können die Steine der schönen Dörfer und deren Bewohner noch Geschichten erzählen. Es folgt eine Auswahl unserer Lieblingsdörfer.

▶ MARCHASTEL

Etwa 7 km östlich von Nasbinals, abseits der Straße nach Marvejols, schmiegt sich das unscheinbare Dörfchen an eine hohe Kuppe, die einen traumhaften Blick über das ganze Land beschert. Die Missetaten der heutigen Zeit halten sich gottlob in Grenzen. Mitten im Dorf eine merkwürdige Konstruktion aus vier

Granitpfeilern, *Travail* genannt, die früher dazu diente, die Pferde zu beschlagen. Häufig wird Marchastel als eines der schönsten Dörfer der Lozère gelobt.

▶ PRINSUÉJOLS

Zwischen Malbouzon und Schloß la Baume, im Osten des Massivs. Winziges Dörflein mit ein paar Familien, einem puppenhausgroßen Rathaus und einer Kirche mit »Kamm-Glockenturm«. Auf den Fensterläden des längst aufgegebenen Tante-Emma-Ladens erkennt man noch die Werbung für *Banania* den Plantagentrank, das französische Penant zu »Kaba« in den zwanziger und dreißiger Jahren!

▶ FAU-DE-PEYRE

Noch ein einsames Dorf zwischen Wäldern und Feldern, 8 km westlich von Aumont-Aubrac. Und schon wieder eine Kirche mit Kamm-Glockenturm.

Quartier und Futterkrippe

- **Hôtel-Restaurant Del Faôu:** Boucharine-Tichit, mitten im Dorf. T. 66 31 11 00. Fax 66 31 30 00. Das Dialektwort *Del Faôu* bedeutet nichts anderes als Baum, und tatsächlich sieht man ringsum den Wald vor lauter Bäumen nicht. Bodenständige Kost zu konkurrenzlos niedrigen Preisen: üppige Menüs schon ab 65 F. Hier haben die Weiberleut die Hosen an und sorgen für einen freundlichen, »spontanen« Empfang. Ganz in der Nähe das moderne Hotel. Blick ins Land und himmlische Ruhe. Namentlich die Mansarden im dritten Stock fanden wir zum Wohlfühlen. Doppelzimmer ab 220 F. Die reinste Erholung, deshalb eine unserer Spitzenadressen im Aubrac.

▶ LA FAGE-MONTIVERNOUX

Nördlich des Aubrac, 8 km von Fournels, über die schmale D 53 zu erreichen. Am Fuß des *Puy de Montivernoux* (1.289 m) ist schon von weitem die kleine Kirche mit ihrem Kamm-Kirchturm zu erkennen.

Ein Dach über dem Kopf

- **Ferme-Auberge,** Inh. Mme Henri Perrier: im Weiler *Grandviala-le-Vieux*, 8 km südlich vom Dorf. T. 66 32 52 96. Ganzjährig geöffnet. Übernachtung mit Frühstück ab 180 F. Wegen der Begrüßung allein bräuchte man hier nicht abzusteigen. Im voraus buchen.

▶ LES SALCES

Mitten im *Pays des Boraldes*, dem südlichen Aubrac also, wo ein gutes Dutzend Flüsse tiefe Furchen in die Landschaft gegraben haben. Die Ortschaft Les Salces, 18,5 km von Nasbinals, taucht ganz unvermittelt auf, nachdem man lange Zeit das wüste Plateau überquert hat. In unmittelbarer Nachbarschaft verläuft der GR 60. Unbedingt die D 52 abklappern und sich dabei die Zeit nehmen, die zahlreichen Bergseen zu erkunden: z.B. Saint-Andéol, Souverols, Bord oder Bonnecombe.

Tisch & Bett

- **Hôtel Le Radal du Trébatut:** 2 km südlich von Les Salces, wenn es nach Le Monastier abwärts geht. T. 66 32 61 71. Zimmer 180-230 F. Schöne Aussicht.
- ♦ **Le Relais des Lacs:** Bonnecombe. T. 66 32 61 78. Von Mitte Juni bis September geöffnet, ab Ostern am Wochenende nur auf Bestellung. Im Sommer wegen des Touristenandrangs meiden. Bescheidenes Restaurant und Café.

Leckerbissen des Hauses ist natürlich der *Aligot,* man darf sich aber auch mit einem Imbiß begnügen. Einziges Menü ab 70 F.

▶ **LES HERMAUX**

Immer noch im Pays des Boraldes; waldiger und gebirgiger als die kuppelförmigen Höhen des Aubrac. 4,5 km bis Les Salces.

Kost & Logis

- **Hôtel-Restaurant Vergnet:** im Dorf. T. 66 32 60 78. Bodenständige Kost ab 70 F, Zimmer mit Dusche und WC ab 220 F.

SAINT-URCIZE (15110)

Einen Steinwurf vor der Ortschaft endet das Département Lozère am Ufer der forellenreichen Lhère. Das fast unberührte Dorf, wo alles seit Jahrhunderten am selben Platz zu stehen scheint, gehört schon zum Aveyron. Bereits die Pilger auf dem Jakobsweg kannten die schöne romanische Granitkirche mit dem Kamm-Glockenturm und erlebten eine unendlich weite Landschaft, die vor dem Himmel verschwindet. Die besten Häuser im Dorf gehören Einheimischen, die in Paris als Kneipenwirte Geld gemacht haben: das typische Gastarbeitersyndrom. Ihre Großeltern hatten in der Hauptstadt noch als Wasserträger, Kohlenhändler und Kellner angefangen. Im Sommer kehren sie in die alte Heimat zurück, um den Forellen im Rioumau oder Bès nachzustellen. Was wir voll und ganz verstehen können, angesichts dieser hübschen Gegend.

Nächtigen und einkehren

- **Hôtel Remise:** mitten im Dorf. T. 71 23 20 02. Keine alte Remise, sondern der Familiename des netten Inhabers Fred, mit dessen Frau wir uns auch gut verstehen. Prototyp eines urgemütlichen französischen Landgasthofs, wo Angler und Jäger, Radfahrer und Fußballspieler, Alt und Jung in bunter Mischung zusammenhocken. Leckere Hausmannskost mit *Aligot, Picausel,* Bachforelle usw. Regionale Gerichte sind *Toupine* (»Kreisel«) und *Coupétade,* die auch verwöhnte Gaumen angenehm überraschen werden. Mme Jeannette bereitet ihre Marmelade aus Löwenzahnblüten noch nach altem Rezept zu. Fred hatte den guten Einfall, Anglern ein Freßpaket für untertags mitzugeben. Er kennt seine Heimat wie die eigene Westentasche und erteilt über die kleinste Kleinigkeit Auskunft: Wanderungen, besonders sehenswerte Fleckchen, Regionalgeschichte usw. Wer sich in den Ferien als Heimatforscher betätigen will, den empfiehlt Fred den Dorfalten, dem kollektiven Gedächtnis in Saint-Urcize. Bei dem freundlichen Empfang und erholsamen Ambiente schämen wir uns fast, hier nur vorübergehend abgestiegen zu sein. Doppelzimmer 150-200 F, Menüs ab 85 F. Unbedingt vormerken auf der Reiseroute!

AUBRAC (12470)

Nicht zu verwechseln mit Aumont-Aubrac an der Nationalstraße 9. Willkommen im Herzen der Finsternis ... Ungestüme Winde umheulen den düsteren Turm, der aus der kargen Umgebung emporragt. Daneben behaupten sich eine romanische Kirche und ein Forsthaus (die Wälder dazu liegen weitab vom Dorf). Eine Handvoll Häuser aus Vulkangestein säumen den Dorfplatz, wo nach dem Sommer das Leben erstirbt. Zwei Hotels, ein Gasthof, ein *Gîte:* das ist auch schon alles.

LOZERE – AUBRAC

Mutige dürfen unter freiem Himmel nächtigen, seien aber vor den tiefen nächtlichen Temperaturen gewarnt. Wir sind hier schließlich auf über 1.300 m Meereshöhe.

Blick zurück

Schon im 12. Jh. wurde das Hospiz von Aubrac zum unvermeidlichen Durchgangshalt für jene frommen Pilgerscharen, die sich bußfertig nach Santiago de Compostela schleppten. Im Mittelalter war dieser galicische Wallfahrtsort so wichtig wie heute Mallorca für den deutschen Durchschnittstouristen. Sie kamen von Le Puy oder Vézelay, manchmal von noch weiter her, und erreichten für gewöhnlich völlig erschöpft den Gipfel der wüsten Hochebene.
In dieser unwirtlichen Gegend, die im »Pilgerführer« als »Ort des Schreckens« beschrieben wird, fanden die »Wallfahrer Gottes« Zuflucht, bewacht von hundertzwanzig Mönchssoldaten. Die große Abtei konnte fünfhundert Pilger aufnehmen. Ihre Spuren erkennt man noch heute im Dorf: romanische Kirche und Engländerturm *(Tour des Anglais,* 14. Jh.), der erbaut wurde, um die Pilger gegen jene Wegelagerer zu verteidigen, die im Sold der Engländer standen (die Rouergue gehörte damals zu England, man glaubt es kaum). Die Mönche rodeten auch die Wälder, um Getreideanbau und Viehzucht in Aubrac voranzubringen.

Quartiere und Gastronomie

- **Wanderherberge:** sich im Rathaus melden. T. 65 44 25 51 oder 65 44 25 30. Im Engländerturm *(Tour des Anglais).* Sechzehn Betten, WC, Duschen und Kochnische.
- **L'Étape de l'Aubrac:** am Dorfplatz. T. 66 44 28 40. *Café-tabac,* das Zimmer wochenweise vermietet.
- **Hôtel-Restaurant de la Domerie:** T. 65 44 28 42. Von Mai bis Mitte Oktober geöffnet. Bequemes Zwei-Sterne-Hotel, Doppelzimmer 190-400 F. Also nicht gerade geschenkt; betreibt auch ein Restaurant. Menüs ab 100 F.
- **Chez Germaine:** großes Haus mit düsteren Mauern, gleich am Platz. T. 65 44 28 47. An Sonn- und Feiertagen geschlossen. Auf die Tische rund um den großen Kamin kommt (auf Bestellung) *Aligot* oder Germaines leckere Hausmannskost: Menüs ab 105 F. Auch keine Dumpingpreise, aber dafür sitzt es sich hier so gemütlich, wenn draußen der Wind heult.

Sehenswertes

▶ **Töpferei von Henry Auguy:** am Ende des Dorfs rechts, in Richtung Espalion. T. 65 44 28 42. Eine der letzten Töpfereien der Gegend. M. Auguy ist seit fast dreißig Jahren in Aubrac ansässig. Anhand des Steinzeugs weiht er Neugierige bereitwillig in die Geheimnisse seiner Brennkunst ein.

● *ZWISCHEN AUBRAC UND MARGERIDE*

Die Grenze zwischen beiden geschichtsträchtigen Landschaften bildet grosso modo die Nationalstraße 9 Marvejols – Saint-Flour. Auf dieser Nord-Süd-Achse bietet es sich an, in Saint-Chély-d'Apcher oder Aumont-Aubrac abzusteigen, bevor wir uns daran machen, diese beiden schönen Gegenden zu durchstreifen.

Für Hinweise, die wir in späteren Auflagen verwerten,
bedanken wir uns mit einem Buch aus unserem Programm

▶ AUMONT-AUBRAC

Sitz der Kantonalverwaltung (der *canton* ist in Frankreich die nächstkleinere Verwaltungseinheit nach dem Département). Außer dem romanischen Chor der Kirche ist nichts besonders sehenswert.

Unterkunft

- **Hôtel Prunières:** place du Relais. T. 66 42 80 14. Fax 66 42 92 20. Mitten im Dorf; Doppelgemach mit Dusche und WC 180-250 F. Die Menüs gehen bei ca. 90 F los.

▶ SAINT-CHÉLY-D'APCHER

Ca. 10 km nördlich Aumont-Aubracs, an derselben Straße. Bei der Anfahrt präsentiert sich uns eine für diese Ecke Frankreichs ungewöhnliche Industrielandschaft. Schmackhafter Landkäse.
- **Verkehrsamt:** unweit des Bd Guérin-d'Apcher, in der Innenstadt. T. 66 31 03 67. Fax 66 41 30 30. Ganzjährig geöffnet, sonntags zu. Für spezielle Auskünfte Mme Robert verlangen.
- **Empfehlenswerte Metzgereien:** *Jeanine Pradal,* 49, rue Théophile-Roussel; eigene Herstellung regionaler Wurst- und Fleischgerichte. Ihr Berufskollege *Vianney Teissandier* in derselben Straße Nr. 91 hat ebenfalls Pökelfleisch aus dem Aubrac-Margeride im Angebot.

MARGERIDE

Wie das Aubrac einer jener weltabgeschiedenen Landstriche, wie man sie nur noch in der Lozère findet. Die Margeride scheint uns klimatisch allerdings etwas feuchter. Auf Landkarten finden wir sie als *Monts de la Margeride* verzeichnet: dabei handelt es sich eher um eine langgezogene Hochebene, über deren tiefe Wälder und vereinzelte menschliche Ansiedlungen im Winter der Wind fegt. Der sechzig Kilometer lange und dreißig Kilometer breite Landstrich, ehedem Teil des Gévaudan, steigt allmählich gegen Saint-Flour im Cantal an und läuft dann gegen Mende und das Lottal im Süden aus. Im Osten bildet das größere alte Dorf *Langogne* die Grenze zum Valay und Vivarais, zwei weiteren historischen Landschaften mit verheißungsvoll klingenden Namen.

Den am dünnsten besiedelten Abschnitt des Massivs finden wir zwischen Gandrieu und Châteauneuf-de-Randon: eine wüste Gegend zwar, aber durchaus majestätisch. Wer sich nach endlosen Horizonten sehnt, ist hier genau richtig. Und wer der Stille bedarf, ebenfalls. Hier oben entspringen einige Forellenbäche, die dann zwischen den Steinmäuerchen der Kuhweiden bergab rauschen. Die Landschaft glänzt golden im Schimmer der Abendsonne, nimmt an Gewittertagen aber düstere Farbtöne an. Sammlernaturen finden hier Pilze, Flechten, Heidelbeeren und Narzissen.

SAINT-ALBAN-SUR-LIMAGNOLE (48120)

Kleinstadt an der Westflanke der Margeride. An der Hauptstraße eine hübsche romanische Kirche mit »Kammglockenturm«. Weiter außerhalb ein Schloß aus dem 19. Jh., das ein psychiatrisches Krankenhaus beherbergt (die Lozère ist das Département mit den meisten Einrichtungen für geistig Behinderte; ob's daran liegt, daß die Einheimischen, wie in ländlich abgeschiedenen Gegenden üblich, unter sich heiraten?). Von Rimeize kommt die landschaftlich reizvolle Straße, die durch das Guitard-Tal führt.

LOZERE - MARGERIDE

Wo schlafen? Wo essen?

- **Hôtel-Restaurant du Centre:** 32, Grande-Rue. T. 66 31 50 04. Im Januar zwei Wochen lang geschlossen, desgleichen im Oktober. Zu erkennen an der Jakobsmuschel, die daran erinnert, daß Saint-Alban vor Zeiten ein Hospiz für Pilger auf dem Jakobsweg war. Einfaches, anständig geführtes und gemütliches Haus. Doppelzimmer 150-270 F. Im vierten Stock die Unterkunft für zünftige Wanderer. Um 7h bimmeln die Glocken (wenn liegt zu so vorgerückter Stunde denn noch in den Pfühlen?). Im Restaurant Menüs ab 70 F.

♦ **La Petite Maison:** 4, av. de Mende. 400 m von der Stadtmitte. T. 66 31 56 00. Fax 66 31 53 26. Während der Saison montags über Mittag, außerhalb der Saison montags und dienstags mittags sowie von Ende November bis Mitte März geschlossen. An der Außenmauer des kleinen Steinhauses flattern zwölf bunte Fahnen; im Inneren erfreut die einfallsreiche Küche den Feinschmecker. Gehobene Gastronomie hat natürlich ihren Preis: Menüs ab 80 F bis 240 F. Der Küchenchef empfiehlt Büffelfleisch (und wir dachten immer, die armen Viecher seien alle von den Bleichgesichtern abgeknallt worden). Wer hier seine Mahlzeit einnimmt, darf im Schwimmbad des *Relais* gegenüber ein Bad nehmen.

Nächtigen in der Umgebung

- **Gästezimmer:** in La-Roche-de-Lajo, 9 km vor Saint-Alban. Das Dorf liegt unweit der D 587 in Richtung Chanaleilles, in der Haute-Loire. Bis zum Langlaufzentrum *Lajo* sind es von hier aus nur drei Kilometer. Anschluß ist an die Fernwanderwege *GR 4* und *GR 65* »Tour de la Margeride«. Drei Gästezimmer und Mahlzeiten hält *Anna Jalbert* bereit. T. 66 31 52 07. *Mme Odile Astruc* vermietet ebenfalls zwei Zimmer; Dusche und WC teilt man sich mit der Familie (150 F). T. 66 31 53 22.

Sehenswert

▶ **Die Margeride-Wisente** *(Bisons de la Mergeride):* Gemeinde Sainte-Eulalie. T. 66 31 40 40. Nach den Gévaudan-Wölfen geraten wir nun an den europäischen Bison, einen Vetter des amerikanischen Büffels. Die aus Bialowitza in Polen eingeführten Tiere tummeln sich auf einem hundertsechzig Hektar großen Anwesen. Das größte freilebende europäische Säugetier mampft täglich dreißig Kilo Grünzeug in sich hinein und bringt bis zu einer Tonne Lebendgewicht auf die Waage. In dem Freigehege leben über zwanzig Wisente in halber Freiheit, wovon wir uns zu Fuß oder von einer Kutsche aus überzeugen dürfen (Dauer der Führung rund 45 Minuten). Am Eingang erfahren wir im Museum *Maison du Bison* alles Wissenswerte über Bison bonasus, einen der letzten noch lebenden tierischen Zeugen der Vorgeschichte. Im Winter von 10-12 und 14-18h, im Sommer ohne Mittagspause.

- Wer die Nacht neben dem Tierpark verbringen möchte, wende sich an die Wanderherberge **Sur le Chemin des Bisons:** T. 66 81 40 04. Ab 60 F.

● *VON SAINT-ALBAN-SUR-LIMAGNOLE NACH GANDRIEU*

Im Idealfall nähern wir uns der Margeride auf jener langen, einsamen Straße, die über die *Baraque des Bouviers* (1.418 m) führt und dabei wunderbare Landstriche berührt. Im Gegensatz zum Aubrac ist die Margeride teilweise bewaldet. Undurchdringliche, pilzreiche Wälder wechseln ab mit gelber, vertrockneter Grassteppe, Heideland, Steinmäuerchen und vom Regen modellierten Granitblöcken. Auf den achtundzwanzig Kilometern begegnet man in der Nachsaison so wenigen Benzinkutschen, daß man sich in einer anderen Welt wähnt: entvölkert zwar, aber mit starken Wurzeln.

LE MALZIEU (48140)

Oft wird vergessen, daß die Bestie von Gévaudan mit Vorliebe in diesem Städtchen wütete. Dennoch glaubten sich die Einheimischen hinter ihren Mauern sicher. Le Malzieu, das sich in eine Flußschleife der Truyère schmiegt, hat sich von der alten Stadtbefestigung noch ein Tor und zwei beleibte Türme bewahrt. In den Gassen schöne Hauseingänge mit kunstvollen Rahmen aus Granit.

Auskunft

– **Verkehrsamt:** im Rathaus. T. 66 31 70 25. Besetzt von 10-12 und 17.30-19h. Montags vormittags geschlossen.

Quartier machen und einkehren

• **Hôtel de la Margeride:** place du Souvenir, gegenüber vom Rathaus. T. 66 31 70 18. Ländlicher Komfort ohne große Ansprüche zu Niedrigpreisen: Doppelzimmer mit Dusche auf dem Gang ab 120 F. Bodenständiges Menü ca. 60 F.

Kost & Logis in der Umgebung

• **Ferme-Auberge Le Bon Acueil:** in *Paulhac-en-Margeride,* 14 km von Malzieu an der D 989 in Richtung Le Puy. T. 66 31 73 46. Auf 1.160 m Meereshöhe. Das Wirtshaus mit dem treffenden Namen serviert ein Gericht zu 65 F, zu dem gefüllter Kohl als regionale Besonderheit gehört. Gemütlicher alter Bauernhof mit bequemen Gästezimmern zu 130 F (das Doppel); 50 F Aufpreis für jede weitere Person.

SAINT-DENIS-EN-MARGERIDE

Winziges Nest, das sich inmitten weiter Grasfluren und Wälder in einem Talgrund verbirgt. Am Ortsrand links ein sehenswertes altes granitenes Herrenhaus.

Speis & Trank

♦ **Café-Restaurant Le Margeride:** kleines Häuschen rechter Hand an der Dorfstraße. T. 66 47 41 09. Eine unserer besten Adressen in der Margeride. Viviane Bonnet kocht im Winter eine nahrhafte Kohlsuppe; im Herbst beruhen ihre Gerichte auf Pilzen, heimischen Fleisch- und Wurstwaren sowie Auvergner Eintopf. Ihre besondere Kochkunst zeigt sich jedoch bei den Kartoffelgerichten. Unter der Woche herrscht hier die Atmosphäre eines Landarbeiterlokals. Menüs ab 70 F. Viviane weiß auch, wo im Wald die besten Pilze wachsen.

▶ LA BARAQUE DES BOUVIERS

Paßhöhe (1.418 m) in landschaftlich reizvoller Umgebung, im Herzen der Margeride. Die Verwaltung der Lozère hatte diese einsame Ecke jahrzehntelang vergessen. Vor wenigen Jahren beschloß nun das Département, den paradiesischen Zustand zu beenden und hier Einrichtungen für Skilangläufer zu bauen. Etwa zehn kleine Holzhäuser, ein Auskunftsbüro und eine Appartementvermietung haben inzwischen der romantischen Waldeinsamkeit den Kampf erklärt. Zum Glück gibt's noch jede Menge anderer gottverlassener Orte in der Margeride, die ebenfalls *Baraque* heißen: etwa die *Baraque de Boislong* unweit La Villedieus oder die *Baraque du Cheval Mort* bei Estables.

Tisch & Bett

- **La Baraque des Bouviers:** das Haus links vom Scheitel des Passes. T. 66 47 31 13, Fax 66 47 30 76. Betriebsruhe von Mitte November bis Mitte Dezember. Über der Eingangstür dieser Dreifaltigkeit von Bar, Hotel und Restaurant hängt eine Glocke, die früher von Unwettern überraschten Pilger und Reisenden geläutet wurde. Die Winter hier oben sind für französische Verhältnisse besonders hart, das Thermometer fällt leicht auf -10 bis -15 Grad. Damals fanden Reisende in dem behäbigen Granithaus einen Platz zum Aufwärmen, bescheidene Herberge und Essen. Heute bietet *La Baraque* eine der opulentesten Tafeln der Margeride. Menüs zu 60, 90 und 130 F. Qualität und Quantität stimmen, wenn auch die Preise das ortsübliche Niveau übersteigen. Fleisch vom Schwein, soviel das Herz begehrt, Kutteln nach Armagnac-Art, Kalbsreis mit Lorcheln, einem Pilz aus der Familie der Morcheln. Im Herbst heißt es hier Waidmannsheil und Horrido, wenn die Grünröcke einfallen. Übernachtung in kleinen Ferienwohnungen oder Ferienhäusern, die wochenweise oder für ein Wochenende zu mieten sind.
Die Umgebung bietet reichlich Gelegenheit zum Wandern; in der Nähe verläuft der GR 43.

CHATEAUNEUF-DE-RANDON (48170)

Ganz bestimmt eines der schönsten Dörfer der Lozère. Châteauneuf-de-Randon thront gleich einem Adlerhorst auf einer Bergkuppe, die das ganze Umland überragt. Daher bieten sich immer wieder hübsche Perspektiven und ungehinderte Blicke in die Ferne. Der sehenswerte große Dorfplatz mit dem Katzenkopfpflaster ist eigentlich drei Nummern zu groß. Einen Andenkenladen sucht man hier übrigens vergebens; das geschichtsträchtige, unverfälschte Ambiente ist das genaue Gegenteil von Touristennepp. Auf diesem von Wind und Wolken leergefegten Platz mit der Statue *Du Guesclins* und den kleinen Cafés (*Le Midi, La Poste, L'Union*) darf man sich rundum wohlfühlen.

Übernachten und einkehren

- **Hôtel de la Poste et des Voyageurs:** am Fuß des Hügels, am Carrefour de l'Habitarelle, gleich neben dem Mausoleum für den Konnetabel Du Guesclin. T. 66 47 90 05, Fax 66 47 91 41. Freitags abends und samstags über Mittag außerhalb der Saison geschlossen; zusätzlich von Ende Dezember bis Februar. Erinnert an eine alte Pferdewechselstation und befindet sich seit hundertfünfzig Jahren in Familienbesitz. Freundliche Aufnahme, Zimmer 120-280 F. Auch die Küche fällt angenehm auf, Menüs zu 58, 95, 130 und 170 F. Unstreitig eine unserer Spitzenadressen in der Gegend. Ein Zimmer zur unbebauten Seite hin vorziehen.

Kost & Logis in der Umgebung

- **Gästezimmer Giraldès:** bei Alexis und Françoise Amarger, im Weiler *Giraldès*, 10 km westlich Châteauneuf-de-Randons, hinter Arzenc-de-Randon an der D 3. T. 66 47 92 70. Vier einfache, aber ansprechende Zimmer mit Sanitäranlagen (WC auf dem Gang) in einem außerhalb gelegenen Bauernhof mit Viehzucht. Ganz in der Nähe der GR »Tour de Margeride«. Auch Mahlzeiten. Wanderern steht ein Gemeinschaftsschlafsaal zur Verfügung. Kulante Preise: Mahlzeit für 70 F, Halbpension rund 190 F.
- **Auberge de la Plaine:** in *Montbel*. T. 66 47 90 76. Im Januar geschlossen. Reizvoller Gasthof, wo sich die Waidmänner ein Stelldichein geben. Zimmer 130-200 F; Menüs mit *Charcuterie*, Pilzen und Wild zum Preis von 80-260 F.

♦ **La Ferme de Saltel:** in *Rieutord-de-Randon*. T. 66 47 38 51. Fax 66 47 38 11. Im Januar und Februar geschlossen. Noch eine abgelegene Adresse auf

CHATEAUNEUF-DE-RANDON / 385

1.200 m Höhe. Die Franzosen pfeifen auf den Tierschutz und gönnen sich hier ein Festmahl, in dessen Mittelpunkt die Ente steht: echte, hausgemachte Gänsestopfleber. Große Auswahl an Menüs (75-220 F). Wenn's draußen hagelt und schneit, sorgt der große Kamin für gemütliche Wärme. Unterbringung in mit altem Holz eingerichteten Zimmern ab 150 F.

Sehenswertes

▶ **Zenotaph Du Guesclins:** neben dem *Hôtel de la Poste et des Voyageurs*, am Carrefour de l'Habitarelle. Nichts Großartiges, eher sogar enttäuschend. Dennoch hat das kleine Granitdenkmal, im 19. Jh. am Rand einer ordinären Straße errichtet, etwas Anrührendes. Der »Konnetabel Frankreichs« (eine Art oberster Feldherr des Königs), der 1320 in La Motte-Broons bei Dinan in der Bretagne geboren wurde, ist in voller Rittermontur dargestellt. Seine Füße ruhen auf einem Löwen (wie auf seinem mittelalterlichen Grab in der Basilika von Saint-Denis bei Paris). Die Inschrift lautet übersetzt etwa folgendermaßen: »Hier übergaben die unterlegenen letzten Söldnerbanden am 13. Juli 1380 Bertrand Du Guesclin auf dem Sterbebett die Schlüssel von Châteauneuf-de-Randon. Er war ein Vorläufer *Jeanne d'Arcs* auf dem Weg zur nationalen Wiedergeburt.« Das ist natürlich eine gänzlich unhistorische, nationalistische Geschichtsbetrachtung, die den Mythos von der großen Heldengestalt, die das Vaterland hinter sich vereinigt (Pétain, de Gaulle, Mitterrand) in die Vergangenheit zurückprojiziert. In Wirklichkeit war Du Guesclin ein geschickter Söldnerführer, es ziemlich wurscht war, für wen er gegen wen kämpfte, Hauptsache die Beute stimmte. Immerhin gelang es ihm, die verhaßten Engländer vorübergehend aus Südfrankreich zu vertreiben. Sein Ende hat etwas Tragikomisches: er soll an einem Trunk zu kalten Wassers gestorben sein, das er in der Gegend aus einem Quell geschöpft hatte.

Nach seinem Tod wurde Du Guesclins Körper einbalsamiert und über das Land verteilt: die Eingeweide wurden in Le Puy bestattet, das Fleisch in Montferrand und die Knochen fanden in der Königsbasilika Saint-Denis bei Paris ihre letzte Ruhestätte. König *Karl V.* wollte seinen besten Haudrauf auch beim Jüngsten Gericht an seiner Seite wissen. Das Herz verehrte man Du Guesclins bretonische Geburtsstadt Dinan, wo es in der Basilika Saint-Sauveur in einem Reliquiar aufbewahrt wird. Eine solche Aufteilung sterblicher Überreste (wie sie auch bei den Habsburgern üblich war) fand für gewöhnlich nur bei Mitgliedern der Königsfamilie statt.

▶ **Kleines Du-Guesclin-Museum:** am Dorfplatz, im Hôtel du Guesclin. Im Juli-August Einlaß von 10-12 und 14.30-18.30h. Soll die Erinnerung an die steile Kar-riere des Konnetabel wachhalten.

▶ **Ruinen des Engländer-Turms:** im Norden Châteauneufs.

▶ **Observatorium:** Aussichtspunkt über die Gegend.

RÉGORDANE-ROUTE

Eigentlich eine Erfindung von uns. Der Name ist nicht offiziell, obwohl man oft vom *Chemin* oder *Voie Régordane* spricht. Die D 906 zwischen Langogne und Alès folgt den Spuren der uralten Wegstrecke, die das Gévaudan mit dem Languedoc verband. Im Mittelalter wälzten sich ganze Heerscharen von Pilgern über diesen Weg. Sie kamen aus Le Puy-en-Velaye und waren nach Saint-Gilles-du-Gard in der Camargue unterwegs, damals einer der großen Wallfahrtsorte der Christenheit. Maultierkarawanen, die berühmten *Rigourdiers*, stiegen beladen mit Käse und Milchprodukten vom Zentralmassiv ab. Auf dem Rückweg brachten sie Kastanien, Salz, Kohle und Wein ins Gebirge. Unterwegs boten sogenannte Hospize *(Hôpitaux)* den Reisenden Unterkunft, während die schönen romanischen Kirchen (in Concoulès, Prévenchères usw.) dafür sorgten, daß das Seelenheil der Pilger nicht zu kurz kam. Das Fort von La Garde-Guérin, die Häuser von Génolhac und Schloß Portes sind Orte, die Zeugnis abgeben vom damals regen Austausch zwischen Nord- und Südfrankreich. Zwischen Langogne und Alès sind rund 90 km zurückzulegen.

LANGOGNE (48300)

Das Bauern- und Händlerstädtchen mit seinen dreitausendfünfhundert Seelen liegt im Grenzebereich der historischen Landschaften von Margeride, Velay und Vivarais. Fremde finden hier rund zehn Hotels, ausgezeichnete Metzger und eine Altstadt vor, deren Gebäude den Kirchplatz ringförmig einschließen, was ihm eine gewisse Originalität verleiht.

Nützliche Adresse

– **Verkehrsamt:** 15, bd des Capucins. T. 66 69 01 38. Auskünfte täglich vom 15. Juni bis zum 15. September von 9-12 und von 15-18h; in der übrigen Zeit des Jahres täglich außer Sonntag und Montag von 10-12 und von 14-16.30h.

Übernachtung & Einkehr

● *Preiswert*

▪ **Hôtel-Bar Le Sélect:** 50, av. Foch. T. 66 69 13 67. Eine der preiswertesten Adressen am Ort; Zimmer sind schon ab 100 F erhältlich. Schlicht, aber bei dem Preis ist nichts einzuwenden.

● *Mittlere Kategorie*

▪ **Hôtel du Luxembourg:** place de la Gare. T. 66 69 00 11. Im Januar geschlossen. Im provinziellen Stil, aber ganz annehmbar, auch wenn das Ambiente uns nicht gerade vom Hocker reißt. Zimmer mit Telefon, Dusche und WC ab 150 F. Betreibt auch ein Restaurant (Menüs ab 70 F).
▪ **Hôtel Bel Air:** quartier Pierre-Grasset, in der Ortsmitte. T. 66 69 01 08. Gehört zur Kette *Logis de France*, die ein zufriedenstellendes Preis–Leistungsverhältnis gewährleistet. Die einfallsreiche Innenausstattung verleiht dem Hotel ein exotisches Flair. Zimmer 120-200 F. Mahlzeiten ab 60 F fürs Menü. In Langogne und Umkreis bei weiten die beste Adresse.

Sehenswert

▸ **Kirche Saint-Gervais-et-Saint-Protais:** die von den Altstadtgebäuden eingeschlossene Kirche birgt im Inneren fünfundachtzig behauene Kapitelle aus Granit, die sie zur schönsten romanisch-burgundischen Kirche im Gévaudan machen. Die erste Seitenkapelle auf der rechten Seite birgt die in der ganzen Gegend hochverehrte *Notre-Dame de Tout Pouvoir*, die »Muttergottes der uneingeschränkten Macht« also. Wir wissen nicht, ob die Politiker am Ende jeder Legislaturperiode hier für ihre Wiederwahl beten.

▸ **Stadtmauern:** bestehen aus dem Wohnhausgürtel rings um die Kirche. Von den eigentlichen Stadtmauern sind nur noch die fünf dicken Rundtürme erhalten, die wie in Marvejols noch bewohnt werden.

▸ **Markthalle:** die Granitpfeiler tragen ein Schieferplattendach. Das stilvolle Gebäude von 1742 dient noch immer als Markthalle.

LA GARDE-GUÉRIN

Taucht förmlich aus dem Nichts auf. Schon von weitem erkennt man den hohen quadratischen Turm, der über der Leere, d.h. der Chassezac-Schlucht, zu schweben scheint. Eine Handvoll grob gemauerter Behausungen dient Intellektuellen und Künstlern in der warmen Jahreszeit als Feriendomizil. Wir kamen an einem lauen Sommerabend nach La Garde-Guérin. Die gelben, ausgetrockneten Wiesen ringsum erinnerten an die kastilische Meseta. La Garde-Guérin gilt als eines der schönsten Dörfer der Lozère. Die Kehrseite der Medaille: der Touristenansturm im Sommer. Drum raten wir dringlich dazu, in der Nachsaison hierher zu reisen, oder noch besser im Winter, wenn der Sturm dem nahen Mont Lozère entgegenheult.

– Innerorts herrscht Fahrverbot; also das heilix Blechle auf dem Parkplatz am Ortseingang rechts abstellen.

Aus der Chronik

La Garde-Guérin verdankt seine Existenz einem ganz bestimmten Zweck: es war ein wichtiger Haltepunkt auf dem Régordane-Weg, eine, der Pilger, Händler und Reisende mit besonderer Erleichterung entgegenstrebten. Schon im 10. Jh. entstand eine erste Zitadelle unter den *Seigneurs de Tournel*, die später den mächtigen *Seigneurs Pariers* (»Schutzherren«) als Stützpunkt diente. Ihnen fiel die Aufgabe zu, Pilger und Reisende zu geleiten und zu beschützen. Für ihre Wächterrolle erhoben sie von jedermann einen Wegzoll, der die Ursache ihres beträchtlichen Vermögens und der zahlreichen Scherereien war, die sie sich später einhandelten. Der Bischof in Mende war nämlich eifersüchtig auf die Macht der Herren von La Garde-Guérin und ließ die Zitadelle im 12. Jh. schleifen, um seine eigene Oberherrschaft wiederherzustellen.

Wichtig: schlafen und essen

- **Auberge Régordane:** in der Fußgängerzone. T. 66 46 82 88, Fax 66 46 90 29. Geöffnet von Ostern bis Allerheiligen (1. November). Herrensitz aus dem 16. Jh. mit dicken Mauern und sechzehn Kemenaten ab 230 F. Auf den Tisch gelangen im hellen, oft bis auf den letzten Platz gefüllten Speisesaal so bodenständige Sachen wie Forelle, Frosch oder Causse-Lamm. Menüpreise 100-180 F. Vorbildlicher Empfang durch Pierre und Philippe Nogier, nettes Drumherum: eine empfehlenswerte Adresse also auf der Route Régordane, auch wenn das Publikum nicht dem klassischen Rucksacktouristen entspricht. Auf der Terrasse im gepflasterten Hof des Herrenhauses kommen wir uns vor, als wären wir mit der Zeitmaschine vierhundert Jahre zurück in die Vergangenheit gereist. Wanderer nächtigen zum Saisonpreis von 60 F im Schlafsaal mit dreizehn Plätzen.

Sehenswertes

▶ Den **Spaziergang durchs Dorf** haben wir bald hinter uns gebracht.

▶ **Burgfried** *(Donjon):* am Ortsrand; überragt La Garde-Guérin um zweiundzwanzig Meter und ist das letzte Überbleibsel der Schutzherrenburg. Blick über die Chassezac-Schlucht.

▶ **Romanische Kirche:** gleich am Fuß des Turms. Im Inneren schön behauene Kapitelle.

VILLEFORT (48800)

Die schattige, im Sommer angenehm kühle Ortschaft am Fuß der Ostflanke des Mont Lozère ist eines der Tore zum Cevennen-Nationalpark und eine alte

Durchgangshalt für Pilger auf der Régordane-Route. Die Stadt pflegt ihr unverkennbares Gepräge, besonders in der Rue de l'Église mit ihren alten Häusern, dem Rathaus aus dem 15. Jh. und der Saint-Jean-Brücke über den Pailhère-Bach.

Nützliche Adressen

– **Verkehrsamt:**
rue de l'Église. T. 66 46 87 30. Fax 66 46 85 33. Auskünfte von Juni bis August.
– **Jugendzeltplatz:** *Point Accueil Jeunes* in Morangiès. T. 66 46 85 29. Gelände für Jungcamper zwischen 13 und 18 Jahren.
– **Bahnhof:** gut zu wissen, daß die Zugstrecke Paris-Nîmes über Clermont-Ferrand durch Villefort führt. Alle Züge halten hier, auch der »Cévennol«. Auskunft und Abfahrtszeiten unter T. 66 46 80 03.

Dach überm Kopf, Schnitzel auf dem Teller

• **Hôtel-Restaurant du Lac:** am Ufer des Villefort-Sees, 1,5 km nördlich der Stadt. T. 66 46 81 20, Fax 66 46 90 95. Von November bis Mitte März geschlossen. Villefort über die D 906 in Richtung La Garde-Guérin verlassen. Das Hotel ist ein einzelnstehendes, weiß gestrichenes Haus links unterhalb der Straße. Seeblick. Die maßvollen Preise fürs Doppelzimmer mit Dusche (oder Bad) und WC beginnen bei 250 F (Obergrenze 350 F). Die Farben im aufpolierten Inneren werden das Geschmacksempfinden feinfühliger Ästheten verletzten. Mahlzeiten ab 90 F (regionale Leckerbissen aus der Lozère). Ziemlich touristisch und für arme Schlucker ungeeignet.
• **Hôtel Balme:** place du Portalet, mitten in Villefort. T. 66 46 80 14. Fax 66 46 85 26. Jedes Jahr nicht nur zwischen dem 15. November und dem 15. Februar geschlossen, sondern auch sonntags abends und montags außerhalb der Urlaubszeit. Ehrwürdiger Altbau mit einem guten Ruf, von Michel und Micheline Gomy fachmännisch geführt. Doppelzimmer ab 170 F. Erinnert mit seinem provinziellen, fast englischen Ambiente an ein altes Kurhotel. Hinzu kommt die ausgezeichnete Küche, die bodenständige Gerichte mit Köstlichkeiten aus dem Fernen Osten mischt, vor allem aus Thailand, wo Michel Gomy alljährlich seinen Urlaub verbringt. Menüs ab 130 F. Bietet kulinarisch das beste Preis--Leistungsverhältnis in der Gegend.
• **Zeltplatz La Pailhère:** an der Straße zum Mont Lozère und zum Mas de la Barque, 5 km von Villefort, am gleichnamigen Bergbach. T. 66 46 80 63. Freundlicher Empfang und schöne Lage, obendrein auch noch schattig.

Sehenswert

▶ **Markt:** donnerstags morgens. Zwischen den Auslagen umherschlendern und nach örtlichen Spezialitäten Ausschau halten.

▶ **Schloß Castenet:** T. 66 46 81 11. In diesem Schloß am Lac de Villefort hat der leidenschaftliche Sammler *Thierry Sibra* eine Ausstellung zur Geschichte der Fotografie eingerichtet. Da freuen wir uns doch gleich, mal wieder was für unsere Bildung tun zu können.

CONCOULES (30450)

Ca. 11 km südlich von Villefort, an der neuen kurvenreichen Straße hinunter nach Génolhac. Nach und nach weicht das trocken-kalte Klima des Mont Lozère mit seinem kargen Pflanzenwuchs einer eher mittelmeerischen Fauna. Die Dächer sind mit Ziegeln gedeckt statt mit Schieferplatten, die Plätze liegen im Schatten. Kein Zweifel, wir nähern uns der Sonne des Südens. In Concoulès hat man von der kleinen romanischen Kirche (12. Jh.) mit dem Kammglockenturm (wie im Aubrac also) eine prächtigen Aussicht über das Tal.

– **Atelier de la Cézarenque:** Neubau an der Straße Villefort-Génolhac, ortsausgangs von Concoulès. T. 60 61 10 52. Täglich außer montags morgens Verkauf naturbelassener, ergo gesunder Erzeugnisse wie Fleisch- und Wurstwaren aus der Gegend, Geflügel, Konserven und Gebäck, hergestellt von Behinderten im angrenzenden Heim. Eine gute Sache, außerdem stimmt die Qualität und die Preise sind niedrig. Beim Einkauf sorgen wir nicht nur für unser eigenes Wohl, sondern tun auch noch ein gutes Werk. Schließlich sind wir hier in einer protestantischen Gegend.

GÉNOLHAC (30450)

Unversehens sind wir im Département Gard gelandet. Das größere Straßendorf im Tal hat schon südländisches Flair.
– **Bahnhof:** unterhalb des Dorfs. T. 66 61 10 35. Täglich mehrere Züge und Busse nach Alès und Nîmes.
– **Verkehrsamt:** unter dem Portal der Grand-Rue. T. 66 61 18 32. Mittwochs und sonntags außerhalb der Saison sowie montags vormittags im Sommer geschlossen.

Wo absteigen und einkehren?

• **Hôtel Le Commerce:** 46, Grand-Rue. T. 66 61 11 72. Preiswerte Adresse am Rand der malerischen Straße mit Fassaden aus dem 15. und 17. Jh. Doppelzimmer mit Dusche und WC ab 120 F. Auch die Mahlzeiten kosten nicht die Welt (Menüs zu 50, 70 und 110 F). Da lacht das Herz des Individualreisenden.
• **Hôtel du Chalet:** im Unterdorf, gegenüber vom Bahnhof. T. 66 61 11 08. Preiswertestes Haus am Platz, Zimmer 100-160 F. Im Restaurant Menüs ab ca. 80 F.

CHATEAU DE PORTES

Die alte Festung an der Route Régordane, auf einem Kamm hoch über der weiten Landschaft, diente einst Pilgern nach Saint-Gilles-du-Gard als Zufluchtsort. Die Burg ist leicht zu finden: wenn wir der D 906 (Alès-Génolhac) folgen, ragt sie gleich hinter der Ortschaft Portes empor.
Der quadratisch angelegte Wehrbau aus dem 12. Jh. wurde während der Renaissance durch einen herrschaftlichen Wohnsitz mit drei Stockwerken ergänzt, der eine bugförmig nach Osten gerichtete Spitze bildet. Das Gebäude wird zur Zeit restauriert.
– **Öffnungszeiten:** vom 6. Juli bis zum 12. September täglich außer montags von 9-12 und 15-20h; außerhalb der Saison nur am Wochenende und Feiertagen auf Voranmeldung.
– **Führung:** fünfundvierzig Minuten, mit ehrenamtlichen Führern.
– **Association pour la Renaissance du Château de Portes** (Verein zur Erhaltung der Burg von Portes): T. 66 34 35 90. Serge Bonnet verlangen.

In der Umgebung

▶ **Route des Crêtes:** wunderschöne, fünfunddreißig Kilometer lange Hochstraße mit Ausblick auf den Mont Lozère und die Cevennen; führt durch die Bougès-Berge von Portes nach Pont-de-Montvert.

Kost & Logis in der Montagne du Bougès

Als Quartiere empfehlen wir diese beiden Bauernhöfe, d.h. Privatunterkünfte, für einen Tag oder eine Woche. Verpflegung im Bauernhof oder im *Gîte*. Unbedingt zu Fuß die Gegend erkunden.

- **Chez Pierrette et Christian Charton:** Ferme du Lauzas, 48160 *Le Collet-de-Dèze*. T. 66 41 03 88, Fax 66 45 51 02. Von Dezember bis März geschlossen. Der Bauernhof am Nordhang des Gardon-Tals ist in der gebirgigen Landschaft gar nicht so leicht auszumachen. Hinter Coudoulous auf der Gratstraße am Col de la Banette links abbiegen. Eine enge, gefährliche Straße (davon verstehen wir was) führt hinab nach Lézinier. Wir fahren weiter und biegen dann rechts ab. Am besten die Chartons vorher telefonisch nach dem genauen Anfahrtsweg fragen. Hof im Grünen; über das Gelände fließt ein kleiner Gebirgsbach. *Gîte rural* für sechs Personen sowie drei kleinere Ferienwohnungen für 80 F pro Person. Ermäßigung für Gruppen und bei längeren Aufenthalten. Auch ein Gästezimmer für rund 200 F (eine Person, inkl. Frühstück) oder 250 F (zwei Personen). Gelegenheit, im Hof seine Mahlzeiten einzunehmen; die deftige Kost wird mit eigenen Erzeugnissen zubereitet; Menü 70 F.
- **Chez Lili et Jean Demolder:** Ferme du Viala, 48240 *Saint-Frézal-de-Ventalon*. T. 66 45 54 08. Von Mitte November bis Ostern geschlossen. Ungefähr 4 km von der *Route des Crêtes*, im selben einsamen Tal. Anfahrt über eine enge, aber großartige Straße. Schwer zu finden, aber schöne Plätzchen wie dieses lohnen die Mühe. Das restaurierte *Mas* aus dem 16. Jh. beherbergt in Nebengebäuden eine gut hergerichtete Ferienunterkunft mit vier Zimmern (Doppelzimmer rund 220 F, Frühstück inbegriffen). Verköstigung im Hause möglich (Menü 70 F oder Picknickkorb für über Mittag). Die Demolders veranstalten auch mehrtägige Bergtouren zum Mont Lozère und den Bougès-Bergen, bei denen Wanderer voll auf ihre Kosten kommen. Außerdem schenken sie ihren selbsterzeugten, biologischen Apfelsaft aus, der für sich allein schon die Note sehr gut verdient. Ein Standquartier in den Cevennen also, das man sich rot anmalen sollte.

Zimmer zu vermieten

LANGUEDOC-ROUSSILLON VON A – Z

A

Abîme – wörtl. »Abgrund«
Agraffe – hakenförmige Verzierung
Alabaster – feinkörnige, durchscheinende Gipsart, die gerne zu Bildwerken und Perlen verarbeitet wird
Albigenser (frz. *Albigeois*) – auch Katharer genannte Mitglieder einer im 12. und 13 Jh. im *Midi* verbreiteten religiösen Strömung mit Albi als Mittelpunkt; vom Papst als Ketzer geächtet, der 1209 einen Kreuzzug gegen sie anzettelte, der später der französischen Krone als Vorwand für die Eroberung Südfrankreichs zupaß kam. 1213 mußten sich die Albigenser in der Schlacht von Muret geschlagen geben; die Festung Montségur in den Pyrenäen fiel 1244. Bis 1330 wurde der Rest der Bewegung durch die Inquisitoren ausgelöscht.
Anachoreten – asketische Einsiedler, die jede menschliche Gemeinschaft meiden
AOC *(Appellation d'origine controlée)* – Qualitätsnorm bei Wein Geflügel, Olivenöl usw.; Herkunft, Erzeugermethoden und Produktionsmengen unterliegen besonderen staatlichen Kontrollen (vgl. den deutschen »Qualitätswein mit Prädikat«).
Arboretum – Sammelpflanzung lebender Gehölze zu Studienzwecken
Aven – Karsthöhle oder Erdöffnung, in der das Regenwasser oder ganze Flüsse verschwinden; teilweise auch Tropfsteinhöhlen

B

Barbakane – von den Kreuzfahrern geprägte Bezeichnung für ein hofartiges, von einem Wehrgang umzogenes Außenwerk zum Schutz eines Tores; ansonsten Leckloch, Entwässerungsrohr.
Bastide – mit Privilegien versehene befestigte Städte oder Dörfer mit regelmäßigem Grundriß (typisch für Südwestfrankreich und den Midi)
Belvédère – Aussichtsplattform

C

Case – Bez. für Restaurant im Roussillon
Cassoulet – deftiger Eintopf aus der Kasserolle. Jeder Einheimische schwört auf sein einzig wahres Rezept; Hauptbestandteile sind jedenfalls weiße Bohnen sowie Fleisch vom Schwein, Hammel, Rebhuhn usw.
Causse – Kalkstock; verkarstete, höhlenreiche Hochfläche im Kalkgestein; häufige geologische Erscheinungen sind Dolinen *(Sotchs)* und eingeschnittene Flußtäler *(Canyons)*.
Chambre d'Hôte – Privatzimmer, Gästezimmer
Chaos – Felsenmeer (z.B. in Targassonne/Cerdagne)
Chapatalisation – Aufzuckerung des Weins
Chemin de halage – s. »Treidelpfad«
Cirque – natürlicher, einem Amphitheater ähnlicher, felsiger Talkessel
CNRS *(Centre National de la Recherche Scientifique)* – staatliches französisches Institut für wissenschaftliche Forschung, vergleichbar den Max-Planck-Instituten bei uns. Regie führt das Pariser Ministerium für Wissenschaft und Technologie.
Col – Paß(straße)
Corbières – das Roussillon nach Norden hin abgrenzendes Pyrenäenvorgebirge aus kahlem, grauen Fels, auf dem nur die genügsame *Garrigue* ein Auskommen findet.

Corniche – kurvenreiche Küstenstraße, Hochstraße
Côte vermeille (Rote Küste) – von den Ostpyrenäen geprägter buchtenreicher Küstenstreifen des Roussillon zwischen Collioure und Cerbère
Course de taureaux – frz. für Stierkampf, Corrida; in der Camargue: das Treiben der Stiere durch die Gassen
CTD *(Comité Départementale du Tourisme)* – Fremdenverkehrsamt auf Départementsebene

D

D + Nummer – »Departementstraße« *(Chemin départemental)*; Landstraße erster Ordnung.
Défilée – Engpaß (bei Gebirgsstraßen)
Doline – rundliche Vertiefung in der Erdoberfläche von Karstgebieten, entstanden entweder durch Lösung der Karbonatgesteine und Erweiterung der Klüfte von oben her (Trichterdolinen) oder durch Einsturz unterirdisch ausgewaschener Hohlräume (Einsturzdolinen).
Donjon – Wehr- und Wohnturm einer Burg; im Untergeschoß häufig Vorratsräume und Kerker, darüber die Küche, im zweiten und dritten Stock schließlich Schlafgemächer, Wohn- und Repräsentationsräume. Die Wehrhaftigkeit des Wohnturmes unterstreicht eine mit Zinnen versehene Plattform.
Drailles – Herdenwege in den Cévennen, über die die Schafe von der Winterweide in der *Garrigue* zu den hoch gelegenen Sommerweiden getrieben wurden (Transhumanz). Werden seit Rückgang der Schafzucht und aufkommendem Fremdenverkehr als (Fern-)Wanderwege genutzt.

E

Ephebe – Jüngling (im alten Griechenland bzw. Athen)
Ermitage – Einsiedelei
Étang – Strandsee oder Haff (Lagune), verbreitet u.a. an der französischen Mittelmeerküste zwischen Marseille und Perpignan. Es handelt sich um durch Dünenbildung versandete Mündungsbereiche von Binnengewässern.
Exvoto – Weihgabe

F

Ferme-Auberge – Landgasthof (meist Beherbergung und Bewirtung)
Foie gras – Stopfleber gemästeter Enten *(Foie gras de canard)* oder Gänse *(Foie gras d'oie)*
Four solaire – auf den französischen Pysiker *Félix Trombe* zurückgehende Sonnenofenanlagen für die thermische Stromerzeugung (größte in Odeil-le-Font-Romeu).

G

Garrigue – macchiaähnliche, offene Vegetationsform auf Kalksteinuntergrund. Kermeseichen, Hartlaubgewächse, Mastixarten und Gewürzsträucher wie Lavendel, Thymian oder Rosmarin bilden eine niedrige, stachlige Gebüschformation (z.B. in den Corbières).
Gîte rural – besonders geprüftes Ferienhaus oder -wohnung in ländlicher Umgebung (auch »Ferien auf dem Bauernhof«)
Gorges – schluchtartige, tief eingeschnittene Flußtäler
GR *(Sentier de grande randonnée)* – gekennzeichneter Fernwanderweg

H, I

Hospitaliter – Ordensgemeinschaften, die sich besonders der Krankenpflege in Hospitälern widmeten

Hugenotten – verallgemeinernde Bezeichnung für alle französischen Protestanten; eigentlich Spottname, der vermutlich auf »Eidgenosse« zurückgeht (Calvinismus!). Wichtige geschichtliche Daten des franz. Protestantismus: *Hugenottenkriege* 1562/63, 1567/68 und 1568-70; *Bartholomäusnacht* 1572 (auch »Pariser Bluthochzeit«; Ermordung von 2000 Hugenotten mit ihrem Führer Coligny in Paris und von 20.000 Hugenotten in der Provinz in der Nacht zum Bartholomäustag (24.8.) auf Veranlassung der Königinmutter Katharina von Medici wenige Tage nach der Hochzeit des Protestanten Heinrich von Navarra (Heinrich IV.) mit der Schwester König Karls IX.); *Hugenottenkriege* 1572/73, 1574-76, 1576/77, 1579/80 und 1585 (8. Hugenottenkrieg unter König Heinrich III.); *Edikt von Nantes* 13.4.1598 (gewährte freie Religionsausübung und eine polit. Sonderstellung der Protestanten); in den *Hugenottenkriegen* 1621/22 und 1625-29 stellten sich die franz. Protestanten zur Erhaltung ihrer Privilegien der Krone entgegen. Schwerste Verfolgung nach *Aufhebung des Edikts von Nantes* durch Ludwig XIV. am 23.10.1685; Flucht von rund 200.000 Hugenotten ins Ausland (Deutschland und Holland); letzter *Hugenottenkrieg* (Cevennenkrieg) 1702-10 (Erhebung der Kamisarden); ein Teil der franz. Reformierten behauptete sich trotz heftigstem Druck als »Kirche der Wüste«; 1787 staatliche *Duldung;* 1789 volle *Gleichberechtigung* im Zuge der Franz. Revolution.

IGN *(Institut Géographique National)* – staatliches geographisches Institut in Frankreich, das eigene Kartenwerke (u.a. die für Wanderer geeigneten topographischen Karten »TOP 25« im Maßstab 1 : 25.000), Wanderführer usw. herausgibt, die im gut sortierten Buchhandel erhältlich sind.

Inquisition (lat. »Untersuchung«) – im 12. Jh. aus den Kämpfen der katholischen Kirche gegen die Katharer und Waldenser hervorgegangenes »geistliches Gericht zum Aufsuchen und Bestrafen der Ketzer«. Wurde 1231/32 von Papst Gregor IX. zur päpstlichen Einrichtung erklärt. Dieser bestellte vornehmlich Franziskaner und Dominikaner zu *Inquisitoren*, die sich zur Durchsetzung ihrer Ziele massenhaft des Interdikts, der körperlichen Züchtigung, des Kerkers, der Folter und des Scheiterhaufens bedienten.

K

Kalvinismus – nach dem schweizerischen Reformator *Johann Calvin* (1509-1564) benannte Form des reformierten Glaubens; betont die Erwählung und Verdammung des Menschen durch göttlichen Ratschluß. Kirchenzucht und Gestaltung der staatlichen Ordnung haben nach biblischen Grundsätzen zu geschehen. In Gestalt des Puritanismus erlangte der Kalvinismus größte Bedeutung in England, Schottland und Nordamerika.

Kamisarden (frz. *Camisards*) – Bez. für die Kalvinisten bzw. Hugenotten in den Cevennen im Languedoc; diese lehnten sich zu Beginn des 18. Jhs gegen die religiöse Unterdrückung nach Aufhebung des Edikts von Nantes (1685) auf und spielen bis heute eine wichtige Rolle: bei der Bildung des okzitanischen Geschichtsbewußteins nämlich.

kosmogonisch – sich auf die Lehre von der Entstehung des Kosmos beziehend (Kosmogonie)

L

Langue d'Oc – Oberbegriff für die südfranzösischen Dialekte bzw. Literatursprachen Okzitanisch, Provenzalisch, Languedokisch, Gaskonisch usw. Die Unterscheidung erfolgte im Mittelalter nach dem Wort für »ja« im Süden *(oc)* und im Norden *(oïl,* später *oui)*.

Langue d'Oïl – das nördlich der Loire gesprochene Französisch und seine Dialekte, die sich im Gegensatz zur südfranzösischen *Langue d'oc* unter fränkischem Einfluß entwickelt haben.
Lavogne – Karsterscheinungsform in den *Causses;* Art natürlicher Zisterne über wasserundurchlässigen Gesteinsschichten.
Lauze – Schieferplatte (als Dachbedeckung)

M-N

Manade – Rinder-, Stier- oder Pferdeherde
Mas – südfranzösisches Bauernhaus
Maschikuli – vorkragende Mauerblende mit Fußlöchern an Wehrgängen oder als oberer Abschluß von Wehrbauten
Midi – frz. Bezeichnung für den Süden Frankreichs *(le Midi de la France),* also die Region Provence-Côte d'Azur und den Küstenstreifen des Languedoc-Roussillon.
Minitel – Anschlußgerät für das französische Bildschirmtextsystem, vergleichbar dem deutschen BTX. Die über Minitel abrufbaren Dienstleistungen erfreuen sich in Frankreich auch in Privathaushalten großer Beliebtheit.
MJC (Maison des Jeunes et de la Culture) – öffentlich finanziertes Jugendzentrum mit Räumlichkeiten für die sportliche und kulturelle Freizeitgestaltung
monolithisch – aus einem einzigen Steinblock gemeißelt
N (RN) + Nummer – *Route Nationale;* unseren Bundesstraßen vergleichbar.

O

OC – Symbol Okzitaniens, z.B. im »Kreuz des Languedoc«, das an die im Mittelalter unterschiedliche Aussprache des Wortes »Ja« nördlich (»oïl«) und südlich der Loire (»oc«) erinnert. Später setzte sich die *Langue d'oïl* in ganz Frankreich als Hochsprache durch, während die *Langue d'oc* zurückgedrängt wurde und nur noch außerhalb des öffentlichen Lebens als Dialekt weiterlebte.
Oppidum (Pl. Oppida) – allg. Bezeichnung für einen befestigten, ständig bewohnten Ort der Vor- und Frühgeschichte; im französischen *Midi* präromanische Lebens- und Siedlungsform (der Kelten, Ligurer oder Iberer?), die seit dem 4. Jh. n.Chr. unter griechischen und gallischen Einfluß geriet.
Ostréiculture – Austernzucht (z.B. am Bassin de Thau)

P

Pays – für den Franzosen die engere Heimat (entspricht in etwa dem deutschen Gau, den seit 1945 nur noch ADAC und Turnerschaften im Namen führen); häufiger Namensbestandteil historischer Landschaften in Frankreich (ohne verwaltungstechnische Bedeutung).
Pénichette – Hausboot (u.a. auf dem *Canal du Midi*)
Peristyl – von Säulen umgebener Innenhof des altgriechischen Hauses oder antiker Tempel
Pietà – Darstellung der trauernden Maria, die den Leichnam Jesu im Schoß hält.
Plat du jour – Tagesgericht
PNC *(Parc National des Cévennes)* – Cevennen-Nationalpark
Polychromie – farbige Gestaltung von Bauwerken durch unterschiedlich farbiges Baumaterial oder farbigen Anstrich
Priorat – Kartäuserkloster; Kloster eines monastischen Ordens unter der Leitung eines *Priors* (z.B. bei den Benediktinern).

R

Reconquista (span. »Wiedereroberung«) – nationaler und religiöser Kampf der Bevölkerung auf der Pyrenäenhalbinsel gegen die Mauren im Mittelalter
Retabel – Altaraufsatz

S

Sarazenen – im Altertum Bezeichnung für die Araber im nordwestlichen Arabien und auf der Sinai-Halbinsel; wurde im Mittelalter begrifflich ausgedehnt auf das ganze Volk der Araber, später auf alle Mohammedaner im Mittelmeerraum.
Sardana (frz. *Sardane*) – katalanisch-provenzalischer Reigentanz; die Tänzer fassen sich bei den Händen und bilden einen oder mehrere Kreise.
Schmähkreuz *(Croix des outrages)* – Kruzifix mit den bei der Kreuzigung Jesu verwendeten Marterwerkzeugen
SNCF *(Société nationale des Chemins de Fer français)* – staatliche französische Eisenbahn; hat trotz Börsengang 1983 und TGV wirtschaftlich zu knabbern.
Speläologie – Höhlenkunde
Syndicat d'Initiative – örtl. Verkehrsverein

T

Table d'Hôte – Menü zu einem festen Preis; »Stammtisch«
Templer *(Templiers)* – geistlicher Ritterorden, der aus einem 1119 in Palästina gegründeten Bund französischer Ritter hervorging. 1307 wurden die Templer in Frankreich wegen angeblicher Ketzerei verhaftet und einem Inquisitionsverfahren unterworfen. 1307 Aufhebung des Ordens durch Papst Klemens V.; ihr Besitz wurde überwiegend von weltlichen Fürsten eingezogen.
Tramontane – stürmischer Nordwestwind aus dem Zentralmassiv, der im Winter für trocken-kaltes Wetter sorgt.
Transhumanz: Form der Weidewirtschaft (z.B. im Aubrac), bei der das Vieh über größere Entfernungen zu den je nach Jahreszeit nutzbaren Weideflächen getrieben wird (vgl. die Almwirtschaft in den Alpen).
Treidelpfad *(Chemin de halage):* am Ufer eines Flusses oder Kanals entlangführender schmaler Pfad, von dem aus früher Lastkräne stromaufwärts gezogen wurden (mit Menschenkraft oder mit Hilfe von Zugtieren).
Triptychon – dreiteiliges Tafelbild; setzt sich bei Altären aus Mittelstück und zwei beweglichen Flügeln zusammen.
Trompe d'oeil (frz. »Augentäuschung«) – reale Gegenständlichkeit vortäuschende Malweise, die sich perspektivischer Mittel sowie raffinierter Licht- und Schattenwirkungen bedient.
Tympanon – Bogenfeld über dem Türsturz mittelalterlicher Portale

V-Z

Vermeil – feuervergoldetes Silber
Vin de pays – einfacher, meist aber ehrlicher, geprüfter Landwein; nimmt die höchste Stufe des Tafelweins ein und entspricht damit etwa dem deutschen »Qualitätswein«.
VTT *(Vélo tout terrain)* – frz. Bezeichnung für Geländefahrrad (Mountainbike)
Zenotaph – Grabmal auf einem leeren Grab; soll an einen andernorts gestorbenen Toten erinnern

Personenverzeichnis

ÄGIDIUS ... 257
ALFONS XII. ... 225
ALLIO, RENE ... 318, 348
ALPHONSE, KÖNIG ... 41
AMAURY, ARNAUD ... 157
APHRODISIUS ... 164
APOLLINAIRE ... 232, 247
ARMAND, LOUIS ... 344
ATTILA ... 39
AUBERT, ÉTIENNE ... 281
AUGUSTUS ... 234, 245
AYMERY DE NARBONNE ... 33
BALLADUR, JEAN ... 206
BARDOT, BRIGITTE ... 283
BARONCELLI, MARQUIS VON 254
BARTHES, PIERRE ... 173
BASSOMPIERE, MARECHAL DE
... 144
BEAUTERNE, ANTOINE DE ... 370
BEINIX, JEAN-JAQUES ... 114
BELIBASTE, GUILLAUME ... 122
BENEDIKT XII. ... 115
BENEDIKT, HL. ... 32
BENOIT, PIERRE-ANDRE ... 308
BERNINI ... 294
BESALU, GRAF VON ... 125
BEZIERS, MARIE-LOUISE ... 289
BOFILL, RICARDO ... 201
BOGOMILEN ... 119
BONAPARTE, LOUIS ... 110
BONAPARTE, NAPOLEON ... 261
BOULANGER ... 293
BOULEZ, PIERRE ... 284
BOUSQUET, JEAN ... 232
BOUSQUET, JOE ... 34
BRAQUE ... 68
BRASSENS, GEORGES
... 34, 174, 177, 183
BRUNE, PIERRE ... 70
BUFFON ... 273
CAESAR ... 245
CAIUS ... 245
CALVIN, JOHANN ... 393
CARCAS, DAME ... 128
CARRIERE, JEAN ... 318, 322, 335
CASALS, PABLO ... 86, 87
CASARIE ... 281
CASTELNAU, PIERRE DE 115, 260
CAVALIER, JEAN ... 318
CELINE ... 36
CERDAGNE, GRAF VON ... 88
CERDAGNE, GUIFRED DE ... 93
CHABROL, JEAN-PIERRE
... 318, 322
CHAGALL ... 68
CHAMSON, ANDRE
... 316, 322, 333, 334
CHAPTAL, JEAN-ANTOINE ... 33
CHASTEL, JEAN ... 370
CHEREAU, PATRICE ... 284
CHIRAC, JACQUES ... 332
CLEMENCEAU ... 35
COCTEAU ... 68
COEUR, JACQUES ... 187, 195
COLBERT ... 150, 229
COLETTE ... 130
COLUCHE ... 314, 316
COSTA, MICHEL ... 313
CROUZET, YVES ... 312
CRUSSOL, ANTOINE DE ... 293
D'AGOULT, MARIE ... 295
D'UZES, CRUSSOL ... 287, 293
DALI, SALVADOR ... 53
DAUDET, ALPHONSE ...
... 123, 225, 227, 232, 261, 303
DE BERNIS ... 246
DELTEIL, JOSEPH ... 201
DENNEVAL ... 370
DEPARDIEU, GERARD ... 294
DISNEY, WALT ... 134
DJIAN, PHILIPPE ... 130
DOMINIK, HL. ... 140
DOMINIKUS, HL. ... 33
DU GUESCLIN ... 384, 385
DUFY, RAOUL ... 53, 68
DUHAMEL ... 369
DUMAS, ALEXANDRE ... 225, 227
DURAND, GUILLAUME ... 367
DURAND, JACQUES ... 256
DURAND, MARIE ... 270, 318, 326
DURRELL, LAWRENCE ... 249
EICHER, STEPHAN ... 130
ELIADE, MIRCEA ... 343
ESCHENBACH, WOLFRAM VON
... 215
ESTEVE, JOSIANE ... 340
EYRIER, BRUNO ... 282
FABRE, FERDINAND ... 227
FABRE, JEAN ... 326
FABREGAT, AUGUSTE ... 162
FERDINAND D. KATHOLISCHE. 44
FERDINAND V. ARAGON ... 55
FOSTER, NORMAN ... 245
FOURNIER, JACQUES ... 115, 122
FRANZ I. ... 44, 246
FROMENTES, FROMENT ... 294
GERASSIMOV ... 304
GERHARDT, TOM ... 314
GIDE, ANDRE ... 225, 287, 294, 296
GILLES, MICHEL ... 100
GIPSY KINGS ... 269
GRACQ, JULIEN ... 373, 374
GRIMOARD DU ROURE,
GUILLAUME DE ... 349
GRIS, JUAN ... 68
GRUNBAUM, MARC ... 374

GUILHEM 215
HEINRICH IV. 317
HENRI II. DE MONTMORENCY 156
HERMET, LOUIS 370
HUGO, VICTOR 33
INJALBERT 163
INNOZENZ III 32
INNOZENZ VI. 281, 284, 285
JACOB, MAX 68
JAKOB D. EROBERER 41, 52
JAMES, HENRY 275
JAURES, JEAN 34
JEANNE D'ARC 385
JOFFRE, MARSCHALL 34
JOHANN DER GUTE 285
JOHANN II. V. ARAGON 44
KAMISARDEN 317
KARDINAL CABRIERES 200
KARL D. GROSSE 39, 128, 215
KARL IX. 289
KARL V. 385
KATHARER 119, 124, 126, 156, 164
KELLY, GRACE 219
LABARTHE, FRANÇOIS 374
LACARRIERE, JACQUES 343, 359
LAPEYRONIE 187
LAPORTE, PIERRE 325
LAS CASES 373
LENORMAND, LOUIS-SEBASTIAN
.... 197
LESSING 317
LISZT, FRANZ 295
LUCIUS 245
LUDWIG DER HEILIGE
.... 125, 136, 179, 251, 257
LUDWIG IX. 267
LUDWIG VIII. 130
LUDWIG XI. 44, 102, 167
LUDWIG XIII. 44, 112, 307
LUDWIG XIV. 317
LUDWIG XIV. 38, 55, 79, 98, 99,
.... 112, 144, 156, 199
.... 234, 289, 310, 317, 321, 325
LUDWIG XV. 246, 369
LUDWIG XVI. 325
MAILLOL, ARISTIDE 33, 65, 66
MALRAUX, ANDRE 287, 289
MARIA THERESIA 38
MARTEL, ÉDOUARD 340, 344
MASSON 68
MATISSE 59, 68
MAZEL, ABRAHAM 270, 326
MAZEL, EUGENE 312
MENARD 273
MENATORY, GERARD
.... 369, 370, 372
MENDEZ, VICTOR 237
MERIMEE, PROSPER
.... 130, 276, 284

METTRA, CLAUDE 343
MICHEL, LOUISE 293
MINERVE, GUILLAUME DE 148
MISTRAL, FREDERIC 35
MITTERRAND, FRANÇOIS 40
MOLIERE 33, 167, 168
MONIER, JOSEPH 296
MONTAND, YVES 279
MONTCALM 315
MONTFORT, SIMON DE
.... 32, 120, 125, 127
.... 128, 135, 146, 164
MONTFREID, DANIEL DE 116
MOULIN, JEAN 157, 162, 165
NAPOLEON III. 40, 217, 276
NEMAUSUS 234, 238
NIMENO II. 237
NOIRET, PHILIPPE 136
OCHAYLA, ABBE DU 326, 352
OJEDA, ALEXANDRE 313
OJEDA, PACO 237
OTTO 314
PAPST INNOZENZ III. 120
PAPST SYLVESTER 215
PAUL DE LA PANOUSE 116
PAULUS SERGIUS 113
PEDRO IV. 41
PETER III. 52, 89
PETIET 139
PHILIPP, GERARD 283
PHILIPP DER SCHÖNE 280, 367
PHILIPP IV. 272
PICASSO 53, 59, 68, 71, 72
PIERRE DE LUXEMBOURG 285
PIPPIN DER KURZE 128
POQUELIN, JEAN BAPTISTE
.... 33, 167
PRZEWALSKI, NIKOLAI 345
RABELAIS, FRANÇOIS 185, 187
RACINE, JEAN 293
RAMIREZ, FRANCISCO 55
RANC, JEAN 195
RENOUVIER, CHARLES 87
RICHELIEU 44, 55, 142, 307
RIGAUD, HYACINTHE 33, 53
RIGAUD, JACQUES BLANC 364
RIMBAUD 287
RIQUET, PIERRE-PAUL
.... 150, 157, 165
ROCHUS, HL. 198
ROGERS, RAYMOND 128, 135
ROLAND 318
ROQUEFEUIL, BARON DE 335
SAMH, EMIR AL 39
SCONIN 294
SEGUIER, ESPRIT 326, 352
SEGUIER, MGR. 248
SERRES, OLIVIER DE 319
SIMON, CLAUDE 34

STENDHAL 150
STEVENSON, R. L. .. 321, 322, 324
.... 328, 330, 331, 345, 349
STRAUSS, LEVI 235
SULLY-PRUDHOMME 225
SUNYER, JOSEPH 87
SÜSKIND, PATRICK 89
TAILLADE-ESPINASSE,
   MARQUIS DE LA 89
THOMAS V. AQUIN 164
TIECK, LUDWIG 317, 318, 322
TOULOUSE-LAUTREC 228
TRENCAVEL 33, 128, 135
TROMBE, FELIX 99, 105, 392
TRUFFAUT, FRANÇOIS 186
TZARA 68
URBAN V. 33, 349, 365, 367

VALERY, PAUL .. 34, 130, 174, 177
.... 182, 183
VANEL, CHARLES 279
VASTO, LANZA DEL 40
VAUBAN 55, 79, 95, 98, 155
VESPASIAN 272
VIAN, BORIS 85
VIKTORIA, KÖNIGIN 217
VILLAR, MARSCHALL 318
VIOLLET-LE-DUC 130, 135, 170
VIVES, MARTIN 87
VOLTAIRE 318
WAGNER, RICHARD 295
XILING 319
YOUNG, ARTHUR 150
ZOLA, EMILE 227

Index geographisch

ABBAYE DE SAINT-HILAIRE 139
ABBAYE DE VALMAGNE 169
ABIME DE BRAMABIAU ..335, 336
AGDE 39, 170
AGUZOU-HÖHLE 127
AIGUES-MORTES 256, 267, 318
AIGUILLON-SCHLUCHT 296
ALARIC 28
ALES 304
AMBRUSUM 273
AMÉLIE-LES-BAINS 72
ANDUZE 309
ANIANE 216, 32
ARBORETUM DE LA FOUX 341
ARDECHE 298, 303
ARGELLIERS 209
ARGENS 153
ARLES-SUR-TECH 54, 73
ARPAILLARGUES 295
ARTIGUES 347
ASPRES 41, 79, 367
ASSAS 209
AUBAIS 252
AUBRAC 337, 373, 375, 379
AUDE 109
AUDE-SCHLUCHTEN 127
AUMELAS 231
AUMONT-AUBRAC 375, 381
AURIAC 350, 354
AVEN ARMAND 343, 344
AVENE 219
AVEZE 315
AXAT 127
AZILLANET 146, 148
BAGES 58, 116
BAGNOLS-LES-BAINS 354
BALARUC 185
BALATG 89
BANYULS 34, 65
BARAQUE DE BOISLONG 383
BARAQUE DES
  BOUVIERS 382, 383
BARAQUE DU CHEVAL MORT 383
BARBAROSSA-TURM 113
BARJAC 297
BARRE-DES-CEVENNES . 332, 331
BEAUCAIRE 35, 39, 261
BÉDARIEUX 226
BEDOUES 347, 349
BELLECOSTE 350, 353
BELVEZET 296
BESSAN 145
BEZIERS 32, 38, 39, 145, 155, 156
BLAJOUX 358
BOMPAS 54
BONDONS 355
BONNECOMBE 378
BORGNE-TAL 327
BOUGES-GEBIRGE 322
BOULE-D'AMONT 83
BOULETERNERE 84
BOUSSAGUES 228
BOUZIGUES 176
BREAU-ET-SALAGOSSE 316
BRISSAC 214
BUEGES-TAL 216
BURON DE CANUC 377
BURON DU CHE 377
CABREROLLES 228
CAHUZAC 141
CAILAR 256
CAILHAU 138
CAIXAS 81, 83
CALAGES (ABTEI) 210
CALVISSON 249
CAMARGUE 207
CAMBOUS 211
CAMPRIEU 335
CAN DE L'HOSPITALET 332
CANAL DE LA BOBINE ... 109, 111
CANAL DU MIDI 141, 142, 148
CANDOUBRE 221
CANIGOU 38, 41, 85, 86, 89
CANPEIO 252
CAP DE LEUCATE 117
CAP-D'AGDE 170, 173
CAPCIR 41, 106
CAPESTANG 154
CARANÇA-SCHLUCHTEN 97
CARCASSES 128
CARCASSONNE 32, 33, 34, 128
CARNON-PLAGE 206
CASSAGNAS 348
CASTANET-LE-BAS 219
CASTELBOUC 357
CASTELNAUDARY 141
CASTELNOU 80
CASTILLON-DU-GARD 278
CASTRIES 209
CAUNE DE L'ARAGO 58
CAUQUENE 115
CAUSSE DE
  SAUVETERRE 362, 363
CAUSSE DE LA SELLE 212, 216
CAUSSE MÉJEAN 322, 343
CAUSSE NOIR 341
CAVANAC 132
CAZEVIEILLE 211, 212
CAZILHAC 215, 219
CELLES 230
CENDRAS 307
CERBERE 67
CERDAGNE 41, 95, 98
CERET 68
CESSERAS 146
CEVENNE DES CHATAIGNES . 320

CEVENNEN *210, 304, 317*
CEVENNEN-HOCHSTRASSE
.... *323, 327, 331*
CEVENNEN-NATIONALPARK .. *322*
CEYRAS *230*
CHALET DES CORTALETS *90*
CHAM DES BONDONS ... *350, 354*
CHAMPERBOUX *365*
CHAMPLONG-DE-LOZERE ... *352*
CHAOS DE TARGASSONNE ... *103*
CHARBONNIERES *357*
CHATEAU DE GREZAN *170*
CHATEAU DE LA MOSSON *210*
CHATEAU DE LASTOURS *117*
CHATEAU DE MALAVIELLE *229*
CHATEAU DE
  PEYREPERTUSE *124*
CHATEAU DE PORTES *389*
CHATEAU DE PUYLAURENS . *126*
CHATEAU DE QUERIBUS *124*
CHATEAU DE TERMES *123*
CHATEAU DE VILLEVIEILLE ... *251*
CHATEAU ST.-PIERRE *330*
CHATEAUNEUF-DE-RANDON *384*
CHIRAC *372*
CIRQUE DE
  POUGNADOIRES *357, 359*
CIRQUE DE MOUREZE *229*
CIRQUE DE NAVACELLES *316*
CIRQUE DE SAINT-CHELY *359*
CIRQUE DES BAUMES ... *357, 362*
CIRQUE VON INFERNET *216*
CIRQUE VON NAVACELLES ... *214*
CLERMONT-L'HÉRAULT *228*
COCURES *347*
COL D'ARBORAS *144*
COL DE BEDOS *123*
COL DE FINIELS *353*
COL DE L'ANCIZE *351*
COL DE L'EXIL *331*
COL DE L'HOMME-MORT *219*
COL DE L'OURTIGAS *224*
COL DE LA BARAQUE *307*
COL DE LA CROIX DE BERTHEL
.... *350, 351*
COL DE LA LOUBIERE ... *350, 354*
COL DE LAYRAC *219*
COL DE LLAURO *68*
COL DE MILLIERES *89, 90*
COL DE PENDEDIS *330*
COL DE PERJURET *345*
COL DE PORTES *229*
COL DE PORTUS *97*
COL DE SAINT-PIERRE *331*
COL DE VIGNERES *219*
COL DES VOLTES *90*
COL DU CABARETOU *222*
COL DU MARQUAIRES *328*
COL FOURTOU *83*
COL-DE-CLARES *219*
COLLIAS *279*
COLLINE DE L'ERMITAGE *106*
COLLIOURE *25, 41, 54, 59*
COLOMBIERES-SUR-ORB *225*
CONAT *97*
CONAT BETLLANS *96*
CONCOULES *388*
CONFLENT-TAL *85*
CONFLUENT *41*
CORBIEREN *32, 114, 119, 392*
CORNEILLA-DE-CONFLENT *96*
CORNICHE DES CEVENNES
.... *323, 327, 331*
CORNICHE DU CAUSSE MEJAN
.... *345*
CORNIOU *223*
CORSAVY *78*
COTE VERMEILLE *59*
COTES DU RHONE *279*
COURNONTERRAL *145, 210*
COUSTOUGES *78*
CRESPENOU-CANYON *314*
CROS-BAS *364*
CUBIERES-SUR-CINOBLES ... *126*
CUCUGNAN *123*
DARGILAN-HÖHLE *340*
DAVEJEAN *123*
DEMOISELLES-GROTTE *213*
DESCENTE DE LA ROUBINE .. *154*
DEVEZE-GROTTE *223*
DOMAINE DE GRAMMONT *207*
DOMAINE DE GUERY *154*
DORRES *102*
DOURBIES *341*
DRIGAS *344, 345*
DUILHAC *125*
ELNE *56*
ERMITAGE DE SAINT-ANTOINE-
  DE-GALAMUS *126*
ERMITAGE ST-FERREOL ... *68, 72*
ESCHINO D'ASE *350*
ESPERAZA *139*
ESPIGUETTE-LEUCHTTURM .. *265*
ESPINOUSE *220, 224*
ÉTANG DE BAGES *116*
ÉTANG DE CHARNIER *252*
ÉTANG DE L'OR *207*
ÉTANG DE MAUGUIO *207, 252*
ÉTANG DE SCAMANDRE *252*
ÉTANG DE SIGEAN *116*
ÉTANG DE THAU *174*
ÉTANG DE VIC *185*
EUS *85*
EVOL *97*
EYNE *100*
FANJEAUX *33, 140*
FAU DE PEYRE *375, 378*
FENOUILLEDE *41*

FERRIERES-LES-VERRIERES .. 213
FILLOLS 87
FINIELS 353
FITOU 119
FLAUGERGUES 207
FLORAC 345
FONSERANNES 165
FONT-ROMEU 103
FONTCOUVERTE 83
FONTFROIDE 114
FONTPEDROUSE 97
FORMIGUERES 106
FOURNELS 375
FRAISSE-SUR-AGOUT 221
FRAISSINET-DE-LOZERE 355
FRETMA-GEHÖFT 345
FRONTIGNAN 145, 184
FRONTIGNAN-PLAGE 185
GALAMUS-SCHLUCHTEN 126
GALDARES 74
GALTA 331
GALY 345
GANGES 214
GARD 232
GAUD SCHLOSS 303
GENERARGUES 311
GENOLHAC 350, 389
GEVAUDAN 369
GIGEAN 185
GIGNAC 145, 231
GINCLA 127
GIRALDES 384
GORGES DE GALAMUS 126
GORGES DE L'AUDE 127
GORGES DE LA CARANÇA 97
GORGES DE LA FOU 78
GORGES DE LA JONTE 342
GORGES DE LLECH 90
GORGES DE TAURYNIA 90
GORGES DU TARN 355
GORNIES 213
GOUFFRE DU CERISIER 224
GOURDOUSE 350, 351
GR 4 382
GR 43 384
GR 6 343
GR 60 .... 343, 378
GR 65 .... 375, 382
GR 66 .... 333, 334
GR 67 328
GR 68 .... 348, 350
GRAND BASSIN 142
GRANDVIALA-LE-VIEUX 378
GRAU DE VENDRES 166
GROTTE DE CLAMOUSE 216
GROTTE DE FONTRABIOUSE 107
GROTTE DE MADELEINE 303
GROTTES DE L'AGUZOU 127
GRUISSAN 113, 114

HAMEAU DE LA FAGE 354
HAMEAU DE RUNES 355
HAMEAU DES AYRES 330
HAUTES CORBIERES 28
HÉRAULT 144
HÉRAULT-BERGE 217
HERAULT-SCHLUCHT 216
HEREPIAN 226
HERIC-SCHLUCHT 224
HOMPS 152
HURES-LA-PARADE 344
HYELZAS 345
ILE SAINTE-LUCIE 115
ILLE-SUR-TET 84
ISPAGNAC 357
JAKOBSWEG 375
JASSE-LES-CORTALETS 89
JAUR 223
JONCELS-SUR-LUNAS 219
JONCET 96
JONTANELS 340
JONTE-SCHLUCHT 342, 363
JUJOLS 97
JUNAS 252
KLEINE CAMARGUE 252
L'ESPÉROU 334, 342
L'HON 345
L'HOPITAL 353
L'HOSPITALET 332
LA BAUME (SCHLOSS) 373
LA CANOURGUE 364
LA CAPELLE 364
LA CAUNETTE 148
LA CAZE 357
LA CAZE (BURG) 361
LA CHALDETTE 375
LA CROZE 357
LA FAGE 350
LA FAGE-MONTIVERNOUX 378
LA FORESTIERE 298
LA GARDE-GUÉRIN 387
LA GRANDE MOTTE 206
LA LOUBIERE 351
LA MALENE 357, 361
LA PERIGOUSE 365
LA PIGEYRE 350
LA SALLE-PRUNET 347
LA SALVETAT-SUR-AGOUT 220
LA TOUR DE CAROL 85
LA TOUR-SUR-ORB 219
LA VOLPILIERE 345
LABASTIDE-DE-VIRAC 302
LAC DE LAONZAS 220
LAC DE SALAGOU 228, 230
LAC DES BOUILLOUSES 100, 108
LAGRASSE 120
LAJO 382
LAMALOU-LES-BAINS 225
LANGLADE 369

LANGOGNE	381, 386
LANUÉJOLS	341, 354
LARZAC	40
LASALLE	327
LATOUR DE CAROL	95
LATTES	204
LAUPIES	342
LAUPIETTES	342
LAURAGAIS	128
LAUSARGUES	255
LE BLEYMARD	354
LE BONHEUR	335
LE BOUSQUET-D'ORB	219
LE BOUT-DU-MONDE	216
LE CAYLAR	218
LE COLLET-DE-DEZE	390
LE COURBY	344
LE GRAU-DU-ROI	263
LE MALZIEU	383
LE MARTINET	329
LE MAZEL	329, 354
LE MERLET	352
LE MOURRE-BLANC	176
LE POMPIDOU	332
LE PONT-DE-REYNES	70
LE ROZIER	343, 362
LE SOMAIL	153
LE SOULIÉ	221
LE TRUEL	342
LE VIGAN	314
LECQUES	252
LES ANGLES	108, 281
LES BASTIDES	345
LES BOUZEDES	351
LES CABANES	117
LES DOUZES	342
LES HERMAUX	379
LES LAUBIES	349, 353
LES MATELLES	210
LES ROUSSES	348
LES ROUVIERES	351
LES SAGNES	354
LES SALCES	378
LES VIGNES	362
LESIGNAN-CORBIERES	153
LEUCATE	117
LIEUDE	229, 230
LIMOUX	137
LINDE	297
LIRAC	280
LISTEL	270
LLECH-SCHLUCHTEN	90
LLIVIA	41, 101
LLO	101
LODEVE	217
LONDRES (SCHLOSS)	213
LOUPIAN	177
LOZERE	337
LUNAS	218
LUNEL	272
LUSSAN	296
MADIERES-LE-HAUT	218
MAGUELONE	205
MALAVIEILLE	229, 351
MALLEVRIERE	351
MALMONTET	351
MANDAGOUT	315
MARAUSSAN	167
MARCHASTEL	373, 377
MARGERIDE	337, 381
MARSEILLAN	174
MARSEILLETTE	152
MARSILLARGUES	255
MARVEJOLS	369
MARZAL	304
MAS-CAMARGUES	350, 353
MAS-DE-LA-BARAQUE	350, 353
MAS-SAINT-CHELY	344
MAUGUIO	207, 255
MECLE	219
MEJEAN-PLATEAU	322
MENDE	365
MEYRUEIS	338
MEZE	145, 175
MIALET	311, 325
MINERVE	29, 146
MINERVOIS	146
MIREPEISSET	154
MIREVAL	185
MOGERE	209
MOLINES	357
MONDONY	73
MONOBLET	313
MONS-LA-TRIVALLE	224
MONT AIGOUAL	322, 333
MONT AIGU	296
MONT CAROUX	224, 226
MONT LOZERE	322, 348
MONT MIMAT	365
MONT SAINT-CLAIR	182
MONT SAINT-LOUP	174
MONT-LOUIS	96, 98
MONT-LOZERE	349
MONTADY (SEE)	155
MONTAGE DU GOULET	354
MONTAGNAC	168
MONTAGNE BOUGES	350
MONTAGNE DE LA CLAPE	114
MONTAGNE DU BOUGES	389
MONTAGNE DU LINGAS	322, 341
MONTAGNE NOIRE	146
MONTALBA D'AMELIE	73
MONTBEL	384
MONTBRUN	358
MONTCALMES	216
MONTFERRAND (SCHLOSS)	212
MONTFERRER	78
MONTGROS	377

INDEX GEOGRAPHISCH / 403

MONTPELLIER 186
MONTS DE LA MARGERIDE ... 381
MONTSEGUR 32, 391
MOULINET-SEE 372
MOUREZE 229
MURAT-SUR-VEBRE 220
MURVIEL-LES-MONTPELLIER 210
N.-DAME-DE-VALFRANCESQUE
.... 329
NAGES 249
NARBONNAIS 109
NARBONNE 33, 34, 39, 109
NARBONNE-PLAGE 113
NASBINALS 375, 376
NIMES 34, 232
NIMES-LE-VIEUX 345
NISSAN-LES-ENSÉRUNE 166
NOHEDES 97
NYER 97, 98
OCTON 229
ODEILLO 105
OLARGUES 223
OLETTE 94, 96
OMS 83
OPPIDUM D'ENSERUNE 155
OREILLA-SANSA 96
ORGNAC 298
ORGUES DU TET 84
OULTET 354
PAIGAROLLES-DE-L'ESCALETTE
.... 218
PALALDA 72, 73
PALAVAS-LES-FLOTS 205
PAULHAC-EN-MARGERIDE 383
PAULHAN 170
PAYS CATHARE 119
PAYS DES BORALDES 378
PAYS VIGANAIS 314
PEGAIROLLES-DE-BUEGES ... 216
PEROLES 255
PEROLS 207
PERPIGNAN 33, 38, 41
PETIT RHONE 207
PETITE CAMARGUE 207, 252
PEYRELAU 363
PEYREPERTUSE 32
PEZADE 218
PÉZENAS 33, 144, 167
PEZENS 134
PIC CARLIT 108
PIC COQUILLADE 226
PIC D'ANETO 89
PIC DE FAURY 100
PIC DE FONTFREDE 72
PIC DE L'HORTUS 212
PIC DE MADRES 97
PIC DE TANTAJO 228
PIC DU CANIGOU 73, 78, 89
PIC FINIELS 351

PIC JOFFRE 91
PIC SAINT-CLAIR 145
PIC SAINT-GUIRAL 145
PIC SAINT-LOUP 145, 211
PIC VISSOU 230
PICS ROUGES 100
PIERRADES 256
PLAGE DES ARESQUIERS 185
PLANES 100
POILHES 154
POINTE COURTE 184
PONT D'ARC 303
PONT DU GARD 234, 275
PONT-DE-MONTVERT 351
PONT-RAVAGERS 329
PORT-BARCARES 55
PORT-CAMARGUE 263
PORT-FITOU 119
PORT-VENDRES 64
PORTEILLE 100
PORTEL-DES-CORBIERES 117
POUGNADORESSE 291
POUZOLLES 170
PRADES 86, 89
PRAT-D'ALARIE 223
PRATS-DE-MOLLO 79
PREMIAN 223
PRES DU CAILAR 256
PRIEURÉ DE SERRABONE 83
PRINSUEJOLS 373, 375, 378
PRUNET 83
PUICHERIC 152
PUY DE MONTIVERNOUX 378
PUYLAURENS 32
PY ET MANTET 96
QUERIBUS 32
RAS DELS CORTALETS 90
RAVIN DES ARCS 212
REGIONALPARK
   HAUT-LANGUEDOC 220
RÉGORDANE-ROUTE 385
REMOULINS 277
REPUDRE 153
RÉSERVE AFR. DE SIGEAN 116
RIBAUTE 307
RIEU-MONTAGNE 221
RIEUTORD-DE-RANDON 384
RIEUTORT 107
ROC DES HOURTOUS 357, 361
ROCHEBLAVE 357
ROGUES 316
ROQUEBRUN 225
ROQUEDOLS (BURG) 340
ROUBIA 153
ROUSSILLON 38, 41
SABOT DE MALEPEYRE 364
SAILLAGOUSE 100
SAINT-FELIX-
   DE-MONTCEAU (ABTEI) 185

SAINT-ROMAN (ABTEI) 263	ST.-JULIEN-DE-CARSAGNAS . 309
SALINS DU MIDI 270	ST.-JULIEN-DU-TOURNEL 354
SALSES 36	ST.-LAURENT-
SALSES (FESTUNG) 55, 119	D'AIGOUZE 254, 256
SALVINSAC 339	ST.-LAURENT-DE-CERDANS 78
SAMPZON 301	ST.-LAURENT-DE-TREVES 332
SAUVE 313	ST.-LAURENT-DES-ARBRES ... 280
SAUVETERRE 365	ST.-MARCEL 303
SAZE 283	ST.-MARSAL 73
SCHWARZE BERGE 146	ST.-MARTIN-
SEDINYIA 96	DE-LONDRES 145, 212
SERANNE 216	ST.-MARTIN-
SERIGNAN 166	DE-VILLEREGLAN 140
SERRABONE 83	ST.-MARTIN-D'ARDECHE 298, 303
SERRALONGUE 78	ST.-MARTIN-DE-CANIGOU . 85, 91
SERRE DU TOURRE 303	ST.-MATHIEU-DE-TRÉVIERS ... 211
SERVIES 354	ST.-MICHEL-DE-CUXA .. 85, 87, 88
SETE 27, 35, 40, 177	ST.-PARGOIRE 169
SEVIRAC 225	ST.-PAUL-DE-FENOUILLET 126
SIGEAN 117	ST.-PIERRE-DES-TRIPIERS 344
SOMMIERES 249	ST.-PIERRE-LES-FORÇATS 100
SOULATGE 125	ST.-PONS-DE-THOMIERES 222
SOUVIGNARGUES 252	ST.-PRIVAT-DE-CHAMPCLOS 298
ST.-ALBAN-SUR-LIMAGNOLE 381	ST.-QUENTIN-LA-POTERIE 296
ST.-ANDRE-	ST.-ROMAN-DE-CODIERES 327
DE-MAJANCOULES 214, 316	ST.-ROMAN-DE-TOUSQUE 331
ST.-ANDRE-DE-VALBORGNE . 328	ST.-SERIES 273
ST.-BAUZILLE-DE-PUTOIS 213	ST.-URCIZE 375, 379
ST.-BERTRAND-	ST.-VICTOR-DES-OULES 296
DE-COMMINGES 39	ST.-VICTOR-LA-COSTE 280
ST.-CHELY D'AUBRAC 375, 377	STE-BAUME 280
ST.-CHÉLY-D'APCHER 381	STE-CROIX-
ST.-CHÉLY-DU-TARN 359	VALLEE-FRANÇAISE 329
ST.-CHRISTOL-	STE-ÉNIMIE 357, 359
LES-ALES 306, 309	STE-EULALIE 382
ST.-DENIS-EN-MARGERIDE 383	STE-LUCIE 370, 372
ST.-ÉTIENNE-	TAL DER KAMISARDEN .. 309, 323
VALLEE-FRANÇAISE 329	TARGASSONNE 103
ST.-ÉTIENNE-D'ESTRECHOUX 219	TARN-SCHLUCHT 355
ST.-ÉTIENNE-D'ISSENSAC 213	TARRASSAC 225
ST.-FREZAL 364	TAURINYA 86
ST.-FREZAL-DE-VENTALON ... 390	TAURYNIA-SCHLUCHTEN 90
ST.-GELY-DU-FESQ 210	TAUTAVEL 39, 58
ST.-GENIES 256	TAVEL 279
ST.-GEORGES-DE-LEVEJAC ... 362	TECH 67
ST.-GEORGES-SCHLUCHT 127	TERRE DE PEYRE 373
ST.-GERMAIN-DE-CALBERTE . 330	TET 84
ST.-GERVAIS 219	THUES-ENTRE-VALLS 97, 100
ST.-GERVAISEBE-SUR-MARE . 219	THUIR 80
ST.-GILLES 256	TORNAC 313
ST.-GUILHEM 145	TOURELLES (SCHLOSS) 263
ST.-GUILHEM-LE-DESERT 215	TOUROL 96
ST.-GUIRAUD 230	TRABUC 326
ST.-HILAIRE-D'OZILHAN 279	TREBES 151
ST.-HILAIRE-DE-BRETHMAS .. 306	TREVES 341
ST.-HIPPOLYTE-DU-FORT 312	TRÉVÉZEL-SCHLUCHT 341
ST.-JEAN-D'AUREILLAN 229	TROUBAT 353
ST.-JEAN-DU-GARD 321, 323	TRUC DE GREZES 371
ST.-JULIEN DE SALINELLES .. 252	TRUEL-TAL 343

INDEX GEOGRAPHISCH / 405

UZEGE *295*
UZES *287*
VALLEE BORGNE *322*
VALLEE DE CAROL *102*
VALLEE DE LA ROTJA *94*
VALLEE DES CAMISARDS *309*
VALLEE FRANÇAISE *322, 328*
VALLEE LONGUE *322*
VALLERAUGUE *334*
VALLESPIR *41, 67*
VALLIGUIERES *278*
VALLON-PONT-D'ARC *298, 299*
VALRAS *166*
VENDRES *166*
VERNET-LES-BAINS *93*
VERS-PONT-DU-GARD *278*
VEYGALIER *345*
VIA DOMITIA *117, 145, 234*

VIA TEGULAE *145*
VIC-LA-GARDIOLE *185*
VIDOURLE *250*
VILARET *345*
VILLASAVARY *140*
VILLEFORT *350, 387*
VILLEFRANCHE-
DE-CONFLENT *94*
VILLELONGUE *221*
VILLENEUVE *353*
VILLENEUVE-LES-AVIGNON .. *281*
VILLENEUVE-LES-BEZIERS *155*
VILLENEUVETTE *229*
VILLEROUGE-TERMENES *122*
VILLETELLE *273*
VIS-SCHLUCHT *214*
VIVIOURES (SCHLOSS) *212*

Gesamtprogramm

* erscheint im Frühjahr '95

- **interconnections-Reiseführer**
- Brasilien 34,80
- Bretagne – Der Westen; Finistère, Côte d'Armor* 29,80
- Bretagne – Morbihan, Ille-et-Vilaine, Loire-Atlantique*...... 29,80
- Bretagne Gesamtband 29,80
- Côte d'Azur und Hinterland 29,80
- England – Norden, London & Schottland............... 29,80
- England – Süden, Mitte & Wales..................... 29,80
- Frankreich – Der Südwesten......................... 29,80
- Griechenland Gesamtband........................... 26,80
- Griechenland – Die Inseln & Athen 34,80
- Griechenland – Festland und Peleponnes 34,80
- Großbritannien Gesamt............................. 26,80
- Guadeloupe, Martinique, u. a. Antilleninseln........... 34,80
- Irland & Nordirland 34,80
- Italien – Der Norden 34,80
- Italien – Süden & Mitte 34,80
- Italien Gesamtband................................. 26,80
- Kanada – Der Osten 34,80
- Kanada – Der Westen............................... 34,80
- Korsika*... 29,80
- Languedoc-Roussillon*.............................. 29,80
- Loire 29,80
- Mongolei (Herbst '95) 34,80
- Paris und Umgebung 34,80
- Portugal 29,80
- Provence, Côte d'Azur & Korsika 34,80
- Provence* 29,80
- Sizilien*... 29,80
- Skandinavien 34,80
- Spanien Gesamtband............................... 26,80
- Spanien – Mitte, Süden und Balearen 34,80
- Spanien – Norden und Mitte........................ 34,80
- Südafrika*... 34,80
- Thailand, Hongkong & Macao 34,80
- Tunesien 29,80
- Türkei 29,80
- USA – Der Südosten & New York 34,80
- USA – Westküste & Rocky Mountains 34,80
- USA – Der Nordosten............................... 34,80
- Venezuela* 34,80

interconnections ☎ **(07 61) 700 650**
Schillerstraße 44
D-79102 Freiburg **Fax 700 688**

interconnections

*erscheint im Frühjahr '95

- **Reihe „Jobs & Praktika"**
  - Jobben weltweit 29,80
  - Das Au-pair Handbuch 29,80
  - Ferienjobs und Praktika – USA 44,80
  - Ferienjobs und Praktika – Großbritannien 29,80
  - Ferienjobs und Praktika – Europa & Übersee 29,80
  - Ferienjobs und Praktika – Frankreich 29,80
  - Jobben unterwegs 26,80
  - Bewerben in Europa 26,80
  - Studieren mit Stipendien – Deutschland, weltweit ... 22,80
  - Kibbuz & Moshaw* 29,80
  - Ein Schuljahr in den USA* 26,80

- **Reihe „Preiswert"**
  - Paris Preiswert 29,80
  - London Preiswert 29,80
  - Rom Preiswert 29,80
  - Madrid Preiswert 29,80
  - Barcelona Preiswert 29,80
  - Wien Preiswert 24,80
  - Amsterdam Preiswert 29,80
  - San Francisco Preiswert 29,80
  - Dublin Preiswert 24,80
  - Rio Preiswert 26,80
  - Übernachten Preiswert – USA 34,80

- **streiflichter** 18,80
  - London   – Spanien
  - Griechenland   – Ägypten

- **Mitfahrzentralen in Europa** 9,80

- **Preiswert durch Europa** – Per Interrail,
  Europabus und Mitfahrzentrale
  - Gesamtband 29,80
  - Mitte, Norden, Osten und Türkei* 26,80
  - Mitte, Westen, Süden und Marokko* 26,80

- **Sprachen lernen** – Europa & USA 24,80

- **Frachter- und Postschiffreisen** – Routen,
  Reedereien...* 26,80

DIE GANZE WELT SCHNELL ZUR HAND

Reiseführer und Karten für Ihr Reiseziel.

Katalog anfordern

ILH GeoCenter

Internationales Landkartenhaus
Postfach 80 08 30
D-70508 Stuttgart